源。配套实施大要案件所队捆绑挂牌督办制度和打击刑事犯罪积分考核制度。年内共破案705起，命案实现11年全破。八类案件、四类侵财案件破案率分别达82.1%、16.6%，公诉总数、侵财犯罪公诉数、食药环公诉数、判三年以上实刑数均处于前2名。对全区物业、金融、行业场所保安服务市场开展清理整顿。优化情报研判机制，指导开展重点人员动态管控工作。创新协调联动机制，重大敏感节点均实现进京上访零登记。组织开展常态化、针对性的临控测试，推进落实旅馆、网吧、出租房屋等实名登记制度。

职业警队。创新提炼“一专题、两讲堂”队伍正规化建设路径。连续13年集中开展封闭式春训活动。举办9期“实战大讲堂”，以身边人、身边事的教学促使知识型灌输向能力型培养的转变。举办“黑皮警察之爱的坚守”“让警徽为党旗添彩”等4场道德讲堂活动。打造监督管理中心和警务督办平台，通过科技信息化手段实现队伍监督管理由粗放向精细转型。举办第二届警察文化体育节，丰富民警业余文化生活。完善民警执法权益保障制度，对诬告、陷害、污蔑和暴力侵害民警的行为坚决依法处理，确保执法权威。

举行新党员入党宣誓仪式

6月19日，抓获网络诈骗犯罪嫌疑人35名，告破涉案3000余万元特大网络诈骗案件

局党委成员合影

奥托立夫(江苏)汽车安全零部件有限公司

AUTOLIV (JIANGSU)AUTOMOTIVE SAFETY COMPONENTS CO., LTD

奥托立夫(AUTOLIV)成立于1953年，总部在瑞典，为美国财富500强公司。主要产品涵盖汽车安全气囊系统、座椅安全带系统、汽车安全电控单元及方向盘系统等。奥托立夫为全球汽车乘员安全系统处于绝对领导地位的生产商，占全球市场份额1/3以上，其股票同时在美国和瑞典上市。公司拥有近5万名员工，年销售额为72亿美元。

剪彩

奥托立夫(江苏)汽车安全零部件有限公司属于奥托立夫集团公司之中国分公司，总投资约1.68亿美元，资金全部自筹。项目位于金坛区薛埠镇奥托立夫大道1号，主要产品为产气药、点火具和气体发生器。该项目将顺应安全气囊技术的发展趋势进行新技术开发，引进奥托立夫公司及奥托立夫美国分公司所拥有的先进的整体生产技术。

该项目所涉及的气体发生器生产技术、产气药生产技术、点火具生产技术均是目前世界最为先进、环保、安全、成熟的技术。项目全部建成后，将形成销售过15亿元的规模，销售前景良好。

我们的愿景：拯救更多的生命。

我们的使命：成为“未来汽车”安全系统的领先供应商，为之完美整合自动化驾驶技术。

点火具

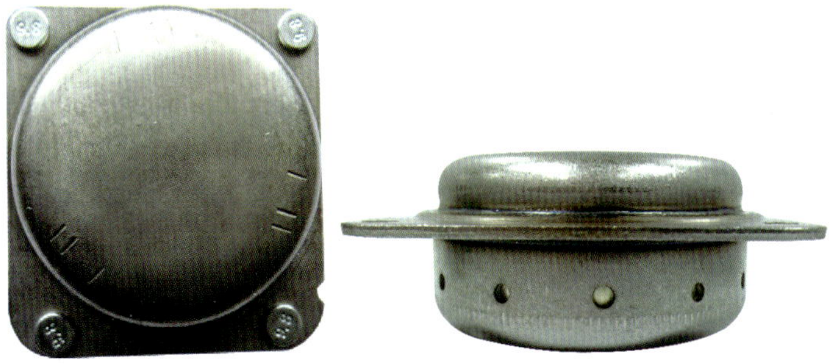

主、副驾驶安全气囊气体发生器

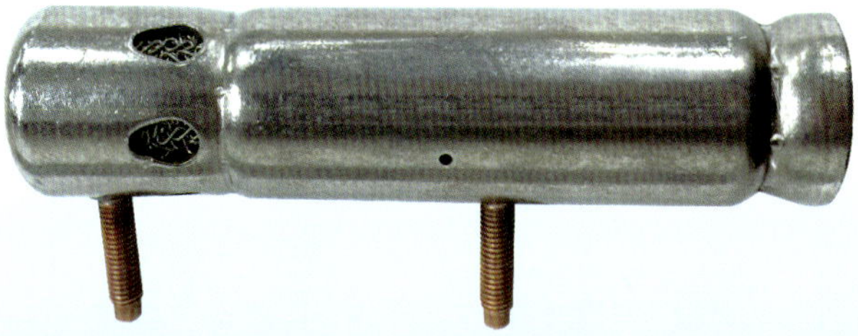

侧安全气囊气体发生器

侧气帘气体发生器

产气药

2016

金坛年鉴

（总第14卷）

金坛年鉴编纂委员会 编

方志出版社
Publishing House of Local Records

图书在版编目(CIP)数据

金坛年鉴. 2016/ 金坛年鉴编纂委员会编. —北京：方志出版社，2016 .10

ISBN 978-7-5144-2065-4

I. ①金… II. ①金… III. ①金坛区-2016-年鉴
IV. ①Z525.33

中国版本图书馆CIP数据核字(2016)第214040号

金坛年鉴（2016）

编　　者：金坛年鉴编纂委员会
责任编辑：王笃银

出 版 人：冀祥德
出 版 者：方志出版社
地址　北京市朝阳区潘家园东里9号（国家方志馆四层）
邮编　100021
网址　http://www.fzph.org
发　　行：方志出版社发行中心
（010）67110500
经　　销：各地新华书店
印　　刷：常州市武进第三印刷有限公司

开　　本：889×1194　　1/16
印　　张：27.75
字　　数：983千
版　　次：2016年10月第1版　　2016年10月第1次印刷
印　　数：0001~1500册

ISBN 978-7-5144-2065-4　　定　价　200.00元

金坛年鉴编纂委员会

主　任： 沈　东　中共金坛区委副书记、金坛区人民政府代区长

副主任： 陈锁龙　中共金坛区委常委、宣传部部长

刘明江　金坛区人民政府副区长

徐　俊　中共金坛区委办公室主任

岳惠剑　金坛区人民政府办公室主任

祝洪林　中共金坛区委党史工委、区志办主任

委　员： 杨国平　中共金坛区委办公室副主任、区委保密办主任、区委机要局局长

许月平　金坛区人大常委会办公室主任

徐忠敏　政协金坛区委员会秘书长、政协办公室主任

姚洪芳　中共金坛区委农村工作办公室主任

周庭凯　金坛区档案局局长

于忠俊　金坛区财政局局长

王洪祥　金坛区科技局局长、知识产权局局长

廖伟文　金坛区教育局党委书记、局长

贺进军　金坛区文化广电体育局局长

丁建新　金坛区统计局党组书记、副局长

盛南萍　中共金坛区委党史工委、区志办副主任

储　劼　中共金坛区委党史工委、区志办副主任

《金坛年鉴（2016）》编审人员

主　　审： 陈锁龙　刘明江

主　　编： 祝洪林

副 主 编： 盛南萍　陈书明　孔繁俊

编　　辑： 盛南萍　孔繁俊　夏　冰　方　骊　汤芬娣
刘士科　李华琴　姚贝玲　钱国新

摄　　影： 王玉华

英文翻译： 宋　赟

2月10日，省委副书记、省长李学勇到金坛走访慰问

2月6日，省委常委、宣传部部长王燕文（右二）到金坛调研基层思想文化工作

4月9日，常州市市委书记阎立（右二）到金坛视察重点项目

9月28日，众泰汽车金坛项目竣工投产暨整车下线仪式在金坛举行，副省长徐南平及常州市领导出席

众泰汽车生产线

5月9日，市委、市政府召开“金坛企业家看金坛”暨全市“加快项目引进、加快项目建设”工作推进会

8月18日，金坛区政府与中航锂电（洛阳）有限公司签约，建设锂离子动力电池项目

8月18日，同方威视科技园项目在金坛经济开发区奠基

7月21日，金武路快速化通道（金坛段）全线贯通

金武路桥梁施工现场

6月1日，金坛区延政西路西延新建工程完工

X201儒林段道路施工现场

3月21日，全市农村工作会议召开

现代农业

5月26日，常州市农村土地承包经营权确权登记颁证工作现场推进会在金坛召开

规模化生猪养殖

9月30日，金坛区委、区政府在金坛区烈士陵园举行烈士公祭活动

9月30日，区领导参观新落成的革命烈士纪念馆

8月15~16日，段玉裁诞辰280周年纪念暨段学、清学国际学术研讨会分别在南京、金坛两地举行

《段玉裁全书》赠书仪式现场

4月18日，2015年常州乡村旅游节暨上阮赏花季在金坛开幕

上阮赏花季现场

10月17日，2015中国休闲湖泊峰会暨第四届中国·长荡湖湖鲜美食节活动在金坛开幕

6月20日，第三届长荡湖籽虾节在长荡湖水街举办

9月19日，金坛区第六届全民运动会暨第七届文化艺术节在金坛体育馆开幕

开幕式上舞龙表演

金坛区第六届全民运动会排球比赛

冬泳

编辑说明

一、《金坛年鉴》是由常州市金坛区人民政府主办、金坛年鉴编纂委员会承办的综合性资料工具书，创刊于1994年，已出版13卷，国内外公开发行。其宗旨是全面系统记载金坛年度经济社会的基本情况和发展状况，为各级领导提供决策依据，为社会多层面提供资讯，是了解金坛、研究金坛的窗口。

二、《金坛年鉴》2016卷主要载录2015年1月1日至2015年12月31日金坛区经济社会发展的基本资料，共设有34个篇目。

三、《金坛年鉴》采用分类编辑法，主体内容分类目、分目、条目3个层次，部分分目下设副分目。分目、副分目下一般设概述，以条目作为记述的主要形式。为便于检索，类目、分目标题使用不同字体加以区别，书眉标示类目；副分目标题用楷体，前后加“•”；条目标题用黑体，并加【】号。卷首有详细目录和英文要目，卷末有索引，全书内容可由目录、书眉、索引等检索渠道查找。

四、为更好地体现时代特色、地方特色和年度特色，2016卷对部分篇目的框架和内容作出调整，延续设置公益专题彩页，刊载随文图照，图文并茂地记录和反映金坛在科学发展及率先基本实现现代化进程中取得的新成就。

五、《金坛年鉴》2016卷所录用稿件，由金坛区各镇（区）、各部门、各单位负责撰写或提供，并经所在镇（区）、部门、单位领导审核。全区综合统计数据由金坛区统计局提供，各单位提供的数据如与统计局不同，以统计局统计口径为准。

各单位审稿人名单

（按姓氏笔画为序）

丁　强	于　澹	于立俊	于国忠	马红星	王　剑
王　瑶	王　薇	王一鸣	王云平	王志东	王国平
王建国	王洪庆	王照洪	邓奋华	包文元	史悦平
史益群	史锁庚	田　娟	田粉忠	印建云	印荣生
吕双贵	吕洪力	庄月芳	伍振伟	朱双华	朱志强
纪俊明	许国清	许忠平	许海连	吴　芳	吴　英
吴平涛	吴志华	吴建军	张小兰	张小平	张叶华
张罗明	李　平	李建军	李鹤鸣	严国庆	汤文斌
沈建国	沈强伟	陆　辉	陆　磊	陆平刚	陆金国
陆湘毅	陈　云	陈　旭	陈　励	陈小华	陈小芳
陈军民	陈红芳	陈纪良	陈学忠	陈晓祥	杨　蔚
杨亚明	杨国忠	杨建新	杨树清	杨颐华	周　俊
周　涌	周召平	周林海	孟明刚	季明华	杭爱民
林　燊	林　燕	郑文洪	俞　慎	姚国定	姚锁生
姚锁洪	施生华	柏虎斌	祝洪林	胡彩英	贺美华
贺进军	唐　亮	唐文武	徐一新	徐国祥	徐忠敏
徐荣华	殷　俊	翁生荣	聂卫斌	袁国芳	钱永锋
钱勤先	顾　晓	高国俊	曹　波	盛志军	盛南萍
蒋云清	韩云峰	韩双庆	虞青平	谭益民	樊　莹
潘明志	潘政权				

白龙荡美丽乡村建设

金城镇镇域面积72.09平方公里，常住人口5.8万，农业人口5.4万人，辖11个行政村，耕地面积3901公顷，高效农业种养殖面积3533公顷，其中高效设施农业面积3037公顷。金城镇是江苏省文明镇、常州市文明镇标兵、常州市人民满意的公务员集体。

2015年全镇实现地区生产总值 53.4亿元，工业开票销售收入95亿元，公共财政收入3.31亿元（含契、耕两税），工业实际投入22亿元，农民人均纯收入27536元。

2015年全镇成功签约工业项目25个，计划总投资48亿元。其中投资10亿元项目1个，5亿元以上项目5个，1亿元以上项目3个。新签约的25个项目已有20个开工建设。

沈渎村党建示范点

近年来，金城镇以“加快项目引进、加快项目建设”为主线，完成9.3平方公里的园区水、电、道路、通讯、天然气等“七通一平”基础设施建设及园区道路绿化、亮化等配套工程建设。镇村共建的标准厂房和凤凰城经济工业园，已基本建设到位。邮堂庙新苑、元巷安置小区，住房安置基本完成。

金城镇具有突出的区位优势、理想的辐射带动半径和优越的产业、人力资源、人居环境支撑，在金坛“四大板块”

元巷安置小区

镇村共建的标准厂房

建设中具有明显的促进作用。园区的基础设施、项目建设、功能规划等方面都已完善，正在向省级开发区的目标努力。

索特动力公司

幼儿园、福利中心建设现场

易成电力公司

蓝色星球公司

金旺包装公司

中科国能公司

吴中门户　江东福地

上阮彩色稻米航拍图

秋收

薛埠镇为全国重点镇、全国小城镇建设示范镇、国家卫生镇、江苏省小城镇综合改革试点镇、江苏省园林小城镇、常州市西部中心镇。古有“吴中门户，江东福地”之称，历史悠久，文化底蕴丰厚。340省道及宁常、扬溧高速穿境而过，区域和资源优势明显。全镇土地总面积234.56平方公里，其中耕地面积6494公顷，下辖21个行政村、3个场圃、3个居委会、280个村民小组，总人口6.81万人，其中非农业人口2.24万人。2015年全镇实现地区生产总值38.45亿元，财政收入2.9亿元，农民人均可支配收入23726元。

新增高效设施农（渔）业面积2000亩，新增农民专业合作社20家，新认定家庭农场14家，创成常州市级以上合作示范社3家、常州市级农业园区2个。2015年，全镇农业总产值107257万元，粮食产值15150万元，多种经营产值86650万元，夏粮每亩单产349公斤，秋粮每亩单产559公斤，粮食总产量40858吨；拥有大中型农机481台，农机总动力8.8万千瓦；种植养殖专业户78户，年出栏生猪80231头，年出栏家禽177万只；水产品产量2143吨，水果产量896吨，蔬菜产量29808吨。

2015年底，全镇有工业企业583家。其中，私营企业302家；个私工业企业281家。工业产品销售收入63亿元，工业利税总额7.93亿元。完成技改项目8项，技改投入0.63亿元。合同利用外资113万美元，外贸供货额7300万美元，全镇实现工业总产值56.3亿元。全镇共引进高科技人才项目2个，承担各级各类科技计划项目15个，争取科技经费310万元。建成省高新技术企业1家，确认省科技型中小企业2家，认定省高新技术产品5个，新增民营科技企业20家。

全镇有中学2所，小学5所；医院1所，卫生室13个。初级卫生保健普及率99%，自来水普及率98.7%；全镇21个行政村均建有“农家书屋”，镇图书馆藏书13.4万册；开通数字电视户1.3万户；全镇参加社会保险人数3.2万人，新型农村合作医疗参保率100%。

江苏华一船舶

常鑫科技

鑫品茶艺展示

铠建合金

放飞梦想

常州市金坛区直溪镇

镇党委书记 董龙庆

镇长 韩巧生

金坛正信光伏电子有限公司

江苏省健尔康医用敷料有限公司

直溪镇位于金坛区西北部，与镇江市丹徒区、丹阳市接壤。镇域总面积106.6平方公里，总人口5.98万人，下辖12个行政村、4个社区和1个养殖场。地形为平原圩区，是典型的水乡之镇，董永传说、巨村龙灯被列入国家级非物质文化遗产保护名录。全镇区位优势明显，沿江、扬溧高速穿境而过，距上海、南京、杭州、无锡、苏州等长三角地区17个主要城市2小时以内车程。近年来，该镇先后荣获“国家级生态镇”“江苏省卫生镇”“江苏省特色文化之乡”等荣誉称号。

2015年，全镇实现财政总收入3.97亿元，全社会固定资产投资23亿元，农民人均可支配收入22050元，各项主要经济指标增幅在全区乡镇中名列前茅。

准确把握新型城镇化的内涵和特征，以产城融合为核心，加快园区建设，驱动工业经济快速发展。呈现以光伏新能源为主体，汽车装配、高端装配制造、医用敷料、纺织服装、精细化工等产业集群发展的态势全年完成工业实际投入19.1亿元，实现开票销售80.9亿元。正信、斯威克、威龙等一批重点企业迅速崛起，工业经济正在成为直溪镇的靓丽名片。

直溪镇工业集中区初具规模，“五横五纵”的路网框架全面拉开，“七通一平”基本完成。农业生产特色显著，红香芋、大蒜、水产等特色农产品远近闻名，投入近亿元加强农业基础设施建设，全镇农业机械化水平达95%。作为建筑之乡，直溪镇全年建安产值33亿元。依托茅山风景区和东方盐湖城，直溪镇积极推进如意小镇等现代旅游项目，旅游业蓬勃发展。

天荒湖

新农村建设

直溪镇历史悠久，文化底蕴浓厚，现代气息浓郁，人们生活幸福安康。在“十三五”开局之年，直溪镇将紧盯打造“百亿”强镇目标，不断加快建设发展步伐，热忱欢迎各界人士到直溪投资兴业，旅游观光。

中共苏皖区一大会址

“董永传说”——国家级非物质文化遗产

“直溪巨龙”——国家级非物质文化遗产

如意小镇

建昌红香芋——农产品地理标识产品

常州市市委书记阎立到朱林镇水芹基地视察

常州市市委常委会在黄金村举行

抗洪抢险现场

2015年朱林镇紧扣目标任务，奋力攻坚克难，团结拼搏，真抓实干，经济社会持续发展，较好地完成了镇第二届人大四次会议确定的各项目标任务。

全年实现工业开票销售收入28.8亿元，同比增4.5%；公共财政预算收入1.15亿元，同比增49.5%；工业实际投入8亿元,同比增41.6%；服务业增加值6.8亿元，同比增长15%；农民人均纯收入22400元，同比增13%。

稳步实施农业重点项目。“菜篮子”工程、农产品加工集中区等重点农业项目均通过上级验收；建设长兴村高标准农田333.33公顷，新增高效设施渔业面积30公顷，新增各类新型农机具186台，现代农业得到长足发展。朱林水芹被列入国家级地理标志，“黄金村”牌有机软米被评为江苏省优质农产品。切实做好富民服务保障。

现代服务业集聚发展　随着金珠广场餐饮住宿、休闲娱乐等诸多商家入驻，同时龙溪新村等区域的人口集聚，集镇商业地带的繁华与人气与日俱增。金西加油加气充电“三站合一”项目顺利签约落户，将极大方便入园企业生产生活。朱林村开启农副产品网上销售新模式，成为金坛唯一一家省级电子商务示范村。黄金村与上海艺领投资公司合作开发特色有机农耕项目，建立了有机稻米互联网销售平台，策划推广黄金村农耕文化。

围绕载体建设，园区形态功能不断优化

路网体系趋于完善。朱林大道及龙溪大道东延段正式竣工通车，道路两侧绿化、亮化及标志标识配套到位，城乡公交和镇村公交已全面开通，园区与集镇实现互联互通。基础设施不断强化。园区内新增和改造供电线路2.8公里，埋设弱电管道2公里、燃气管道1.6公里，新增绿化1.1万平方米、路灯159盏、

金西工业园

污水提升泵站1座，平整场地15.33公顷。

围绕环境创优，镇村环境面貌显著改善

投入1400万元在16个自然村开展太湖水环境综合治理、全覆盖拉网式环境整治项目，共新建生活污水处理设施9座、管网36公里。结合常州市“生态文明在行动”和“创森”工作，对3个集镇实施绿化亮化改造工程，更新维护公厕、垃圾箱等公共设施，有效改善镇村环境面貌。深入开展镇村创建。

黄金村有机稻米插秧

围绕民生共享，居民生活质量持续提高

民生实事有力推进。2015年确定的各项民生实事顺利完成。特别是建成了龙溪二村安置房9幢7.3万平方米，已交付316户入住，安置率达93%，被征地农民全部纳入社会保障。完成9条共计7公里村庄道路拓宽硬化改造；实施了570米长王家路道路提档升级；新建农桥2座。投入近400万元建成江苏省级社区多功能运动场5个，长兴村建成村级综合文体中心；新建唐王、黄金2个常州市达标卫生室。水利重点县项目顺利推进，改扩建排涝站8座、圩口闸2座、灌溉站2座。

金西工业园企业职工冬季长跑

常州科林公司生产车间

围绕效能提升，自身作风建设逐步深化

能力作风不断强化。坚持依法行政，切实提高行政效能，镇村两级干部的凝聚力和执行力进一步提高。“12345”政府公共服务热线共受理群众诉求193件，办结率100%，群众满意率98%。

金西工业园鹏程路

常州市市委书记阎立汛期视察指前渔业圩

市、区领导到指前镇走访慰问

指前镇位于金坛区西南部，与溧阳市别桥镇接壤。全镇总面积105.2平方公里，其中耕地面积4493公顷。下辖12个行政村，2个居委会。2015年，全镇总人口5.35万人，其中非农业人口5202人，完成地区生产总值24.47亿元，实现财政公共预算收入5581万元，农民人均纯收入21310元。

2015年，全镇完成工业开票销售36.75亿元，比上年增长2.05%；工业实际投入4.81亿元，比上年增长108%；新增规模工业企业6家、民营企业51家。全年共签约项目13个，总投资15.7亿元。在加快园区项目建设的同时，启动园区污水厂方案设计、园区集中供热、园区110千伏变电所、园区排涝站移址新建、荷花港内河码头、指前港码头设计、园区河道生态驳岸等功能配套建设，项目承载能力不断提升。

全年实现农业增加值5.14亿元。粮食生产再获丰收，小麦、水稻两季公顷均达15510公斤，全镇粮食规模化经营比重达56%。全年新增土地流转面积134公顷，新发展专业合作社2家、家庭农场16家。

总投资近1.5亿元的西湖馨宁安置小区顺利交付。完成了

镇党委书记诸葛林慰问困难党员

镇长姜金华走访困难群众

S241拓宽工程前期工作。全面实施指前、社头片区区域供水管网改造工程，实现我镇自来水管网改造全覆盖。投资1430多万元的拉网式农村环境整治工程全面完成。

常州凯丽纺织有限公司竣工投产

“精彩江苏”文艺巡演指前专场

江苏路博减振技术有限公司竣工投产

指前镇工业园区标准厂房

江苏立鼎新型建材科技有限公司竣工投产

指前安置小区

常州市金坛区儒林镇

镇党委书记、长荡湖旅游度假区党工委副书记、管委会主任 孙国林

镇 长 徐 飞

区委书记范寿柏带队调研长荡湖工作

儒林镇是全国重点镇、常州中心镇，地处金坛区东南部，距金坛城区23公里，西滨长荡湖，东临武进区，南与宜兴、溧阳两市接壤。镇域面积62.2平方公里，耕地面积1556公顷，下辖6个行政村，1个居委会，385个村民小组。总人口3.2万人，非农业人口4595人。2015年，全镇全年实现地区生产总值27.21亿元，财政收入9606万元，农民人均纯收入22181元。

以市场需求为导向，发挥资源优势，积极调整优化农业结构，大力推进现代农业建设，进一步提高农业发展的效益和竞争力。柚山村、五叶村粮油高产创建工作连续6年获得常

春训表彰先进企业

常州儒林科技创业园

儒林工业园

州市嘉奖，该镇被常州市授予亩产“吨粮”达标镇称号。柚山河蟹产业园被评为市级河蟹园区。“万叶”牌大闸蟹获2015年中国北京国际渔业博览会金奖、被评为常州市名优农产品。注册商标的合作社达到41家，经无公害认证的5家。新增家庭农场12家，其中区级示范家庭农场5家。

不断推进园区建设，完成太平河改造和240省道以东亮化、绿化等工程，优化园区环境。后堵庄23户村民的动迁工作已全部完成，园区承载能力进一步提升。2万平方米的邻里中心一期交付使用，420个标间实施精装修，职工拎包即可入住。项目引进和项目建设有力推进，全年签约项目共18个，总投资23.65亿元，亿元以上项目6个。

2015年3月，省政府批准长荡湖旅游度假区设立省级旅游度假区。延续长荡湖籽虾节和长荡湖湖鲜美食节，举办“2015中国长荡湖湖泊休闲峰会”，长荡湖旅游度假区获“2015年度中国休闲养生度假胜地”称号。2015年国庆“黄金周”期间游客接待量达12万人次，旅游收入2800万元。全年游客接待量约113万人次，同比增长21.5%。

工业园区邻里中心

常溧高速儒林工业园道口

常溧高速长荡湖道口

经济开发区党工委副书记、街道党工委书记 张小平

街道办事处主任 王 勇

揭牌仪式

金河社区周末便民服务点

社区与青年员工面对面座谈会

东城街道办事处地处金坛城东郊，北与丹阳市里庄桥镇，东与丹阳市皇塘镇毗邻，南与尧塘街道，西与西城街道接壤。行政区域面积74.49平方公里，常住人口10.04万人。下辖21个行政村（社区）。其中，16个社区，3个村（居委会）合一，2个农业行政村。

投入200万元完成了汇贤、新城等6个新建或移址办公社区办公场所的提档升级改造。推进社区面貌提升。投入400万元对峨嵋社区周家村、电胜社区岳庄村等4个城中村进行环境综合整治，社区面貌焕然一新。

全年完成清障236.71公顷，高效完成蓝色星球、卡斯特铝业、同方威视等重点项目和华罗庚实验学校新城分校等民生工程的交地工作。按时完成徐塘竹木市场、徐塘工业园区等重点地块动迁78953.55平方米。

投入121.57万元，加强了规划区外的五联、明星等村的农田水利建设。加快为民办实事项目建设，确保东城实验小学等民生项目如期完工。金江苑农贸市场全面投入运营，为社区居民提供了生活便利。认真做好低保、重残、老龄和计生惠民奖励，全年累计发放各类补助金706.35万元。净增社会保险扩面征缴1691人次，完成全年目标的173%。

重点指导和推进“书记抓党建”项目——全区首家社区

党委华胜社区“大党委”建设，精心筹备金河社区党员“五心”工作坊等品牌项目的制定和实施，营造了浓厚的社区党建文化氛围。

机关干部为民办实事

东城实验小学

聚贤社区服务中心

金坛第二人民医院

着力打造宜居

10月30日，常州市委副书记戴源、金坛区委书记范寿柏等领导在西城街道参加金坛区土地承包经营权确权颁证仪式。

西城街道，成立于2014年12月8日，是金坛区委、区政府的派出机构，位于金坛区政治、经济、文化中心。东依金坛经开区、西临北连金城镇、南接指前镇，区域总面积74.97平方公里、总人口17.78万人。境内有241、340两条省道环绕，一条常合高速横穿南部区域，规划中的城际铁路、233国道也将平行而过。街道机关下设党政办、城市建设管理办、经济发展办、社会事业办、财政审计办、综合治理办6大办公室和1个便民服务中心。

西城街道紧紧围绕区委、区政府确立的“一城一区一山一水”战略部署，团结依靠全街道党员、干部和群众，坚持以规划引领发展为总纲，以强化城市建设管理为己任，以服务项目建设为抓手，以提升综合实力为支撑，解放思想闯新路，全力以赴创佳绩，勇于担当树形象，重点突出城乡建设、注重经济建设、强抓社区建设、保障民生建设、强化平安建设、深化队伍建设，为打造宜居、和谐、幸福新西城而奋斗。

7月1日，西城街道党工委书记史顺年、党工委副书记殷俊慰问建国前老党员

5月28日，西城街道总工会第一次代表大会召开

6月26日，西城街道组织党员干部参加抗洪救灾

谐幸福新西城

党工委书记　办事处主任：史顺年

街道办地址：西门大街97号

电话：0519-82658801

邮编：213200

12月2日，春风代表之家举行代表走访选民活动

9月19日，西城街道代表队参加区全运会

9月25日，晚欢乐金沙广场月月演西城专场成功开演

6月18日，烟草局与西门社区共建互助、构建和谐社区活动

12月23日，西城街道公开招聘退伍（转业）士官

9月6日，西城街道举办抗战老兵图片展

常州市金坛区尧塘街道

江苏省副省长徐鸣视察新孟河工程居民拆迁安置工作

常州市市委书记阎立调研农村土地确权工作

全国农村土地确权登记颁证工作现场会

尧塘街道位于常州市金坛区东南部，隶属于江苏省金坛经济开发区，东邻武进，南望宜兴，北接丹阳。尧塘河、湟里河穿境而过，常合（沿江）高速、常溧、金宜、金武公路等省市干线公路贯穿境内。区域总面积87.8平方公里，耕地面积0.37万公顷，辖11个行政村、2个居委会，农业人口4.75万。2015年完成农业总产值5.45亿元，农民人均纯收入24759元，增幅达12%。

农业农村。2015年，完成粮食总产29609吨，水产品1695吨，蔬菜12889吨，夏粮公顷单产6406公斤，秋粮公顷单产10239公斤。借助创建国家森林城市的契机，大力加强美丽乡村建设和水岸生态廊道建设，重点实施常溧高速两侧绿化工程，完成常溧高速尧塘段12573米绿化任务。完成连片造林28公顷、围村林带106.67公顷，新建省级森林生态示范村2个，省级绿化示范村4个。切实加快花木产业转型升级，出台《关于加快尧塘花木产业转型升级的奖励办法（暂行）》，新建“中国尧塘花木”网站，完成花木电视宣传片《花道》的拍摄工作，大力提升花木产业规模化、标准化、科技化水平。全年新培育2家金坛区级农业龙头企业，新增常州市现代农业产业园区1家、常州市级“一村一品”示范村1个。坚持以项目推动集体经济发展，确定村级一事一议项目4个，创建省级农民合作社1个，常州市农民合作社1个。

动迁清障。2015年，尧塘街道全年动迁共计涉及红旗、林丰、尧塘等8个行政村27个自然村510户，房屋总面积达15.09万㎡。其中新孟河延伸拓浚工程涉及235户5.63万平方米、G233国道涉及146户4.63万平方米。截至12月，新孟河动迁已签字211户4.8万平方米，签字率89.8%；G233签字121户2.95万平方米，签字率82.9%，有力保证了后续工作的进程。顺利推进园区内中航锂电子、晨风创业园等项目以及九龙山路、青龙山路、明湖路等多条道路276.33公顷，共计流转土地460.4公顷，为全区项目建设奠定坚实的基础。

民生实事。完成尧塘中、小学建设前期工程；汤庄河、福堂河、尧成河等太湖流域河道治理清淤工程、水北小学至上汤村道路建设工程和南汤路道路建设工程以及红旗、水东、下庄三个村村级便民服务中心建设相继竣工；水北文体大楼周边环境综合整治工程涉及湟里河生态驳岸基本完工；海棠名都安置小区已经全面启动；道路监控工程已纳入开发区统一实施。投入10万余元，完善环卫配套设施，全面保障集镇环境卫生。加强安置小区环境卫生整治，对紫薇花园、香树苑绿化带进行集中清理和整治10余次，改善居民的基本生活环境。

社会事业。办理低保491户，发放资金251.07万元。新增残疾人低保家庭7户，发放贫困残疾人救助资金181.53万元。全年发放社会保障卡3366张，完成企业“五险合一”净增参保人数448人，城乡居民养老保险续缴率完成98.92%，完成扩面征缴544人。街道共有中学3所，小学3所，义务教育普及率达100%；拥有镇卫生院2所，医务室21个，初级卫生保健普及率100%；街道自来水普及率100%。完善农村养老服务体系建设，顺利完成开发区、河头、尧塘三家敬老院的整合。完成孕前优生检查189对，两癌筛查 2400余人，发放独生子女父母奖励金116460元。规范房屋产权、经济房登记，办理个人房屋产权证68份，单位产权91份。完善社会矛盾纠纷调解，办理信访件30件，接待上访249人次，排查矛盾纠纷265起，调处成功纠纷258件。

锡剧名家名段大联欢

海棠明都整体鸟瞰图

晨风创意园鸟瞰图

中航锂电项目鸟瞰图

常州市金坛区尧塘街道谢桥村

全国劳动模范、江苏省优秀党务工作者　村党总支书记　周国平

常州市市委书记阎立到村检查土地确权工作

常州市市长费高云到谢桥村调研

谢桥村位于金坛区尧塘街道东部，省道金武公路穿村而过，交通便捷。辖区总面积9.42平方公里，耕地65.6公顷。总人口2049户5596人，其中妇女儿童2883人。辖18个村民小组，下设谢桥、兴隆、陇塘、五家四个党支部。

谢桥村以“富裕一方农民，建设美丽村庄”为宗旨，按照“村庄秀美、环境优美、生活甜美、社会和美，有农游特色”的要求，结合本村花木产业和塘北三星级康居乡村的有利条件，全力打造美丽乡村。谢桥村作为金坛的东大门，常金一体的墙头堡，未来将以生态旅游为亮点，积极向旅游型特色村庄转型，打造长三角地区以园艺为特色主题的乡村旅游胜地。谢桥村的整体规划由市委、市政府邀请全国闻名的北京土人设计公司

与常州设计院联合设计，综合人文特色、传统习俗、特色花木等特点分类设计，分区打造休闲、饮食、购物、养生、观赏等特色区域。

社会主义新农村建设正在稳步推进。

农业部土地确权登记颁证现场会

江苏省金坛茅山旅游度假区

东方盐湖城

华夏宝盛园

一号农场

茅山旅游度假区以“金茅山，道江南”为整体形象，以山水资源为依托，以道文化体验为特色，突出养生度假、运动康体、文化体验、高端养老、乡村旅游核心主题，不断加快形态和功能开发、构建公共服务体系、丰富休闲度假产品、塑造旅游形象、创建旅游品牌，着力打造国家级旅游度假区和长三角知名的生态旅游休闲目的地。

2015年，度假区紧紧围绕“基础设施建设年”总目标，坚持以规划为引领大力推进基础设施全面开工、在建项目加快建设，茅山旅游开发呈现不断发展的良好势头。

2015年建设的基础设施项目共计11个，即省道265及度假区内部的10条道路。省道265已完成道路清表，年内完成北部13公里的施工便道。度假区内部10条道路总里程35.59公里，目前已竣工两条道路（访仙路、观云路）总里程8.5公里，内含桥梁4座；已经开工建设四条道路（尚阳路、寻仙路、尚水路、百羊路）总里程8.88公里；另外四条道路(望仙路、致和路、彭仙路、金茅路)施工图正在送审，征地动迁等前期工作基本完成。

6个现代服务业项目累计完成全年计划86%；5个现代农业项目累计完成全年计划105.4%。华夏宝盛园一期项目、京东农业一期项目已于国庆期间开园试营业，其中京东农业于7月顺利登陆新三板。

2月8日，常州乡村过大年暨金坛旅游嘉年华活动在仙姑村一号农场隆重开幕。4月，常州乡村旅游节暨上阮赏花季在上阮农业公园缤纷启程。7月，常州金坛

茅山小天池

乡村采摘节在上阮超群生态园成功举办。10月中旬，一年一度的茅山登山健身大会如期开赛。10月底，休闲农业产业创新峰会暨中日乡村再造论坛分别在上阮茅山南湖度假庄园、一号农场顺利举办。11月，中国围棋甲级联赛保朴园专场连续第二年作为江苏队主场，“棋圣”聂卫平亲临茅山挂盘讲解。

聂卫平亲临茅山挂盘讲解

有机茶海

霞光普照

京东农业登陆新三板

房车

老墙腊梅

渔歌唱晚

长荡湖旅游度假区管委会

诸葛八阵图村落

长荡湖露营基地

江苏省金坛长荡湖旅游度假区总面积140平方公里。湖鲜美食、禅修养生、生态湿地、滨湖度假是度假区四大主题产品。区内景点主要有“江南第一街”——长荡湖水街；“千年古刹”——大涪山普门禅寺；长荡湖生态文明结晶——生态科普馆徽派建筑群；湖畔休闲最佳处——露营基地；天斧神功般的将《易经》的阴阳之图搬到了长荡湖之中的水八卦、水上丛林。

2015年，度假区管委会加大基础设施投入。常溧高速长荡湖段全线通车，长荡湖道口迎来首批游客。S240省道提档升级，完成X201县道景观化改造。湖中网围拆除1万余亩，形成道路通达、湖水清澈的优美环境。

长荡湖水产资源丰富，历来就有“一斛水中半斛鱼”的美誉。近年来，长荡湖湖鲜美食以其独特的烹饪技艺、风味特色和丰富的人文内涵享誉海内外。每年举办的美食节、籽虾节吸引众多中外游客，“长荡湖八鲜宴”“午红宴”已成为长荡湖旅游的响亮名片。

度假区旅游形势发展迅猛。继2014年度假区荣获省级生态旅游示范区后，2015年又被批准为省级旅游度假区。十月份成功举办“2015中国长荡湖休闲湖泊峰会”，长荡湖知名度有了进一步提高，并获得“2015中国年度休闲养生度假胜地”称号。年接待旅游人数超100万人次，长荡湖已成为长三角地区度假、观光、休闲的首选佳处。

欢迎您来长荡湖休闲、品鲜、度假！

旅游咨询电话：0519-82519222

邮编：213200

2015年，开发区在项目的引进、建设、投产上全面突破，成功引进总投资125亿元的“中航锂离子动力电池项目”和全球领先的“同方威视高科技安检项目”。中航锂电项目建成后将成为国内规模领先优势明显的绿色电源产业园；同方威视项目建成后，将成为集生产、研发、展示、培训于一体的全球最大集装箱检测产品制造基地。众泰汽车从开工到整车下线历时13个月，创造出汽车工业建设上的“众泰速度”，全年开票销售23亿元，2016年将成为金坛工业发展史上第一家超百亿企业，为千亿级汽车产业奠定坚实基础。

“中航锂离子动力电池项目”签约仪式

众泰汽车金坛项目竣工投产暨整车下线仪式

同方威视科技园项目签约仪式

金坛区城区图

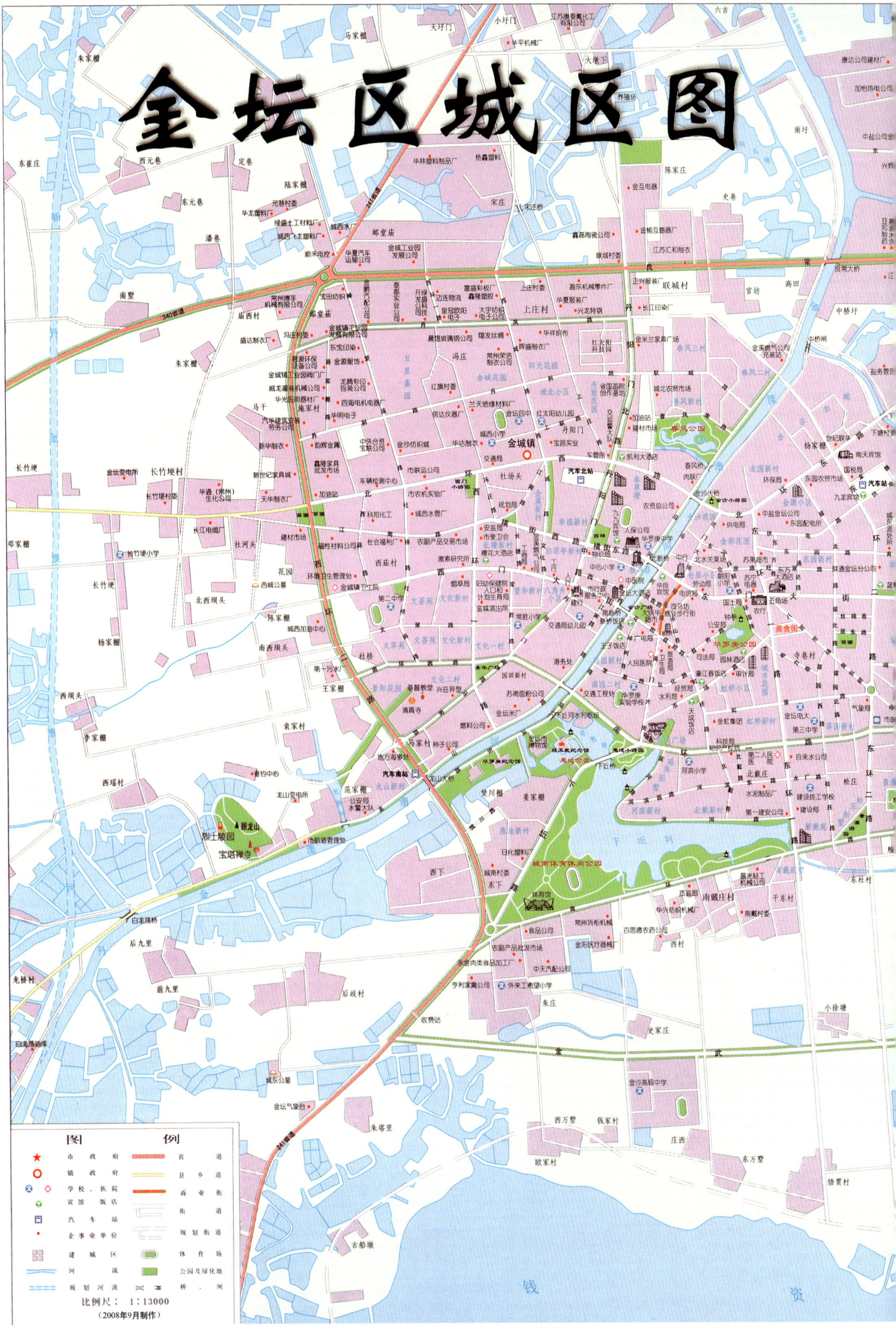

图 例
市政府
镇政府
学校、医院
宾馆饭店
汽车站
企事业单位
建城区
河流
规划河流
省道
县乡道
商业街
街道
规划街道
体育场
公园及绿化地
桥、闸
比例尺：1∶13000
（2008年9月制作）
金城镇
汽车北站
汽车南站
汽车站
春风公园
华罗庚公园
城南体育休闲公园
顾龙山
烈士陵园
宝塔禅寺
美食街
340省道
241省道

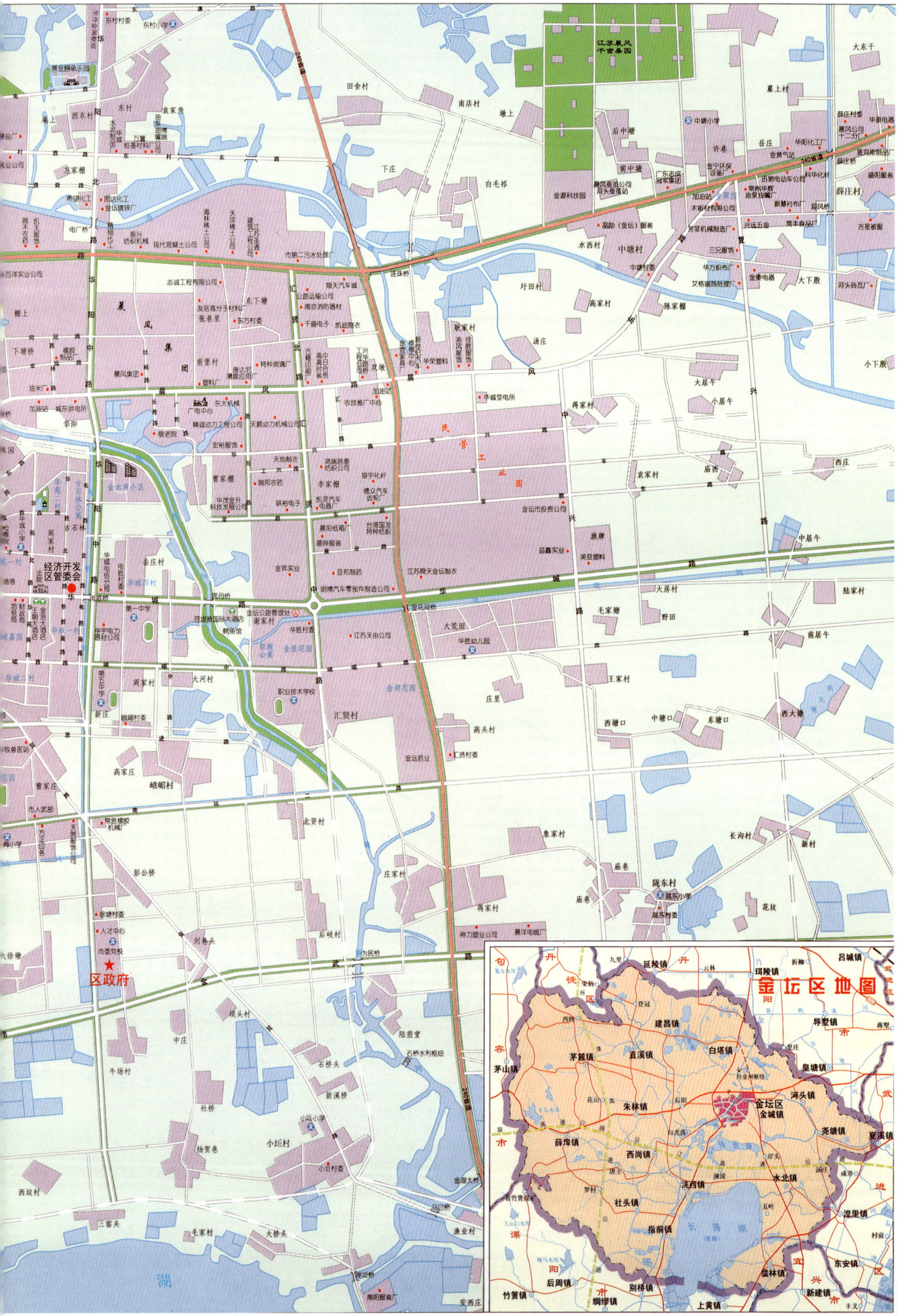

金坛区地图
经济开发区管委会
区政府
江苏晨风千亩桑园
晨风集团
民营工业园
金水湾小区
金湖花园
华城路
华阳路
晨风路
武进路
汇贤北路
中兴路
240省道
340省道
东门大街
南环路
田舍村
南店村
下庄
白毛祁
岳庄
许巷
中塘村
大下敫
高家村
陈家棚
汤庄
大居午
小居午
蒋家村
袁家村
庙西
西庄
中居午
大房村
野田
陆家村
前居午
大荒田
王家村
庄里
高巷村
西塘口
中塘口
东塘口
西大村
象家村
长沟村
新村
庙巷
陇东村
陇东小学
蒋家村
庄家村
北贤村
后岐村
彭公桥
刘巷头
周家村
大河村
高家庄
峨嵋村
曹家庄
市人武部
市委党校
人才中心
中庄
牛场村
坝头村
石桥头
新溪桥
小坵村
小坵小学
杨贺巷
社桥
西坟村
三窖头
毛家村
大桥头
渔业村
安西庄
陆营堂
金坛药业
汇贤村
职业技术学校
江苏天由公司
第一中学
第五中学
谢家村
金坛市投资公司
华城变电所
农技推广中心
连珠桥
金花园桥
金坛公路管理处
大东干
小下敫
坍田村
茅山镇
茅麓镇
直溪镇
建昌镇
白塔镇
朱林镇
金坛区
金城镇
薛埠镇
西岗镇
儒林镇
尧塘镇
河头镇
皇塘镇
导墅镇
吕城镇
珥陵镇
延陵镇
指前镇
社头镇
水北镇
别桥镇
后周镇
竹箦镇
上黄镇
新建镇
东安镇
湟里镇
夏溪镇
长荡湖

目 录

特 载

大事记

金坛概貌

工　业

开放·开发

农业·水利

商品贸易

旅 游

城乡建设·环境保护

建筑·房地产

交通·电力

信息化建设

财政·税收

金　　融

综合管理

中共常州市金坛区委

常州市金坛区人大常委会

常州市金坛区人民政府

常州市政协金坛区委员会

民主党派·群众团体

武　　装

法　　治

科学技术

教　育

文　化

卫　　生

体　　育

社　　会

各镇(街道)概览

人　　物

荣誉栏

文件选编

统计资料

附　　录

索　　引

彩色插页

Content

Urban and Rural Development · Environmental Protection

Construction · Real Estate

Traffic · Electrical Power

Informatization Construction

Finance · Tax

Finance

General Management

Changzhou jintan district committee of the communist party of China

Changzhou jintan district people's congress standing committee

Changzhou jintan district people's government

Changzhou jintan district people's political consultative conference committee

Democratic Parties · Mass Orga nizations

National Defense

Politics and Law

Science and Technology

Education

Culture

Health

Sports

Society

An Overview of Towns(Streets)

Figure

Honor Roll

Documents Selection

Statistical Data

Appendix

Indexes

全力打造“一城一区一山一水”
奋力开启“十三五”发展新征程

——在中共常州市金坛区委十二届十次全体(扩大)会议上的讲话

(2015 年 12 月 19 日)

中共常州市金坛区委书记　范寿柏

同志们:

这次会议是在两个五年规划承上启下关键时刻召开的一次重要会议,主要任务是:深入贯彻落实党的十八届五中全会和近期中央、省、市召开的一系列重要会议精神,结合金坛实际,回顾总结“十二五”时期各项工作,研究确定“十三五”发展思路、发展目标、发展重点,全面部署 2016 年目标任务,动员全区广大党员和干部群众,进一步解放思想、凝心聚力、奋力拼搏,为实现“十三五”良好开局、开启持续加快发展新征程而努力奋斗。下面,我根据区委常委会讨论意见,讲四个方面:

一、“十二五”经济社会发展回顾

“十二五”期间,按照中央和省、市统一部署,紧紧围绕我区第十二次党代会提出的奋斗目标,全区上下同心协力、真抓实干,各项事业取得全面进步。特别是 2013 年以来,全区紧紧抓住常州加快发展县域经济等战略机遇,坚持把加快发展作为工作主旋律主基调,按照“常金一体、东扩南移,苦干三年、强基进位”总体要求,坚持规划引领、环境营造、项目引进和建设,推动形成了你追我赶、争先发展的浓厚氛围,综合发展环境得到了明显改善,重大项目取得了历史性突破,经济社会呈现快速发展的良好态势,为“十二五”圆满收官、“十三五”更快更好地发展打下了坚实的基础。主要工作体现在以下六个方面:

1. *凝心聚力加快发展,主要指标快速增长。*面对复杂多变的宏观形势,我们积极应对、科学组织,主要经济指标实现了快速增长,综合实力迈上了新台阶。特别是近三年来,在经济持续下行、压力不断增大的情况下,累计完成工业实际投入 291 亿元;2014 年工业开票销售收入、公共财政预算收入、工业实际投入分别比上年同期增长 31.7%、17.1%和 113%;今年全年预计工业开票销售收入比去年同期增长 10%以上,公共财政预算收入增长 20%,工业实际投入增长 36.4%,实现了工业开票销售和公共财政预算收入等主要经济指标逆势上扬,增幅不仅在常州辖市(区)大幅领跑,在苏南县市(区)中也名列前茅。全区上下积极向上的精神状态、集约高效的发展环境、快速跃升的良好态势,赢得了省市主要领导的充分肯定,吸引周边县市乃至苏南“标兵”地区多轮次来坛考察交流,大幅提升了金坛对外整体形象,更加坚定了开放开发的信心和决心,形成了一定范围的“金坛效应”。

2. *集中精力夯实基础,发展环境全面改善。*近三年来,我们坚持“环境也是生产力、竞争力”的理念,聚焦聚力做优投资环境。高起点规划。委托国内一流规划大师和设计单位，借鉴苏州工业园区发展模式，先后完成《金坛城市空间发展战略研究》、主城区协调发展研究、城市总体规划修编、综合交通规划、产镇融合发展规划、各镇区空间发展规划、水系发展规划等一系列重大规划的研究和编制，形成了覆盖全区、从空间到专项、科学完善的规划体系，为金坛未来的发展制定了纲要和蓝图。高标准建设。在规划引领下，投资135亿元，先后对全区102条、总里程达328公里的交通道路进行了现代化改造。目前金武快速路、钱资湖大道、华城路东延(一期)、S240改扩建、金茅公路直溪段、直别公路朱林段等30余条城市和区镇交通主干道路已全部建成通行，不仅加快了与常州主城区以及对外大交通的快速连接，而且极大地提升了区镇的投资环境，有效地改善了我区道路交通落后于经济社会整体发展的状况，"八纵八横"综合交通网络已现雏形。高强度推进。紧紧围绕为发展创造出必要条件，加快工业化、城市化进程，按照"1+6"产城融合模式，三年共完成动迁422万平方米，腾出100余平方公里发展空间，开发区规划建设面积达到78平方公里；各镇均形成3~10平方公里的工业园区，并按省级开发区标准，快速完成了"七通一平"等基础设施建设，承载重大项目的空间充分打开；全区共建成标准厂房112万平方米，吸引了一批优质中小企业入驻。滨湖新城核心区基础设施基本成形，开发区贡献份额占据全区半壁江山，金城工业园区申报省级经开区通过省级会审，茅山和长荡湖先后获批省级旅游度假区，成为省内继常熟后第二家同时拥有2个省级旅游度假区的县(区)。"以开发区为龙头、各镇工业园区为驱动，茅山、长荡湖和滨湖新城为联动"，节节发力的"动车模式"成功实践。

3. *全力以赴主攻项目，发展后劲显著增强*。没有项目大突破，就没有发展大跨越。近年来，我们始终把加快项目引进和项目建设作为主攻方向，不断加快工业化进程，跑出了"金坛速度"。项目引进量质并举。全力打造领导干部一马当先、镇区部门联动推进、全社会共同参与的大招商格局，项目引进实现重大突破。2013年以来，共新增签约项目464个、协议总投资935.9亿元，其中10亿元以上项目14个、50亿元以上项目3个，引进了众泰汽车、中航锂电、同方威视等一批投资规模大、成长性高、带动力强的重大项目，推动了亿晶、金昇、晨风、康泰、凡登等一批本土企业持续加大在坛投资，金坛已经成为各方关注的"投资热土"。项目建设成效显著。充分依托园区建设，持续优化项目服务，大大缩短项目开工、建设、达产见效周期。三年来共开工建设项目307个，目前已竣工218个。总投资85亿元的众泰汽车项目，从签约到整车下线历时仅一年，创造出了汽车工业建设上的"众泰速度"，今年已形成开票销售24亿元，明年将成为金坛工业发展历史上第一家超百亿企业，为我区培育千亿级汽车产业奠定了坚实基础。埃马克机床、亿晶渔光一体、晨风高档服装、奥托立夫等一批重点项目建成投产，同方威视、杰能发动机、卡斯特铝等一批重大项目加速推进，新的支柱产业和增长点正在加快孕育。规模企业加快壮大。出台促进工业经济加快发展等政策意见，鼓励企业加大投入、技术创新和资本运作，提升核心竞争力。全区规模企业达到406家，亿元企业从2012年的53家发展到今年的120家，斯威克和博瑞油泵油嘴获国家产业振兴专项资金超亿元，凡登钱海鹏团队成为常州市首个省创新团队。京东农业、帕卓管路、常峰股份在新三板成功挂牌，其中京东农业成为常州首家上市农企。金昇集团、亿晶光电实现50亿元企业突破，金昇集团成功跻身中国民营企业500强。

4. *积极推进改革创新，有效激发发展活力*。按照上级部署，结合金坛实际，着力加强体制机制调整创新，加快要素资源集中集聚。加快理顺体制机制。平稳完成撤市设区各项工作，加速融入常州主城区发展大局，对金坛加快城市化、现代化步伐起到重大的推动作用。为进一步优化空间布局、提高行政效能、加强城市管理，实施了部分镇行政区划调整，新设尧塘、东城、西城三个街道。开发区完成"区镇合一"和"事权下放"，实现"封闭运行"。整合组建市场监管局和卫计局，根据发展需要，强化了政府规划和旅游管理的职能。理顺区镇两级投融资平台体系，在全省率先推进政府和社会资本合作PPP模式。持续推进农村改革。完成新一轮行政村区域优化工作，全区行政村从157个整合为93个。农村土地承包经营权确权登记颁证工作基本完成、全省领先，全国土地确权登记培训班来我区现场学习观摩。区、镇、村三级土地流转服务网络实现全覆盖，每年流转承包地2万亩左右。国家级专业合作社示范社、省级示范家庭农场分别达15家、10家，新型农业经营主体规模经营比重达61%。高标准建成省"四有一责"示范县，方边村被评为"中国特色村"。大力推进农业现代化，"亩产吨粮县"通过省级认定，建成省级现代农业产业园区2家，金西农产品加工集中区成为常州市首个省级农产品加工集中区，农业基本现代化水平稳居全省第一方阵。

5. *统筹协调各项事业，民生福祉不断增进*。不断加大新增财力向民生领域倾斜力度，推动人民生活质量与经济社会发展同步提升。社会保障不断提高。被征地农民全部纳入社会保障，三年来开工建设安置房面积386万平方米，竣工交付287万平方米。率先在全省实现城乡居民养老保险并轨，社会保险覆盖率稳定在98%以上。撤市设区后同城同待遇工作稳步推进，城乡居民人均可支配收入保持年均两位数以上增长。社会事业全面进步。加大对教育卫生事业的投入，有效改善了我区教育和医疗条件。近几年来先后新建及改扩建学校18所，创成"全国义务教育发展基本均衡区"，高考本二以上达线率增幅连续四年常州第一。移址新建8家区镇医院，成为国家卫计委互联互通标准化唯一县级单位。社会福利院、革命烈士纪念馆等民生工程全面完成，成功创建省双拥模范城四连冠。省公共文化和公共体育服务体系示范区同步创成，连续五年获评省"文明城市"，儿童剧《留守小孩》获国家"五个一工程"奖。城乡环境不断优化。市民中心、城市综合体等加快建设，"931"城市环境综合整治、农村环境连片整治和小农水重点县工程高标准实施，水利工程"四位一体"长效管护模式全省推广，美丽乡村打造示范推进，获得省人居环境奖。社会保持和谐稳定。全面推进村(社区)"减负增效"和"政社互动"，不断深化"平安金坛"、"法治金坛"建设，连续12年获评省平安县区。值得一提的是，面对2011年夏季旱灾、2012年台风"海葵"、2015年特大洪涝灾害，全区上下团结一致、众志成城、抢险救灾，最大限度地保障了人民群众生命财产安全。

6. *全面加强从严治党，政治保障更加坚实*。始终把全面从严治党贯穿于经济社会发展，做到领域全方位、对象全覆盖、过程全周期。党风政风持续好转。扎实开展党的群众路线教育实践活动，认真组织"三严三实"专题教育，全区党员干部经历了严格的党内生活锻炼。从严执行"八项规定"，制定出台37项具体制度，集中开展"十大专项治理行动"，有效整治"四风"突出问题，党风政风和社会风气为之一新。选用干部导向鲜明。注重德才兼备，有效改善领导班子结构。先后选派机关优秀干部到乡镇基层一线任职、到武进挂职锻炼，干部交流、实践锤炼的机制有效建立。制定完善干部年度考核等次推荐评定办法，注重工作实绩的考核导向有效建立。基层基础更加稳固。完善党建责任体系，落实各级党组织书记抓党建责任，村党组织和书记晋档升级新模式被评为全国基层党建优秀案例，严清华同志被评为全省最美基层干部。惩治腐败坚决有力。深入贯彻十八大以来反腐倡廉工作新要求，严格落实党委主体责任、纪委监督责任，扎实推进纪检体制改革，以更加坚决的态度和更加果断的措施"纠四风"、惩腐败，党风廉政建设和反腐败工作取得新的进展和成效。

五年来的成绩来之不易，令人鼓舞，这既是各级正确领导的结果，也是广大党员干部群众同心同德、努力拼搏的结果。在此，我谨代表中共金坛区委，向所有关心、支持和参与金坛建设发展的同志们，表示衷心的感谢和崇高的敬意!

在五年来、特别是近三年来的工作实践中，我们也积累了宝贵的经验，必须在今后的工作中始终坚持。

1. *必须始终坚持解放思想鲜明导向*。思想是行动的先导，没有思想的解放，就没有发展的突破。必须坚决摒弃"因循守旧、固步自封"，引导跳出金坛、放眼苏南，更高层次地来看发展、比发展、谋发展，使与时俱进、争先进位成为经济社会发展的主旋律。

2. *必须始终坚持加快发展根本出路*。错失开放型经济跨越式发展的历史阶段，是我们最大的发展遗憾。必须始终把发展作为第一要务，进一步认清差距、找准定位、明确思路，切实让加快发展的紧迫感、压力感和责任感内化于心、外化于行。

3. *必须始终坚持工业化带动基本路径*。工业化是推进区域经济发展的主动力。必须坚持工业化带动城市化路径不动摇，努力走出一条规划有序引领、平台打造提升、项目持续突破、企业提质增效、产业协调发展的工业化带动之路。

4. *必须始终坚持改革创新动力源泉*。改革创新是时代的精神，更是发展的倒逼。必须坚持向改革要动力、向创新要活力，以体制调整和机制创新为抓手，着力解决发展中的深层次矛盾和问题，充分激发出新的发展动能。

5. *必须始终坚持共建共享最终目标*。围绕发展依靠人民、发展为了人民、发展的成果由人民共享，加快发展各项社会事业，着力加强社会建设和治理，让改革发展成果更多的惠及到全区人民，巩固和谐稳定的社会局面。

6. *必须始终坚持党的建设保障发展*。面对艰难繁重的发展任务，必须坚持加强和改进党的领导，充分发挥各级党组织的战斗堡垒和广大党员干部的先锋模范作用，塑造出昂扬向上、团结包容的政治新生态，形成加快发展的强大合力。

在总结成绩和经验的同时，我们也要清醒地看到，金坛经济社会发展中仍然存在一些问题和不足：一是开放的理念有待进一步深化，整体开放的意识还不强、开放的程度还落后于加快发展的客观要求；二是发展的内生动力有待进一步激发，工业经济既有总量上的较大差距，也有质量结构上的不足。企业少而小，资本实力、创新能力和抗风险能力还相对较弱；三是发展的基础有待进一步巩固，立体化的交通体系仍需完善，开发区、各镇园区的建设标准还不高、配套设施和管理服务还不到位；四是资源配置有待进一步均衡优化，公共服务水平还不能有效满足人民需求和发展需要；五是干部的能力素质还有待进一步提升，研判经济形势、组织经济工作、破解发展难题的能力还不强，执行力还需不断强化。这些都需要我们在今后工作中高度重视、着力加以改进。

二、"十三五"发展总体思路

"十三五"时期，既是金坛加快发展爬坡过坎的关键期，更是蓄势而发的重要机遇期。世界经济仍处于深度调整，国内"三期叠加"影响不断加深，投资和工业经济下行势头仍在延续，区域间竞争仍然十分激烈，这将对我们加快发展产生深远影响。与此同时，经济全球化的趋势没有变，国内经济长期向好的基本面没有变，苏南国家自主创新示范区等国家战略的深入实施，东部地区产业梯次转移的加快，为我们提供了有利的外部条件。我们要明大势、看大局，既保持忧患意识，更要坚定信心，加快把我们的空间优势、环境优势、生态优势转化为发展的实际推动力。

基于以上判断，"十三五"时期全区经济社会发展的指导思想是：全面贯彻党的十八大和十八届三中、四中、五中全会精神,深入贯彻习近平总书记系列重要讲话精神,抢抓"一带一路"、长江经济带、苏南国家自主创新示范区建设等重大历史机遇,始终坚持加快发展不动摇,积极践行"扩大开放、加快发展、统筹协调、改革创新、成果共享"五大理念,着力打造"一城一区一山一水"四大重点板块,在产业集聚上实现新突破,在产城融合上创造新特色,在改革创新上取得新进展,在民生幸福上打造新亮点,加快融入苏南整体发展进程。实现"十三五"发展预期目标,我们首先要做到"三个必须":

必须深刻理解"五大理念"的丰富内涵。

扩大开放是加快发展的必由之路。必须坚持兼容并蓄的开放姿态、完善外联内通的开放通道、打造功能复合的开放平台、培育包容理性的社会文化,构建全方位、多层次、宽领域的开放开发新格局。

加快发展是解决一切问题的关键。完成加快发展的历史阶段,既是经济规律的科学反映,也是金坛发展的必然选择。必须长期把加快发展作为工作的主旋律主基调,才能加快确立金坛区域发展地位,有效化解经济社会中存在的矛盾和难题。

统筹协调是提升整体发展效能的保证。必须树立"一盘棋"思想,大力促进经济发展、农业农村、生态环境、社会文明和党的建设整体推进,实现硬实力和软实力同步提升。

改革创新是保持持续健康发展的动力。必须在快速壮大总量的同时,注重创新体制架构、优化要素配置、激发"双创"热情,保障发展不降速、不减力、不断档。

成果共享是加快发展的根本目标。必须把群众是否真正得到实惠,作为检验我们一切工作的根本标准。通过努力增加就业、提高收入、强化保障和提升服务,让人民真正受惠发展、真心拥护发展。

必须充分认识打造四大重点板块的重大意义。

"一城一区一山一水"是推动加快发展的最佳载体,立足金坛实际,实现园区项目为支撑、工业化为带动、产城融合发展为路径、生态资源开发为可持续的加快发展,四大板块已经形成了最成熟的基础环境,集聚了最优质的资源条件,理应成为体制机制创新、辐射带动全区、扩大开放开发的主载体、主战场。

"一城一区一山一水"是推动加快发展的强大引擎。"一区"承载工业、集聚产业,是主动力;"一城"人口集聚,功能集中,是配套;"一山一水"资源独特,重点发展文化旅游休闲产业,是新动能。通过产业科学布局、功能差异化定位,相互支撑、协调共进,为加快发展提供"四轮驱动"。

"一城一区一山一水"是推动加快发展的长远布局。打造四大板块是一项系统工程,不可能一蹴而就。必须保持战略定力,坚持打阵地战、攻坚战、持久战,立足实际、循序渐进,做到"一任接着一任干,一张蓝图干到底"。

必须牢牢把握三大目标任务。

——综合实力更强。到2020年,全区完成工业实际投入累计达到1000亿元,工业开票销售收入达到2000亿元左右,公共财政预算收入达到80亿元,地区生产总值达到1000亿元。

——生态环境更美。土地节约集约利用水平进一步提升,环境风险得到有效控制。大气、土壤、水质等环境质量逐步改善,主体功能区和生态安全屏障基本形成,生态系统稳定性增强。生态文明制度体系基本建立,全社会环境意识显著提高,生产和生活方式更加绿色、低碳。

——人民生活更幸福。城镇居民、农村居民人均可支配收入保持年均10%左右增长,结构更趋优化。社会就业更加充分,创业氛围更加浓厚,劳动关系更加和谐,社会保障制度更加完善。教育、医疗、养老、文化体育等公共服务均衡发展,社会治理体系有效构建,司法公信力不断提高,人民群众的满意度和安全感持续提升。

三、2016年重点工作任务

五年发展看头年。开局之年直接关系着五年的发展态势,直接决定着今后的发展格局,必须确保开好局、起好步。要深入贯彻中央经济工作会议、省市委全会精神,坚持加快发展主旋律主基调不动摇,以"项目引进持续突破、项目建设持续发力"为工作主题,突出"一城一区一山一水"四大重点板块建设提速,咬定目标、迎难而上,推动加快发展步入健康持续的轨道。明年的主要预期目标是:公共财政预算收入增长15%以上,突破40亿元;工业开票销售收入增长30%以上,力争突破1000亿元;工业实际投入增长40%以上,力争突破200亿元。

重点要做好以下五个方面工作:

*(一)持续推进"两个加快"。*要把持续加快项目引进、持续加快项目建设作为今后一段时期的工作主线,确保开发区增速持续高于全区平均水平,各镇园区快速提升规模质量。进一步深化园区规划研究,严格规划实施,保障资源集约利用;加快道路、标准厂房等基础设施建设,打造提升绿化亮化等园区景观;完善邻里中心等生活设施配套,建立专业化、一站式服务机制,全面提升园区建设、管理和运营水平。进一步依托工业园区和专业团队,紧盯项目有效信息,全力抓住投资强度大、产业层次高、技术含量足的龙头型项目,实现重特大项目持续突破。围绕众泰汽车等龙头项目,加快引进一批配套项目和上下游企业,逐步形成产业集聚。克服急功近利心态,高度关注科技含量高、成长性强、市场前景好的中小型项目,实现引进项目的"顶天立地"和"铺天盖地"。进一步加快签约项目的开工建设,加强对中航锂电、蓝色星球等重大项目的跟踪服务,切实帮助解决难题,共同推进项目早日建成,形成持续增长点。不断优化社会环境,大力营造"亲商、安商、富商"氛围。进一步重视企业培育,坚持与企业协同作战,密切联系交流,鼓励成熟企业做强主业、做大规模、做响品牌。注重引导企业家强化资本运作理念,加快融资上市步伐,实现产品经营向资本运营的升级。

（二）深入推进产城融合。按照以产兴城、以城促产思路，加快塑造现代化的中心城区，连片推进新型城镇化建设，努力破除城乡二元结构。着力完善综合交通体系。基本完成G233先导段、S241改扩建、金茅公路东段改扩建等重点工程，加快S240景观化改造、直茅公路、金城港等交通设施建设，年内基本实现主城区外围环通、城区与各板块通达、金坛与周边县市联通一级公路的三大目标。积极与省、市沟通对接，全力做好沿江城际铁路地方前期准备工作，保障明年开工建设。着力推进新城建设。加快东环二路南延、汇贤路南延等主干道路建设，完善新城路网体系。高标准实施钱资湖景观工程，启动钱资湖大桥、钱资湖广场建设，打造城市特色风貌。加快学校、医院等公共服务配套，推进江南银行"三大中心"、吾悦广场、碧桂园、中央商务区建设，打造高品质的城市形态。着力提升城镇功能。完善各镇总体规划和产镇融合规划编制，尽快完成各镇中心区控制性详规和城市设计。严格依据规划，加快各镇中心区域建设，优化公共服务布局，有效引导人口、功能和服务向镇区集中，推动园区和集镇互动融合。

（三）加快推进生态资源开发利用。坚持科学谋划，加速推进茅山和长荡湖旅游资源开发，尽快把自然生态优势转化成发展优势。要扩大茅山旅游新影响。高标准推进核心区内交通、景观、信息等基础设施建设，加快高品质的度假酒店、休闲娱乐设施配套，明年完成S265金坛段等9条道路建设，RBD小镇建设全面启动。做好东方盐湖城、壹号农场等项目开放、运营相关服务，形成人气集聚和知名效应。突出农业观光、运动休闲、养老康体等主题，持续引进高品质项目，重视旅游营销策划，不断放大资源优势。要打开长荡湖开发新局面。加快完成长荡湖旅游度假区总体规划，全面启动核心区城市设计与市政专项规划编制，系统指导开发建设。加快实施退圩还湖、长荡湖大道、环湖路等重点工程，加快生态清淤、生态修复、网围整治等综合性治理，逐步优化发展环境。参照省级开发区模式，理顺开发体制机制，搭建组织架构，组建专业团队，保障高效运行。要丰富乡村旅游新内涵。结合"美丽乡村"示范村创建，系统整合仙姑、上阮等乡村旅游资源，挖掘和打造一批特色乡村旅游线路，体现形式的多样性、内容的多重性和体验的差异性。

（四）不断推进"三农"发展。树立农业农村工作大有可为的观念，强化改革推进、政策配套和资源整合，始终保持"三农"工作走在前列。农村改革突出成效。全面完成土地承包经营权确权登记后续工作，分类推进农村社区股份制改革，健全农村集体"三资"管理监督和收益分配制度，建设区、镇农村产权交易市场并投入运作，保障农民放心流转土地，放心转移就业。农业现代化提升水平。建立适度规模经营的体制机制，持续推进农田水利基本建设，着力强化物质装备和科技支撑，大力培育家庭农场、农民专业合作社、产业化龙头企业等新型农业经营主体，有效推动产业园区和主导产业形成市场优势，明年"三资"投入农业开发总额力争突破15亿元。农村面貌持续改善。强化农村环境长效管理，加快实施新孟河延伸拓浚、区域防洪除涝、农村河道疏浚整治、水系连通及河湖整治等重点工程，促进水资源保护和合理配置。大力发展物业经济，推进结对帮扶和"百千万"帮扶工程，增强村级集体经济实力。

（五）扎实推进民生改善。始终把改善民生作为落脚点和出发点，促进公共资源均衡布局，切实办好各项民生实事，把发展成果惠及全区人民。不遗余力强保障。落实撤市设区同城同待遇政策，不断提升城乡基本社会保障水平，充分促进就业创业，实现居民收入基础稳固、增长稳步。千方百计强投入。确定的学校、医院、文广体类重点项目要保证投入、加快建设，以满足群众均等化、多样化服务需求。创新服务理念，突破体制编制束缚，扩大社会化服务领域，切实提升服务效能和水平。一着不让强治理。顺应加快发展形势需要，加强对社会治理研究，加快城市治安防控体系建设，强化对流动人口、特殊人群、重点区域的社会管理，形成"党委领导、政府负责、社会协同、公众参与、法治保障"的现代化社会治理新格局。

四、全面加强和改进党的建设

积极践行"五大理念"，加快打造"四大板块"，关键在加强和改进党的建设。要以深入贯彻落实党要管党、从严治党为重点，全面推进思想、制度、组织、作风和党风廉政建设。

（一）始终保持战略定力。发展是党执政兴国的第一要务。新常态下，我们要深化对发展规律、经济规律和社会规律的认识，对区委确立的"十三五"发展战略、主要目标和重要任务，坚定信心，一鼓作气，扎实推进。要正视发展差距，承认历史欠账，克服小胜即满、急于求成的心态，既坚持加快发展的主题，又多做打基础的实事、多谋利长远的实招，以"功成不必在我"的胸襟，一步一个脚印地推动金坛发展行稳致远。要深化"不发展或慢发展都没有出路"的共识，不断强调开放开发，引导广大党员干部拓宽思路、争先进位，引导企业家们扩展视野、创新发展，引导全社会形成坚定发展、宽容包容的积极环境。要坚持迎难而上，对加快发展中看到的问题不回避，遇到的矛盾不上交，碰到的困难不退缩，从加强工作谋划、转变政府职能、提高发展质量等处着手，敢想敢试、闯出新路，牢牢把握发展的主动权。

（二）不断强化责任担当。不勇于担责、不甘于奉献，就不会有大的发展。要选准用好干部。以区、镇、村三级换届为契机，选优配强各级班子，推进干部跨地区、跨部门交流，鼓励实行优秀专业人才聘用制探索，真正使有能力、有经验、敢担当的干部集合到发展一线。深化领导干部适岗性排序和实绩公示工作，探索领导干部负面清单积分制管理，切实做到以"实绩论英雄"。要强化主动作为。各级领导干部要主动把份内的责任担起来,出手要快、措施要准、工作要实,积极为发展解难。职能部门要准确把握政策的"大框架",找准"切入口",积极向上争取,使政策意见、行政人脉有效转化为发展资源。广大干部要加快工作思路和方法转变,主动干事、大胆干事、奋勇争先。要提升执行能力。把抓落实作为重点着力,从决策、执行、监督、考评、奖惩等各个环节,细化建立责任体系,强化压力传导,杜绝"不作为、慢作为、乱作为"之风。

(三)坚定不移反腐倡廉。坚持强化从严治党一贯要求,把依规治党作为新时期的重要任务。要以学习贯彻《中国共产党廉洁自律准则》和《中国共产党纪律处分条例》为契机,深入推进党风廉政建设和反腐败工作,挺纪在前、有腐必惩,加快形成不敢腐、不能腐、不想腐的体制机制。要严格落实、持续强化"两个责任",认真执行党风廉政建设责任追究办法,严格推行"一案双查",切实推动各级党委守土负责、守土尽责。要坚定不移惩治腐败。坚持纪在法前、纪严于法,正确运用监督执纪"四种形态",不断加大纪律审查力度,严肃查处重点领域、关键环节和发生在群众身边的违纪问题,扎实做好巡视组巡视反馈意见的整改落实工作。要持之以恒正风肃纪。切实抓好中央八项规定、省委十项规定和市、区有关规定的贯彻落实,紧盯"四风"问题新动向新表现,严查严管、寸步不让,推动优良作风落地生根、成为常态。

同志们,宝剑锋从磨砺出,梅花香自苦寒来,唯有厚积才能薄发。让我们以"十三五"开局为新的起点,在中央、省市委的坚强领导下,团结一致、攻坚克难、开拓进取,为推动金坛经济社会加快发展,全面融入苏南发展大潮而努力奋斗!

政府工作报告

——在常州市金坛区第十六届人民代表大会第五次会议上

(2016年1月21日)

常州市金坛区区长　狄志强

各位代表:

现在,我代表区人民政府向大会作工作报告,请予审议,并请各位区政协委员和其他列席人员提出意见。

一、"十二五"时期和2015年工作回顾

"十二五"以来,区政府在区委的正确领导下,在区人大、区政协的监督支持下,围绕"常金一体、东扩南移、苦干三年、强基进位"的工作目标,紧紧依靠全区人民,把加快发展作为全部工作的主旋律,坚定不移推进基础设施建设、平台载体建设、招商引资、项目建设和民生改善,全区经济社会呈现良好发展态势。

综合实力明显提升。2015年地区生产总值比2010年增长70.5%,五年年均增长11.3%,人均地区生产总值9.4万元;一般公共预算收入比2010年增长100.5%,五年年均增长14.9%;工业开票销售收入比2010年增长89.4%,五年年均增长13.6%。五年累计新增签约引进项目超400个、协议总投资超800亿元,众泰汽车、中航锂电、同方威视等一批重大项目先后落户金坛。农业基本现代化水平稳居全省第一区间。2015年末金融机构人民币存贷款余额达675亿元和522亿元,分别比2010年末增加380亿元和328亿元。

发展格局全面拉开。编制完成一批重点及专项规划,形成了完整的规划体系。在规划的引领下,高标准打造发展载体和平台,五年累计完成收储征收动迁面积500余万平方米,腾出超过100平方公里的发展空间。滨湖新城建设框架快速拉开,开发区发展空间有效拓展,各镇工业集中区基本建成,茅山和长荡湖旅游开发全面启动,"以滨湖新城为引领,开发区为龙头,各镇工业集中区相配套,茅山、长荡湖相呼应"的开放开发格局已经形成。

城乡面貌焕然一新。区域内主要交通干道、运河航道的等级大幅提升,五年累计建设道路90余条、总里程超350公里、总投资超150亿元,金武快速路、华城中路一期、240省道城区段景观化改造、金坛大道和南环二路拓宽改造、丹金溧漕河航道整治提升工程等一批重大基础设施建成投运。老城区面貌逐步改善,镇村环境有效提升,获得国家节水型城市、国家卫生城市和江苏人居环境奖等荣誉称号。

社会事业加快发展。教育、文化和卫生等公共服务资源布局初步形成,创成全国义务教育发展基本均衡县(市、区),建成省公共体育服务体系示范区和公共文化服务体系示范区。儿童剧《留守儿童》获得国家"五个一工程"奖。社会大局保持稳定,实现省双拥模范城"四连冠",荣获"全国法治县(市、区)创建活动先进单位",连续12年获评省平安县(市、区)。

各位代表,2015年是"十二五"规划的收官之年。一年来,我们紧紧围绕"一城一区一山一水"发展重点,认真贯彻区委十二届八次全会精神,组织和带领全区广大干部群众,团结拼搏,真抓实干,经济社会继续保持高位增长、持续攀升的良好态势,较好地完成了区十六届人大四次会议确定的各项目标任务。

(一)区域经济逆势奋进

经济运行持续向好。全年完成地区生产总值525.5亿元,同比增长13.8%;一般公共预算收入36.15亿元,同比增长20%,税收占比86.3%;城镇居民和农村居民人均可支配收入分别为40040元、20510元,同比分别增长8.5%和9.5%,各项主要经济指标增幅均继续位列常州各辖市区首位。

工业经济提质增量。全年完成工业开票销售收入701.1亿元,同比增长10.9%;工业实际投入140.6亿元,同比增长36.97%。众泰汽车首辆整车顺利下线,实现工业开票销售收入24亿元。晨风集团等4家企业税收收入均超亿元,亿晶光电、金昇实业工业开票销售收入双双突破50亿元,其中金昇实业入选全国民营企业500强、省民营企业100强。

现代农业提档增收。建设高标准农田3.6万亩,新增高效设施农(渔)业面积6000亩。新增农民专业合作社63家,新认定家庭农场68家,创成常州市级农业园区2个、常州市级以上示范合作社24家。国家重点水利工程——新孟河延伸拓浚工程率先在我区开工建设,完成年度小农水重点县、太湖流域水环境治理等水利工程。

现代服务业提速增效。茅山旅游度假区北部片区控制性详细规划基本完成,访仙路、观云路等道路建成通车,华夏宝盛园开园试营业。长荡湖省级旅游度假区成功获批,成为继常熟后省内第二家同时拥有2个省级旅游度假区的县(市、区)。顺利举办长荡湖湖鲜美食节、长荡湖籽虾节、上阮赏花季和乡村旅游嘉年华等宣传推介活动。

(二)发展基础不断夯实

项目引进势头强劲。完善领导带头、镇区主导、部门联动、全社会参与的招商机制,做到区、镇、部门各级领导人人有任务、个个有指标。整合成立六个重点项目引进工作办公室,并给予编制、配备人员、划拨经费,带动全区加快招商引资步伐。重大项目取得突破,先后引进总投资125亿元的中航锂电、总投资50亿元的蓝色星球环氧丙烷及聚醚多元醇、总投资23亿元的同方威视等总投资超10亿元的项目9个。

项目建设进展顺利。建立重大项目"联审联办"制度,畅通服务流程、形成绿色通道,全力以赴推动项目建设,中科国能、盈科通信等68个重点项目竣工投产。加快政府性投资项目建设步伐,逐一排定项目投资建设方案,制定好项目实施、土地保障、资金保证三大计划,殡仪馆迁建及配套工程等项目开工建设。

项目管理成效显著。制定《重点产业类项目清单》和《政府性投资项目推进计划清单》,实施清单式目标管理,明确每个项目的实施主体、责任主体以及项目推进的时间节点要求。成立项目督查小组,做到月督查、月会商、月推进,对重点项目划时段、分层次、多形式开展项目建设督查。

项目保障更加有力。积极帮助企业向上争取,博瑞电控高压共轨系统、斯威克EVA项目分获国家重大专项资金支持,全区累计争取上级各类资金超16亿元。通过增减挂钩、独立选址等途径,争取建设用地指标10100余亩。积极推进企业股改上市,完成股改企业7家,其中京东农业、帕卓管路、常峰股份3家企业在新三板成功挂牌。

(三)改革活力日益凸显

行政改革持续深化。按照常州市委、市政府统一部署,撤市设区工作有序实施。扎实推进政府职能转变和机构改革工作,整合组建市场监管局、卫计局,实施薛埠镇扩权强镇工作。金城工业园申报省级经济开发区通过省级部门会审。同一乡镇村庄建设用地布局调整试点稳步推进,城镇土地使用税税额标准调整顺利获批。农村土地承包经营权确权登记颁证试点工作基本完成,并在全省领先。

资源整合稳妥推进。加大部门存量资产的整合盘活力度,以"资源变资产、资产变资本、资本变资金"的新路径,将部门原来的"死资产"变成了"活资金",有效提升国有资产使用效益,累计盘活存量资产超过20亿元。加强国有公司建设管理,集聚优质国有资产(资源),先后完成四批次国有资产(资源)优化整合。

融资工作卓有成效。完善江苏金坛投资控股有限公司组织架构,推动企业做大做强,有力支撑全区融资工作。深入开展与国开行、农发行等政策性银行合作,获得国开行城乡供水一体化项目贷款16亿元;与农发行常州分行签订战略合作协议,未来3年获得不低于60亿元的贷款授信额度。探索政府和社会资本合作模式,PPP试点项目和储备项目数量均列全省县(市、区)第一位。

创新要素加快集聚。新增省科技创新团队2个、省"双创人才"2名、省"双创博士"4名,新建省级工程技术研究中心7家、省企业研究生工作站5家,培育高新技术企业16家。旺达喷灌"新型低能耗多功能节水灌溉装备关键技术研究与应用"项目,荣获"国家科技进步奖"二等奖。

(四)发展形态日趋优化

规划布局日益深化。制定《重点规划编制计划清单》,共排定28项规划编制任务,并按时序要求扎实推进实施。高标准编制城市总体规划,完成薛埠、儒林等5镇产镇融合规划,优化完善城市综合交通、排水工程、慢行系统、美丽乡村建设等专项规划。稳步推进控规全覆盖,科学指导城乡开发建设,着力构建"产城一体化发展"的城镇格局。

基础设施逐步完善。233国道先导段、265省道(一期)、241省道黄庄至溧阳界段改扩建等工程快速推进,常溧高速、钱资湖大道等道路竣工通车。第二污水厂扩建工程建成投运,长荡湖水厂启动建设。移动4G+网络实现全覆盖,完成220千伏河头变电站扩建、110千伏景区变电站新建、110千伏尧塘变电站及薛埠变电站扩建等工程。

城乡建设快速推进。滨湖新城加快建设,环湖路、钱资湖岸线景观改造一期等基础设施项目启动实施,碧桂园、新城吾悦广场等商业项目开工建设。老城区改造有序开展,"931"城市环境整治行动高标准推进,城区路灯亮化工程顺利实施,城区静态停车位改造全部完成。深入推进第四轮结对帮扶工作,积极开展美丽乡村创建,上阮村荣获"江苏最美乡村"称号。

生态环境有效改善。积极推进国家森林城市和国家生态文明建设示范市创建工作,完成绿化造林面积8000余亩。新建下塘河四期滨河风光带、峨嵋绿地、景潭绿地等滨水公园和街头游园。建立农业生态补偿机制,秸秆综合利用率超90%。全面完成长荡湖饮用水源地1万余亩网围整治工作。关停燃煤小锅炉148台。

(五)民生福祉持续增进

民生实事顺利实施。全年共投入财政资金近10亿元,较好地完成了住房保障、河道整治、交通便民等10件民生实事。

社会事业协调发展。高考本二以上达线率76.85%,连续4年增幅位列常州各辖市区第一位。东城实验小学、指前实验学校、华城小学改扩建二期建成投用。区第二人民医院和城东卫生院合并移址新建、儒林镇卫生院中医妇科医院竣工投用。成功举办第六届全民运动会和第七届文化艺术节,第五次蝉联"江苏省文明城市"。

社会保障更为健全。稳步提高保障水平,城乡低保月均待遇提高至590元,城乡居民基本医疗保险人均筹资标准提高到550元,企业退休人员养老金人均月增发192元。就业形势保持稳定,新增城镇就业9500人,转移农村劳动力5000人,创业带动就业4975人,城镇登记失业率控制在2.2%以内。大力推进安置房建设,在建安置房达328万平方米、交付92.4万平方米。

社会大局保持稳定。进一步加强安全生产工作,未发生重特大安全事故。创新社会管理方式,建成覆盖全区村(社区)"一委一居一站一办"服务管理新架构。大力推进农村家庭技防入户工程,积极开展老小区"三防"升级改造。完善领导包案下访、专案接访和专题研判工作机制,全面推进落实"稳评"工作。成功抵御50年一遇的洪涝灾害,取得了抗洪抢险的胜利,保障了人民群众生命财产安全。

(六)政府建设全面加强

服务效能大幅提升。深入推进简政放权,编制完成"五张清单"并对外公布,继续开展行政审批事项清理,精简事项153项,精简率达47.5%。"12345"政府公共服务热线共受理群众诉求4万余件,办结率达99.59%,热线回访率达100%,群众满意率达98.97%。

依法行政扎实推进。严格按照法定权限和程序行使权力、履行职责,完善行政决策机制,健全公众参与、专家论证、风险评估、合法性审查、集体讨论决定等制度。坚持重大事项向人大报告和向政协通报制度,认真办理人大代表建议和政协提案,办理人大代表建议131件、政协委员提案90件。

廉政建设不断强化。深入开展反腐倡廉教育,强化惩治和预防腐败体系建设,加大对重点领域、重点部位和关键环节权力运行的监管力度。严格执行中央八项规定、省委十项规定,深入开展"反四风"活动。深化节约型机关建设,严控"三公"经费支出,有效降低行政成本,"三公"经费明显下降。

此外,统计、粮食、民防、邮政、烟草、档案、外事、供销、气象、地震等部门认真履职,取得了新的成绩;工会、妇女儿童、青少年、侨台、地方志、老龄、残联、红十字、民族宗教等单位扎实工作,作出了新的贡献。

各位代表,我们深切地感受到,政府工作取得的每一点成绩,离不开区委的正确领导,离不开区人大、区政协的监督和支持,更凝聚着全区广大干部群众的心血和汗水。在此,我代表区人民政府,向辛勤工作在各个领域的全区人民,向给予政府工作大力支持的人大代表、政协委员、离退休老同志和各民主党派、工商联、无党派人士、各人民团体,向全体驻坛部队指战员、武警官兵、公安干警,向所有关心支持金坛发展的社会各界朋友,致以衷心的感谢和崇高的敬意!

在肯定成绩的同时,我们也清醒地看到经济社会发展中还存在不少困难和问题,主要表现在:经济总量仍然偏小,全区企业不多、规模不大、产业发展层次不高;重大项目引进有待持续加强,项目开工建设速度还不快;城市功能形态仍不够完善,老城区公共服务配套功能滞后;广大群众对教育、文化、卫生等公共服务的需求日益增强,民生实事推进有待持续加快;政府系统干部解决深层次矛盾的力度还不大,服务发展的能力水平还有待提高。对此,我们将高度重视,采取有效措施,认真加以解决。

二、"十三五"时期的目标任务和2016年主要工作

各位代表,根据《区委关于制定金坛区国民经济和社会发展第十三个五年规划的建议》,区政府编制了《金坛区国民经济和社会发展第十三个五年规划纲要(草案)》,已经印发给大家,提请大会审议。《纲要(草案)》全面提出了我区"十三五"时期经济社会发展的指导思想、总体目标、主要任务和重大举措,经本次大会审议批准后,区政府将作为今后五年的施政依据,认真付诸实施。

"十三五"期间,是我区加快发展、奋力赶超的关键时期。面对新常态、新形势,我们必须科学研判和准确把握经济社会发展的新特征、新趋势,清醒认识面临的挑战和困难,切实增强机遇意识、风险意识和责任意识,积极践行

“五大理念”，着力打造“四大板块”，进一步激发全区经济和社会发展的活力，推动金坛各项事业再上新台阶，加快融入苏南整体发展的进程。

“十三五”时期经济社会发展的预期目标是：综合实力显著增强。到2020年，力争实现地区生产总值1000亿元，一般公共预算收入80亿元，工业开票销售收入2000亿元，五年累计工业实际投入1000亿元。产业体系更富活力。到2020年，基本实现农业现代化，服务业增加值占地区生产总值比重超过46%；研发经费支出占地区生产总值比重超过3%，高新技术产业产值占规模以上工业产值比重超过48%。城乡环境更加优美。通过五年努力，城镇化战略格局和生产力布局更趋合理。大气、土壤、水质等环境质量逐步改善，主体功能区和生态安全屏障基本形成，生态系统稳定性增强。生态文明制度体系基本建立，全社会环境意识显著提高，生产和生活方式更加绿色、低碳。民生幸福不断提升。城乡居民收入持续较快增长，社会事业主要指标达到常州市平均水平，居民幸福感和满意度进一步增强。到2020年，城镇居民和农村居民人均可支配收入分别达到6万元、3.5万元，五年新增城镇就业4.6万人，城镇登记失业率控制在2%左右，城乡基本社会保障实现全覆盖。

2016年是“十三五”发展的开局之年，做好今年工作至关重要。今年政府工作的总体要求是：深入贯彻党的十八届五中全会精神、中央经济工作会议和习近平总书记系列重要讲话精神，全面落实区委十二届十次全会的决策部署，集中精力打造“一城一区一山一水”四大重点板块，持之以恒推进“两个加快”，切实加大有效投入、壮大产业规模、深化改革创新、打造宜居环境、保障改善民生、加强自身建设，全面开启金坛加快发展新篇章，努力实现“十三五”良好开局。

2016年全区经济社会发展的主要预期目标是：地区生产总值增长11%；一般公共预算收入增长15%；工业开票销售收入增长30%；固定资产投资增长20%；城镇居民和农村居民人均可支配收入分别增长10%和11%；单位地区生产总值能耗和主要污染物减排完成省及常州市下达指标。

为实现上述目标，今年政府将着重做好以下七个方面工作：

（一）切实打造“四大板块”，不断优化空间布局

全力推动城市建设。积极对接常州新一轮城市总体规划修编，推动金坛与常州中心城区融合发展。加快推进滨湖新城建设，实施钱资湖大桥、金沙塔和钱资湖广场等基础设施工程，推进规划馆等公共服务项目，加快中央商务区等商业项目建设速度，尽早展现滨湖新城形态。编制完善老城更新规划，统筹推进老城区改造更新，启动西二环道路改造工程，完成下塘河清淤整治及二、三期绿化景观贯通工程，提升老城区宜居环境。深化各镇产镇融合、中心区控规与城市设计等各项规划，以环境整治、功能完善、产业发展为重点，推进集镇建设，改善集镇形象。

全力提升园区环境。启动开发区56平方公里核心区空间的优化规划，完成北部化工新材料产业园用地策划，加快33条道路、6条河道等基础设施建设，进一步完善功能配套，着力提升整体形象和发展质量。深入推动华罗庚科技产业园建设，突出高端、智能、低碳，加快项目招引，推动企业集聚，积极推进省级高新区申报工作。稳步提升金城工业园发展层级，加快园区设施提升改造，不断改善园区面貌，力争创成省级经济开发区。继续推动各镇工业集中区差异化、特色化发展，完善邻里中心等生活配套，打造绿化亮化等园区景观，建立专业化、一站式服务机制，提升园区建设、管理和运营水平。

全力开发山水资源。加快茅山旅游度假区建设，完成南部片区控制性详细规划，建设游客服务中心，完成核心区内道路、景观、管线等配套基础设施建设，完善停车场、旅游标识标志等公共服务配套设施，引进高品质的度假酒店、休闲娱乐设施配套项目，确保东方盐湖城开园营业。启动长荡湖开发建设，探索“政府主导、企业主体、市场运营”的整体开发模式，编制长荡湖旅游度假区各类专项规划，推进退圩还湖、长荡湖清淤、水环境整治、网围整治、道路建设等基础设施工程，努力将长荡湖打造成金坛南部发展的新引擎。

（二）切实加大有效投入，努力增强后发优势

着力强化项目招引。突出重点产业招商，围绕节能与新能源汽车、锂电池等产业领域，绘制产业精准招商路线图，着力引进一批符合产业导向、利于产业链延伸的项目。突出重点区域招商，紧盯北京、上海等地区，主动走访联系当地龙头领军企业，有重点、有选择地承接发达地区的产业转移。突出以企引企，主动做好现有企业的服务工作，充分利用广大企业家在信息、人脉、品牌等方面的优势，协助引进一批关联企业。突出重大项目招商，主动对接世界500强、国企央企和行业龙头企业，重点聚焦10亿元以上项目，着力引进一批带动力强和影响力大的优质项目。力争引进投资超50亿元项目1个、30亿元～50亿元项目2个、10亿元～30亿元项目3个、5亿元～10亿元项目5个，项目引进协议总投资额超过600亿元。

着力推进项目建设。完善项目清单式管理制度，制定重点产业类项目清单和政府性投资项目清单，抓住有效项目生成、重点项目突破和项目跟踪推进机制建设三个环节，明确任务，落实责任。充分发挥社会投资主体作用，统筹抓好185个重点产业类项目建设，全力推进蓝色星球环氧丙烷及聚醚多元醇、众泰新能源汽车、大唐天然气热电联产等项目建设，确保中航锂电（一期）等项目年内建成投产。充分发挥政府投资的基础性作用，加快政府性工程建设，加强各镇（区、街道）、各部门与项目实施单位的配合，细化工作目标、明确工作责任、加大督查力度。

着力汇聚要素资源。抓住土地利用总体规划调整完善的机遇,力争核减基本农田指标、调整规划用地指标,努力拓展用地空间。继续推进同一乡镇范围内村庄建设用地布局调整试点工作,着力做好点供、独立选址项目的整合和指标争取工作。推行用地指标有偿使用制度,按照“用地收费、造地收益”的原则,切实提高土地使用效益。引导企业家强化资本运作理念,加快融资上市步伐,实现产品经营向资本运营的升级。加强政银企对接合作,鼓励金融机构加大对重点项目、中小微企业的信贷投放力度,新引进金融机构2家,新增贷款超过120亿元。

(三)切实壮大产业规模,逐步优化产业质态

大力提升制造业发展水平。围绕众泰汽车项目,加快培育节能与新能源汽车产业。积极推进中航绿色电源科技园建设,以项目为引领拉长产业链、提高集聚度。围绕同方威视项目,加快集聚和培育科技含量高、附加值高、带动力强的高端装备制造产业。深入推进纺织服装等传统产业提档升级,引导传统行业运用新装备、新技术,提升企业品牌价值和盈利水平。加强工业化与信息化深度融合,争创省“两化融合”示范(试点)企业、省星级数字企业8家,推动先进制造企业向“智能工厂”转变。

大力推动服务业跨越发展。规范提升商贸零售、文化娱乐、餐饮酒店等生活服务业水平,逐步形成布局合理、特色鲜明、产业集聚、功能完善的服务业发展格局,继续提高服务业在经济总量中的比重。推进乡村旅游发展,整合仙姑村、上阮村等旅游资源,挖掘和打造一批特色乡村旅游线路。推进“放心、便民”消费服务体系建设,促进文化消费、信息消费和健康养老消费。加强房地产监管、服务工作,促进房地产业持续健康发展。

大力优化壮大现代农业。大力推进“一镇一园、一村一品”建设,集中打造一批特色鲜明的设施农业板块,进一步扩大茶叶、无节水芹、红香芋、高档水果等经济作物种植规模。瞄准20亿元现代渔业规模,以长荡湖金蟹、青虾为主打品种,主攻高效特种水产。突出龙头企业带动,重点培育年销售超5亿元的农产品加工企业。整合打造长荡湖、金坛雀舌等区域公共品牌,切实规范品牌使用和管理,形成整体效益。办好第三届金坛雀舌茶道会等各类节庆会展活动,提升金坛农产品品牌知名度。

(四)切实推进改革创新,充分激发发展活力

加快改革深化。继续推进事业单位改革,整合归并职能弱化、功能相近的事业单位,剥离事业单位中涉及行政审批中介服务职能。开展不动产登记职能整合,加快形成权界清晰、分工合理、权责一致、运转高效、法治保障的不动产统一登记体系。探索研究综合行政执法体制改革试点方案。推进农村集体产权制度改革,启动区、镇(街道)农村产权交易市场建设。加快农村社区股份合作制改革,各镇(街道)选择1—2个村试点推进。

加快资源整合。明确国有公司的发展规划和定位,不断完善组织架构,健全现代企业制度,推动企业做强做大。围绕棚户区改造、整体城镇化等领域,加大政府性投资项目的投入力度,高效对接农发行、国开行、进出口银行等政策性银行,积极争取长周期、低利率的专项贷款。推广政府和社会资本合作模式,建立多元化的重点项目资金保障机制,鼓励社会资本参与提供公共产品、公共服务并获取合理回报。

加快科技创新。深入实施创新驱动,全面推进3平方公里苏南国家自主创新示范区建设。大力提升企业自主创新能力,加快打造以高新技术企业为骨干的创新型企业集群,新增省级以上“三站三中心”10家、高新技术企业10家。积极探索产学研合作模式,拓展合作的深度与广度,实施产学研合作项目50个以上。深入推进“大众创业、万众创新”,继续实施“金沙英才计划”,探索发展众创、众包、众扶、众筹新模式,引进培养高层次人才和团队,激发科技人员创新创业的热情。

(五)切实强化品质提升,持续打造宜居环境

全面完善功能配套。力争开工建设沿江城际铁路,加快直茅公路、金城港等交通设施建设,完成241省道黄庄至溧阳界段改扩建、240省道开发区段景观快速化改造、金茅公路东段改扩建等道路建设工程。优化提升区域防洪除涝体系,实施新孟河延伸拓浚、龙山水利枢纽等重点水利项目,充分发挥水利保障发展作用。进一步深化城乡发展规划,加快推进“多规合一”。

全面建设美丽乡村。有序完成重点村、特色村村庄建设规划编制,做好规划保留村发展提升工作,适度推进村庄整体动迁安置工作。深化农村环境长效管理,进一步强化督查考核,切实巩固村庄环境整治成果,创建常州市级美丽乡村示范村4个。指导各村因地制宜制订经济发展计划,力争所有行政村集体经济年收入均超100万元。

全面加强生态文明。围绕生态文明建设,高标准推进生态绿城工程。以提质、扩面、增效为抓手,对金城镇、指前镇、东城街道实施拉网式农村环境综合整治。严控太湖考核断面水质,重点推进长荡湖、南天荒湖生态清淤等生态修复工程。开工建设动物无害化处理中心。加快智慧城管建设,深化市容网格化管理模式,完善环卫保洁无缝化对接机制,做好城市长效综合管理常州市区统一考评工作。

(六)切实优化公共服务,着力促进社会和谐

积极完善社会保障。落实撤市设区“同城同待遇”社保提标工作,确保养老、医疗、失业三大保险综合覆盖率保持在98%以上。做好失业人员和困难人员就业工作,新增城镇就业9000人。加大农村扶贫开发力度,深入推进经济薄弱村结对帮扶,对农村低收入群体实施精准帮扶、精准脱贫。强化镇村平台标准化建设,实现行政村“便民通”全覆盖,全力打造“15分钟公共服务圈”。

积极发展社会事业。深化省义务教育优质均衡改革发展示范区建设,启动实施第二轮学前教育五年行动计

划，创建省社区教育示范县（市、区）。继续推进公立医院改革，加快薛埠镇茅麓卫生院西阳分院等基层医疗机构建设。探索建立教育、卫生等公共服务领域"特殊人才、特殊通道、特殊待遇、特殊照顾"的人才引进方式，提高公共服务水平。整合文化体育公共服务资源，积极开展各类文体惠民活动。积极稳妥推进基本公共服务与常州主城区"同城同质"发展，让老百姓切实感受到改革发展带来的实惠。

积极维护社会稳定。严格落实安全生产"党政同责、一岗双责"和企业主体责任，进一步健全安全生产监管责任体系。深入推进城乡社区"减负增效"、"政社互动"、"三社联动"，做好第十一届村委会和第五届居委会换届选举工作。大力提升公众安全感和法治建设满意度，实现公共法律服务体系和矛盾纠纷排查调处体系全覆盖，健全社会矛盾排查预警、调解处置、应急管理机制，深化领导干部下访接访机制，全力维护社会稳定。

（七）切实加强自身建设，全面提高工作水平

进一步优化政府服务。加强政务服务体系建设，深化行政审批制度改革，健全"信息共享、网上审批"系统和项目审批内部流转、多图联审、联合竣工验收等制度，提供更加高效、便捷、优质的行政审批服务。严格执行首问负责制、限时办结制、责任追究制，强化督查问效和行政问责，持续治理庸懒散、中梗阻。深入改进文风会风，精简各类文件，压缩会议数量、规模和时间，把更多精力用在发展和为群众服务上。

进一步坚持依法行政。恪守法无授权不可为、法定职责必须为，推进政府机构、职能、权限、程序、责任法定化，把依法行政贯穿于政府工作的各个层面、各个环节。完善重大行政决策机制，不断提高依法决策水平。自觉接受人大法律监督、工作监督和政协民主监督，不断提高人大代表建议、政协委员提案办理质量。深化政务公开，主动接受社会监督和舆论监督，加强行政监察和审计监督。

进一步加强廉政建设。巩固和发展党的群众路线教育实践活动和"三严三实"专题教育成果，持续整治"四风"突出问题，不断完善联系服务群众长效机制。严格落实党风廉政建设责任制，健全惩治和预防腐败体系，全面落实反腐倡廉各项措施，坚持有腐必反、有贪必肃，始终保持惩治腐败的高压态势。深入贯彻厉行节约、反对浪费有关规定，进一步压缩"三公"经费和公务费等一般性支出，努力降低行政成本。

各位代表，今年的改革发展任务艰巨而繁重，我们倍感责任重大、使命光荣。让我们在区委的坚强领导下，以恪尽职守诠释责任，用奋发有为完成使命，通过一个个工程的实施、一项项任务的完成、一件件实事的落实，共同开创金坛加快发展的新局面！

编辑　盛南萍

尚之源生态农业观光园　　（区旅游局　供稿）

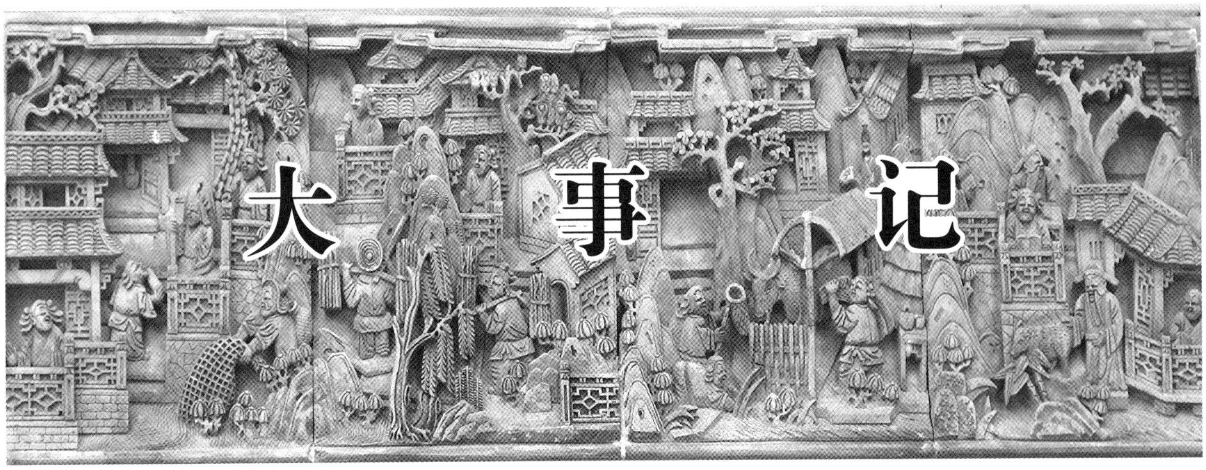

大事记

1月

4～7日　政协金坛市第九届委员会第四次会议召开，王国胜当选为市政协主席。

5～7日　金坛市第十六届人民代表大会第四次会议召开。

19日　省政府批准《金坛市总体规划（2013～2030）》。

28日　省政府批准金坛市调整金城镇、指前镇区域范围，撤销尧塘镇，设立东城、西城、尧塘3个街道。

1月　金坛市第四次被命名为中国民间文化艺术之乡。

2月

6日　省委常委、宣传部部长王燕文到金坛调研基层思想文化工作。

同日　龙于工坊钓具有限公司挂牌中小企业股权报价系统，成为金坛首家在上股交Q板挂牌、对接资本市场的旅游企业。

10日　省委副书记、省长李学勇到金坛走访慰问。

11日　首届江苏消费者“最喜爱的绿色食品”评选，金坛10种产品入选，列县级市第一。

同日　全市党建工作会议召开。

3月

3日　金坛获国家级节水型城市称号。

11日　金坛在上海国际会议中心举办先进制造业和城市发展暨旅游服务业两场主题推介会。

21日　全市农村工作会议召开。

同日　省政府批准设立江苏省金坛长荡湖旅游度假区。

27日　皮尔磁电子（常州）有限公司在金坛经济开发区举行落成典礼，这是德国皮尔兹公司在中国设立的首个智能工厂。

30日　茅山乾元观入选江苏省首批五星级宗教活动场所。

4月

3日　金坛创建成为省级公共体育服务体系示范区。

16日　江苏省农村创业青年代表座谈会在金坛召开，省委常委、副省长徐鸣出席会议并讲话。

17日　全市领军人才引进工作推进会召开。

28日　常州亿晶光电科技有限公司董事长荀建华被中共中央、国务院授予“全国劳动模范”称号。

4月　金沙高级中学晋升四星级，成为全省为数不多的四星级民办高中。

同日　西城街道方边村被司法部、民政部共同授予第六批全国民主法治示范村称号。

5月

6日　儒林镇大涪山普门禅寺举行青铜梵钟开光庆典。

9日　市委、市政府召开“金坛企业家看金坛”暨全市“加快项目引进、加快项目建设”工作推进会。

12日　全国县域经济创新力50强发布，金坛列第15位。

15日　陈春洪任中共金坛市委副书记，朱柏松、王建斌任中共金坛市委常委。

同日　金坛茅山东方盐湖城一期道天下景区入选2015年中国旅游投资优选项目名录。

23日　金坛召开“三严三实”专题教育工作推进会。

26日　常州市农村土地承包经营权确权登记颁证工作现场会在金坛召开。

31日　金坛召开撤市设区大会，常州市金坛区成立。

5月　沈东任中共金坛市委常委，7月13日兼任金坛区人民政府副区长。

6 月

1 日 钱资湖大道与延政西路贯通并通车。

9 日 金坛区获评 2012 ~ 2014 年度江苏省文明城市，为第五次蝉联。

16 日 江苏华越毛纺有限公司与金坛区指前实验学校签订捐赠协议，设立总额为 105 万元的奖教基金。

19 日 西城街道文化社区获评全国科普示范社区。

同日 江南农耕园再次入选全国科普教育基地。

26 ~ 27 日 金坛 24 小时总降水量 274.6 毫米，超历史记录。

29 日 区委、区政府发布《关于做好抵御特大洪涝灾害工作的紧急通知》，全区干群投入抗洪救灾。

7 月

2 日 常州市委书记阎立到金坛区指导灾后复产重建工作。

同日 百年世博中国名茶金奖和金骆驼奖名单出炉，江苏鑫品茶业有限公司选送的“鑫品”牌金坛雀舌茶获绿茶类金骆驼奖第一名。

4 日 金坛区召开纪念中国共产党成立 94 周年暨表彰大会。

9 日 拥有 800 多年历史的丹金溧漕河金坛城区段老航道正式取消航道货运功能。

12 日 南京工业大学学生社会实践基地在金坛区揭牌。

17 日 金坛丰登酒业有限公司，金坛市饮食服务有限公司开一天酒家入选首批“江苏老字号”。

21 日 金武路快速化通道（金坛段）通过交工验收，全线贯通。

25 日 金坛吾悦广场开工。

同日 区委十二届九次全体（扩大）会议召开。

8 月

3 日 指前镇清水渎村成为全国“一村一品”示范村。

7 日 农业部副部长张桃林到金坛调研农业农村工作。

8 日 易址新建的金坛第二人民医院投入使用。

15 ~ 16 日 段玉裁 280 周年诞辰纪念暨段学、清学国际学术研讨会分别在南京、金坛两地举行。

18 日 金坛区政府与中航锂电（洛阳）有限公司签约，总投资 125 亿元，建设锂离子动力电池项目。

同日 同方威视科技园在金坛经济开发区奠基，项目总投资 15 亿元，建设全球最大集装箱检测产品制造基地。

20 日 《鸳鸯》特种邮票、《董永故里》纪念邮折首发式在直溪镇董永故里望仙桥举行。

9 月

10 日 “2015 德勤—江苏高科技高成长 30 强”榜单发布，金坛区盛利维尔（中国）新材料技术有限公司入选。

14 日 常州市委常委会召开“三严三实”专题学习研讨会，到金坛学习“严清华精神”。

15 日 江苏省首批认定 30 个省级巾帼电子商务示范村。朱林镇黄金村、直溪镇溪滨村入选。

17 日 直溪镇亿晶光电 100 兆瓦“渔光一体”光伏电站正式并网发电。

19 日 金坛区第六届全民运动会暨第七届艺术节开幕。

28 日 众泰汽车金坛项目竣工投产，常州历史上第一辆轿车整车下线。副省长徐南平出席仪式。

30 日 区委、区政府在金坛烈士陵园举行烈士公祭活动。金坛革命烈士纪念馆落成开馆。

9 月 茅山华夏宝盛园开放。

同月 全区 73 名抗战老兵荣获国家颁发的抗日战争胜利 70 周年纪念章和补助金。

10 月

14 日 省政协副主席何权率 20 余名省政协委员到金坛，开展建设现代医疗卫生体系专题民主监督活动。

17 日 2015 中国 · 长荡湖休闲湖泊峰会暨第四届中国长荡湖湖鲜美食节开幕。

18 日 中央电视台发现之旅频道《品质》栏目走进金坛茶企节目开机。

22 日 首届“金坛之秋”音乐会在金沙广场举行。

23 日 省委常委、省纪委书记弘强在金坛调研经济社会发展情况。

10 月 江苏省首批 37 家乡村旅游创新项目公布，金坛茅山保朴园、长荡湖水街名列其中。

同月 纪海平任中共金坛区委常委、金坛区纪委书记。

11 月

1 日 全国农村土地承包经营权确权登记颁证现场会在金坛召开。

4 日 金坛河蟹获得 2015 全国河蟹大赛“金蟹奖”和“最佳口感奖”。

5 日 金坛区《社会救助实施办法》出台，于 2016 年 1 月 1 日起实施。

15 日 省委第五巡视组到金坛区进行一个半月的巡视工作。

16日　2015年中国民营500强企业调研排序榜单发布，江苏金昇实业股份有限公司排名第317位。

22日　江苏旺达喷灌机有限公司节水灌溉装备关键技术获国家科技进步二等奖。

23日　新孟河延伸拓浚工程在尧塘街道率先开工建设，省委常委、副省长徐鸣到金坛视察工程建设情况。

12月

16日　省委副书记、代省长石泰峰到金坛调研。

19日　区委十二届十次全体(扩大)会议召开。

28日　金坛公安局评出首届十大“民心警察”。

12月　朱林镇司法所获全国先进司法所称号。

编辑　盛南萍

东方盐湖城　　（区旅游局　供稿）

金坛概貌

地情概述

【地理位置】 常州市金坛区地处江苏省南部，位于北纬31°33′42″～31°53′22″，东经119°17′45″～119°44′59″，为宁（南京）、沪（上海）、杭（杭州）三角地带之中枢。东与常州市武进区相连；西与句容市接壤；南与溧阳、宜兴市依水相望；北与丹阳市、镇江丹徒区毗邻。（刘士科）

【行政区划】 2015年年末，金坛区行政区域面积975.7平方公里，人口54.93万人，辖6个镇3个街道，下设93个村委会，32个社区居委会。

金坛区区级行政区域界线主要涉及金坛区儒林镇、尧塘街道、东城街道、直溪镇、薛埠镇、指前镇6个行政区域单位，与周边地市级相邻的有无锡市、镇江市，与县级市（区）相邻的主要有武进、溧阳、句容、丹徒、丹阳、宜兴6个行政区域单位。

全区有常（州）镇（江）线、锡（无锡）常线2条市界，武（进）金（坛）线、金溧（阳）线2条区界，4条界线总长251.434公里。累计管护界桩14颗。其中，常镇线135.233公里，管护界桩7颗；锡常线14.261公里，管护界桩2颗；武金线37.27公里，管护界桩2颗；金溧线64.67公里，管护界桩3颗。

表1　　2015年金坛区行政区划统计表

街道 乡镇	面积 （平方公里）	村（居）民委员会	
东城街道	74.49	5	村：柘荡、河头、中塘、五联、明星
		12	居：华苑、峨嵋、东方、华胜、华兴、华城、电胜、金河、南苑、新城、汇贤、聚贤
西城街道	74.97	6	村：城南、涑渎、方边、小坵、黄庄、岸头
		16	居：西门、文化、小南门、春风、丹阳门、花街、河滨、北园、东园、北门、虹桥、翠园、愚池、西城、朱庄、南洲
尧塘街道	88.81	11	村：西华、谢桥、尧塘、汤庄、红旗、水东、迎春、万新、下庄、水北、林丰
金城镇	72.09	11	村：元巷、冯庄、后阳、南瑶、白塔、庄城、长竹埂、沈渎、培丰、前庄、联丰
薛埠镇	234.7	21	村：上阮、花山、致和、仙姑、西旸、东进、上阳、薛埠、连山、方麓、山蓬、罗村、长山、茅庵、东窑、泉江、下杖、神亭、石马、茅东、倪巷
直溪镇	106.6	12	村：汀湘、王甲、建昌、新河、吕坵、坞家、西溪、巨村、溪滨、天湖、井庄、迪庄
		3	居：溪城、直溪、直里
朱林镇	77.0	9	村：朱林、龙溪、长兴、西岗、三星、唐王、红旗圩、沙湖、黄金
指前镇	105.14	12	村：社头、解放、建春、芦溪、清水渎、庄阳、指前、东浦、丰产、王母观、新河、岳阳
儒林镇	61.2	6	村：南社、儒林、后庄、五叶、柚山、湖头
		1	居：河下

说明：全区另有湖泊等面积80.7平方公里，未统计在上述街道、乡镇内　　（陈　伟）

【人口】 2015年年末，全区户籍人口54.93万人，比上年年末减少0.41万人。男性27.25万人，女性27.68万人，年出生4710人，人口出生率8.54‰，出生政策符合率99.36%。人口自然增长率0.64‰。

【物产资源】 金坛有丰富的土地资源和水资源，山丘、水面、平原齐全，条件优越，为农、林、牧、副、渔和工业、交通、旅游等的全面发展提供了有利条件。全市耕地面积3.4万公顷，水域面积1.94万公顷。生物资源丰富，植物有茶、林、果、竹，是江苏省茶叶主要产区；还有药用植物782种，其中茅山苍术为本地特产；珍贵动物有金丝雀、银鱼、穿山甲、刺猬、野山羊等。

矿产资源主要有岩盐、石灰岩、油页岩、玄武岩、黏土、煤、泥炭、矿泉水、建筑石料等10余种，部分已开采利用。被誉为"苏南第一矿"的金坛岩盐矿位于境内西北部直溪、茅麓、薛埠3个镇范围内的丘陵地区，盐矿总面积60.5平方公里，矿储量163亿吨，矿体品位高，平均氯化钠含量85%，埋藏深度在808.6~1236.64米之间，比较适中，盐层累计厚度为143.66~237.32米，最大单层厚度为52.91米。 （刘士科）

【气候】 金坛区2015年度气温正常，降水偏多，日照时数正常。年平均气温16.4℃，比常年同期偏高0.4℃。各月平均气温和常年值比较：1月显著偏高，偏高值为1.9℃；2、3、12月偏高；7月气温显著偏低，偏低值为-1.7℃；其他月份正常。年极端最高气温为37.2℃(8月4日)，年极端最低气温为-5.7℃(1月1日)。全年日最高气温出现≥35℃的高温日数计12天。年总降水量1503.9毫米，较常年偏多395.5毫米。月降水量和常年值比较：1、7、10、12月偏少，4月偏多，11月显著偏多，6月异常偏多，其他月份正常。6月24日入梅，7月13日出梅，梅期19天，总梅雨量429.5毫米。属入梅、出梅偏晚，梅期正常，梅雨异常偏多年份。年总日照时数为1749.4小时，比常年偏少155.9小时，属正常年份。

是年1月28~29日出现雨夹雪转大到暴雪天气，最大积雪深度1厘米，雨雪对园林苗木和农作物设施影响不大，路面积雪给市民的日常生产、出行和交通造成一定影响。3月气温偏高，降水、日照适宜，促越冬作物及早春发。4月上旬连续阴雨寡照，田间湿度大，不利于夏熟作物中期生长，增加小麦穗期病虫害大发生的隐患。4月28日19~21时，全区出现雷雨、大风、冰雹等强对流天气，其中金城镇庄城村、联丰村；东城街道五联村、明星村遭遇严重冰雹，西城街道黄庄村、城南村和直溪镇迪庄村、吕坵村等有零星冰雹，全区受灾较重。5月天气有利于夏熟作物的后期生长和收获。6月上旬出现一次暴雨且当旬光照严重不足，影响全区夏收夏种进度，6月26~28日全区出现强降水过程，3天总雨量328.6毫米，其中27日日雨量274.6毫米，为特大暴雨日，创金坛有记录以来的日最大降水记录，24~30日总降水量387.8毫米，旬降水量创1956年有记录以来的历史极值，此次降水过程强度强、持续时间长，全区受灾十分严重。7月气温显著偏低，晴热高温天数偏少。8~9月气候正常。10月多晴好天气，有利于秋熟作物的后期生长。11月气温正常，降水日数19天，为历史同期雨日最多月份，连续阴雨寡照严重影响全区秋收秋种进度和质量。12月气温偏高，降水偏少。

上年度终雪日出现在3月5日，终积雪日为1月30日，结冰终日为2月19日，终霜出现在3月12日；本年度初霜日为11月26日，结冰初日为11月26日，无霜期258天。

年内气温正常，降水偏多且时空分布不均，极端异常天气偏多，影响程度大。而台风影响个数少，影响程度小。农业气象条件总体利大于弊，油菜、小麦、水稻等主要农作物属正常气候年型。 （黄玲玲）

表2 2015年金坛区气象资料一览表(一)

项目	1月	2月	3月	4月	5月	6月	7月	8月	9月	10月	11月	12月	全年
平均气温(℃)	4.9	6.1	10.4	15.6	21.3	24.2	26.5	27.5	23.7	18.5	12.2	6.4	16.4
极端最高气温(℃)	17.3	16.8	29.8	31.1	32.4	34.5	36.2	37.2	32.2	26.3	27.3	17.0	37.2
出现日期	4	14	31	28	14	12	29	4	1	16	6	1	4/8
极端最低气温(℃)	-5.7	-5.0	0.1	1.8	11.6	14.7	18.1	21.4	14.8	9.0	-4.9	-4.7	-5.7
出现日期	1	9	10	8	21	5	7	25	13	11	27	18	1/1
降水量(毫米)	34.9	58.9	94.5	128.0	93.5	648.6	112.0	101.6	81.4	38.2	87.4	24.9	1503.9
一日最大降水量(毫米)	11.1	16.5	38.7	30.5	36.9	274.6	26.5	36.6	36.3	28.3	20.9	6.7	274.6
出现日期	29	28	18	5	15	27	17	30	5	1	17	20	27/6

续表 2

项目		1月	2月	3月	4月	5月	6月	7月	8月	9月	10月	11月	12月	全年
降水日数(≥0.1毫米)		8	9	12	12	10	17	15	13	8	7	19	10	140
最长连续降水日数及其量	日数	4	6	7	5	4	10	11	4	2	3	10	3	11
	量	16.4	40.0	86.5	67.4	14.0	392.4	393.3	49.4	18.9	47.2	50.7	8.6	393.3
起止日期		27－30	23－28	14－20	4－8	27－30	21－30	21/6－1	8－11	29－30	29/9－1	16－25	9－11	21/6－1/7
最长连续无降水日数		17	15	5	7	8	4	5	10	6	18	5	6	18
起止日期		20/12－5	31/1－14	21－25	21－27	19－26	2次	27－31	27/7－5	2次	9－26	26－30	3次	9－26/10
日照时数(小时)		133.0	117.7	133.8	187.3	170.9	83.0	136.0	193.7	212.1	175.5	72.2	134.2	1749.4
日照百分率(%)		42	38	36	48	40	20	31	47	57	50	23	43	40
相对湿度(%)		73	75	76	73	74	82	83	79	76	77	85	77	78
最小相对湿度(%)		15	15	25	19	19	26	44	41	31	23	27	20	15
出现日期		2	10	24	25	20	12	14	4	13	2天	27	3	2天/2个月
最多风向(十六方位)及其频率(%)	风向	NE	ESE	ESE	SE	ESE	SE	NE	ENE	NE	ENE	ENE	W	ESE
	频率	10	13	16	13	26	16	14	14	20	15	14	10	12
平均风速(米/秒)		2.0	2.4	2.3	2.5	2.3	2.2	2.3	2.1	2.1	1.9	2.1	1.8	2.2
大风日数(≥17.0米/秒)					2		1							3

表 3　　2015 年金坛区气象资料一览表(二)

时间		霜	雪	积雪	结冰	最低气温≤0℃	地面最低温度≤0℃	当年无霜期
上年度	初日	1/12	3/12	28/1	2/12	2/12	5/12	254
	终日	12/3	5/3	30/1	19/2	10/2	11/3	
	初终间日数	101	93	3	80	71	97	
本年度	初日	26/11	/	/	26/11	26/11	27/11	

（黄玲玲）

【水文】 2015 年，全区汛期(5～9月)总降雨量 992 毫米，比历年同期多 35.32%。6～7 月有 2 次强降雨过程，6 月 16～18 日为第一次强降水过程，金坛站累计降雨量 168.5 毫米。6 月 24～30 日为第二次强降水过程，其中 6 月 26 日晚 20 时金坛区普降大雨，部分地区达暴雨，且降雨时间集中。全区 20 个自动气象站中有 7 个雨量超 300 毫米，其中金坛站 358 毫米，王母观站 307.9 毫米，丹金闸 369 毫米，最大值为朱林站 369.8 毫米。金坛站最大 24 小时雨量 274.6 毫米，最大三日降雨 328.6 毫米。全区共有 6 个镇 3 个街道遭受不同程度灾害，9.29 万人受灾。全区有14153户居民进水,损坏房屋29942间,倒塌房屋168间。受涝面积2.47公顷,农作物受灾面积1.54公顷,农作物成灾面积0.82万公顷,农作物绝收面积0.42万公顷,农林牧渔业遭受不同程度损失,合计损失9.46亿元。洪水导致263家企业不同程度受淹,企业普遍因洪水延误生产进度。因暴雨中断公路7条次,工业交通运输业直接经济损失4.31亿元。损坏堤防534处66.82千米,损坏护岸44处,损害水闸22座,损坏灌溉设施223处,损坏机电泵站63座,水利设施直接经济损失6741万元。由于短时间强降雨,致使城乡部分低洼地区积水成灾,共造成全区直接经济损失22.85亿元。

(吴　洁)

历史文化

【建置沿革】 金坛历史悠久,早在石器时代即有先民栖息、生存。春秋时期,金坛属吴地,战国时期为越、楚所割,秦汉归曲阿县,晋系延陵县金山乡。隋末农民起义中乡人自立金山县。武周垂拱四年(688年)改为金坛县。县名一直未变,但境域和隶属关系多有变动。

1949年4月24日,金坛解放,属苏南行政公署武进行政分区,11月改属常州专区。1953年1月,撤常州专区,属镇江专区。1958年8月撤镇江专区,属常州专区。1959年9月,撤常州专区,属镇江专区。1983年3月,实行市管县体制,金坛县属常州市。1993年11月10日,经国务院批准,撤销金坛县,设立金坛市(县级),以原县行政区域为市行政区域,金坛市由江苏省直辖。2015年4月,经国务院批准,撤销县级金坛市,设立常州市金坛区。

【风景名胜】 金坛,处江南丘陵地带,独特的山水资源造就了独特的地域景观。古时,曾有文人将金坛的景观归纳为金沙八景,即过去常说的乌龙叠翠、南洲渔笛、白龙澄碧、漫塘春水、北渚莲舟、洮湖夜月、四平夕照、三峰晓云。金沙八景适应时代和社会的变化,以山边、水边、城边为轴线,以道教养生文化、山水农耕文化和城市名人文化为底蕴,勾勒出一幅新的金坛风光画卷,焕发出新的生命力。

茅山——中国道教圣地,林荫覆盖,云蒸霞蔚,道家的三宫五院和洞、泉、池等自然景观,令人顿生"花飞佛地三千里,人在瑶峰十二层"之感。"凉月如钩挂水湾,江南风物镜中看"的洮湖以及众多河流、芦荡组成的密集水网,使人领略"鱼米之乡"的无穷韵味和意境。戴王府、段玉裁纪念馆、华罗庚公园、龙山禅寺等名胜古迹层楼叠阁、鳞次栉比。城南风景区、长荡湖、钱资湖,滨湖新城相继开发建设,拉开了一个具有现代城市功能、江南水乡特色、园林生态环境的湖滨城市的框架。

【人文荟萃】 金坛人杰地灵,人才辈出。自三国至清末,金坛有影响力的诗人、学者、著述家、政治家有百人以上,其中佼佼者有唐代诗人储光羲、戴叔伦,明代医学家王肯堂,清代训诂学家、经学家段玉裁,近现代的《神曲》译者王维克,《民立报》主编徐血儿,数学家华罗庚,物理学家汤定元,地质学家孙枢,自动控制学家冯纯伯,生物学家王志新,物理学家周远,微电子专家胡正明等先后为中国科学院院士(学部委员),还有人造地球卫星功臣钱骥、法学家杨兆龙、教育家段力佩等。

(刘士科)

土特产

【茶叶】 主产区:薛埠镇。在第十一届"中茶杯"全国名优茶评比中,金坛区4种茶样获一等奖。在百年世博中国名茶金奖——"金骆驼奖"获奖品牌评比中,金坛区"鑫品"牌金坛雀舌茶获百年世博中国名茶"金骆驼奖"。江苏省"中江杯"第二届手工制茶能手大赛在江苏茶博园举行,代表露源生态良种茶场参赛的选手获扁形茶炒制组三等奖。"金坛雀舌"区域品牌价值9.81亿元,较上年增加0.04亿元;"茅山青锋"区域品牌价值为8.02亿元,较上年增加0.23亿元。"金坛雀舌"品牌价值位列江苏参评品牌第一位。

【长荡湖大闸蟹】 主产区:长荡湖。长荡湖是国家级中华绒螯蟹养殖标准化示范区、江苏省出入境检验检疫局注册的出口河蟹生产基地。长荡湖大闸蟹采用生态养殖模式,以螺蛳、野杂鱼、水草、玉米、小麦为饵料,具有"青背白肚、黄毛金钩、色泽鲜艳、体型硕大、品味独特"的特点,被定为钓鱼台国宾馆宴会特供蟹、绿色食品A级产品。曾获中国十大名蟹、江苏省名牌产品、江苏省名优农产品等称号,在国内具有较高声誉,出口韩国、中国香港等东南亚国家和地区。

【无节水芹】 主产地:朱林镇。江苏金唐农业科技有限公司67公顷水芹基地,通过出入境检验检疫局出口农产品一级备案,成为中国唯一获得国家质检总局认定的出口水芹种植基地。金坛无节水芹于2013年被国家工商总局认定为国家地理标志证明商标。

【建昌红香芋】 主产地:直溪镇建昌。建昌红香芋产于金坛境内第一大圩——建昌圩,圩区内水质清澈、气候温湿、土壤肥沃,土壤质地为乌散土,pH值7.0,最适于红香芋的生长。种植区域为直溪镇蔡甲村、吕丘村、迪庄村、下蔡村、养殖场、建昌村、天湖村、井庄村、杨家舍村、新河村。建昌红香芋是金坛区第一个农产品地理标志登记产品。

【建昌白蒜】 主产地:直溪镇建昌。建昌圩有着栽培大蒜的悠久历史,蒜农从长期以来的生产实践,筛选出具有独特风味的地方大蒜品种,形成一套大蒜优质高产栽培技术。主要种植区域为直溪镇蔡甲村、迪庄村。

【管庄小香葱】 主产地:金城镇。香葱是金城镇的一个特色产业,产品通过农业部绿色食品香葱认定,是常州市名优农产品。香葱种植主要分布在管庄、元巷、前庄、白塔等村,是该镇高效农业中的典型。

【"蘇"牌大米】 主产地:指前镇、金城镇。"蘇"牌系列大米(有机米、软米、软粳米、大粒香米等)米色晶莹剔透、柔软丰腴、清香四溢、颗粒饱满,形成无公害大米、绿色大米、有机大米的金字塔式的梯度结构。

【"满天星"牌挂面、面粉】 "满天星"牌面粉、挂面系列产品,获"常州市名优农产品""江苏省名牌产品""江苏省著名商标"等称号。其以优质小麦为原料,通过先进的生产工艺制作而成。针对不同消费群体和产品的多样化,强化品质和食品安全,产品远销中国香港及东南亚等国家和地区,深受广大消费者青睐。

【"丰登"牌封缸酒】 金坛"丰登"牌封缸酒是江南地区的传统名酒,产品选用金坛"标糯米"为原料,引用钱资湖天然水源。好米配好水,再加上传统秘方精心酿制窖藏,陈酿而成。该酒清澈爽冽,浓郁香醇,鲜甜可口,富含人体所必需的18种氨基酸、维生素、矿物质,营养丰富,不添加任何色素,经常饮用,有益健康。产品获江苏省著名商标、江苏省名牌产品、中国绿色食品、国家非物质文化遗产、常州市老字号等各类称号。

【酱香乳鸽】 "华阁"乳鸽系列熟食产品为金坛区江南鸽业有限公司自有品牌产品,现有酱香乳鸽、清炖乳鸽、蔻川乳鸽、五香鸽肫、五香鸽心和鸽蛋产品,均选自本公司自有无公害农产品基地饲养的新鲜乳鸽为原料,运用传统工艺结合现代加工工艺精心研制,不含人工香料和化学防腐剂,配以天然香料,经脱脂、煮制、高温灭菌制成。具有风味醇香、咸淡适中的特点,是居家用餐、外出旅游、馈赠亲友之佳品。被评为"常州市名优农产品""常州市推荐商品"及"常州市名牌产品"。 (贺 燕)

国民经济和社会发展

【概述】 2015年,全区上下紧紧围绕"一城一区一山一水"发展重点,认真贯彻区委十二届八次全会精神,组织和带领全区广大干部群众,团结拼搏,真抓实干,经济社会继续保持高位增长、持续攀升的良好态势,较好完成区十六届人大四次会议确定的各项目标任务。全年完成地区生产总值525.5亿元,同比增长13.8%;一般公共预算收入36.15亿元,同比增长20%,税收占比86.3%;城镇居民和农村居民人均可支配收入分别为40002元、20427元,同比分别增长8.5%和9.5%,各项主要经济指标增幅均继续位列常州各辖市区首位。

【工业】 全年完成工业开票销售收入701.1亿元,同比增长10.9%;工业实际投入140.6亿元,同比增长36.97%。两大指标逆市上扬,增幅列常州辖市(区)第一,在苏南县市(区)中也名列前茅。众泰汽车首辆整车顺利下线,实现工业开票销售收入24亿元。晨风集团等4家企业税收收入超亿元,亿晶光电、金昇实业工业开票销售收入双双突破50亿元,金昇实业入选全国民营企业500强、省民营企业100强。

【农业】 建设高标准农田2400公顷,新增高效设施农(渔)业400公顷。新增农民专业合作社63家,新认定家庭农场68家,创成常州市级农业园区2个、常州市级以上示范合作社24家。国家重点水利工程——新孟河延伸拓浚工程金坛部分率先开工建设,完成年度小农水重点县、太湖流域水环境治理等水利工程。

【现代服务业】 茅山旅游度假区北部片区控制性详细规划基本完成,访仙路、观云路等道路建成通车,华夏宝盛园开园试营业。长荡湖省级旅游度假区获批,金坛成为江苏省内第2家同时拥有2个省级旅游度假区的县(市、区)。顺利举办长荡湖湖鲜美食节、长荡湖籽虾节、上阮赏花季和乡村旅游嘉年华等宣传推介活动。

【夯实发展基础】 积极应对经济新常态,集中精力抓招商引资和项目建设,不断优化投资环境,尽可能引进更多的企业和项目,壮大实体经济,夯实发展基础。项目引进势头强劲。完善领导带头、镇区主导、部门联动、全社会参与的招商机制,做到区、镇、部门各级领导人人有任务、个个有指标。整合成立6个重点项目引进工作办公室,带动全区加快招商引资步伐。先后引进总投资125亿元的中航锂电、总投资50亿元的蓝色星球环氧丙烷及聚醚多元醇、总投资23亿元的同方威视等总投资超10亿元的项目9个。建立重大项目"联审联办"制度,畅通服务流程、形成绿色通道,全力以赴推动项目建设。中科国能、盈科通信等68个重点项目竣工投产。加快政府性投资项目建设步伐,逐一排定项目投资建设方案,制定好项目实施、土地保障、资金保证三大计划,殡仪馆迁建及配套工程等项目开工建设。项目管理成效显著。制定《重点产业类项目清单》和《政府性投资项目推进计划清单》,实施清单式目标管理,明确每个项目的实施主体、责任主体以及项目推进的时间节点要求。成立项目督查小组,做到月督查、月会商、月推进,对重点项目划时段、分层次、多形式开展项目建设督查。项目保障更加有力。积极帮助企业向上争取,博瑞电控高压共轨系统、斯威克EVA项目分获国家重大专项资金支持,全区累计争取上级各类资金超16亿元。通过增减挂钩、独立选址等途径,争取建设用地指标673.33公顷。积极推进企业股改上市,7家企业完成股改,其中京东农业、帕卓管路、常峰股份3家企业在"新三板”(全国中小企业股份转让系统有限责任公司,下同)成功挂牌上市。

【改革活力充沛】 多措并举,持续释放社会各方的创新创造热情,汇聚金坛加快发展的能量。深化行政改革。按照常州市委、市政府统一部署,撤市设区工作有序实施。扎实推进政府职能转变和机构改革工作,整合组建市场监管局、卫计局,实施薛埠镇扩权强镇工作。金城工业园申报省级经济开发区通过省级部门会审。同一乡镇村庄建设用地布局调整试点稳步推进,城镇土地使用税税额标准调整获批。在全省领先完成农村土地承包经营权确权登记颁证试点工作。资源整合稳妥推进。加大部门存量资产的整合盘活力度,以“资源变资产、资产变资本、资本变资金”的新路径,将部门原有死资产变成活资金,有效提升国有资产使用效益,累计盘活存量资产超20亿元。加强国有公司建设管理,集聚优质国有资产(资源),先后完成4批次国有资产(资源)优化整合。融资工作卓有成效。完善江苏金坛投资控股有限公司组织架构,推动企业做大做强,有力支撑全区融资工作。深入开展与国开行、农发行等政策性银行合作,获得国开行城乡供水一体化项目贷款16亿元;与农发行常州分行签订战略合作协议,未来3年获得不低于60亿元的贷款授信额度。探索政府和社会资本合作模式,PPP(即公私合作模式,是公共基础设施中的一种项目融资模式。在该模式下,鼓励私营企业、民营资本与政府进行合作,参与公共基础设施的建设)试点项目和储备项目数量均列全省县(市、区)第一位。创新要素加快集聚。新增省科技创新团队2个、省“双创人才”2名、省“双创博士”4名,新建省级工程技术研究中心7家、省企业研究生工作站5家,培育高新技术企业16家。旺达喷灌“新型低能耗多功能节水灌溉装备关键技术研究与应用”项目,获“国家科技进步奖”二等奖。

【优化发展形态】 坚持规划引领,加快完善城市功能和镇区功能,高标准提升基础设施水平,注重环境保护,不断推动产城融合。深化规划布局。制定《重点规划编制计划清单》,共排定28项规划编制任务,并按时序要求推进实施。高标准编制城市总体规划,完成薛埠、儒林等5镇产镇融合规划。优化完善城市综合交通、排水工程、慢行系统、美丽乡村建设等专项规划。稳步推进控规全覆盖,科学指导城乡开发建设,着力构建“产城一体化发展”的城镇格局。完善基础设施。233国道先导段、265省道(一期)、241省道黄庄至溧阳界段改扩建等工程快速推进,常溧高速、钱资湖大道等道路竣工通车。第二污水厂扩建工程建成投运,长荡湖水厂开工建设。移动“4G⁺”网络实现全覆盖,完成220千伏河头变电站扩建、110千伏景区变电站新建、110千伏尧塘变电站及薛埠变电站扩建等工程。推进城乡建设。滨湖新城加快建设,环湖路、钱资湖岸线景观改造一期等基础设施项目启动实施,碧桂园、新城吾悦广场等商业项目开工建设。老城区改造有序开展,“931”(九整治,三规范,一提升)城市环境整治行动高标准推进,完成城区路灯亮化工程、城区静态停车位改造工程。开展美丽乡村创建,薛埠镇上阮村获“江苏最美乡村”提名。改善生态环境。积极推进国家森林城市和国家生态文明建设示范市创建工作,完成绿化造林面积533.33公顷。新建下塘河四期滨河风光带、峨嵋绿地、景潭绿地等滨水公园和街头游园。建立农业生态补偿机制,秸秆综合利用率超90%。完成长荡湖饮用水源地600余公顷网围整治工作。关停燃煤小锅炉148台。

【增进民生福祉】 突出惠民利民,统筹兼顾,协调发展,推进社会事业全面进步,确保人民群众真正享受发展所带来的实惠。民生实事实施。全年共投入财政资金近10亿元,完成住房保障、河道整治、交通便民等10件民生实事。社会事业协调发展。高考本二以上达线率76.85%,增幅连续4年位列常州各辖市区第一位。东城实验小学、指前实验学校、华城小学改扩建二期建成投用。区第二人民医院和城东卫生院合并移址新建、儒林镇卫生院中医妇科医院竣工投用。举办第六届全民运动会和第七届文化艺术节,第5次蝉联“江苏省文明城市”。健全社会保障。稳步提高保障水平,城乡低保月均待遇提高至590元,城乡居民基本医疗保险人均筹资标准提高至550元,企业退休人员养老金人均月增发192元。就业形势保持稳定,新增城镇就业9500人,转移农村剩余劳动力5000余人,创业带动就业4975人,城镇登记失业率控制在2.2%以内。推进安置房建设,在建安置房328万平方米、交付92.4万平方米。社会大局保持稳定。加强安全生产工作,全年全区未发生重特大安全事故。创新社会管理方式,建成覆盖全区村(社区)“一委一居一站一办”服务管理新架构。推进农村家庭技防入户工程,积极开展老小区“三防”(物防、技防、人防)升级改造。完善领导包案下访、专案接访和专题研判工作机制,推进落实“稳评”工作。成功抵御50年一遇的洪涝灾害,保障人民群众生命财产安全。 (何 彬)

人民生活

【城镇居民生活】 2015年,金坛区城镇居民人均可支配收入40001.9元,同比增长8.4%;城镇居民人均生活消费支出21270.4元,同比增长7.5%。

从收入结构看,城镇居民人均工资性收入25143.9元,同比增长8%,占人均可支配收入的62.9%;人均经营净收入5653元,同比增长9.4%;人均财产净收入4006元,同比增长8.6%;人均转移净收入5199元,同比增长9.2%。

城镇居民人均居住建筑面积46平方米。

表4 金坛区每百户城镇居民耐用品一览表

项目	单位	2014年	2015年	项目	单位	2014年	2015年
1. 摩托车	辆	35	35	10. 摄像机	架	10	9
2. 助力车	辆	130	130	11. 照相机	架	49	40
3. 家用汽车	辆	43	43	12. 微波炉	台	85	92
4. 洗衣机	台	101	103	13. 空调器	台	176	188
5. 电冰箱	台	105	105	14. 淋浴热水器	台	106	111
6. 彩色电视机	台	184	183	15. 健身器材	套	4	4
7. 中高档乐器	件	5	7	16. 普通电话	部	93	92
8. 家用电脑	台	109	102	17. 移动电话	部	232	231
9. 组合音响	套	12	9				

【农村居民生活】 2015年,金坛区农村居民人均可支配收入20426.5元,同比增长9%,其中人均工资性收入13236.5元,同比增长8.7%;人均经营净收入4681元,同比增长9.8%;人均财产净收入569元,同比增长9.6%;人均转移净收入1940元,同比增长9.2%。全区农村居民人均生活消费支出12674.4元,同比增长9.1%。

农村居民人均居住建筑面积56平方米。

表5 金坛区每百户农民家庭耐用品一览表

项目	计量单位	2014年	2015年	项目	计量单位	2014年	2015年
1. 洗衣机	台	99	99	11. 电话机	部	86	89
2. 电冰箱	台	103	106	12. 移动电话	部	200	202
3. 空调机	台	114	123	13. 彩色电视机	台	154	159
4. 抽油烟机	台	50	53	14. 黑白电视机	台	0	0
5. 吸尘机	台	0	0	15. 摄像机	台	3	3
6. 微波炉	台	80	84	16 照相机	架	8	8
7. 热水器	台	95	97	17. 家用计算机	台	32	34
10. 汽车(生活用)	台	10	15				

(姚 莉)

社会主义精神文明建设

【概述】 2015年,全区精神文明建设围绕中央、省和常州市文明委的有关部署要求,以创建文明城市为主线,以培育和践行社会主义核心价值观为核心,着力推进志愿服务和诚信建设制度化,全面提升城市文明程度和市民文明素质。

【思想道德建设】 以培育和践行社会主义核心价值观为重点,广泛宣传尚德向善文明新风,致力营造良好社会氛围。以"邻里守望·情暖万家"为主题,开展第九届社区"邻里节"活动,将空巢老人结对帮扶、青少年免费家庭教育、关爱社区残疾人等内容列为活动重点。贯彻落实《公民道德建设实施纲要》,通过现场咨询、文明劝导、演讲比赛、知识讲座等形式,推进公民道德建设进机关、进企业、进学校、进村镇。利用大型户外广告、公交站台、路名牌、电子屏幕和工地围挡等,在全区广泛开展核心价值观、志愿服务、文明创建等各类公益广告宣传。结合传统节日,开展"我们的节日"系列主题文化活动。春节期间以"金羊闹春庆元宵"为主题,开展非物质文化遗产展示活动;清明节组织中小学生开展"网上祭英烈"活动;端午节开展"万粽同心为公益"活动。

【"道德讲堂"建设】 利用道德讲堂为载体,宣讲身边好人好事。全年在区道德讲堂总堂开讲24场,送课到常州市总堂3场。将道德教育与热点问题相结合,开展文明旅游主题道德讲堂,并组织到华胜、华兴、南洲等社区进行巡讲,提升居民文明出行意识。探索推广"道德讲堂·百姓视角"新模式,推出新栏目剧《我的地盘谁作主》,引导市民文明跳广场舞,并在全区巡演10余场。

【宣传先进典型】 开展身边好人和道德模范推选、宣传工作,全年共有12人入选"常州好人榜",潘小平获评第四届常州市道德模范,邓莉芸获评第四届常州市道德模范提名。创新宣传载体,发挥先进典型示范引领作用。在社区、村镇广泛设立善行义举榜,利用报纸、网络、微信等媒体宣传好人善行,制作播出模范好人音频、视频,弘扬人间真善美,营造尚德向善浓厚氛围。

【文明城市创建】 推进文明城市创建,每季度召开城市文明程度指数测评点评会,针对存在问题和薄弱环节及时整改。定期召开文明城市专项整治行动,组织区交通局、卫计局、市场监管局、城管局、公安局交警大队等单位对整改情况进行现场督查,立查立改。发挥市民文明巡访团城市啄木鸟作用,以市民眼光审视城市,发现问题即时交办。全年巡访团共巡访150余次,发现、整改问题580条。电视台、电台、报刊等主要媒体分别开设专题专栏,普及创建文明城市相关知识,全面报道文明城市创建情况。

【农村精神文明创建】 围绕“五美”(发展之美、环境之美、风尚之美、人文之美、秩序之美)创建要求,以民风建设和环境整治为重点,推进“最美乡村”创建工作。薛埠镇上阮村获第三届“江苏最美乡村”提名,指前镇东浦村和薛埠镇花山村获评第三届“常州最美乡村”。建成镇村道德讲堂50个,省级文明镇6个,省级文明村8个,全国文明村1个。组织文明单位与贫困村、社区、学校开展结对共建活动,探索共建模式,促进社会和谐。全区有60个文明单位与50个村镇、社区结成共建帮扶对子。

【文明关爱工程】 完善志愿服务阵地。建成1个区级志愿服务指导协调中心、9个镇(街道)志愿服务指导协调中心和32个村(社区)志愿服务指导站,实现城区和所有镇、街道志愿服务站点全覆盖。加强志愿者队伍建设。组建入党积极分子志愿者团队,培育和健全专业志愿服务队伍和社会志愿服务团队。建立和完善由区志愿者协会、各志愿者分会、各类志愿者服务队组成的三级志愿者服务网络。开展“践行核心价值观·建设文明新金坛”志愿服务月月行、“青爱的自然·青爱的你”植树志愿服务活动、爱心助跑、绿色骑行等主题志愿服务活动。筹备成立常州市美德基金会金坛办事处,募集资金保障全区公益事业持续发展。

【未成年人思想道德建设】 阵地建设成效显著。加大投入,采用共建模式全力推进江苏省常州市未成年人社会实践基地建设。更新未成年人成长指导中心基础设施,改善心理咨询环境。中心全年接受个案面询160余人,团辅受众680余人次。强化乡村学校少年宫建设,扩大乡村学校少年宫覆盖面,新增19所乡村(城市)学校少年宫。拍摄反映乡村学校少年宫建设成效的微电影《青苗》,并利用网络、微信等媒体进行传播。

7月,举办道德讲堂·百姓视角　（区文明办　供稿）

社会实践精彩纷呈。评选表彰“校园礼仪之星”,打造文明礼仪教育儿童剧《寻找“红头发”》,编印发放礼仪手册1000余份,引导未成年人习礼成德,朝阳小学“知书达礼少年”校本课程获常州市礼仪教育特等奖。开展“缤纷冬日”“七彩夏日”活动,组织评选、表彰“美德少年”,评选出金坛级“十佳美德少年”10名,“美德少年”50名。董婉君获常州市“十佳美德少年”和江苏省“百名美德少年”称号。拍摄美德少年微视频,在校园网展播,丰富未成年人精神文化生活。

净化社会文化环境。每季度开展未成年人思想道德建设指数测评,对校园及周边环境、社区、网吧、爱国主义教育基地进行实地测评考察。开展“护苗、净网、清源”专项行动,加强校园周边出版物市场整治行动,共组织189人次参与检查,查缴侵权盗版物图书306册,音像制品1524张,改善校园周边环境。　（吉　瑶）

2015金坛区组织机构与负责人名单

区领导

中共金坛区委员会

书　　记　范寿柏
副 书 记　狄志强
　　　　　王国胜(正处级,至5月)
　　　　　陈春洪(5月任)
常　　委　王跃中
　　　　　吴小华*(至10月)
　　　　　刘东升
　　　　　纪海平*(10月任)
　　　　　朱柏松(5月任)
　　　　　刘国新
　　　　　沈新峰
　　　　　沈　东(5月任)
　　　　　张德智(至5月)
　　　　　王建斌(5月任)
　　　　　田杰亮

金坛区人大常委会

主　　任　范寿柏
副 主 任　于炳才
　　　　　杜跃华(享受正处级生活待遇)
　　　　　赵钢超
　　　　　王新辉

金坛区人民政府

党组书记　狄志强
区　　长　狄志强
副 区 长　陈春洪(至7月)
　　　　　朱柏松
　　　　　沈　东(7月任)
　　　　　王艳红*
　　　　　陈锁龙
　　　　　刘明江
　　　　　杨金忠
　　　　　李　皓
　　　　　田杰亮
　　　　　杨　琦
　　　　　沈群峰(至12月)
　　　　　肖　鹏(9月任,至12月)
党组成员　葛惠明(享受副处级)

政协金坛区委员会

主　　席　张建华(至1月)
　　　　　王国胜(1月任)
副 主 席　段振国
　　　　　潘双林
　　　　　姜　玲*
　　　　　吴欲晓
　　　　　周新生
秘 书 长　李　达

区级机关和区直单位

中共金坛区纪律检查委员会

书　　记　吴小华*(兼,至10月)
　　　　　纪海平*(兼,10月任)
副 书 记　俞云法
常　　委　史金兔
　　　　　陆　斌
　　　　　樊　莹*
办公室主任　冒丽萍*
宣传教育室主任　孙　遐*
信访室主任　汤云峰
第一纪检监察室主任　于　方
第二纪检监察室主任　蒋志军
案件审理室主任　张　铧
党风政风监督室主任　田永灿
执法和效能监督室主任　许志明

中共金坛区纪律检查委员会、金坛区监察局农村纪检监察工作二室(副科级建制)

主　　任　陆　斌

中共金坛区委办公室

主　　任　徐　俊
副 主 任　杨国平
　　　　　杨龙军
　　　　　韦国猛

中共金坛区委研究室

副 主 任　秦文斌

中共金坛区委保密委员会办公室 金坛区国家密码管理局

主　　任　杨龙军
副 主 任　陈纪良

中共金坛区委机要局

局　　长　杨国平
副 局 长　徐　重

金坛区信访局

局　　长　樊玉定(至4月)
　　　　　朱国杰(4月任)
副 局 长　谢长春*
　　　　　庄月芳

中共金坛区委台湾工作办公室 金坛区人民政府台湾事务办公室

主　　任　张志荣

金坛区档案局(馆)

党组书记、局(馆)长　周庭凯
副局(馆)长　蔡　俊
　　　　　　陈　励*

中共金坛区委组织部

部　　长　刘国新(兼)
副 部 长　史益群
　　　　　周　俊

中共金坛区委综合考核办公室

主　　任　周　俊

中共金坛区委新经济社会组织工作委员会

副 书 记　罗　祎

中共金坛区委老干部局

局　　长　刘菊香*
副 局 长　周召平

中共金坛区委区级机关工作委员会

书　　记　史益群
副 书 记　王洪庆
　　　　　徐国祥
纪委书记　徐国祥

中共金坛区直属机关委员会

书　　记　王洪庆

中共金坛区委宣传部

部　　长　王跃中(兼)
副 部 长　褚玉平
　　　　　徐忠敏
　　　　　吕洪力

金坛区精神文明建设指导委员会办公室

主　　任　吕洪力
副 主 任　王　彤

中共金坛区委对外宣传办公室 金坛区人民政府新闻办公室

主　　任　徐忠敏
副 主 任　巫政强
　　　　　匡小红*

金坛区新闻中心(副科级建制)

主　　任　孙忠民

金坛区广播电视台

党委书记、台长　褚玉平
副 台 长　钱志坤
　　　　　许　靖*
　　　　　薛忠明
　　　　　倪益民
纪委书记　林　燊

中共金坛区委统战部

部　　长　吴欲晓(兼)
副 部 长　柏虎斌
　　　　　滕俊新(至4月)
　　　　　汤文斌(4月任)

中共金坛区委政法委员会

书　　记　刘东升(兼)
副 书 记　杨金忠(兼)
　　　　　印荣生
　　　　　何云华

金坛区社会管理综合治理委员会办公室

主　　任　印荣生
副 主 任　王国锋
　　　　　陈　嵘*

金坛区国家安全领导小组办公室

主　　任　何云华

金坛区机构编制委员会办公室

主　　任　杨亚明
副 主 任　张伟波(4月任)

中共金坛区委农村工作办公室

主　　任　姚洪芳(享受副处级生活待遇)
副 主 任　李志鹏
　　　　　李久生
　　　　　曹　波

中共金坛区委党校
金坛区行政学校

校　　长　凌　涛
副 校 长　陈　建
　　　　　王慰东

中共金坛区委党史工作委员会
金坛区地方志编纂工作办公室

主　　任　赵利群
副 主 任　孔繁俊
　　　　　盛南萍*

金坛区人大常委会办公室

主　　任　许月平

金坛区人大常委会研究室

主　　任　姚锁生
副 主 任　韩双庆

金坛区人大常委会
内务司法工作委员会

主　　任　陈建平
副 主 任　徐　伟

金坛区人大常委会
民族宗教侨务工作委员会

主　　任　陈建平
副 主 任　张国庆

金坛区人大常委会
财政经济工作委员会

主　　任　臧国锋
副 主 任　王秀生

金坛区人大常委会
农业和农村工作委员会

主　　任　臧国锋

金坛区人大常委会
环境资源城乡建设工作委员会

主　　任　王一新

金坛区人大常委会
教科文卫工作委员会

主　　任　吴文琴*

金坛区人大常委会
人事代表工作委员会

主　　任　吕　庆*
副 主 任　曹　霞*

金坛区人大常委会专职委员会

专职委员　曹　霞*(正科)

政协金坛区委员会办公室

主　　任　李　达
副 主 任　施生华

政协金坛区委员会研究室

主　　任　施生华
副 主 任　陈　政

政协金坛区委员会学习文史委员会

主　　任　朱亚群*

政协金坛区委员会提案委员会

主　　任　钱争艳*

政协金坛区委员会经济科技委员会

主　　任　张根水

政协金坛区委员会社会
事业和法制委员会

主　　任　谢振华(至8月)

政协金坛区委员会港澳台
侨民族宗教委员会

主　　任　唐国和

金坛区人民政府办公室

党组书记、主任　刘亦波
副 主 任　巫政强
　　　　　季明华
　　　　　陈小华
　　　　　徐海平
　　　　　夏玉良
　　　　　邢卫东
　　　　　于立俊
　　　　　刘　坚
　　　　　周忱成

金坛区人民政府法制办公室

主　　任　巫政强
副 主 任　纪俊明

金坛区人民政府侨务办公室

主　　任　季明华
副 主 任　符国新(至12月)

金坛区人民政府外事办公室

主　　任　陈小华
副 主 任　石连华

金坛区应急管理办公室

主　　任　艾兆林
副 主 任　李锁健

金坛区接待办公室
(副科级建制)

主　　任　刘　坚

金坛区发展和改革委员会

党委书记　孙国林(享受副处级,至4月)
　　　　　谭明罗(4月任)
主　　任　孙国林(享受副处级,至6月)
党委副书记　崔旺洪
副 主 任　谭明罗(4月任)
　　　　　贺美华*
　　　　　曹志荣
　　　　　唐文武
　　　　　黄建南
　　　　　傅小平
　　　　　孟明刚
纪委书记　崔旺洪

金坛区价格检查局
(副科级建制)

局　　长　傅小平

金坛区服务业发展办公室

主　　任　贺美华*

金坛区旅游局

局　　长　杨国忠

金坛区粮食局

党委书记　奚云龙
局　　长　奚云龙
党委副书记　倪小庭
副 局 长　徐荣华
　　　　　潘卫民
纪委书记　钱国香(至10月)

金坛区经济和信息化局

党委书记　于锁平(至8月)
局　　长　李　祁
党委副书记　李　祁
　　　　　　徐荣坤
副 局 长　游诸林
　　　　　谢臣相(2月任)
　　　　　黄旺平
　　　　　杭爱民
　　　　　许小云*

注:2015年4月30日坛编字〔2015〕22号文,决定增挂“金坛区汽车产业发展办公室”牌子。

金坛区中小企业局

局　　长　游诸林

金坛区科学技术局

党组书记、局长　王洪祥(享受副处级生活待遇)

副局长 陈林凤*
陈 云
倪小平
许国清

金坛区知识产权局

局长 陈林凤*

金坛区教育局

党委书记 柯建强
局长 柯建强
党委副书记 孙 坚
副局长 廖伟文
姚水虎
陈金娣*
吴 芳*
潘建华
纪委书记 王三龙

江苏省华罗庚中学

校长 廖伟文
党总支部书记 谭瑞军
党总支副书记 廖伟文
林 静*
副校长 谭瑞军
陈玉中
周双平

金坛区第一中学(副科级建制)

党总支部书记 陈 虹*
校长 沈旺盛

江苏省金坛中等专业学校
(副科级建制)

校长、党总支部书记 张洪虎

金坛区教师进修学校
(副科级建制)

校长 张洪虎

金坛区公安局

党委书记、局长、督察长 杨金忠(兼)
党委副书记、政委 贺国洪
副政委 韩云峰
副局长 王菊芳
冯罗金
马建春
成明生(至4月)
王国元
王留林
王和荣
纪委书记 黄建平

金坛区维护稳定工作
领导小组办公室

主任 王菊芳
副主任 俞巧华
栾春林

金坛区公安局指挥中心

主任 马建春
副主任 李立忠
徐建平
夏金华
朱小骏
汤惠东

金坛区公安局办公室
(副科级建制)

主任 孔海军

金坛区公安局政治处
(副科级建制)

主任 韩云峰

金坛区公安局情报中心
金坛区公安局新闻发言人办公室
(副科级建制)

主任 陈建英*

金坛区公安局国内安全保卫大队
金坛区公安局对外联络办公室
(副科级建制)

大队长 王殿华
主任 王殿华
教导员 徐国荣

金坛区公安局治安管理大队
金坛区公安局单位内部安全保卫大队
(副科级建制)

大队长 庄金中
教导员 陈寅光

金坛区公安局交通警察大队
(副科级建制)

大队长 朱国杰(至4月)
顾荣春(4月任)
教导员 顾荣春(至4月)

金坛区公安局刑事警察大队
金坛区禁毒委员会办公室
(副科级建制)

大队长 吴文忠
主任 吴文忠
教导员 王建中

金坛区公安局经济犯罪侦查大队
(副科级建制)

大队长 黄祥生
教导员 王忠良

金坛区公安局出入境管理大队
(副科级建制)

大队长 曹 郁
教导员 臧伟芳*

金坛区公安局网络安全保卫大队
(副科级建制)

教导员 瞿 斌

金坛区公安局法制大队
金坛区公安局信访室
(副科级建制)

大队长 汤明津
主任 汤明津
教导员 周 炯*

金坛区公安局巡特警大队
(副科级建制)

大队长 陈火明
教导员 陈洪新

金坛区公安局警务督察大队
金坛区公安局维护民警正当
执法权益委员会办公室
(副科级建制)

大队长 韩海良
教导员 马锁平

金坛区公安局案审大队
(副科级建制)

大队长 李生娣*
教导员 窦洪波

金坛区公安局科技信息通信大队
(副科级建制)

大队长 张柳柳
教导员 张国平

金坛区公安局看守所
金坛区公安局监管大队
(副科级建制)

所长 汤建浩
大队长 汤建浩
教导员 武晓庆(至5月)

金坛区公安局拘留所
(副科级建制)

所长 徐生荣
教导员 丁和平

金坛区公安局金城派出所
(副科级建制)

所长 王 鸣(至4月)
教导员 邹 勇(至4月)

金坛区公安局西城派出所
(副科级建制)

所长 王 鸣(4月任)

教导员　邹　勇(4月任)

注:2015年4月30日坛编字〔2015〕20号,同意金城派出所更名为西城派出所。

金坛区公安局华城派出所
(副科级建制)

所　　长　尹黎平(至4月)
教导员　刘建忠(至4月)

金坛区公安局滨湖派出所
(副科级建制)

所　　长　尹黎平(4月任)
教导员　刘建忠(4月任)

注:2015年4月30日坛编字〔2015〕20号,同意华城派出所更名为滨湖派出所。

金坛区公安局城东派出所
(副科级建制)

所　　长　孙　凯(至4月)
教导员　徐奕平(至4月)

金坛区公安局东城派出所
(副科级建制)

所　　长　孙　凯(4月任)
教导员　徐奕平(4月任)

注:2015年4月30日坛编字〔2015〕20号,同意城东派出所更名为东城派出所。

金坛区公安局城西派出所
(副科级建制)

所　　长　严　冬(至4月)
教导员　武国华(至4月)

金坛区公安局金城派出所
(副科级建制)

所　　长　严　冬(4月任)
教导员　武国华(4月任)

注:2015年4月30日坛编字〔2015〕20号,同意城城西出所更名为金城派出所。

金坛区公安局薛埠派出所
(副科级建制)

所　　长　杨　凯
教导员　冯志明

金坛区公安局儒林派出所
(副科级建制)

所　　长　柏国新
教导员　张柏盛

金坛区公安局水北派出所
(副科级建制)

所　　长　汪云涌
教导员　冯　力

金坛区公安局尧塘派出所
(副科级建制)

所　　长　蒋志平
教导员　王建国

金坛区公安局直溪派出所
(副科级建制)

所　　长　栾留康

金坛区公安局建昌派出所
(副科级建制)

所　　长　徐明华
教导员　纪卫平

金坛区公安局指前派出所
(副科级建制)

所　　长　曹年波

金坛区公安局社头派出所
(副科级建制)

教导员　徐志兵

金坛区公安局朱林派出所
(副科级建制)

所　　长　张卫忠

金坛区公安局茅麓派出所
(副科级建制)

所　　长　张留方

金坛区公安局水上派出所
金坛区公安局水警大队
(副科级建制)

所　　长　陈俊华
大队长　陈俊华

金坛区监察局

局　　长　俞云法
副局长　史金兔
　　　　樊　莹*
　　　　汤国忠
　　　　张永明

金坛区民政局

党委书记　刘留生
局　　长　史荣生(享受副处级)
党委副书记　史荣生
副局长　丁秀良
　　　　聂卫斌
　　　　赵济红*
纪委书记　张国强

金坛区老龄工作委员会办公室

主　　任　史荣生
副主任　唐彤煜
　　　　王　瑶*

金坛区司法局

党组书记　岳惠剑
局　　长　岳惠剑
副局长　冯　琴*
　　　　马红星
　　　　郭小强

金坛区财政局

党组书记、局长　李留清(享受副处级)
副局长　吴振华
　　　　张建俊
纪检组长　严国庆
总会计师　刘国平

注:2015年7月3日坛编字〔2015〕21号,批准增挂"常州市金坛区政府和社会资本合作办公室"牌子。

金坛区建设资产经营有限公司

董事长　黄国忠
总经理　黄国忠

金坛区惠金建设投资发展有限公司

执行董事　郑美华*
总经理　郑美华*

金坛区人力资源和社会保障局

党委书记　毛卫平
局　　长　李戈保
党委副书记　李戈保
　　　　　刘建华
副局长　杨亚明
　　　　王俊平
　　　　王志东
　　　　王金华
　　　　陈国强
纪委书记　汤洪俊(4月任)

注:2015年10月11日坛编字〔2015〕11号,明确社会保障服务中心、就业和人力资源服务中心、劳动监察大队等3家事业单位机构规格为相当副科级。

金坛区国土资源局

党委书记、局长　黄克洪(享受副处级)
党委副书记　汤　芳*
副局长　陈建忠
　　　　汤　芳*
　　　　潘洪军
　　　　潘政权
纪委书记　王立兴

注:2015年6月15日坛编办字

〔2015〕29号,明确金坛区土地收储中心机构规格为相当正科级;明确金坛区土地征地勘测中心机构规格为相当副科级。

金坛区住房和城乡建设委员会

党委书记　杨晓武
主　　任　陈建军
党委副书记　陈建军
　　　　尹志文
副 主 任　高国俊
　　　　庄新民
　　　　杨金南
　　　　孟国芳
　　　　李洪年
　　　　王芝滨
　　　　林　燕*
纪委书记　尹志文
总工程师　李洪年

金坛区民防局

党组书记、局长　唐志明
副 局 长　柏国平
　　　　杨树清
纪检组长　徐国强

金坛区地震局

局　　长　高国俊

金坛区住房制度改革办公室
（副科级建制）

党支部书记　邓　钰*
主　　任　林　燕*

金坛区园林管理处
（副科级建制）

党支部书记　庄新民
主　　任　庄新民

金坛区人民政府房屋征收与补偿办公室
（副科级建制）

主　　任　杨晓武

金坛建设产业集团有限公司

董 事 长　李文俊
总 经 理　李文俊

金坛区交通运输局

党委书记　陈忠平
局　　长　陆礼军
党委副书记　陆礼军
　　　　王小平
副 局 长　陈忠平
　　　　徐科峰
　　　　孙俊华
　　　　陈锁连
纪委书记　吕双贵

金坛区公路管理处
（副科级建制）

党支部书记、主任　孙俊华

金坛区航道管理处
（副科级建制）

党支部书记　史顺忠
主　　任　李国忠(至6月)

金坛区运输管理处
（副科级建制）

党支部书记　居明保(至2月)
主　　任　陈国平

金坛区地方海事处
（副科级建制）

党支部书记　戴息林
处　　长　谢息连

金坛区乡镇交通运输综合管理所
（副科级建制）

党支部书记　张海燕*
所　　长　朱　俊

金坛区交通产业集团有限公司

董 事 长　李国华
总 经 理　李国华

金坛区水利局

党委书记　刘海明
局　　长　钱为民
党委副书记　钱为民
　　　　陈荣斌
副 局 长　朱网富
　　　　徐小龙
　　　　刘海祥
　　　　王卫国
纪委书记　陈荣斌
总工程师　张建成

金坛区农林局

党委书记　吴月华*(至9月)
局　　长　阎炳泉
党委副书记　阎炳泉
　　　　姚江隽
副 局 长　束卫平
　　　　任林勇
　　　　周建立
　　　　胡国强
　　　　邓九胜
　　　　蒋林忠
纪委书记　姚江隽
总农艺师　吴志华

金坛区茅山老区经济开发办公室

主　　任　束卫平

金坛区农业技术推广中心

副 主 任　胡国强

金坛区商务局

党组书记、局长　宗　华
副 局 长　杨颐华
　　　　虞青平*
　　　　朱颖涛(至4月)
　　　　聂文辉(4月任)

金坛区文化广电体育局

党委书记　臧　华
局　　长　贺进军
党委副书记　贺进军
　　　　吕　品*
副 局 长　汤慧兵
　　　　徐小祥(至1月)
　　　　李国平
　　　　徐罗林
纪委书记　吕　品*

金坛区新闻出版局

局　　长　臧　华

金坛区卫生局

党委书记　薛一平(至2月)
局　　长　李志芳(至4月)
党委副书记　李志芳(至4月)
　　　　李建军(至4月)
副 局 长　何晓俊(至4月)
　　　　苏建华(至4月)
　　　　袁永炜(至4月)
纪委书记　林金祥(至4月)

金坛区卫生和计划生育局

党委书记　李志芳(4月任)
局　　长　李志芳(4月任)
党委副书记　李建军(4月任)
　　　　袁永炜(4月任)
副 局 长　袁永炜(4月任)
　　　　张　萍*(4月任)
　　　　庞巧红*(4月任)
　　　　董文兵(4月任)
　　　　苏建华(4月任)
纪委书记　林金祥(4月任)

注:2015年1月8日,坛委发〔2015〕4号文,决定整合市政府卫生行政部门、人口和计划生育部门的机

构和职责,组建市卫生和计划生育局,不再保留市卫生局、市人口和计划生育局。

金坛区人民医院

党委书记　李国民
院　　长　何晓俊(至4月)
代理院长　苏建华(4月任)
党委副书记　何晓俊(至4月)
　　　　　苏建华(4月任)
副 院 长　田声望
　　　　　徐　群
　　　　　丁需清
　　　　　吴　杰(至4月)
纪委书记　吴平涛*

金坛区中医医院

(副科级建制)

党总支部书记　倪国琴*(至4月)
　　　　　　　吴　杰(4月任)
院　　长　王　跃(至4月)
　　　　　吴　杰(4月任)

金坛区卫生监督所

(副科级建制)

党支部书记　李小平
所　　长　林小俊

金坛区疾病预防控制中心

(副科级建制)

党支部书记　王小忠
主　　任　杨小平

金坛区市场监督管理局

党委书记　李晶阳(4月任)
局　　长　彭田夫(4月任)
党委副书记　彭田夫(4月任)
　　　　　万冬平(4月任)
副 局 长　李晶阳(4月任)
　　　　　郭小平(4月任)
　　　　　王伟政(4月任)
　　　　　喜晶颖(4月任)
　　　　　邓奋华(4月任)
　　　　　于炳忠(4月任)
　　　　　张　俊(4月任)
　　　　　王东方(4月任)
　　　　　马迎俊(4月任)
纪委书记　周　群(4月任)

金坛区食品药品监督管理局

局　　长　彭田夫(4月任)

金坛区食品安全委员会办公室

主　　任　彭田夫(4月任)

注:2015年1月8日,坛委发〔2015〕4号文,决定整合原市食品安全委员会办公室、工商、质监和食品药品监管部门的职责,组建市市场监督管理局,挂市食品药品监督管理局、市食品安全委员会办公室牌子,为市政府工作部门。不再保留市食品药品监督管理局、常州市金坛工商行政管理局、常州市金坛质量技术监督局。

金坛区食品药品监督管理局

党组书记、局长　谭明罗(至4月)
副 局 长　王伟政(至4月)
　　　　　马迎俊(至4月)
纪检组长　周　群(至4月)

注:2015年1月8日,坛委发〔2015〕4号文,决定整合原市食品安全委员会办公室、工商、质监和食品药品监管部门的职责,组建市市场监督管理局,挂市食品药品监督管理局、市食品安全委员会办公室牌子,为市政府工作部门。不再保留市食品药品监督管理局、常州市金坛工商行政管理局、常州市金坛质量技术监督局。

金坛区人口和计划生育局

党组书记、局长　宋月琴*(至4月)
副 局 长　张　萍*(至4月)
　　　　　庞巧红*(至4月)
　　　　　董文兵(至4月)

注:2015年1月8日,坛委发〔2015〕4号文,决定整合市政府卫生行政部门、人口和计划生育部门的机构和职责,组建市卫生和计划生育局,不再保留市卫生局、市人口和计划生育局。

金坛区审计局

党组书记、局长　闵国华
副 局 长　戴国忠
　　　　　张小华
　　　　　谭益明(4月任)

金坛区环境保护局

党组书记、局长　吴　寅
副 局 长　薛金华
　　　　　陈　云
　　　　　戴卫忠
　　　　　钱　炜
纪检组长　尹虹琰*

金坛区太湖水污染防治办公室

主　　任　吴　寅

金坛区环境监察大队

(副科级建制)

大 队 长　杨年庆
教 导 员　杨年庆

金坛区规划局

党组书记　陈建军
局　　长　薛文斌(至7月)
副 局 长　杨建忠
　　　　　张小平
　　　　　彭云俊
总规划师　张小平

金坛区城市管理局

党委书记　潘国康
局　　长　朱德明(享受副处级,至4月)
　　　　　樊玉定(4月任)
党委副书记　朱德明(至4月)
　　　　　樊玉定(4月任)
　　　　　陈　旭*
副 局 长　童国云
　　　　　殷金林
　　　　　沈菊才
　　　　　姜秋生
纪委书记　陈　旭*

金坛区城市管理行政执法局

局　　长　朱德明(至4月)
　　　　　樊玉定(4月任)
副 局 长　童国云
　　　　　殷金林
　　　　　沈菊才
　　　　　姜秋生

金坛区城市管理监督指挥中心

主　　任　朱德明(至4月)
　　　　　樊玉定(4月任)
副 主 任　周建华

金坛区城市管理行政执法大队

(副科级建制)

大 队 长　黄国庆
教 导 员　邓爱乐

注:2015年10月14日坛编办字〔2015〕21号,明确环境卫生管理处为区城市管理局下属全民事业单位,挂常州市金坛区特种垃圾管理站牌子,主体岗位为管理技术岗位,机构规格为相当副科级。

金坛区统计局

党组书记　丁建新
局　　长　周新生(兼)
副 局 长　丁建新
　　　　　李卫平

金坛区综合抽样调查队
(副科级建制)

队　　长　史悦平*

金坛区安全生产监督管理局

党组书记、局长　王少云
副 局 长　高冠堂(至3月)
　　　　　薛明生
　　　　　孙伟良
　　　　　于国忠

金坛区民族宗教事务局

局　　长　柏虎斌

金坛区供销合作总社

党委书记　史一飞
理事会主任　史一飞
理事会副主任　周林海

江苏金坛投资控股有限公司

董 事 长　葛惠明
总 经 理　葛惠明
副总经理　周　胜
　　　　　陆小虎

江苏省金坛经济开发区

党工委书记　沈新峰(兼)
党工委副书记　李　皓(兼)
　　　　　　　陈国荣
　　　　　　　张小平
　　　　　　　李佳真*
管委会主任　李　皓(兼)
管委会副主任　杨　健
　　　　　　　周　涌
　　　　　　　卢建新
　　　　　　　朱粉扣
　　　　　　　谢晓骏
　　　　　　　李　俊
纪工委书记　李佳真*

江苏省金坛经济开发区综合办公室
(副科级建制)

主　　任　徐　忠

江苏省金坛经济开发区组织人事局
(副科级建制)

局　　长　施小民

江苏省金坛经济开发区科技经贸局
(副科级建制)

局　　长　李冬英*

江苏省金坛经济开发区规划建设局
(副科级建制)

局　　长　唐友明

江苏省金坛经济开发区财政局
(副科级建制)

局　　长　谢晓骏

金坛区华罗庚科技园

管委会主任　卢建新

金坛区东城街道

党工委书记　张小平
党工委副书记　王　勇
　　　　　　　黄立群
人大工委主任　黄立群
办事处主任　王　勇
办事处副主任　何一琪
　　　　　　　徐明贤
　　　　　　　陈云翔
纪工委书记　田粉忠

尧塘镇

党委书记　陈国荣(至4月)
党委副书记　刘国荣(至4月)
　　　　　　张罗明(至4月)
人大主席　李立新(至4月)
人大副主席　岳国林(至4月)
镇　　长　刘国荣(至4月)
副 镇 长　汤留忠(至4月)
　　　　　郭和平(至4月)
　　　　　顾永华(至4月)
政协工委主任　吴　俊(至4月)
纪委书记　孙红琴*(至4月)

尧塘街道

党工委书记　陈国荣(4月任)
党工委副书记　刘国荣(4月任)
　　　　　　　张罗明(4月任)
人大工委主任　李立新(4月任,至12月)
人大工委副主任　岳国林(4月任)
办事处主任　刘国荣(4月任)
办事处副主任　汤留忠(4月任)
　　　　　　　郭和平(4月任)
　　　　　　　顾永华(4月任)
政协工委主任　吴　俊(4月任)
纪工委书记　孙红琴*(4月任)

注:2015年4月28日中共金坛市委坛委发〔2015〕20号文决定设立中共金坛市尧塘街道工作委员会,中共金坛市尧塘街道纪律检查工作委员会。2015年4月12日,坛编字〔2015〕8号决定设立金坛市尧塘街道办事处。

西城街道

党工委书记　史顺年
党工委副书记　殷　俊
　　　　　　　尹　韧
人大工委主任　殷　俊
办事处主任　史顺年
办事处副主任　尹　韧
　　　　　　　吴军华*
　　　　　　　蒋玉新
纪工委书记　张祥生

注:2015年4月28日中共金坛市委坛委发〔2015〕20号文决定设立中共金坛市西城街道工作委员会,中共金坛市西城街道纪律检查工作委员会。2015年4月12日,坛编字〔2015〕8号决定设立金坛市西城街道办事处。

金坛区滨湖新城

管委会主任　葛惠明(至2月)
党工委副书记　葛惠明(至2月)
管委会副主任　孟明刚(至2月)
　　　　　　　史云峻(至2月)

注:2015年2月2日中共金坛市委坛委组字〔2015〕20号文决定撤销金坛区滨湖新城工作委员会、金坛区滨湖新城管理委员会。原领导职务自然免除。

江苏省金坛茅山旅游度假区

党工委书记　刘小平(副处)
主　　任　刘小平
党工委副书记　于忠俊
副 主 任　刘　斌
　　　　　王益民
　　　　　佘义洪
　　　　　史云峻
纪工委书记　吴　英*

注:2015年5月25日坛编办字〔2015〕27号,明确党政办公室、组织人事局、旅游发展局、规划建设局、财政局为副科级建制。

金坛区长荡湖旅游度假区

党工委书记　杨荣平(享受副处级,至5月)
　　　　　　陈锁龙(兼,5月任)

管委会主任　杨荣平(至5月)
孙国林(享受副处级,5月任)
党工委副书记　孙国林(5月任)
陶　俊
管委会副主任　陶　俊
李志根
刘　军

注:2015年4月30日坛编字〔2015〕19号文,决定将中共金坛区长荡湖旅游度假区工作委员会、金坛区长荡湖旅游度假区管理委员会更名为中共江苏省金坛长荡湖旅游度假区工作委员会、江苏省金坛长荡湖旅游度假区管理委员会。

金坛区行政服务中心

党工委书记　曹国民(至4月)
主　　任　郭小剑(至4月)
党工委副书记　郭小剑(至4月)
副 主 任　王云平(至4月)
纪工委书记　蒋学军(至4月)

金坛区政务服务管理办公室

党工委书记　曹国民(4月任)
主　　任　郭小剑(4月任)
党工委副书记　郭小剑(4月任)
副 主 任　王云平(4月任)
奚屹峰(4月任)
纪工委书记　蒋学军(4月任)

金坛区政务服务中心

主　　任　郭小剑(4月任)

金坛区公共资源交易中心

主　　任　郭小剑(4月任)

注:2015年1月8日坛委发〔2015〕4号文,决定组建市政务服务管理办公室,为市政府派出机构,挂市政务服务中心(由市政务服务中心更名)和公共资源交易中心牌子。

金坛区人民法院

党组书记　宋文良
院　　长　宋文良(1月任)
代理院长　宋文良(至1月)
党组副书记　庄克平
副 院 长　宋文良(至1月)
庄克平
翁生荣
庄　严
胡　哲
纪检组长　包水平
审委会专职委员　汤罗兆
俞卫忠
政治处主任　于　进

金坛区人民法院执行局
(副科级建制)

局　　长　金昌大

金坛区人民法院司法警察大队
(副科级建制)

大 队 长　姚为民

金坛区人民检察院

党组书记　蔡和方
检 察 长　蔡和方
副检察长　刘志平(至4月)
沈宏伟
王　初
纪检组长　蒋　涛
政治处主任　田　娟*

金坛区人民检察院反贪污贿赂局
(副科级建制)

局　　长　王　初

金坛区人民检察院反渎职侵权局
(副科级建制)

局　　长　王　伟

金坛区人民武装部

党委第一书记　范寿柏
党委书记、政治委员　张德智(至3月)
朱建清(3月任)
党委副书记、部长　王建斌
纪委书记、副部长　印建云

民主党派和群众团体

民盟

主任委员　杜跃华(兼,享受正处级生活待遇)
副主任委员　朱亚群*
姚锁生
庄　严

金坛区总工会

党组书记　冯锁强
主　　席　冯锁强
副 主 席　石新华
袁国芳(至10月)

共青团金坛区委员会

党组书记、书记　许海连
副 书 记　张　婕*
李俊平
袁海涛

金坛区妇女联合会

党组书记、主席　朱珍娣*
副 主 席　钱永锋*

金坛区科学技术协会

党组书记、主席　王浩明
副 主 席　蒋云清
束鸣东
陈　云
邓九胜
冯金生
钱海鹏
沈建国

金坛区工商业联合会

主　　席　朱　霞*
党组书记　朱　霞*
副 主 席　邓建平
王建国
朱留洪
陈葆华
曹建国
张伟华
陈国平
荀建华
王建华
韩永祥
李国庆*
潘雪平
戚建国
李连富
费建林
周国平
吴长全
王向东(2月任)

金坛区归侨侨眷联合会

副 主 席　季明华
王　跃
孙铁囤
谈东华
郑满香*

金坛区文学艺术界联合会

党组书记　李　平

主　　席　祝洪林
党组副书记　祝洪林
副 主 席　李　平
金寿彭
李国平
许　靖*
程云仲

金坛区残疾人联合会

党组书记、理事长　曹玉芳*
副理事长　许忠平

金坛区红十字会

会　　长　王艳红*(兼)
副 会 长　沈建国
徐海平
聂卫斌
苏建华

各　镇

金城镇

党委书记　孟敖祥
党委副书记　吴志高
潘明志
人大主席　王　涛
人大副主席　朱国平
镇　　长　吴志高
副 镇 长　黄　强
李亚东
谢　栋
曹丽珺*
陈旭清
政协工委主任　王国新
纪委书记　潘明志

薛埠镇

党委书记　于忠俊
党委副书记　刘　斌
周金柱
人大主席　周金柱
人大副主席　鞠土华
镇　　长　刘　斌
副 镇 长　孙桂华
耿新民
胡国英*
杨小保
陆游如
政协工委主任　吕金平
纪委书记　许荣俊

直溪镇

党委书记　董龙庆(享受副处级)
党委副书记　韩巧生
张叶华
人大主席　钱国祥
人大副主席　吕爱福
镇　　长　韩巧生
副 镇 长　金朝霞*
陈锁平
罗　斌
谢晓贤
范水庆
政协工委主任　王留春
纪委书记　王和平

朱林镇

党委书记　周文俊
党委副书记　王新强
于建林
人大主席　朱福金
镇　　长　王新强
副 镇 长　周金虎
胡卫平
顾照平
杨擒龙
纪委书记　朱训杰

指前镇

党委书记　诸葛林
党委副书记　姜金华
施　顺
人大主席　王月林
人大副主席　邹国俊
镇　　长　姜金华
副 镇 长　赵林华
徐建华
聂文辉(至4月)
冯　梁
纪委书记　韩寅飞

儒林镇

党委书记　杨荣平(享受副处级,至5月)
孙国林(享受副处级,5月任)
党委副书记　徐　飞
刘金保
人大主席　庄振华
人大副主席　张柯林
镇　　长　徐　飞
副 镇 长　徐沪平
张国忠
范献忠
朱云冰
纪委书记　庄振华

垂直管理部门

金坛区国家税务局

党组书记、局长　陈晨阳*(至2月)
张志杰(2月任)
副 局 长　邹国庆
廖永辉
朱　镇
纪检组长　薛新忠(至9月)
陈学忠(9月任)

金坛区地方税务局

党组书记、局长　狄欣荣
副 局 长　陈兴龙(至2月)
郑兰君(至2月)
周旭宏(2月任)
周锁龙(2月任)
史锁庚(2月任)
纪检组长　周锁龙(至2月)
许骏华(2月任)

金坛区烟草专卖局(分公司)

局长、经理、党组书记　苏建康(至12月)
周传德(12月任)
副 局 长　王洪富(至5月)
顾　峰(5月任)
副 经 理　郑文洪

金坛区盐务管理局(公司)

局长、经理　王海勃
副局长、副经理　吴建军*

常州市住房公积金管理中心
金坛分中心

党支部书记、主任　朱小君
副 主 任　姚国定

江苏省电力公司金坛区供电公司

党委书记、副总经理　丁国平
总经理、党委副书记　佘国正
副总经理　杨一飞
王焕诚
梁锁宽
纪委书记　陆　磊

总经理助理　邓中诚

金坛区邮政局

局长、党委书记　杨兴良

党委副书记、纪委书记　王　剑

副局长　王　剑

中国电信股份有限公司金坛分公司

总经理、党委书记　丁　强

副总经理　戎文杰(至12月)

蒋坤林(至8月)

张国芳

中国移动通信集团江苏有限公司金坛分公司

总经理　柴正一(至12月)

俞　慎(12月任)

副经理　徐　光(至1月)

李　俊

赵云波(1月任)

中国联合网络通信有限公司金坛区分公司

总经理　包文远

副总经理　陈桂平(至1月)

严国忠

注:1. 区委、区人大常委会、区政府、区政协及其他机构领导人均收录至2015年12月。

2. 姓名右上角有*者为女性。

(组织部、区志办)

编辑　方　骊

宝盛园房车露营基地　　(区旅游局　供稿)

工　业

综　述

2015年，全区工业面对复杂严峻的经济形势，坚持加快发展主基调，以“加快项目引进、加快项目建设”为引领，坚定不移推动规模培育，坚定不移加大工业投入，坚定不移完善汽车产业链建设，坚定不移提升保障水平，全区工业经济实现逆势前行，稳中有进，主要经济指标增幅均位列常州地区前列。全年完成工业总产值1108.37亿元，比上年增长23.03%，实现销售收入1060.02亿元、增加值247.59亿元、利税133.27亿元、利润94.84亿元，分别增加17.76%、23.93%、20.93%和22.30%。其中，规模工业总产值1002.41亿元，增长25.07%；实现销售收入985.75亿元，增长18.27%；实现工业增加值241.26亿元，增长17.00%；实现利税总额117.79亿元，增长25.02%；实现利润79.25亿元，增长23.78%。全年新办民营企业1348家，新增个体工商户2839户，新增注册资本99.89亿元。

四大支柱行业“一高一稳两降”。光伏新能源业全年开票增幅超30%；纺织服装业表现稳定，增幅趋缓；装备制造业和化工及新材料业未能改变2015年以来的下降趋势，降幅持续扩大。光伏新能源行业29家规模企业实现开票销售131.74亿元，增长31.43%；纺织服装行业112家规模企业实现开票销售99.01亿元，增长3.16%；装备制造业138家规模企业实现开票销售163.03亿元，下降9.77%；化工及新材料行业115家规模企业实现开票销售142.58亿元，下降13.31%。（杨慧慧　贺金元）

【企业创新】 紧盯“中国制造2025”，加大智能化改造步伐，技术创新成果取得重大突破。亿晶、正信电池组装生产线通过省级智能化车间验收；利步瑞、六九钛业等公司通过常州智能工厂、智能车间验收；鑫特机械生产的DG675型大钩获江苏省首台（套）重大装备及关键部件认定；金旺包装的DZD－180全自动水溶膜内外袋包装机获评“江苏省中小企业专精特新产品”；华德机械、斯威克获评“江苏省科技小巨人企业”；常州博瑞油泵油嘴有限公司和江苏斯威克新材料有限公司获得国家重大专项支持。常州华德机械有限公司研发的“QT400－18AL（－50℃）低温铁素体球墨铸铁”、金昇“JSC326梳棉机”通过国家级新产品鉴定。（杨慧慧）

【节能减排】 推动节能降耗，加大淘汰落后产能力度，引导企业绿色发展，提高综合效益。先后完成16家重点用能企业的节能监察、5家企业的能源审计、8家循环经济试点企业的试点方案编制和项目建设、23项自愿性清洁生产审核，6家“万家企业”能源体系建设。加快落后产能化解步伐，江苏华越毛纺有限公司承担省淘汰6000吨纺织落后产能任务全面完成，常州盘石水泥有限公司承担国家化解150万吨水泥熟料、160万吨水泥粉磨过剩产能任务已通过省经信委考核验收。（杨慧慧）

【墙材革新和散装水泥发展】 以创建省散装水泥示范镇为契机，加强专项执法，推进建材生产企业资质认定，规范新型墙材、预拌砂浆、散装水泥的生产和应用。全年新墙材产量7.8亿块（折标砖），占总产量95%；新墙材建筑120万平方米、节能建筑72万平方米。散装水泥供应量432.58万吨，同比下降28.97%；预拌混凝土供应量180万方，同比增长25%；预拌砂浆供应量22.33万吨，增长91.67%。指前镇、儒林镇成功创建“江苏省散装水泥示范乡镇”。（杨慧慧）

【融资平台】 全年全区新增贷款担保额5.2亿元，同比下降3.1%，在保责任余额3.9亿元，增长0.7%。其中科技担保新增担保4.04亿元，下降3.1%，在保责任余额2.78亿元，增长3.9%。（杨慧慧）

【信息化建设】 深入实施两化融合战略，进一步推动企业信息化建设。盛利维尔的“金刚线（绳）产品的生产和应用信息化管理系统”等一批企业信息化项目正在建设中,为两化融合做好项目支撑。以点带面推动规模企业开展信息化建设。中盐常化成功申报省两化融合示范企业,华兴电子、凡登、兴荣美乐铜业、易成电力和众泰汽车成功申报省两化融合试点企业。凯灵电器成功申报常州市智慧企业,易成电力、涵黛服饰和健尔康成功申报常州市初级智慧企业。实施中小企业信息化推进工程。沃尔核材申报成功省五星级数字企业,实现全区企业在该领域零的突破,金旺包装、斯威克光伏和久诺建材成功申报省四星级数字企业,力合粘合剂、南方光纤、鸿瑞昌泰和天驰轴承成功申报省三星级数字企业。 (杨慧慧)

【交流培训】 组织企业参加中小企业博览会、江苏产品万里行、江苏国际服装节和第十届中国工业设计周暨第二届江苏工业设计周等活动,帮助企业展示自身产品,扩大品牌知名度,拓展市场销路。引导企业加强经营管理人才队伍建设,组织企业高管赴清华和浙大参加常州市第三期工业企业领军企业总裁高级研修班和常州市第五期、第六期工业支柱企业领导力培育研修班;组织企业管理人员800多人次参加“孙子兵法与企业战略管理”“大数据对未来社会的影响”和“工业4.0与中国制造2025”等多场专题培训讲座,帮助企业管理者了解工业经济发展趋势,提升应对能力。

(杨慧慧)

重大项目建设

【概述】 2015年,全区完成工业投入238.10亿元,比上年增长26.4%。列入常州市工业重点及双百技改项目有众泰汽车、中策橡胶、凡登金属材料、威龙新能源汽车、福坛车桥、万泰电机、亿晶光电、汤姆森机械等18个项目,总投资191.4亿元,部分项目已竣工投产。被列入金坛区189个重点工业项目推进顺利,总投资542.65亿元,85个项目已竣工投产。全年完成工业购置设备增值税进项税抵扣额4.12亿元,设备投资超过200万元的企业有众泰汽车、亿晶光电、奥托立夫、正信光伏、凡登金属材料、埃马克机械、博瑞油泵等129家。

(郑剑秋)

表6 2015年金坛区工业系统创省级以上品牌一览表

品　　牌	产品(商标)	生产企业
江苏省著名商标	BOST及图	常州博瑞油泵油嘴有限公司
	双鑫	江苏鑫隆复合工程材料有限公司
	斯威克英文及图	江苏斯威克新材料有限公司
	巨鹿及图	金坛市茅麓茶厂

(贺金元)

光伏新能源工业

【概述】 光伏新能源业增幅一枝独秀。全行业29家(规上工业,下同)企业,12家正增长,17家负增长,实现开票销售131.74亿元,同比增长31.43%,占规模工业比重的23.46%,提高5.58%,净增开票销售31.50亿元。亿晶、正信等光伏龙头企业连续多月开票稳定在较高水平,拉动了整个行业的大幅增长。亿晶开票销售为55.17亿元,增长62.17%;正信开票销售25.55亿元,增长45.88%;斯威克开票销售10.04亿元,增长54.96%;亿禾铝业增幅达59.96%。上述4家企业累计净增开票34.30亿元。 (贺金元)

8月18日,举行中航锂电池项目奠基仪式 (区经信局 供稿)

【金坛区与中航锂电(洛阳)有限公司签约锂离子动力电池项目】 8月18日,中航锂离子动力电池项目签约仪式在金坛举行,该项目总投资125亿元。

绿色电源产业是国家发展新能源产业的重中之重。中国航空工业集团公司是由中央管理的国有特大型企业,其旗下的中航锂电(洛阳)有限公司是国内锂电池行业的领军者。中航锂离子动力电池项目,由中航锂电(洛阳)有限公司与金坛区政府合作共建,规划用地66.67公顷,总投资125亿元,建成后将形成120亿瓦时的锂离子动力电池年生产能力。项目分三期建设,第一期投资25亿元,占地13.33公顷,建成后形成20亿瓦时的锂离子动力电池年生产能力。

【亿晶光电渔光一体光伏电站并网发电】 9月17日,常州市重点项目亿晶光电渔光一体光伏电站项目成功并网发电。这是常州地区首个探索高效渔业和光伏新能源产业共建发展的成功案例。

该项目位于金坛区直溪镇,由常州亿晶光电科技有限公司独资建设,总投资8.6亿元。项目利用直溪镇天荒湖133.33公顷养殖水面而建,总装机规模约100兆瓦,分为98个光伏发电系统分区,每个分区容量约为1兆瓦。该电站发出的清洁电通过110千伏电压等级输送至茅山变电站集中上网,通过茅山变电站再给下级用户。

该项目建成后,年发电量近1.2亿千瓦时,与相同发电量的火电相比,每年可节约标煤4万吨,减少温室气体排放近12万吨。同时,可实现年发电营业收入近1.2亿元,新增亩产效益近6万元,不到十年即可收回成本。

该项目也是金坛区光伏发电应用领域突破性的创新,其将新能源、高效渔业有机结合,探索出一套融合一、二产业的综合运营模式,为绿色渔业、节能减排提供了一种良好的解决方案。

【正信光伏获评首批"江苏省示范智能车间"】 2015年7月,正信光伏有限公司光伏组件智能车间项目获得江苏省经信委的审批。此次江苏省共有70家企业的智能车间获得认定,正信光伏则是首批获评的企业之一。

智能车间项目总投资约8000万元人民币。2015年智能车间项目为公司节约人力成本15%、节省设备维护费用50%、减少安全事故处理费用100%、减少管理费用25%。

【正信光伏获"2015中国最佳光伏电站EPC企业"称号】 12月11日,正信光伏凭借其在电站EPC中取得的非凡成就获OFweek"2015中国太阳能光伏最佳电站EPC企业"称号,这标志着正信光伏在EPC领域的卓越经验和技术获得业界认可。

【凡登(江苏)争做太阳能行业高新耗材形象品牌】 凡登(江苏)新型材料有限公司是由MONTWELL集团(香港)有限公司投资,投资总额9980万美元,注册资本4980万美元,计划用地8公顷,一期用地4.67公顷,建设包括4万平方米厂房以及办公楼、生活楼等。该项目主要进行新型材料的研究,焊带、金刚线、陶瓷粉体材料及元器件的研发、生产、设计、制造等,预计投产后将形成年产焊带1.2万吨、金刚线240吨、陶瓷粉体材料及元器件700吨的能力。

2014年9月,凡登(江苏)项目启动,仅仅用了4个月的时间,就完成约4万平方米的厂房建设。2015年1月以来,开始对主要生产设备进行安装、调试。截至4月底,生产厂房已经完成装修,基础设施和辅助设施基本到位,4条完整的生产线安装、调试成功,并进入试生产阶段。

【金坛区两企业入选"德勤—江苏高科技高成长30强"】 在江苏省经济和信息化委员会、德勤中国联合主办的"2015德勤—江苏高科技高成长30强"评选活动中,金坛区盛利维尔(中国)新材料技术有限公司和斯威克光伏新材料有限公司2家高新技术企业入选。

"2015德勤—江苏高科技高成长30强"评选项目是"德勤高科技、高成长中国50强"评选项目的子项目。本次入选江苏30强的企业将获得银行授信,为企业可持续发展提供资金支持。　　(杨慧慧)

装备制造工业

【概述】 装备制造业开票销售持续走低。全行业138家企业,62家企业正增长,76家负增长,实现开票销售163.03亿元,同比下降9.77%,占规模工业的比重29.03%,减少3.19个百分点,净减开票销售17.66亿元。净增开票较大的企业主要有金昇实业、嘉霖灯饰、嘉寓门窗、银晶光电、龙宇江庆、常鑫机械、奥托立夫7家企业,净增21.42亿元。　　(贺金元)

【众泰大迈X5正式上市常州地区】 10月18日,众泰大迈X5常州地区上市发布会在常州广电传媒中心举行。9月28日,众泰金坛基地智能制造工厂顺利竣工,众泰新驾值SUV大迈X5正式整车下线,实现了中国民族品牌在汽车智能制造领域的跨越和突破。众泰金坛基地的竣工投产,是众泰汽

9月28日,众泰汽车金坛项目竣工投产暨整车下线仪式启动

(区经信局　供稿)

车发展过程中的一个重要里程碑。这座以国际化高标准建成的制造工厂，是快速发展中的众泰汽车又一次重要的升级和提速，工厂建设融入“工业4.0”和“制造2025”理念要求，工艺装备水平在整个汽车行业中处于国内领先水平。

【金昇公司入围2015中国民企500强】 8月22日，全国工商联发布2015中国民营企业500强名录，位于金坛经济开发区的江苏金昇实业股份有限公司入选。

江苏金昇实业股份有限公司是一家以高端装备制造为主的多元化产业集团，业务领域涉及机械制造、纺织工程、建筑房产、生物工程等产业，下设卓郎纺机、利泰纺织、金昇置业等主要战略业务单元，以及德国埃马克机床集团、德国科普福齿轮集团等控股50%的子公司，在全球拥有77处生产工厂和分支机构，业务遍及132个国家和地区。

“中国民营企业500强”评选活动于2008年启动，由全国工商联对上年度营业收入总额超过5亿元的民营企业进行调研产生。2015年，民营企业500强的入围门槛由上年度营业收入总额的91.22亿元提升至95.09亿元。

【埃马克(中国)韦恪礼获省国际科技合作奖】 省政府1月6日下发2014年度省科学技术奖励决定文件，埃马克(中国)机械有限公司首席技术官韦恪礼等3名外国专家获得国际科学技术合作奖，这一奖项常州是首次获得。

【旺达喷灌机公司获国家科技进步二等奖】 11月22日，江苏旺达喷灌机有限公司与江苏大学合作的“新型低能耗多功能节水灌溉装备关键技术研究与应用”项目获国家科技进步奖二等奖。这是继2012年康美公司获得国家技术发明奖二等奖以来，金坛区获得的又一国家级大奖。

【索特动力加入国际汽车零部件再制造协会】 2015年，江苏索特动力工程有限公司正式加入美国和欧洲汽车零部件再制造协会，为金坛企业开辟市场打造了新的模式。

【皮尔磁中国首家生产基地落成】 3月27日，德国皮尔磁项目金坛工厂落成典礼在开发区举行。该项目总投资3000万欧元，首期项目注册资本600万欧元、总投资1亿元，2014年年初正式开工建设，至2015年年底已完成近1.2万平方米新厂房及装修工程，首条生产线也安装调试到位，即将正式投运。

【同方威视科技园项目在开发区奠基】 8月18日，同方威视科技园项目奠基典礼在开发区举行。该项目总投资15亿元，建成后将成为全球最大的集装箱检测产品制造基地。

8月18日，同方威视科技园奠基典礼在开发区举行

（区经信局 供稿）

2015年2月8日，该公司和金坛区签约在开发区投资建设同方威视科技园项目，该项目占地30公顷，总投资15亿元，建设智能安检系统生产基地，并建设国际培训中心、产品研发检测中心、产品展示中心等。

（杨慧慧）

化工及新材料工业

【概述】 化工及新材料业出现两位数降幅。全行业115家企业，49家正增长，66家负增长，实现开票销售142.58亿元，同比下降13.31%，占规模工业的比重25.39%，同比减少3.94个百分点，净减开票销售21.90亿元，近60%的企业处于下降状态，仅有中东化肥、太平洋印刷、金湟纸业、南方光纤、现代混凝土、沃尔新材料6家企业净增开票较多，计净增9.12亿元。而易成电力一家企业就净减开票20.36亿元，加上盘固水泥产能化解，净减开票3.27亿元，蓝色星球也未能实现增长，小幅下降，几家较大规模企业的负增长影响了化工及新材料业的整体发展。

（贺金元）

【中盐金坛“彩虹”系列新品种盐发布会】 11月12日，“见证，盐的本质之美”——中盐金坛2016新品发布会举行。来自中盐金坛公司、浙江盐业集团公司、经销商代表等100余人参加发布会。

本次发布会共发布新产品8种，“彩虹”系列多品种盐成为发布会亮点。发布会对中盐金坛公司国家级博士后工作站众多科研人员历时一年多开发的新品调味低钠盐作为主推产品作了重点推介，它在降低钠离子含量的同时，还原井矿盐的本质口感，增强咸味，消除苦涩，实现“减盐不减咸”的健康美味用盐效果。全新升级的

"防冻除冰剂"总结实践成果,采取多种革新手段对产品进行全面升级,将为冬日道路安全保驾护航。同时,中盐金坛公司还携手浙江盐业公司,推出两款"雪涛牌"食用盐。

【新蓝天汇丰钢结构:抢抓绿色建筑市场　快速扩张产能产业】 常州新蓝天汇丰钢结构有限公司是儒林镇去年引进的一家重点企业。公司从开工到投产仅用时不到一年。2015年3月即已投产,产能就得到全部释放,6个月已完成销售收入超2亿元。常州新蓝天汇丰钢结构有限公司因产品质量高、安装技术过硬,其产品在长三角地区的市场占有率正在稳步提高,已成为上汽集团、一汽集团等多家知名企业的合作伙伴。

【帕卓管路"新三板"正式挂牌上市】 江苏帕卓管路系统股份有限公司于8月26日在"新三板"正式挂牌上市(帕卓管路833395.OC)。江苏帕卓管路系统股份有限公司上市主办券商为东海证券,会计师事务所为大信会计师事务所南京分所,律师事务所为里兆律师事务所。公司核心业务包括工业软管、液压软管、软管接头及软管总成。公司拥有3000万胶管及接头库存,是目前国内最大的工业管进口公司,同时具备规模化生产软管总成的能力,且在出厂前皆经100%的静压测试确保产品的安全可靠。主要生产设备有扣压机、离心式剥胶机、切管机、清洗机、打标机、CNC车床、螺栓扣母机、锯床、弯管机、组装空压机等。主要检测设备有高低温试验机、高温老化试验箱、臭氧试验箱、盐雾腐蚀试验箱、静液压试验台、电动测压台等。

江苏帕卓管路系统股份有限公司本着安全可靠更重要的品质理念,专业致力于为客户提供最合适且最具竞争力的产品和服务,执行ISO 9001:2008体系,2015年上半年获得省高新技术企业称号。

【华德公司"-50℃低温铁素体球墨铸铁"项目通过鉴定主要性能指标达到国际领先水平】 7月14日,由常州华德机械有限公司研发的"QT400-18AL(-50℃)低温铁素体球墨铸铁"项目通过专家组的鉴定,同时通过省经信委的新技术鉴定。

华德公司历时两年,通过改进化学成分、精选炉料、优化配方、调整热处理工艺等技术措施,自主研究开发的QT400-18AL(-50℃)低温铁素体球墨铸铁主要性能指标达到国际领先水平。

专家组一致认为QT400-18AL(-50℃)研发成功和首次应用到高铁的变速箱、牵引电机壳及端盖等产品,使低温铁素体球墨铸铁件的生产技术和运用都提高到一个新水平,该项目技术水平达到国际领先水平。

【化工新材料和光伏胶膜2个重大项目开工】 年内被列为常州市重点工业项目的蓝色星球化工产业园和斯威克光伏EVA胶膜两个项目开工。

随着中国经济的快速发展和新型材料的不断创新,丙烯、环氧丙烷作为最重要的基本化工原料,其需求呈快速上升的态势,国际国内有广阔的市场前景。位于金坛经济开发区的江苏蓝色星球环保新材料有限公司正是看准这一发展机遇,投资25亿元兴建年产60万吨丙烯、40万吨环氧丙烷项目。该项目达产后,将实现年产值100亿元,并将在开发区化工新材料园区内就地进一步延伸消化,为形成约500亿元的化工新材料产业打下良好的基础。

江苏斯威克新材料有限公司生产的EVA胶膜不仅能有效保护光伏电池片延长使用寿命,还可提高光伏组件1%的光电转换率。因其产品技术领先,自从2011年落户直溪镇以来,公司市场开拓十分顺利,产值已连续4年实现翻番,2014年完成销售收入6.4亿元。此次公司在直溪镇工业园区新建的扩产项目总投资5亿元,2015年计划投资2亿元,当年可完成销售收入6亿元,项目全面达产后产值可达30亿元。　　(杨慧慧)

纺织服装工业

【概述】 2015年,纺织服装业总体平稳,略有增长。全行业112家企业,43家正增长,69家负增长,实现开票销售99.01亿元,同比增长3.16%,占规模工业的比重为17.63%,同比提高0.52个百分点,净增开票销售3.03亿元。华越毛纺同比增长65.53%,苏标毛纺增长86.41%;晨风实现销售14.01亿元,同比增长16.04%,利步瑞同比下降41.28%,中小服装企业大部分处于负增长状态,生存压力巨大。(贺金元)

【指前镇卿卿针织厂被授予"全国纺织劳动关系和谐企业"】 2015年1月,在全国纺织劳动关系和谐企业命名表彰暨郝建秀小组式全国纺织先进班组经验交流会上,金坛区纺织行业龙头企业指前镇卿卿针织厂被授予全国纺织劳动关系和谐企业称号,跻身国家级劳动关系和谐企业的行列。

【晶励服装获2015年"中国质量诚信企业"荣誉称号】 11月24日,在晶励(金坛)服装有限公司内举行2015年"中国质量诚信企业"表彰授牌仪式。

晶励服装坚持"质量为根、诚信为本"的企业发展理念,为客户提供最好的产品、良好的技术支持、健全的售后服务,生产的服装远销美国、欧洲、加拿大和日本等市场,已和许多世界顶尖服装品牌集团建立了长期的、互惠的合作伙伴关系。

【江苏省纺织服装创意产业(总裁)高级研修班在金坛区顺利开班】 为推动全省纺织服装创意产业的升级和发展,促进制造与设计、销售、消费各环节之间的资源整合,12月1~2日,为期两天的江苏省纺织服装创意产业(总裁)高级研修班顺利开班,并在晨风集团研发中心开展实训观摩。

本次研修以创意创新为主题,围绕设计、营销、管理等内容,邀请行业领导分析产业数据、知名企业董事长分享创新经验、设计大咖解析设计模式、电商龙头分享运营之道,通过案例分析、提问、实训等形式开展深入交流探讨。

研修班一行参观晨风集团的两大厂区,通过深入生产现场以及与集团董事长对话互动的方式,直观地感受自动化、智能化给工厂带来的鲜活动力,创新理念给产品带来的旺盛生命力,以及以人为本的管理理念给企业大家庭带来的强大凝聚力。通过培训和参观交流,为服装企业的创新发展提供了新思路,对全省纺织服装创意产业的转型和发展有推动作用。

(杨慧慧)

表7　　2015 年金坛区四大支柱产业主要经济指标情况表

指　标　名　称	计量单位	累计实绩	累计±%
规模工业总产值			
四大支柱产业合计	亿元	980.87	24.5
(1)装备制造	亿元	292.30	18.4
(2)化工及新材料	亿元	344.75	21.4
(3)光伏新能源	亿元	213.37	57.8
(4)纺织服装	亿元	130.45	6.9
主营业务收入			
四大支柱产业合计	亿元	963.97	18.7
(1)装备制造	亿元	282.67	12.9
(2)化工及新材料	亿元	340.83	21.2
(3)光伏新能源	亿元	202.44	32.9
(4)纺织服装	亿元	138.03	7.7
利税总额			
四大支柱产业合计	亿元	115.54	25.5
(1)装备制造	亿元	28.60	9.0
(2)化工及新材料	亿元	46.54	30.7
(3)光伏新能源	亿元	26.48	49.5
(4)纺织服装	亿元	13.93	11.2
利润总额			
四大支柱产业合计	亿元	77.39	24.3
(1)装备制造	亿元	18.24	9.9
(2)化工及新材料	亿元	32.81	37.1
(3)光伏新能源	亿元	19.33	26.8
(4)纺织服装	亿元	7.02	8.1

(谢晶晶)

编辑　姚贝玲

开放·开发

综　述

2015年，金坛区开放型经济工作以高端装备制造业、高端服务业等产业为重点，按照“建链补链强链”的要求，加快产业链招商。着眼于引进社会资本参与滨湖新城建设、茅山旅游资源开发，瞄准国内一流企业开展服务业招商活动，制订2015年服务业利用外资具体方案，明确招商项目推进主体、项目地块，有针对性地进行项目包装，实行挂图作战，确保有实质性的推进，探索创投、融资租赁、商业保理等新型利用外资方式。以品牌建设推进跨越发展，2015年继续推进外贸品牌培育工作，通过境内外商标注册、国内外领先的体系认证和产品认证，各类专利申请。继续加大对龙头骨干企业的支持力度，在品牌创建、展位安排、信保护航等方面给予政策支持。引导外贸企业向高端产品制造延伸，向核心加工环节延伸，向研发、销售延伸，逐步形成以技术、品牌、质量为核心的外贸新优势。宣传境外投资政策，鼓励有条件的企业加快“走出去”的步伐。加强政策支持，搭建“走出去”的公共服务平台，整合银行、保险、咨询、法律中介等机构的优势，为企业“走出去”提供服务资源。

利用外资及港澳台资

【概述】　2015年，全区新批外商投资企业15家，增资项目11个，分别与2014年持平和比2014年增加5家，累计新增协议注册外资8286万美元；实际到账注册外资6756万美元，同比下降32.4%。

利用外资多元化趋势明显加强，服务业项目发展迅速。外商投资方式和途径不断变化，新形式不断涌现。除了最基本、最直接的通过新设外商投资企业获取外资投入以外，在增资、股权转让、外资并购等其他利用外资方式上也有新突破。2015年，全区增资项目11个，创下近三年来新高。全区有2家外商投资企业通过股份制改造，谋求在“新三板”上市，进一步扩大企业融资渠道，提高金坛利用外资的质量与水平。全区15个新批项目中服务业项目占据8个，服务业项目占比达到53.3%，再次创下历年新高。

外商投资企业社会贡献稳定。2015年，全区外商投资企业出口57959万美元，占全区46.8%；从业人员达4.4万人。

【优化审批】　2015年，外资管理科整建制进驻行政服务中心，进一步优化审批流程，提升审批效率，在窗口办理外商投资企业设立及变更事项，只要材料齐全，符合相关规定，当天报批，当天办结，为项目审批落户提供最迅速、最简便服务。全年共办理外商投资企业设立变更审批、备案127件，提前办结率100%，为企业节约时间成本，助推证隆机械、新鸿电子、山进特殊钢、瑞声新材料、思诺高等一批项目快速落地。

【特色服务】　推行“延伸服务”（帮助准备报批材料）“上门服务”，全面实施“容缺预审服务”（对审批中材料不全的项目，实行先办理，后补材料）。帮助企业做好工商、外管等项目登记和其他审批环节协调服务；对有特殊需求的项目，深入企业“上门办”“马上办”，推动正信光伏有限公司和常州帕卓工程机械配件有限公司的股份制改造、埃马克机械有限公司金坛、太仓公司吸收合并、常宝普莱森钢管吸收合并等一批项目的批办。

【互动服务】　采取与区镇联动、重点走访、电话访谈、网上咨询等方式，多渠道收集外资项目的意见和建议，全面掌握外资企业生产经营现状，会同相关部门协调解决突出问题和困难。2015年以来，对皮尔磁电子、证隆机械、百瑞医药等企业进行走访服务，帮助企业协调解决运营中遇到的问题。

对外及对港澳台贸易

【概述】　2015年，全区积极应对复杂严峻的外贸形势，围绕外贸“稳增长、促转型”的总体要求，创新举措，主动作为,推动外贸工作稳中求进、稳中求优。全区完成进出口贸易总值15.6亿美元,完成全年计划的97.25%。其中,出口11.5亿美元,累计进口4.1亿美元。在各大类进出口产品中,农产品增长明显,1~12月,农产品进出口7997万美元,同比增长32.75%,增幅位于五大类产品之首;光伏产品、医药化工小幅增长,全年进出口为3.47亿美元和1.12亿美元,同比增长分别为3.97%和5.94%;机械电子则略有增长,1~12月份进出口4.09亿美元,同比增长0.77%,是金坛区外贸占比最大的行业;纺织服装全年进出口为3.23亿美元,同比下降9.73%,占全区总额由2014年的23.48%下滑至2015年的20.78%,纺织服装总量和占比在各类产品中从第二位退居第三位。

重点企业支撑作用明显。全年全区有进出口实绩的企业352家,同比增长26家。进出口超亿美元的有2家,分别为亿晶光电和卓郎机械;进出口超500万美元的有51家,其中进出口超千万美元的有27家。另外,上年度进出口在500万美元以上的企业1~12月累计进出口达12.6亿美元,占全区总额的81%。

传统市场下滑,新兴市场增速。2015年,全区对欧盟、日本出口下滑严重,分别出口2.7亿美元、1.76亿美元,降幅分别达到27.22%、34.09%,对美国市场出口3.2亿美元,同比增长11.58%。全区对东盟、拉丁美洲出口增速加快,分别出口1.06亿美元、7231万美元,同比分别增长10.07%、35.71%。

【落实外贸扶持政策】 制定全区外贸发展目标和规划,发挥部门引导作用,全年共开展各类外贸业务培训会4场,参会人员累计达300余人次,取得良好的反响和效果。指导企业申报各项扶持资金,调动企业开展外贸业务的积极性。2015年,为区内979家企业申报国际市场开拓资金项目171个,9家企业申报进口贴息项目47个,53家企业申报区级境外展扶持资金项目130个。落实中小企业开拓资金、进口贴息、免申报项目扶持资金、出口信用保险资助累计1367.8万元。

【推广信企合作】 发挥出口信用保险的政策性功能,推广落实小微企业"统保平台(省商务厅、财政厅和中国出口信用保险公司江苏分公司共同建立的政策性金融服务平台)"。2015年,统保平台共惠及企业96家,同比增加22家,为保障小微企业收汇安全、抢占目标市场保驾护航。

区商务局上门了解企业生产情况 (区商务局 供稿)

【推进电商发展】 2015年,金坛区推进电子商务应用和发展,开展全区电商企业调研并加强与周边县市的工作交流;深化应用培训,做好电商企业与院校和培训机构的对接服务工作,多次组织企业参加各种电商培训和大讲堂,营造传统企业应用电商转型的浓厚氛围。同时,推进示范建设,朱林镇朱林村入选第三批江苏省农村电子商务示范村,这是金坛区创成的首家省级农村电子商务示范村。

对外经济合作

【概述】 2015年,金坛外经合作工作抢抓"一带一路"机遇,企业"走出去"步伐明显加快,发展势头迅猛,企业国际化程度明显提高。全年新签外经合同额2.13亿美元,完成外经营业额1.86亿美元,分别完成年计划125%、124%。审核申报境外投资企业4家,累计总投资2410万美元。

【对外经济合作规模】 2015年,承接千万美元项目5个,在建的对外工程和劳务合作项目中超千万美元的项目11个,业务领域由传统的阿尔及利亚、安哥拉向科威特、沙特、赤道几内亚等多个国家发展。境外投资产业领域持续拓展,技术含量不断增高。

【对外经济合作质量】 经过多年对外合作,对外承包工程的能力与水平不断提升,承接上千万美元的工程项目没有发生一起工程质量纠纷。2015年,新兴投资方式迅速发展,企业对外投资开始由传统的贸易和绿地投资,向参股和跨国并购扩展,金坛常州骏丰医疗器械有限公司以2000万美元投资并购美国富都仕医药公司20%的股份,生产全球领先的抗癌药品,年销量可达10亿美元以上。

【对外经济合作扶持政策】 随着中

国各级外经贸发展资金支持“一带一路”建设项目投资优先，2015年金坛宝恩工艺包装有限公司首先获得21万多元人民币省级专项资金扶持，金昇实业股份有限公司获1000万元人民币国家级专项资金扶持。全区自《江苏省商务厅实施〈境外投资管理办法〉补充规定》1亿美元以下项目由省辖市商务主管部门备案以来，境外投资管理体制改革动作频频，简政放权实现较大突破，在审批时效、政策扶持等方面取得明显效果。

【对外经济合作带动效应】 随着外经合作持续发展，企业国际化进程不断加快，跨国投资对全区经济支撑和驱动作用更加明显。2015年，江苏城乡建设工程有限公司、江苏宏裕建设有限公司、江苏杰中杰建设工程有限公司等企业获得省市商务部门批准，被赋予对外承包工程或对外劳务合作经营资格，全区拥有对外承包工程和劳务合作资格的外经企业18家。外经企业合作、项目转型升级成为新亮点。江苏杰中杰建设工程有限公司与金坛市恒信建筑劳务有限公司等三家企业合资在斯里兰卡总投资2亿人民币创办杰中杰酒店项目，主体建设竣工。伴随着外经主体的不断扩大、“一带一路”战略的实施，企业抱团“走出去”集聚效应显现。2014年，金坛市宝恩工艺包装有限公司投资200万美元在柬埔寨红豆工业园区新办企业，当年获利后，2015年又引导金坛云坤进出口公司到该地兴办企业。

招　商

【概述】 2015年，金坛区组织3月份上海经贸活动周金坛专题活动、9月份金坛高端装备制造产业推介会等国内招商活动2批次。组织欧洲、日本、中国香港地区等境外招商活动6批次。

2015年，金坛区加大招商引资力度，创新招商思路和方式。全区新增签约项目174个，累计协议投资总额494.2亿元，协议投资总额增幅为历年来最大，协议总投资亿元以上的重大项目80个。按产业分：纺织服装产业11个，协议投资额28.7亿元；化工、新材料产业54个，协议投资额138.7亿元；汽车及汽车配件产业19个，协议投资额40亿元；新能源产业16个，协议投资额156.7亿元；装备制造产业58个，协议投资额61.1亿元；其他产业16个，协议总投资69亿元。新增在谈项目有效信息800多条，其中区级机关各部门报送有效信息209条。协议总投资125亿元的中航锂离子动力电池项目完成区超百亿重大项目零的历史性突破。

【夯实招商基础】 2015年，为给全区各部门招商提供便利，精心策划编制内容简练、精美小巧的《金坛招商地图》，得到众多使用者的好评。4月，组织全区13名招商骨干赴苏州进行经济新常态及开发园区招商引资新思维培训。培训期间，督促招商骨干与友邻市区招商能手开展交流互动，组织学员参观苏州高新区，对照先进找差距、寻问题。

【重组重大项目办】 2015年，金坛区委、区政府将五个重大项目引进工作办公室改组扩建为六个。为更好发挥六大办的作用，分别在区发改委、经信局、住建委、商务局、旅游局、科技局设立办公室，招引重大项目、汽车及管件零部件项目、城市开发项目、外资项目、旅游服务业项目和科技型新兴产业项目。2015年，6个重大项目引进工作办公室共引进签约项目19个，累计协议投资总额63.78亿元，在大项目的招引上取得突破。

【推行网络招商平台】 建设并维护招商引资网络信息平台，及时在投资网上更新全区的招商动态、产业政策以及园区情况等相关信息。新推出年度国内国外重大展会信息以供招商人员参与相关招商活动。同时，建立“投资金坛”微信平台，开设了金坛概况、投资金坛等板块，并将微信平台的二维码印制在招商地图中，利用“掌上宣传”方便招商人员和投资者对金坛区投资环境、产业现状、招商项目等各方面的了解。

开发区建设

【概述】 2015年，金坛经济开发区实现工业开票销售收入369.56亿元，同比增长47.5%，占金坛区工业开票销售总量的52%以上；工业实际投入66.5亿元，增长43%；公共财政预算收入11.6亿元，增长25.2%；规模以上工业总产值530亿元，增长30.8%。

4月，组织全区招商骨干赴苏州培训（区商务局　供稿）

表8　　2015年金坛区工商部门核准登记外商、港澳台商投资企业一览表　　单位:万美元

企业名称	地址	法定代表人	投资国别(地区)	总投资	注册资本	外方认缴
常州恩德莱斯橡塑有限公司	常州市金坛区尧塘镇水北村委望家墩168号	潘田荣	美国	18	18	9.18
江苏证隆机械有限公司	常州市金坛区薛埠镇公园路18号	朱汉卿	中国台湾	485	300	300
山进特殊钢(江苏)有限公司	常州市金坛区华城中路北侧	山内英司	日本	800	400	400
新鸿电子有限公司	常州市金坛区华城中路168号	刘卓炎	美国	1715	1715	515
金斯布鲁(常州)企业管理咨询服务有限公司	常州市金坛区华城中路168号	Markus Josef Helmut Meier	德国	11.1	8.7	8.7
阿童木新能源(常州)有限公司	常州市金坛区金城镇金城路215号	宫平达郎	日本	16.4	16.4	16.4
常州金坛英杰电子有限公司	常州市金坛区华城路1668号	张红娜	中国香港	12.9	12.9	12.9
瑞声新材料科技(常州)有限公司	常州市金坛区华城路1668号	吴国林	中国香港	2500	1000	1000
开米森聚合物助剂(常州)有限公司	常州市金坛区华城路1668号	Gregory Harrison	澳大利亚	3.2	2.3	2.3
常州市聪明豆网络科技有限公司	常州市金坛区市场路534号	耿春霞	中国香港	500	500	500
海通包装(常州)有限公司	常州市金坛区儒林镇园区西路12号	MINO OSWAL DORODRIGO	美国	22.3	15.7	15.7
常州法塔铝铸造设备有限公司	常州市金坛区华城中路168号	盛建春	美国	204.4	157.2	77
思拓达仓储泊车技术(常州)有限公司	常州市金坛区华城路1668号,国际工业城9栋	Wolfgang Kienzler	德国	157.6	112.6	112.6
冠品(常州)制冷设备有限公司	常州市金坛区华城中路168号	陈松生	中国台湾	1000	500	250
思诺高(中国)工程机械有限公司	常州市金坛区华城路1668号	Don Francis Ahern	美国	1000	1000	1000

表9　　2015年常州市金坛区境外企业情况一览表　　单位:万美元

序号	项目名称	国别	主办单位	合作方式	经营范围	总投资	注册资本	中方出资额	出资比例%		
									中方		外方
									出资额	现汇	
1	常州卡斯特铝精密铸造科技有限公司北美办事处	美国	常州卡斯特铝精密铸造科技有限公司	新设	窗口	10.00	10.00	10	100.0%	10.00	0.0%
2	美国超人服饰有限公司	美国	常州卡乐服饰有限公司	新设	服装、服饰品销售	200.00	200.00	200	100.0%	200.00	0.0%
3	柬埔寨沃尔时尚有限公司	柬埔寨	江苏云坤进出口贸易有限公司	新设	服装制造	200.00	200.00	200	100.0%	150.00	0.0%
4	美国富都仕医药公司	美国	常州骏丰医疗器械有限公司	并购	医药制造	10000.00	10000.00	2000	20.0%	2000.00	80.0%
	合　计					10410.00	10410.00	2410		2360	

(于爱华)

产业发展。光伏产业实现开票60.6亿元,同比增长22.8%,占规模工业的比重为19.3%,净增开票销售11.3亿元。高端装备制造业实现开票56.9亿,同比增长2.8%,占规模工业的比重为19.3%,净增开票销售1.6亿元。新材料业实现开票36.1亿元,同比增长0.9%,保持平稳增长势头,占规模工业的12.3%,净增开票销售0.3亿元。纺织服装业实现开票62.8亿,同比增长5.8%,全年形势严峻,连续同比负增长多月,年末受华茂金昇、金虹纺织增长影响,实现小幅增长,全年累计净增开票3.4亿元。盐化工业实现开票49.1亿,同比增长-2.7%,占全区规模工业的16.7%。

招商引资。全年签约项目52个,协议总投资271.15亿元。其中,10亿元以上项目6个,分别是总投资125亿元的中航锂离子动力电池项目,总投资50亿元的丙烯产业园项目,总投资15亿元的同方威视科技园项目,总投资10亿元的卓郎纺织机械生产基地项目,总投资10亿元的福龙专用车项目,总投资10亿元的沃尔核材智能供配电项目。亿元以上项目23个,涉及高端装备制造业、汽车及零部件产业、新能源及电子产业、新材料产业等。

项目推进。围绕项目建设流程,开发区着力建立执行层面跨部门协作机制,加强项目前期研判,从源头上提高项目质量。逐个项目制定推进流程,每月通报督查建设进度。2015年,新签52个项目已开工31个,当年开工率达60%;总投资3000万元以上的76个重点工业项目开工63个。其中,众泰汽车从开工到整车下线历时13个月,创造出了汽车工业建设上的"众泰速度",2015年已形成开票销售23亿元。

科技创新。搭建创新平台,与黑龙江省科学院共建江苏技术转移中心;与上海交大先进技术产业研究院、张江科技产业园、厦门大学建立长效联络机制;新增企业博士后工作站1家;组织企业签订产学研协议15个。聚集创新人才,省"双创计划(高层次创新创业人才引进计划)"实施,"双创人才""双创博士""双创团队"均有人员和团队入选;1人入选省第12批"六大人才高峰",1人入选省博士后科研资助计划。

规划引领。2015年,在总体规划报批、控制性详细规划深化的基础上,编制了供电、环卫、市政综合管线3个专项规划,完成尧塘片区中心和华科园核心区城市设计,开发区各类规划总数达到12项。环评规划顺利通过省环保厅审查,实现产业规划区的扩容和盐化工区的调整。

基础设施建设。完成房屋动迁15.8万平方米,清障土地1533.3公顷,各类工程推进达到年度目标要求。基础设施建设方面,南环二路、复兴路、兴明南路等5条道路竣工通车,中兴路、汇福路、科教路等5条道路和小工业集中区完成绿化和亮化,其余21条道路有序推进。

平台项目建设。标准厂房一期部分竣工验收;青年公寓三期主体封顶;金江东苑二村、二区、三村土建完工;海棠名都玉兰园、东方新都紫荆苑、金江苑五幢安置房及文体中心主体相继封顶、竣工;大唐热电项目获省发改委核准批复,项目建成后将推动绿色园区建设。配套服务方面,开通青年公寓至众泰汽车园区公交专线;国际工业城和青年公寓的物业管理、生活和商务配套全部到位,针对外籍人员的服务不断细化。截至2015年年底,国际工业城签约入驻企业23家,签约总面积15.9万平方米,占国际工业城总面积的60%;青年公寓已交付2004套,入住1568套,入住率78%。

【丙烯项目签约仪式】 2月28日,由江苏蓝色星球环保新材料有限公司投资的丙烯项目与开发区管委会举行签约仪式。江苏蓝色星球环保新材料有限公司是江苏蓝色星球环保科技股份有限公司投资创办的专门生产新型环保型化工新材料的子公司,公司与国内顶尖的科研机构合作,采用国际最先进工艺,在江苏省金坛区经济开发区盐化工区内,分别投资兴建40万吨环氧丙烷、50万吨聚醚项目。该项目总投资25亿元,占地40公顷。项目达产后,将形成年销售收入100亿元的能力。该项目采用环保型清洁生产工艺和自动控制系统,生产装置先进,自动化程度和安全生产系数高,建成后能确保做到运行安全,低碳排放,稳定达标,实现经济和环保的双赢。

【卓郎集团纺织机械生产基地项目落户开发区】 3月23日,卓郎集团纺织机械生产基地项目落户开发区。卓郎纺织机械生产基地项目由金昇集团收购瑞士卓郎集团后在金坛经济开发区投资设立。瑞士卓郎集团是一家拥有超过160年历史、专注于纺织机械及专件的集团公司,具有全流程的纺

开发区标准厂房　（金坛经济开发区　供稿）

纱解决方案,是拥有世界上最先进的纺纱、加弹、加捻以及刺绣等系统的供应商。卓郎纺织机械生产基地项目占地12公顷,一期投资5亿元,建筑面积约6万平方米。

【沃尔核材智能供配电项目落户开发区】 10月12日,沃尔核材智能供配电项目落户开发区,该项目由深圳市沃尔核材股份有限公司投资建设,公司于2007年在深圳证券交易所中小企业板上市。智能供配电设施项目主要包括陶瓷化新材料类、线路保护类、电力保护类、电线电缆类四大类产品。项目规划总用地面积9.3公顷,总建筑面积11万平方米,项目建设周期21个月。计划总投资5亿元,其中土地、基建投资2亿元,机器设备投资3亿元。

【PPP模式——金诚·金坛城市化发展战略合作签约】 6月9日,金诚·金坛城市化发展战略合作签约仪式在开发区举行。浙江金诚资产管理有限公司与金坛区国发国际投资发展有限公司签订投融资合作框架协议。该协议旨在通过公私合营PPP模式,与开发区管委会共同合作组建PPP公司,承担开发区城市化建设项目的投资、建设、运营,推进开发区城市化建设。

【产业创新】 2015年,认定江苏省高新技术产品25件。亿晶光电光伏组件智能车间和利步瑞公司染整智能工厂被认定为第一批常州市"智能工厂(车间)";金远药业注射用紫杉醇脂质体项目入选国家高端外国专家项目,实现该项目零突破;旺达喷灌机获国家科技进步二等奖。中国内燃机工业"十三五"发展规划定稿会在博瑞公司召开。开发区企业全年申请专利1200件以上(其中发明专利350件),授权专利近400件,创历年新高。

【体制机制改革】 体制机制。加快推进市级行政审批制度改革试点,完成《金坛经济开发区行政审批制度改革工作方案》,梳理形成强权扩区权限509项,获得常州市审改办批复认可。增设安监局开发区分局,制定《关于进一步加强开发区社会化用工管理的规定》,分类建立国有公司、招商队伍、机关工勤、城管协管、社区工作者等薪酬体系,为理顺体制机制、加强规范管理奠定了基础,确保高标准通过国家质检总局ISO 9001:2008管理体系认证。

员工管理。加快建立"金目标"管理平台,按照工作职责和业务流程,依托IT技术建立开发区大数据集成库,实现综合事务、招商引资、经济运行、项目建设、资源交易等过程管理,初步形成符合开发区需要的"自管理OEC"模式。定期进行佩戴工作证、指纹考勤督查。组建"精彩金鹰青训营",选定首批23名营员,明确年度目标,组织外出学习、管理提升调研、"金点子"征集等10次集体活动,提高了营员的学习力、思考力和创新力。

国企改革。围绕做实、做强、做优国有公司,研究制订国企改革指导意见,全面部署国有公司改革。按照政企分开的原则,启动国发公司改革。通过引入职业经理人、并购实体公司、规范政企财务往来,加快国发公司企业法人治理结构的完善和项目管理、资产经营及融资能力的提升。2015年,国发公司各类工程项目有序推进,年度融资目标超额完成,实现融资结构优化、融资渠道拓展、融资成本下降的全面提升,同时完成资产经营收入8000多万元。按照优化国有资本布局原则,组建经发公司。经发公司通过与国发公司错位经营、业务交叉开展资本运作,加快形成投融资和担保能力。 (张 田)

海 关

【概述】 2015年,常州海关金坛综合业务科开办企业注册、减免税初审、加工贸易手册设立,受理加工贸易报核申请、属地申报口岸验放、无纸化通关等业务。2015年,金坛地区进出口贸易总值为15.6亿美元,同比增长1.2%。其中,出口11.53亿美元,同比下降6.1%;进口4.06亿美元,同比增长29.9%。

【加工贸易】 2015年,常州海关金坛综合业务科共办理加工贸易手册设立561票,同比减少5.3%,设立金额20655.2万美元,同比减少38.3%。其中,进料加工284票,设立金额19412.9万美元;来料加工277票,设立金额1242.3万美元。办理手册变更640票。办理零星辅料907票。办理深加工结转33票。办理外发加工2票。

【开展企业年报业务】 2015年,海关注册企业取消有效期限制。企业自行登录"中国电子口岸"进行报送,497家企业直接通过网络报送年报,17家企业通过人工审核,电话通知未在规定期限内报送年报的企业600家。全年注册新企业126家。企业变更66家。

【开展属地申报、口岸验放业务】 2015年,加大宣传力度,让企业用活用足国家政策,降低运行成本。截至2015年年底,埃马克(中国)机械有限公司办理30台设备的属地申报业务,申报金额为338万欧元。加大对金坛企业一般贸易税源关注,帮助常州斯威克光伏新材料有限公司从常州港进口,降低企业运行成本,加速企业通关便利。

【促进外贸稳定增长】 2015年,了解进出口企业发展情况以及重点进出口企业在通关过程中的热点、难点问题,提供海关优质服务,助推区域经济转型;走访调研重点企业,与常州亿晶光电科技有限公司开展座谈;与商务局共同举办进出口企业政策宣讲会;做好诚信企业培育,积极向上申请提升企业管理类别。

【搭建平台】 至2015年年底,金坛地区共有37家一般认证企业、1家高级认证企业,这些企业可享受口岸快速、便捷通关政策。帮助常州嘉霖灯饰有限公司通过中美海关C-TPAT联合验证复查,企业货物出口到美国可享受美国海关快速、便捷通关服务。

表10　　2015年金坛区按贸易方式分进出口总值表　　单位:万美元

序号	项　目	进出口	出口	进口	累计比上年同期±%		
					进出口	出口	进口
1	进出口贸易总值	155967	115346	40621	1.2	-6.1	29.9
2	一般贸易	121614	90714	30900	2.2	-7.3	46.0
3	加工贸易	32976	24291	8685	-2.5	-2.7	-2.2
4	来料加工装配贸易	1729	1201	528	-47.1	-44.7	-52.5
5	进料加工贸易	31247	23090	8158	2.2	1.3	4.8
6	外商投资企业作为投资进口的设备、物品	521	0	521	-15.5	-	-15.5
7	其他	856	341	515	33.0	898.2	-15.5

表11　　2015年金坛区按企业类型分进出口总值表　　单位:万美元

序号	项　目	进出口	出口	进口	累计比上年同期±%		
					进出口	出口	进口
1	进出口贸易总值	155967	115346	40621	1.2	-6.1	29.9
2	国有企业	1818	1729	90	-1.0	-0.7	-4.9
3	外商投资企业	75316	59956	15359	-16.6	-19.0	-6.0
4	其中:中外合作企业	1704	1701	3	-2.7	-2.9	-
5	中外合资企业	34865	27402	7463	-12.2	-10.4	-18.0
6	外商独资企业	38747	30853	7894	-20.8	-26.0	9.1
7	集体企业	1125	1125	0	-4.8	-0.6	-99.4
8	民营企业	77708	52536	25172	27.9	14.3	70.2

（黄晨婧）

编辑　盛南萍

6月9日,城市化发展战略合作签约仪式(金坛经济开发区　供稿)

农业·水利

农　业

【概述】 2015年，金坛区农业紧紧围绕农业基本现代化建设，大力开展“找标杆自加压力，学先进争先进位”教育实践活动，高点定位，创新举措，加快发展，全力打好“十二五”收官之战。

增强规划引领意识。精心编制总体规划。按照与农业现代化指标体系相一致、与全区总体规划相匹配、与生态环境发展相协调、与相关专项规划相衔接的要求，基本完成新一轮现代农业产业发展（2015～2020年）规划编制工作，确保年底前高质量、高标准通过评审。永久性蔬菜基地、畜牧产业园区、农产品加工集中区建设等一批专项规划修编完成，付诸实施。加快完善万亩茶叶产业园区建设、重要农业文化遗产保护等专项规划，着力引导全区农业向特色化、产业化、品牌化、现代化方向发展。

强化装备和科技支撑。建设总面积2400公顷的3个国家级土地治理项目和1个新增500亿公斤粮食田间工程面源污染治理项目加快推进，耕地质量提升综合示范区项目和补充耕地质量评定工作同时推进，高标准农田建设量质并举。新增高效设施农、渔业面积约400公顷，打造一批“高端农业”“智能农业”“感知农业”新亮点。新推广农机具743台（套），首次引进农用植保飞机、“六位一体”（施肥、旋耕、碎土、播种、镇压、开沟）小麦条播机，全区水稻机插率80%，高效设施农业主要生产环节机械化水平提3%。扎实推进粮油、水产、畜牧、园艺、农机5项农业科技入户工程和全国基层农技推广体系改革与建设补助项目，新培育科技示范户2170户，实现产业全覆盖，镇村全覆盖，全区农业主推品种、主推技术到位率保持在95%以上。按照“政策主导、农民主体、需求导向、综合配套”的原则，扎实推进新型职业农业培育培训试点，新增实训基地15个，农村电子商务首次开班，让更多的农民“扛得起锄头、拿得起鼠标”。常州圣贝特蜂产品有限公司和江苏海之客农业发展有限公司成为省级农业信息化示范基地。积极开展水肥一体化、植保绿色防控、稻麦全程机械施肥等新技术试验示范，强化现代农业科技支撑。

森林城市创建、产业园区建设、质量品牌建设和农业安全生产。对全区2014～2015年间计划新增各类绿化面积进行摸底排查，做到有的放矢。根据区政府出台的专项实施意见，牵头制订创建国家森林城市工作的目标任务、建设内容和责任分工，增强工作合力。精心组织高强度、高频率的督查，印发《创建国家森林城市简报》10期，及时向区四套班子领导和各单位通报创建国家森林城市目标任务完成情况，使创建国家森林城市工程上升为全区的重点工作。年内全区完成绿化造林面积527.27公顷，占总任务量的83%。组织实施的丘陵岗地森林植被恢复和低产林改造、农田林网建设、中幼龄林抚育工程分别完成工作量的240%、90%、100%，25个省级绿化示范创建村全部完成建设任务，并通过省级验收。

招商选资。积极引导玉玲花生态农业园、工厂化珍稀牛肝菌生产、河蟹专业市场建设等一批在谈项目向不同类型的园区集聚，丰富园区建设内容，搭建专业服务平台，提升园区发展内涵。全力加快项目推进。壹号农场数字化养生农场和白鹭园建设项目超额完成年度目标任务，京东休闲茶场、中以合作华大基因等一批农业产业化重点项目基本完成年度建设任务。新认定常州市级园区2个，总量达16个。全力拓展园区功能。主动出谋划策，部门协同推进上阮赏花节、2015长荡湖籽虾节、第二届水果采摘节、首届市民水果品鉴会和第五届长荡湖湖鲜美食节，以“春赏花、夏采果、秋品蟹、冬养生”为主题的长荡湖、上阮等园区精品农游逐步显山露水，加快了园区发展步伐。

培育品牌建设主体。通过省级监测农业龙头企业7家，新增省级农业龙头企业2家、区级农业龙头企业16家，京东农业成为区首个上市农业企业。创新品牌管理举措。全面贯彻落实《金坛区农产品品牌建设实施意见》，组建跨部门专门工作班子，研究出台《长荡湖大闸蟹区域性公用品牌使用实施方案(试行)》和《金坛雀舌地理标志保护产品保护管理办法》,加快全区农产品知名品牌规范使用、合理开发。强化品牌宣传推介。组织40多家龙头企业、合作社等参加第十三届中国国际(福州)农产品交易会、第十三届江苏名特优农产品(上海)交易会暨常州名特优农产品推介会、中国名蟹(北京)会展、2015江苏国际水产品暨休闲渔业展销会(南京)等农展、农交、农洽会,进一步提升了全区名特优农产品品牌影响力和美誉度。提升品牌创建意识。在2015年全国河蟹大赛上,金坛区选送的4种品牌河蟹全部获金奖,其中1种获得“最佳口感奖”。“鑫品”牌金坛雀舌茶以绿茶类第一名的佳绩问鼎百年世博中国名茶评比“金骆驼奖”,4种茶样在第十一届“中茶杯”全国名优茶评比活动中获一等奖,1种葡萄在2015年江苏省“神园杯”水果评比中再获特等奖。

按照“全员、全域、全程、全民”理念,优化农产品质量安全“三定一考核”(定监管人员、定监管对象、定监管任务,年终绩效考核)监管模式,落实网格化管理措施,全区农产品质量安全省级抽检合格率100%。科普宣传全覆盖、防控措施全落实、监督检查全到位,应免密度100%,确保了重大动物疫病不发生、不流行。生猪屠宰监管无缝衔接,推进了“放心肉”工程实施。坚持人防、物防、技防相结合,强化森林防火工作责任制,全年未发生重大森林火灾。深入开展农资打假和渔政“打非治违”、农机“黑机非驾”和兽用饲料“查禁打非”等专项行动,切实加大林政执法力度,有力保障了全区农业生产。拓展秸秆综合利用新途径,强化动植物检验检疫,落实最严格的生态保护政策,全力确保农业生态安全。

放大优质粮油、高效渔业、规模畜禽、现代园艺产业发展优势。共建成4个小麦、1个油菜、11个水稻万亩高产增效创建示范区,更高水平、更深层次整建制推进水稻高产增效创建,着力巩固提升“亩产吨粮县”创建成果。2014秋播,全区小麦机械条播技术应用面积4000公顷,应用规模和占比均位居苏南第一。全区小麦公顷单产实现“十二连丰”,达5431.5公斤,较上年增加29.1公斤。水稻商品化集中育秧点由上年的35个增加到38个,采用微喷灌技术的育秧点数量由上年的17家上升到22家。

改造标准化池塘面积333.33公顷,推广渔业新装备200余台(套),渔业综合机械化水平保持在90%以上。规模化人工繁育沙塘鳢苗取得成功,年繁育能力300万尾,为全区蟹虾鱼混养技术模式大面积推广奠定苗种基础。长荡湖河蟹产加销合作协议签署,标志着全区河蟹产业结束了长期以来产销链条中没有加工环节的历史。新培植10家年产值超100万元的家庭渔场和10家年销售额超300万元的产销大户、农业电商,辐射带动了全区河蟹养殖和销售。南美白对虾和鮰鱼规模化养殖取得成功,指前镇清水渎村成为“全国一村一品示范村”。

推广自动化喂料机械60多套,改造提升畜禽棚舍12万平方米,提升畜禽规模化养殖机械化、标准化水平。创新并推广“畜禽产地检疫移动式电子出证系统”,成功解决了畜禽产地检疫现场施检与电子化出证之间的矛盾,使畜禽产地检疫工作“便民、高效、安全”。加快推进畜禽屠宰环节清理整顿,完善监管体系建设,落实企业主体责任,规范生产经营秩序。加快推进年产2万吨雪山鸡屠宰及深加工和年屠宰2000万羽肉鸡及深加工重点项目建设,有效拉长畜禽产业链,增强畜禽产业抵御市场风险的能力。

猕猴桃种植、银耳工厂化生产填补产业发展空白。深入开展蔬菜、水果、茶叶、蚕桑安全生产新技术的研究与推广,加快提升全市园艺业标准化生产水平,建成1个省级园艺标准园和4个常州市园艺作物绿色防控示范区。加快推进万亩现代茶叶产业园区、食用菌产业园区建设,打造高效设施园艺新亮点,推进园艺产业集群发展,加速园艺产业转型升级步伐。

【电子商务】 7月21日,农村电子商务第一次开班,培训130人次,努力让更多的农民“扛得起锄头、拿得起鼠标”。全区组建企业网站50多家,在淘宝、苏宁易购、1号商城等知名购物网站开设金坛区名特优农产品网店20多个,应用微信平台开设微店10余

7月21日,第一期电子商务培训班开班(区农林局 供稿)

家,加快全区农业融入“互联网+”时代步伐。常州圣贝特蜂产品有限公司和江苏海之客农业发展有限公司成为省级农业信息化示范基地。

【农产品质量安全网格化监管】 2015年,按照“全员、全域、全程、全民”的网格化监管模式,在薛埠镇、朱林镇、直溪镇、金城镇、指前镇实施农产品质量安全网格化监管项目,共涉及71个行政村1038个村民小组。通过宣传发动、建立网格、数据普查、设备采购、数据核查等工作,将上市销售的农产品全部纳入监管范围。全区共调查各类普查对象37079个。其中,薛埠镇农户数5254户、企业(合作社)45个、农资店13个;朱林镇农户数6156户、企业(合作社)30个、农资店20个、收储运专业户5个;直溪镇农户数9148户、企业(合作社)73个、农资店37个、收储运专业户4个;金城镇农户数7066户、企业(合作社)7个、农资店11个;指前镇农户数9149户、企业(合作社)38个、农资店18个、收储运专业户5个。

【村级移动终端协管系统】 2015年,金坛区积极探索开展在村级推广运用移动终端。全区97个涉农行政村的村级农产品质量安全协管员,每人配备一台移动终端,能使用移动终端开展农产品质量安全监管工作,并实时上传至监管信息平台。

【江苏消费者最喜爱的绿色食品评选】 2月11日,首届江苏消费者最喜爱的绿色食品评选结果发布会上,金坛区有5家企业10只产品上榜,分别是金坛市江南春米业有限公司的“苏”牌有机米、“苏”牌大米;金坛市金土地有机稻米专业合作社的“黄金村”牌有机软米、有机软米粉;金坛市昌玉红香芋专业合作社的“健倡”牌建昌红香芋;金坛市方麓茶场有限公司的“百园春”牌金坛雀舌茶;金坛丰登酒业有限公司的“丰登”牌(人寿年丰)黄酒、(青春岁月)黄酒、(花开宝贵)黄酒、(美好时光)黄酒。

(周秋娟)

【农技推广服务体系建设创新研究】 2015年,整合基层农技推广改革与建设补助项目、农业科技入户工程、挂县强农富民工程、农技人员科技培训等项目,总结农技推广的做法与经验,申报的“金坛市农技推广服务体系建设创新研究”成果获区科技进步二等奖。该成果创新集农业科技示范园区、“三新”技术综合展示基地、专业试验示范基地为农技推广服务新平台的集成性管理手段;创新以农业物联网、科技网络书屋、视频诊断、远程教育、手机报、“12316”惠农短信等为手段的促进农业科技快速便捷推广的信息化管理模式;创新“专家指导组+技术指导员+科技示范户+辐射带动户”的农技推广新模式,有力推动了农业科技入户到田;创新“骨干人才院校培训、基层人员专业培训、职业农民技能培训”的人才培养模式,实现农业农村人才素质大提升。

【《农业项目专家库专家管理试行办法》】 根据金坛市政府办《关于印发金坛市财政涉农补贴项目管理实施办法(暂行)的通知》精神要求,为更好地加强对农业项目专家库专家的管理,确保项目评审和项目验收的公正、公平,区农林局出台《农业项目专家库专家管理办法》。该办法共四章十八条,对入库专家的资格、使用与管理等予以明确,入库专家实行“统一条件、资源共享、随机选取”的管理办法,建立专家动态管理制、专家退出制、专家回避制和专家备案制。

【“送科技、比服务、促增收”活动】 2015年,省农委在全省开展“送科技、比服务、促增收”活动,金坛区围绕挂县强农富民工程、农业科技入户工程及全国基层农技推广补助项目,组织全区广大农业科技人员进村入户、入场入社,广泛开展农业科技服务工作,出台活动方案,建立活动载体,丰富活动内容,送科技、送成果,比服务、比贡献,获“送科技、比服务、促增收”活动先进集体。活动中全区共培育4550户农业科技示范户,辐射带动近10万余农户,编印发放各类技术培训资料10万余份,为专家和技术指导员定制农业科技个人网络书屋,免费为3280户示范户提供“农家致富”手机的信息服务,在中国农业推广网、省市农林信息网、《今日金坛》等媒体宣传报道400多篇;全面建设村级规范化农业科技服务站,重点建设2个省级“百强乡镇农技推广综合服务中心”,建立农业科技示范园区、“三新”技术综合展示基地、专业试验示范基地等10个农技推广服务新平台;发表论文51篇、获得授权专利5项、获得农业科技奖8项,金坛区农业科技进步贡献率65.6%,居全省第一方阵,为现代农业发展和农民增收致富提供了有力科技支撑。

【现代农业产业园】 2015年,按照“规划设计科学、产业特色鲜明、科技含量较高、物质装备先进、运行机制灵活、综合效益显著”的园区建设总体要求,重点围绕园区的提档升级,推进现代农业产业园区建设。进一步完善园区规划编制。江苏金坛现代农业产业园、常州尧塘(花木)产业园等先后进行二轮修编;常州市银湖(食用菌)现代农业产业园利用园区拆迁重新建设的机会,重新编制规划;加大园区招商引资。新建和续建申莆猕猴桃、悦莲山庄、玉玲花农业生态园、金硕生态休闲农业观光园、尚池生态农业园等10多个。进一步提升园区装备水平。园艺类园区设施化比重和园艺机械的装备水平不断提升;畜牧类园区新增自动化喂料线、自动饮水线、自动清粪系统等设备设施1818条(台、套);渔业类园区标准化池塘面积比重达85.6%,渔业综合机械化水平保持在90%以上;进一步提升园区功能和品牌。使生产性园区向集生产、休闲、观光旅游为一体的综合性园区发展。江苏金坛现代农业产业园区开展春季赏花、夏季摘果等多项农业旅游活动。先后举办“常州乡村旅游节开幕暨赏樱季活动”“首届上阮牡丹展”“上阮花视界”以及“水果采摘节”;江苏金坛现代渔业园区全力扩大“长荡湖”品牌影响力。首批15家养殖和营销企业获授权使用“长荡湖”标识;3家企业获得中国名蟹会展金奖,4家企业获得2015江苏国际水产品暨休闲渔业展销会金奖,4家企业获得2015全国河蟹大赛金蟹奖。常州金坛区银湖蘑菇产业园、常州直溪河蟹产业园被常州市认定为2015年常州市级现代农业产业园区。至2015年年底,全区共有省级园区2家,常州市级园区16家。

【参加常州市第十三次自然科学优秀科技论文竞赛】 2015年,区农林系统广大科技工作者紧紧围绕全区农村经济社会发展的重点、热点和难点问题,深入基层,积极开展科学研究,涌现出一批优秀的科研成果。在常州市第十三次自然科学优秀科技论文竞赛中,共有5篇科技论文获奖。其中,二等奖2篇,三等奖3篇。

（孙云玉）

【新型职业农民实训基地创建】 新型职业农民培育实训基地的创建要求是基地的生产管理水平要做到行业领头,产品产量和品质要做到行业领先,在本产业中具有一定的榜样示范作用,具备一定的教学、实践、科研、生产等社会服务性功能;有可容纳30~50人的培训教室,并配备基本的教学设备,有可提供给学员们现场观摩、动手操作和生产实习的场所;拥有丰富生产实践经验的土专家和行业能手。年内,经区农广校和各镇区推荐申报,专家组现场察看、评审,金坛区共设立15个新型职业农民实训基地,属常州首创。

【农民培训】 2015年,全区共举办农业职业技能培训班19期,涉及粮油、水产、农机等行业,培训1170人次(其中完成农业行业职业技能鉴定117人次);举办电子商务培训班1期,培训130人次;组织青年农场主、水产生产经营农户等到苏州农业职业技术学院、句容农业职业技术学院学习提升,培训106人次。全年累计培训人数1406人次,完成省培训任务。

（滕　颖）

【农业行政执法】 2015年,金坛区农林局共计执法检查各类农资生产、经营单位,农产品生产企业300余家,检查水产品养殖场所172处,出动执法人员500余人次。检查各类农业机械3064台次,排查农机事故隐患16起,无害化处理病死猪22312头。查处农林违法案件55起,罚没款21.5万元,开展内陆水域打击非法捕捞35次。检验机动渔船971艘,为1616艘渔船发放渔业油价补助,合计276.87万元。全年没有接到一起行政复议和行政诉讼案件。

（李　敏）

【省农委执法总队到金坛区督查农业执法工作】 9月16日,江苏省农委执法总队副调研员陈清虎、常州市农委行政执法支队支队长吴建华一行人到金坛区督查农业行政执法工作。督查中,首先听取了金坛区农林局执法大队工作情况汇报,并与金坛区农业执法人员深入探讨了农业行政执法工作中遇到的一些问题。最后在对金坛区的农资经营店和农资生产企业进行考察后,陈清虎表示,金坛区农业执法工作令人满意,希望再接再厉,围绕“机构正规化、装备标准化、监管制度化、执法规范化”四方面扎实开展标准化农业综合执法工作,继续规范农资市场,保障农业生产安全。

（周　飞）

【行政服务】 2015年,按照“目录之外无审批”的要求,以行政权力库为基础,窗口共清理出权力事项19项,并细化出若干子项,并对审改后的许可事项进行了跟踪、观察和落实,并积极配合新系统应用前的实验操作,不断反馈,以求详尽、详实、细致,试运转效果良好。

（柳民强）

【生态农业】 截至2015年年底,秸秆综合利用稳步前进,新建成小型秸秆收贮中心2座。畜禽粪便污染治理工作继续强化,规模畜禽场粪污“三分离一净化”(雨污分离、干湿分离,固液分离、生态净化)处理工程1处,新增有机循环农业工程3处。

（白洁瑞）

【全国“一村一品”示范村镇】 9月,指前镇清水渎村“河蟹”被农业部认定为第五批全国“一村一品”示范村镇。指前镇清水渎村水产养殖业突出,在20世纪80年代就开始推广围网养殖,全村有水产养殖面积67公顷以上,从事水产养殖户713户,占全村总户数的53.6%。全村有90%的养殖户已实现蟹池综合养殖模式,经济效益明显,公顷效益15万元的有21户,公顷效益7.5万元以上的有277户。村内有水产养殖企业9家、水产养殖专业合作社3家、家庭农场4家、水产科研教学推广单位1家、江苏省农产品出口示范基地1家。曾获江苏省现代高效渔业示范村、江苏省首批“一村一品”示范村镇、金坛市水产养殖特色村等称号。养殖的“苏标”牌中华绒螯蟹获全国十大名蟹称号。

【常州市“一村一品”示范村镇认定】 11月,经常州市农业委员会审核和市相关部门专家评审等程序,认定谢桥村(花木)、直溪村(青虾)、上阮村(经济林果)为第二批“常州市‘一村一品’示范村镇”。

【新增省级农业产业化龙头企业2家】 10月,开展省级农业产业化龙头企业的监测与评审,经过区级推荐,市级初审,省级复评,经专家审核及网上公示,江苏鑫品茶业有限公司、江苏三德利牧业发展有限公司被认定为省级农业产业化龙头企业。

【新认定金坛区级农业龙头企业16家】 7月,共申报金坛区级农业产业化龙头企业21家,对照金坛区级农业龙头企业认定办法确定评审专家组与评审方案,采用申报材料评分和现场评分相结合的办法。经区农业产业化领导小组研究决定,江苏佳泽粮油有限公司、江苏京东农业股份有限公司、金坛绿彩园林科技发展有限公司、金坛晶鹿茶叶有限公司、江苏黄金村食品有限公司等16家为2015年金坛区级农业龙头企业。

【检测中心建设项目绩效管理】 按照《江苏省农委2014年度农业投资项目绩效管理试点工作实施方案》要求,金坛市农产品质量检验检测中心于2015年1月,完成金坛市农产品质量检测体系建设项目绩效评价工作。项目自评整体情况如下:该项目投资计划为287万元。其中,中央投资100万元,省级财政75万元,县级财政112万元。实际完成投资287.3万元,占计划投资的100.1%;具体为土建工程完成投资111.2万元,改造实验室面积约400平方米,其中控温控湿实验室近350平方米;购置农产品质量、农业投入品和产地环境等检验检测仪器设备63余台(套),价值171.4万元,其中主要有气项色谱仪35.85万元、原子吸收分光光度计40.23万元、原子荧光光度仪13.38万元、采样车26.03万元、仪器试验台、通风橱、器皿柜8.24万元、快速检测仪14.35万元;工程及其他费用4.63万元。

【农产品检测与质量安全】 2015年,常州市金坛区农产品质量检验检测中心共抽检蔬菜28个品种,3062个样品。蔬菜农残速测合格率在99%以上,开展土肥站测土配方项目,共检测土壤样品354个样品,提供技术参数2124个,承担常州检测中心土样检测项目,共检测土壤样品195个样品,提供技术参数1365个,承担江苏省小麦、水稻、茶叶、水果、蔬菜等风险检测抽样项目,共抽检茶叶、葡萄、小麦、水稻等93个样品。加大面向广大农民的农产品质量安全检测服务力度,促进了本区茶叶、水芹等主导产业的迅猛发展,为全区农业可持续发展提供有力保障。常州市金坛区农产品质量检验检测中心安排专门人员编写培训资料,为常州市金坛区各镇农产品检测人员提供业务指导,组织乡镇、企业检测人员进行农业检测技能培训,使各镇检测人员熟练掌握了高速超大容量农残检测仪的检测技能,蔬菜农残速测检验由原来的八通道换成二十四通道,效率提高了两倍。

(何琳华)

·粮油种植业·

【概述】 2015年,全区粮食作物总面积3.562万公顷,较上年减1093.33公顷,减3.0%,连续5年缩减。公顷单产7543.5公斤,较上年增39.45公斤,增0.5%。总产26.88万吨,较上年减6718吨,减2.4%;全区共实施部省级高产创建万亩示范片15个。其中,部级8个,省级7个。

夏粮总面积1.4833万公顷,较上年缩46公顷,减3.0%。公顷单产5370公斤,较上年增加27.9公斤,增0.5%,再创历史新高,实现了自2004年起连续十二年增。总产7.97万吨,较上年减少1996吨,减2.4%。其主要作物小麦面积1.444公顷,较上年减少43公顷,减2.8%。公顷单产5431.5公斤,较上年增加29.1公斤,增0.5%,连续十二年递增,创历史新高。总产7.85万吨,较上年减少1805吨,减1.5%;大麦面积127.47公顷,较上年减少20.93公顷,减14.1%。公顷单产4260公斤,较上年减少406.65公斤,减8.7%。总产543吨,较上年减157吨,减22.4%。

秋粮面积20787公顷,较上年减少633公顷,减3.0%。公顷单产9096公斤,较上年增加47.4公斤,增0.5%,创历史新高,实现7年递增。总产18.91万吨,较上年减少4722吨,减2.4%。主要作物水稻面积18760公顷,较上年减少480公顷,减2.5%。公顷单产9675公斤,较上年增加15公斤,增0.2%。总产18.15万吨,较上年减少4355吨,减2.3%。其中中稻面积155.13公顷,公顷单产9534公斤,总产1479吨,分别较上年增124.8公顷、609公斤、1211吨;晚稻面积18607公顷,公顷单产9675公斤,总产18万吨,分别较上年减少603.87公顷、增13.95公斤、减5566吨。

全区油菜总面积2540公顷,较上年减少586.67公顷,减少18.8%,连续6年缩减。公顷单产2445公斤,较上年增加15公斤,增1.9%,创历史新高。总产6207吨,较上年减少1305吨,减17.4%。

金坛区稻麦科技示范中心 (区农林局 供稿)

水稻平均销售单价每公斤2.9

元,较上年降 0.2 元;公顷产值 28243.5 元,较上年降 1878 元;公顷成本 13275 元,较上年高 705 元;公顷效益 14968.5 元,较上年降 2583 元;

小麦平均销售单价每公斤 2.36 元与上年持平;公顷产值 15108 元,较上年高 151.2 元;公顷成本 7983.45 元,较上年降 49.95 元;公顷效益 7214.55 元,较上年增 201.15 元;

油菜籽平均销售单价每公斤 3.5 元,较上年降 1.5 元;公顷产值 9324 元,较上年降 3981.75 元;公顷成本 8391.6 元,较上年减 865.2 元;公顷效益 932.4 元,较上年减 3116.55 元。

全区农资综合补贴面积 28703.69 公顷(每公顷补贴 1242 元),发放补贴资金 35649988.8 元;粮食直补面积 16521.62 公顷(每公顷补贴 300 元),发放补贴资金 4956486.4 元;水稻良种补贴面积 15919.284 公顷(每公顷补贴 225 元),发放补贴资金 3581838.9 元;小麦良种补贴面积 15179.64 公顷(每公顷补贴 150 元),发放补贴资金 2276945.26 元;油菜良种补贴面积 691.15 公顷(每公顷补贴 150 元),发放补贴资金 103672.7 元。全年共核实享受补贴面总积 7.701 万公顷,发补贴资金 4656.89 万元。

全区稻麦油参保总面积 32073.33 公顷,参保人数 15.69 万户,参保保费 1065.11 万元,总保额 26627.45 万元。保险全部由各级政府承担,其中参保面积水稻 16400 公顷、小麦 15013.33 公顷、油菜 660 公顷。2015 年,赔付受灾定损面积 2758.42 公顷,赔付资金 880.07 万元,其中水稻受灾定损面积 2224.95 公顷,赔付资金 741.79 万元;小麦受灾定损面积 506.02 公顷,赔付资金 131.69 万元;油菜受灾定损面积 27.45 公顷,赔付资金 6.59 万元。

【突发灾害】 4 月 29 日凌晨,金坛区金城镇白塔村、庄城村等地遭遇特大冰雹侵袭,造成部分齐穗小麦茎秆折断,无法正常生长造成绝收。据金城镇农服站统计上报,此次冰雹灾害共造成当地 51.33 公顷小麦绝收。

6 月 15 ~ 17 日和 6 月 21 日 ~ 7 月 1 日,金坛区连续两次遭遇强降雨过程,其中 6 月 16 ~ 17 日总降雨量 196.9 毫米、6 月 27 日单日降雨量 274.6 毫米。造成金坛区部分水稻秧田和栽插后大田受淹,秧苗受损情况严重。据各镇农服站统计数据,全区水稻受淹面积 9333.33 公顷。为防灾后秧苗短缺、出现抛荒。全区共发放灾后补助资金 91.42 万元,委托金坛种子公司调运水稻稻种 99 计 9.85 吨,同时组织 5 镇 17 家合作社进行二次育秧,全区共补育秧苗 16.72 万盘,使用 13.01 万盘。

受 10 月末、11 月上中旬的持续降雨影响,金坛区水稻收割进度严重偏迟,部分稻田至 12 月中旬才收割。同时由于成熟期长时间且过多的雨水,水稻品质较往年略降,销售价格偏低。

【创新农技推广方法】 12 月 8 日,南京农业大学在金坛稻麦科技示范中心召开"国家重大农技推广服务试点工作推进会"。农业部、省农委、省财政厅、南京农业大学以及试点单位的领导、专家和新型农业经营主体联盟代表等 60 余人参加会议。

会上,南京农业大学副校长丁艳锋就试点工作的意义和要求进行了解读和部署。在与会代表的见证下,会上成立了金坛稻麦产业新型经营主体协同创新战略联盟,并举行了南农易农 APP 开通仪式。会议组织观摩金坛稻麦科技示范中心。金坛稻麦科技示范中心历经 5 年的建设,总体水平位居省内一流,苏南领先。

区政府副区长陈锁龙、区农林局局长闫炳泉参加会议。

【水稻机插现场观摩】 6 月 8 日,区劳动竞赛委员会在指前镇建春村金坛稻麦科技示范中心,举办金坛区第十三届职工职业技能竞赛插秧机操作工技能比赛。区农林局组织各镇(街道)农服站(经发办、农业办)站长(主任)、栽培员、农机员,农林局种植业条线全体技术人员,共计 200 余人参加现场观摩。通过活动,在全区树立"比、学、赶、超"的良好氛围,广大技术员、插秧机操作工对机插质量标准有了更清醒的认识,对如何操作插秧机来提高栽插质量有了更深入的了解。对于提高全区的机插质量起到示范带动作用。

【专家到坛指导小麦越冬期管理】 1 月 5 日,全国小麦专家组副组长、扬州大学农学院党委书记郭文善教授会同中国农业大学王志敏教授及扬州大学朱新开教授到金坛市指导小麦越冬期管理。市农林局副局长胡国强等人陪同。专家一行,踏田查看市 3 个小麦万亩示范片重点方,并走访金坛市稻麦科技示范中心及朱林镇沙湖农机合作社。

在整个查看走访过程中,专家们对金坛区当前理想的小麦基础表示肯定和欣喜。对金坛农技人员能够自己动手,实践操作展示基地,在展示过程中开拓思维,有目标、有计划地进行新技术的攻关和探索表示赞许。同时表扬农技人员能够实实在在的指导引领农户应用新技术,切实将新技术在全市范围内大面积推广应用。

2014 年秋播,金坛区积极推广应用小麦机械化播种,全区小麦机械化播种面积 4066.67 公顷,机械化镇压面积达 6666.67 公顷次。新技术的大范围应用,克服了小麦生产过程中水稻秸秆还田量大、秋播过程连阴雨、播后长期无雨干旱、寒流侵袭频繁等不利影响,为实现良好的生产奠定基础。

【金坛稻麦科技示范中心】 金坛市稻麦科技示范中心位于指前镇建春村,总面积 13.53 公顷。2015 年,以金坛区稻麦科技示范中心为平台,设立了品种展示区、高产攻关区、技术储备区、新技术示范区 4 个主要功能区域。

品种展示区:选择适合金坛区稻麦周年高产高效的新品种、新品系,进行品比试验,集中展示在科技示范中心,研究其生育特性和抗逆能力,让技术人员和农民朋友共同评判,选择金坛区今后稻麦周年高产高效的主体替代新品种。

高产攻关区:由技术人员按照稻麦高产技术要求,设计方案,自己动手实施,展示技术人员的新价值,实现高产攻关的新水平,锻炼一批稻麦高产攻关的新人才。

技术储备区:结合国家、省粮食丰产科技工程、省农业三新工程等项目,开展一系列的技术试验,从试验中得到新启发、新观点、新经验、新收获,让新技术不断提升、日趋完善。

新技术示范区:为解决制约金坛区稻麦周年高产高效的技术瓶颈,由全体技术人员参与,在新技术示范区内大胆实践,大胆创新,开展一系列的新技术、新机具的应用,取得显著的示范效果。 (段云辉)

【耕地质量建设】 2015 年,紧紧围绕耕地质量建设,以项目为抓手,推进(粮油类)测土配方施肥技术全覆盖,建成 8 个常州市市级耕地质量监测点。建立一个耕地质量综合提升示范区,重点推广商品有机肥 3300 吨,冬绿肥种植以奖代补 200 公顷。配合常州市农委完成金坛区国土局申报的 2015 年金坛区补充耕地质量评定工作。 (沈家禾)

【生态控草技术论坛及培训班在金坛区举办】 6 月 8 日,江苏省杂草研究会、南京农业大学杂草研究室在金坛区举办生态控草技术论坛及培训班。

南京农业大学杂草研究室于 2000 年率先开展稻麦连作田杂草可持续管理技术的长期定点试验,并在小区试验的成功基础上,开始(江阴)大田的示范并推广,又进一步在常州金坛和安徽开展更大范围的示范并推广,亦取得显著的效果,杂草的可持续控草技术进一步完善。该技术实施后可以减少 40% 以上的化学除草剂的使用量,降低成本 30% 以上。还明显降低环境污染的压力以及延缓杂草抗药性的产生具有显著的经济和生态效益。 (周秋娟)

·水 产 业·

【概述】 2015 年,金坛区渔业立足当前经济发展新常态,以渔业现代化建设为主要任务,以转方式、调结构为主线,加大服务与管理力度,坚持以项目为抓手,以科技为支撑,以市场为导向,以产业化为纽带,在经济增长继续保持了良好的发展态势。全年全区水产品总产量 4.98 万吨,比上年降低 2.4%,总产值 22.33 亿元,比上年增长 11.3%。

物质装备水平。以省、市、区高效渔业项目建设为抓手,每个镇(街道)新增 1 个以上高效渔业示范场、示范基地或示范方。全区新改造标准化池塘面积 356 公顷,全区标准化池塘面积比重达 85.6%;推广渔业新装备 600 余台(套),渔业综合机械化水平保持在 90% 以上,全区建成常州标准化示范基地总数达 9 个;工厂化养殖取得新发展,新建鲥鱼工厂化养殖大棚 7300 平方米、南美白对虾工厂化养殖大棚 2.3 万平方米,新增高效设施渔业面积 273.33 公顷,全区高效设施渔业总面积 5446.67 公顷,占全区水产养殖总面积 35.8%;河蟹、青虾、常规鱼等渔业主导品种实现物联网信息化服务全覆盖。

水产良种繁育。河蟹进一步完善以长荡湖周边地区为中心的 400 公顷优质蟹种培育基地建设,加大良种的培育力度,引进“长江 1 号”河蟹良种 4000 多公斤,培育优质蟹种 1 亿只。青虾开展“太湖 1 号”优良青虾的自繁自育,繁育良种 10 余亿尾,良种覆盖率 100%。常规鱼方面,建昌省级水产良种繁育场依托新建成的现代循环流水鱼苗孵化环道,不断优化繁苗技术,全年繁育各类优质鱼苗 10 亿尾。优质鱼通过生态、温控、流水等技术创新手段,成功实现沙塘鳢苗种规模化人工繁育,共繁育沙塘鳢苗 300 万尾左右,为全区蟹虾鱼混养技术模式的大面积推广奠定苗种基础。

科技支撑。围绕蟹、虾、鱼等主要品种,积极调优养殖结构、发展高效养殖模式,全区推广蟹虾和蟹虾鱼混养型生态养殖模式 6666.67 公顷(其中蟹虾 6333.33 公顷,蟹虾鱼 333.33 公顷),80∶20 常规鱼混套养型生态养殖模式 2000 公顷,青虾双季主养型生态养殖模式 1000 公顷,渔业科技进步贡献率 70% 以上。

水产品质量安全。按照常州市创建国家水产养殖综合标准化示范区的要求,全区水产养殖标准体系、水生动物疫病防控体系、水产品质量检测和监管体系不断完善,水产品质量安全水平不断提高,以农户为单位填写塘口档案,档案创建率 100%;以水生动物病害测报和水产品快速检测工作为平台,全年完成水产品快速检测 511 个,接受部省市抽检 43 个,检测合格率 100%;完成病害样品检测 81 个,其中寄生虫阳性样品 5 个,病毒阳性样品 3 个,细菌性样品 31 个。

现代营销。通过举办“网农对接”活动,积极组织河蟹龙头企业、家庭渔场和产销大户等各类新型经营主体与天猫商城、苏宁云商和京东商城等知名电商企业洽谈对接,鼓励和支持其在第三方平台开设网上店铺。2015 年,全区有包括全国十大名蟹在内的“万叶”牌、“长荡湖”牌等 10 多个“母子品牌”河蟹生产商入住,有 120 余商家通过开设电子商务网页、淘宝、微信店铺或通过微信朋友圈、QQ 等销售河蟹超过 800 吨,销售额 2 亿元,分别占全区河蟹销售总量的 5%,占全区河蟹销售总额的 15%。

新型经营主体培植。重点扶持 10 家面积 6.67 ~ 20 公顷、公顷效益 15 万元的渔场和公顷效益 7.5 万元以上的家庭渔场,10 家渔场积极运用电子商务、产销额 100 万元,带动周边养殖销售的产销一体专业大户,引导发展适度规模经营。2015 年,全区新增家庭渔场 70 家,总数超过 100 家,渔业专业合作经济组织总数 110 余家,连接农户 7600 余户,渔户参合率 85%,其中开设电子商务的约占 10%,水产品现代流通业态销售率 85.8%。

提升品牌影响力。2015年,全区加大“长荡湖”区域性公共品牌培植和营销力度,出台《长荡湖大闸蟹区域性公用品牌使用实施方案(试行)》,长荡湖大闸蟹使用“母子商标”模式进入市场,按照“统一品牌、严格管理、自愿加入、共同维护”的原则,统一品牌包装、统一使用条件、统一规范程序等,首批15家符合条件的长荡湖大闸蟹养殖和营销企业授权使用“长荡湖”牌标识。

【农业部和省海洋与渔业局领导调研金坛现代渔业】 7月,农业部渔业局养殖处处长丁晓明、省海洋与渔业局副局长张建军一行,重点围绕新型渔业经营主体培植、高效渔业建设、先进技术推广3个方面对金坛现代渔业展开调研。通过走访指前镇兄弟家庭渔场和产销大户,听取负责人对家庭渔场运营状况的介绍,与产销大户探讨电子商务销售模式。通过考察省级现代渔业精品园和省级良种繁育场,对园区标准化池塘、道路绿化以及物联网养殖系统、微孔管道增氧装置等硬件和软件设施建设情况进行了查看,并认真检验了“四大家鱼”新型苗种繁育设施构造、产能及功效。通过与养殖户进行现场交流,仔细聆听蟹虾、蟹虾鱼混养模式的推广应用情况,掌握了蟹池“155”生态高效养殖技术在养殖产量、经济效益、生态效益等方面的明显优势。调研对金坛“科技兴渔”的理念,以及金坛在现代渔业发展过程中探索创新先进技术、模式所取得的成绩表示赞赏,充分肯定了金坛渔业对江苏和周边地区的积极促进作用,同时希望金坛继续发挥优势,做好“科技兴渔”的先导者。

【全国水产技术推广总站派员一行到金坛调研培训工程】 年内,围绕渔业培训工程的实施,全国水产技术推广总站副处长朱莉萍、浙江省水产技术推广总站副站长蔡引伟重点考察了江苏省渔业科技示范与研修(金坛)基地,对研修基地的环境设施、现代渔业装备、高效养殖模式进行了深入了解,同时,听取关于金坛以渔业科技入户、职业渔民培训、新型农民培训等培训工程为平台,以研修基地为依托,为全区以及江苏省内外提供养殖技术培训的工作汇报,对金坛培训工作的开展特色和辐射功能进行了综合评价。金坛围绕新品种、新技术、新模式、新动态,组建了一支由区、镇业务骨干、乡土专家、养殖能手为主的培训讲师团,通过现场传授实用技术、指导操作,说给养殖户听,做给养殖户看,带着养殖户干;紧紧围绕养殖生产实际,把培训课堂设到到养殖塘口和养殖户家中,重点推广蟹池“631”、蟹池套养鳜鱼、蟹池微孔增氧、蟹池“155”、物联网养殖、青虾双季养殖等生态高效养殖技术;同时,本着让养殖户在多元化培训形式中增长知识、提升能力,在养殖中增添乐趣,在收获中取得实惠的原则,通过以会代训、交流轮训、以观促训的途径,组织养殖户开展现场会、座谈会、典型交流、“致富讲坛”、塘口门诊、相互“找茬”等形式培训。

【省渔业技术推广中心主任张朝辉调研金坛渔业生产】 11月11日,省渔业技术推广中心主任张朝晖一行到金坛调研现代渔业建设发展情况,并深入示范户塘口了解渔业生产情况。先后到金坛省级渔业产业园区、儒林柚山和西城方边河蟹高效养殖基地,重点查看了池塘标准化改造、物联网应用等渔业基础设施建设,以及良种引进和新技术推广应用情况,高度肯定金坛“四个一批建设”,特别是以各级各类项目建设为抓手,高起点建设的一批示范场、示范基地、示范村,培养了一大批优秀示范户,为引导渔民转变观念、加快渔业转型升级起到了积极的推动作用,对金坛分别以“产量型”和“规格型”为主的两种高效养殖模式深表赞许。

【金坛区获全省渔业科技入户工作先进集体】 2015年,金坛区从优化专家、指导员和示范户队伍着手,围绕科技入户主推技术,不断调整养殖结构,改进创新技术环节,促进主推技术优化升级;积极开展异地互动、现身说法、典型交流、现场观摩等形式培训班以及省级研修班、养殖技术对口培训班,丰富培训内容;结合联镇蹲点挂户活动进行入户指导,提供菜单式专家服务,利用物联网开展远程技术指导,以此拓宽服务领域,提升服务质量;开展“村看村、户看户,科技要学示范户”“五星级示范户”创建和“抗灾”保渔专家行、“网农对接”等活动,深入推进渔业科技入户工程深入开展。通过一系列创新举措,进一步彰显主推品种优势,扩大主推技术覆盖面,提高渔农民素质,突显示范辐射效果,持续增加农民人均收入。示范户河蟹平均公顷单产1848公斤、公顷产值17.85万、公顷效益9.38万元,经评委考核,以全省第一的成绩获2015年江苏省渔业科技入户先进集体。

【“长江1号”河蟹生态高效养殖技术集成与推广项目获金坛区科技进步一等奖】 “长江1号”河蟹生态高效养殖技术集成与推广项目,根据河蟹生物学特性,池塘工程学和生态学原理,通过引进“长江1号”大眼幼体,基于全程投喂配合饲料条件下“长江1号”河蟹配合饲料投喂技术、生态养殖技术和养殖模式优化,开展大规格蟹种规模化培育技术示范以及成蟹的养殖推广。2015年,建立“长江1号”大规格优质蟹种培育示范基地143.67公顷,其中百亩连片基地2个,培育优质蟹种5113万只;建立核心示范区210.67公顷,公顷产优质河蟹2265千克,平均规格每只166克;推广“长江1号”河蟹池塘生态高效养殖面积2220.8公顷,公顷产优质河蟹2010千克,平均规格每只161克。

【江苏省、江西省水产养殖技术对口培训班在金坛举办】 2015年,利用金坛省级园区是全省唯一渔业科技培训与研修(金坛)基地这一优势资源,为江西省上饶市鄱阳、广丰、德兴等10

个县、区42名渔业业务骨干、养殖企业、养殖大户系统阐述江苏河蟹产业发展动态、水产品质量安全现状与检测方法,重点讲解河蟹生态高效养殖、小龙虾健康养殖、池塘青虾养殖、淡水鱼病害防控、渔业物联网养殖等新技术、新模式,帮助参加培训人员开拓视野,丰富知识,进一步提高专业技能与水平。

【金坛河蟹获“全国河蟹大赛金奖”和“最佳口感奖”】 按照2015年“王宝和杯”全国河蟹大赛比赛要求,金坛区精心组织养殖企业、家庭渔场、养殖大户赴上海参赛,其中江苏长荡湖水资源综合利用开发有限公司、江苏长荡湖水产科技有限公司、金坛绿源特种水产科技有限公司和金坛指前镇明生水产养殖家庭农场等4家单位,因河蟹活力、肥满度、体色和外形特征等方面突出,外观颜色橘红,香腥味十足,膏黄饱满,肌肉富有弹性而微甜,经评委认定,金坛4家单位全部获得金奖,金坛绿源特种水产科技有限公司选送的“长荡湖”牌河蟹还获得“最佳口感奖”,是全国获此殊荣的5家单位之一。

【金坛联合上海海洋大学开展抗灾保渔专家行活动】 6月以来,全区出现多次强降雨过程,湖泊、河沟、池塘水位猛涨,致使渔业生产遭到特大洪涝灾害的袭击。灾后,全区30名技术人员,会同上海海洋大学4名教授,23名博士和硕士生,组成3个抗灾保渔指导小分队,深入各镇、街道实地走访受灾塘口,了解灾情,召集养殖户开展塘口培训,现场为受灾养殖户解答复产过程中遇到的问题及注意事项,发放《渔业抗灾复产技术资料汇编》等资料,并根据灾后现状,举办灾后河蟹养殖管理技术、青虾养殖管理技术、水产病害防治技术和鱼类养殖管理技术专题培训班。

【中国水产科学研究院专家考察金坛区大宗淡水鱼产业】 8月25日,中国水产科学研究院院士桂建芳以及研究员戈贤平、谢俊、刘兴国等专家考察金坛区大宗淡水鱼产业,重点走访了新型经营主体马洪法家庭渔场、建昌省级良种繁育场和建昌水产养殖场,对休闲渔业的经营模式、现代化的苗繁设施和规模化的大宗淡水鱼产业进行了详细了解,对金坛区大宗淡水鱼产业发展过程中的系列创新举措和取得的成就给予了充分肯定。同时,围绕亲本引进与更新、品种改良与拓展、模式优化与推广、疾病预防和控制等方面,中国水产科学研究院专家与养殖户进行了详细交流,现场为养殖户提供了全面的技术指导,引导养殖户从亲本和苗种繁育上强化大宗淡水鱼种质,合理搭配养殖品种、控制养殖密度,并树立生态病防和可持续发展的养殖理念。

【金坛河蟹加工业取得新突破】 2015年,江苏长荡湖水产科技有限公司与无锡市欣旺大酒店有限公司共同成立江苏欣旺长荡湖水产科技有限公司,从事河蟹养殖与暂养、加工包装和销售等业务。公司生产的可以直接食用、又便于保存的长荡湖欣旺飘香蟹,倍受广大消费的青睐,标志着金坛河蟹产业结束了长期以来产销链条中没有加工环节的历史,为金坛河蟹产业的进一步壮大以及健康、持续、稳定发展起到推动作用。

【金坛选手在首届全国水产技术推广职业技能竞赛中取得佳绩】 首届全国水产技术推广职业技能竞赛采取理论知识考试与操作技能考核相结合的形式进行,分预赛和决赛两个阶段。金坛参赛选手阙有清在预赛中从全省42个县(市、区)参赛选手中脱颖而出,作为江苏省的3名参赛代表之一参加全国决赛。通过与来自全国28个省、自治区、直辖市的84名参赛选手角逐,阙有清获得团体二等奖、个人三等奖。 (罗 明)

·林　业·

【概述】 2015年,全区林业工作紧紧配合常州市推进“创建国家森林城市”建设工程。全年完成绿化造林面积760.9公顷,其中成片造林438.3公顷,占江苏省林业局下达全年成片造林任务的219%,完成四旁植树85万株,森林抚育2000公顷,完善提高农田林网1200公顷,新建农田林网133.33公顷,全区林木覆盖率26.32%;新创省级绿化示范村20个,省级森林生态示范村5个,新增绿化面积33.5公顷,建成公共绿地2.5万平方米,栽植各类树木107.03万株。其中,乔木8.5万株,灌木98.53万余株,创建村庄绿化覆盖率35%以上,为创建全国生态文明示范市和国家森林城市打下坚实基础;共新添置灭火弹3000枚,扑火服40套,扑火鞋50双,割灌机5台,油锯5台,消防水泵10台。2014年冬至2015年春,全区没有发生森林火灾。新建引水上山工程三个,分别在五条岭、元阳观及乾元观,总线路长度8.2公里,蓄水量320立方米,有效管控森林面积266.67公顷;林业有害生物防治面积326.67公顷,森林病虫害受害率控制在0.2%内,特别在松材线虫病除治上,共完成清理线虫病引起的死松木面积265.4公顷,占发生面积的100%,清理出病死树1480株,清理出松材疫木蓄积79立方米,病枝材送江苏大亚人造板集团有限公司切片处理96.55吨;全年共查处林业行政案件十起,涉及擅自改变林地用途、盗伐以及毁林开垦,罚款共计105941.5元,森林警察大队干警在处理案件的过程中采取多措并举,通过不断的努力,受理的案件全部按期予以结案,查处率和结案率100%。规范伐区作业设计,全年共签发14份采伐证,金坛区茅东林场杉木间伐面积59.73公顷,采伐蓄积241.28立方米,杉木更新采伐面积5.81公顷,采伐蓄积426.58立方米。全区国外松、马尾松、意杨、杂阔等主伐面积51公顷，采伐蓄积1231.87立方米，全区毛竹间伐面积38.51公顷，采伐株数27844株，桂竹间伐面积2.73公顷，采伐株数60933株；积极宣传《江苏省野生动物保护条例》，同时根据省、市野保部门的要求，利用4月20日至26日全省“爱鸟周”积极配合省、市广泛开展各项活动，努力宣传本地野生动植物保护的重要性。全年新增野生动物驯养繁殖企业2家、办理野生动物经营利用企业6家，2月，成功破获一起在长荡湖毒杀国家三有保护野生鸟类黑水鸡的案件，疑犯移交公安机关处理；完成了长荡湖、钱资湖、尧塘河3处总面积961公顷的湿地保护小区的规划编制工作，湿地小区建设方案12月获区政府同意建立批复；林业项目申报持续给力，全年争取到各类林业项目资金1468.42万元，为金坛区生态文明建设持续发展提供了资金保障。

【植物检疫】 2015年，共签发森林植物检疫证书11159份，木材运输证6562份，森林植物检疫要求书86份。经检疫合格调出各种植物12400万株，其中苗木10200万株；外运各类木材折合材积820多立方米。未发生错检、漏检事件。组队代表金坛区农林局参加常州市第十三届职工职业技能（林业植物检疫）比赛，获团体第一名。

【木材检查】 2015年，全市查处木材无证运输案件35起，积极做好案件卷宗，进一步规范处罚程序，加快硬件设施建设，不断提高安全意识，以人性化执法、亲情化服务为宗旨，使受处罚的单位（个人）心悦诚服。

（马 骧）

·园 艺 业·

【概述】 2015年，金坛区园艺业在“做优水果、做精茶叶、做强花木、做好示范、创意发展”的整体思路下，积极“寻标杆、找差距、转思路、促转型”，探索工作途径、创新工作举措、改进工作作风，园艺产业得到持续推进和健康发展。

2015年，全区园艺业生产规模稳定在1.64万公顷，其中茶叶2746.67公顷，蔬菜3300公顷，花卉苗木8933.33公顷，水果1306.67公顷，食用菌118.5万平方米。高效设施农业新增206.67公顷，总数7186.67公顷。由于受倒春寒、长期阴雨和洪涝等不利气候条件及市场因素的影响，2015年，金坛区园艺业产值出现明显的下滑，总产值约为11.5亿元，比上年减1.1亿元，同比减8.7%。全市休闲观光农业点（包括农家乐）共103个，全年共接待游客195万人次，比上年减13.3%；接待游客收入（包括产品销售）近4.68亿元，比上年减5.6%。虽然受不利气候和市场因素的影响，区园艺从业人员克难求进，积极在技术创新和品牌提升上做文章。积极开展园艺技术技术创新集成，对蔬菜、水果、茶叶等园艺产业领域进行主要病虫害绿色防控技术的研究，保证了主要园艺产品的质量安全；持续推进双孢蘑菇生产组织模式与相关技术创新集成工作，提升了双孢蘑菇隧道发酵生产的能力。持续推进园艺产品品牌的提升，积极组织园艺企业参加各类评比活动；与旅游局合作组织“上阮赏花节”“水果采摘节”等旅游休闲观光活动，在不同季节和节假日推出旅游线路，向社会推介了一批赏花、采摘等农业休闲旅游线路，提升产品品牌的同时也增加了产品的销量和附加值。

【金坛雀舌获得“百年世博中国名茶金骆驼奖”】 7月2日，“百年世博中国名茶金奖”、获奖品牌揭晓，金坛区“鑫品”牌金坛雀舌茶获“百年世博中国名茶金骆驼奖”。“百年世博中国名茶金骆驼奖”是第一次由国际茶叶协会、欧盟茶叶协会等国际茶叶组织和国际国内茶叶专家、茶文化专家参与的国际性名茶评鉴公开活动。经过报名、审核、注册材料提交等严苛环节，通过初选、网络投票等程序，由26位世界顶级茶叶评审专家和茶文化专家进行公开评鉴，最终获奖品牌将赴米兰参展宣传，向世界展示中国发达的茶科技、至尊的茶品质和至美的茶文化。

【金坛区选手获得江苏省“中江杯”第二届手工制茶能手大赛三等奖】 5月10日，江苏省“中江杯”第二届手工制茶能手大赛在江苏茶博园举行，金坛区有3名选手积极参与比赛，其中

园艺种植大棚 （区农林局 供稿）

代表露源生态良种茶场参赛的选手获得扁形茶炒制组三等奖。此次比赛设有扁形、针形和卷曲形绿茶的手工炒制,大赛评委会按炒制出茶叶的外形、香味、汤色等进行综合评定,最后产生各组别奖项。

【金坛区四种茶样在第十一届“中茶杯”全国名优茶评比中获一等奖】 8月7日,第十一届“中茶杯”全国名优茶评比结果揭晓,金坛区选送的7只茶样中有4只获得了一等奖,分别为江苏鑫品茶业有限公司“鑫品”牌金坛雀舌茶、金坛市西旸阳山茶厂“茅山御芽”牌金坛雀舌茶、金坛市方麓茶场有限公司“百园春”牌金坛雀舌茶、金坛市御庭春茶业有限公司“天壶”牌金坛雀舌茶。“中茶杯”全国名优茶评比创是全国规模最大的顶级名优茶评比赛事。

【“金鹿”牌茅山青锋茶获十三届中国国际农产品农交会金奖】 11月9日,金坛区选送的“金鹿”牌茅山青锋茶,在第十三届中国国际农产品农交会上获得金奖,江苏此次选送的产品共7个获奖,常州地区仅此一个。

(季　敏)

【2015金坛茶叶区域公用品牌价值显著提升】 浙江大学CARD中国农业品牌研究中心发布了“2015中国茶叶区域公用品牌价值评估报告”,全国203个茶叶区域公用品牌中,金坛区的“金坛雀舌”和“茅山青锋”两个区域品牌榜上有名。金坛两区域品牌价值都有显著提升,“金坛雀舌”为9.81亿元,较上年增加0.04亿元,“茅山青锋”为8.02亿元,较上年增加0.23亿元,其中“金坛雀舌”品牌价值位列江苏参评品牌第一位。

【金坛区葡萄在省“中山杯”评比中再获佳绩】 8月14日,在2015年第八届中国南方“中山杯”优质葡萄评比活动中,金坛区选送的葡萄样品获得2个特等奖、11个金奖、11个银奖,为历史之最。

【金坛区水果在“神园杯”优质水果评比中获得1金4银】 在2015年第八届“神园杯”江苏优质水果评比中,金坛区4只果品获得1金4银的成绩,金奖为常州市彩虹生态农业有限公司选送的“悦源”牌夏黑葡萄;银奖分别为金坛区景美园艺有限公司选送的“立景”牌金手指葡萄、金坛区江南农耕园有限公司选送的“农耕园”牌夏黑葡萄、常州金坛何氏果木园艺场选送的“何氏”丰水梨和黄金梨。

【金坛区举办首届“时令水果品鉴会”】 8月2日,由区果品协会主办,区农林局、旅游局协办的首届金坛区“时令水果品鉴会”在金沙广场举行。活动得到本区各葡萄企业、水果种植户的大力支持,近30家种植户踊跃报名并提供各类水果。区农林局、旅游局各部门通过各种平台、广告、微信、QQ等形式邀请广大市民现场免费品尝各种水果,活动现场气氛非常活跃。对参评的主要品种葡萄,邀请市民品尝后进行现场投票。超群果品、小谢家果园、相府农业科技、正新园艺场、金沙葡萄种植园选送的样品获得金坛区最受欢迎的葡萄奖。同时由专家组按照评比标准对参评的葡萄进行打分,结合现场评分与专家评分,正新园艺场、金沙葡萄种植园、小谢家果园、彩虹生态园、秦汉相府农业科技有限公司、戴志明选送的葡萄样品获得金奖。超群果园、张玉平、颜小国、周斌等选送的葡萄样品获得银奖。

【金坛区建昌红香芋获“江苏品牌紫金奖”】 12月19日“品牌照耀江苏——紫金奖颁奖盛典”在南京隆重开幕,金坛区建昌红香芋获“江苏品牌紫金奖”——2015富有竞争力的江苏地理标志品牌。作为江苏省内最权威、最具影响力的年度江苏品牌盛会,紫金奖由江苏省商标协会、江苏省广告协会主办,由南京大学商学院提供学术支持。　　(徐　蕊)

·农业机械化·

【概述】 2015年,全区农机总动力42.87万千瓦,共完成国家和省级农机购置补贴资金1228.63万元,受益农民及合作组织707人(个),补贴各类机具1060台(套)。

全年新增联合收割机52台。其中,半喂入联合收割机28台,全喂入联合收割机24台;新增大中型拖拉机118台。其中,75马力以上110台,50马力以下8台;新增秸秆还田机械454台。其中,秸秆粉碎还田机259台,秸秆还田机171台,秸秆捡拾打捆机24台;新增复式条播机械52台;新增乘座式插秧机85台;新增植保机66台。其中,喷杆式22台,担架式41台,喷雾喷粉机3台;新增乘坐式植保施肥一体机5台套;新增育秧播种流水线11台(套),农机装备结构水平得到进一步优化。

全市推广机插秧总面积1.8万公顷,其中水稻机插侧深施肥技术应用面积160公顷,机插秧率92.1%;完成麦、稻秸秆机械化全量还田面积1.877万公顷,还田率54.76%;小麦机械化复式条播面积0.67万公顷。全年召开各类现场观摩、现场演示等技术培训20期次,培训1200多人次,发放各类技术资料2万份。成功推广插秧施肥一体机、乘坐式植保施肥机、犁旋一体机、水田开沟机、秸秆粉碎机及林果茶生产机械。农机科技入户工程继续领跑全省,并作为典型在全省农机科技入户工程启动仪式上交流发言。

2015年,全区农机专业合作社新增7家,新(扩)建250平方米以上农机停机库11家,具备耕、种、管、收一条龙作业服务能力的合作社18家,拥有谷物烘干服务能力的合作社30家,拥有完整稻米加工产业链的合作社4家。新增农机二级维修点1家,三级维修点5家。

全区新注册登记联合收割机57台、大中拖123台,小型方向盘拖拉机9台,无挂车1292台。完成各类机械年检3046台,其中手扶式拖拉机787台,变型拖拉机186台、收割机126台。

全年完成插秧机、大中型拖拉机等农机修理工、农机操作工、拖拉机驾驶员等农机人才培训28期,培训1503人次,其中取得初级职业资格证书的139人,中级职业资格证书15人,高级职业资格证书24人。(许高权)

·农业综合开发·

【概述】 2015年,全区立项实施各级各类农业综合开发项目共14个。其中,国家级项目4个(土地治理高标准农田建设项目3个,产业化经营财政补助项目1个),省级丘陵山区开发项目7个,常州市级高标准农田项目3个。全年争取各级各类农业综合开发项目常州市级以上财政无偿资金2982.5万元。其中,中央财政资金1090万元,省级财政资金1487.5万元,常州市级财政资金405万元。

全年项目累计总投入3957.78万元。其中,财政资金投入3255万元,项目单位自筹资金702.78万元。通过项目建设建成高标准农田1247公顷,建成高效农业示范基地318公顷。项目区共修筑水泥道路22.74公里,砂石道路29.83公里,衬砌沟渠66.37公里、暗渠2.13公里,新建电站23座,扩建蓄水塘坝9座,机耕桥、涵、闸等配套建筑物2011座,新发展果园、花木园56公顷,改造茶园、果园36公顷。扶持农业产业化经营龙头企业4家、新型农业经营主体4家。

全年按照统筹规划、突出重点;因地制宜,科学布局;彰显特色,效益优先基本原则,编制了“十三五”农业综合开发规划。按照省级高标准农田下达指标,结合金坛区高标准农田规划,聘请扬州农业大学编制金坛区农业综合开发高标准农田建设实施方案。至2020年,金坛区计划完成7066.67公顷高标准农田建设。报区政府同意,确定粮油、畜禽产业为区农业综合开发2016~2018年重点扶持农业特色产业。编制《金坛区农业综合开发扶持农业特色产业(2016~2018年)规划》。通过重点扶持、持续扶持,推动区域优势农产品空间集聚和产业升级整合,促进农业发展方式转变,形成更加科学合理的区域农业生产力布局,加速优势农产品产业区发展进程,把优势农业特色产业区域建设成为保障主要农产品基本供给的骨干区、发展现代农业的先行区、促进农民持续增收的示范区。(史粉祥)

·畜 牧 业·

【概述】 2015年,金坛区畜牧兽医工作立足资源优势、生态优势,牢固树立“绿色、生态、安全”的发展理念,抓基地上规模、抓龙头强带动、抓区场促效益,重点做好产业结构优化升级、畜禽标准化示范场建设、重大动物疫病防控、畜产品质量安全监管等方面的工作,全区畜牧生产发展平稳,畜产品质量安全保障卓有成效,全区未发生重大动物疫情。

2015年,金坛区畜禽生产基本稳定,生猪价格稳中有降,生猪价格在上半年一直保持平稳上升状态,每出栏一头肉猪可盈余300~400元。家禽价格平稳,江苏天牧家禽有限公司、江苏三德利牧业发展有限公司为金坛区养殖龙头企业,采用“公司+合作社+农户”的模式发展肉鸡养殖。2015年,两大公司基本保持在微利状态,农户每只鸡毛利2.6元,比上年提高0.4元。金坛区的苗禽生产主要以八达和广大公司为主,由于苗禽区场低迷,两个公司持续严重亏损,周转资金短缺,经营非常困难,累计亏损约9000万元。玉米和豆粕等主要饲料原粮价格持续下降,养殖效益较好。全区生猪存栏13.71万头,同比减少1.2%,全年出栏16.92万头,同比减少1.1%。2015年12月,家禽存栏711.37万羽,同比增长25.4%,全年家禽出栏2617.24万羽,同比增长6.2%。

全年全区共防疫生猪口蹄疫24.9万头次、羊口蹄疫1.5万头次,高致病性猪蓝耳病27.6万头次、猪瘟28万头次,小反刍兽疫0.9万头次,高致病性禽流感2984万羽次、鸡新城疫2706万羽次。

2015年,全区共产地检疫生猪101030头,商品禽2941万羽,苗禽3724万羽,屠宰检疫生猪184853头,检出病害猪171头,病害产品19253公斤,病害猪及病害产品全部监督实施无害化处理。全区共抽样监测“瘦肉精”样品10845份。其中,养殖场975份,屠宰场9870份。全区规模生猪和肉羊养殖场全年“瘦肉精”监测全覆盖。

生猪规模养殖 (区农林局 供稿)

【病死动物无害化处理中心】 2015年，常州市政府财政拨款6000万元在金坛区经济开发区东柘荡村建立常州市动物卫生处理中心，该中心占地2.4公顷，总建筑面积5102平方米，日处理病死动物能力20吨。

【乡镇畜牧兽医站建设】 2014～2015年，累计投入600余万元，将尧塘、薛埠、指前、儒林畜牧兽医站的原有办公场所与地方政府进行置换。尧塘畜牧兽医站通过省"五有"站、常州市"标准"站验收，基本实现功能分区化、设施配套化、管理规范化的目标。

【畜禽养殖污染整治】 2015年，修订与完善《金坛市十三五现代畜牧发展规划》，编制畜禽养殖污染防治规划草案，开展畜禽养殖污染调查，对全区770余户养殖场进行GPS定位，并在Google Earth中全部标注，可以明确看出养殖场的地理位置，为实现禁养区内养殖场关停转迁和限、适养区内畜禽养殖污染防治、废弃物资源化和农牧结合利用奠定良好基础。

【生猪屠宰管理】 2015年，生猪屠宰监管职责由金坛市商务局划转至金坛市农林局。对全区11个屠宰场点进行摸底排查和宣传告知，对各个场点的所有资产、面积等分别登记造册，同时多方协调，在政府召开专项会议，出台专门文件。至年末，8家不合格屠宰场已关停7家。　　（杨震俊）

【徐洪庆获省农委"最美乡村兽医"表彰】 12月22日，省农委在江苏教育频道演播大厅隆重举行"最美乡村兽医"颁奖访谈仪式。此次评选采取地方兽医行政主管部门推荐、网络投票、组委会审核等相结合的方式，经过为期7个多月的评选，在全省范围内选出10名"最美乡村兽医"，金坛区朱林畜牧兽医站徐洪庆获该称号，成为常州市唯一获此殊荣的乡村兽医，并在12月11日的《新华日报》社会版进行事迹报道，金坛区副区长陈锁龙作为颁奖嘉宾授予徐洪庆奖杯和证书。

【动物疫病监测与防控】 2015年，共监测样品8279份，抗体合格率平均为95.95%，向省、市疫控部门送样4700多份。

疫控部门着力从软硬件入手提升疫病综合防控能力。在硬件方面提档升级，提升检测能力。规划新建较高水平，符合生物安全等级要求的兽医实验室，采取封密、负压管理、合理规划功能区。在软件方面，强化实验室的管理，严格按照质量管理体系进行管理，规范采样登记、检测、分析、报告全过程。强化人员培训，累计培训30多人次，实验室人员代表常州市参加省技能比赛获得团体二等奖。

（陆则基）

【全区畜禽产地检疫实现现场检疫、现场出证】 2015年，为规范区动物产地检疫工作，提高工作效率、提升服务质量、保障畜产品安全，在全区创新推广畜禽产地检疫移动式电子化出证，通过前期调研、试点完善、组织培训、统一推进，2015年7月1日起，金坛区畜禽产地检疫实现移动式电子出证全覆盖，解决畜禽产地检疫电子化出证工作中的诸多矛盾和难题，取得"便民、高效、安全"的良好效果，受到省市动物卫生监督部门领导和广大畜禽养殖场户的一致认可和好评。

（张玉峰）

·农林场圃·

【茅东林场】 金坛茅东林场位于金坛区西部国家AAAA级茅山风景名胜区，全场总面积1973.33公顷，生态林面积1590.46公顷，用材林面积1166.66公顷，经济林果面积193.33公顷，森林覆盖率85%。全场有职工600余人，其中退休职工217人。林区主要植被乔木树种有榉树、朴树、冬青树等30余种。灌木及小乔木有六月雪、小叶女贞、乌饭树等40余种。林下草本植物有沙参、苍术、苔藓、玉竹等近百余种。林区常见的野生动物有野猪、狼、猴、白鹭、刺猬等30余种。

随着旅游业的快速兴起，林区内景点项目有常州宝盛园、省气象研究试验基地、乾元观、三清观、元阳观、崇寿观、茅山索道、金牛山庄农家乐等，各景区之间纵横交错、相互贯穿、交通便捷，是旅游、餐饮、休闲、观光的游览胜地。

2015年，场部对职工居住的小区环境进行改造整治，投入资金400余万元对金牛山庄进行了改造和景观提升，推动了金牛山庄农家乐的开展，为茅山旅游再添一亮点。

2015年，对林业的投入达300余万元，完成中幼林抚育200公顷，投入资金200余万元；新建山间蓄水池二座，投资40余万元；新建、修建山区林间防火通道2.5公里，投入资金50余万元；护林防火成绩显著被评为区先进单位。　　（王忠胜）

【茅麓茶场】 金坛区茅麓茶场有限公司坐落于茅山东麓，距离城区20公里，总面积1026公顷。2003年10月，金坛市茅麓茶场在全省农林场圃系统率先进行整体改制，改制为金坛市茅麓茶场有限公司，新组建江苏茅山青锋茶叶有限公司。

2015年，公司拥有茶园365公顷，林地308公顷，耕地203公顷。有股民职工220人，科技人员28人，辖有1个综合性茶叶加工厂，8个茶叶工区，1个国家级茶树良种繁育示范场。茶树良种有龙井43、龙井长叶、福鼎、浙农113、舒茶早、迎霜、碧云、乌牛早、元农绿、白茶等50多个优良品种。年产成品茶50万公斤，年出产优质无性系良种茶苗1000万株。主要产品有茅山青锋、雨花茶、银毫茶、烘炒青绿茶、袋泡红绿茶和供糖尿病患者饮用的薄玉茶。2011年，新开发了铁观音、红珠茶。产出的茶叶全部使用"金鹿"牌商标被认定为江苏省著名商标。"金鹿"牌茅山青锋茶被江苏省认定为绿色食品，2005年通过ISO 9001：2000质量体系认证。2007年被认定为有机食品，获江苏省名牌产品称号。2009年定为江苏省农业科技型企业。

茶场改制后，公司加快优质无性系良种茶的引进、繁育和推广，建成国家级茶树良种繁育示范场，达到年出圃1000万株良种茶苗的能力，建成高效生态复合优质高产绿色食品茶叶示范园66.7公顷。同时，该公司利用科技手段积极探索技术革新，从日本引进色选机，提高产品质量，以质量创品牌，以品牌拓市场，建成全省最大的名优绿茶清洁化连续机械化加工生产流水线以及生态园式的加工生产基地。茶树种苗繁育种植、生产、加工通过ISO 9001:2000质量打开系标准认证。推广茶叶生产优质化、机械化、规模化、产业化、绿色化、现代化，带动产业结构调整，促进农民增收，使企业不断壮大和发展。成立金坛市茶叶经济合作社，以江苏省茅山青锋茶叶有限公司为龙头企业，制定《茅山青锋茶生产技术规程》江苏省地方标准，开发机制名优茶，依托"金鹿"牌茅山青锋品牌优势，成为集"公司+基地+农户"名优茶生产、加工、销售、茶文化为一体的茶叶产业化经济合作组织，订单收购茶叶的产业化经营模式，带动农户500户，带动基地666.7公顷。2015年，实现产值2150万元，销售收入1878万元，利税413万元。 （王柳松）

【方麓茶场】 金坛区薛埠镇方麓茶场地处茅山东麓，总面积250公顷，为市重点茶叶龙头企业，"百园春"牌金坛雀舌为江苏著名商标、江苏省名牌产品。境内山峦起伏，林荫覆盖，景色秀丽，土壤肥沃，有机质含量丰富，生态环境良好，适宜茶树生长。改制后，成立方麓茶场管委会，下设6个工区及种猪场，有住户223户，居民687人。

近年来，茶场因地制宜地实施有机茶的开发和无公害生产基地建设，建立了无公害茶基地160公顷，开发有机茶园66.67公顷，力求建成集科研、生产、观光为一体的一流的生态示范茶园。同时，通过发挥农业龙头企业的作用，与茶农建立利益共同体，形成规模经营优势，提升市场竞争力，参与组建了金坛市方麓茶叶专业合作社。通过"茶场+专业合作社+茶农"的经营模式，积极发挥专业合作社的纽带作用，进一步扩大专业合作社的组织规模和辐射能力；积极鼓励茶农发展无公害茶生产，保证原料茶质量，树立企业产品的良好信誉；通过产业结构的调整，实现产加销、农工贸一体化经营，获取规模效益，并将加工、营销领域创造的农产品增值利润，按照合作收益分配机制返还给茶农，有效地增加了茶农收入。2015年，全场完成茶叶销售总产值约4000万元。

（葛志祥）

·长荡湖水产管理·

【概述】 2015年，长荡湖水产管委会管理处牢固树立"生态立湖、依法治湖、科技兴湖、团结管湖"的发展理念，以打造生态、和谐、平安湖泊为目标，重点实施了长荡湖饮用水源地网围整治、渔业资源养护、渔政"打非治违"等工作，并克服特大洪涝灾害影响，奋力开创长荡湖渔业管理新局面。受特大洪涝灾害等不利天气的影响，2015年长荡湖网围养殖捕捞渔业稳中有升，渔业生产形势总体稳定。全年全湖实现水产品总产量576万公斤、实现现价总产值9854万元。

在长荡湖防洪抗台风抢险救灾中，长荡湖渔政监督大队组织有力，成绩突出，最大限度地减轻了湖区灾害损失，确保未发生一起重大渔业安全生产事故，被金坛区政府评为2015年"抗洪抢险救灾先进集体"。

【渔业资源养护】 年内，开展渔业资源增殖放流活动，委托金坛区公证处对苗种规格、计数、运输及投放等进行全程公证，接受上级渔政部门和渔民代表现场监督，全年累计放流鱼种（苗）1500余万尾；实施为期7个月的封湖禁渔，通过各种媒体加大封湖禁渔宣传力度，并加强值班巡查和违法违章查处力度，确保渔业资源休养生息；实施捕捞限额，限定捕捞区域、捕捞方式和户数，限制渔具数量、网目尺寸，凡不符合捕捞管理规定的渔具、网目一律不允许入湖生产，严厉查处无证捕捞。

【渔业安全】 年内，加强水产品质量安全监管，向全湖区1500余户养殖户发放《长荡湖水产品质量安全手册》，挨家挨户指导养殖户填写养殖生产日志，联合常州市出入境检验检疫局开展水产品质量安全检查，对网围养殖水产品、水质、饵料投入品等进行抽检，确保上市水产品质量安全；加强湖泊生态安全管理，积极配合环保部门定期对主要入湖港口开展水环境监测，建立渔业污染防控和联动机制；加强渔业安全生产监管，每月组织2～3次渔业安全生产检查，集中开展"渔业安全生产月"活动，重点做好夏季防汛防台安全大检查，全年没有发生一起重大渔业安全生产事故。

【渔政管理】 开展2015年水域滩涂养殖证年审工作，对全湖2014年度养殖期限届满的1559张养殖证进行了延展，收回并注销饮用水源地网围整治中拆网的574张养殖证，对依法申请的22张养殖证进行养殖权变更；开展为期7个月的渔政"打非治违"专项行动，渔政执法巡查共出动执法艇3000多艘次、湖面行程5.5万余公里，重点清理地笼网，严厉打击电捕鱼、耥螺蛳、无证捕捞等违法违章行为，共查处各类渔业违法违章案件70起，其中电捕鱼案件30起，收缴地笼网1200余条，电捕器30台套，多层丝网等其他违章工具100余件。根据"两法衔接"的规定，加大涉刑渔业案件处理力度，将在禁渔区或禁渔期使用禁用的工具、方法捕捞水产品等符合刑事案件立案追诉标准的案件，及时移交公安部门处理，全年共移交处理渔业涉刑案件9起。进一步规范渔政执法行为，案件办理一律在网上公开，确保行政权力规范、透明、廉洁、高效运转。

【为渔服务】 年内,开展清理湖区水花生行动,投入20余万元,清理疏通西、南管区网围河道12条,打捞水花生800多船次。开通为渔服务短信平台,全年累计向湖区渔农民发布气象预警、防灾减灾等信息4万余条。全力做好防汛防台风服务,及时通知迁移大小船只1200余条,转移渔民约2000人,救援遇险船只5条12人,对湖区60多户存在安全隐患的网围养殖用电实行暂时拉闸断电,确保了在洪涝灾害中未发生一起人员伤亡事故。及时开展抗灾保渔工作,指导养殖户复产自救,先后印发了抗灾复产意见书和技术指导资料3000余份,最大限度地降低了网围养殖损失,使养殖户恢复了生产信心,稳定了灾后渔业生产秩序。

【饮用水源地网围整治】 长荡湖饮用水源地网围整治工程于2014年9月启动,至2015年下半年完成。整治范围内的574户752.5公顷的网围全部拆网清障结束。共集中处置废弃船只337条,总吨位7067吨。拆网补偿资金、渔民社保和住房保障及时落实,共解决546名失水渔民社会保障,共安置41户以船为家渔民上岸安居。对下汤港6条餐饮船(8个泊位)同步进行整治,其中有3条(4个泊位)迁移至长荡湖水街重新安置,3条(4个泊位)按拆迁补偿处理。

(杨建新 付言言)

水 利

【概述】 2015年,全区水利工作以推进水利现代化建设为目标,以水生态文明城市建设为抓手,立足安全水利、资源水利、生态水利、民生水利,强化推进抓落实、创新管理提水平,较好地完成了年度目标任务。

规划编制和项目前期工作进展顺利。组织开展金坛区"十三五"水利发展规划、水系规划、水资源综合规划、防洪除涝与水系整治规划、"十三五"河道轮浚规划、水库移民后扶和小水库自主搬迁"十三五"规划等规划编制;完成龙山水利枢纽、河道综合整治可行性研究、2015年小农水重点县实施方案编制报批工作;完成长荡湖清淤总体实施方案编制,组织开展长荡湖退圩还湖实施方案、生态修复及出入湖河道整治可行性研究编制。

重点工程项目建设有序推进。全年全区完成水利投资4.964亿元。新孟河延伸拓浚先导段工程2015年11月23日开工建设。完成2014年度小农水重点县建设,全面实施尧塘河等39条河道综合整治工程,开工建设龙山水利枢纽工程,启动并实施长荡湖入湖河道新河港综合整治,建设完成直溪镇万亩千亿斤粮食渠系工程、朱林镇333.32公顷高标准农田建设,完成丁庄小流域治理,综合治理面积10平方公里;完成水库移民后扶结余资金项目、薛埠镇下庄河下游河道整治、林塘坝水利工程水闸及交通桥等23个项目建设任务。

水工程水资源管理不断创新。推进河湖管护体制机制创新试点、河道划界确权省级试点工作。完成《金坛区河湖管理范围和水利工程管理与保护范围划定实施方案》编制,并报区政府批复;组织开展24座水库和2条河道的开发保护规划编制工作,8条骨干河道划界、树立界桩、护坝地建设逐步展开。推进建管模式改革创新。探索实施了龙山水利枢纽工程代建制。推进法治水利省级示范点创建。举办法治水利暨现行水法规制度专题培训,根据示范点创建要求,对标找差,梳理短板,出台创建实施意见并全面推进。推进水利工程长效管护。在全覆盖的基础上,进一步完善管护机制、管护制度,与区财政联合制订出台《水利工程管护专项资金使用管理办法》,强化管护责任制考核。成立会计决算中心,对基层水管单位财务实施统一管理、规范管理。最严格水资源管理。围绕"三条红线"(相应地划定用水总量、用水效率和水功能区限制纳污)控制目标,强化水资源开发、利用、节约、保护和管理。编制水资源综合规划;金坛区通过常州市政府最严格水资源管理制度目标任务考核,名列第一;节水型社会建设、省级水生态文明城市建设有序推进;水政执法能力有所提升,积极与公安、检察、环保、农业等部门协调,推进联合执法机制建设,查处受理围网养殖、违障搭建等各类水事案件6起。投入机制建设。主动沟通协调,积极争取政策资金。向上争取各类水利建设资金5.5亿元;充分发挥投融资平台作用,落实配套资金。完成融资贷款8.6亿元,有力地支持和保障了全区水利建设与发展;吸引社会资本投资水利建设。积极开展社会资本(PPP)投资的有效探索,长荡湖清淤等2个重大水利建设投资项目已完成PPP方案的编制报批,为水利建设投入的可持续开辟了新的途径。

抗洪抢险救灾。6月16日、26日,金坛区境内连续两次遭遇强降雨过程,降雨量407.6毫米,金坛站最高水位达6.54米,超警戒水位1.54米,超1991年历史最高水位0.17米。在抗御近50年一遇特大洪涝灾害中,区委、区政府高度重视,及时印发《关于做好防汛抢险工作的紧急通知》《关于做好抵御特大洪涝灾害的紧急通知》,召开全区防汛抢险紧急会议,部署防汛抢险工作。区四套班子领导和区镇两级防汛责任人全部亲临一线,现场指导防汛抢险工作;区防指及时启动防汛Ⅰ级应急响应,科学调度水库、塘坝、水利枢纽、排涝站溢洪、排涝,首次申请启动关闭丹金闸枢纽和丹金船闸,有效抗御了洪涝灾害的袭击,凸显了水利基础设施在经济社会发展中的保障作用。

【新孟河延伸拓浚工程】 新孟河延伸拓浚工程是国务院批复的《太湖流域水环境综合治理总体方案》《太湖流域防洪规划》和《太湖流域综合规划》等确定的流域性骨干工程之一,具有改善水环境、防洪排涝、水资源配置和航运等综合功能。新孟河延伸拓浚工程是2015年国家172项重点水利工程之一,全长116.69公里,其中金坛区境内12.6公里，投资约14亿元。南延段穿越尧塘街道的西华、汤庄、迎春3个行政村，北干河拓浚经过儒林镇的湖头村、后庄村和河下社区。工程主要建设内容为：南延段新开挖河道6.75公里，北干河拓浚河道5.84公里，新建桥梁5座，拆建桥梁4座，以及沿线水系调整及影响工程。2015年，国家下达投资任务2亿元，省政府确定2.1公里先导段及尧塘街道征地拆迁全面启动，总投资4.92亿元。

2015年11月23日，新孟河延伸拓浚先导段工程正式开工建设。省委常委、副省长徐鸣一行赴金坛调研新孟河延伸拓浚工程，实地察看了尧塘街道境内拆迁和先导段开工现场，召开工程建设推进会，并宣布开工。

（张　静）

【太湖流域水环境综合治理金坛河道整治工程】 年内，积极实施太湖流域水环境综合治理金坛河道整治工程，对尧塘河、城西中心河等37条河道、新浮水库等2座水库实施综合治理，整治河道长度71公里，疏浚土方178万立方米，生态挡墙51公里，草皮护坡50万平方米，水生植物4万平方米。完成投资1.5亿元。工程建成将有效提高河道过水能力，促进水流循环，改善周边水环境。（张　静）

【中央财政小型农田水利重点县项目完工】 2014年度，金城、指前、直溪、西城街道小农水重点县项目基本完工，新改建排涝站9座、灌溉站19座，更新改造排水闸4座，配套渠系建筑物20座，改造渠1公里，整治排涝沟道3.5公里。完成投资4800万元，其中中央财政补助1200万元，省级财政补助1200万元，其余由地方配套。

（李　玲）

【千亿斤粮食渠系工程建设】 金坛2014年万亩新增千亿斤粮食产能规划田间工程（末级渠系）项目位于直溪镇井庄村、新河村和王甲村，主要建设内容为：新建灌排沟渠37公里，渠系建筑物2320座，泵站5座，新建砂石路25公里，土地平整面积2.7公顷，新增防护林长5公里。项目总投资1500万元。其中，中央投资1200万元，地方配套300万元。（郝晓珍）

【朱林镇高标准农田建设】 2015年度朱林高标准农田建设项目范围涉及朱林镇红旗圩、沙湖村两个行政村，项目区建设面积23.33公顷，建设内容为：水泥路0.635公里，砂石路4.715公里，新建沟渠10.284公里，田间建筑物491座，土地平整4.7公顷。项目总投资560万元。其中，常州市级财政补助资金280万元，金坛区财政补助资金280万元。（吴　壮）

【灾后水毁修复项目】 2015年度水毁修复工程主要分布在金城、朱林、指前、直溪、薛埠、儒林6个镇、东城、尧塘两个街道，主要建设内容有：达标建设千亩以上圩区圩堤35座，总长51.2公里；加固千亩以下圩区圩堤19座，总长31.492公里，改造圩口闸18座；新改建排涝泵站2座；新建5条河道护岸工程，总长3.74公里。总投资约7000万元。（李　玲）

【丁庄小流域治理工程】 工程地处金坛区薛埠镇境内，流域总面积10.43平方公里，涉及茅东村、仙姑村、彭城村、神亭4个行政村。工程经常州市发展和改革委员会、常州市水利局《关于金坛市丁庄水土保持小流域综合治理项目实施方案的批复》文件批准实施，批复项目总投资501.16万元。其中，中央财政预算内专项资金167万元，省级补助资金111万元，地方配套资金223.16万元。工程于5月22日开工，10月底完工。共完成综合治理面积10平方公里，主要包括栽植水保林、封禁治理17.49公顷，穴播造林9.6公顷；农田整修20.80平方公里，完成土地流转3.7公顷；新建梯形排水沟1727米、溢洪河整治1798米；新建低压管灌2050米；小谷水塘清淤扩容、农田整治等土方9.65万立方米；改建4米砂石道路2190米，新建5米机耕砂石路2059米；改造张家坝水塘及小谷水塘的放水涵洞。（徐慧芬）

【水库移民后扶项目】 2015年水库移民后扶项目分为大中型水库移民后期扶持结余资金项目及小型水库库区扶持项目。2015年，根据《金坛市茅东水库库区和移民安置区基础设施建设和经济发展规划修编报告》项目计划分两批上报，省水利厅、财政厅以苏财农〔2015〕99号、苏水移民〔2015〕46号文件下达。

第一批大中型水库移民后期扶持结余资金项目计划4个，批复概算资金1106万元。项目分别为：薛埠镇茅东水库溢洪河段整治及管理区环境整治工程、薛埠镇游仙湖南园排洪河道清淤及整治工程、直溪镇坞家村饮水安全管网建设工程、薛埠镇文化路沥青摊铺工程。第二批大中型水库移民后期扶持结余资金项目计划1个，批复概算资金88万元。项目为茅东水库坝区整治工程。

小型水库库区扶持项目省水利厅、财政厅以苏财农〔2015〕109号文件下达，扶持项目计划2个，批复概算资金720万元。项目分别为：仙姑村村庄亮化及环境综合整治工程、乡村道路建设工程。

2015年，金坛区茅东水库农村原迁移民直补资金发放4个季度，资金发放22.14万元，截至2015年年底，全区人口动态核定直补人数为359人，较上年减少16人。（汤小军）

【水利工程管护】 2015年，制定出台《金坛市农村小型水利工程长效管护专项资金使用管理办法》，明确工程管理单位用于水利工程管护相关的巡查、考核、台账资料等管理费用不得超过6%。全年安排市以上财政资金760余万元，镇区按50%配套，全年管护资金1200余万元。全区纳入长效管护的河道417条1195公里，圩堤389公里，排涝泵站126座，田间沟渠72个行政村，基本实现小型水利工程

长效管护全覆盖。　（刘国华）

【河道划界确权省级试点】　2015年，完成《金坛区河湖管理范围和水利工程管理与保护范围划定工作实施方案》编制并通过省水利厅符合性审查。该次划界确权河道及水利工程范围包括：列入省管骨干河道名录的8条河道、湖泊2处、水库25座。应划界总面积为1800公顷，已划界总面积为554.4公顷。将骨干河道两侧护堤地堤脚线外10米范围共125.3公顷土地，按9000元每亩每年标准补助至2028年，防护林由区财政按3000元每亩标准给予一次性奖补，采用集中流转的形式纳入地方政府和所在村统一管理。本次划界确权以简渎河、通济河作为典型试点河道，先划界后土地流转，逐步实现管理范围的确定。

（刘国华）

【最严格水资源管理】　2015年，严守水资源管理的“三条红线”（相应地划定用水总量、用水效率和水功能区限制纳污），强化取水许可执行力度，严格执行建设项目水资源论证制度和水资源有偿使用制度。建立重点用水户监控名录，强化用水监控管理；强化入河湖排污口管理，对入河湖排污口出水超出水功能区水质标准的，依法取缔并封堵；对于无污水处理设施、工业废水直排的企业和已建污水处理设施但水污染物排放不达标的企业，由环保局责令限期整改或依法关闭；完成金坛市水生态文明城市建设试点项目、长荡湖金坛饮用水源地达标建设、尧塘街道上汤村引水河水源保护项目的省级水资源费项目的申报，申请省级补助270万元；全年对8家公共供水单位下达了1420万立方米的用水计划，对工业企业自备水源下达用水计划59份，计1380万立方米。加强对取水户计量设施安装的督促，全区在册取水户表计安装率100%。

【节水载体创建】　深入开展节水载体创建工作。建立“金坛节水”微信公众平台，建立水利局群、节水创建群和水生态文明群三个QQ群，开展“节水三进”活动（进学校、进小区、进单位），为提高对非传统水资源利用认识，高效利用再生水，以解决“水质型缺水”带来的困扰，在第一污水处理厂建设完成再生水利用工程，实施路网建设雨污分流；在社区、企业、学校和宾馆建设雨水收集系统，完成城南湿地景观补水和雨水利用工程；绿化、景观、环卫等用水优先使用再生水和雨水，减少水污染，美化河道景观。全年创成省级节水型企业1家、省级节水型社区1家、市级节水型学校6所。2015年1月16日，省级节水型社会示范区创建通过验收。　（徐　莹）

【水行政综合执法】　年内，制订出台《常州市金坛区深入推进水利综合执法工作实施方案》。以法治水利示范点建设为契机，进一步完善和深入开展水利综合执法工作，与区检察院、公安局建立水行政执法联动机制，与区环保局建立水污染执法联动机制，与区交通局、区农林局建立河道水域联合执法行动机制，有效提高了执法效率。在河道清障工作中，启动联动机制，与区渔政监督大队联合执法，清除全区主要河道的鱼罾27处、鱼簖277个、河道围网15个，查处受理围网养殖、违障搭建等各类水事案件6起。

（于亮亮）

编辑　夏　冰

8月7日，农业部副部长张桃林（右一）视察金坛金锁农机专业合作社

（区农林局　供稿）

商 品 贸 易

综　述

2015年，金坛区内贸经济在整体经济运行中仍处于相对平稳状态，城乡市场体系结构按照“三二一”的结合要求，在发展中不断得到完善，建设规模和水平不断提升，整体运行呈平稳发展趋势，市场体系建设形态正在向多元化结构纵深发展，市场货源保障结构呈多元化，商品保供市场量充足、质量提升，种类齐全，供应量充足，商贸领域整体发展呈繁荣态势，新型市场化程度进一步增强，市场竞争力和市场调节功能进一步增强，市场发展已走向全面开放并逐步完善相关体制，信息化程度和多种经营方式正在逐步形成，市场功能结构在行业发展中不断显现。全区人民物质生活丰富，综合保障能力不断优化，企业销售与人民消费互惠进一步体现。2015年，全区大型家电销售量明显提高，销售额稳中有升，大型家电企业销售量和销售金额同比分别增长10.8%、6%。大型零售企业的销售量和销售金额同比分别增长10.3%、2.4%。全区实现社会消费品零售总额222.61亿元，同比增长12.7%。

商业网点不断升级。各类商业批发市场、大型商业零售和百货市场、各类综合类市场、专业市场、农贸市场、建材、家具等市场网点布局，在优化结构的基础上不断完善经营方式，不断扩大经营规模，种类分布比较齐全，产品档次结构比较合理，能够基本满足各类消费群体的需求。随着互联网经营方式的介入，使得销售方式趋于灵活，经营品种逐步向多元化、高品质迈进，经营模式向信息化、方便、快捷、实惠方向发展。随着市场不断发展和消费需求的不断改变，市场经营主体经营理念快速更新，不断推出新的经营模式。各类相配套的中小型商业网点发展也正趋成熟，跟随大型商业网点的发展之路，不断扩大经营规模、改变经营策略、提升经营层次，弥补大型商业网点在流通领域内的不足。

市场机制逐步多元化。城区内商业发展不断优化结构，城市商业设施不断完善，社区商业开始发展，苏果超市根据社区服务功能需求，在社区开始发展便民服务商业，各类特色产品、食品加盟店、直营店、连锁店等相继在社区、小区加大服务功能建设，社区商业体系建设不断得到完善，推进社区商业发展，弥补大型商业服务中的不足，逐步便民化。农村市场体系建设也在加快步伐，部分镇商贸中心正在规划建设。在中等规模超市的引领下，村镇商业发展采取改造提升、新建、加盟等形式，不断发展村镇超市、连锁店，部分大型商场转移投资方式，开始发展四级市场。区打击走私贩私、假冒伪劣产品领导小组办公室会同执法部门，针对全区市场情况制定整顿和规范市场经济秩序方案和措施，对全区假冒伪劣产品和侵犯知识产权等行为进行整顿和规范，重点整顿并规范文化、科技、农业生产资料市场，重拳打击和捣毁制假售假窝点及非法从事经营场所，规范市场秩序。

商贸流通产业功能得到提升。2015年，新建城区菜市场2个，引进连锁酒店3家。随着各类连锁店不断进驻，提升商贸体系的发展功能。各类综合市场功能不断优化，各类大型和知名品牌不断进入商场和超市，提升市场消费档次和消费水平。企业自身服务功能不断完善和提升，经营方式不断优化，营销策略组合趋于灵活，改进商贸服务体系功能，商贸服务呈多元化互补趋势，带动商贸业的良性发展。五星电器、大统华、八佰伴、苏宁电器、世纪联华、苏果超市等商贸企业对各自服务功能不断完善升级，改进传统服务模式和营销模式，带动商贸经济的繁荣。加大对农村市场改造和发展力度，年内改造镇级菜市场2个，规模与乡镇市场发展需求配套并适度超前，服务功能得到优化。城区市场建设规划日趋完善，虹桥和春风菜市场新建后，市场兴旺，带动商贸经济的持续发展。城乡商贸经济统筹规划，整体协调同步发展，城乡农产品市场有机对接，逐步形成产销一体化模式。

餐饮服务业。全区有星级酒店8家。其中，五星级有金坛润澳花园大酒店，四星级有樱花大酒店、九九宾馆、颐丰大酒店，三星级有南天宾馆、九龙宾馆,二星级有华电宾馆、凯利大酒店。新开设规模酒店4家,便捷式连锁酒店相关品牌店陆续入驻金坛区。园林、天成、非常大酒店等餐饮名店继续创新,进一步完善餐饮名店特色,为金坛餐饮业发展起到引领作用。在2015年唱响常州菜系列评选活动中,开一天、园林大酒店、天成大酒店等餐饮企业的菜肴被录为常州名品菜肴,开一天点心和封缸酒被评为江苏老字号。

现代流通业。2015年,全区有各类物流机构10余家。投资2亿多元建成大型物流基地——天誉物流基地,占地面积达85739平方米,建筑面积12万平方米。天誉物流城是常州地区"重点发展的四大物流产业园之一,是金坛区启动最早、最为重要的一家专业物流市场。截至年底,全区基本形成多功能联运的现代物流网。全区家政服务业通过三年培育建设,正在向规范化、规模化和节约化方向发展,家政服务业从业人员正在向专业化要求上发展。 (杨前保)

供销合作

【概述】 2015年,区供销合作总社加强农村商品流通,服务"三农"工作。辖基层社8个,公司10个。全年完成农副产品购进10.09亿元,商品销售实现28.24亿元,社会消费品零售额实现2.8亿元,农资供应8902万元,利润总额736万元,分别完成年度计划的100.86%、100.17%、112.13%、98.91%、122.67%,同比分别增长4.91%、25.15%、11.42%、6.18%、7.51%。

【农资供应与服务】 2015年,区农资公司创新农资服务。与39家农机合作社合作,供应基质料3300吨,秧盘20万张,基本满足夏种育秧需要。同时,深入到15家规模种植大户,开展肥药直供业务,减少规模大户种植成本。区、基两级农资公司供应各类化肥2万多吨,其中测土配方肥1900吨,支持全区农业生产发展。

6月强降雨造成水灾后,区供销合作总社及时启动应急预案,落实防汛抗洪救急措施。期间,区农资公司、基层供销社农资网点坚持做到"三个保证",即保证供应不脱销,保证质量无假货、保证价格不提高,确保灾后水稻用肥,发挥供销社农资稳价保供的作用。区、基两级农资公司组织储备各类化肥4200吨,其中水稻专用复合肥1000吨、尿素1200吨、常规复合肥2000吨。同时紧急调运基质料300多吨,免费送到农机合作社重新培育秧苗,及时帮助农民做好灾后复种。

【基层社、专业社、服务社建设】 2015年,区供销社系统创建省级为农服务社、样板社2个,分别是直溪吕坵和尧塘水东,提档升级为农服务社6个,领办、联办农民合作社12个,申报省级示范社8家。培训农产品经纪人552人。其中,初级196人,中级356人。升级改造农资连锁网络10家。牵头成立区级供销合作经济组织联合会,推进基层社、"农合联"、专业合作社"三合一"融合发展。

【农产品销售网络建设】 2015年,区供销社系统在北京创建了茅山竹海新发地展销厅(江苏厅),实现金坛区名特优农产品首次抱团进军北京大市场。在金坛区域内发展茅山竹海农产品展销中心、罗村店、戴王府店、建昌店、建昌和平店。在罗村、建昌等地建立"茅山竹海"农产品生产基地,为打造"茅山竹海"奠定基础。组织江苏茅山竹海农产品公司和部分农民合作社参加常州市农委、供销社举办的年货大街活动、区政府举办的第四届长荡湖湖鲜美食节,区旅游局举办的嘉年华过大年,长荡湖籽虾节、水果采摘节等活动,扩大茅山竹海品牌影响力。成立常州市茅山竹海电子商务有限公司,搭建电商服务平台,探索实体店和电商相结合,线上线下融合发展的销售机制。

【项目建设】 2015年,区供销社系统申报的常州晶泉果品合作社鲜食葡萄标准化种植示范园建设项目、罗村特种山芋合作社全自动粉丝流水加工生产线建设项目,分别获国家、地方财政扶持资金140万元、100万元,在全省属首例。 (焦志芳)

粮食购销

【概述】 2015年,区粮食系统坚持以保障粮食安全和促进农民增收为己任,勇于担当,主动作为,有效推动粮食流通业的快速发展。全区粮食商品率由2011年的58%上升至2015年的74%,粮食年购销总量由2011年的80万吨上升至110万吨。五年全社会累计购进粮食227.89万吨,销售粮食204.13万吨,其中国有粮食企业购进67.86万吨,销售58.29万吨,累计实现利润1800余万元,直接助农增收4000余万元。粮食加工业总产值连续5年呈正增长。2015年,全社会粮食加工企业销售收入突破16亿元,其中龙头企业达10.26亿元。

【粮食收购】 从8月底起,粮食主产区的玉米、小麦价格均出现不同程度下跌,而且"稻强米弱"的格局一直未变,加上副产品价格走低,加工企业普遍保本或亏本经营。区粮食部门跟踪行情,面对稻谷价格持续走低、罕见的连续阴雨天气、粮食质量下降、多元主体收购意愿不强等多种不利因素,及早谋划研判,科学制定收购计划,从四方面入手积极应对。指导企业认真做好仓容、人员、器材、资金、烘干设施等收购准备工作。召集各镇区街道、财政、农发行、农林、宣传、信访、政府"12345"服务热线等部门分管领导和粮食收购企业负责人,召开秋粮收购座谈会,分析行情,宣传政策,落实措施,化解矛盾。以局领导班子成员为组长,成立5个秋收指导和监督检查小组,深入秋收一线,加强对收购的指导、服务和监管。严格执行国家粮食收购政策,价格公示、质量标准公示,坚持扣量不扣价,严厉打击"打白条"

“压级压价”等各类违反国家粮食政策和坑害农民的违法违纪行为。通过精心组织、严肃政策、强化服务、敞开收购,较好地完成了秋粮收购工作,满足农民售粮意愿,投诉率为历史最低。洞察行情,开辟销售渠道。及早启动在库3.6万吨小麦销售,一方面与老客户签订销售合同,顺价销售小麦2万吨,同时合同以外扩量销售6000吨;另一方面开辟新客户,新增销售3500吨,后续意向合约5000吨。使国有企业累计减亏1100万元。全年全社会共收购小麦110095吨,收购稻谷84545吨。其中,国有企业共收购小麦39027吨,稻谷40377吨。

【保供稳价】 2015年,区粮食部门面对粮食生产成本持续抬高、粮食市场价格波动较大、国内外巨大价差等复杂形势和风险,加强储备管理,增强保供稳价能力。千方百计保质保量完成地储、省储、中央临时储备以及为浙江绍兴代储1.82万吨的储备任务。制定《常州市金坛区粮食应急供应网点暂行管理办法》,并将应急保供网点与“放心粮油”工程有机结合,在全区每个镇落实1家以上保供网点,基本完成粮食应急保供网络建设。

【依法管粮】 2015年,区粮食部门推行法治粮食,提升市场监管水平。开展执法人员理论业务培训,提高粮食流通监管的业务能力和执法水平。加强粮食收购市场的监管,在夏、秋粮食收购期间,协同联席会议成员单位,形成合力共同监管粮食流通市场,以确保国家惠农政策落到实处。重点对收购企业在执行政策、按质论价、支付粮款和公示方面进行检查,被查企业都能自觉遵守规定,按要求开展收购。开展粮食库存检查、原粮质量卫生检查、政策性粮食竞价销售出库检查和粮食收购资格核查等各类专项检查活动,规范粮食市场经营秩序,打牢稳价保供基础。推进“放心粮油”工程建设。实施2014~2015年度“放心粮油”评审工作,经企业自愿申报,区有关部门联合考评推荐,区“放心粮油”工程领导小组综合评审,命名江苏南顺食品有限公司等14个粮食加工生产单位为金坛区“放心粮油示范生产加工企业”,金坛大统华购物中心有限公司等4个单位为金坛区“放心粮油示范销售店(柜)”。对区内42家涉粮企业开展安全大检查,共下发整改通知书10份、整改建议书25份,并对发现的问题进行回查,督促整改到位。

【资产整合】 2015年,区粮食部门推动行业改革,提高资产使用效益。一是部分存量资产优化整合。5月26日,区长狄志强调研粮食部门存量资产盘活情况。6月30日第17期区长办公会议纪要决定,将区粮食局部分资产与区粮食购销总公司部分资产进行置换。区粮食局2处房产划拨给区粮食购销总公司,区粮食购销总公司下属闲置的16处房产划拨给区粮食局。区粮食局置换所得的16处房产及金坛市粮食职工学校资产,按照区级政府性存量资产整合盘活操作办法,收储后出让给江苏金坛投资控股有限公司。拟新建“洮湖粮食物流园”,由江苏金坛投资控股有限公司出资建设。江苏金坛建设发展有限公司出资50万元,按净实收资本受让金坛军粮供应站和金坛粮食购销总公司所持有的金坛粮食资产经营有限公司的全部股权,实现粮食资产经营有限公司股权变更。区粮食局部分资产与区粮食购销总公司部分资产进行置换、整合后,原由局机关相关科室负责的资产管理及业务核算,现由金坛粮食购销总公司承接。

【设施投入】 2015年,区粮食部门加快设施投入,先后投入50万元,完成省储库化验室装修和粮食烘干房改建,配备检化验设备,增强粮食仓储能力;投入400万元,完成烘干房改造工程,秋收已投入使用,变过去“粮等机”为“机等粮”。截至年末,国有企业日烘干能力达500吨,秋收期间累计烘干稻谷5000余吨,解决区内粮食烘干能力不足和收购进度慢等问题。完成“危仓老库”维修改造工程验收、审计和决算工作。建立粮食智能监管平台,数字粮库分步建设完工并调试结束,全区粮库信息化管理由1个收纳库点扩展到6个。申报总投资1.2亿元的“洮湖粮食物流园”建设项目,该项目已被江苏省粮食局和常州市人民政府分别列入“十三五”省粮食仓储基础设施建设项目库和重点项目。截至年末,已完成项目选址、立项、环境影响评估报告和部分工程设计及预算工作。 (万慧瑾)

烟草专卖

【概述】 2015年,区烟草专卖局(分公司)以省烟草专卖局“行业楷模”发展战略和常州烟草专卖局追求“进位争先”为引领,履行“卖好卷烟、管好市场、抓好管理”等主要职能。全年销售9.9亿元,完成利税2.75亿元,其中利润2.28亿元。

区烟草专卖局(分公司)落实“市场监管,要守土尽责”的基本要求,组织开展“冬季会战”“闪电行动”“亮剑1号”等集中整治行动,打击各类涉烟违法经营行为,维护卷烟经营秩序。全年共查处违法案件141起,查获违法卷烟8006.6条,上缴罚没款40.33万元,办结“9·25”真烟网络案件,破获微信假烟网络案件1起。加强行政执法监督,持续提升依法行政水平,被常州市全面推进依法行政工作领导小组评为“2014~2016年市级依法行政示范点”。

区烟草专卖局(分公司)顺应行业市场化取向改革的大势,努力调控市场状态,提升营销服务质量。经济运行质量保持平稳,全年累计销售卷烟25791箱,单箱销售额38423元。按新标准对区域样本客户进行重新筛选,建立省烟草专卖局采集点24户,市烟草专卖局采集点67户;坚持把每条零售价在130~500元之间的卷烟和细支烟作为品牌培育的重点,优化品牌生态环境,全年销售重点品牌卷烟2.4万箱,占总销量的92.59%;细支卷烟销量300箱,同比增长18.67%。

区烟草专卖局(分公司)按照常州烟草系统精益管理"百日竞赛"活动部署,甄选并重点推进四个精益课题,在绩效管理、行政许可、财务报销和看板对标等方面做出了有益的尝试,其中"精益绩效管理工作平台""新客户领证、入网、供货一站式服务"两个课题在常州烟草系统成果评比中分获二等奖、三等奖;连续开展两届"微创新"竞赛活动,奋斗QC小组获"常州市优秀质量管理小组"称号,同心班组被评为"江苏省质量信得过班组"。

【提税顺价】 经国务院批准,自5月10日起调整卷烟消费税政策,国家烟草专卖局同时提出对卷烟零售指导价进行顺价调整。区烟草专卖局(分公司)认真贯彻执行,及时向客户做好宣传解释工作,第一时间将批发价目和零售指导价目表、标价签及时发到客户手中,加强后续新标价签收发放和规范使用指导工作;开展提税顺价市场调研,及时把握市场动态,调整卷烟投放策略,确保市场的平稳过渡。

【精益绩效管理课题】 年内,根据常州市烟草专卖局现有的绩效考核模式,区烟草专卖局(分公司)率先在全市烟草系统建立覆盖全员的绩效考核体系,逐步体现实绩导向,拉大收入差距,配套开发《基础管理与绩效考核工作平台》,有效拓展计划管理、数据分析、服务监督、绩效考核等平台功能,受到常州市烟草专卖局的肯定,常州烟草以此为基础开发了全系统精益管理平台。

【培育企业爱心】 2015年,区烟草专卖局(分公司)向常州市美德基金会金坛代表处捐赠4.5万元。再次接过"爱心妈妈"的接力棒,与东城街道东方村幼儿园的一位小朋友结成帮扶对子,关爱未成年人的成长。主动捐赠2万元给薛埠镇一名患有急性淋巴白血病的六岁儿童,树立责任烟草的良好形象。持续开展双拥、结对帮扶、爱心捐赠、志愿服务等公益活动,各类捐赠累计39余万元。被授予"金坛市双拥模范单位"称号,连续五届获省级文明单位。 (丁文娟)

药品采购

【概述】 2015年,区药品医用耗材管理中心共组织基建工程、后勤物资、办公用品和医疗设备采购110次。其中,竞争性谈判33次,询价60次,公开招标7次,单一来源10次。采购预算总价2913.18万元,实际招标总价2237.58万元,节约资金675.6万元。组织5个项目的国际招标,预算总金额860万元,中标总金额737.6万元,节约资金122.4万元。医用耗材和中草药采购5328万元,通过网络平台采购782.63万元;组织药品采购45次,药品网上采购品种556个,采购金额7242万元。截至年底,16家医疗机构的医用耗材和部分药品,通过采购监管平台实行网络平台采购,实现医用耗材采购纸质合同向网上平台集中采购的转变。 (朱慧华)

盐 业

【概述】 2015年,区盐务管理局树立科学监管理念,开展专项整治行动,抓好盐政宣传工作。全年开展专项行动8次,联合执法13次,检查生产经营场所4463家。查处盐业违法案件89起。其中,假冒盐案件1起,非碘盐案件3起,大包装私盐案件4起,侵销盐案件81起。查处违法盐产品6.32吨,没收3.21吨,罚款25592元。

【开展专项整治行动】 在元旦、春节、五一、端午、中秋、国庆六大节日期间,区盐务管理局开展专项检查,保障食盐市场安全专项执法行动。开展食盐安全访万家行动,重点对城乡以及边界地区乡镇的居民户、餐饮食堂进行食盐安全预防宣传和食用合格碘盐情况普查。开展放心餐饮、安全用盐行动,重点普及假冒食盐识别技巧,宣传盐业法规,公布举报电话,提醒消费者从正规渠道购买食盐。开展雷霆风暴行动,对城乡农贸市场、副食品批发市场、企业食堂、长荡湖旅游区餐饮市场、食品加工作坊、金坛盐化厂区周边市场等重点地区、重点市场、重点场所,开展集中检查。开展旺季食盐市场清查行动,以强化冬季腌制食品加工用盐旺季市场监管为重点,结合有关大包装食盐的管理规定,针对腌制用盐市场实际情况,联合区公安、市场监管部门开展净化行动,确保冬季腌制食盐安全和市场秩序稳定。

【查处侵销盐】 2015年,区盐务管理局查处侵销盐案件81起,占案件总数的91%,创历年之最。其中,市内侵销盐案件55起,市外侵销盐案件26起。查处以250克绿标盐、500克绿标盐、400克海藻盐为主的侵销盐5.68吨,没收2.84吨,罚款18600元。对食盐配送不到的餐饮终端和偏远农村小店加强走访巡查,发现问题,追查源头。年内,共查获凌家塘侵销盐案件48起,没收私盐116箱。对案件频繁发生的城郊结合部、重点边界等区域进行反复查、查反复,对一些屡查屡犯,屡教不改的违法分子加大监管处罚力度。在检查的过程中宣传盐业法规,发放《行政提示书》,曝光处罚案例,对经营户起到警示和震慑作用,一定程度上遏制侵销盐蔓延的势头。

【盐政宣传】 2015年,区盐务管理局持续开展形式多样的盐政宣传活动,以提高广大城乡市民的自我保护意识和自觉抵制工业盐、非碘盐、假冒碘盐、化工废盐等有毒有害私盐的能力。开展第二十二届"碘缺乏病防治宣传日"活动。联合卫生疾控中心等部门走进金坛第三人民医院婴幼儿疫苗接种中心,将"科学补碘、重在生命最初1000天"的知识传播到医院,给现场的年轻夫妇们上了一堂生动的补碘科普课,现场解答咨询100余次,挂出宣传主题标语1条，展出宣传图板6块，发放宣传资料1000余份。其间，赠送优质加碘食盐300公斤以及水笔、宣传袋等物品500份。组织参加市政府、食安委举办的"食品安全宣传周"活动。6月12日在薛埠镇百花广场举行的启动仪式，区盐务管理局分管领导出席并讲话。宣传周期间，对薛埠、直溪等边界乡镇及城郊结合部的小吃摊点、饭店、卤菜店、学校企业食堂和部分居民户等单位进行一次食用合格碘盐的知识宣传和安全检查，开展碘盐检测识别，严防工业盐、假冒盐、非碘盐，清除外来盐及不合格碘盐。开展"盐政法制宣传月"活动。在市场巡查、专项整治、案件处理等工作的过程中，加强盐业法规和食盐安全宣传，利用宣传资料、口头讲解有关法规条款、典型案例、重大食盐安全事件，引导广大经营户重视食盐安全，守法经营。在薛埠、西旸、登冠、茅麓等农村食盐安全相对薄弱地区开展食盐安全走访宣传活动，向村民赠送合格碘盐，散发宣传资料，提醒村民购卖、使用合格碘盐，努力营造"人人关心食盐安全、人人维护食盐安全"的良好氛围。开展"减盐宣传"活动。与卫生部门协作，走进河滨社区广场，通过广场咨询、入户宣传、标语图板、发放《低盐饮食、健康血压》宣传报道、问卷调查、电视报道和向市民赠送低钠盐、减盐勺等多种形式，深入宣传多吃盐的危害，倡导低盐饮食。减盐宣传收到良好效果，据统计，全区低钠盐的销售同比明显增长。（戴晓云）

商品贸易市场

【概述】 2015年，全区共有各类市场37家。其中工业消费品市场5家，农副产品综合市场30家，机动车交易市场1家，建筑工程材料市场1家。全年实现社会消费品零售总额222.61亿元，同比增长12.7%，高于常州市平均水平2.4个百分点，增幅居常州地区第二位。成交额超亿元的市场有金海小商品批发市场、中大国际商贸城、丹阳门装饰材料市场、茅山茶叶市场、北水关菜场、西门菜场、虹桥菜场、金家园木板材市场、儒林农贸市场。全年新建或改扩建菜市场有虹桥菜市场，儒林湖头桥市场和直溪农贸市场。

【虹桥菜市场】 该市场位于金坛区虹桥路与市场路交汇处的小商品城东侧，2011年10月原址迁建，2015年12月完工，是区政府的一项民生工程，地下负一层为停车场，一、二层为菜市场，经营面积6000余平方米，共设摊位600余个，其中约200个自产自销摊位。是一个大型综合性农贸市场。其硬件设施和服务保障功能齐全，功能区分明显，购物环境干净整洁，日常管理到位。

【机动车交易市场】 常州市汇鸿二手车交易市场是一家集二手车过户、评估、买卖、上牌、检测、保险、咨询、信息查询、数据采集、维修于一体的现代化综合性交易市场，是目前全省唯一的最高规范标准的二手车市场。它毗邻金坛车管所，占地约2万平方米，建筑面积2.6万平方米，总资产6300万元。拥有省内一流的二手车交易综合大厅和3000平方米全景精品交易大厅以及2万平方米的钢结构车辆展示区，综合评估系统机2台，公安专线车辆交易系统2套，大型液泵检测机。2015年，该市场获得江苏省二手车市场行业协会的认可，其间，江苏省二手车行业协会秘书长陈宁曾多次带领省内同行到金坛参观，并将常州市汇鸿二手车交易市场作为全省二手车交易市场的经典案例在全省进行推广。

【中大国际商贸城】 该商城位于金城镇西门大街219号，是常州中大投资发展有限公司投资建设的一个专业建材市场，始建于2009年，2010年投入运营，2015年趋于成熟。商城现有商户近200户，从业人员1000多人。主要经营陶瓷、卫浴、五金、机电、家具、吊顶、门业、地板、橱柜、窗帘、灯具、油漆、涂料、型材、管业、板材、家电等，引进国内众多一线品牌，是全区同行业中规模最大、品类最全、分类最好、档次最高、环境最好的商贸集结中心。（鲍方霞）

编辑　孔繁俊

旅 游

综 述

2015年，全区旅游业围绕“旅游项目突破年”这一主题，推进旅游项目建设，完善旅游配套功能，策划四季宣传营销，引导发展乡村旅游，提升行业队伍整体素质，推动旅游业持续快速发展。全年共接待游客783.11万人次，同比增长9.05%；实现旅游总收入84.54亿元，增长11.57%。

项 目 建 设

【概述】 2015年，区旅游业本着“生态优先、文化发掘、创新创意、产业融合、全域发展”的工作要求，以项目集聚旅游产业要素，集中力量推进项目建设。全年确定的21个重点项目，完成投资17.5亿元，其中6个项目纳入常州市级重点，完成投资14.2亿元，分别完成年度计划64%和101%。推进华夏宝盛园房车营地建设。12月8~9日，全省房车露营地建设试点工作推进会在金坛区召开，华夏宝盛园在大会上作经验交流；华夏宝盛园在10月国庆节正式对外开放。主动服务东方盐湖城盐泉小镇·道天下景区项目建设，该项目成功入选2015全国优选旅游项目名录，获国家旅游发展基金贷款贴息资金优先支持。壹号农场的主题广场、游客中心、水上餐厅、度假酒店等配套设施进入全面精装阶段；京东农业、仙姑村乡村旅游集聚区、保朴园、长荡湖水城等项目已基本完成建设任务陆续对外开放。6月29日，江苏京东农业股份有限公司在上海股权交易中心挂牌上市，成为金坛区首家在“新三板”上市的旅游企业。

【东方盐湖城】 项目位于中华道教名山——金坛茅山，由龙城旅游控股集团投资开发建设，围绕茅山特有的“山、水、茶、盐、药、泉”六大资源优势及道文化、金坛地缘文化，投资近百亿元，全力打造27.8平方公里国家级山水养生旅游度假区。东方盐湖城依据文化引领、旅游支撑、休闲度假主导的“三位一体”发展机制，以一期道天下景区为“一核”，加上茅东风情小镇、山地运动公园和道养生休闲公园为“三区”的规划分区，各有侧重，功能互补。

一期核心项目道天下景区，占地67公顷，总投资28亿元，结合“乾、坤、坎、离、震、巽、艮、兑”的八卦文化，小镇规划建设一观、八院、道客居、道风街等特色旅游项目，将中国工艺美术、文化传承、自然生态和科技体验完美融合，开创集“宗教文化展示”“江南神奇山镇”“创意互动体验”于一体的中国新一代山水文化旅游度假产品，打造“江南丽江”和不一样的中国道文化体验之旅。

2015年，全面进入道天下景区一观八院、道酒店、道会所、道山居、道风街以及景区内景观及各项配套基础设施建设。东方盐湖城一期道天下景区将于2016年3月26日对外开放。

【华夏宝盛园】 2015年10月正式开园。以收藏来自世界的奇珍异宝为主体而建成的五大博物馆与林山、竹海、茶园等功能区有机相连打造的华夏宝盛园，以打造著名的文化旅游景点和青少年科普教育基地为目标，2014年全面进入旅游功能配套及基础设施完善的建设阶段，2015年完工。

集东方美术馆、宝盛展示馆和艺术家工作营为一体的文化艺术园区，位于景区东北部，汇聚了书画、雕塑、家具珍品、工艺品等藏品，成为文化精品集中展示区和文化艺术交易中心。艺术家工作营堪称华东地区艺术家艺术创作、交流、展示以及对外艺术交流的窗口。自然探宝园区，位于景区南部，依托丰富的动植物化石标本收藏，以地球故事及其演化历程为主线，开展自然博物展示和科学普及工作，将自然遗迹观光和自然休闲运动有机结合。养生度假园区，位于西北部地块，利用良好的生态景观条件和茅山养生文化资源，建设盆景养生主题度假酒店。林海生态园区，位于基地西南部，利用区内良好的地形条件和丰富的山林资源，开发丰富多样的森林观光、森林探险、林场休闲娱乐等项目，打造茅山独具特色的欢乐林海和开心林场，房车营地成功创建成江苏省自驾游基地。约6500米的山林登山绿道环绕景区,因山就势建设供游人观景休闲的环状线形绿色景观游憩线路,沿途配以适量的观景设施和景观小品,形成一个连续、紧凑、富有变化的观景轴线慢行道路。

【组织旅游项目招商】 2015年,区旅游局利用好区政府设在旅游局的区重点项目引进工作第五办公室专业招商人员资源,编制完成总投资170亿元金坛旅游项目推介招商手册,排定旅游招商项目11个,赴北京、上海等地开展旅游专题推介招商活动,确定旅游投资意向项目信息22个,有3个项目正式签约,其中由香港立清智涵教育科技集团有限公司投资5.09亿元的白鹭源生态休闲农业旅游项目(华东玫瑰风情园)已完成投资2500万元,预计2016年5月将建成对外开放。

【争取旅游专项引导资金】 2015年,区旅游局联合区财政等部门,与省、市旅游部门做好沟通对接,全力争取旅游业发展专项资金。全年争取省、市各类旅游项目引导资金805万元,争取同类资金总额名列常州市一市五区之首。同时,发挥区旅游业发展引导资金的引导作用,全年共安排300万元扶持引导16个旅游项目建设。

旅游管理

【概述】 2015年,区旅游业坚持"游客为本"的理念,通过宣传、引导、督查等手段,提高旅游行业管理水平,截至2015年年底,全区有旅行社13家,星级饭店3家。其中,四星级2家(颐丰大酒店、樱花大酒店);三星级1家(九龙宾馆)。润澳大酒店五星级旅游饭店资格被国家星评委摘牌,凯利大酒店取消二星级饭店资格。

【加强行业管理】 2015年,区旅游局对凯利大酒店存在的安全隐患进行督查并责令限期整改,最终因整改不达标被取消二星级旅游饭店资格;指导樱花大酒店星级复核改造提升工作,并帮助协调推迟星级复核工作。组织全区12人参加导游资格考试,并对全区65名持证导游人员进行年审培训。落实旅游部门与旅游企业"一岗双责"规定,与全区旅行社、旅游饭店等22家旅游经营单位签订安全生产及职业卫生告知承诺书,做到层层落实安全责任。严格实行网格化安全管理要求,联合安监、消防、卫生、质监等部门,通过下发文件、会议部署、督促整改等工作,落实"安全生产专项整治""安全生产月""六打六治""火患清剿"等各项安全工作。修订完善"旅游突发事件应急预案",督促旅游企业开展旅游安全教育培训和应急演练,组织35家旅游企业60余人参加全区安全生产培训,开展消防火险隐患安全演练、安全生产大检查和打非治违专项行动,全年累计安全检查10次,检查旅游企业59家,发现安全隐患百余处,限期整改达标率达99%。全年未发生一起旅游安全事故。

【规范旅游市场秩序】 2015年,区旅游局督促旅行社贯彻落实"新版旅游合同"的印制和使用,协调旅行社与旅游汽车公司签订租车协议,规范用车管理。全区旅行社100%落实旅行社责任险投保。开展旅行社标准化创建工作。下发旅行社三级达标创建规范标准,围绕《中华人民共和国旅游法》贯彻执行情况、"一团一清"档案管理、旅游合同使用、超范围经营以及旅行社服务网点报批等,采取指导与督查相结合,组织全区13家旅行社开展三级达标创建。全年有10家顺利通过达标考核,通过数、通过率均位列常州一市五区之首。做好旅游投诉处理工作,全年共受理旅游投诉纠纷件7件,办结7件,受理率、结案率、满意率均达100%。

乡村旅游

【概述】 2015年,全区积极整合资源优势,努力引导乡村旅游发展。本着全域旅游理念,依托东方盐湖城、华夏宝盛园等景区景点崛起的契机,积极推动乡村旅游发展。截至2015年年底,全区省星级乡村旅游点达11家。其中,四星级5家,三星级3家,二星级3家。全年新评定获批省星级乡村旅游点3家。其中,四星级1家(尚之源农业生态园),三星级1家(壹号农场),二星级1家(超群生态园)。

【规划引领发展】 2015年,全区以乡村旅游发展专题规划为引领,参与近10个村和园区的旅游规划策划工作。

4月18日,举办乡村旅游节开幕式　(区旅游局　供稿)

指导服务好壹号农场、桐春源山庄、超群果园、尚之源、上阮花视界等有特色的乡村旅游点完善旅游导览图、停车场、旅游厕所以及周边环境整治和美化绿化工作。鼓励上阮花视界改造园区门面,对园区的芍药进行划片分区,修建了游步道、停车场、观花拍摄点,该乡村旅游点4月26日向游客开放,半个月接待游客2万余人,拉动其周边市场消费300余万元,其自制的芍药花茶、芍药盆景、芍婆蛋等销售良好。

【提升乡村旅游品质】 8月27日,区旅游局组织茅管会以及仙姑村农家乐业主赴南京市高淳区、江宁区考察学习乡村旅游集聚区建设。鼓励乡村旅游点业主在餐饮服务上与区内知名餐饮单位联手,打造特色品牌,提升乡村旅游餐饮服务水平。9月9日,邀请泛长三角区域著名的餐饮文化暨品牌建设权威人士黄绍祖教授,对长荡湖餐饮船以及渔家乐业主进行了一场关于长荡湖餐饮的目标定位、发展方向、经营模式的专题讲座,为提升长荡湖湖鲜美食品牌起到积极作用。五一、国庆节期间,保朴园、长荡湖水街、尚之源、露源农庄等乡村旅游景点接待游客倍增,尚之源五一期间接待游客1000余人次,保朴园、尚之源、白龙山庄等乡村客栈入住率均达100%。与此同时,与区供销总社、农林等部门合作,开发本地特色旅游商品。

【打造仙姑村乡村旅游集聚区】 2015年,区旅游局全面落实省乡村旅游推进会议精神,围绕"村庄秀美、环境优美、生活甜美、社会和美、有农游特色"的总要求,多次与农工办、规划、电信以及薛埠镇政府等相关部门组织召开现场办公会,研讨改造提升方案,梳理工作任务,排定进展时序。10月,仙姑村村庄道路及慢行系统、停车场、游客服务中心、旅游标识系统等基础配套设施已全面完工,10月28日仙姑村美丽乡村创建高分通过常州市考核组达标验收。

【完成《山蓬村(下庄)美丽乡村建设规划》】 2015年,区旅游局积极做好挂钩帮扶山蓬村工作,按照"旅游富民"的总体思路,推进山蓬村乡村旅游建设改造提升,聘请南京大学环境学院编制完成《山蓬村(下庄)美丽乡村建设规划》。目前已投入170万元对村庄主干道实施亮化、改造建设游客服务中心、新建停车场及旅游厕所等。

【举办金坛乡村美食大赛】 10月25日,2015"长荡湖杯"金坛乡村美食大赛在长荡湖水街举办,来自全区各乡村旅游点、农家乐、渔家乐的60多名大厨,同堂竞技,一展身手。大赛评委由国内知名烹饪大师、专业考评老师和营养专家组成。经过3个多小时紧张、激烈的角逐,综合得分靠前的33道菜肴分别被评选为金牌菜、银牌菜、铜牌菜奖项,获金牌菜的选手同时被授予"区技术能手"称号。11月20日,全区选拔的29名选手参加了2015年"太湖湾杯"常州乡村美食大赛,荣获4金4银8铜的优秀成绩,位列常州一市五区之首。同时,区旅游局还被授予"优秀组织奖"。

【长荡湖水街】 位于长荡湖畔,占地面积166.66公顷。2600多米曲折有致的栈桥与3个区域的50多条餐饮船集中归并连为一体。夜晚,栈道两旁的LED照明灯七彩闪烁,别有一番景色。这里的湖鲜四季不绝,尤以长荡湖金蟹出名。高峰时一天有万余人在这里品尝湖鲜。

【长荡湖水庄】 位于长荡湖旅游度假区,占地面积28公顷,建成并运营餐饮、客房、KTV、垂钓、烧烤等项目,2014年以来又新增温泉鱼疗馆、真人CS、传统农产品制作和体验(磨豆腐、打糍粑)项目。2015年,该水庄以长荡湖旅游度假区为依托,把渔业旅游、休闲娱乐、农产品销售等融为一体,是游客休闲度假、品尝湖鲜、净心养身的好去处。

【尚之源】 尚之源生态农业观光园位于茅山旅游度假区上阮农业公园内,占地面积为33公顷,是以无公害有机蔬菜、瓜果种植为主体,集休闲、观光、采摘、度假为一体的现代都市型生态休闲观光园。采摘园里有杨梅、白玉枇杷、翠冠梨,还有小西红柿和葡萄,让人应接不暇。除了瓜果采摘,还有生态游泳池,儿童乐园等游乐设施。不仅能在岸边垂钓,还能在池中摸鱼,能享受到吃、玩、观、赏、住全方位的服务,是休闲度假的好去处。

【壹号农场】 位于茅山旅游度假区,占地100公顷,拥有8公顷集现代文化、生态农业观光、农家特色餐饮、思古怀旧农业示范区,13公顷生态水产养殖区,40公顷有机果蔬核心种植区。建有养生休闲、自然体验、现代农业展示、有机农业生产、现代仓储物流五大核心功能区,是集智慧农业、有机种植、休闲观光、养生度假、运动拓展、科普教育于一体的特色鲜明的数字化养生农场。

【超群果园】 依托上阮农业公园的自然风光,是拥有葡萄园、梨园、桃园、香瓜园、番茄园等多园一体的现代农业产业园。超群生态园不仅有高山流水,环境幽雅,还提供餐饮、垂钓、果蔬采摘、户外烧烤、露营、划船、农产品超市等多种体验项目,2015年被评江苏省二星级乡村旅游点。果园选送的系列水果,在江苏省"中山杯"、"神园杯"的优质水果评比中多次获奖。

宣传营销

【概述】 2015年,全区旅游宣传主动作为,借力突破,争取省、市旅游主管部门及区有关部门的支持,围绕"春赏花、夏采果、秋美食、冬养生"宣传主线,通过组织各类节庆活动,有效促进金坛旅游品牌影响力的彰显。

【旅游宣传营销】 全年编辑出版《新旅游》杂志4期、《新旅游》乡村美食大赛专刊1期、旅游宣传专题折页6期,发布“金坛新旅游”官方微信285条。《新旅游》杂志发行范围涵盖长三角及周边县市旅游局、近百家旅游景区点和旅行社以及常州地区党政机关等。“金坛新旅游”微信吸引粉丝关注5000余人、浏览量75000人次、转发量5600余条。7月1日,全新改版的金坛旅游政务网正式上线并加入政府网站集群,全年发布区域各类旅游信息300余条、资讯220余条。依托常州市旅游局旅游资讯网、旅游服务推广中心《旅游时尚》杂志、《今日头条》等,成功组织金坛旅游新闻媒体见面会、金坛旅游夏季产品说明会等;与南京十八频道联合推出“金坛乡村游”宣传推介专题节目4期;与省旅游局、新浪网、“江苏频道”共同推出“江苏寻味之旅——金坛行”采风活动;联合江苏旅游全媒体联盟策划主办“2015金秋金坛新景之旅——江苏旅游全媒体联盟金坛采风行”活动,《华东旅游报》《上海旅游报》《金陵晚报》、酷派传媒、微游天下等20多家知名主流媒体参与采访报道,共推出各类专题报道数十篇,刊发原创稿件59篇、图片300余幅;与邮政局联合在直溪董永村望仙桥畔举办《鸳鸯》特种邮票《董永故里》邮折首发仪式,与团区委开展“青眼看金坛·旅游之我见”大学生走进金坛旅游暑期实践活动,与区委组织部联合举办金坛乡村旅游专题报告会。同时,借助参加第五届中国旅游项目投资大会、2015中国江苏旅行商交易大会、长三角自驾游年会等活动,通过产品推介、线路发布、发放宣传资料、扫微信加好友等,开展丰富多彩的宣传活动。

【旅游节庆活动】 2月8日,在壹号农场举办常州乡村过大年暨金坛乡村旅游嘉年华活动,有效提升茅山旅游度假区的形象,春节期间吸引游客近10万人,拉动了茅山旅游市场消费。4月18日,在上阮农业公园举办了常州乡村旅游节暨上阮赏花季活动,赏花季活动期间走进上阮农业公园的游客超过了10万人,上阮农业公园的影响力得到提升。6月6日,在宜兴、常州、金坛分别举办品虾达人选拔赛,吸引1000余人亲临活动现场观摩、体验品虾活动,长荡湖美食的影响力倍增。6月20日,举办了2015中国·长荡湖籽虾节暨品虾达人总决赛及颁奖活动,活动当天吸引国内外游客2000多人,“中国好籽虾,常来长荡湖”“中国好籽虾,我想去尝尝”“六月我去长荡湖——游湖、逛城、品籽虾”的长荡湖品牌形象得到进一步推广。7月26日,在上阮农业公园超群果园举办第二届“金坛水果蛮好”水果采摘节,3个月活动期间,吸引来自南京、常州及周边地区的游客10万余人,有效拉动水果销售,“金坛水果蛮好”名气大振。10月17日,配合长管会举办“2015中国·长荡湖休闲湖泊峰会暨第四届中国·长荡湖湖鲜美食节”活动。10月25日,联合区人社局、总工会、市场局、广播电视台举办“2015年‘长荡湖杯’金坛乡村美食大赛”专场活动。10月31日,组织“骑行长荡湖”活动。11月20日,组织全区29家乡村旅游点、农家乐、渔家乐企业主参加了2015年“太湖湾杯”常州乡村美食大赛,金坛参赛选手在大赛中喜获4金4银8铜的好成绩,无论是奖牌总数,还是金、银奖牌数均名列常州一市五区之首。11月22日,配合常州市旅游局,组织了全区200名优秀环保工人参加2015年常州旅游“感恩回报月”——金坛环卫工人游常州启动仪式,得到了常州市旅游局的充分肯定。

(何富健　任　娅)

江苏省金坛茅山旅游度假区

【概述】 2015年,江苏省金坛茅山旅游度假区管委会紧紧围绕“基础设施建设年”总目标,坚持以总体规划为引领,全面开工建设省道265及10条内部道路等基础设施,深化编制北部片区控制性详细规划及市政、环卫等专项规划,加快建设在建项目进度,成功举办常州乡村过大年等系列旅游节庆活动,茅山旅游开发呈现不断发展的良好势头。

【基础设施建设】 2015年建设的基础设施项目共计11个,即省道265及度假区内部的10条道路。省道265完成道路清表和北部13公里的施工便道。度假区内部10条道路总里程35.59公里,年内竣工两条道路(访仙路、观云路)总里程8.5公里,内含桥梁4座;开工建设4条道路(尚阳路、寻仙路、尚水路、百羊路)总里程8.88公里;另外4条道路(望仙路、致和路、彭仙路、金茅路)施工图送审、征地动迁等前期工作已完成。

【规划编制】 2015年,以度假区总体规划为引领,委托总规单位编制完成度假区北部片区75平方公里控制性详细规划、度假区市政专项规划和环卫规划。寻仙路、尚水路、尚阳路及RBD小镇入口处的景观设计同步进行。

【项目情况】 2015年,6个现代服务业项目累计完成投资12.11亿元,其中东方盐湖城道风街、乾离坤院、震兑院、小镇景观及小镇停车场已全面完成,正在进行店铺室内装修;5个现代农业项目累计完成投资1.82亿元,其中壹号农场景观工程完工正在进行保养维护,水上餐厅工程主体已竣工,正在进行内部装修。华夏宝盛园一期项目、京东农业一期项目已于国庆期间开园试营业,其中京东农业于7月顺利登陆“新三板”。2015年度新签约三个项目:花谷奇缘旅游综合体项目、东方盐湖城温泉度假酒店项目、茅山茶文化主题公园项目。

【旅游活动】 2月8日,常州乡村过大年暨金坛旅游嘉年华活动在仙姑村壹号农场隆重开幕,现场年味浓郁,人山人海。4月,常州乡村旅游节暨上阮赏花季在上阮农业公园缤纷启程,系列活动吸引周边数十万人次游客前来踏青赏玩。7 月,常州金坛乡村采摘节在上阮超群生态园成功举办,来自南京、常州等地区的自驾游联盟齐聚,共品飘香瓜果,甜蜜醉人。10 月中旬,一年一度的茅山登山健身大会如期开赛,来自全省多家县、市、区代表队集聚茅山东麓,挥洒汗水,激情开跑。10 月底,休闲农业产业创新峰会暨中日乡村再造论坛分别在上阮茅山南湖度假庄园、壹号农场顺利举办,来自中日两国的数十名行业专家围绕农旅结合、乡村民宿的产业发展,激烈研讨,碰撞思想。11 月,中国围棋甲级联赛保朴园专场连续第 2 年作为江苏队主场,"棋圣"聂卫平亲临茅山挂盘讲解。（韩　承）

编辑　汤芬娣

10 月 25 日,金坛乡村美食大赛在长荡湖水庄举行　（区旅游局　供稿）

城乡建设·环境保护

综　述

2015年，金坛区以全力打造“一城一区一山一水”为总体目标，努力完成“城乡建设三年行动纲要”工作任务，坚持城乡统筹发展，全力推进滨湖新城建设，积极开展城乡环境综合整治，组织民生工程实施，全面推进各项重点工程建设。

城乡建设

【概述】　2015年，全区基础设施建设快速推进。完成金坛大道改扩建、钱资湖大道、南二环西延、北贤路、纬向路三期、丘荡路等城市道路建设。启动钱资湖岸线景观改造（一期）、下塘河五期滨河景观工程。完成钱资湖大桥、金沙塔、钱资湖广场方案招标。推进城乡一体化发展，实施燃气主管网镇区全覆盖工程，加快区域供水管网改造建设，实现照明亮化节能改造。开工建设日供水能力20万立方米的长荡湖水厂。推进老小区改造，更换安装老小区单元门，提升居民安全感。

【创建工作】　3月，金坛区被国家发改委、住建部命名为第七批“国家节水型城市”。全区共有省级节水型企业（单位）27家，覆盖率23.85%；省级节水型小区21个，覆盖率13.56%。完善城市慢行系统，加大公共步道建设，投资1500万元的公共自行车服务系统正式运行，共设60个站点，1000多辆公共自行车供市民免费使用。

【房屋动迁】　年内，配合实施城南村后岐自然村房屋动迁和东城街道峨嵋社区及竹木市场地块土地收储项目。后岐自然村房屋动迁项目共需动迁住户245户，现已签约237户，腾空236户，安置房选房和签订安置协议工作基本结束。竹木市场整体搬迁项目共需搬迁单位（个人）16户，涉及房屋建筑面积1.5万平方米，现已签约搬迁15户。徐塘工业园土地收储项目共需搬迁单位（个人）13户，收储土地面积3万平方米，涉及房屋建筑面积1.54万平方米，现已签约搬迁11户。金虹纺织厂地块旧城改造房屋征收项目启动实施，该项目征收房屋总户数67户，征收房屋总面积0.59万平方米，现已签约搬迁55户。在该项目中首次采用公开集中选房的方式进行安置房选房，有效推进征收工作的开展。继续推进南环二路拓宽改造房屋征收项目及老政府周边地块旧城改造拆迁项目的扫尾工作。

【市政园林】　2015年，完成金坛大道改扩建、钱资湖大道、南二环西延、北贤路、纬向路三期、丘荡路等城市道路建设。开工建设横三路、纵三路、纵五路。启动实施钱资湖景观改造（一期）、下塘河五期滨河景观工程。完成景潭花园三角地、峨嵋菜场西侧绿地、下塘河金谷华城段及下塘河圣东福地等重点街头游园提升改造工程。实施静态交通停车场项目建设，完成社桥南路、华城路北侧、老金坛电影院门口以及八角井、华中西侧等停车位（场）改造，有效缓解城区停车难、行车难、秩序乱的交通问题。

【市政养护】　2015年，做好市政道路桥梁维修养护工作，全年共维修混凝土道路1.52万平方米，沥青混凝土道路0.71万平方米，人行道板约0.5万平方米。实施小虹桥板涵改造工程，解决危桥隐患问题。开展城区35座桥梁结构检测，除南新桥评级等级结果较差，其余桥梁运行安全。针对本次桥梁检测结果将全面进行加固维修工作，确保桥梁安全运行。

【城市路灯】　2015年，制定出台《金坛区城市照明专项规划（2014～2030年）》。实施城区道路亮化提升工程，采用合同能源管理（EMC）模式，依据城市照明专项规划将主城区及部分区域63条道路共计7000余盏使用超过5年的灯具更换为节能高光效的LED灯具。升级改造城市照明监控系统，充分利用信息化、智能化技术，提高日常管理效能和应急处置能力。全年维修道路路灯1000余盏、小区路灯900余盏，路灯设施完好率96%以上、亮灯率98%以上，城市路灯设施正常运行。

【环境整治】 年内,推进“931”项目(九整治、三规范、一提升)实施,对老旧小区、背街小巷、低洼易淹易涝片区和建设工地进行整治。开展示范社区创建,对金河社区小区内市政公用设施、园林绿化、路灯照明等逐一排查、修复和维护,提升整体环境。12月,金河社区顺利创成“江苏省城市管理示范社区”。

镇村建设

【概述】 继续推进美丽乡村建设。基本完成薛埠镇赤岗村、直溪镇排年桥村2014年度省级美丽乡村示范项目建设、迎检工作。2015年度省级美丽乡村通过省相关部门批复,确定3个示范建设项目,累计奖补资金610万元,3个村正在推进前期规划工作。

公共事业

【城市供水】 2015年,全年供水量4937.23万立方米,其中城区2877.17万立方米。全年售水量3486.68万立方米,其中城区2116.01万立方米。水质综合合格率100%。全区用户总数209566户,其中城区117565户、乡镇92001户。

针对供水量矛盾突出、供水区域不断扩大导致源水不足的实际情况,合理调度常金供水及金武供水,平衡管网压力,保证供水管网稳压运行。完善各项供水应急预案,对可能出现的突发事件,保证各项应急措施到位。6月底特大暴雨灾害期间,钱资湖水位暴涨,多项指标超高,经与常州、武进供水企业协调,及时调整供水模式,保证灾害期间城市安全供水。

强化水质检测,严格执行企业三级检测、行业检测、行政监督制度,强化对制水、供水全过程的水质监控。每天对原水、出厂水、长江水进行12项检测,每2小时进行重点7项检测;每周对乡镇5家制水厂原水、出厂水进行12项检测;每半个月对城区10个检测点、乡镇15个检测点的管网水进行7项检测;每月对原水(39项)、出厂水(37项)、管网末梢水(37项)进行全分析检测;每周进行搅拌试验;每批次净水剂进行5项检测,同时每季度对其进行10项检测。常州监测站在枯、丰水期对金坛城区两个管网点及出厂水分别进行70项、106项监督检测;委托其他国家级水质检测中心对出厂水进行2次106项检测,确保水质符合国家饮用水标准。

全年共接受来电来访3325件次(其中110接警85次)、网络咨询和投诉10件,数字化城管案卷27件,督办“12345”政府热线转交投诉任务工单108件,均及时记录、处理和回访,办结率、用户回访率、维修及时率为100%。

【区域供水】 年内,相继完成对直溪水厂、白塔水厂、指前水厂、后阳水厂的接收,并根据水厂运行现状和供水需求制定生产预案和供水方案,提高运行效率和供用水条件。完成建昌、社头、罗村、后阳等片区DN100(公称直径100毫米)以上管道改造,改造及新装用户27518户。推进长荡湖水厂建设等完成厂区围墙、道路建设等部分基础设施施工与管线迁移。

【污水处理】 全年处理污水2330万吨,日均处理6.38万吨。其中,一污厂999万吨,二污厂1331万吨。2015年一污厂产生污泥7856吨,平均含水率79.1%;二污厂产生污泥21029吨,平均含水率79%,污泥规范化处置率100%,污泥含水率均符合省污水厂考核要求。全年再生水利用总量255万吨。6月,二污厂扩建工程竣工并试运行,现生产运行稳定,出水水质达一级A标准。

【城市排水】 全年累计开展排水服务65次,组织排水管网及附属设施维修保养233次,实施日常巡查132次、夜查行动8次,共查出违规排水企业18家、违规排水行为53起。对城区154家工业企业排水行为进行摸底调查和重点整改,完成22家新建企业、7个新建小区的雨污分流专项监督交底、16个小区雨污分流专项验收、10个老小区排水管网疏通清掏工作。

【城市燃气】 2015年,全区拥有管道天然气民用客户7.5万户,比上年增加0.7万户;工商业客户650余户,比上年增加71户。全年供气量7500万

7月,自来水公司深度处理系统落成 (区住建局 供稿)

立方,比上年增加500万立方。全区共有瓶装燃气用户14万户。“城中村”居民安装管道天然气5721户,安装率57.94%。全区建有压缩天然气(CNG)加气站2座、液化天然气(LNG)加气站1座,可为近700辆车(比上年增加100辆)提供加气业务。

(蒋燕舞)

【供电】 2015年,区供电公司科学规划电网建设,加大基础建设投入,打造智能供电网络。全年投入电力基础建设2.08亿元。配电网络建设中,完成资本性建设项目644项,总投资11899.53万元;完成成本类项目227项,总投资13481.93万元。新建、改造及维修配电线路253.24公里,新增及改造变压器576台。迎峰度夏期间,整改重载线路18条。完成居民小区及其他配网工程16项,进行配网带电作业316次。加强应急管理和预案,编制完善自然灾害、事故灾难、社会安全、公共卫生四大类36个现场处置方案。为保障公共事业安全平稳供用电,确保党政机关、人民群众、医院等公众利益及有关社会稳定的重要用电需求,区供电公司编制和落实电力供应应急预案,确保有序用电。全区全年有序用电预案编制错峰负荷总量10万千瓦,共涉及客户247户。其中6.5万千瓦主要由盘石等3家水泥企业、华泰精密铸造等11家铸造类企业以及中盐常州化工有限公司、兴荣美乐、中国石油天然气股份有限公司西气东输管道分公司等响应速度较快的用户组成,共计47家,分为4个组(其中高能耗2个组,应急2个组);其余3.5万千瓦负荷由化工、机械、服装、纺织、化纤、光伏新能源等用户组成,分为4组。化工、化纤等企业在负荷高峰期以集中停产检修方式避峰;机械、服装、纺织通过合理安排生产班次,错开高峰负荷时间段实现错避峰;光伏新能源企业通过尽早安排全年生产任务,在高峰期适当减少生产,降低负荷实现避峰。对预案中的客户,区供电公司通过走访或挂号信方式送达“告用电企业书”“有序用电通知单”,宣传当年电力供需形势,指导企业做好内部应急预案,以便在错峰压限负荷时保证重要设备用电。6月,根据复奉、锦苏、宾金三大特高直流满功率运行故障处置预案(常州部分)要求,参与编制有针对性的《特高压直流满功率运行故障金坛营销负荷控制方案》。7月前完成7户非工中央空调控制改造工作。7月底完成尖峰电价表计升级改造工作。8月,有效应对高温天气考验,创新开展国内首家电力需求响应和非工空调调控实战,需求响应邀约负荷1.59万千瓦、移峰1.65万千瓦,全区7户非工空调短时压降高峰负荷800千瓦,平稳实施尖峰电价,有效保障迎峰度夏期间的用电平稳有序。

(夏 冰)

城乡规划

【概述】 2015年,全区城乡规划工作围绕打造“一城一区一山一水”四大板块以及加快项目引进和项目建设的中心工作,重点对加强交通引领,谋求区位突破,完善控规编制,建立管理平台,关注乡镇发展,建设美丽乡村进行研究与探索,在落实空间发展战略,提升城市文化品位,促进城乡一体化发展等方面发挥指导作用。

【加强交通引领】 2015年,就沿江城际铁路、淮扬镇宣城际铁路、泰泰常城际铁路的方案开展多次对接,积极向上争取线位与站点资源,并在相关规划中对交通廊道与站点位置进行预留;开展道路专项深化规划,在综合交通运输发展规划、城市综合交通规划的基础上,整合各镇总体规划的路网体系,与句容、溧阳、武进等周边县市区路网进行衔接,将各镇村、村村道路进行细化,形成市域道路一张图,完成并建立道路红线系统动态更新机制。对道路与铁路、高速公路等重大交通基础设施的相交形式进行研究明确;开展沿江城际铁路金坛站周边地块规划研究,对城铁站、客运站等用地规模与布局进行明确,对站场周边用地功能进行策划,并对站屋形式及周边城市空间形态进行城市设计引导。

【完善控规编制】 2015年,开展老城区更新规划编制,综合分析老城区土地利用潜力与改造的可行性,明确更新改造范围及相关控制与引导要求,对老城风貌进行引导,对老城区公共停车策略与停车场布局进行明确;进行滨湖新城控规的滚动更新,在中央商务核心区、人力资源市场等地块深化设计方案的基础上,结合最新道路建设与项目招商等情况对成果进行实时更新;开展金坛城乡规划与建设发展报告的编制,对2013、2014年以来,金坛在城市建设、土地出让等方面的数据进行系统整理与分析,并对工业用地集约化利用与规划项目评估两个专题进行专门研究,客观记录城乡发展轨迹,准确把握城乡发展脉络,深入分析城乡发展趋势。为规划的编研管理及城乡建设提供基础资料、数据分析以及相关建议。

【乡镇规划】 2015年,在薛埠、直溪、朱林、儒林、指前5镇产镇融合规划成果的基础上,加快各镇镇总体规划的推进;结合环湖路选址方案、长荡湖退圩还湖实施方案、生态红线区域划定等,进一步完善长荡湖度假区总体规划的成果编制。按照创建要求,指导省、市美丽乡村村庄建设规划的编制。

(管 悦)

城市管理

【概述】 2015年,金坛区城市管理工作围绕江苏省“931”城市环境综合整治和常州市城市长效综合管理考评工作,进一步加大管理力度,重点工程强势推进,金河社区创成“江苏省城市管理示范社区”,城乡环境面貌得到有效改观。

金坛区城市管理监督指挥中心　　（区城管局　供稿）

【“931”工程】　全年组织实施“931”城市环境综合整治行动，完成35个整治项目。对上庄、庙西2个城郊结合部，岳庄村等7个城中村，春风一村等3个老旧小区，西轿巷等3条背街小巷进行全面整治。其中周家、岳庄村整治项目作为省示范案例推广。对占道经营、停车设施、户外广告进行规范，改善城市管理薄弱地段的环境面貌，提升城市长效管理水平。

【示范社区创建】　推进示范社区创建工作。全年投入近700万元，对金河社区的街景容貌、社区环境、基础设施、城市绿化等进行全面整治和提档升级改造。金河社区成功创成“江苏省城市管理示范社区”。

【城市长效综合管理考核】　2015年，区政府制订下发《关于进一步完善城市长效综合管理考核工作的实施意见》，进一步优化管理体制架构、合理划分管理职责，使城市长效综合管理考评更科学高效。将数字城管拓展成智慧城管，实现城市管理要素、过程、决策等全方位智慧化。全年，区城市管理监督指挥中心共受理各类案件49188件，立案49174件，结案率95.6%。常州考评共核查问题427处，核查通过率87.59%。

【市容市貌管理】　2015年，理顺开发区城市管理体制，明确开发区城管大队、尧塘中队、东城中队主要职责，全力提升开发区园区管理水平。重点开展城区损绿垦种、夜间烧烤、占道经营以及农贸市场、校园周边等专项整治工作。全年共整治损绿垦种2400余平方米，整治占道销售、经营行为490余起。加大对华城菜场、中山路等疏导点的规范管理力度，异地重设园田疏导点，应季设置56个夏季西瓜销售临时疏导点，将疏导点“便民工程”落到实处。加强市容网格管理，定人、定岗、定区域、定标准，强化措施、细化责任、完善考核，提升市容网格秩序。配合公安部门开展城区静态交通整治，重点做好非机动车停放管理和二手车占道销售整治工作，协助增划1000余个机动车停车泊位，缓解停车难问题。

【环境卫生管理】　推进环卫精细化作业模式。城区道路清扫保洁面积514万平方米，将其中345万平方米清扫保洁权推向市场，主次干道机械化清扫率76.3%。全年共清运生活垃圾12.96万吨，清运粪便1.43万吨，生活垃圾、粪便清运和无害化处理率100%。生活垃圾填埋场渗滤液处理量1.37万吨，按规范要求达标排放。在幸福新村、亲亲家园2个小区试点“垃圾清运进小区”模式，有效缓解垃圾在转运过程中的抛洒滴漏现象。城市“牛皮癣”的清除范围实现城区道路全覆盖，并逐步延伸拓展至73个小区。城区121辆渣土运输车及所有环卫垃圾运输车安装GPS定位系统。加大农村环境卫生考核力度，实行明查、联查、互查相结合，促进农村环境卫生保洁的经常化、长效化。

【环卫基础设施建设】　2015年投资新建青年广场公厕1座；对城区白凉亭等22座老旧公厕进行改造；新建薛埠垃圾中转站；完成（沈渎）生活垃圾填埋场封场工程建设、环卫运输队停车场、管理用房建设。

【规划执法】　2015年采用“积极助拆、提倡自拆、慎用强拆”的执法模式减少和规避强拆风险。全年共组织助拆181起2283.88平方米；当事人自拆91起1617.59平方米；规划控制违法建设971起18135.95平方米。继续实行城管重心下移，理清乡镇中队职能，加强对乡镇执法工作和中队建设的指导，提高乡镇中队实际工作能力。完善社区工作站建设，确保每个社区城管工作站均驻有城管队员，加强对社区内的毁绿种菜、违规占道、超门窗经营、违法建设等行为日巡查频率，做到早发现、早制止、早拆除。

【执法效能建设】　全年共查处各类案件505起。其中，一般案件297起；简易案件208起。罚款金额164154元，查处率和结案率100%。积极办理政府信箱、信访举报、网络舆情、城管110等反映的问题，共处理政府公共服务热线投诉单609件，网站投诉50个，电话咨询3540起，投诉登记率、处理率、回复率100%。承办人大代表建议、政协委员提案17件（其中主办10件），按时办结率和走访面谈率100%。　　（周　晴）

环 境 保 护

【概述】 2015 年,以贯彻落实新环保法为契机,在生态环境质量改善、生态红线区域保护、环境执法监管、生态示范创建与重点项目推进、行政服务效能提升等方面取得历史性的新成绩。生态红线区域监督管理考核位列全省、市(县、区)第4名;在常州市政府综合考评中,金坛区“生态文明在行动”工作成绩为辖市区第一名。

【生态文明建设】 年内,深入实施生态文明建设“七大工程”,将各镇区、各有关部门纳入生态目标责任考核体系,同部署同督查同考核。研究制订《生态文明在行动工作方案》《生态文明在行动督查考核办法》等文件。完成1个区级绿色政府、4个省级生态村、7所常州市级绿色学校创建。

【生态绿城建设】 年内,编制完成天荒湖饮用水源保护区和四棚洼生态公益林生态保护与整治提升方案,建成茅山旅游度假区10公里生态绿道与丹金溧漕河(金坛段)生态廊道。

【农村环境连片整治】 2015 年,开展全省覆盖拉网式农村环境综合整治试点工作。完成薛埠镇21个行政村的23套生活污水处理设施建设,建成直溪镇、朱林镇23个行政村的24套生活污水处理设施的主体工程,受益人口1.62万人。

【生态源保护和建设】 2015 年,编制完成《金坛生态红线区域保护规划》,出台《金坛区生态红线区域监督管理评估考核细则》《金坛区生态补偿转移支付资金管理暂行办法》等配套文件。优化调整后,生态红线区由8个增至9个,总面积202.92平方千米,占国土面积的20.78%。

【主要污染物总量减排】 2015 年,加强对盘固水泥等重点减排项目的现场检查指导、督促推动。金坛第二污水处理厂2万吨/日扩建工程投入试运行。全区化学需氧量、氨氮、二氧化硫、氮氧化物四项指标均超额完成“十二五”减排任务。

【建设项目环保审批】 2015 年,严格执行建设项目环评制度和环保“三同时”(建设项目中防治污染的设施与主体工程同时设计、同时施工、同时投产使用)制度,引导新能源、高端装备制造、新材料、节能环保等战略性新兴产业发展。实行重大项目、敏感项目会审会商制度,增强项目审批决策过程的公开透明和科学民主。全年共审批建设项目234个,否决、劝退项目6个。

6月5日,《环境日》宣传活动暨《环境日》邮票首发仪式在金沙广场举行

(区环保局 供稿)

【清水工程】 2015 年,推进水环境综合整治。启动区城乡供水一体化项目,长荡湖水厂20万吨/日深度处理工程开工建设。完成733.33公顷长荡湖围网拆除和22条河流清淤整治工程。太湖流域重点考核别桥断面达到Ⅲ类水质要求,现代化考核断面达标率83.3%,较上年提高16.7%。

【蓝天工程】 2015 年,4家重点行业企业完成限期治理任务。148台燃煤锅炉实施淘汰或清洁能源替代,完成11家挥发性有机污染物整治。全区PM2.5平均浓度较上年下降8.5%,空气质量优良天数为260天,同比增加32天。

【土壤污染防治】 2015 年,完成4家重污染关停企业土壤调查工作,对指前镇、朱林镇农业用地的土壤污染调查,为开展污染土壤分类分级管理提供依据。

【危险规范处置和辐射环境管理】 2015 年,调整确认全区危险废物监管重点源70家,进一步明确对危险废物监管重点源环境监管职责,责任到人。危险废物监管重点源全部在“省网”进行动态申报,申报与审核率均为100%。

【环境监察】 年内,开展环保大检查、建设项目环评制度执行、工业企业大气污染防治、危险废物专项执法等专项行动。组织开展环境现场监察3980厂次,立案查处各类环境违法行为224起。实施查封扣押3起、移交刑事拘留2起。

【环境信访】 年内,切实解决民生环境问题,加强环境信访调处工作。坚持信访形势双月研判制度,定期排查突出环境问题,做到提前介入,超前防范。开展“压降重复环境信访”专项行动,完善“便民联系卡”信访调处机制,环境信访有效控制。环境信访按期办结率100%,满意率90%以上。

【环境监测】 2015年,开展地表水、小康断面、区域补偿断面、饮用水源地和空气、噪声环境质量、“三同时”验收监测以及国控、省控重点污染源的例行监测、监督监测。全年共获监测数据5.2万个,为环境管理决策提供科学依据。

【环保宣教】 2015年,通过电视、报纸、网络等媒体,开办环保法律法规专题、专版,由点到面广泛开展生态文明宣传教育。组织环保志愿者走进社区、走进学校、走进企业、走进乡镇,向群众宣传环保法律法规、生态文明和环保知识。举行志愿活动8次,举办环保培训班4期,培训人员600余人。

(王作海　王　洁)

编辑　方　骊

城南风光　　(区住建局　供稿)

建筑·房地产

综　述

2015年，全区建筑业保持稳步增长势头，建筑业施工总产值371亿元。其中，总承包和专业承包施工产值314亿元，劳务分包产值57亿元。建筑业增加值36亿元，全年建筑业税收4.92亿元。建筑施工总面积约2590万平方米。全年新开工项目建筑面积950万平方米，竣工面积823万平方米。主要经济指标增长幅度下降。全区房地产开发完成实际投资25.9亿元，商品房新开工面积151.38万平方米，竣工交付面积79.74万平方米；商品房批准预售面积77.54万平方米，备案销售面积94.06万平方米。商品房价格基本平稳。

勘察设计

【概述】 2015年，金坛建设工程勘察设计市场由于受大环境影响，区内、外勘察设计单位同台竞争格局进一步显现。现全区仅有江苏凯联建筑设计有限公司一家具有建筑工程设计资质的单位，其具备建筑工程设计甲级资质、人防工程设计乙级资质，主要从事各类建筑工程、人防设计、小区规划、景观设计、装饰设计、建筑工程总承包及项目管理、建筑技术咨询等业务。常州凯联岩土工程有限公司是金坛唯一具有建筑工程勘察甲级资质的单位，主要从事各类建设工程项目的勘察业务，其规模不受限制。

【建筑工程设计】 2015年，公司共完成各类建筑工程施工图设计185万平方米（其中区外项目47万平方米），比上年减少近25%。完成景观绿化设计12万平方米、装饰装潢设计6余万平方米，与上年基本持平。2015年，完成建筑工程项目中住宅约占70%、工业厂房约占20%、其他约占10%；完成设计合同额3500余万元，与上年基本持平。年设计费收入到账3500余万元，比上年增长近35%。由于受大环境影响，新签合同额较上年有明显减少，由于本地区建筑工程量减少且区外较多设计单位的进入，在本区建筑工程设计市场占有率比上年有较大幅度下降。

【工程勘察】 2015年，公司完成岩土工程勘察项目近170个，较上年略有减少；建筑面积约195万平方米，比上年减少25%；勘察钻探进尺为12万余标米，比上年下降约20%。完成工程勘察合同额约500万元，比上年下降约40%。年勘察费收入到账800余万元（含上年欠款300余万元），比上年增长60%。完成工程勘察项目中房屋建筑工程约占82%；市政道路、管道等约占18%。承接的业务量在本地勘察市场占有率为70%以上，比上年下降5%。

建筑施工

【概述】 2015年，全区建筑业从业人数约10万人。北方建筑市场全年完成施工产值203.4亿元，同比增长5.2%。其中，总承包和专业承包共完成产值118.6亿元，同比增长7.2%；劳务分包完成产值84.8亿元，同比增长2.5%。受政策和市场形势的影响，各地市场完成产值较往年有所波动。其中，北京市场53.4亿元，河北市场34.3亿元，与往年基本持平；山东、河南、湖北市场35.6亿元，同比增长32.3%；陕西、青海、宁夏、新疆等西部市场20亿元，同比增长26.6%；内蒙古、山西市场21.3亿元，同比增长7%；天津市场18.4亿元，同比下降10.7%；东北三省市场20.4亿元，同比下降6%。南方市场共有施工企业34家，较上年增加6家。施工总产值75.4945亿元，比上年增长8.6%，施工面积503万平方米。从业人数2.5万人。江苏省内及安徽、海南等传统市场继续保持发展势头，湖南、四川、重庆、广西、云南、福建、上海、湖北、贵州等地市场有新突破，部分新兴市场金坛企业数量已发展至多家，形成良好的市场引领和带动作用。

开岩、金祥、天同、蓝辉、广泽5家企业新获总承包一级资质，豪景园林升级为园林绿化一级；盛德装饰升级为装饰装修设计施工一体化一级；城东升级增项为金属门窗一级;建工集团、金坛建设、天同3家企业升级增项为钢结构一级;中谷升级为建筑装饰装修专业一级。至2015年年底,全区共有建筑业企业198家。其中,总承包企业78家(一级24家、二级34家、三级20家);专业承包企业61家(一级9家、二级15家、三级37家);劳务分包企业59家。

建筑管理

【概述】 2015年,建筑工程质量处于较好受控状态,建设各方主体质量行为规范,质量意识增强,执行标准规范情况总体较好。钢筋、混凝土等重要原材料、半成品质量较好,住宅质量通病得到控制,结构施工质量有所提升,保障性安居工程结构施工质量总体较好。

【质量安全管理】 全年共监督项目403项,面积557.07万平方米。其中,监督新开工工程227项,建筑面积317.45万平方米;监督竣工验收项目151项,建筑面积175.88万平方米;监督住宅工程分户验收25项4275套,建筑面积63.74万平方米。受理起重机械产权登记57台,使用登记318台次,受理安装告知343台次,注销告知313台次。全年获得"金龙杯"工程9项,常州市优质结构20项;省文明工地23项,常州市文明工地32项,金坛区文明工地59项。

贯彻落实住建部、省住建厅工程质量专项治理两年行动工作方案,全年签订五方主体责任书324项。其中,新开工项目159项;竣工项目165项。签订率100%,竣工项目100%设置永久性工程铭牌。

推进建筑施工安全生产标准化文明施工管理和扬尘防控工作,严格落实建设、施工、监理等参建方的扬尘治理责任,完善工程项目扬尘治理责任体系。加强对危险性较大的分部分项工程的监督,全年参与监督重大危险源专家论证50次。其中,深基坑工程11项,高大模板支撑工程36项,特殊起重吊装3项。

【施工图审查】 全年共审查工程项目506项,审查面积230.19万平方米。其中,工业项目306项147.15万平方米,拆迁安置项目38项38.25万平方米,绿色建筑项目99项32.84万平方米,建筑节能达65%的项目63项11.95万平方米。通过技术审查,共查出违反建设工程强制性条文数737条,违反强制性标准1555条,从源头上保证建设工程质量,提高各设计单位的设计水平。

建筑市场管理

【概述】 2015年,招投标市场日趋规范,电子化招投标稳步推进,评标资源优化。开展建筑行业培训考核。加强电子档案接收和档案数字化建设,推进建设工程档案有效利用。

【招投标市场】 完成465个标段项目招投标的监管,累计建筑面积467.37万平方米,工程造价80.62亿元。其中,直接发包163项,累计造价19.3亿元,累计建筑面积226.12万平方米;招标发包302项,累计造价61.32亿元,累计建筑面积241.25万平方米。通过招投标,共节约建设资金6.83亿元。推进电子招投标及资格后审,全区国有资金项目电子招投标率95%以上;房屋建筑和市政工程项目电子招投标率100%,且资格后审率95%以上;技术标评审严格执行远程异地评标管理办法,远程异地评标率100%。积极推行各类服务类电子招投标,全区所有国有投资监理项目达到招标的规模标准全部施行电子化,电子化招标率100%,超额完成省下达的80%的任务。

【建筑人才培训】 以建筑技工学校为依托开展建筑行业培训,全年累计培训1.4万人次。其中,B类C类安全员和建筑行业特种人员新证培训3200多人;三类人员、二级建造师等继续教育培训4100多人;开展京津唐"流动课堂",为约2380人免费提供技能提升培训。继续推进在职研究生工程硕士班工作,目前在籍学员共69人,其中11人已毕业。

【工程档案】 全年与建设单位签订《建设工程档案报送责任书》295份。深入施工现场预验收200余次,出具现场预验收合格证179份,出具建设工程档案接收证明书165份。竣工备案总面积211.87万平方米。接收工程档案入库2075盒3796卷,接待各类查档人员247人次,接收声像档案224个。

【工程材料检测】 全年签订检测合同375份,接受委托约11.9万批次,

11月,新建成的新城东苑　　(区住建局　供稿)

开展市政工程、钢结构、建筑水电、地基基础检测等共计2万多次。开设二维码扫描系统,缩短委托时间,减少错误频率,为客户提供更为快捷高效的服务。

房地产开发

【概述】 2015年,全区把稳定房价和满足中低收入家庭住房需求作为房地产重点工作。对全区范围内在建销售开发项目建立动态监测,监测各楼盘销售量和销售价格情况,及时准确采集相关信息,分析市场变化特征,预期市场走势。加大对售楼现场公示制度、价格备案制度、一价清制度执行情况的检查力度,对照开发企业预售方案对工程形象进度实时跟踪,维护消费者权益,减少购房矛盾纠纷。截至2015年年底,全区共有44家具备资质的房地产开发企业。其中一级资质1家,二级(含暂定)资质26家,三级(含暂定)资质15家,暂定四级2家。全年申领电子项目手册9个,现有在建项目手册81个。

【安置房建设】 全年在建安置房面积202.4万平方米,新开工建设面积70.83万平方米,竣工面积3.1万平方米。先后开发建设新城东苑四期、岸头佳园、九洲里花园等。竣工交付徐塘四期10幢房屋工程计3.1万平方米;新开工项目2个56个单体工程计58.84万平方米,分别为九洲里花园二区13幢住宅,建筑面积14.3万平方米和岸头佳园南区43幢住宅,建筑面积44.54万平方米;开工建设新城东苑四期经济适用住房332套,建筑面积22万平方米。

房地产管理

【概述】 2015年,核发房屋所有权证和他项权证21831份,面积822万平方米。其中,核发城市房屋所有权证12684份,面积213万平方米;村镇房屋所有权证1683份,面积161万平方米;他项权证7464份,面积448万平方米。发证准确率100%。全年共接收产权档案近1.5万份,整理、装订、入库的产权档案近1.6万份,协助法院查、解封档案1900份,接待查档人员1.8万人次。完成公房租金综合收缴率96.15%。其中非住宅租金收缴率100%,住宅租金收缴率92.3%。全年共维修公房15处,维修面积350平方米,房屋维修验收率和合格率均100%。做好中介机构二手房评估报告的登记、备查管理工作,全年共受理异地备案二手房评估报告2520份。全面开展二手房交易资金托管工作,完成资金托管8笔,托管资金455万元。

全年签订白蚁预防合同210份,预防面积460万平方米,竣工面积370万平方米;发放竣工报告215份,发放竣工报告面积280万平方米;接听电话咨询580例,上门服务370次,实际灭治175户。新建房白蚁预防率均95%以上,旧房灭治率100%。继续对特殊群体进行无偿灭治,全年工作零投诉。

全年完成审核面积(含预测绘)523万平方米,审核报告928份。其中,审核商品房面积307.23万平方米,报告458份;审核单位产面积214.12万平方米,报告399份;审核私产面积1.65万平方米,报告71份。准确率100%。

【房屋安全鉴定】 全年共受理出具住宅装修审定182户,约2.7万平方米。鉴(审)定房屋88处,约5.2万平方米。其中房屋安全鉴定87处,约5.2万平方米。共受理投诉举报171起,巡查604次,调查询问笔录65户。发放整改通知书152份,停工(核查)通知书21份。书面答复12345政府服务中心37次。开展政府性存量资产房屋的安全鉴定,出具鉴定报告59处,面积约9.2万平方米。

【小区物业管理】 2015年,制定出台《金坛市住宅小区物业管理工作考核办法》,加强部门联动,推动小区物业属地化管理。落实前期物业服务履约保证金制度,全区53个前期物业服务项目共计收缴履约保证金293.7万元。全年共归集7800余户住宅专项维修资金,合计约0.43万元。首次开展维修资金与业主的对账工作,完成全区近100个物业小区的业主信息核对工作,累计发放业主对账单5.9万封。完成20个小区约1100个单元门防盗门更换安装工作。

住房保障和制度改革

【概述】 2015年,为加快保障性住房项目建设,促进住房保障工作长效有序发展,金坛区将住房保障列入为民办实事的重点工程,推进保障性住房建设目标任务全面快速完成,确保住房保障政策惠及更多的家庭。

【保障性住房】 2015年,金坛区公共租赁住房开工建设2931套,完成全年目标任务的103.2%;限价商品房开工建设1935套,完成全年目标任务的193.5%;新城东苑四期经济适用住房332套已进入主体施工阶段,完成全年目标任务的110.7%;棚户区改造项目已开工建设9019套,完成全年开工目标任务的150.3%。

【公共租赁住房】 2015年,对符合公共租赁住房货币补贴条件的147户家庭发放补贴共计40.59万元,对符合公共租赁住房实物配租条件的72户家庭和43名新就业人员进行实物配租。新安置公共租赁住房的家庭全部签订公共租赁住房租赁契约。

【经济适用住房】 2015年,全区共有335户家庭获得经济适用住房实物安置选房资格。全年受理经济适用住房货币补贴3户,共发放补贴13.32万元;对符合经济适用住房实物安置条件的162户家庭进行了摇号选房,安置在新城东苑四期。

【住房流通市场服务】 2015年,共受理房改房上市交易核准210户;房改房按成本价补价接轨核准130户,补价金额40万元;经济房上市交易核准166户,补价金额750万元。

【公有住房售后修缮管理】 2015年,对售后住房的公共部位和共用设施的维修,按照维修房屋(单元)面积每平方米5元标准核定,一次性支付费用。全年共受理房改房维修8户,支付维修经费约9669元。 (蒋燕舞)

住房公积金管理

【概述】 2015年,金坛区住房公积金共归集47190.00万元,同比增长20.14%,完成全年目标的107.25%。住房公积金提取32618.17万元,同比增长23.82%,提取率69.12%。发放住房公积金贷款1204户35606.50万元,同比分别增加13.37%和25.40%,户均贷款29.57万元,回收贷款18484.45万元。住房公积金贷款逾期率为零。新增开户单位162个,同比增加28.57%,完成全年目标135%,新增缴存人员5173人,同比增长7.23%,完成全年目标114.96%。年末缴存人数42514人,完成全年目标任务101.22%,超额完成区政府下达的为民办实事工作目标和任务。截至年底,金坛区住房公积金归集余额141506.96万元,住房公积金个人贷款余额6893户130572.55万元。住房公积金资金使用率92.27%。常州市住房公积金管理中心金坛分中心(以下简称金坛分中心)全年向金坛区提供廉租住房建设补充资金2188.09万元。

【归集管理】 2015年,金坛分中心严格执行归集、提取操作规范,认真办理每笔业务,做到"政策把握准、业务操作精、服务态度好"。经金坛分中心自查、常州市中心抽查,各项业务符合操作规范。为减少拖欠现象的发生,每个月末对缴存情况梳理,全年共向46家单位发"催缴函",同时采用电话催缴、上门服务,保证住房公积金及时到账。继续推广业务托收,月托收金额2500万元,占全部应缴额60.98%。《常州市住房公积金个人缴存管理办法》施行后,金坛分中心和建设银行金坛支行共同向客户推广个人缴存业务,全年缴存583人。做好基数调整、年度结息和登记证验审。2015年,基数调整正常运行,分中心在金坛区网站、电子政务平台公布常州市住房公积金管理中心基数调整文件,在公积金QQ服务群向各单位宣传告知,金坛分中心与同和公司共同召开基数调整及网上业务培训会。全区132家企事业单位的业务经办人参训,为24家单位办理数字证书。全区有1013家单位38218人进行住房公积金基数调整,单位参调率95.12%,人员参调率93.29%,调整后人均月缴额913.83元,增长8.01%,月应缴总额增加311.73万元。金坛区机关事业单位调整新职工补贴139个单位2766人,调整后月应缴增长45.24%,月人均增长230元。

【增人扩面】 2015年,金坛区政府第4次把住房公积金扩面、发放住房公积金政策性低息贷款纳入为民办实事工程,公积金扩面4500人,发放政策性低息贷款2亿元帮助职工家庭解决住房问题。区政府办下发《关于加强我区住房公积金扩面工作的意见》。6月,金坛区政府召开全区住房公积金扩面工作领导小组第一次推进会议。分中心抓住有利机遇,组成2个小组奔赴机关事业单位、各受托银行、各镇(区)、街道办,深入基层、企业、厂区开展住房公积金扩面文件宣传43次137人,企业51次2017人。向339家重点企业二次寄送《住房公积金催建宣传函》。组织全区130多家企业分管领导、业务经办员培训。全年9次进金沙市民广场、人才市场为应聘职工高校毕业生就业岗位对接和招聘企业单位提供政策咨询和服务,并召开各类推进会和培训发放宣传资料万余份。至年末,全区个人缴纳住房公积金1267人,各镇、街道办扩面1915人,完成率54.72%,占全部开户人数37%;金坛区6家受托银行扩面1685人,完成率36.21%,占全部开户人数32.57%。

【贷款管理】 2015年,金坛分中心组织窗口柜员和银行业务操作人员对《关于调整我市住房公积金个人住房政策的意见》《关于调整住房公积金个人住房贷款购房首付款比例的通知》《关于调整我市住房公积金贷款

2月,住房公积金政策法规咨询会

(公积金金坛分中心 供稿)

期限的通知》《关于交易资金监管存量房贷款操作规范和流程的通知》等文件进行培训考核，做到"应知应会、必知必会"，按照《贷款业务操作规范》办理业务，严格把好贷款准入、房贷审批和贷后管理。提取和贷款工作量比往年增长3～4倍情况下，金坛分中心及时采取措施，加强管理，积极应对，窗口柜员认真细致做好每笔业务，保证忙中不出错，主动延长服务时间，加班加点为客户办理业务。碧桂园和吾悦广场两个楼盘管理贷款申请393笔，1.56亿元。为防范风险、确保住房公积金资金安全，坚持抓好"贷前房源、贷中审核和贷后催收"3个环节的管理，与银行、担保公司积极协同，密切关注逾期贷款及时催收。连续8年保持贷款逾期率为零。与区总工会、民政局等部门密切合作开展联合审查，做好年度低收入家庭住房公积金贷款贴息工作，2015年审核贷款贴息4户金额16011.20元。

【综合管理】 2015年，金坛分中心财务人员接受常州市金坛区财务统一职业和业务技能培训。严格执行财务规章制度，定期开展廉政风险防控自查，做好账务核对，凭证制作装订、账册打印、现金出纳财务预决算，全面、及时、准确为领导的决策提供依据，把握资金调配，保证公积金保值增值。2015年，金坛分中心接受内部和外部审计4次，未发现违规违纪。

【网络迁移】 2015年，全国统一网络信息安全工作实施。常州市住房公积金管理中心批准金坛分中心网站纳入金坛区政府网站群实施统一管理，现已正式试运行。 （陆有才）

编辑 方 骊

夕阳下的城市建筑群 （区住建局 供稿）

交通·电力

交　通

【概述】 2015年,全区交通运输系统坚持保发展、保民生、保安全,交通建设快速推进,行业管理规范有序,运输生产持续增长,完成"十二五"交通运输各项指标。规划引领全面落实。开展常溧高速北延和宁常高速第二通道金坛段前期规划研究与对接;扬溧高速新增道口规划研究与对接;沿江城际铁路、合(肥)马(鞍山)金(坛)城际铁路、淮扬镇宣城际铁路、泰泰常城际铁路以及常州市域轨道交通金坛段前期规划研究与对接。编制完成金坛交通运输"十三五"规划。交通基础设施建设有新突破。全年完成交通政府性投资16.78亿元,完成年度计划的102%。金武公路快速化改造、延政西路西延和华城路东延(一期)建成通车,完成240省道城区段(南环二路—沿江高速)和楼下工业园区段景观快速化改造、X201儒林段改扩建、金茅公路直溪改线段、直别公路金西工业园区段、东方盐湖城主干道、县道大中修及养护、农村公路提档升级工程、薛埠客运站、城乡公交提升等工程;开工建设S241黄庄至指前段改扩建工程、240省道开发区段(南环二路—华城路)景观快速化改造工程、G233先导段(340省道—钱资湖大道)、G233中段先导段(S240—复兴南路)、S265金坛段新建一期工程,继续加快金坛港建设,同时有效推进常溧高速儒林互通南北连接线(长荡湖大道)、金茅公路东段(建社线—241省道)改扩建工程、S265金坛段新建二期工程前期工作,为2016年工程开工创造了良好条件。资金要素得到保障。建立公交财政补贴预拨机制和农村公路管理养护区级补助财政预算体制,全年筹资融资39.84亿元,完成占比113.82%。完成交通产业集团公司信用等级评定,确定企业主体长期信用等级为AA级。交通运输能力有新提升。完善公交硬件设施,购置城市公交车22辆,镇村公交车7辆;新开通2条城市公交线路118路和116路,2条毗邻镇村公交线路(332西旸—荣炳,316路登冠—延陵),优化5条公交线路(105、106、107、108、110);建成公交站亭25对(金武路7对、240省道7对、南环二路开发区段9对、金广场2对)、4个城市公交首末站(元巷、沈渎、东城实小、亿禾铝业)。推进交通科技信息。完成金坛交通信息资源综合利用系统建设,打造1个中心3个应用的综合管理框架,即综合数据中心和统一身份认证平台、综合利用平台以及"金坛交通运输·掌上通"手机端3个应用。公交智能调度系统建成并启用,开通掌上公交;联合主流网络营运商,推广4G进公交,为乘客提供多元化的乘车体验,实现城市公交WiFi全覆盖。积极配合完成全省城市公交一卡通工作。交通运输行业管理有新举措。加强工程质量监督。严格执行工程质量标准和规程,加大工程质量监督执法力度,开展综合督查4次,专项督查4次,安全类专项检查10次,按每个项目每周至少一次的频率开展质量类和安全类巡查,并不定期开展飞行检查。共下发质监巡查通知书5份,抽查意见通知书7份,抽检工程实体项目25项检测参数,试验检测委托63次。加强交通行政执法。以加强法制机构建设、组织执法培训、强化执法监督等为重点,有效推进交通行政执法工作。截至年末,局属6家执法单位有4家设立法制科室,公路处还设立法制员。组织25批367人次参加了省交通运输厅、金坛区政府的执法培训,组织全系统129名交通行政执法人员赴常州参加执法人员考试,合格率达100%。结合季度例会,对各执法单位的执法案卷进行评查,目前全系统行政执法案卷均能做到格式统一、案情表述清晰、取证规范、证据完整,连续四年在区政府组织的全区行政执法案卷评查中被评为优秀单位。全系统共办理行政许可19197件,查办行政处罚案件5656件,其中一般程序1135件。全区公路、航道未发现"三乱"行为,未发生被上级通报及被新闻媒体曝光的现象,也未发生行政复议、行政诉讼案件。加强安全监管。以新《中华人民共和国安全生产法》学习宣传贯彻活动为契机,开展重点行业领域专项整治和隐患排查治理,推进交通基础设施施工标准化。开展项目部驻地建设标准化、材料加工场建设标准化和试验室建设标准化。加大质量通病治理力度,加强质量检测,全年累计抽检173次,合格率82.6%。全局系统未发生重特大交通安全事故。通过深化和完善现有党建品牌建设、公交社区结对联动、交通工程建设“两创三比”等活动,培植全系统文明服务品牌,落实交通文明创建长效管理措施,做实常州市城市文明程度指数测评迎检工作。城市公交8路线班组被评为“江苏省工人先锋号”,8路线驾驶员魏国富分获“常州市劳动模范”“常州市道路、水路运输行业感动人物”称号。

【全市交通运输工作会议召开】 3月10日在市华商会议中心召开,副市长朱柏松出席会议并讲话。各镇区及有关单位分管领导,交通运输系统基层单位党政班子成员、工青妇负责人、办公室主任,各交管所负责人以及局机关全体人员参加会议。市交通运输局局长陆礼军作了题为《凝心聚力努力适应发展新常态,改革创新谋求交通运输新突破》的工作报告,回顾总结2014年交通运输工作,明确2015年交通重点工作任务。局党委书记陈忠平宣读2014年交通系统的先进基层党组织、先进单位、优秀党员和先进个人表彰决定。副市长朱松柏要求各镇区和相关单位形成合力,互相配合,加快推进各项交通工程建设。

【25个交通项目完成投资14.86亿元】 2015年,金坛交通运输部门秉承“交通先行,适度超前”的发展理念,推进交通基础设施项目建设,全年实施三大类25个交通工程项目,总投资30.8亿元,年内完成投资14.86亿元。其中工程方面完成金武路快速化改造、延政西路西延、华城路东延、240省道楼下工业园区段和南环二路至华城路段、东方盐湖城主干道工程,开工新建开发区东外环(G233一期)、S241黄庄至溧阳段、265省道金坛段、长荡湖大道、金茅公路城区段改扩建工程,推进直荣公路、白乾公路、扬溧高速增设互通等项目技术前期工作。民生方面计划新增城市公交车22辆;建设智能公交调度系统、开发掌上公交APP;创建市(常州)县(金坛)交通信息化建设示范工程,进一步利民惠民,方便群众出行。

【金坛公路养护应急处置基地通过省公路局验收】 1月12日,金坛公路养护应急处置基地顺利通过省公路局验收。它是常州地区首个县市区级公路养护应急处置基地。

该基地位于240省道金坛段K12+350西侧,于2013年6月开工建设,2014年7月正式建成使用,总建筑面积为1792平方米。包括大型公路抢险物资储备库,现代化抢险机械、养护机械等装备库,抢险和养护人员工作生活区。配备干线公路与农村公路现代化电子网络视频应急指挥系统,满足省、市、县三级实时监控及应急指挥需求。购置应急机械设备20余台(套),现有养护应急抢险人员40余人,并组建四支应急抢险突击队。

【金坛开建首条国道】 1月30日,金坛交通运输部门启动该地区首条国道233的建设。233国道在金坛境内全长39.52公里,双向六车道,总投资约16.43亿元。它南连溧阳别桥镇、北至丹阳皇塘镇,途经指前镇、儒林镇、尧塘街道办和经济开发区。一期开工建设的233国道先导段,起于340省道,终至延政西路西延,全长8.1公里,双向六车道一级公路,设计时速度为80公里,投资约2.23亿元。

【省内首批两艘船型标准化化学品船在金坛下水】 1月28日,江苏省内河首批两艘长江内河船型标准化化学品船在金坛金洋造船厂下水,均为1000吨级。

长江内河运输化学品船舶的标准船型一直是空白,导致运输化学品的船舶标准杂乱。为此,江苏省对长江内河运输化学品船的船型标准进行统一规范,金坛下水的两艘新型标准化化学品船为业内运输提供了样船。

【金坛率先在省内采用智能检测系统检测农路质量】 5月18日~20日,金坛区在省内率先运用智能LEIS检评系统对境内农村公路的质量优劣进行全面检测评定,以便实时掌握农村公路质量优劣情况、损坏程度及安全隐患。

【47座桥梁全面体检】 自6月1日起,区公路部门养护人员与专业机构人员开始对境内47座桥梁的主体结构及其附属构造物的技术状况进行系统体检。工作人员主要使用桁架式桥检车对日常养护中技术人员无法到达的桥面以下进行详细检查,同时对系杆拱桥梁使用吊篮式桥检车进行检测。除了对桥梁水上结构的使用状况进行检查外,还重点检测桥墩混凝土结构的受损情况。6月上旬实地检查结束,三类桥以上达93.6%。

【延政西路西延工程通过验收】 金坛市延政西路西延新建工程于2014年2月15日开工建设,2015年5月20日完工,是三条“常金一体”快速化通道中最先完成交工验收的道路工程。该工程位于沿江高速公路与金武路之间,起于S240与环湖北路交叉口处,终于武进区S239与已建延政西路交叉处,全长12.59公里,公路等级为一级。6月10日,交通工程验收委员会通过察看现场、听取报告、查阅设计图纸及施工、监理资料,形成一系列交工验收意见,由常州市交通工程质量监督站宣读该工程质量检测评定报告,工程质量合格,通过交工验收。

【240省道快速化改造工程顺利通过交工验收】 240省道(南环二路—沿江高速段)快速化改造工程是沿江高速金坛出口进入金坛城区的快速通道,于2013年12月开工建设,2014年12月20日完工。该道路位于金坛区

中心东侧,起于南环二路交叉口处,终于沿江高速金坛出口,途经金城镇和尧塘镇,全长5.74公里,道路等级为城市快速路,设计时速为主道80公里、辅道40公里,投资概算3.28亿元。7月31日上午,正式通过交工验收。

【启动2015年县道大中修工程】 全区启动县道养护大中修工程,线路多、里程长,总里程37.36公里。7月1日起,X201(河儒线)进入全封闭的大中修施工,X202(建社线)、X308(尧水线)等已经进入招投标阶段。修建工程时,施工单位采用全封道方式,并严格按照交警及路政部门提出的施工标牌设置规范,在施工路段设置相应的施工告示、警示标志以及封道标志、标牌,并在道路施工过程中实施全程监督,确保施工路段行车安全。

【金武路改扩建工程(金坛段)顺利通过交工验收】 金武路(金坛段)是"常金一体"快速化通道之一,改扩建工程于2014年1月1日开工建设,2015年6月26日完工。该道路位于常州市金坛经济开发区境内,西起240省道,东至规划新孟河东侧与武进区交界处,全长12.48公里,道路等级为城市快速路,设计时速100公里,投资概算12亿元。7月21日,金武路改扩建工程(金坛段)召开交通工程验收会议,交通工程验收委员会察看现场、听取各参建单位交工工作汇报,由常州市交通质监站宣读该工程质量检测评定报告,评定合格,通过验收。

【建成一批公交首末站】 2015年,金坛区交通运输局继续将公交首末站建设作为重要民生实事工程来抓,建成一批公交首末站。1月18日香格里拉公交首末站正式启用。6月26日,占地面积分别为1942平方米、1350平方米的元巷、沈渎公交首末站正式开工建设,8月底投入使用。10月20日金坛区东城实验小学公交首末站顺利通过竣工验收。公交首末站设立驾驶员调度室、休息室、候车室、公交车停泊等功能,不仅解决以往公交车到达起讫站点后停车难、调头难等问题,也为驾驶员解决休息、就餐、上厕所等难题,同时改善乘客在首末站的候车环境。截至年末,金坛区城市公交首末站增至7座。

【兴建长三角地区最大盐道物流园】 2015年,江苏盐道物流股份有限公司投资近5亿元,在金坛经济开发区兴建的盐道物流园全面开工。该园包括金坛盐化产业的产品深加工中心和物流中心,形成长三角地区最大的专业化盐产品深加工和物流中心为一体的盐都。截至年末,该园3万多平方米的厂房已建成。该园全面运营后形成集水路、公路运输,港口经营,仓储、包装、配送于一体的现代物流业态,年物流量达1000万吨,可实现年总产值10多亿元,利税2000万元左右。

【启动公交智能化建设】 2015年,区交通部门启动公交智能化,推动"智慧金坛"建设。经过半年多的筹备,加紧公交智能化建设。截至年底,全区13条公交线路、首批180辆公交车安装智能系统。智能公交系统包括车载终端系统、数据通信系统、公交车队调度指挥系统和公交行业调度指挥中心系统。车载终端系统即车载主机和液晶显示屏,具有自动报站功能,并通过全球定位系统,向调度室提供车辆的行驶进程和速度等信息;数据通信系统负责行车数据的接收、发送和存储,可以向车站的电子站牌及车内显示屏传送运行位置和到站时间,车队调度还可通过这一系统向司机传达运行指令;调度系统可以通过调度中心的电子地图随时监视所有受控公交车的位置、行进速度等,在发现监控对象信号异常时,能够自动弹出报警窗口并作声、光提示。市民可掐点候车。

【春运旅客97.37万人次】 2015年,全区春运工作坚持"以客为主、安全第一、服务至上、保障有力"的总体要求,投入运力247辆、9822个座位,发车40651班次,加班128班次,发送旅客97.37万人次,同比增加7.41%。其中,长途客运29.47万人次,同比减少2.48%;区内班车客运67.90万人次,同比增加12.36%(城乡客运53.56万人次,同比持平;镇村公交14.34万人次,同比增加94.57%)。城市公交客运量达146.71万人次,同比增加3.31%。完成"平安春运"的工作目标。

【公路水路运输量抽样调查工作全面展开】 6月1日,金坛运管处按照全省公路、水路运输量小样本抽样调查的进度安排,从准备阶段转入企业的数据采集阶段,开始对该区抽到的7辆样本货车、8辆客车、25艘样本船舶的运输和经营情况进行数据采集。区运管处采取多项措施,加强宣传,为数据采集工作营造舆论氛围;做好培训,提高被调查对象的数据采集能力;通过实地、即时通信等方式进行跟踪服务,确保调查样本数据的质量。截至年末,第一旬调查样本已全部回收审核,并对调查表进行试录入。第二旬数据的采集工作正在有序开展。

【常州地区内河首部集装箱起重设备在金坛港完成安装】 金坛港位于金坛城区丹金溧漕河改线段,是常州产业西进重点基础项目之一和水陆联运枢纽。2013年12月开工建设,总投资4.6亿元,为常州地区最大的内河港口。2015年9月17日,两台分别为35吨和41吨集装箱龙门吊在金坛港完成安装,这是常州内河地区首部集装箱起重设备。

【开通首条旅游客运专线】 9月30日,常州市金坛区客运东站(以下简称东站)开通金坛至长荡湖水街首条旅游客运专线。该专线投放4辆清洁能源车,日开行20班次,上午9时从客运东站首发,晚21时从长荡湖水街回程,平均30分钟一班,全程共停靠7个站点,日接送旅客量达2200余人次。对2015中国(长荡湖)休闲湖泊峰会暨第四届“中国·长荡湖”湖鲜美食节起到后勤保障作用。

【常州国际机场金坛城市候机楼暨专线班车投入运营】 常州国际机场采纳金坛区人大代表提案,切实推进“常金一体化”建设。在东环二路39-10号东站旁九龙宾馆的大厅内建起该机场第五座城市候机楼——金坛城市候机楼。城市候机楼具备提前办理登机牌、航班动态查询,候车休息、机场豪华巴士接送等服务功能,是金坛区首座城市候机楼。专线班车11月6日正式投入运营,沿途经过S340省道、奔卜路(S239),转入龙城大道,终到常州国际机场候机楼,途中运行约1小时,票价25元,先期每天往返共6个班次。

【金坛实现江苏交通一卡通“互通全覆盖”】 2015年,金坛区携手常州市区、溧阳、镇江、扬州在省内率先实现城区和县(市)公交一卡通“互通全覆盖”。截至12月31日,全区居民只需持有一张江苏交通一卡通便可在全省2401条公交线路、26条BRT线路、10条地铁线、3条有轨电车线、690个公共自行车站点、6条轮渡线来往。

【金坛首次开通2条毗邻镇村公交】 金坛西旸和丹徒荣炳、金坛登冠和丹阳延陵接壤,乡镇、村落之间群众往来、农贸交流十分频繁。11月27日上午,金坛西旸—丹徒荣炳、金坛登冠—丹阳延陵2条毗邻镇村公交正式开通,这是常州市金坛区、镇江市丹徒区、丹阳市两市三地首次开通毗邻公交2条线路每天各发8个班次。打通三地百姓出行“最后一公里”,开启“江苏镇村公交”惠民的新模式。

【华夏客运站开通手机APP购票服务】 7月29日,华夏汽车客运站正式开通手机APP购票服务。手机用户只要下载手机购票APP软件“巴士管家”就可以查询全省汽车站车票销售情况。同时已开通网银、支付宝、微支付的旅客可以方便快捷地订购车票。目前该软件支持省内所有车站的长途班车,省外的班次正在陆续添加中。手机购票成功后,旅客可以凭收到的短信给检票员检查上车;也可以在车站自动取票机上通过手机短信或二代身份证把车票打出来,凭票上车。

【首批24座公交智能电子站牌试运行】 公交智能化项目是金坛区2015年民生工程之一,2014年4月开始筹备,资金总预算450万元。该项目包括车载终端系统、数据通信系统、公交车队调度指挥系统及公交行业调度指挥中心系统,可实现对公交车的定位、监控、调度等,并且车站电子站牌和掌上APP可实时显示车辆运行位置及到站时间。9月2日,经过一个多月紧张施工,首批24座公交智能电子站牌已进入试运行阶段。掌上APP于10月正式启用,市民即可通过它实时查询各类乘车信息。另外,金坛城区12条公交线路及1条夜间班线共128辆公交车实现免费WiFi全覆盖,市民乘坐公交车,可直接使用手机连接车内无线网络,实现金坛城区公交车智能化。

【儒林收费站全面启用ETC及计重收费系统】 儒林收费站道口改造工程(ETC系统建设、计重设备安装、联合治超、收费系统升级),4月初开始筹备,5月下旬开工建设,9月22日全面完工。该项目ETC及计重收费系统正式投入使用,为广大驾乘人员提供快捷、便利、优先、安全的通行环境和支付方式。

【夏荣顺获评第五届“长航十大杰出人物”】 在交通运输部长江航务管理局2015年度管理工作会议上,盐道物流董事长、党总支书记夏荣顺获长江航务管理局授予的“第五届长航十大杰出人物”称号。此荣誉是表彰全省长江航务系统围绕"依托黄金水道,建设长江经济带"的国家核心战略,以“三个服务"为根本方针,在促进长江航运现代化、服务沿江经济社会发展中作出突出贡献的先进模范人物。

【三市区联动保畅通】 2015年,丹金溧漕河沿线的金坛、丹阳、溧阳三市、区及早联动,应对枯水期对船舶航行带来的不利,确保该航道的船舶安全正常航行。金坛航区的地方海事处针对上下游航道整治工程全面开工建设,对船舶流量及时通报,采取合理避开管制时,现场调控疏导,使船舶有序通行。进入冬季枯水季节后,每天有数百艘千吨级的船舶和十多个大型船队行至金坛水域,他们接到来自上下游丹阳、溧阳地方海事部门的告知后,及时在航道现场疏导船舶,有序通行,有效避免船舶抢航导致的堵航事件发生。

【区海事部门启动夜间预约登船签证】 2015年,区海事处负责人在走访中盐金坛盐化有限公司时,了解到中盐金坛盐厂生产的盐已经销售到连云港等城市,由于盐厂码头泊位有限,大部分船舶停靠在城区等待调度,夜间到码头装货的船舶,就无法及时办理签证,希望金坛海事处能够夜间派海巡艇到盐厂来签证。为此,区海事部门及时调整一线人员的工作方式,从3月20日起启动海巡艇“夜间预约登船签证”。每天18时到20时左右,派出海巡艇到金坛盐厂码头为船舶办理签证,为船民节省时间和费用。

【首张损毁生态处罚单】 丹金溧漕河是江苏省低碳生态环保示范航道,该航道留存着多个芦苇滩地,成为航道美丽的自然景观。一位邓姓挖泥船主擅自将淤泥卸在丹金溧漕河一处受生态保护的芦滩上,导致200余平方米的芦苇被压毁。3月18日,区航道执法人员发现后,及时进行排查,向肇事者开出一张3000元的处罚单,这是全区开出的首张毁损航道生态环境的罚单。并责令其在规定的期限内补植上200余平方米的芦苇。

【尧湖驾校获省“AA级信誉驾校”称号】 2015年,尧湖驾校在注重提升考试合格率的同时,启用“让学员自主选择教练员,不满意更换教练员;学员考试合格后,教练员结算工资”的管理模式,激发教练员积极向上、比学赶超的热情,形成互学、互助、友爱的教学工作氛围。努力做到让学员满意、让社会满意。该驾校获省“AA级信誉驾校”称号。

【市公交公司团支部荣获“江苏省五四红旗团支部”称号】 2014年以来,金坛市公共交通有限公司团支部大力弘扬“五四”精神,充分发挥团员青年的先锋队和突击队作用。通过组织团员青年参加公益类绿色出行宣传以及公交站台文明交通志愿者服务工作等多种形式,为团支部发展壮大和团员的成长成才注入新动力;通过丰富多彩的主题教育、技能竞赛、文体活动,不断深化基层团组织建设,有效促进企业青年工作健康稳定发展。2015年5月,该团支部获“2014年度江苏省五四红旗团支部”称号。

【常州区域首家建造液化天然气动力船舶定点船厂落户金坛】 江苏金洋造船有限公司是一家具有20多年造船历史的专业造船厂,获得国家二级造船资质。7月,该公司被省交通运输厅、省财政厅确定为新建液化天然气(LNG)动力定点船厂,成为常州地区首家建造LNG动力船的船厂。LNG动力船与传统燃烧柴油的动力船相比,绿色、节能、环保。

【举办安全知识竞赛】 7月9日,区交通运输局举办“全区交通系统安全知识竞赛”,全系统共12支代表队、36名队员参赛。竞赛内容主要是安全管理相关法律法规、安全操作规范、行业管理重要文本,涉及范围广、内容丰富、实用性强。竞赛分为个人必答、小组必答、小组抢答、风险题4个环节,并适时进行观众互动,烘托竞赛氛围。最终,区运管处代表队获第一名、公路处和建管处代表队获并列第二名。

【农村道路保洁实施机械化试点】 7月16日,区交通运输局在指前镇交管所举行农村道路实施机械保洁试点观摩会,全区交管部门人员和农村道路保洁员代表参加观摩。指前镇交管所交管员现场演示割草机和扫路机等机械的使用方法,并集中回答参会人员提出的一些问题。

【通洋向英国船企“引智”】 金坛是国内公务艇和观光旅游艇的制造基地。6月,金坛通洋船舶制造有限公司派员去船舶制造大国——英国进行考察,重点参观英国著名的船舶设计公司BMT公司。该公司是英国一家大型船舶设计专业公司,拥有数百名船舶设计专家,年设计船舶1000多艘。而且所设计船舶新颖、美观,别具一格。通洋公司与BMT公司经过几轮洽谈,7月签署合作协议。BMT公司将为金坛通洋公司在创新船型设计上提供帮助,保证该公司未来制造的公务艇、游艇以新颖的船型驶向国内外市场。9月15日,金坛通洋船舶制造有限公司将一份公务艇的设计方案通过网络发给英国BMT公司,BMT公司的船舶设计专家对该艇的船型进行设计和修改。

【取消船舶港务费和水上特种秩序维护费】 根据国家发改委和财政部关于取消有关水运涉企行政事业性收费项目的通知,10月起,区海事处不再征收船舶港务费和水上特种秩序维护费等行政事业性收费,600多艘金坛港籍的船舶将直接收益,每艘船舶一年减少近万元的费用。

【史旭燕获常州市第十三届职工职业技能比赛机动车驾驶培训教练员技能竞赛第一名】 10月,常州市总工会、人力资源和社会保障局、交通运输局等单位联合举办常州市第十三届职工职业技能比赛机动车驾驶培训教练员技能竞赛,金坛区永泰驾校教练员史旭燕以较好的理论成绩、娴熟的驾驶操作技能、过硬的心理素质获第一名,被常州市劳动竞赛委员会授予“常州市技术状元”称号,由常州市人民政府授予“常州市五一劳动奖章”。

【省港口局检查金坛区港口危险货物】 10月28日,省交通运输厅港口局对金坛区的3家危化港口企业进行港口危险货物安全大检查。重点检查企业安全生产主体责任的落实情况、港口危险货物安全管理与检查情况、港口危险货物码头安全设备设施日常维护和安全情况、港口危险货物现场作业安全管理情况、港口突发事件和应急管理情况、事故隐患排查与治理情况。航道处港口执法部门针对省局反馈的问题及时督促企业整改,消除港口码头安全生产隐患。

【建造国内首个螃蟹型趸船】 11月26日,常州市金坛区安顺造船有限公司开始建造国内首个形似螃蟹的大型趸船。该趸船由南京市高淳区预订,在高淳区固城湖畔制造,船体平台面积5000平方米,投资1900余万元。该螃蟹趸船中的8个形似螃蟹脚用作游艇停泊的驿道,蟹身是观景平台,面积5000平方米。“趸船”建成后将是固城湖一个标志性工程。

(王忠华)

电　力

【概述】 2015年,区供电公司抓建设、抓服务、抓管理、抓队伍,主动履行社会责任,加快推进电网建设和公司发展方式转变,努力保障全区经济社会发展的电力供应。截至12月底,全社会用电量48.82亿千瓦时,同比增长6.68%;完成售电量45.67亿千瓦时,同比增长8.17%;网供最高负荷88.33万千瓦;线损率2.6%,同比下降0.85%;实现城市综合电压合格率100%,供电可靠率99.96%;农村综合电压合格率99.88%,供电可靠率99.92%。完成电网建设投资5.13亿元,投产35千伏及以上变电容量47万千伏安、线路70.2公里。同业对标创下佳绩,综合对标、管理对标在全省51家县(市)公司中排名第三,区供电公司连续三年获“综合标杆”“业绩标杆”“管理标杆”称号,获物力、农电、营销三个“专业管理标杆”。区供电公司被授予“全国安康杯竞赛优胜单位”“全国实施用户满意工程‘用户满意标杆服务’”“江苏省电力公司2015年度先进集体”“江苏省电力公司2015年度供电服务先进单位”等荣誉称号。

【电网建设】 2015年,区供电公司主动融入苏南现代化示范区建设和“常金一体、东扩南移”发展大局,结合全区发展的总体规划,结合各镇重点工业园区建设以及城乡发展需求,走访相关部门,做好相关电网项目远期、中期、近期规划,滚动修订编制电网建设规划,并与上级部门沟通联系,向上争取项目,加大基础建设投入,全面推动地区电网升级改造,努力打造智能供电网络,提升地区电网与地方经济发展的适应性。区供电公司抓住项目开工、物资保障、工程协调等关键环节,配合上级部门顺利完成220千伏河头变电站、110千伏景区变电站新建,110千伏尧塘变电站、薛埠变电站扩建等工程,累计新增变电容量47万千伏安,优化地区电网结构。开工建设110千伏指前变电站、城西变电站扩建工程,统筹考虑、同步建设10千伏基建配套项目,减少政府电源投入成本,满足该区重点项目落地、旅游事业发展等需求。年内,全区完成电力基础设施建设2.08亿元。

【供电质量】 区供电公司以提高供电可靠率和设备可靠性为核心,从加强生产安全管理和生产技术管理入手,提高设备管理水平,提升设备运行质量。从加强供电应急管理体系和应急装备建设入手,促进应急工作常态化管理,提高应急抢险能力,保持供电的稳定状态,全面提升供电质量。年内,全区实际完成城市综合电压合格率100%,比省计划指标提高0.003个百分点;完成城市供电可靠率99.96%;完成农村综合供电电压合格率99.88%,高出省计划指标0.018个百分点;完成农村供电可靠率99.92%,高出省计划指标0.016个百分点。

【配电网络建设】 2015年,区供电公司完成88条10千伏中压线路的新建及改造维修工作,新增及改造中压架空线路253.24公里、10千伏电缆线路83.44公里,新增配变237台,改造配变339台,新增及改造变压器总容量168830千伏安。完成27处变压器移位工作,完成城区25条低压线路改造以及100面城区配电房开关柜改造工作。重点解决部分过重、过载线路及卡脖子配变、户均容量低于1.5千伏安配变问题,提高农村居民户均配变分摊容量,提高部分配电设备的的安全运行水平及供电能力,缩小城乡配网差距。迎峰度夏期间,整改重载线路18条。进行配网带电作业316次,完成居民小区送电工程16项及其他配网工程。年内,全区完成配网工程项目871个,总投资25381.46万元。其中,资本性项目644个,11899.53万元;成本性项目227个,13481.93万元。加强应急管理工作,编制完善自然灾害、事故灾难、社会安全、公共卫生四大类现场处置方案。加强供电应急队伍建设,完善应急预案体系,实施应急装备常态化管理,确保各项应急抢修工作施工质量和时效。根据季节特点,加强配网线路和设备运行维护管理,落实线路通道清障、交跨距离复测、防外力破坏措施。及时处理设备缺陷,全年巡视发现线路设备缺陷、隐患265处,全部进行消除和整改。加强高危、重要客户管理,对10户高危重要客户供电电源、自备应急电源、受电装置、运行管理、供用电合同履行情况等进行检查,督促客户消除各类安全隐患19次处,指导客户制定完善应急处置预案5家,全面建成供电、用电双方应急处置联动机制,提升全区应急预案处置水平和能力。

【农村配网建设】 2015年,区供电公司实施省电力公司农电项目,完成项目投资1.2亿元,新建和整改农村低压线路680公里,整改维修农村居民接户线14226户。农村综合变压器供电量40653万千瓦时,同比减少1.95%;售电量39584万千瓦时,同比减少2.34%;综合变压器低压线损率2.65%,同比下降0.85%。完成2016年农电储备项目审批和上报工作,上报农电储备项目1824个,资金1.12亿元。

【安全生产】 2015年,区供电公司坚持“安全第一、预防为主、综合治理”方针,落实各级安全生产责任制,确保电网安全稳定运行。先后开展“安康杯”竞赛、安全生产月、安全日专题学习等活动,组织756人参加年度安全生产规程考试,690余人接受安全警示教育。针对夏季罕见的持续高温天气,密切关注全区用电负荷变化,优化电网运行方式。加大供电线路和设备的夜巡、特巡频率,通过负荷实测、红外检测等技术手段,及时发现并消除各类缺陷隐患。强化日常值班力量配置,落实领导干部带头在岗值班制度,通过集中传递和研判各类抢修信息,统一调配资源,加快故障抢修应急响应和处置速度,在抢修量激增的情况下,城区平均到达时间控制在15分钟以内。严格执行区政府批准的有序用电方案,在错峰用电中做到“快下快上,精准调控”,有效维护社会整体用电秩序。推进平安电力建设,凝聚政府、企业和社会三方合力,建立护电常态机制,加强电力设施保护工作。严格执行电力保护区范围内规划许可、施工许可等制度,发出安全告知书24份、隐患通知书47张,新安装和翻新各类电力设施标志牌905块,修剪各类树木2885棵。对中小学生开展一次安全教育,培训1496人次;开展安全教育电影下乡活动以及组织开展用电安全宣传普及活动,放映安全教育电影24场;向4536位农村客户发放《安全知识读本》和《"家保"安装告知书》。截至12月底,区供电公司安全生产5524天,完成三个百日安全无事故记录,连续安全生产突破15年。

【电力营销】 2015年,区供电公司共计受理业扩申请19707户,同比增加51.91%;受理业扩申请容量51.0015万千伏安,同比减少15.92%。完成业扩报装19478户,同比增加50.44%;完成业扩报装61.3172万千伏安,同比增加99.37%。业扩服务时限达标率100%,营销服务规范率99.17%,优质服务评价指数99.87%,自动化抄表率100%,电能计量装置现场周期检验率100%,电能计量装置配置合格率100%,专用变压器自动化采集覆盖率100%,大客户APP推广应用率100%,用电信息采集覆盖率99.98%。

【电力需求侧管理】 2015年,按照省经信委、省电力公司统一部署,全区有序用电预案编制错峰负荷总量为10万千瓦,涉及客户247户。其中6.5万千瓦负荷以上的主要有盘固等3家水泥生产企业、华泰精密铸造等11家铸造类企业以及中盐常州化工有限公司、兴荣美乐、中国石油天然气股份有限公司西气东输管道分公司等响应速度较快的用户组成。共计47家,分为4组:高能耗2组、应急2组。其余3.5万千瓦负荷以上的由化工、机械、服装、纺织、化纤、光伏新能源等用户组成,化工、化纤等企业在负荷高峰期以集中停产检修的方式避峰;机械、服装、纺织通过合理安排生产班次,错开高峰负荷时间段实现错避峰;光伏新能源企业通过尽早安排全年生产任务,在7~8月高峰期适当减少生产,降低负荷实现避峰。编制并完善自然灾害、事故灾难、社会安全、公共卫生等四大类36个现场应急管理和处置预案,以保障公共事业安全平稳供用电,确保区、镇党政机关、人民群众、医院等公众利益及有关社会稳定的重要用电需求。

【营销管理】 2015年,区供电公司加快用电信息采集工程建设,完成用电信息采集工程建设29.5万户,为建设智能电网提供技术支撑。截至12月底,全区推广使用智能电能表29.5万多只,覆盖率达99.99%,建立完整准确计量技术档案,确保计量准确。

【优质服务】 按照省电力公司的统一部署,在全系统开展"智能互动心服务、省心省钱绿色电"优质服务主题活动,践行"省心电、省钱电、绿色电"理念,实现电网与客户在信息与能量上的个性交互,提升客户体验和满意度。每月开展一次明察暗访,对供电营业厅的供电服务行为、收费明码标价制度落实情况、办事公开情况、公共服务标准化、便民措施、服务态度、业扩回访等情况进行重点检查,提出整改建议,优化服务流程,提升服务品质。公司每月编写《金坛区供电公司经营生产月报》,定期分析全区重要企业供用电情况,为政府决策和企业用电提供参考。组织走访全区7个镇、街道,走访中盐常州化工股份有限公司、常州亿晶光电科技有限公司、江苏金湟纸业有限公司、江苏常宝普莱森钢管公司、金坛市常鑫机械轧辊科技有限公司、众泰汽车项目、中石化西气东输建设等重点企业和项目,了解地方、企业的用电情况,解决用电矛盾,推动地方经济发展,得到政府和企业的认可。为众泰汽车、西气东输、亿晶光电"渔光一体"等用户开展现场服务,满足用电需求,确保重点项目的顺利实施。完善重点项目供电"绿色通道",确保全区重大项目配套供电设施顺利投入营运。借助3G网络,对"95598"抢修作业进行实时管控。强化供电服务"三个十条"等制度的宣传贯彻执行,走进政风热线,实行业扩工程100%回访,邀请第三方开展明察暗访,了解服务效果、接受社会监督。完成春节、市劳模表彰大会、高考、中考、全民运动会暨艺术节、科技经贸洽谈会、长荡湖美食节等重大活动的电力保障。

(夏 冰)

编辑 孔繁俊

信 息 化 建 设

电子政务

【概述】 2015年，金坛区将电子政务作为提升政府工作效能，展示政府自身形象的一件大事，组建金坛区电子政务中心，依托电子政务平台，重点抓好权力清单编制、深化政府信息公开、网站普查及内容保障工作，工作机制日趋完善、电子政务平台运行顺畅。

【政府网站群建设】 2015年，开展全国网站普查工作，上报网站39家，保留网站34家，永久关闭5家（因机构改革）。期间，共修复问题链接278个，修改错别字7075个，优化栏目123个，更新僵尸栏目108个。全年向常州市政府门户网站报送信息717条，被录用636条；区政府门户网站录用信息8896条。

【政府信息公开】 公开财政预算信息，梳理现有财政专项资金，对预算安排200万元及以上的专项资金，全面纳入预算绩效管理，形成全区财政专项资金目录清单，共计14大类111项，依托“中国·金坛”政府门户网站向社会公开。全年主动公开信息969条，全文电子化率100%。召开新闻发布会6次，受理依申请公开信息44件，答复率100%。

【行政权力网上公开透明运行】 加快推进简政放权，深化行政审批制度改革，下发金坛区级行政审批事项目录清单，确定区保留行政许可事项169项，精简事项153项，精简率47.5%。梳理全区36家单位权力事项5887项（常用权力2123项，非常用权力3764项）。健全村镇便民服务体系，先后建成5个镇级、108个行政村级公共便民服务中心。推进行政权力网上公开透明运行工作，全年网上办理35871件。全区各单位在网上发送文件3367件，签收文件106723件。组织“信息共享、网上审批”系统建设，将14个审批部门的66个审批服务事项和48个中介（技术）服务事项定制入网。

【“12345”政府公共服务平台】 全年受理群众诉求4万余件，其中电话诉求3.9万件，现场答复办结3.3万件，派发任务单6700余件，任务单办结率99.59%，热线回访率100%，群众满意率98.9%。 （孔德政）

电 信

【概述】 2015年，中国电信金坛分公司（以下简称金坛电信）围绕企业战略目标，优化资源配置，强化制度建设，注重企业三个文明建设，调动全体员工的积极性和创造性，年度总收入同比增长3.8%，增幅列常州地区首位，金坛电信公司获中国电信江苏公司“2015年度市场经营先进县分公司”，跻身全省县级分公司十强。

【网络能力持续提升】 2015年，金坛电信网络建设与日常维护工作着眼于差异化竞争需求，聚焦客户感知和现实需求，着力提升网络品质与承载能力，全年完成投资预算3439万元。新建开通LTE基站219个，截至年底，全区4G基站数达450个，城区、交通主干道、主要公共区域、集镇区的4G网络信号已经全部覆盖到位，无线网络深度覆盖水平进一步提升，继续推进宽带大提速工程，完成FTTH新增覆盖数4.5万户，全区累计FTTH覆盖数接近24万户，累计FTTH发展用户数超4万户，城区FTTH覆盖率99.6%，农村镇区FTTH覆盖率99%，FTTH全覆盖建设目标如期实现，为电信iTV和高速宽带业务的发展奠定基础。

【信息化项目建设成果丰硕】 2015年，金坛电信重点关注新增企业、新建项目、部委办局信息化应用，服务地方经济信息化建设，签约承建多个重大信息化应用项目。金坛电信中标并承建“金广场”“智慧城管”等千万元级综合信息化应用项目、“综治E通”“阳光信访”“天翼对讲”等区部委办局应用项目、牵手金坛吾悦广场、同方威视、亿晶光电等地方大型企业，aW-iFi、天翼看店、车管专家、农技宝等业务获得全面推广,实现经济效益和社会效益的双丰收。积极推进“平安E家”工程,金坛电信和区政法委密切协作,在全区6个乡镇同步推进该项业务。全年累计签约9000余户,已经安装6000余户。

【渠道运营效益逐步显现】 2015年,金坛电信加强渠道拓展工作,全面完成主要乡镇主营业厅和卖场改造,新建卖场店及社区店12家;进一步优化销售结构,全年牵手友商及厂商门店9家,自有换商7家。开展“县乡商圈攻坚专项行动”,各商圈门店总体销量提升39%,渗透率达43%,列常州地区第一。

【电信业务规模稳中有升】 2015年,金坛电信抓住天翼、宽带、网络视讯三大核心业务,实施聚焦客户战略,业务发展全方位推进。实施终端引领,聚焦3G,融合渗透,加速3G规模发展,促进天翼业务量质齐升。实施差异化宽带竞争策略,结合高带宽和3G融合的要求,针对宽带在网用户持续开展“宽带大提速之网速倍增”活动。大力开展黄金销售季节网络视讯产品免费体验活动,在镇村区域开展iTV现场团购活动。截至2015年年底,金坛电信天翼用户达19.5万户,宽带用户达11.8万户,iTV用户达9.6万户,业务规模与市场份额迈上新台阶。

【企业集约化经营】 2015年,金坛电信以防范企业风险为导向,围绕价值管理和风险管控,深入实施财务精确化管理,着力提升企业集约化经营水平。成本管控效益显著。金坛电信全面推行话补政策,全年节约成本500万元;全年完成PSTN退网3.6万线,DSLAM退网33台,宽带端口退网2万线,加上机房空调节能,全年共节电超38万元;全年收回509万元赔补款(含2014年度部分尾款);置换废电缆25吨,拍卖废电池、废铁件等物件,获益近50万元;直接检测、整理利旧机顶盒、E8-B、E8-C、电源等设备、节约成本近30万元。 (王 琪)

移动通信

【概述】 2015年,中国移动通信集团江苏有限公司金坛分公司(以下简称金坛移动)把握市场发展主线,深化4G网络建设,创新流量运营,实现公司转型发展新提升。截至年底,全区在网用户42万户,全年通信业务收入同比增长10%,经营业绩考核位居常州市各区前列。分获江苏省诚信单位、江苏省工人先锋号、江苏省巾帼文明岗、江苏移动企业文化示范单位称号。

【移动4G+网络全覆盖】 2015年,金坛移动TD-LTE3.2期完成134个宏站、41个室分建设,规划达成率100%。开展4G+网络升级改造,使金坛地区4G网络可全面支持高清语音通话、更高下载速率,率先成为金坛提供4G+网络服务的运营商。截至年底,移动4G用户超20万户。全年新建光缆320皮长公里、管道20沟公里建设;完成312个集团业务的接入;建设宽带信息点4.1万个。全年总投资超1.2亿元。

金坛移动围绕2月薛埠镇仙姑村壹号农场“常州乡村过大年暨金坛乡村旅游嘉年华”活动和10月举办的第四届“中国·长荡湖”湖鲜美食节,根据当前旅游与移动互联网紧密结合的特点,对数据业务制定专项保障方案,对热点区域及周边4G进行扩容和调整,保障话务和流量业务通信需求。

【信息化服务】 2015年,金坛移动面向社会和行业信息化需求,依托集团信息化标准产品、重点4G行业应用、云计算服务,承接和服务地方多项信息化项目。服务智慧交通,承建城区主干道“静态”交通项目,助力交通智能管控;服务环保监测,在朱林镇实施首个“蓝天卫士”视频监控项目,为防范和杜绝秸秆焚烧提供实时观测;服务智慧校园,为江苏省金坛中等专业学校提供校园一卡通、千兆互联网接入、宿舍宽带覆盖等校园整体信息化服务。面向集团客户的移动通讯需求,整合移动网和互联网优势资源和服务模式,规模推广“云平台工作手机”。通过安装手机客户端,向用户提供基于定位、视频、语音、文字图片等信息交互以及电子通讯录等,为政企(政府和企业)集团客户打造内外部即时沟通平台。截至年底,已在350家政企集团单位使用“云平台工作手机”,用户超5万户。

【品质服务】 2015年,金坛移动深入贯彻“客户为根、服务为本”的服务理念,把客户10分满意作为一线服务的追求与宗旨,开展一系列品质体系管控工作。优化服务质量管理体系,以客户满意度为基点,跟踪产品设计、营销推广、售后服务以及产品网络保障等运营的全过程,从“投诉管理”“网络质量”“营销策划”“宣传推广”等多角度、多侧面深度挖掘影响服务质量的因素,通过综合调查与分析,制定对应的提升与改善措施,使年内客户真实满意度保持在98%以上。建立家庭宽带和互联网电视服务监控体系,注重真实客户体验,梳理售前、售中、售后流程,在“网络质量”“装机质量”“维护质量”三个管控点的基础上进行优化,提升服务品质。落实国家“提速降费”要求,对流量资费大幅下调,全面升级更优惠的4G套餐,推广移动掌上营业厅、流量安心包,提升用户对移动互联网的使用满意度。

【社会公益】 2015年,金坛移动团总支联合儒林镇团委,组织青年志愿者来到长荡湖畔,和儒林中心小学的少先队员一起,开展以“保护母亲河(湖)美丽中国梦”为主题的植树活动。组成“青年志愿者服务小分队”,走进社区,开展“学习雷锋好榜样”志愿服务活动。“6·14”世界献血日,组织志愿者参加义务献血公益活动,向社会奉献爱心。10月,举办金坛地区第8期道德讲堂,选取近年来在转型

发展、支持地方建设和关注员工成长中的先进典型的感人事迹进行讲述，弘扬和传递“爱岗敬业、开拓进取”的职业美德。（吴国俊）

联合网络通信

【概述】 2015年，中国联合通信有限公司金坛市分公司（以下简称金坛联通）围绕企业战略发展目标，优化整合资源配置，以人为本，提升公司运营和管理能力，企业各方面工作取得了新成效，全年总收入同比增长2%，经营业绩位居常州市各区第三。

【精品网络】 2015年，金坛联通利用铁塔资源共享契机，加快以4G为重点的高速宽带网络建设，打造客户体验领先网络。年内，全区新增4G基站220个，4G数据网络和语音网络基本实现城区和发达乡镇的连续覆盖；新增2G、3G基站50余个，用于补充语音连续覆盖。布放传输光缆600余公里，基础网络能力得到显著增强。

【配套服务】 2015年，金坛联通集团与深圳迪格威尔公司合作，通过智能化工厂的组合产品成功拓展常州新永良线缆机械厂。客户通过引入制造执行系统、电子作业指示、质量控制及追溯管理系统等信息化改造系统在联通的高速网络环境下进行智能化生产管理，实时监控生产进度，有效的控制生产质量及成本。年底，金坛联通集团部又与欣德公司合作，成功地拓展众泰汽车智能数据采集项目，通过国内领先的联通物联网卡，满足对方对汽车数据即时采集、底层客户无障碍沟通和信息收集等功能的要求。金坛联通还与区经信委、开发区、朱林镇政府、直溪镇政府联合开展多场企企通行业应用推荐会，累计邀请了数十家企业参会，收到众多企业的好评。

【社会服务】 2015年，金坛联通集团部本着服务大众的精神，开展“情系农民工、WiFi进工地”活动，先后组织两个工地小组，以连珠桥安置小区工地、碧桂园小区工地、吾悦广场小区工地等建筑工地为对象，开展丰富多彩的娱乐宣传活动，实现联通WiFi的成功覆盖，既丰富建筑工人的业余生活，又积累一定的联通客户。

（宫素梅）

邮 政

【概述】 2015年，金坛区邮政分公司（以下简称金坛邮政）围绕常州市邮政公司“一体两翼”的战略部署，把握区政府“一城一区一山一水”的发展思路，应对政策调整、市场变化等不利因素影响，在业务、能力、管理等方面积极转型，优化结构，形成全年业务收入规模不断扩大、经营发展重点突出、各项业务量质并举的发展局面。年内实现业务收入12371.19万元，完成市公司下达指标的112.65%，同比增长26.32%；实现收支差额3262.5万元，完成市公司下达指标的109.04%。

【邮政金融】 2015年，金坛邮政从跨年度竞赛到转型，从金融业务发展规律出发，借力卓越成长转型产能提升经营理念，依托项目营销和数据库营销，以“客户为中心”，做实客户基础。持续提升金融总资产规模，做大代字类业务，实现金融业务突破性发展。年初，突出抓好金融总资产规模增长和结构调整，大力发展代理保险理财业务，一季度增长储蓄余额6.5亿元，占当地新增存款的20%，市场占有率提升0.5%；新增保险7.8亿元；储蓄和保险、理财三大金融资产类目标再创历史新高。转型发展期间，金坛邮政对全区28万条存量客户库、16万条非存量客户数据进行整理分析，为网点精准营销提供方向。同时定期组织团队、理财经理活动，通过培训、考试、演讲提升理财经理的专业能力和营销能力。

开展一点一策项目。金坛邮政金融业务与区自来水公司签订水费预存代扣项目，其中农村代收水费在10个支局全面铺开，城区3个支局也开始实施新交付小区代办水电费的进驻工作，此项目惠及千家万户。通过窗口宣传、自来水收费员在利用抄表时对用户进行宣传等多种方式，使越来越多的用户认知并接受这一预付费模式。从6月至年末，全区新增到金坛邮政办理“水费预存代扣”用户3万户，发卡26639张，激活网银11231户，加办短信22233户。年内，金坛邮政累计实现金融业务收入9878.36万元，完成年计划的108.32%。

【函件集邮】 2015年，金坛邮政整合资源，转型发展，创新产品和营销宣传，拓展个人、商务市场，发展函件业务。通过项目营销拉动函件转型。抓住新城地产入驻金坛地区这一契机，与其谈成户外大牌租赁、喷绘画面更换、放电影下乡宣传等项目；与金坛人力资源和社会保障局合作，为社会保险宣传提供服务。利用数据营销推进函件转型，通过大数据，对接产业群，为金旺、中泰等企业提供数据库营销服务。抓住主题节日机遇拉动函件转型。与江南农村商业银行合作开展父亲节书信大赛；结合“七夕”活动，封片卡销售实现业务收入16万元。年内，函件业务累计实现收入520.38万元。紧盯电商寄递市场，加快能力建设，强化客户体验，实施大走访、大开发策略。年内，金坛邮政函件小包件业务实现收入452.77万元。

以邮票首发式契机，精心策划开展活动，包公邮票首发式销售邮折300折，实现业务收入4.2万元；董永邮票首发式销售邮品300套，收入8万元；环境日邮票首发活动，收入5万元。同时，贴近社会热点，关注主旋律宣传，抗战胜利70周年邮品累计销售超20万元。年内，集邮业务共实现收入298.23万元。

【报刊发行】 2015年，金坛邮政组织召开专项会议深度解析报刊业务发展存在的不足，转变经营理念，创新工作思路，制订方案，确保实效。加强基础管理和投递服务。金坛邮政在继续做好用户投诉处理的同时,关注报刊投送的妥投率,对于用户的质疑,力求做到耐心答复、及时补发。邀请投递专家为全体投递员培训,提高投递质量。面对竞争,以"调结构、分市场、转理念、搭桥梁"为理念,全面营销。年内,发展形象期刊15家,形成流转额16万元,红色经典和名著类连环画流转额13万元,政务图书2.5万元,图书12万元,合计形成流转额近50万元。年内,金坛邮政报刊发行业务实现收入550.66万元。

【电子商务】 截至10月底,金坛邮政邮储短信在线户数达14万户,较上年同期净增4.7万户,短信收入达226万元,同比增长31.5%。车险业务快速发展,以劳动竞赛为抓手,利用车主数据库结合车险专员电话营销等方式,全年累计出单2324笔,同比增长57.6%,收入达87万元,同比增长109%。分销利用三大节日营销开展订货会活动,重点加强酒水等产品的开发和运营,积极推动产品、客户和市场转型,三大节日期间实现销售额285万元。全年实现收入220.11万元。

【效能管理】 2015年,金坛邮政以效能管理为基础,提高精细化管理水平。加强财务基础管理,规范报账的流程。各报账部门按照规定的时间和流程报账,集中列支的费用按照实际使用情况进行分摊。强化欠费管理,明确欠费管理相关部门的职责。每月通报相关单位欠费回收情况,督促相关部门和欠费个人催缴上缴欠费,对账龄较长的欠费按照余额直接考核负责人和相关个人,使金坛邮政欠费及库存大幅下降。实行全成本核算管理,明确各责任单位的收支差指标,经过一年的运行,强化了各相关单位的成本、经营成果意识,提高成本费用产生效率。在业务费上,重点把控营销费用、宣传费用的使用。实行执行标准、总额控制、逐笔把关、效果预测评估、事后综合评定。深化人力资源管理,提高员工素质。通过业务技能等级提升、参加学历教育等方面的奖励考核,并将其作为劳务工转聘的优先条件,激发全员参与的积极性。年内,金坛邮政共有38人新取得初、中、高级职业技能鉴定证书,持证率达92.23%;全年共有20多名员工参加学历提升报名,公司大专以上人员占比为65.57%。落实各类远程教育培训,组织支局长岗位资格、银行、保险、证券、理财从业资格等资格类考试,全面提升员工业务能力水平。成功组织员工参加常州邮政业务(营销)员职业技能竞赛,获得金融理财团体类第二名、金融理财第二名、邮务销售第三名,其中直溪支局的理财经理姜敏被选送至省邮政集团公司参加比赛,获得第11名的好成绩。提拔3名优秀青年员工。落实安全管理。开展"安全生产月"活动,组织全体专、兼职邮车驾驶员进行"邮车行驶安全"专项培训,特邀常州天宁交巡警中队资深警官进行视频授课,传授专、兼职驾驶员安全行车知识。邀请省邮政集团公司资深安保专家团队对网点员工进行安全防范、防短信诈骗、案件防控等内容的教育培训,并再次重申,所有网点营业员在办理用户转账、汇款业务时,任何一笔汇款不论金额多少,严格按要求操作,并请用户填写"防范电信诈骗告知书",严防诈骗在柜面发生。全年共计防范电信诈骗案件9起,防堵金额11.77万元。落实抗战胜利70周年"9·3"阅兵仪式、中央十八届五中全会期间等重大活动期间的安保工作,开展以防恐、防火、防抢、防骗为主要内容的安全检查,对26个支局网点进行邮政邮件、快件寄递、物流安全的检查工作和明检暗防工作。采取现场检查和非现场检查相结合的方式,加强服务监督检查力度,促进邮政服务质量的改善。截至年底,全区共处理客户各类投诉74件,上门处理3起,发通报9起。同时按照"三不放过"的原则,分析原因、考核责任、改进服务,提升金坛邮政综合服务水平。开展"创岗位先锋、创满意窗口、创服务品牌"的活动,创新举措,注重细节,热情、周到、细致、贴心,切实满足社会需求,让用户在办理业务过程中获得良好服务体验。

【企业文化建设】 2015年,金坛邮政以和谐发展为主题,开展多项企业文化建设。开展"三严三实"主题实践活动,坚持"谁主管,谁负责"的原则,年初对各部门责任内容进行修订和调整,与负责人签订《党风廉政建设责任书》,明确各单位在落实党风廉政建设责任方面所需负责的具体事项,增强责任制的针对性和可操作性。通过开展廉政谈话、发放廉政书籍、撰写廉政心得等形式,逐步建立党员干部的拒腐防变思想道德防线。根据省邮政集团公司党组和市邮政公司党委的部署,在中层以上干部中建立"基层工作日"制度,中层以上干部保证每月至少安排一天作为"基层工作日"深入基层,采取定点结对挂钩联系或结合本部门实际工作情况自行安排基层工作点的形式,落实"基层工作日"制度,深入基层生产一线,实地考察,了解政策措施的执行落地情况,调研分析基层困难和问题,掌握了解员工思想动态。及时解决问题,化解矛盾,提升效能。把党建工作与具体业务工作、员工关心的酬金分配等热点问题结合起来,实行局务公开,适时动态检查,随时掌握情况,预防各种不良行为和问题的发生。重大节日期间,通过飞信、OA、微信向全体党员干部发出廉洁过节的寄语,按照"廉政档案""廉洁风险防控系统"的要求,组织相关人员进行填报,并进行监督。严格执行集体决策、领导干部个人重大事项报告、述职述廉等制度,在职代会上局领导班子及其成员分别进行了述职述廉。以人为本,关爱员工。为员工做实事、办好事,让员工分享企业发展成果,员工年收入同比递增10%左右。

开展“三关爱”（关爱困难职工、关爱员工家庭、关爱劳模先进）活动，妥善安排单位在职、退休职工的体检，充分发挥重大疾病医疗互助保障的作用，年内共补助困难职工10人次，计18.63万元。开展“三八节女职工登山活动”“迎中秋庆国庆第三届坛邮好声音”等各类文体活动，展现员工才艺，丰富文化生活。

【“预防邮路启动仪式暨《包公》邮票首发式”活动】 8月8日上午，金坛邮政以《包公》特种邮票首发为契机，在金沙广场上联合金坛区检察院共同举行“预防邮路启动仪式暨包公邮票首发式”活动。金坛区委常委、宣传部部长王跃中参加活动并为“预防邮路”志愿服务队授旗；区检察院正副检察长与金坛邮政总经理杨兴良、副总经理出席仪式。区检察院、金坛邮政员工代表，“预防邮路”工作领导小组成员及志愿服务队全体队员出席启动仪式。检察长蔡和方发表讲话。区检察院和区邮政分公司利用广大邮政员工走千家、进万户的工作优势，联合开展“预防邮路”活动，实现法制宣传、预防职务犯罪与邮政通信服务有机融合，形成覆盖城乡的法制宣传网络，有助于解决法制宣传和预防犯罪工作的“最后一公里”问题，拓展法制宣传网络，畅通群众诉求渠道。检邮双方及相关部门相互支持，加强协作，使“预防邮路”成为法治路、为民路、和谐路。随后，志愿服务队代表进行宣誓发言。活动现场，检邮双方领导为党员干部警示卡及调查问卷和《包公》特种邮票进行揭幕。启动仪式结束后，6名“预防邮路”志愿服务队队员驾驶邮政电瓶车，携带宣传手册等资料奔赴各地投发。

【金江苑支局实施“服务监督员”聘任制度】 12月29日下午，金江苑支局联合华兴社区共同举办“服务监督员”聘任会，常州市邮政分公司金融业务局局长王海燕、金坛邮政总经理李震、总经理助理樊留华与该社区主任王月平参加会议。“服务监督员”一方面对邮政日常服务工作做好监督，另一方面向社区百姓介绍邮政各项业务知识，让大家更了解邮政，放心在邮政办理业务。

【《环境日》邮票首发暨《美丽金坛》环保手册发放仪式】 6月5日，为纪念第44个世界环境日、第一个中国环境日。金坛邮政联合区环保局在金沙广场隆重举行《环境日》邮票首发暨《美丽金坛》环保手册发放仪式，区政府、环保局、新城吾悦等单位的领导出席活动。前来观看环保知识展览的市民、购买《环境日》邮票、加盖邮戳的集邮爱好者有数百人，展示百年邮政的社会责任风范，为和谐金坛、绿色金坛做出贡献。

【《鸳鸯》特种邮票首发仪式】 8月20日，金坛邮政抓住“七夕”并结合全国首发《鸳鸯》特种邮票的契机，利用“董永传说”的发源地金坛直溪镇，联合金坛区人民政府、金坛区委宣传部、金坛区旅游局、直溪镇人民政府、董永传说——孝文化研究会和江苏丰登作物保护股份有限公司等相关部门，在直溪镇望仙桥成功举办《鸳鸯》特种邮票首发仪式暨《董永故里》邮折发行仪式。

登冠小学学生龙灯队表演和董永传说戏曲进行了现场表演。十五分钟内，《鸳鸯》等系列主题邮品就被市民抢购一空。该次首发活动不仅为有情人送出祝福，将“董永故里”“董永传说”等历史文化品牌宣扬出去，塑造直溪镇的文化名片。 （倪 芸）

编辑 孔繁俊

财政·税收

财 政

【概述】 2015年,面对严峻复杂的宏观经济形势,金坛财政部门围绕区委、区政府确定的工作重点和目标,牢牢把握"矢志不渝抓发展、强基进位见成效"主基调,发挥财政职能,组织财政收入,优化财政支出结构,加强财政管理和监督,财政运行平稳有序。

2015年,财政部门强化征管。全年完成一般公共预算收入36.15亿元,同比增长20%,税收占比达86.3%。在全省46个县(市)排名中,总量比2014年前移3位,增幅位于第1位,税比位于第8位。在常州辖市区中增幅、税比均列第1位。

支持全区经济发展,全力培植财源。全年落实惠企资金183700万元,其中各级财政安排的资金达8.2亿元。全力支持经济发展。安排6000万元用于鼓励企业做大规模、实施品牌战略、标准化建设、开拓市场、企业上市、总部经济以及常州市"三位一体"配套资金等。安排600万元用于服务业和旅游业引导资金。全力推进科技创新和人才优先战略。全年安排6920万元用于科技创新和市"龙城英才计划"、区"金沙英才计划"的实施。积极向上争取项目和资金。会同相关部门向上申报各类项目994个,争取资金163193万元,增长46.9%,其中支持企业发展项目381个32300万元。加大对银行业金融机构的支持和考核力度。帮助地方银行、小贷公司、担保公司向上争取引导资金,强化对银行等金融机构的量化考核,通过考核来配置公共财政资源,引导银行加大信贷投放力度,更好地支持区域经济发展。

注重民生改善,优化支出结构。牢固树立过紧日子的思想,优化支出结构,严格控制一般性支出,降低行政运行成本,加大民生投入,确保年度预算安排的各项民生支出落实到位。全年民生累计投入299182万元,增长21.2%。支持城乡一体化发展。全年安排各类支农资金70963万元,其中安排3000万元用于发展壮大村级集体经济、农民增收行动计划和新农村建设,安排4310万元用于重大动物疫病防疫、农业品牌和标准化、农机化发展扶持、农业保险补贴、现代农业产业发展等项目,安排20052万元用于水利工程建设,安排6255万元用于小型农田水利建设,安排4854万元用于发放各项涉农补贴,安排2126万元用于农村一事一议和农桥建设。支持社会保障事业。全年安排社会保障和就业支出51776万元,用于提高财政补贴标准,完善社会保障体系,其中安排1580万元用于城乡居民最低生活保障,安排1100万元用于残疾人救助,安排1340万元用于两节临时救助,安排11100万元用于居民养老保险政策的实施,安排11410万元用于征地保障转城保生活补助,安排971万元用于加大就业支持力度。支持医疗卫生和计划生育事业。全年安排医疗卫生与计划生育支出45408万元,其中安排8000万元用于第二人民医院的基本建设,安排10692万元用于公共卫生、公立医院改革、基本药物制度的实施,安排14900万元用于城乡居民医疗保险,安排3707万元落实计划生育家庭奖励扶助、独生子女伤残死亡家庭特别扶助等政策。支持教育优质均衡发展。全年安排教育支出85305万元,其中安排1.3亿元用于校安工程建设,安排3000万元用于教育相关政策补贴,安排14035万元兑现教师养老保险政策,安排6630万元化解高中学校和华罗庚实验学校债务。支持办好重大民生实事项目。安排34122万元大力推进保障性住房建设;安排5500万元加大城乡公交客运经营亏损及车辆更新的财政补贴;安排3000万元用于环保治理补助和农村环境连片整治。

注重财政改革,强化预算管理。继续贯彻区委、区政府《关于加强财政预算管理的意见》,加大财政改革力度,加强预算管理。推进预决算信息公开。除涉密部门外,区级所有部门的部门预决算、三公经费、培训费及会议费预决算信息全面公开。同时,全面梳理现有财政专项资金,向社会公开区级财政专项资金目录清单。加强收入征管。营造法治、公平、有序的税收环境,做到依法征收、应收尽收。完善非税收入征缴制度和监督体系,杜绝乱收费、乱罚款。规范土地出让金收支管理,按规定的标准计提各项规费及基金。强化预算的编制和执行。细化预算编制,建立跨年度预算平衡机制,提请区政府出台《常州市金坛区区级预算稳定调节基金管理暂行办法》,设立区级预算稳定调节基金。继续贯彻厉行节约要求,硬化预算约束,严控预算追加,确保重点支出统筹安排、优先保障,预算追加同比下降30%。完善国库集中收付制度,规范国库资金管理,提高国库资金收支运行效率。加强银行账户规范管理,先后撤销11个社保基金专户和5个其他财政专户,完善账户管理制度。清理盘活财政存量资金。按照财政部、省财政厅开展盘活财政存量资金的相关文件要求,结合金坛实际,清理盘活存量资金101217万元。其中,安排当年支出48674万元,2016年度部门预算支出2356万元,核销预算单位内部往来42290万元,区财政收回增加预算稳定调节基金7897万元。加强政府采购管理。严格政府采购程序,切实规范政府采购业务流程。全年实施集中采购371批次,节约资金9488万元,资金节约率达20.1%。建立健全财政资金应急响应机制。修订完善《常州市金坛区突发公共事件财政应急保障预案》,在夏季洪涝灾害发生时启动应急预案,调度1200万元防汛应急资金用于全区的抗洪救灾工作。

注重绩效管理,强化财政监督。继续推进预算绩效管理,建立财政、审计和业务主管部门共同参与的绩效评价工作机制,形成绩效评价工作合力。对2014年度区级财政专项资金15个绩效管理试点项目进行第三方满意度调查,满意度均在85分以上。委托中介机构对涉及民生类、惠农类的8个项目进行第三方重点评价,并将评价结果运用于预算编制。营造财政"大监督"氛围,全年组织财政综合检查、会计信息质量检查、涉农资金专项整治行动等五大类检查,检查单位312户,延伸检查15户,下达整改通知书37份,提出整改意见73条。强化镇区财政资金监管,监管项目435个,资金达76600万元,组织各类抽巡查199次,下达监管信息69条,提出监管建议47条。

注重风险防控,加强债务管理。做好政府存量债务清理甄别工作,规范政府举债行为,严格执行政府举债审批程序,从严控制政府债务规模,合理编制政府性债务收支计划,逐步将地方政府性债务纳入全口径预算管理,将省财政厅分配金坛的地方政府置换债券额度成功置换存量债务,将新增债券额度及时按规定用途安排到位。加强融资主体的管理,继续优化债务管理信息系统,健全财务管理制度,组织财务会审,针对会审中发现的问题,下发13份整改通知书,提出整改意见24条,促进投融资主体的统一规范管理。推进政府与社会资本合作(PPP)模式,拓展项目建设融资渠道,确保在建项目后续融资。在省示范项目——金坛供水及管网改造工程实施的基础上,会同相关部门,在新建、扩建、改建项目中筛选出27个拟采用PPP模式的项目,报送省财政厅PPP中心核准备案,其中列入省PPP项目库17个,占全省项目的9%;列入省试点项目4个。

【财政收入】 区十六届人大四次会议审议通过的2015年全区一般公共预算收入预算359200万元,实际完成一般公共预算收入361508万元,完成年初预算的100.6%,增长20.0%。其中,国税部门完成71170万元,地税部门完成258729万元,财政部门完成31609万元。一般公共预算收入中税收收入完成311871万元,增长17.7%,占一般公共预算收入的比重为86.3%。非税收入完成49637万元,增长37.3%,占一般公共预算收入的比重为13.7%。

【财政支出】 2015年,一般公共预算支出完成464393万元,完成调整预算的96.9%,增长24.0%。

(刘 伟)

国 税

【概述】 2015年,金坛区国家税务局(以下简称区国税局)全年共计组织各项税收收入254633万元,同比增收23110万元,增长9.98%;完成公共财政预算收入71130万元,同比增收6642万元,增长10.30%,为经济社会发展提供财力保障。

2015年金坛区国家税务局税收计划执行情况一览表

表12 单位:万元

项 目	累计实绩	比上年同期		
		上年同期	增减额	增减率%
税收收入合计	254633	231523	23110	9.98
一、考核口径收入合计	254570	231468	23102	9.98
(一)国内"两税"合计	200483	179291	21192	11.82
1. 国内"两税"	167483	151291	16192	10.70
国内增值税	167044	150878	16166	10.71
其中:营改增	6467	5608	859	15.31

续表 12

项　　目	累计实绩	比上年同期		
		上年同期	增减额	增减率%
国内消费税	440	413	27	6.49
2. 出口免抵调库数	33000	28000	5000	17.86
(二)企业所得税	41051	39158	1893	4.84
其中:中省分成	371	253	118	46.64
(三)个人利息所得税	0	1	-1	-96.00
(四)车辆购置税	13035	13018	17	0.13
二、税务部门其他罚没收入	22	11	11	101.64
三、文化事业建设费	40	44	-4	-8.98
附:出口退税	61013	66638	-5625	-8.44
市政府口径收入	240724	217783	22941	10.53
公共财政预算收入	71130	64488	6642	10.30

【税收政策职能】 全面落实各类减税新政,全年共办理出口退税 9.08 亿元,兑现小微企业税收优惠 718.81 万元。“税 E 融”银税互动平台为 17 户小微企业提供信用贷款 1100 万元。持续释放“营改增”红利,营改增减税面达 97.57%。

【专业化管理】 2015 年,作为省国税局确定的“风险应对工作模板”和“纳税评估法律适用指引”示范创建单位,全面深化推广应用工作。大力开展好风险管理示范单位和纳税服务规范化建设示范点创建工作,通过常州市局验收并进入省局公示阶段,被评为“常州市级法治税务示范基地(综合类)”。全年实施风险应对 327 户,直接入库税款 8293.97 万元,直接入库税款相对成效率 8.95%,综合成果相对成效率 23.43%,两个成效率在三辖市(区)局均名列第一,凸显改革成效。

【“三证合一”改革】 2015 年,将“工商营业执照”“组织机构代码证”“税务登记证”合并为一个证照,证书同时登载企业注册号、组织机构代码证号和税务登记证号。“三证合一”打破原先工商、质监和税务部门的办证界限,建立数据传递机制,通过信息共享,整合现有行政资源,优化审批流程,提高行政效率。

【小微企业优惠新政】 利用纳税人学堂、办税厅公告栏、特服热线和上门辅导等形式,第一时间告知优惠新政。开展摸底调查,通过发放问卷、调取征管数据和实地走访,了解小微企业经营情况,监控核实企业申报数据。2015 年,共新增 650 家小微企业享受减半征收企业所得税的优惠政策,新增减免企业所得税约 754 万元,全年有 1200 家小微企业享受所得税优惠政策,减免所得税额 718.81 万元。

【“便民办税春风行动”】 严格落实《全国县级税务机关纳税服务规范》,全面整合梳理各类涉税事项,优化流程,缩短时限,全年窗口累计办件量达 172389 件,其中即办件占 99%。大力推行非接触式服务,充分依托网上办税、自助办税、“12366”、特服号、短信平台等提高服务效率。广泛开展线上线下咨询、辅导、提醒,纳税服务更具个性化、人性化。

【代开增值税专用发票实行网上申请】 自 2015 年 5 月 1 日起,纳税人

4 月 9 日,税收政策园区巡回宣讲暨《税收援助协议》签署仪式举行

(区国税局　供稿)

通过网上办税系统申请《代开增值税专用发票缴纳税款申报单》,纳税人不再需要到窗口手工填写申报表,代开窗口只须导入提交成功的申报单号即可直接代开增值税专用发票。

【增值税发票管理系统升级推广】 2015年4月起,全面上线增值税发票管理新系统,包括存量增值税纳税人在内的所有纳税人都纳入新管理系统,实现购销单位、货物品名等发票全要素信息自动实时采集、监控,形成所有发票的电子底帐库,增值税发票内容的真实性一览无余。全年完成5009户纳税人的增值税发票系统升级工作。

【税警协作查处“4·28专案”】 2015年4月28日,区公安局联合国税部门成立“4·28专案组”,通过税警协作,发挥互补优势,成功查实江苏长润电工材料科技有限公司跨地区接受虚开“黄金票”专用发票抵扣税款3676万元及对外虚开专票1.23亿元的违法犯罪事实,并一举破获天津两个虚开近6亿元的发票犯罪团伙。“4·28专案”不仅为常州国税连续三年获总局表彰的打击虚开战绩新添亮色,更为天津国税等兄弟单位打击虚开提供重大线索。被列为公安部和国家税务总局督办案件,并成功入选全国打虚十大典型案例和全省十佳优秀稽查案例。 (陈学忠 苗 琳)

地 税

【概述】 2015年,常州市金坛地方税务局(以下简称区地税局)共组织各项收入44.78亿元,同比增收6.89亿元,增长18.18%,实现收入量质双提升。其中组织税收收入29.65亿元,同比增收3.94亿元,增长15.32%;完成全口径公共财政预算收入25.87亿元,增收4.38亿元,增长20.38%,占全市全口径公共财政预算收入的66.63%,较上年同期增长2.3个百分点。入库非税收入15.13亿元,同比增收2.95亿元,增长24.23%。获得国家级荣誉2个,省、市级荣誉13个。

【四措并举抓收入】 2015年,区地税局落实“紧盯项目、明晰责任、规范管理、以查促收”的四大举措,抓紧抓牢组织收入中心任务。按照“新项目就是新税源”的思路,做好金坛经济支柱产业、重大项目的税源管理工作;构建起部门协作、上下联动、层层传导的组织收入责任体系,科学预测并合理安排各月收入任务;规范建筑业项目清算、土地增值税征收、房土两税清缴联动、欠税分类管理、自然人股权转让等涉税事项;发挥稽查“尖刀”威慑作用,以查促收,以查促管,与国税、公安等部门联合开展发票专项整治工作。

【依法行政】 2015年,落实国家税务总局《关于全面推进依法治税的指导意见》,规范税收执法,创新重大案件集体审理模式,组织开展案卷评查活动,对行政处罚文书进行日常抽查、按季通报,全年共发生税务行政处罚621件,行政处罚准确率达100%。借鉴法院开庭审理模式,公开透明审理疑难案件,成功向法院申请3家欠税企业强制执行。“一把手”领导到庭应诉该局首起行政诉讼案件,经金坛法院及常州中院两审终审,驳回起诉。内外双查,抽调精兵强将组成5个督察小组,全程参与执法督察和日常督察工作。

【协同管理】 2015年,坚持问题导向,探索协同管理模式,明晰部门职责,规范管理流程,完善运行机制,有效解决税收业务事项流转衔接不畅等难题。研究制定税收事项处理流程图,各部门结合流程图对业务工作进行科学分解、落实责任。推行基础管理事项清单制,集中梳理基础管理事项278项,形成7大征管事项专项协同文件。完善外部信息交换机制,共收集工商、国土等10个部门掌握的企业经济数据39275条。引入“互联网+风险管理”思维,通过外网采集涉税经济信息734条。对采集信息深入挖掘,利用风险指标模型实施外部信息与纳税申报情况的比对分析,有效转化为涉税风险点1284个。

【便民服务】 2015年,以《全国纳税服务规范(2.0)》为指引,着力解决纳税服务“最后一公里”问题,有效提升纳税满意度和税法遵从度。开展表证单书“废、改、并”工作,将190余种表证单书精简为70种,加快推进“三证合一”登记制度改革,将契税、存量房交易涉税减免等审批服务项目由承诺件改为即办件。对9068家符合条件的企业进行信用评定,并通过对A级信用纳税人公示信用名单、推出特色服务、实施“容缺办理”等方式,充分发挥信用等级评定的激励作用。打造“互联网+税收宣传”新平台,利用官方微信、微博、微讲堂、手机报,开发移动掌上办税服务平台,让纳税人办税实现线上线下实时互动。

【绩效文化】 2015年,以绩效文化浸润职业道德,大力推进“能力素质提升”工程建设,将项目化管理理念融入税收管理工作,不断完善立体化、统筹化的治理格局。对11个区局年度重点工作、23个重点课题研究、4个专项工作督查督办实时提醒和定期通报,跟踪问效让狠抓落实蔚然成风。坚持“组织+个人”双擎齐驱,双月编发绩效文化电子杂志《寻道绩效》,营造良好的绩效文化氛围。构建双向绩效沟通体系,开展全员参与的绩效诉求调查,先后6次邀请外部专家和内部兼职讲师开展绩效辅导培训,激发干部队伍活力。

【安全履职】 2015年,区地税局创新廉政教育方式方法,强化纪律作风意识,加大监督执纪问责力度。强化“两个责任”,将主体责任和监督责任清单式分解。组织党员赴扬州职业犯罪教育基地、溧阳女子监狱、常州海军航空部队、“硬骨头六连”进行警示教育，与检察院联合开展“关心关爱·廉政谈心”活动，与区纪委联合制作的廉政微电影《大棋局》被国家税务总局和中纪委网站录用。编印《廉洁自律规定选编》，组织廉政规定知识竞赛，与第三方签订明查暗访协议，常态化明查暗访。全年对各分局、科室逐一进行明查暗访，对8名干部进行效能问责。监察室与督察内审局联动，实施“一案双查”7件次，确保干部始终把纪律和规矩挺在前面。

（尚　杰）

编辑　刘士科

7月1日，区国税局举办庆“七一”践行“三严三实”主题党日活动　　（区国税局　供稿）

金　融

综　述

2015年，全区金融机构本外币各项存款余额685.31亿元，比上年增加129.99亿元，增长23.41%，同比多增52.94亿元；本外币各项贷款余额523.98亿元，比上年增加103.42亿元，增长24.59%，同比多增27.92亿元；表外融资余额164.83亿元，比上年增加82.35亿元，增长99.84%。全年继续优化金融生态环境建设，修订《金坛区银行信用诚信企业评选办法》，评选出59家2014年度金坛市“银行信贷诚信企业”，进一步巩固江苏省“金融生态优秀县”创建成果。加快推进农村信用体系建设，制订《金坛区农村信用体系试验区建设实施方案》，探索“农户+征信+信贷”信贷模式。加强对浦发银行、光大银行金坛支行2家新设机构支付结算业务准入管理。全年开展四项执法检查，有效促进辖内金融机构的规范经营和合规操作。强化金融机构重大事项报告制度的执行，修订《金坛区金融业重大事项报告制度》，全年累计收到各类报告事项35例。深化金坛区平安金融创建工作，开展平安金融考核及金融安全保卫工作培训。防范电信诈骗，全年辖区金融机构成功堵截电信诈骗18起，案值35.34万元。妥善处置各类金融消费者投诉，积极开展金融知识进农村、进社区、进企业活动，全面开展金融宣传月活动，进一步扩大金融消费权益保护的社会影响。联合区金融办开展整顿规范股权投资公司非法集资工作，切实维护辖区金融稳定。

保险业务稳步发展。全年实现保费收入10.34亿元，同比增长11.2%，其中，财险保费收入4亿元，寿险保费收入6.33亿元，同比分别增长14.8%和9%。全年各类保险理赔和给付支出3.94亿元，同比下降0.3%。其中，财险赔付支出2.42亿元，同比增长27.4%；寿险赔付支出1.52亿元，同比下降25.9%。（刘春华　张　蕾）

银　行

·中国人民银行金坛区支行·

【概述】　中国人民银行金坛区支行（以下简称区人行），位于金坛区西门大街23号，有员工33人。2015年，区人行坚持稳中求进总基调，切实履行基层央行各项职责，主动适应地方经济发展新常态，力求稳增长、促改革、调结构、惠民生、防风险的综合平衡，促进地方经济持续健康发展。

【货币政策传导】　2015年，区人行认真落实货币信贷政策，及时向金融机构传达贯彻《中国人民银行办公厅关于做好2015年信贷政策工作的意见》，鼓励金融机构扩大信贷总量，优化信贷结构，将更多的新增贷款用于项目建设和项目引进。利用金融运行分析例会、行长联席会等，宣传金融宏观调控政策，疏通货币政策传导通道。加强金融统计管理，与区委办、区统计局、区金融办建立信息共享机制，进一步提升服务地方领导决策贡献度，2015年，区人行被常州市统计局评为“部门统计规范化优胜单位”，被江苏省统计局认定为“2015年度部门统计规范化建设示范点”。

【金融支持实体经济】　2015年，区人行围绕金融支持实体经济本质要求，结合金坛产业发展状况，制订《2015年金坛区银企对接活动方案》，联合金坛开发区管委会举办以“金融支持实体经济银行走进开发区”为主题的金坛开发区银企对接活动，13家银行与26家企业达成37.44亿元贷款意向，发放贷款履约率89.34%。加大对新型农业经营主体的信贷投放力度。联合区委农工办、区农林局举办以“富民强农”为主题的银农对接活动，6家银行与30家企业达成0.9亿元贷款合作意向，发放贷款履约率81.81%。加强小微企业金融服务，积极开展常州市小微企业金融服务平台和中征应收账款融资服务平台推广运用培训会，拓宽小微企业融资渠道，提高融资效率。2016年，小微企业贷款余额48.82亿元，比上年增加15.97亿元，增长48.63%。继续加强金融部门与区财政局、区人社局、区担保中心及区妇联等部门的合作力度,切实加大对妇女创业、大学生村官等各类创业人员的信贷支持。全年累计发放小额担保贷款65笔,金额0.16亿元。落实差别化住房信贷政策,顺利推进辖区保障性安居工程建设。年末,保障性安居工程贷款余额17.43亿元,比上年增加8.54亿元,增长96.06%。

【金融服务】 2015年,区人行围绕"更加注重依法高效履职,推动金融服务管理提升新水平"的工作思路,进一步改进工作作风,转变服务理念,增强服务效能,提升服务和管理水平。强化国库业务监管,以新《中华人民共和国预算法》施行和《国家金库条例》颁布实施30周年为契机,组织开展国库学习宣传活动,依法履行经理国库职责。认真做好各级预算收入的及时、准确、完整入库,支库全年累计完成各级预算收入120.75亿元,办理公共财政预算支出89.16亿元。其中,拨款1238笔,金额35.05亿元;直接支付49740笔,金额53.35亿元;授权支付1368笔,金额0.76亿元。办理预算收入退库5253笔,金额10.78亿元。实现国库"无案件、无事故、无差错"的目标。优化人民币流通环境,举办金坛区第十三届职工职业技能竞赛——金融青年点钞识假比赛,进一步提升金融机构现金处理能力与水平,规范银行现金收付业务。组织开展业务培训。对金坛公安局经侦大队业务人员进行反假知识培训,提升经济侦查人员反假技能;组织辖区金融机构开展人民币现金收付业务培训。开展反假知识宣传。利用金融机构网点附近人流量较大市场及农村金融综合服务站的有利条件,开展反假货币宣传,并做好2015年版第五套人民币100元纸币的宣传。推进支付结算管理,及时办理核准类账户的开立、变更、撤销。2015年,对辖区4044个核准类账户进行相应处理。鼓励移动金融业务创新,实现金融IC卡闪付在大型超市的推广应用。充分发挥金融综合服务站在农村支付、宣传、征信、反假、维权作用。加强对农村金融综合服务站的监督管理,确保不涉足民间融资。对部分商业银行开展存量个人人民币银行存款账户相关身份信息真实性核实验收工作。推进信用体系建设,组织开展征信业务知识培训及考试,提升征信人员业务水平和操作技能。加大征信宣传力度,联合金坛村镇银行开展送电影下乡活动,对征信知识进行宣传,扩大征信宣传效果。做好个人征信查询工作,执行好信用报告异议处理工作。全年共发放机构信用代码证1298份,查询信用报告8774笔,异议处理业务3笔。

【外汇管理】 区人行落实贸易投资便利化措施,进一步提高外汇管理支持经济发展力度,促进辖区外向型经济平衡健康发展。2015年,辖区外资注册总额0.83亿美元,比上年下降39.1%;外债登记总额1.34亿美元,同比增长47.25%;进出口总额16.23亿美元,比上年下降1.93%;收付汇总额19.33亿美元,比上年增长4.54%。积极落实外汇改革措施,进一步简化和改进直接投资外汇管理改革,将直接投资外汇登记业务全部下放到外汇指定银行办理;积极应对外汇年检变革,加强业务培训,在将权限下放给企业的同时增加银行、会计事务所等途径方便企业登记,全年共对203家外商投资企业和22家对外投资企业进行存量权益登记;积极改进个人外汇业务管理,推动辖区外汇指定银行通过电子渠道办理个人结售汇业务,全年累计通过电子渠道办理个人结售汇0.76亿美元,占业务量72.07%;积极落实好人民币汇率改革各项措施,稳步推进跨境人民币结算业务健康发展,全年辖区累计办理跨境人民币结算22.16亿元,比上年下降8.39%。稳步提升外汇服务质量,规范行政审批服务事项,简化办事流程,全年共取消8项行政审批服务项目。积极做好外汇政策的宣传和指导工作,联合区商务局编印《外贸企业服务指南》,对2015年新成立的进出口企业开展货物贸易外汇管理政策和业务培训。全面实施外汇柔性监管,通过柔性监管手段实现监管前移,对5家涉外企业采用风险提示函、预告知等措施,实现"及早介入、前瞻监管"的效果。通过跨境监测分析实现外汇业务进程管理和质量管理,全年共对12家企业开展现场核查。通过"控流出"专项核查实现外汇收支的合规性,对5家进出口企业开展大额收付汇业务的真实性审核,对企业财务负责人进行约见谈话,对服务贸易和个人项下外汇流出真实性进行审核,将有分拆嫌疑的16人纳入银行关注名单。 (刘春华)

9月22日,银农对接集中签约仪式 (区人行 供稿)

·中国银监会常州分局金坛办事处·

【概述】 截至2015年年末,金坛辖区共有17家银行业金融机构127个网点,年末存款余额685.31亿元,比上年增加129.99亿元,增长23.33%;各项贷款余额523.98亿元,比上年增加103.42亿元,增长24.59%。年末不良贷款3.89亿元,比上年增加0.41亿元,不良率0.73%,比上年减少0.15%。

行政许可方面,鼓励辖内商业银行下沉机构网点,向居民社区、专业市场、小微企业集聚区延伸,提升服务功能。支持村镇银行向乡镇增设经营网点,加强乡镇薄弱领域金融服务,金坛村镇银行设立第二家乡镇网点。同时,一批主要依托电子银行和网络银行的智能网点正在兴起,较好地满足经济社会发展和各类金融消费者的需要。

服务实体经济,全面提升服务质效重大项目工程支持明显提升。积极引导银行业金融机构积极服务国家和地方发展战略,紧紧围绕地方"重点项目深化年"部署和行政区划调整重大战略,组织政银企对接全市重点工程、项目。金坛棚户区改造项目等一批省、市级重大项目、重点工程顺利开工实施。

加大重点项目融资支持力度,加大对制造业转型升级、节能减排项目融资支持,增强绿色效能信贷投放。建立绿色信贷统计制度,与市环保局建立绿色信贷信息共享机制,召开全市银行业绿色信贷工作会议,发出《银行业践行绿色信贷理念促进环境保护倡议书》,推动银行开展绿色信贷实施情况自评价。

小微企业金融措施明显提升。制定指导意见,强化考核激励,开展宣传月活动,多项监管措施层层推进、强化落实。针对小微企业贷款增速不理想的状况,多次专题研究,专门召开督导推进大会,开展约见谈话,发出监管意见书并抄送上级行。

"三农"金融服务明显提升,金融市场运行秩序趋稳。

【风险防控】 年内,积极化解大额授信风险。充分发挥地方政府和监管部门的协调作用,落实银行业金融机构和风险企业主体责任,完善银行风险报告、监控、评估流程,按月监测、研判大额资金链风险情况变动趋势,以联合授信为重要手段,推进风险协调处置。对重组无望、资不抵债的风险企业不良授信采取破产重组、重整和核销方式加快处置。

深入推进担保圈风险化解。在"揭示风险、破圈解链、降旧控新"的总体目标指导下,继续推进辖内担保圈风险防范和化解工作,厘清担保圈错综复杂关系,找准风险关键结点,千方百计破圈解链,不断提升担保圈风险防控前瞻性、实效性。

持续规范银担业务合作。扎实推进房地产风险防化处置。督促辖内银行业金融机构认真贯彻执行央行、银监会下调居民家庭首、二套房最低首付款比例政策,扩大改善性需求,缩短去化周期。督促银行业金融机构加强房地产企业信贷风险管理,做好名单制管理工作,加大房地产风险企业监测力度,实施"一户一策",通过贷款重组、追加授信、保全诉讼等做好化解处置工作。及时结合舆情开展重点风险房企信贷现场检查,加强情况通报,与房管部门做好对接,积极推进地方政府牵头加强个人住房预售资金监管工作,切实防范假按揭等风险事件发生。

密切防范平台债务风险,切实加强法人风险监管,狠抓案件防控工作不松懈,严密防控银行业声誉风险,高度重视信息科技风险防范,完善信访投诉处理机制。

【监管效能强化】 公开透明,规范行政许可行为。对照银监会新要求,重新梳理制定行政许可流程和要求,进一步规范拟任高管人员准入考试流程和资格核准工作,增强透明度,加快许可工作受理、办结速度。精确制导,增强非现场监管效能。整章建制,提高依法行政水平。依法依规,加大行政处罚力度。　（陆　辉）

·中国工商银行股份有限公司金坛支行·

【概述】 2015年,中国工商银行股份有限公司金坛支行(以下简称工行金坛支行),坐落在西门大街48号,有在职职工113人。支行总营业面积1040平方米,下设金城、开发区、北门、思古街、直溪、尧塘6个二级支行。2015年,工行金坛支行明确转型升级的目标和路径,全行以效益为中心,围绕"市场、客户、质量、队伍"四条主线开展工作,走出一条内涵式、可持续的发展道路。至2015年年末,实现拨备前利润3.74亿元,比上年增加9667万元,增幅35.23%。全行本外币各项存款余额57.97亿元,比上年增加2亿元。本外币各项贷款余额69.05亿元,比上年增加8.52亿元。坚持把稳定资产质量作为经营管理工作的重中之重,加强信贷管理,坚持从严治贷,厘清管理职责,严肃查处失职行为,年末不良贷款余额291万元,不良贷款率0.04%,处于同业和系统先进水平。

中间业务坚持向发展和管理要效益,加强重点领域信贷投放,大力压降高成本存款,狠抓中间业务收入增长。2015年,实现中间业务收入1.95亿元,同比增加6446万元,增长49.42%。

【获省"精品支行"称号】 2015年,工行金坛支行坚持大力竞争金坛区重点优质客户为代表的有效市场,创新方式强化各类目标客户的拓展和维护,毫不松懈抓好资产质量和内控案防管理,扎实加强干部员工队伍建设,被省工行授予"精品支行"称号。　（丁忠权）

·中国农业银行股份有限公司常州金坛支行·

【概述】 中国农业银行股份有限公司常州金坛支行(以下简称农行金坛支行)位于常州市金坛区东门大街172号,有员工216人。下设公司业务部、零售银行业务部、风险与信贷管理部、综合管理部、网点管理部6个职能部门;设华城、城东、东城、城西、文化路、西郊、儒林、朱林、指前、水北、直溪、薛埠13个营业网点;设9个离行式自助银行,其中金融便利店6家。2015年,农行金坛支行依托地方经济超常规逆势而上的发展趋势,坚持稳中求进工作总基调,以客户建设、渠道建设、队伍建设、基础管理和用新创新五大重点工作为抓手,各项业务经营稳健、高效、持续发展,市场竞争力和价值创造力进一步提升。

【主体业务】 至年末,本外币各项存款余额73亿元,比上年增加6.7亿元,存款总量及增量均列四大行第二;本外币贷款余额53.43亿元,比上年增加10.8亿元,四大行增量位次第一;全年实现考核口径中间业务收入5686万元,比上年增长10.3%,实现拨备前利润15990万元,主体业务持续向好。

【客户建设】 年内,农行金坛支行充分发挥融资主渠道作用,把服务大企业、支持重大项目作为工作抓手,把拓展"三农"金融服务渠道作为工作重点,把发展小微企业作为加快业务经营转型、优化调整业务结构的战略选择,深挖各个环节信贷资金需求,全力支持和服务地方实体经济。2015年,累计发放项目贷款12.07亿元;新拓展小微企业贷款客户58户,新发放小微企业贷款2.67亿元;各类农户贷款余额1.27亿元,比上年增加2100万元。

【创新转型】 2015年,农行金坛支行加大创新转型力度,深植"用新创新"文化,并努力使之成为增强核心竞争力、推动发展转型的新引擎。在物理渠道方面,新建尧塘镇、社头镇金融便利店,原金沙支行成功瘦身金融便利店,建昌支行迁址薛埠,实现全区建制镇网点全覆盖,网点布局更加优化;引进多台超级柜台等智能设备,零售业务自助服务水平得到提升,客户体验的满意度也进一步增强。在互联网渠道方面,全面推进以移动金融为主的互联网渠道建设,成功营销多家企业入驻"E商管家"电子商务服务平台,同时加强与商户合作,成功开通农行支付接口。

农业银行薛埠支行开业　（农行金坛支行　供稿）

【惠农服务】 2015年,农行金坛支行始终坚持服务"三农",不断创新惠农服务主体和方式。依托"金农贷"等特色信贷产品支持,加大对新型农业经营主体的信贷投放力度,截至年末,该行共有包括家庭农场、专业大户等在内的新兴农业客户119户,比上年增加98户,贷款余额6181万元。此外,银行成功发放全省首笔农业项目贷款3000万元,有力地支持了本地农业发展。　（冷　婷）

·中国建设银行股份有限公司金坛支行·

【概述】 中国建设银行股份有限公司金坛支行(以下简称建行金坛支行)坐落于西门大街19号,在职员工233人,下设办公室、计划财务部、公司业务部、个人金融部、营运管理部、造价咨询部和营业部,下辖14个营业网点。

2015年,积极探索新形势下金融改革、转型发展的方法和途径,各项业务取得了长足进步。截至12月底,本外币一般性存款余额128.3亿元,比上年增12.3亿元。其中,企业存款余额59.6亿元,比上年新增9亿元;储蓄存款余额68.7亿元,比上年增3.3亿元。各项贷款余额93亿元,比上年下降3.1亿元,占四行余额37.09%,其中个人类贷款余额26.1亿元。

保险、基金、实物金、账户金、信用卡分期和交通ETC龙卡取得较好的业绩。截至12月末,全行实现保险销售9641万元;基金销售34192万元;实物金销售161.6千克;账户贵金属交易2861.7千克;信用卡分期17650万元。开展交通ETC龙卡宣传营销,全年共完成11396张。

【重大项目】 2015年,根据政策环境新变化、区域经济新格局,及时调整经营策略,创新产品运用,加强对重大项目的服务跟进,多维度梳理具有融资需求的企业和项目,实时做好跟踪对接。截至年末,支行政府类贷款余额33.8亿元,加上5.6亿元股权投资类理财产品投放到位,支行对政府类项目的实际支持达39.4亿元,内容涵盖新农村建设、新型城镇化、水利建设、土地储备、保障房建设等诸多领域。

【客户拓展】 该行把客户需求作为业务经营的出发点，对辖内对公企业及个人客户开展挂钩走访和义务宣传活动，全面掌握客户动态需求，主动提供配套金融服务方案。2015年，对公新开结算户530户，其中基本户338户，有效户（折算前）68户。年末个人全量客户数41.36万户，较上年新增7891户。手机、网银活跃客户合计新增2.2万户，移动金融替代率48.5%，短信银行净增签约客户2.03万户。

【风险防范】 年内，层层签订《党风廉政建设及案件防控工作责任书》，开展“讲规矩，正风纪，守廉洁”主题教育活动，重点做好专项检查、表外业务重点产品案件风险排查、新发放贷款“回头看”等工作，全年未发生任何案件、重大风险事项及重大责任事故。积极完善风险会诊制度、岗位制约制度、客户经理风险经理并行操作制度，加强贷前、贷中、贷后等全流程管理，在确保信贷业务健康发展的同时，为地方经济多作贡献。2015年年末不良贷款余额860万元，不良率0.1%。

（陈淑华）

·中国银行股份有限公司金坛支行·

【概述】 中国银行股份有限公司金坛支行（以下简称中行金坛支行）位于北门大街2号，有职员163人，下设营业部、金谷华城支行、华城中路支行、河滨支行、华阳支行、横街支行、丹阳门支行、东环二路支行8个营业网点。2015年，金坛中行抢抓金坛撤市设区的机遇，创新发展，以“争做当地最好的银行”为目标，不断优化发展模式，在发展中提升质效。截至2015年12月末，全行实现营业净收入20054万元，比上年增长35.80%；实现拨备前利润13696万元，比上年增长45.21%；实现净利润7520万元，比上年增长32.93%。

【资产业务】 截至2015年12月末，零售贷款余额75884.29万元，比上年增加17460.03万元。零售贷款全年累计发放量37135.4万元。卡分期交易量3843万元，其中专项分期2336万元，卡户分期1964万元，普通分期26万元。截至12月末，支行公司人民币贷款余额合计266199.42万元，比上年增加36258.22万元，其中纯公司贷款236863.82万元，增加64690万元；贸易融资23454.6万元，增加5104.45万元；票据贴现5881万元；支行公司外币贸易融资余额合计425万美元。

【负债业务】 截至12月末，本外币储蓄存款余额271555.96万元，日均新增5077.8万元。其中人民币储蓄存款余额253627.23万元。个人外币储蓄存款余额2760.98万美元，比上年时点新增205.55万美元，日均新增320.2万美元。截至12月末，本外币公司存款余额合计153554.89万元，比上年增19970.68万元。其中，人民币公司核心存款（不含表内理财）余额合计146021.47万元，比上年增加14534.43万元，日均余额149058.95万元，比上年增加31375元；外币公司存款余额合计1160.13万美元，日均余额1864.63万美元，比上年增286.57万美元。

【国际结算】 截至12月末，中行金坛支行共完成国际结算量39733.46万美元，市场份额（11月末）达到25.84%；跨境人民币结算量28042.37万元，市场份额（12月末）28.27%。国际结算市场份额居金坛地区首位。

【银行卡与电子业务】 截至12月末，中行金坛支行累计贷记卡发卡量51103张，全年发放有效卡7229张，其中白金卡共新增发放1329张，新增客户5109户。截至年末，金融IC借记卡累计发放19220张。个人电子银行存量交易客户115295户，其中手机银行存量交易客户7858户，新增手机银行交易客户6598户。网上银行交易客户存量9326户，新增6752户。

【服务地方经济建设】 中行金坛支行加大资产投放力度，支持地方经济建设。年初，重点项目投放5.01亿元。其中，金坛市惠金建设投资发展有限公司项目贷款2.87亿元、金坛市东城农业投资发展有限公司项目贷款2亿元、常州恒方大高分子材料科技有限公司项目贷款1400万元。后续又新增投放5.4亿元。其中，建工5000万元、晨风（金坛）服饰有限公司1.1亿元、江苏金坛汽车工业有限公司8000万元、土储3亿元项目贷款的发放。

【内控案防】 2015年，中行金坛支行加大对柜面员工防范电信诈骗等教育培训的力度，在汇款业务过程中严格执行相关规定。凭借高度的责任性、娴熟的技能，全年成功堵截3起巨额电信诈骗案，堵截金额20多万元。金坛中行以保护银行业消费者合法权益为核心，加强金融知识宣传普及，推进产品服务信息公开，积极处置信访投诉化解矛盾，通过不断的努力，获2015年“常州市放心消费创建活动先进单位”。

【行心工程】 年内，关心关爱员工，从小处着手。节日期间中行金坛支行行长室成员去基层网点慰问员工。班子成员各自挂钩网点，分别到一线与员工沟通交流，引导全行员工大力弘扬正气、形成正能量。为了丰富员工业余生活，组织“三八节采草莓”“乒乓友谊赛”“登山活动”“六一亲子活动”“重阳节茶话会”等丰富多彩的活动。为进一步提升青年员工的技能水平，6月，中行金坛支行组织“2015年度青年员工技能比赛”；11月，组织员工参加“金坛区银行业青年员工点钞识假币技能比赛”，获团体三等奖。

（陈正洪）

·江南农村商业银行金坛支行·

【概述】 江南农村商业银行金坛支

行(以下简称江南银行金坛支行)位于金坛区横街3号,2015年,金坛辖区设有38家机构,离行式自助银行25家,在职员工375人。江南银行金坛支行紧紧围绕"扩总量、调结构、优管理、增效益"的工作主线,不断加大管理力度,提升服务能力,强化业务拓展,坚持改革创新,加快转型提质发展步伐,实现了各项业务持续、稳健、有序发展。2015年,获得"常州市放心消费创建活动先进单位""常州市单位治安保卫工作先进集体""江南农村商业银行先进集体""金坛区第十三届职工职业技能竞赛金融青年点钞识假比赛团体一等奖"等荣誉。

【组织资金】 牢固树立"存款立行、存款强行"的组织资金工作理念,以存款利率优惠政策为抓手,以强化考核激励、加大宣传走访力度、持续提升网点服务为举措,促进各项存款持续、稳步增长。2015年,江南银行金坛辖区存款余额161.93亿元,比上年增26.32亿元,增幅19.41%。其中,储蓄存款93.05亿元,比上年增加8.89亿元,增幅10.56%;单位存款68.87亿元,比上年增加17.44亿元,增幅33.91%,存款规模位居金坛区域内18家同业首位。

【信贷业务】 江南银行金坛支行始终坚持"立足三农、服务中小企业、助推城乡一体化经济"的市场定位,下沉服务重心,加强小微金融服务深度,不断强化和提升金融综合服务水平,利用机制灵活、决策链短、审批高效的政策优势和"周转融""周转易"等特色产品优势,充分发挥支农主力军的作用,积极把握金坛"东扩南移"的历史机遇,加大对新材料、环保节能、技术改造项目信贷投放,不断调整和优化信贷投向,加快"中小微企业客户翻番工程"建设,抓好中小微企业增量扩面,为业务发展强本固基。2015年年末,江南银行金坛辖区贷款余额121.63亿元,比上年增加25.02亿元,增长25.9%。其中,企业贷款余额70.68亿元,比上年增加12.95亿元;农户经营贷款45.85亿元,比上年增11.08亿元;个人消费贷款5.1亿元,比上年增1亿元。贷款规模位居金坛区域内18家同业首位。

【中间业务】 江南银行金坛支行不断加大银行卡、理财、手机银行、网上银行、两通等中间业务的拓展力度,积极开展贵金属现场展销、工会卡"抢红包"、信用卡"一元观影""一元洗车"等利民优惠活动,进一步完善渠道建设。2015年,支行进行网点转型,增设VTM、CRS、高速存款机、存折打印机等自助、智能设备,客户体验的满意度进一步增强。全年新开借记卡12.8万张,贷记卡2131张,手机银行13537户,个人网银2572户,企业网银685户,金融POS408户,全年销售理财产品561176万元。全年跨境收支结算量17664万美元,结售汇13989万美元,新增有效户数24户。

【服务"三农"】 江南银行金坛支行推出青年创业贷款、妇女创业贷款、扶贫贷款等一系列服务"三农"的优惠特色贷款产品,给予贷款优先、利率优惠、流程优化等扶持政策,不断加大特色支农贷款投放力度,从实处发挥支行在服务"三农"、支持新农村建设上的积极作用。2015年,累计发放青年创业贷款232户16331万元,发放妇女创业贷款65户1560万元,发放扶贫贷款47户75.5万元,发放农产品经纪人贷款4户450万元,发放大学生村官创业贷款7户70万元。

【案防内控管理】 江南银行金坛支行坚持"主动合规合规创造价值"的合规理念,制定完善各项管理制度,加强合规教育与技能培训,组织开展员工涉嫌非法集资排查、借名、假冒贷款排查、员工账户排查、廉洁风险点排查、作风建设百日提升等活动,全面排查风险隐患,有效防范和化解风险,促进支行案件风险防控水平持续提升。同时,积极开展"平安金融"创建活动,坚持从人防、物防、技防以及加强队伍建设等方面入手,强化安全保卫和综合治理工作。2015年,支行员工成功识破假银行承兑汇票1起共计3万元,成功堵截电信诈骗3起,为客户挽回资金损失6600元,连续四年被常州市公安局评为"治安保卫工作先进集体",金坛支行辖内5家支行被江南银行总行评为"运营管理标杆支行"。

【队伍建设】 江南银行金坛支行坚持以人为本,强化队伍建设,在支行上下形成勇于拼搏、创优争先的良好氛围。自2012年以来,连续四年被江南银行

12月12日,第二届"彩虹之星"候选人服务能力提升培训班在常州市委党校举办

(江南银行金坛支行 供稿)

总行评为“先进集体”；自2013年以来，支行党支部连续两年被评为“江苏省联社先进党支部”；2015年，获“常州市放心消费创建活动先进单位”“金坛区第十三届职工职业技能竞赛金融青年点钞识假比赛团体一等奖”，获总行“群英汇聚荟萃江南”业务技能大赛团体第二名、“为爱承诺为家筑福”企业文化墙一等奖、支付清算系统业务知识竞赛三等奖，“江南银行网点转型营销技能大赛”团体三等奖，1人获“江苏省农商行第二届业务技能比赛”机器识假点钞一等奖，3人被金坛团区委授予“青年岗位能手”称号。

·常州金坛兴福村镇银行有限责任公司·

【概述】 常州金坛兴福村镇银行有限责任公司（以下简称金坛兴福银行）原名为金坛常农商村镇银行有限责任公司，为配合全国常农商系村镇银行品牌升级计划，于2015年12月29日更名。金坛兴福村镇银行总行位于东门大街235号，下设直溪支行和西门分理处，有在职员工72人。2015年，金坛兴福村镇银行发挥法人银行的体制优势，大胆改革创新，灵活稳健经营，牢记农村金融改革赋予的使命，支持农户和中小企业的创业发展。

【存贷款业务】 2015年，金坛兴福银行成立家庭金融部，进社区、进乡村，大力开展宣传工作，与市民、村民话家常、聊民生，每逢元宵、端午、重阳等节日开展惠民活动。2015年各项存款余额43075.66万元，比上年增加2001.18万元。

金坛兴福银行始终坚持服务“三农”、服务小微企业的市场定位，保持信贷合理增长，切实为“三农”和小微企业提供便捷、高效的金融服务。金坛兴福村镇银行推出的车贷、装修贷等产品由于利率低、还款便捷等优势获得客户好评。2015年，各项贷款余额46654.13万元，比上年增加397.8万元，其中小微企业29456.5万元。涉农贷款36171.95万元。

【中间业务】 2015年，金坛兴福银行IC卡获批通过后正式发行，该行在加大IC卡、网上银行、自助银行等业务推广的同时，不仅严格执行各级监管部门和价格管理部门的定价规定，存取款、转账免手续费，更减免IC卡跨行取款等业务手续费、贷款业务手续费，以响应国家惠及民生、扶持小微企业发展的号召。金坛兴福村镇银行被评为放心消费先进单位。

砸“金蛋”活动

（常州金坛兴福村镇银行　供稿）

【创新服务】 年内，根据服务“三农”、走进乡镇、深入农村的贴心服务思路，继直溪支行开业后，薛埠支行经获批建设，装修已经完工。西城路分理处完成选址，并提交筹建报告。（张　倩）

·中国邮政储蓄银行金坛支行·

【概述】 中国邮政储蓄银行金坛支行（下称金坛邮储银行）位于东门大街500号，有职工80人，下设一类网点5个、代理网点24个。2015年，金坛邮储银行坚持“做大、做稳、做实”总基调，紧紧围绕“三低一高”（高收益、高频率、高口碑；低风险）转型目标，以精细化管理为主线，提高发展质量和效益，对标找差，争先进位，被常州市分行授予“先进单位”荣誉称号。

【存贷款业务】 年末，金坛邮储银行各类存款余额52.03亿元，比上年增4.3亿元。其中，自营储蓄存款余额9.57亿元，邮政代理储蓄存款余额38.34亿元，公司存款余额4.12亿元。各类贷款余额16.79亿元，比上年增加3.44亿元，增长25.77%。

【服务“三农”】 2015年，金坛邮储银行重点推进新型农业经营主体贷款。多次与区农林局、农工办、妇联、农业担保中心开展对接，与多个乡镇农经站、合作社等联合举办对接会，对金坛地区的优质合作社和专业大户进行地毯式走访，截至12月末，投放专业大户贷款1900万元、专业合作社贷款1600万元，新型农业经营主体贷款净增约2000万元。

【新业务】 2015年，金坛邮储银行专业大户和农民合作社贷款获得持续快速发展，成功对接妇女创业贷款并迅速放款，一手房贷款自6月底开单以来，至年末突破亿元，个人存单质押贷款也实现全区首笔放款。实现全额保证金国内信用证全区首笔和信用证议付全国首笔开单。成功营销并办理资本项下外债结汇1542.95万新加坡元、货物贸易项下结汇162.21万美元。

【内控合规】 年内,金坛邮储银行突出加强内控管理、资产质量管理、安防管理、服务管理与员工管理。年初与各支行签订案件防控责任书,定期开展安全学习及各类应急预案演练。定期组织信贷风险排查、行业分析,年末全行资产总不良率0.29%,低于全区平均。坚持对防范电信诈骗案件保持高压态势,努力保障客户的资金安全,被金坛区银行业协会评为"防止电信诈骗先进单位"。 (朱华芳)

·交通银行股份有限公司常州金坛支行·

【概述】 交通银行股份有限公司常州金坛支行(以下简称交行金坛支行)成立于2009年1月,位于金坛华城中路11号。2015年,有职工21人,设有一个人工网点,一个普惠型网点,两个离行式自助银行。银行秉承"最佳财富管理银行"的经营理念,服务于金坛地方经济建设,提供资产管理、融资信贷、国际业务等领域全面周到的专业化服务。2015年年末,交行金坛支行人民币各项存款余额11.67亿元,比上年增加1.34亿元。其中,对公存款9.27亿元,储蓄存款2.40亿元。人民币各项贷款余额13.40亿元,比上年增加0.35亿元。其中,对公贷款12.09亿元,个人贷款1.31亿元。

【国际业务】 2015年,交行金坛支行充分利用欧元等主要货币汇率变动频繁的机会,加强客户维护,提高进出口企业在本行的国际结算市场占比,全年国际业务结算量1875万美元。

【中间业务】 交行金坛支行从宣传策划入手,通过电视、广告等媒体造势,营销人员面对面讲解等方式扩大中间业务的知名度和影响力,2015年全年中间业务收入1796万元。

【电子银行业务】 2015年支行继续加大对个人网银、企业网银、手机银行的宣传力度,全年电子银行分流率为81.93%。

【个人理财业务】 交通银行在个人金融领域享有盛誉,创有"沃德财富"和"交银理财"两大分别针对高端和中端客户的个人理财品牌。交通银行金坛支行营业厅建有"沃德客户区",客户可以在私密优雅舒适的环境里,享受到一对一的专属服务。沃德客户经理将凭借其丰富的专业知识,借助交通银行一流的专业理财平台,为客户提供财务分析、财务规划、投资顾问、资产管理等服务,帮助客户进行全方位财产规划。

【小企业业务】 2015年末,交行金坛支行拥有小企业总户数41户,比上年增加1户,年末余额2.88亿元,比上年增加4200万元。

【蕴通账户票据池业务】 2015年,交行金坛支行不断推陈出新,创新运用新产品,为客户拓展融资渠道。在盘固水泥公司开通票据池业务的基础上,金坛支行连同常州分行公司部为中盐常化开通票据池业务,到企业实地宣讲票据池功能,为其建立蕴通账户票据池。实现票据池质押项下的授信产品全覆盖,票据到期由银行负责托收。该业务的开展为企业大大降低了财务成本和管理成本。

【做好中国进出口银行金坛地区代理行】 交行金坛支行注重银银合作,与进出口银行紧密联系,代理江苏进出口银行业务为常州亿晶光电续做授信8亿元,其中2015年发放贷款3亿元。为金坛经济开发区东方新都保障房项目提供单一授信3.4亿元,其中2015年发放1.4亿元项目贷款。为金坛城市污水处理有限公司管网建设项目提供2.2亿元项目贷款,其中2015年发放1.9亿元。 (荆宁华)

·江苏银行股份有限公司金坛支行·

【概述】 江苏银行股份有限公司金坛支行(以下简称江苏银行金坛支行)成立于2009年8月,坐落于常州市金坛区东环二路109号,有员工20人,其中本科19人。2015年年末,各项存款余额158142万元;理财产品85619万元;本外币贷款余额186521万元;中间业务收入1379万元;全年实现拨备前利润5750万元。

【资产业务】 江苏银行金坛支行坚持以支持地方经济发展为己任,在支持地方经济的前提下,围绕金坛重点项目、工业经济新增长点,加大对重点项目、重点企业实体经济投资力度。2015年年初,在分行"校安工程"获得总行肯定时,该行及时与有关部门进行联系,成功做了10亿元额度的授信,提高江苏银行金坛支行在当地的知名度。2015年5月19日,该行从有关途经获知金坛土储融资规模卡已批的额度,第一时间了解项目相关情况,从中选择两个优质项目上报总行,获批8.5亿元,2015年9月投放第一批4.5亿元。

【国际业务】 江苏银行金坛支行开通国际业务以来,一直以"提升管理,注重实效"作为业务发展的重要抓手,国际业务取得较快增长。全年实现国际结算量5265.31万美元,新增50万美元结算量客户2户。

【业务创新和服务】 2015年,江苏银行金坛支行持续推进金融创新活动,针对小微企业融资难情况江苏银行与江苏国税合作隆重推出了"税e融"产品,该产品作为首款传统银行推出的网贷产品,一经推出便受到欢迎。该产品无抵押无担保纯信用,根据客户缴纳国税金额审批贷款额度,纯线上操作,客户足不出户便可以申请到贷

10月10日，"江苏银行杯"东城街道广场舞大赛在华城广场举行

（江苏银行金坛支行　供稿）

款，使用灵活，贷款资金随借随还，为稳定经营，诚信纳税的小微企业客户提供了优质金融服务。产品推出后，江苏银行金坛支行客户经理对优质纳税客户逐户进行电话营销，自产品2015年7月推出以来，5个月里成功办理20户，总授信金额1118万元。

【宣传活动】 2015年10月，举办"江苏银行杯"城东街道广场舞大赛。经过半年多的排练与初赛，共选出城东街道14个社区的舞蹈队角逐决赛，比赛中，每个舞蹈队都展现出专业化水平。经过紧张角逐，共有1个社区获得一等奖，2个社区获得二等奖，3个社区获得三等奖。活动得到了广大市民的热情参与，引起了社会和媒体广泛关注。金坛区电视台选派主持人并全程参与录制，并邀请省舞蹈协会成员作为这次比赛的评委，充分体现了比赛的公平、公正与专业化。通过这次活动，进一步提高了江苏银行在常州市金坛区的知名度和品牌影响力。　（葛　嘉）

·中信银行股份有限公司金坛支行·

【概述】 中信银行股份有限公司金坛支行（以下简称金坛中信银行）成立于2010年，地址在金坛市东门大街235号，有员工21人，拥有东门大街支行本部和名仕家园离行式自助银行，以优质的服务满足社会需要。2015年，金坛中信银行实行"专业化、集中化、集约化"，以适应市场的发展需求，市场定位更加明晰，服务功能更加完善。截至2015年年底，一般性存款余额198245.18万元，增6245.36万元，其中企业存款时点余额176138.99万元，增23764.58万元。一般性贷款余额（不含贴现）124867.29万元，增8235.66万元，存贷比62.97%，比上年增长2.18%。其中企业贷款余额107700万元，新增1300万元；零售贷款余额17100万元，增6800万元，占中信常州地区新增额43.5%。

【对公业务】 2015年，继续加大基础客户群的建设，金坛中信银行立足"早"字，通过项目储备带动公司负债，以盘活存量，挖掘增量为指导思想。多跑、勤跑、常跑存量客户，提高优质存量客户的贡献度，与斯威克、盛利维尔主办银行建立关系。紧紧围绕区重点纳税大户、重点企业、重点项目、重大基础设施建设拓展新客户，先后成功营销众泰汽车、中航锂电、国控等客户。通过渠道开发批量获取有效客户，加强与政府职能部门的走访沟通，建立客户开发渠道，率先实现金坛国土资源网上交易平台的对接，为国土交易的网络化提供支持。

【零售业务】 2015年，继续推行"抓旺季、抓考核、抓代发、抓服务、抓个贷"的零售工作发展思路。严格考核保长效，以代发批量开发客户，以服务吸引和留住客户，年末管理资产余额6.19亿元，累计代发28户，代发人数3.5万人，代发总金额1.5亿元，代理销售黄金12公斤，基金3500万元，保险1110万元，实现中间业务收入238万元，全年新增个人网银和手机银行4748户。推出中信大讲堂、理财产品讲座，健康讲座等活动，与客户保持共赢。推出信用贷、POS贷、公积金贷等个人资产业务，以资产促负债。

【国际业务】 2015年，金坛中信银行通过授信支持，服务增值等有效手段，国际业务得到较快的发展，全年共完成国际结算量12590万美元，较上年增7000万美元。

【个贷业务】 个贷业务本着高度重视、大力发展的态度，充实个贷营销力量，组织多种形式的宣传活动，利用广播、电视积极推介中信银行个贷新品，利用各种力量对入驻金坛的有影响力的房产开发企业进行重点营销。全年重点营销了吾悦广场、碧桂园、颐和世家、一号广场、一〇五大院等在金坛区有口碑和影响力的楼盘，提高中信个贷品牌的影响力。截至2015年年末，个贷余额1.71亿元，较上年增加0.68亿元。　（唐俊慧）

保　险

·中国人民财产保险股份有限公司金坛支公司·

【概述】 中国人民财产保险股份有

限公司金坛支公司(以下简称人保财险金坛支公司)位于金坛市西门大街27号。2015年,公司紧紧围绕"双超双优"的目标要求,紧扣"超越、转型、幸福"主基调,切实加强"能力、机制和体系"建设,保持了持续稳定发展的良好势头。全年共实现保费收入13624万元,净增保费1608万元,同比增长13.38%,市场份额占有率为34.02%,在辖区内财产险市场份额排名第一。全年共处理各类赔案14023件,支付赔款8371.47万元。保持公司连续31年无刑事、经济案件,获"常州市放心消费创建先进单位"和"江苏省放心消费创建先进单位"称号,继续保持"常州市平安金融单位"称号。

【业务发展】 2015年,在新车销售持续低迷、市场竞争空前激烈的情况下,人保财险金坛支公司紧紧抓住对标市场,提升精细化管理水平,调结构增效益,聚焦新车发展,车险保费以10787万元赢得辖区内市场份额第一,增长16.59%。商业非车险业务发展平稳,实收保费1829万元。农险实收保费1008万元,增长11.5%,其中高效农业、特色农业保险得到快速推进,高效农险覆盖面60%以上。

【理赔管理】 人保财险金坛支公司全年共处理各类赔案14023件,支付赔款8371万元。案件同比增长26.49%,其中车险12208件。案件处理率车险100.1%、非车险89.51%。全年理赔部门加大对各环节工作的考核,效果明显。为进一步规范道路交通事故人伤赔偿处理工作,及时化解因交通事故产生的民事纠纷和社会矛盾,提高交通事故处理效率,为交通事故当事人提供一条高效、快捷、公正的事故处理通道。公司在金坛公安局交警大队的大力协助和配合下,积极推进人伤交通事故处理一体化机制建设,整合公安、法院、司法、保险等各方资源,8月在交警大队院内成立常州市金坛区道路交通事故处理一体化服务中心。

晨课 (人保财险金坛支公司 供稿)

【客服管理】 2015年,人保财险金坛支公司始终以客户为中心,切实强化职场标准化培训及5S管理,提升客户服务质量,2015年度被市分公司评为客户服务先进单位。2015年,积极推广以江苏人保微信公众号为平台的客户端,微信注册率持续提升。有效提升投诉处理水平,全年未形成有效投诉,提高客户服务满意度。

【运行管理】 2015年,人保财险金坛支公司制定"三重一大"(重大决策事项、重要人事任免、重大项目安排,大额度资金运作)决策制度和决策事项清单,明晰经营单位"三重一大"决策范围,坚持"三重一大"事项集体决策原则。转变发展观念,加强依法合规经营和完善各项管理规定和制度,将合规经营纳入工作流程体系。持续推进"优才计划",完善人才培养机制,强化后备人才队伍建设。持续实施员工轮训和新员工岗前培训,推进学习型组织建设。运行管理实现新优化,完善全面预算管理机制,强化销售费用和工资预算管理,不断提升决策支持和资源整合能力。

【企业文化】 年内,积极推动员工幸福感提升活动,开展职工"十里徒步"活动,组队参加常州市分公司的趣味运动会。积极参与"3·15"消费者权益保护日、保险公众宣传日、消防宣传日、法制宣日传等活动,树立人保PICC正面、积极、有责任感的品牌形象,提升金坛人保品牌。

【农网建设】 落实标准化农网建设要求,加强农险条线和农网专员的专业及合规培训,促进网点功能有效落地,2015年,在原有薛埠、尧塘农网门店的基础上,新建直溪农网门店。积极应对大灾理赔,加强协同服务和内外联动,全力以赴做好大灾理赔工作。全年水稻受灾6839户2224.95公顷,赔款金额741.79万元,其他高效农业合计赔款1536.36万元。平均理赔周期8天。积极开展创新发展,紧密对接政府规划和市场需求,加大产品创新和服务创新力度,以政策性农险为抓手,以服务社会、服务民众为己任,以农村和谐家园组合产品为突破,有效提高保险公司与各级政府部门之间的合作,为促进农业增效、农民增收、农村发展起到积极的作用。 (吴 静)

·中国人寿保险股份有限公司金坛支公司·

【概述】 中国人寿保险股份有限公司金坛支公司(以下简称中国人寿金坛支公司)位于金坛区横街东路8号,有职工52人,其中本科49人。2015年,公司紧紧围绕"振兴常州、员富司强"的责任使命,以"挺进双A"为目标指引,在多元、多变、多样的竞争格局中奋进提高,在改革、转型、创新的发展环境中彰显活力,着力加快业务发展,着力壮大销售队伍,着力提升管理水平,着力丰富文化生活,各方面工作呈现出蓬勃发展的生动局面,开创发展的新局面。全年公司总保费收入3.4亿元,较上年增长7.6%;长期险保费首年1.6亿元,较上年增长8%;短期险保费2448万元,增长32.6%;市场份额53.71%。营销员人数593人;其他各类给付8868件,金额1.24亿元。

【销售队伍建设】 中国人寿金坛支公司三大渠道队伍规模突破500人。个险渠道坚持推进常态化增员机制,完善人力发展"黄金流水线",每周召开创说会、岗前班,设立配齐人力发展岗,制订岗位考核方案,保障常态化增员习惯的养成;修改制订《企业家俱乐部会员管理办法》,每季度召开专项会议,形成有效抓手。此外还制订"政保客服专员"招募方案、新型营销职场筹建方案、聘才方案等,促进队伍稳定增长。2015年,个险渠道实现销售队伍的扩量提质。团险渠道主动适应新常态,实现组织新扩张,外勤队伍达30人。银保渠道修订完善客户经理新"基本法"、保险规划师队伍建设方案,通过阶段式推进客户经理增员、推进战投计划等一系列动作,核心队伍指标全面达成年度预算,队伍质态有所改善,组织架构初现雏形。理财规划师队伍100人,客户经理队伍20人。

【管理队伍建设】 中国人寿金坛支公司完善人才培育制度,通过网络和各种途径积聚人才,发动公司各层面人员推荐、招募优秀人才,为公司输送了十多名优秀的人才充实到管理层中,在现有员工实现人力定岗定编、双向选择工作,调优了员工岗位配置,为人才脱颖而出创造了平台。完善干部考核机制。强化市场化的用人体制,把发展实绩作为提拔任用、调整交流以及降职免职的重要依据。完善奖励奖惩机制。完善了《员工绩效评估》《高管人员薪酬和绩效管理办法》和《2015年保费收入和预算政策指引》,为人才管理提供全覆盖管理机制。

【经营水平有效提升】 突出提质增效,运营管理上有新提升。理赔调查率27%,较上年提高近3倍;简单赔付率47%,较上年降低了6%,达成51%的目标。收集清理了2万余份集团客户资料,客户信息考核名列前茅。积极开展健走、少儿绘画比赛和国寿大讲堂等增值活动,受到广大客户好评。突出统筹协调,在资源保障上有新加强,突出行稳致远,在风险防控上有新成效。注重经营风险管控,做好满期给付工作,稳妥处理各类诉讼案件,2015年共处理诉讼案件30余件。突出培优育强,在教育培训上有新作为。参加市公司各类平台265场,完成各类制式培训104期,员工面授轮训及员工网络学习完成率均100%,通过新人班、新兵营和主管晋升班等培训,提升了销售队伍和管理队伍的技能和水平。　　(陈文群)

·中国太平洋财产保险股份有限公司金坛支公司·

【概述】 中国太平洋财产保险股份有限公司金坛支公司(以下简称太保财险金坛支公司),位于东门大街123号,有员工34人(含派遣人员2人)。2015年,公司坚持"按品质、保盈利、强基础、增后劲"经营方针,积极应对市场变化,全年共完成保费收入11736万元,同比增长9.04%,其中车险保费收入11093万元(含交强险1731万元),非车险同比基本持平。全年处理各类案件11781件,共支付赔款7542万元,已决赔付率64.26%。

【业务发展】 2015年,太保财险金坛支公司着重于多渠道发展车险业务。一如既往的聚焦新车业务,让专员服务车商,使整个车商业务可控性大大提升。全年新车业务险占车险业务24%。提高车险续保率,加大电销业务投入,全年共完成电销业务2786万元,占公司车险业务25.11%。新设交叉销售科室,设专员服务于寿险车险出单,全年新增保费274万元。将大部分外勤员工从原先的车商解放出来,鼓励他们去拓展新业务,新渠道。

配合分公司的发展战略,保持既有市场地位,确保非车险业务发展与市场相协调。2015年,完成非车险保费收入2374万元。

【经营管控】 2015年,进一步夯实内部基础管理,切实提升综合经营能力,加强政治思想工作,深入开展系列教育活动,全力保持公司的可持续经营发展。开展2015年"反舞弊、反欺诈、反洗钱,清制度、清印章、清单证、清工号、清权限"专项治理行动,全公司上下各条线重点岗位、重点人员高度重视,将认真自查与重点抽查相结合,及时汇总问题。通过开展全面清理排查,威慑潜在违规及舞弊行为,切实提高员工风险防范和法制合规意识,增强自身服务能力。

【提升服务】 2015年,切实提升客户满意度,不断完善公司品牌APP。自助查勘快、简、便。车险已经全部实现移动支付功能,客户支付保费更为便捷。限时处置投诉,进一步落实公司投诉风险管理实施细则。　　(强媛媛)

·中国太平洋人寿保险股份有限公司金坛中心支公司·

【概述】 中国太平洋人寿保险股份有限公司金坛中心支公司(以下简称太保寿险金坛中支公司),地址为金坛市东门大街123号。2015年,公司实现了"以客户需求为导向"的战略转型,坚持创新双轮驱动,转型发展,合规经营,努力把公司建设成为信誉卓著、品牌杰出、财务稳健、效益优良的一流企业。全年各类保费收入1.6亿元,比上年增长30%,占市场份额30%,同业排名第二,全年受理案件

1083 件,赔款支付 670 万元,各类给付 21348 件,给付金额 1689 万元。

【业务发展】 太保寿险金坛中支公司个险传统渠道保持业绩和队伍数量上的增长之外,更加注重队伍结构的优化和升级,大力发展顾问营销、服务营销、产寿联动、交叉销售和法渠销售相结合的经营模式,实现队伍收入的多元化和对客户服务的丰富立体化。2015 年,完成保费收入 6000 万元,占公司业务总量的 75% 以上,全年个险期缴保费 4500 万元,同比增长 30%,营销人员 950 人,较上年同期增加 275 人,健康人力月均 250 人。

顾问营销坚持队伍年轻化、专业化,创新多种营销方式,打造出一支高素质、高产能、高贡献的队伍,全年期缴保费 942 万元,同比增长 230%,营销人员 190 人,较 2014 年同期增长 13 人,健康人力月均 65 人。

服务营销队伍专业、敬业,在做好续收服务的同时为客户提供产品咨询和理财规划。全年新单保费 557 万元,续期保费收入 1 亿元,续保率 93.5%

2015 年,法人渠道业务条线面对市场转型的复杂情况,坚持服务网点、服务客户,力争市场份额不丢失,优化队伍结构,提升业务品质。团险在进一步扩大客户积累的基础上实现专业化管理,队伍的专业化有更大的提升。银行业务部实现期缴保费 303 万元,意外险 170 万元,团险全年完成保费 300 万元,较上年增长 15%。合并后的法人渠道精兵简政,有员工 12 人,实现业务综合管理下的专业经营。

【后援支持】 年内,太保寿险金坛中支公司营运部门继续秉承管理向上集中、服务向下衍生的工作方法和理念,2015 年营运部门形成后援力量的集中化、规模化,减少协调沟通的时间成本和人力成本,加强了集约化,专业化建设,实行柜面标准化工作,提高服务时效,增强全员合规意识,强化人人有责的合规理念,防范和化解经营风险,确保各项经营活动合法合规,提升公司品牌价值,以服务促发展,以发展提效益、以效益求生存、以人为本和谐奋进,实现员工岗位与公司能力的双提升。

【新技术推广】 2015 年,太保寿险金坛中支公司基本实现无纸化办公,从出单、签收、保全等环节实现电子移动办公,节能减排的同时让服务更加及时、有效、方便、安全。经总公司研发,神行太保客户端也可以实现报案,微信官网实现了业务预约、保单查收、简单保全的自行全天候操作以及产品推荐、购买,微信平台为广大客户接受,业务品质上升,也减少了公司的成本。

(林培录)

编辑 夏 冰

常州市金坛区第十三届职工职业技能竞赛 (区人行 供稿)

综合管理

发展计划管理

【概述】 2015年，全区上下紧紧围绕“一城一区一山一水”发展战略、“加快项目引进、加快项目建设”重大部署，牢牢把握“矢志不渝抓发展、强基进位见成效”的主基调，主动适应新常态，引领新常态，克难求进，奋勇作为，创新发展，共建和谐，较好地完成了区十六届人大四次会议确定的各项目标任务。全区实现地区生产总值525.5亿元，同比增长13.8%；服务业增加值占地区生产总值比重43.2%，比上年提高1.2个百分点；公共财政预算收入36.15亿元，同比增长20%；固定资产投资336.23亿元，同比增长25%；全社会消费品零售总额222.61亿元，同比增长12.65%；外贸进出口总额15.8亿美元，同比增长3.6%；城镇居民人均可支配收入40002元，同比增长8.4%；农村居民人均可支配收入20427元，同比增长9%。单位地区生产总值能耗和主要污染物减排完成目标。

【编制“十三五”规划】 根据省市“十三五”规划编制工作统一部署，结合金坛区实际，区发改委经过前期准备、课题调研、思路形成、征求意见、纲要编制等诸多阶段，历时一年半，完成金坛区“十三五”规划纲要编制，提请区人代会审议后对外发布。“十三五”时期将是金坛加快发展的关键时期，此次规划编制，充分吸纳社会各方意见和建议，将“一城一区一山一水”发展战略与“加速工业化进程”有机融合，将规划文本与实际项目有机融合，将本级各类规划与上位规划有机结合，梳理一批事关全局的项目：如G233国道等14个交通道路设施类项目，总投资200亿元；众泰汽车整车、中航锂电池、大唐热电联产等12个工业、能源类项目，总投资400亿元；钱资湖景观工程等11个基础设施类项目（除交通），总投资150亿元；新孟河延伸拓浚工程、区域防洪除涝工程、长荡湖退圩还湖、围网整治、清淤和生态修复工程等5个水利类项目，总投资80亿元；人民医院迁建等4个社会事业类项目，总投资80亿元。

【向上争取资源】 为更好助力地方科技型企业成果转化和民生社会事业类项目稳妥推进，区发改委主动对接国家、省、市各部门，引导企业积极申报各类专项资金，全年累计向上争取资金5.2亿元，首次突破5亿元大关，同比增长60%，多项数据在常州处于领先地位。其中，新孟河工程中央预算资金2亿元、斯威克EVA项目和博瑞电控高压共轨系统分获国家产业振兴专项资金5917万元和5099万元、太湖治理专项资金5744万元、保障性安居工程中央预算内投资专项资金5884万元、千亿斤粮食工程3500万元。通过增减挂钩、独立选址等途径，争取建设用地指标673.33公顷。积极推进企业股改上市，完成股改企业7家，其中京东农业、帕卓管路、常峰股份3家企业在新三板成功挂牌。经过积极争取，东方新都项目获国开行1.3亿元贴息贷款支持。

【重点项目建设取得重大突破】 2015年，全区上下紧紧围绕“加快项目引进、加快项目建设”活动年要求，积极开展招商引资、强力推进项目建设。先后引进总投资125亿元的中航锂电、总投资50亿元的蓝色星球环氧丙烷及聚醚多元醇、总投资23亿元的同方威视等总投资超10亿元的项目9个。全区212个重点产业类项目完成投资197.7亿元，众泰汽车、皮尔磁电子、盈科通信、亿晶100兆瓦渔光一体光伏电站等68个项目已竣工投产；同方威视、威龙新能源汽车、卡斯特铝、碧桂园等53个项目超过序时进度；吾悦广场、中央商务区、青锋茶趣苑、润祥茶博园等现代服务业和现代农业项目加快推进。建立重大项目“联审联办”制度，畅通服务流程、形成绿色通道，全力以赴推动项目建设。制订《重点产业类项目清单》和《政府性投资项目推进计划清单》，实施清单式目标管理，明确每个项目的实施主体、责任主体以及项目推进的时间节点要求。成立项目督查小组，做到月督查、月会商、月推进，对重点项目划时段、分层次、多形式开展项目建设督查。

【旧城改造计划执行情况】 2015年，实施金虹老厂区周边地块旧城改造项目，用地面积0.43公顷，完成投资4460万元。东社村周边地块改造项目因规划调整暂未实施。

【保障性安居工程建设计划执行情况】 2015年，金坛区新开工建设各类保障房14217套，完成省定目标的140.21%。其中，公共租赁住房(含廉租住房)3235套，完成目标任务的107.8%；经济适用住房332套，完成目标任务的110.67%；限价商品房1935套，完成目标任务的193.5%；棚户区危旧房(安置房)改造9019套，完成目标任务的150.32%。发放公共租赁住房补贴147户。

(曹 江 范丞明)

国土资源管理

【概述】 2015年，常州市国土资源局金坛分局以保障发展为工作核心，以保护资源为工作宗旨，以“双提升”(提升节地水平和提升产出效益)为努力方向，科学谋划，主动作为，为全区快速发展提供持续有力国土资源服务和保障。

保障发展动力强劲。组织《金坛市土地利用总体规划》一般性修改，对全区允许建设区和有条件建设区进行布局调整，调整面积246.73公顷。全年争取各类建设用地指标680.47公顷。基本农田示范区建设七期联动，二、三期项目通过省级验收；四期项目完成自验待省级验收；五期、六期项目进展顺利；七期项目开工建设；八期项目申报工作正在推进。废弃工矿复垦难中求进，完成全年53.33公顷建设任务；占补自求平衡目标再次实现，完成33个项目，新增耕地125.13公顷；增减挂钩项目超越历史，完成100个项目，260公顷建设规模；同一乡镇试点取得实质性推进。全年收取各类出让金22亿元。其中，经营性用地13.89亿元；工业用地8.11亿元。土地储备融资规模不断壮大，储备融资规模达39.4亿元；平台融资支撑强，全年投放政府性平台土地26.67公顷。

保护资源成效显著。严格落实年度耕地保护目标，依据新一轮区划调整，细化各镇(区、街道)目标任务，并签订目标责任书，确保全面完成耕地保护目标任务。继续推进以建设促保护的基本农田保护方略。规范设施农用地管理落实共同责任机制，出台《金坛市人民政府办公室关于进一步完善设施农用地管理的实施意见》以规范设施农业用地管理。大力推进矿产资源整合，茅东矿区已关闭，大、小石包山矿区，朝阳洞、桃花垅矿区整合为两个矿区，省厅已颁发采矿许可证。

节约集约全面提升。深入推进批而未供和闲置土地专项清理，研究制订《2008~2013年金坛区批而未供及闲置土地专项清理工作方案》和《2014~2015年金坛区批而未供专项清理工作方案》，处置批而未供土地466.67公顷，闲置土地80余公顷，供地率85%。建立城镇土地使用税调节机制，在全省率先启动实施土地差别和税额标准调整。大力推进高标准厂房建设，获“江苏省高标准厂房建设与使用先进地区”称号。全面完成工业用地更新调查，截至2015年底，内外业工作均已基本完成。创新工业用地供地方式，健全工业新增用地预申请制度，按照“统一规划、分步实施、用多少、分多少、供多少”新机制，切实提高土地利用效率。

用地环境明显改善。以创建土地执法模范区为抓手，提升国土资源执法监察水平，立案查处土地违法案件9起，6起已结案，落实罚没款13.75万元，没收建筑物构筑物8731.7平方米，其余3起正按照法律程序逐步推进。以土地矿产卫片执法为契机，形成执法监察高压态势，金坛2014年度卫星遥感监测土地利用变化图斑730个，监测面积1097.64公顷。其中，确认为拆除项目图斑21个，面积8.26公顷，均拆除到位；涉及违法图斑7个，违法用地宗数8宗，用地面积1.66公顷，全部结案，并向相关纪检部门发出行政处分建议书。

国土管理取得突破。创新基层管理，开展创建“法治型党支部”活动，完善法治国土体系，为系统依法行政提供有力保障。做好不动产登记工作前期准备，完成机构组建和挂牌工作。实现地籍信息系统城乡一体化，地籍信息系统范围由仅限于城区、集镇拓展到农村，完成登记发证信息系统全覆盖。实现国有建设用地使用权网上交易，通过系统运行实现网上咨询、网上下载挂牌文件、网上报名、电子化招拍挂等服务功能。

区国土局领导走进金坛广播电台“政风热线”，接受市民投诉和咨询

(区国土局 供稿)

【2014年度金坛市城镇地价动态监测与基准地价成果顺利通过验收】 4月14日，江苏省国土资源厅组织专家在南京对金坛2014年度城镇地价动态监测与基准地价成果进行验收。专家对金坛城市地价监测范围、监测点、区段及成果进行咨询和求证，一致认为成果符合基准地价验收标准，同时，对不足之处提出整改意见，要求承担单位加大实地调查力度，不断尝试新方法，使地价成果更科学、更实用。

【金坛召开全市创建国土资源节约集约模范市动员部署大会】 4月15日，金坛市创建国土资源节约集约模范市动员部署大会在华商培训中心召开。市长狄志强、副市长刘明江，各镇，开发区、茅山旅游度假区，各街道办主要负责人、分管负责人，发改委、经信局等多个部门主要负责人以及市国土资源局全体干部职工出席会议。市长、市创建国土资源节约集约模范市活动领导小组组长狄志强在会上发表讲话。他强调，创建国土资源节约集约模范市工作任务艰巨，使命光荣。全市上下要同心协力，积极作为，攻坚克难，不辱使命，坚决打赢巩固深化节约集约模范市创建成果这场攻坚战和持久战，为打造金坛经济升级版、实现新形势下金坛梦做出应有的贡献。

【国土资源部野外科学观测研究基地建设进展交流会在金坛召开】 5月16日，国土资源部科技与国际合作司、国土资源部野外科学观测研究基地办公室有关领导和国内土地利用领域知名专家、教授，江苏省国土资源厅副厅长李闽、江苏省国土资源厅科技处处长陈惠明，以及全国8个土地利用领域国土资源部野外科学观测研究基地代表齐聚金坛，就土地利用领域野外科学观测研究基地建设进展情况进行交流。与会专家对“苏南土地整治－江苏金坛野外基地”依托基地开展土地利用理论研究，并成功将研究成果转化为生产力，提高土地利用效率，增加地方农民收入以及注重培养专业人才和土地管理人员的“产－学－研－用”一体化建设模式给予充分肯定。交流会进一步推进土地利用领域野外科学观测研究基地建设工作，为各基地建设计划验收打下了基础。

【江苏省涉农资金专项整治检查组赴金坛检查2013—2014省以上投资土地整治项目】 5月26日，由省国土资源厅副厅长吴震强带队、省国土资源厅财务处处长孙卫东陪同的省涉农资金专项整治检查组一行赴金坛检查2013～2014年省以上投资土地整治项目。检查组对薛埠镇基本农田保护示范区土地整治项目和直溪镇吕坵村等4个村高标准基本农田建设项目、两个省以上投资土地整治项目的内业资料进行检查并实地踏勘，充分肯定金坛项目组织管理和资金使用规范。同时提出要求，要继续按照本次涉农资金专项整治检查相关要求做好项目的资金管理和组织实施，确保涉农资金使用高效合理，项目成为惠民利民的民心工程。

【国土资源部经济研究院在常州市国土资源局金坛分局成立基层联系点】 9月11日，中国国土资源经济研究院纪委书记崔波带领政策研究人事处副处长厉福荣、经济研究院产业所所长方敏、副所长王永生和研究实习员钟骁勇赴常州市国土资源局金坛分局调研，并举行建立基层联系点揭牌仪式。基层点成立后，经济研究院副所长王永生和研究实习员钟骁勇赴直溪国土所开始为期十天的蹲点调研。

【金坛征地信息公开实地检查获国土资源部肯定】 9月17日，国土资源部第三检查组在耕保司征地处处长宋文杰带领下，对常州市国土资源局金坛分局进行征地信息公开实地检查，省国土厅副巡视员宋玉波等陪同。通过检查，检查组充分肯定金坛征地信息公开工作，并对下阶段如何更有效地开展该项工作提出意见和建议。

【常州市金坛区不动产登记局、不动产登记交易中心正式成立】 9月24日，经常州市金坛区机构编制委员会批准，同意成立常州市金坛区不动产登记局、常州市金坛区不动产登记交易中心。依据编委批复不动产登记局主要职责为：负责全区不动产登记的监督指导和政策研究，调处不动产权属争议，推进不动产登记工作；不动产登记交易中心为区政府直属事业单位，由常州市国土资源局金坛分局代为管理，主要负责全区范围内不动产登记和涉及房产登记的交易材料审核工作。 （周　碧）

城乡规划管理

【概述】 2015年，区规划局围绕全区发展目标，提高行政效能，不断完善配套管理制度，理顺管理体制机制，有效推进规划管理制度化、精细化、信息化、公开化建设，全面提升依法行政能力、管理创新能力和矛盾化解能力，提高规划批前、批中、批后管理服务水平。同时把规划信息系统建设作为重点工作，使规划管理更趋科学化、合理化、高效化。

【规划制度建设】 2015年，制订《金坛市规划局工业项目行政效能再提升实施方案》《城乡规划审议决策会议工作流程的补充规定》《金坛市控制性详细规划管理规定（试行）》《金坛市规划条件管理规定（试行）》《金坛市规划局规划编研例会制度（试行）》《金坛市规划局规划编研项目归档标准（试行）》《金坛市规划局规划编研项目运作管理规定（试行）》《金坛市城乡规划编研审批流程（试行）》等规划管理制度，加强日常规划工作的公告、公示、公开，规划方案成果接受社会监督。

【规划服务创新】 年内，以加快项目引进、加快项目建设为抓手，从“收发室”到“一站式”，提升服务效率（将工业项目的规划审批所有权限一律授权给区行政服务中心规划窗口“一站式”办理,避免多头负责、减少办事环节)。从“纸质流转”到“电子报批”,推进无纸化审批(各镇区规划报建员通过培训充分利用信息化网络优势逐步实现电子化报批,解决纸质报批“送递慢、效率低、少监管”的弊病);从“等候服务”到“送达服务”,推出服务新举措(各类规划许可证书及经审定的设计文件均可由区规划局送达各镇区建管站,同时提供即时手机短信业务)。

【规划管理与服务】 根据规划分级审议制度,组织召开各层次规划审议会议。全年组织召开1次规划委员会、20次规划评审委员会、12次专家评审(咨询)会和44次局规划审查例会。完成吾悦广场、碧桂园、金虹地块、江南银行3大中心150余个建设项目的规划审查工作。全年核发建设项目选址意见书155份;核发建设用地规划许可证191份,总规划用地面积约548万平方米;核发建设工程规划许可证470份,累计建筑面积约401万平方米。出具规划条件510余份,严格执行批后监管。全年规划验线57次,竣工核实106项,核实面积约91万平方米,规划论证28项,举办殡仪馆移址新建规划听证会。

【规划测绘】 2015年,完成52条新建(含修建)道路、总长102公里线路测量、纵横断面测量;39个经营性项目223幢建筑、109个企业项目305幢建筑物的放样测量、167幢建筑物的规划监督测量、113万平方米(占地面积)的(规划核实)竣工测量、40幢建筑物的日照分析要素测量、296万平方米范围土方量测量计算、总长413公里地下管线的竣工测量;组织完成儒林镇、薛埠镇、指前镇、朱林镇及所属园区共计392公里的地下管线普查测量;完成41幢建筑74万平方米的规划面积预测绘、129幢建筑106万平方米的房产预测绘、372幢建筑128万平方米的房产测绘以及其他工程的测绘工作。开展地下管线普查测量工作,在规划区主、次干道地下管线完成普查测量的基础上,组织完成薛埠镇、朱林镇、儒林镇、指前镇及园区的各类地下管线,省天然气公司、西气东输管道公司等单位建设的专业地下管线的普查测量。建立港华燃气公司的高、中压管道和供电公司35千伏以上管线建设同步跟踪测量以及排水处、路灯所、自来水公司新建管线的定期测量更新机制。

【规划信息化】 2015年,完成电子签章软件的开发使用、档案系统的升级、区镇基础平台的共享,将规划业务进一步延伸至镇区。同时完成工业化项目流程的调整;完成近两年规划条件、选址、用地、工程等全部红线数据的整理与入库工作,以及相关规划编制成果数据的整理与入库;完成历史档案“项目一棵树”建设;完成与区供电公司基础数据的共享与服务,将服务对外延伸。完成国家地理信息协会优秀工程奖申报,获“中国地理信息产业优秀工程银奖”,获2015年金坛市科技进步奖三等奖。 (管 悦)

安全监督管理

【概述】 2015年,区安全生产监督管理局贯彻落实国家和省、市工作部署,牢固树立“以人为本、安全发展”理念,以大力实施新《中华人民共和国安全生产法》为抓手,以落实“党政同责、一岗双责”责任体系为主线,以强化企业主体责任为核心,突出重点、强化监管、落实责任、依法治安,推动安全生产形势保持持续稳定好转。

依法开展执法检查。编制年度安全生产执法监察计划,采取“定人员、定时间、定责任、定措施”四定原则,计划检查企业486家,实际检查企业837家次,发现并整改隐患3000余处,累计立案查处安全生产违法案件19起、罚款206万元。建立专家检查制度,对危险化学品、非煤矿山、冶金等高危企业,有计划地聘请专家上门会诊把脉,指导企业筑牢安全生产防线。推行企业安全总监制度,危险化学品生产、建筑施工、交通运输、船舶修造4个重点行业30家企业正在积极落实中。落实安全生产约谈制度,在安全管理较差和发生事故的单位,对企业的主要负责人和行业主管部门负责人开展约谈,累计约谈21家企业主要负责人。

深入推进专项整治。按照“管业务必须管安全、管行业必须管安全、管生产经营必须管安全”原则,以非煤矿山、危化品、金属冶炼、职业病危害、烟花爆竹、建筑施工、道路交通、人员密集场所、特种设备等9个高危行业领域为重点,开展安全生产专项整治。全区共出动检查1500余人次,检查企业2100余家,发现并整改隐患8700余处。“8·12”天津港爆炸事故发生后,围绕9个高危行业领域,全面开展安全生产大检查和打非治违专项行动。全区组建各类检查组138个,出动检查1800余人次,检查企业1900余家,发现并整改隐患3000余处。区安监局牵头开展以非煤矿山、危化品、冶金、烟花爆竹、职业卫生5个高危行业领域为重点的安全生产专项整治,组建专项整治小组26个,出动检查800余人次,检查企业600余家,查处隐患2000余处。

强化基层基础建设。加强基层安全生产监管队伍建设,全区9个镇(街道)全部设置安监站,配备3~5名安全生产专职管理人员,经省安监局培训全部领取执法证。加大安全生产投入,为7个镇、区配备安全生产执法装备,4个镇、区配备执法专用车辆。指导企业开展安全标准化创建,提升安全管理水平,全区450家企业通过验收。建立安全生产隐患信息排查系统,对重点行业领域和规模以上企业实施动态监管和实时监控,689家企业注册上网,上报事故隐患1462条、整改1430条、整改率97.8%。进一步完善《工矿企业安全生产事故应急救援预案》《危险化学品事故应急救援预案》和《非煤矿山事故应急救援预案》，指导企业开展应急救援演练，累计开展各个科目安全应急救援演练15场次。11月20日，由区政府牵头，在中盐常州化工有限公司成功开展金坛区突发安全生产事故综合应急救援演练，15个部门参加演练，200余人参加观摩。

加大宣传培训力度。印制1万册《中华人民共和国安全生产法》、1000份《企业安全生产责任体系五落实五到位》（即落实党政同责、一岗双责、组织领导机构、安全管理力量、安全生产报告制度，安全责任到位、安全投入到位、安全培训到位、安全管理到位、应急救援到位）和《企业安全生产应急管理九条规定》，组织监管人员送到企业，上门进行政策宣讲。与报纸、电视台、电台、网站等媒体加强协作，开设安全生产专题专栏。充分利用户外广告、户外电子显示屏等载体，播放安全生产公益广告。以安全生产月为契机，组织开展安全生产广场咨询、安全电影巡回放映、安全知识竞赛、安全生产演讲比赛、应急救援演练、安全生产“六进”（进企业、进工地、进机关、进学校、进社区、进家庭）等活动，把安全文化、安全知识和技能送到基层。安全生产月期间，全区各主要街道和企业悬挂安全生产横幅2368条，在人员密集场所、城市广场、休闲娱乐场所等张贴5000余张安全生产宣传挂图，在各人员密集场所电子屏滚动播放安全生产宣传标语10000余条。认真开展以企业主要负责人、安全管理人员、特种作业人员为主体的安全培训，全年举办培训班43期，培训4249人。

大力弘扬严实作风。深入开展“三严三实”专题教育，重点学习习近平总书记在江苏视察时的讲话等，开展党组书记上党课、专题调研、专题学习研讨、参观华罗庚纪念馆等活动，积极撰写“三严三实”心得体会和党性分析材料，组织召开民主生活会。弘扬“团结奋进、勤廉高效、严格执法、安全至上”的金坛安监精神，强化党风廉政建设，加强安监队伍能力作风建设，推进服务型、学习型、创新型、节约型机关建设。成立局服务项目建设领导小组，下设危险化学品、金属冶炼、非煤矿山和一般行业4个专业服务组，分别对相关行业领域项目开展指导和服务，对蓝色星球环保科技股份有限公司年产5000吨三氟乙酸项目、江苏中东化肥股份有限公司复合肥系列产品项目等8个省、区审批项目，实行“一对一”服务。完善区行政服务中心安监窗口功能及金坛安监网站功能，落实服务承诺制、一次告知制、限时办结制、全程代办制等制度，推行网上审批。继续开展结对共建和帮扶活动，加大与西门社区以及困难党员、困难群众的结对共建与帮扶力度，帮助基层企业、群众解决实际困难。

（王俊华）

工商行政管理

【概述】 2015年4月，原市工商局、质监局和食药监局正式组建成立市场监督管理局。新设的市场监管局内部科（室）由原3个局的23个减少至14个（精简近40%），下辖3个事业单位（金坛区市场监督管理信息中心、金坛区检验检测中心和金坛区市场监督管理稽查大队），挂靠1个社会团体（金坛区消费者协会），以区新一轮区域调整为基础设基层市场监管分局9个（金城分局为新设）。全局在职在编人员计218人（公务员162人，党员178人）。市场监管局组建以来，积极统筹原工商、质监和食药监职能，坚持在传承中不断创新，在发展中不断变革，努力在新的起点上为推动全区经济社会发展发挥职能作用。2015年，新增各类私营企业1348家、个体工商户2839户，分别占年度目标的269.6%和567.8%。截至2015年底，全区共注册各类市场主体33312户，累计注册资本1179.03亿元，分别较2014年增长12.35%和45.95%。2015年新增著名、知名商标11件，占计划183.3%。完成12条有效招商项目信息，签约项目资金达1亿元。

【金坛召开工商行政管理体制调整交接工作会议】 3月6日，金坛召开工商行政管理体制调整交接工作会议，常州市工商局及金坛市领导出席会议并讲话，金坛市组织、人事等相关部门负责人以及常州市工商局人教处、办公室负责人出席会议，金坛工商局班子领导、各基层工商分局和机关综合科室负责人参加会议。4月29日，金坛市市场监督管理局领导班子正式成立，市委组织部部长刘国新宣读成立金坛市市场监督管理局的决定以及领导干部的任免决定，市政府常务副市长陈春洪参加会议。垂管16年来，金坛工商局积极履行服务地方经济发展的职能，取得一系列成绩，连续7次获“支持地方经济社会发展贡献奖”，2013年和2014年，金坛工商局还分别被金坛市委市政府表彰为“招商引资工作先进单位”和“重点项目组织推进奖”。

【强化新形势下商品交易市场监管服务工作】 年内，以原工商局、质监局、食药监局“三合一”改革为契机，认真对三局商品交易市场监管职责进行梳理，充分利用原质监局下属计量测试技术研究所、产品质量监督检验所、质量技术监督事务所的检验检测技术，切实加强对市场内食品等重要产（商）品的监督检验和风险监测。全面对辖区商品交易市场进行调查摸底，以分局为责任单位与市场开办者签订《市场管理责任书》《市场消防安全管理责任书》，指导场内食品经营户签订《市场经营户食品安全经营承诺书》，做到责任书签订率100%。坚持典型引路，指导市场开办者开展平安市场和文明诚信市场创建工作，辖区34家商品交易市场中有28家被认定为平安市场，有6家被认定为文明诚信市场。

【助推辖区商品交易市场应用电子商务转型升级】 2015年，组织辖区部分商品交易市场参加“江苏省传统市场如何应用电子商务转型升级报告会”,开展农产品“触网工程”,帮助12家企业在“淘常州”网络商品交易平台上开辟农产品展馆,并借助电视、报纸、网络等新闻媒体大力宣传,带动辖区市场开办者和场内经营户应用电子商务主动转型升级。深入开展市场信用助贷工作,指导市场开办者对场内经营者开展信用评定,因地制宜开展各类市场信用助贷对接洽谈会、授信会、签约会等活动,积极推动金融机构根据场内经营户信用评定情况对其提供金融服务,着力搭建助企融资平台。帮助13家场内经营户向银行申贷1652万元,有效解决场内经营户在经营活动中的资金瓶颈问题。

【加强消费维权】 2015年,依托原工商局“12315”基层消费维权联络站和政府“12345”公共服务平台,积极落实节假日值班制度,确保工作人员不空岗、投诉电话不漏接、维权工作不断档,及时受理消费者投诉,做到件件有回应、事事有交代。督促、指导市场开办者就消费者在场内发生消费纠纷或合法权益受到损害时及时做好调解工作,协助消费者维护自身合法权益,鼓励有条件的市场开办者建立消费纠纷和解及消费维权自律制度等消费者权益保护制度。有多家商品交易市场建立了商品质量先行赔付制度,同时密切关注本地门户网站山水金坛网、金坛网等网站上反映的市场舆情,对媒体曝光、群众关注的场内违法经营行为进行核实、查处、规范,从而不断倒逼场内经营户合法经营,切实维护群众合法权益。

【深入推进“个转企”工作】 年内,认真贯彻落实《金坛市人民政府关于加快推进个体工商户转型升级为企业的意见》文件精神,积极构建政策支持体系,完善政策引导和配套扶持,落实各项优惠政策,全年完成“个转企”114户(其中在大个体库名录中的有62户),占年度计划的114%,完成3年任务的38%。“个转企”之后的企业注册资本比升级之前增加1.4亿元。在所有“个转企”当中,由个体工商户转型升级为个人独资企业的18户,占总数15.79%,注册资金616万元,占总注册资金的3.83%;由个体工商户转型升级为有限责任公司的96户,占总数84.21%,注册资金15450万元,占总注册资金的96.17%。从产业分布情况来看,在转型升级的114户个体工商户中,第一产业6户,注册资金1750万元,占转型升级企业总数及注册资金总数的5.26%和10.89%;第二产业30户,注册资金6030万元,占转型升级企业总数及注册资金总数的26.31%和37.53%;第三产业78户,注册资金8286万元,占转型升级企业总数及注册资金总数的68.42%和51.57%。

【建昌红香芋获江苏品牌紫金奖】 七月在江苏省商标协会和扬子晚报联合开展的2015第二届江苏品牌紫金奖评选活动中,金坛区建昌红香芋获十大2015富有竞争力的江苏地理标志品牌。建昌红香芋2011年6月注册为地理标志证明商标,该商标品牌入选2013我最喜爱江苏商标候选名单,2014年被评为常州市知名商标。在省商标战略实施工作领导小组办公室、省工商局指导下,由江苏省商标协会和扬子晚报联合开展的2015第二届江苏品牌紫金奖,共设2015江苏风云品牌、2015江苏产业领军品牌、2015富有创新活力的江苏品牌、2015深受江苏人欢迎的连锁品牌、2015富有影响力的江苏地理标志品牌、2015富有国际竞争力的江苏品牌各10个,影响江苏人生活的功勋品牌20个。

【金坛区首家用水服务专业合作社成立】 十月常州市金坛区茅东灌区用水服务专业合作社从市场监管部门领取营业执照,标志着金坛区首家用水服务专业合作社正式成立。该用水服务专业合作社的成立丰富了全区农民专业合作社的类型。2015年,3家用水服务专业合作社核准登记。

【金坛区首家无区划国家级企业名称通过远程预先核准】 2015年底,市场监管局通过远程预先核准为卓郎纺织机械有限公司办理“卓郎智能机械有限公司”的名称变更,该公司也成为全区首个通过区级登记机关直接受理上报无区划国家级名称变更核准的企业。无区划国家级企业,是指在企业名称中没有行政区划,且在全国范围内同行业企业不允许使用相同或近似的企业字号。2015年11月,国家工商总局将部分无区划名称的变更受理业务权限进一步下放至各基层登记机关后,江苏省范围内的市、县(市)区级登记机关可以受理上报无区划名称。卓郎纺织机械有限公司位于金坛经济开发区,注册资本11.6亿元,主要从事纺织机械的研发、生产和销售。

【金坛区16人被授予首届常州市“百名诚信之星”、1人被授予首届常州市“十大诚信标兵”】 2015年8月,在由常州市委宣传部、市文明办、市经济和信息化委员会、市信用办、市工商行政管理局、市总工会、市工商联、市消费者协会、市私营个体经济协会联合组织开展的首届常州市“百名诚信之星”“十大诚信标兵”推选活动中,金坛区潘荣粉等16人被授予首届常州市“百名诚信之星”称号,潘小平被授予首届常州市“十大诚信标兵”称号。

【金坛区全面实施“三证合一”登记制度】 “三证合一”(营业执照注册号码、组织机构代码和税务登记证号码)登记制度是金坛区继2014年3月1日实行注册资本认缴制、先照后证和企业年报制度以来,商事登记制度改革进一步深化的具体举措。在组织实施“三证合一”登记制度改革过程中,区市场监管部门积极会同区国税局、区地税局和区行政服务中心等部门,多次组织调查研究,召开联席协调会议、赴先进地区学习取经,制定实施意见和配套登记办法,梳理登记材料,开发登记软件平台,组织开展业务培训和系统模拟演练,经过半年多时间的筹划和努力,完成各项准备工作,

10月8日，金坛首张“三证合一”营业执照在行政服务中心市场监管窗口颁出
（区市场监管局 供稿）

有效保证这一改革顺利实施。“三证合一”的成功实施，打破原工商、质监、国税、地税等部门各自为政、条块分割的旧有格局。全区范围内的市场主体登记设立申请，只需经市场监管、国税和地税等部门通过网上并联审批核准，即可领取由市场监管部门核发加载有“营业执照号、组织机构代码证号和税务登记证号”的新版营业执照，从而实现“一窗受理，一表填报，一套资料，一张执照”的办理流程，进一步方便群众办事，释放市场活力，为营造大众创业、万众创新的营商环境奠定良好基础。10月8日，金坛首张“三证合一”“一照一码”营业执照在行政服务中心市场监管窗口颁出，登记对象是江苏金昇资产经营有限公司。截至2015年12月31日，全区办理“三证合一”营业执照1536份。

【强化农资监管】 年内，依托经济户口软件，对辖区新开业的农资经营店逐户走访，在其店内悬挂农资经营管理制度套牌。签订责任书167份、悬挂制度套牌167套，覆盖率100%。现场示范指导农资经营主体落实“两账两票、一卡一书”等农资经营管理制度，推动其做到查验到位、台账健全、记录清楚。狠抓源头监管，健全连锁经营机制，形成以本地3家龙头企业为主导、以供销社销售渠道为依托的农资经营模式，全区农资连锁经营率已达85%以上，连锁企业市场占有率达到80%以上。结合农时特点对农民投诉多、媒体曝光多的农资商品进行抽检，依法对不合格农资商品进行查处，认真做好农资定向抽查工作。加强部门协作，定期或不定期牵头召开农资监管联席会议，重点时节组织开展农资监管联合执法检查，举办农资经营示范店创建、农资监管工作总结表彰大会、放心农资下乡活动，建立健全农资监管信息定期通报制度等举措，引导群众对违法农资经营行为进行举报投诉。建立健全激励机制，联合区农林局、供销合作总社设立激励基金，共同对成功创建的农资经营店给予精神和物质奖励。截至2015年年底，全区已成功创建各级农资经营示范店31家。其中，省级示范店7家；市级示范店14家；县级示范店10家。在深入开展省、市、县三级农资经营示范店创建活动的基础上，积极探索建立农资双向结对帮扶机制，推动监管干部与农资经营示范店建立帮扶关系，先后组织两批帮扶活动，累计共有46名工商干部、54家农资经营示范店、91家一般农资经营店参与。

【推进“守重”活动取得成效】 围绕“诚信金坛”建设，积极探索建立健全四项机制扎实开展“守合同重信用”活动，逐步实现辖区“守重”企业量和质的全面提升，有效提高辖区企业信用管理水平。截至2015年年底，全区共有各级“守重”企业253家。其中，国家级12家；省级33家；市级208家。依托“3·15”主题宣传活动，组织对辖区500强企业和拟上市公司等大型企业开展“点对点”式宣传引导，进一步调动企业参加“守重”活动的积极性。充分发挥基层合同行政指导站作用，积极指导辖区企业健全合同管理机构和人员、落实合同管理制度、完善合同管理台账，组建QQ群和公布咨询电话，及时对企业在申报过程中遇到的疑难问题进行解答。不定期组织开展“银企座谈会”“联谊会”等活动，为辖区“守重”企业搭建融资平台，帮助其解决在生产经营过程中的资金瓶颈问题；组织对辖区“守重”企业进行复查，认真检查“守重”企业合同管理和遵纪守法情况，严格执行认定标准，有效保证辖区“守重”企业质量。

【推动“放心消费”创建工作】 2015年，精选西城街道丹阳门中路、东城街道华城中路、薛埠镇百花西路、指前镇新大街作为放心消费一条街创建对象，确保群众消费安心。对示范街涉及的450家商户进行走访了解，与经营户面对面地沟通讲解，每户商家做到营业执照、许可证等信息公示，商品购销查验登记制度上墙。在丹阳门中路的公交站台投放以“诚信赢得市场、放心温暖人心”“销售的是诚信、购买的是放心”“微笑欢迎您、诚信服务您、放心欢迎您”为主题的放心消费公益宣传牌6块；制作安装8块放心消费示范街简介及创建公开承诺，营造浓郁的创建氛围。发挥部门牵头作用，与常州市放心消费创建办、常州市文明办、金坛区文明办、城管局和规划局等沟通协调，努力构建纵向联通、横向互动、责任明确、协同推进的创建工作网络。

【举办规范旅游合同培训班】 2015

年，为进一步规范全区旅游行业合同行为，切实维护消费者合法权益，区市场监管局联合区旅游局共同举办规范旅游合同培训班。全区19家旅游单位参加此次培训。培训紧紧围绕旅游单位工作实际，深入介绍旅游合同法律规范概述、旅游合同的订立、旅游合同的效力、旅游合同的变更、转让和终止、违法旅游合同的法律责任等内容，并对一些常见的不公平、不合理的旅游合同格式条款进行详细解读，通报2015年度全区旅游行业监管情况及存在问题，有效推动全区旅游单位了解旅游合同法律法规和提升诚信合法经营意识。

【开展旅游纪念品市场专项整治行动】 2015年，金坛区市场监管局组织开展旅游纪念品市场专项整治行动。此次整治行动以长荡湖、茅山等旅游区为重点区域，按照综合施策、标本兼治的工作原则，严厉打击旅游纪念品市场各类违法违规行为，重点打击制售假冒伪劣旅游纪念品及强迫游客购物等行为。集中力量打击制假售假、无照经营、缺斤短两、计量作弊和欺客宰客等违法违规行为，同时加大对重点监管对象的检查和抽查力度。加强对旅游纪念品知识产权的保护，建立完善旅游纪念品品牌建设激励机制，积极培育地方特色品牌。加强旅游纪念品行业诚信建设，建立完善涵盖旅行社、导游和旅游购物点等旅游经营者的诚信档案，逐步推进跨地区跨部门诚信记录共享。发挥“12315”举报投诉热线作用，利用互联网、短消息、来信来访等方式，提高举报投诉处理满意度，建立健全多元解决机制。此次行动建立完善了旅游经营者诚信档案，打造了一批诚信经营旅游购物示范店铺，增强企业守法经营意识，营造放心舒心的旅游购物环境。

【开展汽车市场专项整治工作】 年内，上门走访汽车经营企业，宣传《中华人民共和国广告法》《中华人民共和国消费者权益保护法》《中华人民共和国合同法》等相关法律法规，印发由常州市汽车流通协会制订的《汽车行业诚信服务倡议书》，着力引导汽车经营企业树立正确的法律意识、诚信意识、服务意识、质量意识和品牌意识。积极指导汽车经营企业使用常州工商局和常州市汽车流通协会联合制订的《常州市汽车买卖合同示范文本》和《常州市二手车买卖合同》，有效推动汽车经营企业规范自身合同行为。以国家工商总局列出的应当重点查处的五大类违法行为为检查重点，积极组织对辖区汽车经营企业的主体经营资格和经营行为进行“拉网式”检查，着重检查汽车经营企业主体经营资格是否规范和是否存在侵害消费者权益、虚假宣传、商业贿赂、侵犯注册商标专用权、合同格式条款违法等违法违规行为。鼓励、引导消费者对汽车经营违法违规行为进行投诉举报，充分发挥“12315”基层联络站的作用，对外公布投诉举报电话并落实节假日值班制，做到工作人员不空岗、投诉电话不漏接、维权工作不断档，确保一旦发生有关于汽车经营的消费投诉，能第一时间作出反应。

【开展商品交易市场主体抽查工作】 年内，对辖区23家经营范围中含市场租赁、市场管理等业务但尚未纳入市场信用分类监管的经营主体进行核查，及时将实际从事市场租赁、市场管理等业务的经营主体纳入市场信用分类监管。对已纳入市场信用分类监管的市场数据进行维护，及时删除实际已不从事市场租赁、市场管理等业务的市场数据，切实为主体抽查摇号工作奠定扎实数据基础。根据被抽查对象企业自主公示信息内容要求其提供会计资料、工资发放明细、场所使用证明等相关资料，注重做好相关法律法规的宣传答疑工作，引导被抽查对象自觉、完整地准备好相关资料以供核查。对照被抽查对象提供的资料核查其公示信息，着重查看被抽查对象公示信息是否有隐瞒真实情况、弄虚作假和未按规定公示应当公示的即时信息等情况，当场填写“企业公示信息实地核查记录表”；另一方面，认真检查被抽查对象经营行为，看其有无违法违规现象，当场填写“市场检查表”，同时积极向被抽查对象宣传商品交易市场经营法律法规，督促指导其建立健全商品交易市场经营管理制度，要求其切实履行“第一责任人”义务，引导被抽查对象规范经营。开展后续跟踪处理，按照“谁检查、谁录入”的原则，及时、如实、准确地将检查结果回填至监管软件，并依法通过企业信用信息公示系统对外公示抽查结果，进一步规范辖区商品交易市场经营秩序。

【常州市平安市场创建督查组到金坛督查】 9月23日，常州市工商、公安、农林、卫生、环保、安监、质监、食药监等平安市场创建成员单位在常州工商局的牵头下对金坛平安市场创建工作进行督查。督查组围绕各自部门工作职能，以溪城市场和西门市场为重点督查对象，着重对两家市场的亮证亮照、索证索票、卫生安全、标准计量、明码标价、消防安全、农残检测等创建工作进行检查，同时认真听取市场主办方有关平安市场创建工作的汇报和意见，当场指出在检查过程中发现的问题并提出相应整改建议，有效提高市场主办方的创建意识和工作水平。

【强化监管规范市场】 年内，开展农村食品、农资市场、装饰装修行业合同格式条款等40余项专项整治，受理各类举报63件。根据辖区实际，对全区10个集镇开展洗化用品专项监督检查，并查获一起非法生产、销售地条钢案件。加强与公安、法院等部门沟通，强化行刑衔接，严厉查处各类违法经营案件，努力营造良性发展的市场环境。办结案件101件，案值2175万元。积极发挥媒体和舆论的监督作用，通过宣传、聘用监督员等方式，构建政府主导、部门联合、行业自律、社会监督、群众参与相结合的多元化“齐抓共管”社会共治格局。

【开展装饰装修行业合同格式条款专项整治】 全区有装饰装修相关市场4家,场内从事装饰装修行业的经营主体746家。在前期对装饰装修行业经营主体进行调查摸底的基础上,以本地从事装饰装修行业的大型公司为重点,组织对其使用的合同格式条款进行检查、规范,共检查大型装饰装修经营主体13家,收集、规范合同格式文本13份。积极参加上级局组织召开的装饰装修行业规范工作会议,将发现的不公平合同格式条款进行梳理、上报,并及时交流在专项整治工作中遇到的问题,有效提高专项整治工作水平。

【区属企业首批十三家企业顺利换照】 7月1日,金坛区正式启动撤市设区换照工作,首批完成区政府投资的13家企业的变更登记,并核发营业执照。

【开展农资商品质量监测工作】 结合辖区实际情况认真组织开展农资商品质量监测工作,会同承检机构完成10批次化肥和10批次农药的质量监测工作,其中不合格批次5个,合格率75%,责令相关农资经营者将涉嫌假冒伪劣的农资商品及时下架、停止销售,立案、查处农资违法案件3起,案值13885元。对涉嫌违法的农资经营主体加强后续监管力度,有效打击销售假冒伪劣农资行为,进一步规范辖区农资市场经营秩序。

【完成文明诚信市场推荐和复查工作】 为巩固和扩大文明诚信市场创建成果,进一步提高辖区商品交易市场规范管理和自律经营水平,牵头完成2013~2014年度文明诚信市场推荐和现有文明诚信市场复查工作。经过市场自查自评、部门实地考核、考核结果公示等环节,5家文明诚信市场通过复查,1家市场被新推荐为常州市级文明诚信市场。

【完成首次农资经营主体抽查工作】 年内,完成对辖区5家农资经营主体的定向抽查工作,未发现违法违规行为。其中,4家已履行年报义务且公示信息正常,1家既未履行年报义务也无法通过登记的住所(经营场所)取得联系。

【举行市场监管—法院业务交流座谈会】 2015年3月31日,为加强市场监督管理与司法审判有效衔接,有力提升依法行政水平,继续加强市场监管和法院和谐共建,邀请金坛人民法院院长宋文良、专职委员俞卫忠及行政庭法官一行到市场监管局座谈。座谈中,宋文良结合法院审判职能,重点阐述新《中华人民共和国行政诉讼法》行政执法注意事项、司法与行政有效衔接等内容;局长彭田夫重点介绍市场监管体制改革情况、市场监督管理的法定职责和行政执法中存在的问题。

【开展“3·15”宣传活动】 3月15日,金坛市工商局、金坛市消费者协会、金坛市放心消费创建办联合有关职能部门及单位在金沙广场隆重举办“3·15国际消费者权益日”广场宣传咨询活动。现场发放宣传资料250份,集中宣传和展示全市放心消费创建活动开展以来的创建成果和创建动态。2014年度,金坛市又有2家单位获“常州市级12315消费维权示范服务站”,5家单位获“江苏省放心消费创建活动先进单位”称号,“3·15”当天,为先进示范单位分别送去荣誉牌匾。

【开展直销企业专项检查】 年内,为更好地监管辖区直销市场,确保直销市场规范有序健康发展,根据《省工商局关于开展全省直销市场专项检查的通知》要求,区市场监督管理局对辖区直销市场开展专项检查工作。此次专项检查在把握直销企业主体登记事项的基础上,以服务网点(经销商)为重点对象,从五个方面开展检查:检查直销企业主体的登记及经营情况;检查营销人员的销售活动;检查直销企业的直销培训、集会等活动;检查直销企业在经营过程中的宣传活动;依法查处打着“直销”“特许经营”“连锁销售”等旗号从事传销的行为。此次行动共出动执法人员74人次,检查直销企业服务网点10个、经销商10户,未发现违法行为。

【联合公安部门召开打击传销规范直销工作会议】 12月9日,市场监管局联合公安局经侦大队召开打击传销、规范直销工作会议。会议公布相关直销企业名单和常见违规案例,部署全省直销企业专项检查活动,介绍当前全区传销态势和打击情况。就下一阶段如何做好打击传销规范直销的工作,会议形成四项工作要点:要充分认识打传规直的重要意义。切实增强打击传销规范直销工作的紧迫感、责任感和重要性,要将两个条例的学习和打传规直工作纳入各分局全年工作计划,作为一项常规工作来抓;要严格监管直销企业的经营行为。查处违规直销及传销行为,引导企业依法从事经营活动,促进直销企业诚信经营、守法经营;要全面加强打击传销的宣传工作。要不断创新体制、载体,营造人人知晓传销危害性、人人参与打击传销的舆论氛围;要聚力形成打击传销的高压态势。形成政府主导、市场监管牵头、相关部门联动、群众参与的打传格局,加强对大要案件的查处,进一步建立健全打击传销长效机制。

食品药品监管

【概述】 2015年,区食品药品监管局(区食安办)以推进食品药品安全监督体制改革为抓手,将原质监、工商、食药职能整合组建新的区市场监管局,实现平稳过渡、良性运转。进一步调整完善食安委成员单位,对所属镇、区、街道增挂食品安全委员会办公室牌子,落实食品安全监管专职人员,进一步夯实基础食品监管能力。积极落实政府属地管理职能,细化食品企业主体责任,强化监管部门各负其责,进一步完善全区食品安全网格化管理体系和责任体系,大力实施食品药品放心工程,努力实现全区食品药品安全监管工作新突破。2015年,全区实现食品药品质量安全事故零发生、行政执法零错案、行业作风零投诉。截至2015年年底,全区各部门、镇、村(社区)食品安全监管人员500余人,食品安全监管信息监测点60个,获得食品生产许可证的企业99家,食品经营市场主体3270户。其中个体户2943户、企业327家;经营婴幼儿配方乳粉251户,从事各类食品批发代理22户;餐饮服务许可证持证单位935家(含学校、企业食堂)。全区药品生产企业4家,医疗器械生产企业50家,器械批发经营企业25家,零售药店100家(其中专营店30家,药店兼营70家)。一级、二级公立医疗机构17家、民营医疗机构5家。2015年,受理药品零售企业审批事项186件、医疗器械审批事项3件、医疗器械备案136件、单体药店GSP认证12家。2013年、2014年连续两年在常州市食品安全工作考核中获先进单位。2015年,"食品药品安全保护联动执法机制"被常州市政法委评为"十优创新创优成果"。

食品综合协调。完善食品安全监管机制、评估预警机制,根据不同季节、不同时段和重大节假日,对重点品种进行评价性抽样检测,食品安全形势评估,向社会发布信息和预警。投诉举报奖励机制,出台投诉举报奖励制度,明确相关部门责任,细化投诉举报受理程序和奖励标准,提高群众参与食品安全的积极性。应急处置机制,在完善应急方案的基础上,开展食品安全应急培训和演练。发挥区食安办综合协调功能。区食品安全委员会办公室组织区编办、市场监管局、农业局等食安委成员单位,对区10个镇区(街道)食品安全工作进行全面考核。从组织领导、完善机制、宣传教育、日常监管、专项整治、信息管理6个方面进一步增强各镇区(街道)党委、政府的食品安全责任意识,促进各相关部门的食品安全监管工作,有效发挥机构改革以后乡镇食安办的综合协调职能。强化食品流通环节监管。建立区、镇、村三级市场监管联络员组成的网格化市场监督管理网络,明确责任,监管不留死角盲点。同时以城区为中心,对包括大型超市、批发市场、副食店及农村食品市场等在内的经营主体进行拉网式、多频次、全方位的监督检查,严厉打击销售"三无"(无生产日期、无保质期、无质量合格证)食品、"无标识食品"和过期食品,对非法生产经营户坚决取缔,对涉嫌犯罪违法行为依法移交公安机关。规范行刑司法衔接机制,强化严惩。完善强化以四方联席会议为主要形式的案件协调查、移送受理工作机制。提升基层食品安全工作综合协调业务能力。8月21日,区食安办举办食品安全综合协调能力提升培训会。由开发区、镇(街道)食安办负责人及协管员,区食安委部分成员单位联络员、区市场监管局分局及相关业务科室人员共百余人参加。日常监管和专项整治相结合。先后开展猪肉市场、农村食品、进口食品、集贸市场冻品经营、对超过保质期、变质伪劣食品的专项整治行动,以及食盐市场流通环节、食用油质量、秋季学校食品安全和学校卫生的专项检查。开展"查五无(无生产厂家、无生产日期、无保质期、无食品生产许可、无食品标签)、树诚信、安民心"专项整治行动。针对农村食品流通领域存在的突出问题和食品安全风险隐患,金坛区市场监管局部署开展农村流通领域食品安全"查五无树诚信、安民心"专项整治行动。共检查食品流通经营户1055户次(其中校园及周边食品经营户130户次),监督抽检食品140批次,检查批发市场、集贸市场55个次,共受理和处理消费者投诉和举报13件。抓实宣教活动。11月8日,区市场监管局举办由全区90余家食品生产企业法定代表人及质量责任人参加的新《中华人民共和国食品安全法》培训班,并开展"送法进企业"活动。积极组织企业申报食品经营、生产示范企业,经过初步考评,从申报的企业当中挑选了13家综合评分靠前的企业进行组织申报食品示范企业。

药械监管。强化日常监管。继续推动新修订药品GMP的深入实施。配合常州市局完成常州金远药业制造有限公司小容量注射剂GMP跟踪检查,完成江苏亚邦强生药业有限公司乳膏剂(外用)GMP跟踪检查。常州亚邦制药有限公司枸橼酸西地那非等3个品种完成新修订GMP认证,取得新修订GMP证书。全面推进全制剂品种电子监管任务。常州金远药业制造有限公司在产品种已完成赋码工

食盐市场大检查　　　(区市场监管局　供稿)

作,江苏亚邦强生药业有限公司未赋码品种已制订计划,确保2016年1月1日起生产的所有制剂药品按规定赋码、上网。继续加强药品生产的日常监管。督促指导1家基本药物生产企业完成2014年度基本药物中标品种质量评估和风险排查工作,组织对注射剂生产企业开展高风险产品监督检查,督促企业加强风险排查和核实,采取有效防控措施减低风险。积极配合盐城市局和常州市局完成亚邦强生受托生产的现场检查,完成江苏亚邦强生药业有限公司申报他达拉非片、依折麦布片的注册现场核查,组织对辖区内一家胶囊剂生产企业开展明胶空心胶囊和胶囊剂药品专项监督检查工作。保持特殊药品监管高压态势。对原料药(蛋白同化制剂)生产企业、特殊药品批发企业检查4家次,跟踪核查相关药品的销售流向。严格涉外药品监督检查。对常州市天华制药有限公司申请出口欧盟丁卡因等6个品种原料药进行现场检查。强化药品流通监管。严把药品经营企业许可准入关。重点做好6家药品连锁企业门店的注销、变更、开办工作,督促药品零售企业做好药事远程服务和审方系统的工作。受理"药品经营许可证"新开事项76件,单体药店加入连锁公司48件,变更事项44件,换证事项6件,注销事项60件。加强药品流通监管。对零售连锁和单体药店进行日常监管,检查药品单体零售药店39家,对存在问题的单位,现场责令整改。推动药品零售企业转型升级。针对金坛区药品零售企业普遍存在规模小、数量多、利润低、管理水平参差不齐的状况,积极创新监管方式,引导和鼓励药品零售企业发展连锁经营。至2015年底,全区有药品零售总部6家、连锁门店217家,做到"八统一"(统一企业标识、统一企业管理、统一质量控制、统一人员管理、统一财务管理、统一配送采购、统一网络信息、统一服务承诺)。单体店从161家降至82家。深入推进药店GSP认证工作。截至2015年年底,全区有200余家药店通过GSP认证。强化药品零售企业GSP认证全程监督,确保GSP认证工作的顺利开展。开展医疗器械生产经营备案核查。加快落实新规执行步伐,对2015年度取得"备案凭证"的第一类医疗器械生产企业和第二类医疗器械经营企业,按照《医疗器械监督管理条例》的要求,开展现场核查。督促企业牢固树立"企业第一责任人"的质量意识,严格按照医疗器械法规要求规范生产经营行为,确保医疗器械生产经营质量安全。开展医疗器械及药包材抽检工作。此次抽检对象为一次性使用无菌注射器(带针)、一次性使用输液器(带针)、一次性使用无菌阴道扩张器、一次性使用低阻力配药用注射器、脱脂棉纱布、超声雾化器、医用低速离心机、电动骨钻等8类医疗器械产品和低硼硅玻璃安瓿等1类药包材产品,出动执法人员23人次,抽取9家医疗器械生产单位的12个批次样品。开展橡胶避孕套专项检查。检查连锁药店公司7家、大型商品超市2家。未发现辖区内企业违法经营情况,天然胶、乳橡胶避孕套产品外包装、说明书与注册证内容一致,储存场所及方式符合产品要求,产品来源渠道合法。开展复方肝浸膏片(胶囊)紧急排查。根据国家食药总局《食品药品监管总局关于做好复方肝浸膏片(胶囊)核查及召回工作的通知》,对辖区1家药品批发、7家药品经营连锁、16家使用单位进行全面排查,未发现销售使用上述复方肝浸膏片(胶囊)的情况。强化学习培训。通过监督检查,专项培训等不同方式,强化企业质量风险管理意识,提升质量风险管理水平,力促企业有效应用质量风险管理方法,切实保障药品质量安全。完善药品监测体系。强化药品不良反应监测。全区17家一级、二级公立医疗机构、5家民营医疗机构、2家药品制剂生产企业、1家药品批发企业、7家较大的零售企业、27家医疗器械生产企业均设立药品不良反应监测机构,实现在线申报。共上报药品不良反应192份,其中新的严重的不良反应报告31份,占16.15%。上半年度医疗机构报告不良反应报表127份,占全区报告数的66.15%;经营企业50份,占全区报告数的26.04%;生产企业15份,占全区报告数的7.81%。上半年完成医疗器械不良事件上报229例,无严重病例。

【常州市食药监局领导调研金坛食品安全监管工作】 7月16日,常州市食品药品监督管理局副局长江永清一行到金坛区调研食品安全监管工作情况,听取金坛区市场监管局组建后在机构设置、人员配备、食品抽检、应急处置和食品安全稽查等方面情况汇报。围绕在当前机构改革情况下如何确保食品安全以及改革过程中一些重点难点等问题与金坛局负责人进行交流。常州食药局领导充分肯定金坛区市场监管局在机构改革过程中取得的成效和积累的经验,强调食品安全是重大的民生问题,也是社会稳定和经济发展问题,食品行业已经成为国家高度重视、社会高度关注的行业。金坛区市场监管局一定要以机构改革为契机,认清食品安全监管的重要性和紧迫性,加大部门配合,强化监管,确保全区人民群众的食品安全。

【全面完成1600批次食品评价性抽样检测任务】 2015年,金坛区食安办组织农林、市场监管、卫计、粮食等部门对农产品批发市场销售的蔬菜、水果、畜产品、水产品,食品生产加工企业生产的饮用纯净水、大米、茶叶、调味品、月饼、糕点、饮料、包装卤菜制品,大型超市等经营企业销售的腌制品、蜂蜜、豆制品、肉制品、饮料、方便食品、饼干、炒货、食用油、蜜饯、调味面制品、果冻,餐饮店的卤菜制品、食用油、面食、大米、餐具,粮油企业销售的小麦、大米、糯米粉、小麦粉、挂面、杂粮等36个品种进行抽样检测。全年抽检食品1600批次,检测合格1594批次,合格率99.6%。其中除餐饮环节卤菜制品、流通环节肉制品及罐头外,其他品种合格率100%。不合格品种及主要原因:餐饮环节卤菜制品3个批次不合格,主要原因是细菌总数和大肠菌群超标;流通环节肉制品1个批次不合格,主要原因是细菌总数超标;罐头3批次不合格,主要原因是标签不符合规范。对不合格食品及其所涉及的生产经营单位,相关部门依法进行处置。

【常州市政协到金坛调研食品检测机构资源整合及农产品追溯体系建设完善情况】 为保障常州市政协"一号提案"调研活动的有效开展,根据常州市政府"一号提案"办理工作方案的安排,常州市政协主席邹宏国、市政府副秘书长梅向东一行30余人于9月25日赴金坛区就食品检测机构资源整合及农产品追溯体系建设完善等工作情况进行现场调研。区政协主席王国胜,副区长陈锁龙陪同调研。此次调研以实地考察为主,调研组首先到江苏省薛埠粮食储备直属库进行现场考察,随后,到江苏海之客农业发展有限公司(壹号农场),重点就农产品追溯体系建设具体操作情况进行全面考察。调研组充分肯定金坛区在食品检测机构资源整合及农产品追溯体系建设中取得的成效和积累的经验,并就农产品可追溯和检测资源整合存在的问题,提出意见和建议。

【区食安办赴扬中调研小作坊监管工作】 8月14日,区食安办赴国家级食品加工小作坊监管工作试点单位扬中市市场监督管理局,调研学习小作坊监管先进经验。通过此次调研,区食安办实地了解小作坊监管的难点和重点,学习扬中市在小作坊监管方面的先进经验和方法,为做好食品生产加工小作坊监管工作获取了宝贵的经验。

【全面完成2015年药品、医疗器械抽样工作】 按照年初制定的2015年度抽验计划,历时8个月时间,在全区范围内开展药品、医疗器械抽检工作。共对9家药品连锁经营企业、3家药品生产企业、24家医疗机构、9家医疗器械生产单位进行抽检工作,切实做到辖区内基本药物生产企业全覆盖、药品连锁经营企业全覆盖、乡镇级医疗机构全覆盖。累计完成药品日常监督性抽样191批次;胶囊剂专项抽样4批次;医疗器械及药包材抽样12批次;常州局委托规定品种抽样2批次;药品快检170批次。收到检验报告158批次,合格154批次,不合格4批次,对生产经营使用不合格药品、医疗器械的单位按照相关法律法规进行行政处罚。

质量技术监督

【概述】 2015年,质量技术监督由垂直管理调整为地方政府管理,并与原市工商局、市食药监局合并重组区市场监督管理局。新部门成立以来,以公共安全为底线,充分发挥质量技术监督职能,进一步强化特种设备安全监管力度,重点加强电梯、气瓶、大型游乐设施、起重机械等特种设备监管力度,及时处理各类特种设备安全隐患,为促进全区社会稳定发展做出积极贡献。

【金坛区建成全国首家县级市内燃机检验检测公共技术服务平台】 2015年9月28日,区首家内燃机检验检测公共技术服务平台通过江苏大学汽车与发动机排放研究所专家组的现场验收正式投入运行。区产品质量监督检验所和区现代农业装备行业商会在政府相关部门关心和支持下,从2014年开始,联合区内6家柴油机主机生产企业坚持高起点、高标准,紧紧瞄准国际技术发展的前沿领域,以开展非道路移动机械用柴油机、通用小型汽油机产品检测为核心,合作建设非道路移动机械用柴油机—通用小型柴油机检验检测平台。

该平台的建成有效弥补了国内企业在非道路小缸径柴油机性能、排放控制方面的自主研发的不足,在行业内能起到引领示范作用,成为国内首个县级内燃机检验检测公共技术服务平台,金坛质检所也成为国内首家配置电力测功机用于非道路移动机械用柴油机特别是单缸柴油机检测的检测机构。

【出台《金坛雀舌茶地理标志产品保护管理办法》】 2015年10月,金坛区政府正式出台《金坛雀舌茶地理标志产品保护管理办法》(以下简称《办法》),对"金坛雀舌"在种植、使用、加工、包装和销售等各个领域进行规范,金坛成为常州五区一市中第一个对农产品地理标志予以专门保护的地区。该《办法》的出台将对合理开发、利用和保护金坛区"金坛雀舌"地理标志产品资源,规范金坛雀舌茶地理标志产品专用标志的申请、使用和管理,保证"金坛雀舌"的质量和特色,维护金坛区茶叶的声誉及经营者、消费者的合法权益起到积极的作用。近年来,市场监管部门(质监部门)积极推动全区茶业产品全产业链现代质量认证体系建设工作,取得显著成果。2007年金坛建成江苏省级茶叶标准化示范区,2010年建成国家级茶叶标准化示范区,2012年出台DB32/T2695－2014省地方标准《地理标志产品金坛雀舌茶》。2013年"金坛雀舌茶"经国家质检总局公告成为常州地区首个获批的地理标志保护产品。为确保"金坛雀舌"地理标志信息在种植、加工领域的规范使用,保障消费者的知情权,市场监管部门积极运用"互联网＋"工程,认真做好茶园信息卡的核实公示和"地理标志保护产品管理信息系统"的开发和调试,形成从茶园到茶企再到终端消费者的全过程二维码监控、流转、防伪和溯源体系。各大茶园只需通过二维码销售雀舌茶鲜叶、茶企通过二维码获得地理保护产品专用标志、消费者通过二维码获得所购买雀舌茶的全部生产信息。

【中盐金坛盐化获评2015年常州市质量管理先进单位】 7月,2015年常州市市长质量奖和常州市质量管理先进单位名单公布,中盐金坛盐化有限责任公司获2015年常州市质量管理先进单位,这是金坛区首家企业入围该奖项,标志着金坛区质量发展工作迈上一个新台阶。

【开展卓越绩效标准宣传贯彻活动】 9月12日,区市场监管局组织开展卓越绩效标准宣贯培训及质量管理现场观摩活动,全区50多名企业负责人参加培训观摩。此次活动,特地邀请管理学博士、江苏现场统计研究会理事、南京理工大学经济管理学院许前教授作《卓越绩效评价准则》标准宣讲。同时,组织参观常州市市长质量奖获奖单位江苏润源控股有限公司,听取该公司领导入卓越绩效经验介绍,并和企业进行学习交流,取得良好的效果。

【开展标准计量培训】 2015年8月28日,组织机关科室和基层分局30余人开展标准计量业务培训,重点围绕标准知识、计量知识在日常工作中的重要性,企业产品标准备案以及今后企标网上自我声明公开的宣传贯彻等讲解。

【举办质量管理人员培训班】 2015年8月26日,组织金城分局、稽查大队及企业质量管理人员开展质量管理培训。特地邀请国家注册审核员、南京市质量管理奖评审专家秦银辉授课。培训中,秦银辉重点围绕质量管理原则、主要模块、实施方法和新版质量管理体系标准等,强调企业自觉通过导入质量管理体系改进生产经营的重要性,并通过实际案例分享,帮助培训人员理解质量管理体系标准的精髓,引导分析和思考实际问题。

【组织开展电梯应急救援演练】 7月2日,金坛区市场监管局组织开展实战式电梯应急救援演练。区应急办、安监局、住建局物业办、消防大队、卫生局、主要住宅小区物业公司、常州特检分院金坛所及相关部门代表共80余人观摩演练,各电梯维保单位相关人员参与演练。

【2015年常州市名牌产品名单公示】 年内,常州市名牌战略推进委员会办公室公示2015年度常州市名牌产品名单,金坛区有21个产品榜上有名。其中金坛市生态良种茶场生产的“露源”牌绿茶、服务业名牌江苏海之客农业发展有限公司、服务业名牌江苏盐道物流股份有限公司、江苏海定工程机械有限公司生产的“王曹”牌桥梁支座、江苏中宇电力器材有限公司生产的“中坛”牌电力金具、金坛市金盛喷灌设备有限公司生产的“金盛”牌涂塑软管、金坛市大地复合肥制造有限公司生产的“垚”牌复合肥等7个名牌为新增,其余14个名牌为复评。 (岳黎明)

物价管理

【概述】 2015年,区价格部门主动适应经济发展新常态,围绕江苏省价格系统工作主线,积极服务价格改革,努力强化价格监管,有效提高基层价格管理水平和团队能力建设,为“常金一体化”健康稳定融合和持续有力发展作出应有贡献。

【落实稳价措施】 严格按照江苏省物价局新出台的价格监测工作制度,加强对重要商品和服务价格监测,增加监测品种,提高监测分析质量和预警监测的及时性、准确性。重点围绕粮食、蔬菜、生猪等农产品价格和成品油、农资等重要工业原材料,做好价格监测分析,及时反映价格动态和供销情况,全年上报省、市局监测品种163个、报表852频次,上报价格情况分析29篇。积极开展价格调研,提供价格调稳依据。在做好价格成本调查与监审工作的同时,围绕领导关注的重点问题和群众关心的热点问题开展调研,掌握全面情况,开拓思路,不断提高价格工作的前瞻性和预见性,为上级决策提供可靠管用的资料,推进工作落实。先后完成23项市场调查,特别是在蘑菇和蚕茧价格出现异动时,及时有效地开展摸底调查,撰写《金坛市双孢蘑菇产量增价格下跌》和《金坛春蚕茧质高价平》在国家发改委中国发展网发表。进一步推进平价商店建设,落实惠民稳价政策。为加强全区蔬菜类平价商店管理,推进平价商店规范化建设,发挥平价商店在平抑菜价、便民惠民方面的积极作用,组织开展节假日平价商店更让利活动,增加优惠项目、扩大优惠幅度,并积极鼓励各平价商店在规定优惠让利举措外开展多种形式的平价惠民措施,提升平价商店在节日期间的影响。对蔬菜类平价商店实行价格巡查考核管理制度,从6个方面定期进行考核,并对多次擅自减少平价品种、责令整改不到位的1家进行摘牌处理,保证平价商店在全区健康发展。根据常州市物价局考核办法,对全区现有6家平价商店评出优秀1家,良好2家,合格3家,并从价格调节基金中安排22万元,按照优秀5万元、良好4万元、合格3万元的标准分别给予奖励。

【价费监管】 认真落实中小学、公办(民办)普通高中收费政策。对9家幼儿园开展收费政策执行情况专项督查。加强客运和景区价格管理。调整部分长途客运票价,调整4家景区门票及相关服务价格进行备案,并进行督查。完成金坛区执行政府定价或指导价景区门票价格调整调查和金坛区景区门票价格情况调查上报工作。加大养老殡葬价格和救护收费监管。加强物业服务收费及停车收费管理。分别核定8个住宅小区前期物业服务管理收费指导标准,并对5家招(投)标物业服务收费标准进行备案,规范物业管理服务收费行为。及时解答群众对物业管理价格诉求,解答“12345”转办的6起有关物业管理收费的咨询或投诉。规范人防工程停车收费管理,会同区民防局联合下达《关于进一步明确市区住宅小区人防工程车辆停放服务收费及管理的通知》。配合城区静态交通综合治理工作,研究制订《常州市金坛区城区停车服务收费管理办法(试行)》并上报区政府。以“价格诚信有序年”活动为抓手,规范市场价格行为。将价格监管由重点治理向全面规范拓展,对热点行业和领域分类实施常态化监管。按照“政策稳定、强化巡查、重点服务、严厉惩处”的原则,继续深入推进商贸流通企业明码实价工作。突出重要节日市场价格行为的督查。加强日常市场价格行为巡查,对日常督查的市场经营户的信息进行重新核对,2015 年年底登记在册的经营户为 369 户(原来是 361 户)。开展“明码实价和价格诚信推进年”活动。有 3 家企业积极申报 2015 年度常州市价格诚信单位,并为来年申报江苏省价格诚信单位打好基础。开展平安市场创建活动。配合工商部门开展平安市场创建活动,成立创建领导小组,开展日常督查。开展食品安全检查。贯彻落实食品安全整治实施意见,除配合区食安委开展食品安全检查工作外,日常督查工作主要是与日常市场巡查一道开展。组织开展专项检查,市场监管取得成效。积极组织涉企收费专项检查、商品房明码标价抽查、教育收费专项检查、汽车 4S 店明码标价检查、药品价格专项检查等多项专查工作,从结果看,大部分情况好于往年,商品房明码标价情况好于周边地区,对部分违规情况,进行限期整改或处罚。

【价格改革】 从 4 月 1 日起对金坛区非民用管道天然气销售价格进行调整,中准销售价格由现行每立方米 3.68 元调整为 3.56 元。从 11 月 20 日起再次下调非民用管道天然气销售价格,中准销售价格下调至每立方米 2.95 元。同时下调车用天然气价格,由 4.80 元/立方米下调至 4.19 元/立方米。每年将为全区用气企业和出租车车主节省成本开支 2000 多万元。组织居民阶梯水价和阶梯气价听证会。上调基本水价和污水处理费、水资源费并实行居民用水阶梯式水价。至 2015 年年底,居民阶梯水价和阶梯气价听证会仍在依照法定程序进行过程中。落实医药价格改革。督促区人民医院、区中医医院完成 2014 年度医药价格综合改革效果评估相关数据上报工作,并协助搞好县级公立医院医药价格综合改革运行情况专题调查。督促两家公立医院调整相关医疗服务价格。其中,区人民医院调高 496 项、调低 238 项;区中医医院调高 61 项,调低 73 项(两家医院共减少医疗收入 1127.95 万元),确保政策落地到位。对 28 项价格管理权限放开的医疗服务项目和 60 项特需医疗服务项目实行市场调节价管理。实施公立医院医疗服务价格动态管理。加强非公立医疗机构医疗服务价格备案管理。落实价格职能改革。开展清费减负放权工作。2015 年度分 6 批,共取消 29 项、暂停征收 11 项、降低 17 项、免征 23 项行政事业性经营服务性收费项目和收费标准,全年累计可减轻企业和群众负担 3200 多万元。推进收费事中事后监管。精心编制《金坛市行政事业性收费目录》和《金坛市实施政府定价或指导价的经营服务性收费目录》(截至 1 月 31 日),组织开展收费年报。自 4 月 1 日起,取消收费许可证及年度审验制度,全市各行政事业性、政府制定价格的经营服务性收费单位实行收费情况报告制度,即实行收费单位收支状况年度报告。

【价格基础工作】 切实做好价格举报工作。认真做好“12358”价格举报电话四级联网工作。对每一件价格举报(咨询)严格按照规定程序和时限做到及时受理、及时处理、及时答复,努力为消费者维权,为消费者排扰。全年受理价格举报(咨询)61 件,实现经济制裁 203790 元。其中退还消费者 203290 元,罚款 500 元。办结率、答复率均为 100%。开展价格法律法规宣传活动。根据全省价格系统“六五”普法规划和“谁执法、谁普法”的普法责任制要求,在对外履行职责过程中,采取多种方式特别是向行政相对人宣传价格监督检查和反垄断等方面的法律法规,将普法宣传教育渗透到执法全过程,扎实做好价格认定工作。全年完成各类价格认定案件 910 件,认定总金额 1232.1 万元。

(姜涛晔)

【召开区居民生活用水价格调整听证会】 12 月 1 日,召开区居民生活用水价格调整听证会,部分人大代表、政协委员、消费者代表和有关部门负责人及专家学者参加会议。

此次水价调整方案涉及基本水价、污水处理费和水资源费,分别上调基本水价 0.38 元/立方米、污水处理费 0.35 元/立方米、水资源费 0.17 元/立方米,居民生活用水价格由 2.8 元/立方米调整为 3.7 元/立方米。同时实行居民用水阶梯式水价,第一阶梯用水量为每月≤15 立方米/户(三口之家),水价为 3.7 元/立方米;第二阶梯用水量 >15 立方米但≤22 立方米,水价为 4.68 元/立方米;第三阶梯用水量 >22 立方米,水价为 7.62 元/立方米。其中,执行居民生活用水价格的非居民用户不实行阶梯式水价,在第一阶梯 3.70 元/立方米基础上增加 0.20 元/立方米。此次调整兼顾低收入群体,经区民政局、总工会认定的城乡供水区域内城乡低保家庭、孤儿、城市“三无”老人(城镇居民中无劳动能力、无生活来源、无赡养人和扶养人,或者其赡养人和扶养人确无赡养或扶养能力的 60 周岁及以上老年人)、特困职工家庭、困难儿童和农村五保户,实行每年 200 元/户补贴。

参加听证会人员一致同意水价调整方案,区发改部门将对听证会意见进行整理汇总,提交区政府审议通过,并报请常州市物价局批准后实施。

(冯鲁明)

【取消、暂停和降低部分行政事业性经营服务性收费】 根据《省政府关于取消和暂停征收部分行政事业性经营服务性收费以及降低部分收费标准的通知》，金坛区自11月1日起，再次取消18项、暂停征收4项和降低9项部分行政事业性经营服务性收费（共计项目18项），主要涉及教育、交通运输、卫生和计划生育、住建、公安、人社、气象、民政、水利、市场监管等10个部门，预计每年可减轻企业和群众负担1525.5万元。 （王鸿林）

【金坛春蚕茧质高价平】 金坛区发改委对桑蚕茧收购进行市场调查，春茧6月7日开始收购，于6月11日收购结束。2015年，春茧共发种1200张，比上年减少1000张，桑田面积也由原来的133公顷减少到67公顷。

由于2015年气候适宜，春茧整个生长期基本没发生病虫现象，空气污染现象也很少，因此，春茧张产量、质量都高于上年，但2015年春茧价格和上年持平，为1850元/担。蚕农养蚕积极性日趋下降。

分析蚕桑产业萎缩及2015年春茧收购价下滑的原因，主要有以下几方面：国际茧丝绸市场自2013年春茧价格达到高点后，一路震荡下滑，因此国内鲜茧价格也逐渐走低；养蚕和桑田管理繁琐劳苦，用工多，劳动强度大，导致年轻人不愿意从事栽桑养蚕行业；现在农资价格虽然相对稳定，但人工工资不断上涨，推高了蚕茧生产成本，而蚕茧价格却在原地徘徊，甚至逐步下跌。 （冯鲁明）

【“3·15”消费维权咨询服务活动】 3月15日上午，区发改委参加由区消费者协会组织的“3·15消费维权日”活动。

为切实做好此项工作，活动前期，区发改委制订了“3·15消费维权活动”方案。活动当天是通过布置展板、发放宣传资料、设立咨询服务平台等形式进行，由各科室负责人面对面答复咨询、受理投诉，近距离地为群众解疑答惑，引导市民增强价格法律法规意识，畅通价格维权渠道，维护群众的合法权益。 （韩腊梅）

统 计

【概述】 2015年，全区统计工作以提高统计能力为基础，以提高统计数据质量为核心，以提升统计服务效能为关键，以提高政府统计公信力为目标，致力为实现全区经济跨越发展做出新贡献。

【提高统计工作质量】 年内，认真组织1%人口抽样调查。按照上级部署和要求，认真做好人口抽样调查各项工作，在建立组织机构、人员配备、经费落实等工作的基础上，广泛深入开展宣传、着力抓好“两员”（普查指导员、普查员）培训，按照《2015年金坛区1%人口抽样调查工作计划》，扎实开展抽样框整理、绘制调查小区图、摸底登记等工作，至2015年年底，全区1%人口抽样调查工作按照要求有序推进。顺利完成企业创新调查。按照国家统计局关于开展2014年全国企业创新调查工作的要求，切实加强组织保障，认真谋划工作方案，及时组建调查队伍，扎实开展业务培训。完成对485家企业填报数据的审核、修改和检查，汇总创新工业企业占比情况，与科技表R&D（研究与试验发展）经费占比情况进行比对，结合科技年报表对有R&D经费的规上工业企业创新情况进行重点核查，针对特级、一级建筑业、抽样批零、服务业进行逐一核查，纠正企业漏报创新问题，改正关联表的核实性错误，提高数据的准确性。

【推进统计改革】 2015年，深入推进投资统计改革。在顺利完成固定资产投资统计制度方法改革省级试点工作的基础上，按照上级部署和要求，认真研究2015年国家投资改革试点方案，把握国家方案出现的新情况和新变化，着重做好企业培训，牢抓企业数据源头，确定144家亿元单位上报名单，完成投资数据的试填试报，组织召开固定资产投资试点数据会审工作会议，对全区固定资产投资试点工作做全面总结和分析。

【强化统计建设】 年内，深化巩固基层基础建设。制订《2015年金坛区统计基层基础建设工作意见》以及《2015年度金坛区统计基层基础推进工作计划》。组织召开统计基层基础建设工作会议，部署全年统计“双基”重点工作计划和任务要求，完善统计“双基”建设工作考核办法，出台《金坛区统计基层基础建设工作考核实施细则》。按照常州市局《关于开展2015年镇（街道）统计基础规范化建设“回头看”的通知》验收标准要求，认真组织对指前、儒林等镇的达标验收。指导各镇区完成92家联网直报企业的统计基础规范化建设工作通过对标考核。根据创县级统计规范化示范单位要求，做好单位规范化建设工作，完成全局台账整理归档工作。按照省统计局部门统计工作规范化标准，指导推进部门统计规范化建设。

（姚月暄）

审 计

【概述】 2015年，全年完成审计项目34个（不含区领导临时交办的跟踪审计项目），审计总金额557.61亿元，发出审计处理决定4份，审计查出管理不规范金额154.20亿元（其中减少财政拨款补贴4.38亿元）、违规金额15.12万元，调账处理1.61亿元，提出审计建议153条，促进被审计单位建立健全规章制度49项，制订整改措施42条。发出移送处理2份，移送处理事项2个，移送处理金额61.43万元。提交审计工作报告、专报、情况反映82份，撰写信息及论文245篇，被有关部门采用520篇次，其中审计署采用53篇、省审计厅采用153篇。区审计局获全省审计系统先进集体、2014年度全省审计信息宣传工作成绩突出县（市、区）荣誉，金坛经济开发区2011～2013年度发展情况专项审计调查、金坛市2013年度预算执行及其他财政收支审计两个项目获常州市审计局

2014 年度优秀审计项目。

【政策措施落实情况审计】 2015 年,把加强对宏观调控政策执行情况审计,作为保障经济平稳发展的重要举措,加大对经济运行中风险隐患揭示力度,努力推动各项决策部署落实到位。根据审计署统一组织,针对省政府下发的关于推进城镇化促进城乡一体化发展、加快发展循环经济、取消一批行政审批项目、加快棚户区(危旧房)改造等 79 项稳增长、促改革、调结构、惠民生政策落实情况的专项审计调查。审计重点摸清政策落实情况,及时反映新情况新问题,发挥政策落实"督查员"作用。始终关注改革措施的实施进度和协调配合情况,关注体制性机制性问题,积极提出解决突出问题和推进长远发展的建议,发挥深化改革"催化剂"作用。

【预算执行情况审计】 2015 年,把握总体,促进规范。检查 10 家单位预算执行总体情况,着重关注中央"八项规定"、国务院"约法三章"和省委十项规定落实情况,促进部门单位规范使用资金。盘活存量,优化增量。重点促进盘活存量,关注存量资金的成因和结构,促进存量资金尽快落实到项目和发挥效益。促进优化增量,不仅关注财政收入的真实性,更关注财政支出的合规性和绩效。严肃查处虚报冒领、骗取套取、截留侵占等问题,促进资金安全规范高效使用。维护财政安全。开展全区国有(国有控股)企业管理情况专项审计调查,对 41 个本级融资平台公司、31 个镇区融资平台公司进行调查,摸清政府债务的总体情况,揭示风险和问题。提出完善政府投融资平台和国有企业单位融资监管机制、解决企业人才缺乏问题等审计建议。

【民生资金和项目审计】 抓好住房保障审计。2015 年,区审计局连续第 3 年对城镇保障性安居工程建设情况开展跟踪审计,审计着力关注各项保障房建设任务完成情况,促进提高保障水平。审计提出的加快完善公共租赁住房周边配套设施建设、加大保障房后续运营分配管理等 13 条审计建议得到采纳,区政府专门出台《金坛商品住宅专项维修资金管理办法》、《关于加强住房公积金扩面工作的意见》两份文件,住房公积金中心逐年提高公积金增值收益提取城市廉租住房补充资金,由 2012 年的 595.49 万元快速提高到 2014 年的 1701.78 万元,为全区推进各项保障性安居工程建设、促进经济增长和社会和谐等方面发挥积极作用。《中国审计报》在头版专题介绍金坛区加强住房公积金扩面工作的好做法。抓好涉农资金审计。开展新型农村合作医疗基金财务收支专项审计,掌握运行模式和现状,积极开展绩效评价,促进惠农政策落实。抓好社会救助资金审计。开展 2012～2014 年度民政社会救助专项资金审计。关注资金筹集水平和发放情况,促使资金真正用有所效。

【党政领导干部经济责任审计】 根据不同类别领导干部的职责权限,突出审计重点。切实做好经济责任审计与专项审计的统筹结合,提高审计效率。2015 年完成 17 名领导干部的经济责任审计,审计总金额 44.08 亿元,查出管理不规范金额 6.55 亿元,其中违规金额 15.12 万元,移送 2 件,提出审计建议 60 条。监督乡镇领导干部权力使用。随着乡镇承担的经济发展任务的加大,乡镇政府资金规模逐步扩大。围绕区委、区政府工作中心,重点关注乡镇招商引资、项目建设任务完成情况,检查镇级政府资金筹集和使用情况,促进资金运行安全。全年开展经济开发区、指前镇、儒林镇党政领导干部经济责任审计。保障机构合并顺利推进。2015 年,对新组建成的市场监督管理局的原工商行政管理局、质量监督检验检疫局、食品药品监督管理局领导干部,以及对组建成新的卫生和计划生育局的原人口和计划生育局领导干部开展离任经济责任审计。检查财政财务收支的合规性,关注单位在执法过程中罚没收入的合法性以及"三公"经费使用情况。

【政府投资建设项目审计】 2015 年,积极跟进"一区一城一山一水"发展战略,对重大基础设施建设全面介入跟踪监督,关注招投标、物资采购、投资控制等方面的问题,推动及时完善制度、加强管理和堵塞漏洞,切实提高政府性资金使用效益,固定资产投资审计产生效益 7.12 亿元。认真做好竣工决算审计和结算审计。完成指前万顷良田整治工程、2012 年小农水重点县工程、指前实验学校新建工程、新安花园安置小区工程、新建河整治工程等项目的竣工决算审计。审结南洲花园四期、区域供水项目、儒林新建标准工业厂房等工程结算 2152 份,送审金额 34.33 亿元、审定金额 28.13 亿元,核减项目投资额或工程款 6.20 亿元,核减率 18.06%,促进提高投资效益。大力加强对重点项目的跟踪审计。全年对金武路改扩建工程、第二人民医院、城东卫生院移址新建工程、图书馆新建工程、龙山水利枢纽建设工程、中小学新建工程等 58 个工程开展跟踪审计。注重关口前移,督促完善项目内控制度,规范建设行为,促进项目顺利实施。跟踪审计投资金额 83.81 亿元,提出审计建议 108 条,促进建立健全制度 5 条,节约建设资金 0.92 亿元,有关审计建议和专报引起区领导的高度重视。"点线面"三结合开展丹金漕河航道整治工程审计、金坛市"万顷良田"工程拆迁跟踪审计效果明显等经验被《中国审计报》等媒体推广。审计提出的集约节约提效以及规范工程项目管理的很多审计建议被作为行业典范。如针对水利工程招标文件和格式合同存在不专业、图省事等问题提出的 17 条修改意见已成为水利工程合同模板。提出的对水利工程招标前先编制标底并设置拦标价的建议使工程量清单和拦标价更准确,提出的改变列明外项目的结算方式对不平衡报价进行约束等等。

【内部审计指导】 年内，坚持把内审工作的出发点和落脚点放在促发展、促管理、促效益，强化内部控制和防范风险上，指导内审机构把财务收支审计、内管干部经济责任审计、专项资金效益审计以及工程建设项目审计有机结合起来，努力整合审计资源，提高审计工作效率。2015 年组织 44 名内审人员参加江苏省内审协会举办的“经济责任审计与内部审计信息化”业务培训班，组织 4 名内审人员参加常州市内审协会举办的内审人员能力提升培训。在对儒林镇党政领导任期经济责任审计中，提出“整合内部审计力量，发挥内部审计机构职能作用，集中优势力量有效开展经常性的内部监督工作，促进所属单位提高财政财务和项目资金管理水平”等多条审计建议。开发区审计所在常州市镇（街道）审计工作推进会上交流经验。金坛区内部审计完成财务、效益、基建及一些本部门的专项资金审计项目 658 个，审计总金额 50.69 亿，查出损失浪费金额 176.32 万元，增加效益 4852.71 万元，提出并被采纳审计建议 217 条。

【深化自身建设】 2015 年，以江苏省审计厅“三提升一强化”（即提升审计专业化水平、规范化水平、信息化水平，强化党风廉政和作风建设）行动为统领，打造廉洁、高效、文明的审计机关和队伍。深入开展“三严三实”教育活动，锤炼过硬作风。深入学习《习近平谈治国理政》《习近平关于全面依法治国论述摘编》等书目，重点学习习近平总书记关于“三严三实”系列重要讲话和中央有关重要文件规定，组织集中学习、交流研讨，党组书记带头上党课、党组成员在一定范围内上党课，剖析“三严三实”深刻内涵和落实要求，确保学深真懂。向被审单位、中介机构、施工单位、老干部等广泛征求不严不实的问题，汇总明确整改。召开会议学习贯彻《江苏省党员领导干部践行“三严三实”三十条行为规范》以及各级党委、纪委有关作风建设要求，开展警示教育，邀请区纪委副书记、监察局局长作《推进党风廉政建设》的专题讲座，使优良作风深入人心。严格贯彻“审计八不准”（不准由被审计单位和个人报销或补贴住宿、餐饮、交通、通讯、医疗等费用；不准接受被审计单位和个人赠送的礼品礼金，或未经批准通过授课等方式获取报酬；不准参加被审计单位和个人安排的宴请、娱乐、旅游等活动；不准利用审计工作知悉的国家秘密、商业秘密和内部信息谋取利益；不准利用审计职权干预被审计单位依法管理的资金、资产、资源的审批或分配使用；不准向被审计单位推销商品或介绍业务；不准接受被审计单位和个人的请托干预审计工作；不准向被审计单位和个人提出任何与审计工作无关的要求）、《金坛区审计局廉政纪律》《金坛区审计局机关工作纪律》等制度，加强督察和考核。局领导班子加强对审计点的巡访督查，进一步加强政务公开，聘请行业监督员，畅通群众诉求渠道，强化对作风情况的监督。以“三化”（专业化、规范化、信息化）建设为核心，提高审计业务水平。加强队伍建设，提升专业化水平。2015 年，新招录 3 名财务、工程类人才。从中介机构聘请 4 名专业工程审计人员，充实审计队伍力量。全局有 2 人评上高级工程师，1 人通过高级会计师考试、1 人通过审计师考试。修订业务综合考核办法，强化成果导向机制，实行科学考评。加强制度建设，提升规范化水平。根据新要求完善《综合业务考核办法》，运用考核导向提高审计成果。启动规范政府投资项目审计专项行动，根据工程审计遇到的突出问题，新制定《政府投资项目审计操作办法》《政府投资项目重大事项实行评审制》《组织或委托社会中介机构（人员）参与政府投资项目审计管理办法》3 项制度，严密从送审到审结之间各个环节程序，明确审计机关、建设单位、施工单位、中介机构等四方面的相应责任，以及办理范围、内容、步骤、时限等有关要求。更新中介机构招标名录库，按照中介机构的能力确定不同档次的项目，确保完成项目的质量和速度。加强业务培训，提升信息化水平。组织多次计算机信息化培训班，并组成计算机审计帮扶对子，全面提高审计人员运用信息化审计能力。以三大创建为龙头，建设三型机关。创成学习型党组织示范点，加强学习型机关建设。党组书记、党支部书记坚持做到带头上党课，带头学习调研、带头记学习笔记、带头分享心得等“四带头”，制订完善《金坛市审计局学习制度》规范学习。充分利用青年讲堂、“微课堂”、图书阅览角、审计协会研讨等载体开展学习。与安徽天长市、苏州吴中区进行学习交流，组织开展冬春训、党员干部观看学习影片，参加执法培训，开展读书月活动。推荐优秀青年干部参加区委组织部开展的“星火计划训练营”。创建文明单位，加强文明型机关建设。继获得 2010～2012 年度江苏省、常州市文明单位以来，开启 2013～2015 年度江苏省文明单位、常州市文明单位标兵创建。开展道德讲堂 6 次，开展文明交通、城市清洁等志愿服务活动近 10 次，7 人参加无偿献血。对朱林镇红旗圩村、涑渎小学进行结对帮扶，慰问困难党员、退伍军人、贫困群众，累计帮扶资金 114500 元。创建区级优质服务品牌，加强服务型机关建设。启动“审计流动服务 5＋2”优质服务品牌创建，开启一周 7 天无休为全市内审机构、被审计单位以及人民群众提供业务培训、解困帮扶、志愿行动等服务，全年培训近 10 次，参加人员近 100 人次。

（孙　蕾）

编辑　姚贝玲

中共常州市金坛区委

重要会议

【中共常州市金坛区委十二届九次全体(扩大)会议】 7月25日召开。区委书记范寿柏作《坚定信心不动摇,攻坚克难不懈怠,为全面完成全年各项目标任务而努力奋斗》的报告,要求以习近平总书记视察江苏重要讲话精神为指导,认真贯彻省委和常州市委全会精神,回顾总结2015年上半年工作,研究部署2015年下半年任务,从招商引资、项目投入、城乡建设、加强创新活力等方面,结合“三严三实”活动开展,主动把握新形势,应对新挑战,确保完成全年各项目标任务,为推动全区经济社会加快发展奠定坚实基础。

【中共金坛市委十二届十次全体(扩大)会议】 12月19日召开。区委书记范寿柏作《全力打造“一城一区一山一水”,奋力开启“十三五”发展新征程》的报告。会议回顾“十二五”期间经济社会发展情况,分析指出全区“十三五”期间指导思想和发展目标,进一步明确2016年工作目标,重点做好“两个加快”推进、产城融合、生态资源开发利用、“三农”工作、民生改善等工作,着力提升发展能力,推进依法治区工作,加快提升社会事业发展水平,推动全区经济社会持续快速发展。

重要工作

【开展“三严三实”专题教育活动】 5月,全面开展全市“三严三实”专题教育活动,全市各级党政机关、人民团体、事业单位副科以上领导干部和国有企业市管领导人员坚持以上率下、坚持问题导向、坚持从严要求,围绕“六查六看六整治”深入开展专题教育活动,真查真看真改“不严不实”问题,把“三严三实”作为修身做人、用权律己的基本遵循、干事创业的行为准则,不断巩固和拓展党的群众路线教育实践活动成果,营造风清气正的政治生态,进一步增强勇于担当、敢挑重担、履职尽责的责任意识,为打造“一城一区一山一水”提供坚强的思想、政治和组织保证。

【全面推进园区建设工作】 2015年,区委、区政府召开全区“提升园区建设水平、加快推进项目建设”督查会,采取现场督查园区建设、项目推进情况的方式,全面推进园区建设、招商引资和重点项目推进建设。

【着力推进城乡发展】 3月21日,市委、市政府召开全市农村工作会议,回顾总结2014年全市农业农村工作,科学谋划和部署2015年“三农”工作目标任务,镇区加快推进现代农业建设,通过调整农业结构、增加农产品附加值、加强物质装备,着重提升农业规模化、产业化、科技化水平,确保农业现代化建设始终保持全省第一方阵。通过镇村联合、村村联合、村企联合等多种抱团发展方式,鼓励村集体结合工业园区、小城镇建设,建设标准厂房、新市民公寓、仓储物流、商业店铺等物业项目,加快做大做强村级经济。形成以家庭经营收入为基础、工资性收入和财产性收入为重点、转移性收入比重逐步提高的农民收入结构。着重深化农村土地制度改革、农村产权制度改革、农村金融制度改革,加快增强农村发展活力。着重加强镇村建设、农村生态环境建设、农村公共服务建设,加快改善镇村环境面貌。切实做好农村土地承包经营权确权登记颁证试点工作,推进农村集体产权制度改革,推进农村产权交易市场建设。

【顺利完成撤市设区工作】 5月31日,金坛召开撤市设区大会并挂牌。常州市委书记阎立到会并讲话,2015年7月1日之前全面完成单位更名、印章更换等工作,7月1日起正式以金坛区运作。

【省委副书记、省长李学勇在金坛开展春节走访慰问】 2月10日,江苏省委副书记、省长李学勇到金坛开展春节走访慰问活动,要求地方党委政府要把提高苦难群体的生活质量摆在日常工作的重要位置,进一步加大弱势群体的保障力度，时刻关心他们的疾苦，切实改善生活质量。

【省纪委书记弘强在金坛调研】 2015年10月23日，江苏省委常委、省纪委书记弘强到金坛调研经济社会发展和党风廉政建设情况。弘强一行参观金坛区清风正气馆、基层党风廉政建设示范村黄金村，并调研金坛区直溪工业园和金城科技产业园，以及众泰金坛基地、埃马克（中国）精密机械制造项目、晨风集团股份有限公司等一批重点项目和企业，对金坛经济社会发展给予肯定。 （王晁彬）

纪检监察

【概述】 2015年，全区各级纪检监察组织按照中央和省、常州市纪委全会部署要求，切实把纪律规矩挺在前面，坚持严实相济、强化责任担当，认真履行监督执纪问责职能，党风廉政建设和反腐败工作取得新的进展和成效。

履行监督职能。严明党的纪律和规矩。区纪委注重加强纪律规矩教育，重点抓好党章和习近平总书记系列重要讲话精神的学习，连续第9年在全区开展党性党风党纪教育月活动，邀请上级纪委主要领导作党风廉政建设形势报告，各单位"一把手"走上讲台主讲"党章党规党纪"主题党课100余场次，通过集中宣讲和解读党纪条规，唤醒党章党规、纪律规矩意识；加强对政治纪律执行情况的监督检查，对行政区划调整和撤市设区工作纪律执行情况实施专项督查，维护纪律的严肃性。落实"两个责任"。开展"两个责任大家谈、两个责任在行动"活动，组织全区51个单位391名党委（组）书记、班子成员、纪（工）委书记（纪检组长），围绕落实主体责任、"一岗双责"和监督责任办讲座、谈体会、写心得，对3名代表进行专题电视访谈，对16个重点部门责任落实情况实施专项督查，强化各级党组织特别是党委"一把手"抓好党风廉政建设的责任意识。在全区分类分层建立10个联系点，及时提醒督促、协调解决存在的困难和问题，以点带面推动责任落地生根；按季度下发落实"两个责任"工作要点，明确任务清单、工作重点和完成时限，通过调研走访、网站远程督查、报送电子台账等方式，加强落实情况的督查指导、检查考核；落实向上级纪委报告工作和挂钩联系基层工作制度，开展廉政约谈活动，持续传导责任压力，夯实基层党委主抓直管党风廉政建设的责任。落实《金坛区党风廉政建设责任追究实施办法》，细化问责情形，出台《金坛区纪委监察局"一案双查"实施办法（试行）》《党风廉政建设约谈办法》等配套制度，增强了责任追究的针对性和可操作性。加大责任追究力度，对2起落实"两个责任"不力的典型问题进行了问责。履行再监督职能。加强对党的路线方针政策和决议执行情况的监督检查，保障政令畅通。加大简政放权和提高行政效能专项督查力度，稳步推进行政审批制度改革和行政服务提速增效工作。全程监督9起安全生产责任事故联合调查，移送追责事故线索2件；深化"政风热线"工作，完成"问政发展""问政服务"两期电视直播访谈节目的策划组织工作，成功举办大型电视问政节目"问政直通车"，促进单位部门依法行政、规范履职。

作风建设。健全督查机制。区纪委突出党委在作风建设中的主体责任，持续完善联合督查工作制度；加强与财政、审计等部门的协调沟通，督促主责部门加大督查力度；指导各单位各部门整合资源，成立督查队伍，形成了区级层面、主责部门、全区各单位"三级联动"督查体系。在"清明""五一""端午"等时间节点，下发通知重申严禁公款购买收送节礼等"八个严禁"，同时通过"清风金坛"网站、廉政手机报等载体加强宣传引导。整理上级纪委近期通报的典型案例，转发各单位组织学习，警示和教育党员干部自觉遵守作风规定。常态开展督查。把作风督查作为落实主体责任的重要内容，督促各级党委按照节前早提醒、节中抓检查、节后盯违纪的节奏，以钉钉子精神扎实开展作风督查。及时收集整理中纪委、省纪委关于穿上"隐身衣"的典型案例，结合全区实际，分析研判"四风"问题呈现的新动向新变化，随机督查重点单位作风督查落实情况，及时纠正存在的问题。发挥部门职能优势，联合商务、工商、税务等部门对公款购买预付卡等行为进行督查3次。从严查纠问题。2015年，先后对48家单位落实宣传引导、明察暗访、公车封存等情况进行明查；围绕公款吃喝、公车私用等问题在宾馆饭店、风景名胜、农家乐等场所实施暗访11次，快查快办涉嫌违反"八项规定"精神的信访件6件，点名道姓通报曝光违反中央"八项规定"的典型案例2件、7人次，对违纪行为形成有力震慑。

纪律审查。强化问题线索管理处置。区纪委发挥信访举报主渠道作用，做好信访举报宣传引导和问题线索研判筛选工作，落实信访举报办理预审报结、"签字背书"制度，提高信访成案率。立足抓早抓小，深化信访监督标准化建设，对反映党员干部的苗头性或轻微违纪的问题，及时进行警示谈话、纪律诫勉，对6名科级干部下达信访监督通知书，实施诫勉谈话6人、信访谈话8人，下发信访建议书3件。出台《金坛区纪检监察机关重要案件线索管理暂行办法》，加强问题线索集中管理。加大纪律审查工作力度。坚持无禁区、全覆盖、零容忍，加强反腐败组织协调，严肃审查和处置违纪行为；坚持主动出击、问题导向，通过调取法院判决案件数据、公安部门治安处罚信息、重点行政执法部门执法案卷，开展民政资金使用情况督查、"生态绿城"执法监察、农村财务联合审计等专项执法行动，紧盯重点领域和关键环节，深入排查问题线索；坚持动辄则咎、快查快办，对违纪问题明显的线索集中精力、快速突破，涉嫌违法的及时移送司法机关；坚持依纪依法、安全办案，年内共受理信访举报347件（含巡视组移交的72件），立案

159件、同比增长42%,涉及副科级以上领导干部12人,给予党纪政纪处分153人,挽回经济损失1133余万元。提升执纪审理综合质效。落实“三审一评”要求,坚持违纪案件查审分离,对基层案件100%落实协审联审,扎实推动案件质量提升;推行预审会审工作机制,提前介入、借助“外脑”突破疑难复杂案件,提升政治、法纪和社会效果;落实自辩助辩、自我定性量纪制度,保障违纪党员权益;对照《江苏省纪检监察机关案件质量检查评定标准》,强化对基层办结案件质量的检查评审和整改指导。加强典型案件的剖析,及时督促案发单位建章立制、堵塞漏洞,发挥震慑教育作用和查案治本功能。

廉政宣传教育。廉政教育方面。区纪委结合“三严三实”专题教育活动,持续开展理想信念、宗旨意识、崇德重礼和党章党规党纪教育,通过学习研讨、知识测试、以案说纪、主讲党课等方式,不断推动道德标准和党的纪律内化为党员干部的行为自觉。注重正面示范和负面警示,加大道德模范、勤廉典型培树力度,利用《不可逾越的红线》和《作风建设永远在路上》开展专题教育活动41次,以近年来发生的典型案件为题材,摄制《迷失的信念》警示教育片、编写违纪党员《忏悔录》,集中组织2014年以来新任的18名副科级以上领导干部进行网上考廉。廉政宣传方面。发挥各类主流媒体作用,深入宣传当前形势任务和上级对党风廉政建设和反腐败斗争的最新要求,不间断更新“清风金坛”网“清风关注、工作动态”等栏目;利用手机《廉政月报》平台,向区管领导干部宣传反腐动态、发送廉政提醒10期;在常州市级以上报刊杂志和相关网站上发表稿件135篇,配合常州市纪委完成一期《廉政聚焦》节目的拍摄工作。廉政文化方面。系统总结近年来“明道立德”廉政文化品牌建设成果,利用省纪委《党的生活》“特别策划”专栏全面进行展示,取得良好的社会反响。引入“互联网+”概念,通过打造微平台、制作微电影、创作微小说、开展微摄影、登载微党课等形式,“五微一体”传递廉能量,微电影《大棋局》进入省纪委廉政微电影网上评选,征集原创微小说作品90余篇,5个微摄影作品在常州市纪委组织的评选中获奖。推进廉政文化示范项目建设,完善“勤廉水乡——清风正气馆”廉政教育基地功能,完成省级廉政教育基地申报工作,持续加强廉政文化示范点的建设和管理。

自身建设。锤炼党性。区纪委依托“双月学习日”“纪监课堂”等平台,组织纪检监察干部学习党章党史,开展党章知识测试;深化理想信念和党的宗旨教育,组织干部走进雨花台、南京大屠杀纪念馆等教育基地,重温入党誓词、进行集体宣誓;认真开展“三严三实”专题教育活动,践行为民宗旨,在2015年防汛抗涝期间,参与防汛抢险救灾和督查工作。自我净化。制定《金坛市纪检监察干部十项禁令》及处理办法,认真落实纪检监察干部重大事项报告制度;出台《纪律审查中说情打招呼报备暂行规定》,切实加强对监督执纪问责权力的监督;采取“走出去”的方式,再次开展“纪检开放日”活动,展示工作成果、加强交流互动,主动接受社会各界监督;严格纪律约束,在纪检监察系统开展警示教育,切实防止“灯下黑”。提能增效。完成第二轮内设机构调整工作;开展廉政约谈、走访挂钩联系点活动,督促指导基层集中精力种好“责任田”;加大送培调训力度,全年培训9批11人次;深化岗位练兵,认真落实“全员接访、全员办案”工作机制,提升干部履职能力;组织开展户外拓展训练,进一步增进协作互信、凝聚团队合力;修订完善考评细则,加强日常考评和工作督查,强化制度执行,提高工作效率。

(李　啸)

组 织 工 作

【概述】 2015年,区委组织部落实全面从严治党责任,找准定位,积极作为,开拓创新、狠抓落实,发挥组织工作促进发展的作用,较好地完成了全年目标任务。

突出问题导向,推进全面从严治党。开展“三严三实”专题教育。区委常委会举办专题研讨5场,对照“三严三实”三十条行为规范,组织领导干部认真查找不严不实问题,制定具体实在的整改时间表、路线图和任务书。并将整改工作与省委巡视反馈意见整改、深化“四风”整治、建章立制、立规执纪有机结合,提升活动成效。营造政治生态环境。强化对干部德的考核,实行拟提拔干部德的专项测评。通过领导干部年底实绩公示、适岗性测评排序等,挤干水分、分出先后。对于工作实绩不明显、执行力差等不胜任现职的领导干部进行调整。制定完善干部年度考核等次推荐评定办法,发挥干部考核评价的激励导向和监督作用。密织管理监督网络。落实从严管理干部“五个要”精神,制订干部监督信息沟通实施意见,实时更新和掌握领导干部个人有关事项变化情况,建立个人有关事项报告抽查核实制度。以“部长夜谈”等为载体,做好干部谈心谈话、关爱提醒等工作。严格执行干部选拔任用相关制度,开展干部选拔任用情况专项检查。制定规范镇(区)、机关部门中层干部选拔任用工作的办法,扎实推进专项治理。完善党建责任体系。分别制定镇(街道)党(工)委书记和部门党委(党组)书记两个层面的基层党建工作责任清单,将党建工作责任具体化。推行书记抓党建“七个一”工作法,组织实施基层党建“书记项目”,并将其纳入基层党建工作专项述职范畴。

围绕引领发展,强化干部队伍建设。完善组织运行机制。在做好撤市设区、新一轮政府机构改革各项工作的同时,为更好地适应经济社会的发展,调整金坛内部功能区、镇、街道区划,牵头对经济开发区、茅山风景旅游区、长荡湖旅游度假区、各街道的“三定”方案、财政体制等进行优化完善,打造引领金坛经济社会快速发展的强大引擎。优化干部资源配置。加强干部交流、挂职力度,强化镇(区、街道)领导班子的干部配备,坚持好中选优、优中选强,通过综合比选、非定向推荐等多种方式,将优质资源向发展一线倾斜。组建新的卫生和计划生育局、市场监督管理局,理顺社会管理工作机制。创新干部培育方式。统筹各相关部门力量,立体式、联动化推进干部教育培养,全年共举办各类主体班培训10次。针对干部队伍梯次配备不够合理等问题,开设优秀年轻干部"星火计划"训练营,努力发现培养储备一批优秀年轻干部。加强干部宏观管理。以"三龄两历一身份"为重点,开展干部档案专项审核工作,结合行政区划调整,建立区管干部"职务名称表",做好县级以下机关公务员职务与职级并行相关工作。

强化政治属性,增强党建服务功能。严肃组织生活制度。出台《进一步规范党内组织生活的意见》,规范和优化党内政治生活制度、内容、流程和工作要求,防止党组织生活形式化、庸俗化、娱乐化。突出"关键的少数",开展"书记党课"活动。将农村实用技术培训、村务监督管理与党日活动有机结合,拓展村党组织"统一活动日"内涵。建强基层党组织。按照生产要素布局,在农村推进"村党总支+产业党支部+功能党小组+党员示范户"的新型组织架构建设。通过机关下派、社会招聘等多种形式,充实社区党务工作者力量。抓实村书记培养管理。修订完善晋档升级考核办法,建立村书记电子档案。建立村级后备干部队伍并举办培训班,在黄金村成立村级后备干部实训基地。选派16名副科职干部到经济薄弱村担任"第一书记",与无锡地税开展异地选派"第一书记"工作,接收3名省派"第一书记",通过查阅工作成绩单、开展现场督查等,加强对他们的管理。按照上级统一部署,开展村干部作风专项治理。完善党员教育管理。探索"五联法"党员发展模式,对机关发展对象实

6月28日,"星火计划"训练营启动　　(区委组织部　供稿)

行"义工积分"考核,开展党员教育管理制度执行情况巡查。聚合共青团、工会等资源,深入推进"党群服务团"活动,为企业、群众提供多元化、精细化、个性化服务。推进党组清理规范和党员组织关系排查工作。

注重以用为本,提升人才工作质效。人才工作机制日渐完善。将人才工作核心指标纳入区、镇综合考核体系,对职能部门人才工作资金实行集中统筹管理,制定出台人才工作专项资金使用管理办法,严格绩效考核。人才引育力度不断加大。组织实施"百所职校金坛行"活动,统筹推进本土人才队伍建设,组织举办青年企业经营管理人才上海交大培训班,开展"金沙英才""杰出青年英才"等评选表彰活动,激发各类人才创新创业热情。人才项目申报取得突破。2人入选省"双创人才",4人入选省"博士计划"。另有2个团队获评省"双创团队"。切实推进"龙城英才计划"项目申报工作,1个项目入选B类项目,12个项目入选C类项目。人才创业环境持续优化。制定下发《关于进一步加大企业人才引进培养资助(奖励)力度的实施意见》,着力推进平台建设,组织举办创业融资"天使下午茶"活动,健全完善"金沙英才驿站"服务功能,广泛吸引人才到金坛创新创业。

(华　靓)

宣传工作

【概述】 2015年,全区宣传思想文化战线牢牢把握加快发展主基调和"加快项目引进、加快项目建设"工作重心,凝心聚力促发展、鼓足干劲创一流,为全力打造"一城一区一山一水"四大板块提供思想保证、舆论支持、精神动力和文化条件。

理论武装。结合区委"三严三实"专题教育活动,以区委理论中心组学习为龙头,精心组织中共十八大和十八届三中、四中、五中全会精神以及习近平总书记系列重要讲话精神的学习宣传和贯彻落实。召开全区学习型党组织建设工作推进会,命名表彰首批学习型党组织示范点38家,进一步促进基层学习型党组织标准化、规范化。举办以"阅读经典·感悟人生"为主题的第六届"金坛读书月"活动,涵盖书香机关、书香社区、书香企业等六大类型21项120余个形式多样的读书活动,数万人参与,金坛居民综合阅读率比上年显著提升。继续开展"百千万"理论宣讲活动,开展"中国梦"、习近平总书记系列重要讲话精神

等专题宣讲200余场,受众2万人次。电视、报纸设置学习专栏,全民学习网“书香金坛”改版升级。举办金沙大讲坛系列课堂20余场,受众4000余人。圆满完成2014～2015年度冬(春)训工作,朱林镇荣获全省基层冬训工作示范镇。县处级、局镇级党政领导干部积极参与“迈上新台阶 建设新金坛”专题调研活动,汇编《加快金坛发展新视角》优秀论文集。在全区宣传文化系统深入开展“根植基础,花开基层”宣传思想工作专题调研,《社会主义核心价值观在黄金村的践行例证》调研报告获常州调研课题一等奖,并入选全省思想政治工作论文选编。

舆论引导。以“跨越2015”大型新闻行动为总抓手,以贯彻区委十二届八次全体(扩大)会议精神为重点,聚焦“一城一区一山一水”四大板块建设,开设“加快项目引进、加快项目建设”专题专栏专版,分四个阶段四个主题全方位多角度强势报道,电视台播出300多条新闻节目,广播电台八九整点新闻共播出2800档,编发新闻5000多条。《今日金坛》精心推出《项目建设:招商引资之花迅速绽放》《金坛动车:政企联手,砥砺奋进》《金坛进步,我们共同见证》等系列报道60余篇。开设“盘点民生实事”专栏,对就业住房、医疗保障、和谐安民等方面进行深入报道,更加注重民生宣传。《新华日报》《常州日报》《扬子晚报》专版报道了金坛区谋求转型突破,真抓实干、只争朝夕的发展态势。区委宣传部荣获常州市“产城融合进行时”优秀组织奖。组织协调金坛乡村旅游嘉年华、长荡湖籽虾节、金坛乡村水果采摘节、金坛茅山登山健身大会等重点外宣活动,金坛专题推出旅游产品新闻媒体推介会,中新社、新华网、中国江苏网等中央级、省级媒体作了宣传推介。举办纪念段玉裁诞辰280周年活动,中外学者120余名参加段学、清学国际学术研讨会,首次出版发行《段玉裁全书》。举办“点赞金坛”微作品创作大赛,共征集创意作品143件,16件作品获入选作品奖,并通过“金坛发布”“金坛新旅游”等8个主流公众微信号对外发布,作品获得10万人次的关注、点赞和转发,金坛形象明显提升,微传播凸显大效应。《中国金坛》双语外宣手册、《金坛—江东福地》城市形象宣传片和广告片全景式、大容量地展现魅力金坛、活力金坛。新华社客户端“金坛频道”已正式上线。年内共举办城区静态交通综合治理等7场新闻发布会。按照“宣传、经营分离改革发展”的要求,组建常州江东现代传媒有限公司,形成广电台主抓新闻事业、江东传媒主攻产业发展的崭新格局。联合相关部门对区主要门户网站进行网络安全联合检查,及时跟踪处置舆情热点问题,未发生有重大负面影响的网络舆情事件,网络语境总体平稳有序。

文化发展。基本完成区图书馆新馆土建工程,全区共建成8个分馆和15个图书流动服务点。全力推进“农家书屋”提档升级和数字“农家书屋”建设,全民健身工程提档升级实现行政村全覆盖,“10分钟体育健身圈”实现了社区全覆盖,成功创成首批省级公共体育服务体系示范区。龙于工坊全国钓鱼赛、金坛茅山登山健身大会等一批国家级、省级赛事影响广泛。成功创成省级金坛圩村文化生态保护实验区,成为江苏省10个非遗生态保护实验区之一。农村双向网改造步伐加快。东方盐湖城、宝盛园等重点文化产业项目进展顺利。区刻纸研究所开设了首家销售及刻纸体验中心。古籍印刷厂被确定为全省第二批文化科技创新企业。2015年,文化产业投资额22亿元,“三上”企业入库数已达65家,占地区生产总产值比重5%以上,较上年有所提高。成功举办金坛区第六届全民运动会暨第七届文化艺术节,全国名家剪刻纸精品邀请展、“精彩江苏”文化惠民巡演、“金坛之秋”演唱会、广场舞电视大赛、首届金坛器乐大赛等20多项文化艺术活动,为市民奉献了高规格、高水准、高品位的艺术盛宴。全年送电影1500场次,送戏120场,送书8000多册,广场文艺月月演8场和文明社区天天乐680场。举办了“正义与荣耀”——纪念抗战胜利70周年摄影书法艺术精品展、《70·抗战老兵》王玉华摄影艺术作品集首发式、优秀抗战影片进基层公益巡映、“伟大胜利、历史贡献”宣传图书展等活动,历代名人咏金坛诗意书画作品展、“墨韵金坛”金坛书法美术作品晋京展等活动反响强烈。省委宣传部、省文明办指定排演的儿童剧《田梦儿》成功首演,并赴全省各地巡演。广播剧《幸福社区》、儿童剧《寻找“红头发”》和图书《荆蝶兰》获常州市精品项目扶持,歌曲《纸花》等作品正在创作打磨中。红色经典儿童剧《黎明的河边》荣获2015年度国家艺术基金资助,华罗庚艺术团获得文化部服务基层优秀院团资助。金坛刻纸荣获首届中国民间剪纸展览金奖。杨兆群剪刻纸作品《晚作》在2015中国(深圳)国际文化产业博览会获“中国工艺美术文化创意奖金奖”。翟利华谱曲的《水生水长水姑娘》获第十一届五星工程奖音乐类金奖,金寿彭的作品《中国龙、中国梦》获第十一届五星工程奖摄影类金奖。年内共获得省级以上奖项(参展)的各类文艺作品达百件。

文明创建。将社会主义核心价值观宣传引导与实践养成相结合,制作核心价值观公益广告1000多个,滚动播出标语口号4万多条次,在广场、公园、主要商业大街和主干道布置“遵德守礼”提示牌和公益广告海报1万多处。深入开展“品味传统文化·涵养核心价值”系列活动和“邻里守望,情暖万家”为主题的第九届社区邻里节活动,组织“文明旅游从我做起”专题道德讲堂到社区巡讲,年内送课到常州市总堂3场,区总堂宣讲15场,道德讲堂·百姓视角6场。年内评议推选出“金坛好人”100余人,其中,11人入选“常州好人榜”。潘小平荣获第四届常州市道德模范,邓莉芸荣获第四届常州市道德模范提名,徐国平、陈华芳荣获最美常州人。成立常州市美德基金会金坛代表处,向全区59名道德典型赠送道德礼遇卡，表彰奖励金共11.8万元，倡导好人有好报，弘扬向上向善精神。开展“第五批优质服务品牌”评选创建活动和“诚信之星”等行业诚信建设活动。建立健全由区志愿者协会、各志愿者分会、各类志愿者服务队组成的三级志愿者服务网络。举办“公民道德宣传日”大型广场活动暨“迎国庆、讲文明、树新风”志愿服务系列活动，促进和带动全社会文明风尚的形成。每季度召开城市文明程度指数测评点评会，每月协调九大工作组对整改情况进行现场督查，定期召开文明城市专项整治行动，定期召开市民文明巡访团例会，发现、整改问题近600多条，形成抓日常、抓平常、抓经常的创建常态。紧扣“最美乡村”建设，充分利用村镇道德讲堂平台、农村文化活动平台、未成年人关爱平台，推进“三走进”新农村活动，建成镇村道德讲堂45个，省级文明镇6个，省级文明村8个，全国文明村1个。继续推进“文化帮扶、文明共建”活动。总投资1亿元的江苏省常州市未成年人社会实践基地主体建筑均已完工。全区现有42所乡村学校少年宫，其中4所受常州“青苗计划”扶持，1所受中央彩票公益金资助。未成年人成长指导中心提档升级，年内接受个案面询160余人，团辅受众300余人。以“礼在校园”“礼进家庭”和“礼入社区”积极培育未成年人知礼仪、行礼仪、守礼仪的文明素养。华罗庚艺术团创作反映“八礼四仪”的儿童剧《寻找“红头发”》剧本完成定稿“缤纷的冬日”“七彩的夏日”“童心·追梦”和“我们的节日”活动精彩纷呈。全区评出了金坛级10位“十佳美德少年”、50位美德少年。董婉君获第三届省美德少年和常州市十佳美德少年，杨升梦等12名同学获常州“百优美德少年”。开展2015清源行动、净网行动、秋风行动和护苗行动，净化未成年人社会环境。

【“根植基础、花开基层”专题活动】 2015年，金坛区认真贯彻落实中宣部“基层工作加强年”部署要求，结合实际创造性地开展“根植基础，花开基层”专题活动。重心下移服务基层。建立基层宣传文化工作联系点制度，由区委宣传部领导班子成员分别与12个镇、区、街道挂钩，其分管的责任单位（科室）工作人员作为联系点工作组，形成“一位领导、一个班子、一套机制、一揽实事”的整体架构。通过实地查看、问卷调查、交流讨论等，将全区宣传文化工作的底子摸清楚、短板找出来、意见带上来，限时有效解决。理论送到基层，新闻注重一线，文化对接村组。推进道德模范基层巡讲网上宣讲、道德模范故事汇、道德模范校园行等主题活动深入基层，金坛多幅刻纸作品被中宣部、中央文明办选入全国“讲文明、树新风”公益广告，在常州市平面类公益广告中荣获一等奖。力量下沉夯实基层。构建好基层宣传文化工作网络新格局，形成横向到边、纵向到底的责任网络体系。在各镇、街道配齐宣传文化干事和文化指导员，在各村、社区均设置宣传文化员岗位，大力培育业余宣传文化骨干和文化志愿者，确保事有人管，责有人担，成功创成江苏省公共文体服务体系示范区。全区志愿者4万余人，建成18个志愿者分会、59支志愿服务小分队，初步形成“两级中心、三级网络”志愿服务网络。保障下倾亮化基层。打造好宣传文化工作创新示范点。精心设置18个调研选题，紧扣美丽乡村建设，大力培植一镇一特、一村一品，挖掘和培育宣传文化工作方面的示范点。薛埠上阮村荣获“江苏最美乡村”，薛埠花山村、指前东浦村荣获“常州最美乡村”，朱林黄金村荣获全国文明村。舞龙之乡直溪、故事之乡朱林、锡剧之乡尧塘等一些特色民间文化焕发生机。同时，把“月月演”舞台搭到镇村，把“天天乐”现场设在社区，把全民阅读示范点建进各行各业。在走进基层的同时建设基层，区委宣传部拨付专项资金68万元投入到各基层联系点，确保基层基础工作扎实有效。

【“点赞金坛”——微传播显大效应】 2015年，区委宣传部联合区级机关党工委和区广播电视台启动“点赞金坛”微作品创作大赛，活动取得显著成效。精心组织，微作品充分彰显时代内涵和正能量。大赛共征集到创意作品143件，涵盖微文、微图、微视频等多种门类，共有16件作品获入选作品奖，9件作品获最佳创意奖。集聚合力，微作品充分展示城市形象的区域特质。最佳创意奖作品通过“金坛发布”“平安金坛”“金坛青年”“金坛新旅游”等8个主流公众微信号陆续对外发布，此举既吸引微友的广泛参与，又提升公众微信号的传播影响力，金坛形象得到有力提升。深度参与，微作品充分体现线上线下一体化互动分享体验。9件获奖作品在公众平台发布后，借助微传播的分享式环境，实现社会共参与，受众当主角的宣传模式。线下，写微博、抒美文、拍美图，创作微作品；线上，加公众号、点击浏览、点赞分享，朋友圈相互转发。作品上线后获得近10万次的关注、点赞和转发，进一步放大活动的推广效应。该活动荣获2015年常州市宣传文化工作十大优秀创新成果奖。

【“礼仪文化”谱写文明新风】 金坛区推进未成年人文明礼仪养成教育，探索礼仪教育进学校、家庭、社区三结合教育模式，在全社会形成明礼践德、以德树人的文明新风尚。“礼在校园”营造遵德守礼氛围。学校以礼仪“宣传册”、礼仪“微视频”、礼仪“三字经”等宣教平台，开展“校园礼仪之星”评选、“文明礼仪风采大赛”活动，编写文明礼仪童诗童谣，培育未成年人知礼仪、行礼仪、守礼仪的文明素养。区电视台在《第一时间》《阳光下健康成长》栏目，设“八礼四仪”教育主题报道；电台《教育时空》节目全年共播出礼仪主题节目96档。金坛网、校园网等媒体进行了礼仪宣传。“礼进家庭”传承家庭和美风尚。全区以“小手拉大手、文明礼仪进家庭”为主题，分三步开展“礼进家庭”活动。宣传礼仪。通过开家长会、发校讯通、致一封信等形式，扩大礼仪教育的覆盖面；依托家教网、校园网等平台宣传礼仪规范，推进家校衔接，树立良好家风。展示礼仪。举行礼仪风采展示暨表彰“文明礼仪之星”活动。践行礼仪。通过“百名妇联干部走千家”活动，组织“家教讲师团”进社区开展公益宣讲，使文明礼仪养成教育入脑入心，知行合一。“礼入社区”推动文明社区创建。组织开展了文明礼仪刻纸公益广告征集活动，其刻纸作品荣获2014年常州市“讲文明树新风”公益广告平面类一等奖，《新华日报》、中国文明网、常州文明网等媒体作宣传。华罗庚艺术团创作“八礼四仪”儿童剧《寻找“红头发”》，传输文明礼仪养成教育。举办“童心·追梦”未成年人网络春晚活动，突出礼仪、孝敬、友善活动主题。引导全社会共同关注未成年人文明礼仪养成教育。（匡小红）

统战工作

【概述】 2015年，区委统战部围绕区委中心工作，深化学习坚持正确方向，着眼大局积极凝心聚力，集中力量抓好重点工作，较好地完成各项目标任务。

助推金坛经济发展。开展“同心·助力”活动，搭建服务企业平台。主动加强与相关部门、各招商主体的对接，运用侨商会、台商会等统战团体资源，通过各级网络平台，对重点园区和招商项目进行宣传推介，做好招商引资工作，推动江苏威龙灌装机械有限公司的医用包装生产线项目、100兆光伏发电站项目签约，司达磁电科技有限公司开工建设。建立统战系统部门负责人走访联系重点企业制度，走访中小微企业30余家，协助行业商(协)会召开政企对接座谈会，帮助企业解决融资、技术难题。加强各基层商会、行业商(协)会、全市重点企业信息联络员网络建设，架起政企沟通桥梁。搭建交流平台，组织非公经济人士开展考察、联谊活动5次。协助区工商联对企业管理人员进行“订单式”培训，举办“企业传承与发展”论坛、“企业传承与内部管理”“企业法律风险管理”系列沙龙，邀请《非诚勿扰》特邀嘉宾黄菡到金坛讲座，深化企业家对企业现代管理、企业文化的认识。

海外统战工作。深化“阿里山·茅山”海峡两岸公益文化交流活动，开展对台民间文化交流。区委台办组建“法律服务团”，与20多家困难台属结成对子，在生产生活上及时给予帮助。区侨办慰问归侨侨眷44户，发放慰问金4.2万元。建立起侨界空巢老人台账，在社区实施侨界空巢老人关爱行动，指导成立青年志愿者服务队伍，以“一组对一户”的服务方式进行志愿服务。

党外代表人士队伍建设。开展“同心·建言”活动，围绕金坛经济社会事业发展的重大问题和群众普遍关注的热点难点问题，尤其是围绕区委、区政府打造“一区一城一山一水”战略，组织党外人士开展“献计金坛发展”专题调研活动。2015年金坛“两会”期间，党外人士共提交各类提案、建议、社情民意62件，《关于加强非银行机构金融管理的建议》等3条建议被列为市政协重点督办提案。抓好主题教育，在民主党派和无党派人士中继续组织开展“坚持和发展中国特色社会主义学习实践活动”，在港澳台和海外人士中开展爱国主义和中华文化宣传教育，引领广大统战成员切实将思想和行动统一到学习贯彻中央统战工作会议精神上来，落实到贯彻区委、区政府的决策部署上来。7位党外代表人士被区检察院聘为特约检察员。民盟常州市金坛区委6月揭牌，为党外代表人士更好地履行参政议政、民主监督职能提供平台。加大党外代表人士培养选拔使用力度，主动加强与组织部门的联系与会商，把党外干部和党外代表人士后备队伍建设工作纳入全市干部队伍和人才建设总体规划，将党外代表人士的教育培训工作与党内统一计划、统一部署，超前谋划、统筹做好党外代表人士的培养、选拔和任用工作，截至2015年年底，全区有党外领导干部23人。

民族工作。召开全区民族宗教工作扩大会议，强化区委民宗工作领导小组领导和协调机制建设。指导各镇、开发区、街道做好回族等10个少数民族居民符合发放清真食品补贴条件人员的摸底、调研工作，妥善处理涉及流动少数民族的矛盾纠纷1起。实施第四轮农村少数民族共同致富“结对帮扶工程”，采取技术支持、资金帮扶、典型示范等方式，重点培植昌玉红香芋合作社、朱林镇黄金村金土地有机稻米合作社、金城镇方边村花卉苗木合作社、直溪镇新河小萝卜合作社和巧媳妇合作社5个致富示范项目，争取中央、省级少数民族扶贫资金93万元，带动139户少数民族家庭增收。

宗教工作。深入贯彻落实国宗局《关于处理涉及佛教寺庙、道教宫观有关问题的意见》文件精神，加强“三乱”治理，进一步开展基督教私设聚会点治理工作。深化“教风建设年”“和谐寺观教堂”创建，支持宗教团体开展好“双争双比”主题活动，指导基督教三自爱国会举办义工传道培训班、弥陀寺举行大雄宝殿奠基庆典活动、忠烈寺举行护法殿落成和佛像开光庆典仪式、大涪山普门禅寺举行青铜梵钟开光庆典、宝塔寺举行三圣殿奠基仪式。以星级宗教活动场所考评为载体，认真做好宗教场所三星级档案室创建工作。

【“同心”社会服务活动】 2015年，区委统战部开展“同心·帮扶”活动，对各民主党派、统战团体服务活动进行了有序整合，形成合力。支持金坛民盟开展“进监帮教”“烛光行动”“东西联手互助”“扶贫济困”“送医下乡”等社会服务活动。10月，与民建支部联合开展“同心文化茅山老区行”活动，送书送文化下乡；指导民建支部资助启智学校新建专业化舞蹈教室1个，捐款2.6万元。支持非公经济人士积极参与新农村建设，开展主题助残活动回报社会，收到捐款33.3万元，新增百万奖教基金1个。引导宗教界开展社会公益慈善活动，为留守失依儿童、贫困老人送去价值5.6万元的慰问物品。发挥常州统战人才密集的优势，儒林镇卫生院“农工党同心帮扶医卫专家工作站”8月揭牌。积极争取政策支持，全区2位因历史原因无生活来源的黄埔同学会学员，2015年起每月获得生活补助2175元。

【全区青年企业经营管理人才培训班】 11月，区委统战部与区委组织部、区经信局、工商联等单位联合举办青年企业经营管理人才培训班，组织全区40多名中青年企业家赴上海交通大学学习培训，培训班采取现场讲授交流、实地观摩考察等方式，围绕企业融资与资本运营、企业品牌塑造与创新等课题，进一步开阔企业家的眼界和思路。

【非公经济人士“四信”教育实践活动】 由区委统战部、区工商联牵头，在非公企业中继续深入推进以守法诚信为重点的理想信念教育实践活动、企业和谐文化建设行动。5月，组织召开理想信念教育实践活动动员会议，96位企业家联合发出守法诚信倡议书，倡议全区民营企业树立法治思维，增强法治观念。晨风集团获评常州市企业和谐文化建设示范标兵企业，晶励服装公司获评常州市示范企业。

【统战工作获奖】 2015年，区委统战部巩固和拓展党的群众路线教育实践活动成果，深入开展“三严三实”专题教育，统战工作科学化水平不断提升，被金坛区委、区政府评为招商引资工作先进集体，获评常州“辖市区统战工作目标管理考核综合奖”“同心”实践活动先进集体，区宗教局被评为常州统战工作先进集体，“加强非公经济人士教育引导”项目被评为常州“统战工作创新成果”。 （徐蓓蕾）

农村工作

【概述】 2015年，全区上下贯彻落实中央、省和常州市关于加强农业农村工作的决策部署，坚持城乡统筹发展，着力改革创新，突出工作重点，强化责任落实，农业农村发展承接和延续良好态势，农业现代化建设位列全省第一方阵。出台的《加强基层为农服务体系建设的意见》获省“农业农村政策创新”奖。区委农村工作办公室被评为全省扶贫系统工作先进集体，并获全省农工办工作创新奖；区委农村工作办公室和区农林局被评为全省农经农业系统工作效能建设成效显著单位；区供销合作总社被评为全省供销合作社系统创新工作优胜单位、基层社建设优胜单位和农民专业合作社建设优胜单位；区粮食局被评为全省粮食行业安全生产工作先进单位。

现代农业。粮食高产创建整建制推进，稻麦单产屡创新高，连续三年突破1000公斤，成为全省“亩产吨粮县”。农业综合生产能力实现新提升，农业机械化接近90%，高效设施农业、渔业占比分别达到22%、36%，被评为全省高效设施农业发展显著县。粮食“危仓老库”改造全部完成，薛埠粮食储备直属库创成省级示范粮库。农业园区建设全省领先、常州第一，拥有省级园区2个、常州市级16个，金西农产品加工集中区成为常州首个省级农产品加工集中区。2015年，新认定省级龙头企业2家，总数达到10家，京东农业成为常州第一家新三板挂牌上市农企。长荡湖、金坛雀舌区域公用品牌影响力加快拓展，创成国家地理标志和全国名特优新农产品6种、省名牌农产品16种，“茅山竹海”农产品进军北京，朱林村成为全省农村电子商务示范村。成功举办湖鲜美食节、雀舌茶道会、上阮赏花季、乡村过大年等活动，长荡湖、茅山精品农游“显山露水”，年接待游客达百万人次。

强村富民。实施强村工程，大力发展资产型、服务型、休闲型集体经济，集体经济实力有了显著的提高，东城街道所辖区域农村变城市、楼宇经济成为集体经济的新亮点。深入推进结对帮扶工作，全面对接常州“百千万”帮扶活动，薄弱村转化步伐加快。加强农村“三资（村级资产、资金、资源）”监管，在全省率先进行“阳光三资”试点。农民创业热情日益高涨，就业途径不断拓宽，年均转移农村劳动力5000人以上，农民人均纯收入在2009年突破万元大关的基础上，2015年又突破2万元大关，达到20427元，年均增长12%以上，农村低收入人群全部达到6500元。农民收入结构发生重大变化，工资性收入对农民增收贡献率达到65%，转移性收入和财产性收入快速增加，实现了由务农增收为主向多渠道增收转变。

城乡统筹。镇村规划建设加快推进，产镇融合规划、镇村庄布局规划、美丽乡村规划等编制完成。全区19个村创成省级社会主义新农村，上阮、仙姑成为常州市首批美丽乡村示范村。农村基础设施日益完善，农村公路提档升级，镇村公交开设线路33条，管道燃气实现镇镇通，城乡供水稳步推进。小农水重点县、圩堤达标、塘坝改造等一批农田水利工程加快推进。农村环境得到了进一步加快，1667个村庄环境整治通过省级验收，村庄、道路、河塘、绿化和公共设施等长效管护机制巩固提升。城乡教育、文化和卫生等社会事业协调推进，城乡保障接轨步伐加快，新农合参保率100%，居民基本养老保险覆盖率99.7%，9.5万失地农民全部进社保。

农村改革。强农惠农政策持续发力，为农服务体系建设意见获省农业农村改革政策创新奖。新一轮行政村区域优化工作顺利实施，行政村由157个减少到93个，新型农村区划结构体系更加完善。农村土地承包经营权确权登记颁证工作基本完成并在全省领先，全国农村土地确权登记颁证培训班专程来我区现场考察。农业新型经营主体加快壮大，家庭农场从无到有发展到652家，合作社达到746家，入社农户比例超过90%，拥有国家级示范社19家，省级33家，农业新型经营主体适度规模经营比重超过61%，水利管理体制创新加快推进，河湖管护体制、河道划界确权分别在全国、全省试点。

基层组织。开展党的群众路线教育实践活动和“三严三实”专题教育,从严执行“八项规定”,农村基层党风政风持续好转。加强基层组织建设,选优配强村“两委”班子,选派16名副科职干部到薄弱村担任“第一书记”,严清华被评为全省最美基层干部,村级“四有一责”建设成为全省先进典型,村党组织书记“晋档升级”新模式入选全国基层党建典型案例并在常州推广。2010年以来共评定双“5A”村党组织书记95人次,退休享受镇(街道)差额拨款事业单位同类人员养老保险待遇9人,招录事业单位工作人员13人,选拔到镇级领导岗位3人。全面加强农村精神文明建设,深化“平安金坛”“法治金坛”创建,全面推行城乡社区“减负增效”工作,98%的农村社区达到和谐社区标准。方边村获“第六批全国示民主法治示范村”称号。

【土地确权工作全省领先】 2014年5月,金坛区被确定为全省“农村土地承包经营权确权登记颁证”试点单位。全区93个行政村和5个涉农社区应确权村有85个(含3个涉农社区),涉及1077个村民小组(原属3557个村民小组)。截至2015年年底,已全面完成各村内外业技术处理,涉及承包农户92406户,占总农户99751户的92.6%。涉及耕地面积43.48万亩,地块14.9万块;85个村已全部完成合同签字确认工作,涉及农户89792户,农户承包地面积28.17万亩,实测面积33.08万亩,增长14.6%,合同发放数83345份,占应发放比例93%,农户承包合同平均签字率达96%。金坛区创新确权工作,同步完成实测集体资源性面积9.05万亩,集体资源性资产发包收益利润分配到户面积3.8万亩;确权信息入库获得成功,一镇一村颁证试点已全面展开,已有方边、谢桥、西华3个村经营权证发放至户,2015年又完成10个村的权证打印工作。金坛区的一些实践和经验得到省、农业部的肯定,全国农村土地承包经营权确权登记颁证现场在金坛区设点,来自全国各地120余人现场观摩金坛区的确权登记颁证工作。泰州、兴化、武进等市县(区)也先后到金坛区学习相关经验做法。

【美丽乡村创建取得初步成效】 年内,按照“串点成线、连线成片、整体推进”的要求,确定薛埠镇仙姑村、上阮村、花山村等11个村为区美丽乡村示范村创建村。出台《关于开展美丽乡村示范村创建工作的实施意见》及考评指标体系,建立由区委农工办牵头18个部门参与的联席会议制度,相关部门和镇村也成立相应推进班子,合力推进创建工作。编制印发《示范村创建任务进度责任分解表》,坚持高频次督查和现场指导,不断提高创建实效。对先行4个村的美丽乡村建设规划进行整体设计,突出核心区域规划建设。上阮、仙姑村创成常州市首批美丽乡村示范村,花山、谢桥、南瑶、东浦、天湖村通过金坛区级美丽乡村示范村创建验收。

5月25日,常州市农村土地承包经营权确权登记颁证工作现场推进会在金坛区召开 (区委农工办 供稿)

【农村“三资”管理】 2015年,在全省率先进行“阳光三资”(村级资产资金资源公开)试点,用APP向村民手机发送村务公开和“三资”信息,让村民更方便、快捷地了解村务信息,让村务公开更加透明。加强农村“三资”监管,规范运作农村“三资”监管信息平台,及时处理预警信息,做到“处理有结果、查询有记录”。加强村级财务管理,定期组织农村财务管理考评、农村财务公开检查,指导各镇级完善村级非生产性费用开支包干制度,压缩非生产性开支。推进农村财务的网络公开,各村每季度上传本村公示栏的公示的财务资料,2015年全区农村财务公开率达100%。

【新型经营主体规范发展】 推进示范型合作社建设。2015年,在区、镇两级健全农民专业合作社辅导员队伍,以制定章程和建立成员账户、台账为重点,指导全区所有的农民专业合作社建立健全管理制度,推广和使用“征东”合作社财务软件,促进合作社规范化建设。采取“建好项目入库、抓好项目建档、看好项目落实、做好项目实施、把好项目验收”的办法,抓实各类项目的从入库建档到审报立项再到检查验收的全过程。2015年,共组织实施区级以上示范社项目20个,创成省级示范社11个,常州市级9个,争取上级项目资金395万元。培育示范型家庭农场。按照“规模适度、发展良好、带动能力较强”的要求新认定家庭农场68家，共认定608家。推进示范农场建设，2015年成功创建省级示范农场10家，常州市级示范农场13家，申报金坛市级示范家庭农场35家。扶持家庭农场发展，连续多年对土地流转行为实施奖励补助，2015年省级财政补助资金70万元，重点扶持面积在100～300亩，土地流转期限在3年以上的家庭农场。（蔡 蓓）

保密工作

【概述】 2015年，区委保密办积极围绕"工作科学化、管理法制化、技术现代化、队伍专业化"目标，扎实推进保密宣传、保密检查工作，完成各项保密任务。年内全区未发生泄密、失密、窃密事件。

区委保密委员会学习传达中央、省委、常州市委保密委员会关于保密工作意见精神，明确工作任务，把握重点工作和主要工作举措，增强各级各部门做好保密工作的责任意识。从扩大保密杂志和其他保密资料的发放范围入手，充分发挥宣传警示作用。强化保密业务指导和保密管理，对涉及定密事项，及时与有关单位沟通，纠正违规定密、乱定密的现象。坚持监控重点网站信息，组织浏览金坛政府网、金坛区电子政务工作平台、金坛新闻网等，发现涉密信息和敏感信息及时通知删除，做好泄密事件的防范工作。（王晁彬）

史志工作

【概述】 2015年，区委党史工委、区地方志办公室（以下简称区党史工委、区志办），贯彻落实《中共中央关于加强和改进新形势下党史工作的意见》及区委十二届八次全体（扩大）会议的部署和要求，切实履行《地方志工作条例》所赋予的义务，围绕中心，服务大局，开展修史编鉴和志鉴宣传工作。

编纂出版《金坛年鉴（2015）》。1月，区志办组织召开《金坛年鉴》专题工作会，研究部署年鉴工作。多次召开年鉴业务研讨会和推进会，完善年鉴框架，充实年鉴内容，突出年度特色、地方特色，新增社会、民间资料内容，增强年鉴的资料性和可读性。加强业务联系与沟通，采取党政网发文、电话督促、书面函告、上门交流等方式，拓宽年鉴资料报送渠道。各责任编辑传授、培训年鉴业务，对各单位报送的年鉴稿件认真修改，严格把关，不断提高年鉴质量。

编纂《常州历史名人大辞典》金坛部分。区委党史工委2013年下半年加入常州市创建历史文化名城软件重点工程，负责编纂《常州历史名人大辞典》金坛部分。精选专业人士执笔，做到客观、真实表述收录人物的生平及事迹；内容出处可靠、参考资料完善；词条名称规范、内容条理清晰；词条分类准确、知识关联性强。截至2015年，金坛部分共完成256位名人的稿件编写任务，征集名人照片65幅。该书已由上海辞书出版社出版。

启动旧志编译工作。《金坛县志》（光绪版）记载了金坛隋唐以来政治、经济、文化及社会各方面的情况，资料考究严谨，内涵非常丰富，是金坛极为重要的文化遗产资源。此项工作于2014年9月正式启动。截至2015年12月，已完成三分之二编译初稿。

【建昌圩文化研究会编写出版村史】 2015年，在区志办指导下，建昌圩文化研究会组织编写的《建昌圩—吕坵村史和下蔡村史》《建昌圩—天湖村史和养殖场史》，由江苏人民出版社出版，共50余万字。二书以志书体例，从概况、建置区划、土壤河流桥梁、农业、多种经营、手工业、水陆交通、教育、卫生、人物、古文化遗址、民俗等诸方面，客观、真实地记述吕坵村、下蔡村、天湖村和养殖场一百多年来的自然、经济、社会、人文等发展状况，为地方文化发展起到有益的推动作用。

【《金坛年鉴（2015）》出版发行】 由区政府主办、区志办编纂的《金坛年鉴（2015）》，于11月由方志出版社出版发行。年鉴对部分篇目的框架和内容进行合理调整，设特载、大事记、金坛概貌、文件选编、统计资料等34个篇目，共98.9万字，设有公益、机关巡礼、村镇风貌、企业扫描等专题彩页100多版面，精心收录随文插图100余张，丰富年鉴内容。为增强年鉴的实用性，收录部分金坛紧急电话、常用电话和网站信息。

【开展纪念中国抗日战争胜利70周年图片展】 2015年，区党史工委联合区委宣传部、档案局联合主办"勿忘国耻 振兴中华——纪念中国抗日战争暨金坛抗日战争胜利70周年图片展"。展览以历史图片资料的形式，系统、详实、权威地展示抗战老兵的影像，从一个视点反映金坛人民抗日战争的历史过程，揭露日本侵略者在金坛犯下的罪行，真实再现全国各族人民奋勇抗敌的历史画卷，警醒人们铭记历史，维护世界和平，建设和谐美好社会。（刘士科）

党校工作

【概述】 2015年，金坛区委党校以中共十八大、十八届三中、四中、五中全会精神以及习近平总书记系列重要讲话精神为指导，贯彻执行《中国共产党党校工作条例》和中央、省市区关于干部教育培训工作的精神，配合区委、区政府中心工作，加强自身建设，履行职责，各项工作取得较好成效。

完成干部培训。坚持整合校内外、省内外优质教学资源，采取"请进来，走出去"的方法，先后邀请省委党校、浙江大学、南京大学、上海交通大学等高校30多名专家教授到金坛授课，并组织学员到各类现场教学基地现场学习体验，提高干部培训的针对性和务实性。全年共计举办副科级领导干部、中青年干部能力提升、初任公务员暨军转干部任职、区公务员"周末课堂"系列培训等主体培训班次12期，参训3000余人次。

开展联合培训。面向基层，致力创新，以“联训项目管理”的方式，签订联合培训备忘录，确定党校与有关部门共同举办“联合培训项目”。先后与区城管局、水利局、薛埠镇、儒林镇、指前镇、薛埠村签署有计划、有方案、有评估的“联合培训备忘录”并认真落实。全年与联训单位共同举办联合培训近 50 余场次，参训 6500 余人次。

“宣讲快列”品牌。先后围绕“三严三实”“党的十八届四中、五中全会精神”“习近平总书记系列重要讲话精神”“公务员职业道德建设”“形势报告”“两会精神”“党史党建”“抗日战争胜利 70 周年专题”“漫谈‘一带一路’”等 10 多个专题，组织教师多次到机关、街道、镇区等部门宣讲辅导。2015 年，共宣讲 60 余场次，受众 5000 余人次。向基层延伸教学服务，加强“宣讲快列”停靠“站点”建设，选择具有典型示范性、覆盖范围广的基层单位作为宣讲辅导服务与教师锻炼提高的基地。截至 2015 年年底，已有金城镇方边村、薛埠镇仙姑村、指前镇清水渎村、东城街道办华胜社区、金昇集团等十几个社区、企业被列为党校“宣讲快列”停靠站点。

夯实资政理论。围绕区经济社会发展重大课题，组织教师在区内各部门基层调研 50 余人次，完成调研文章 8 篇，其中 1 篇入选环太湖地区发展论坛进行交流，3 篇在《今日金坛》《金坛情况》、省党校网站、中科院网站等区内、条线媒体刊物上发表。编印《金坛党校》校刊 4 期，向社会各界赠阅 3000 余份。

加强队伍建设。强化校务管理班子队伍建设。制定并执行校务会议议事规则，落实领导干部“四不直接分管制度”、重大事项民主决策制度等。强化师资队伍建设。以开展“五种角色定位，五项技能提升”业务大练兵活动为抓手，通过师徒结对、外送培训、内部练兵、外出调研等形式，提升教职员工综合素能。全年外出参加培训人员 20 人次以上，师徒结对 5 对，校内练兵 6 场次，外出调研 50 余场次。公开招聘社会学硕士研究生 1 名，调入历史专业教师 1 名，扩充师资队伍；建立党校兼职师资库并滚动更新，聘请客座教授、客座讲师，充实师资队伍，优化师资结构。强化行政后勤队伍建设。加强对财务管理人员、档案管理人员、文秘人员、后勤服务人员的培训，组织其参观学习先进单位的经验，提高行政管理能力和后勤保障水平。强化党员队伍建设。通过深化党的群众路线教育实践活动、践行“三严三实”要求、落实“三会一课”制度等强化思想建设；按照规范，对照要求，进行总支换届选举，强化组织建设。

新校区规划建设。2015 年，与区国控公司、区人社局、区规划局、区发改局、区住建委以及规划设计单位全力合作，密切沟通，认真开展新校区（区人力资源培训中心）、配套服务中心以及配套设施的规划、设计以及筹资建设工作。截至 2015 年年底，规划图纸已基本完成，预计建成后，区人力资源培训中心建筑面积约为 9800 平方米，配套服务中心建筑面积约为 8400 平方米，新校区将成为具有教育培训、餐饮住宿等多功能一体的综合性现代化校园。　（殷文娟）

档案工作

【概述】 2015 年，区档案局围绕全区中心工作，切实履行档案部门工作职责，开创档案事业新局面。

档案服务工作。2015 年，区档案局、档案馆共接待查档 3756 人次，调阅档案 4112 卷，提供复制 4350 余页，为明确职级、编史修志、工作查考、改制企业职工养老保险的缴纳、土地确权、机构设置等提供服务，为普通百姓核算工龄、法律诉讼、房产变更、婚姻证明等提供依据。

档案业务建设。农业农村档案工作。金坛被确认为全省“农村土地承包经营权确权登记颁证”试点单位，区档案局和相关单位合作，及时提出确权登记期间档案工作需注意的事项，对 1998 年二轮承包、2004 年“双补”工作中形成的土地承包档案进行清理、规范整理、编目上架进行指导验收，于 11 月 1 日在区召开的农业部农村土地承包经营权确权登记颁证现场培训会上，来自农业部的专家和全国各地的 120 多位农业部门负责人在实地参观考察西城街道方边村、尧塘街道谢桥村后，对区土地确权档案工作给予充分肯定。拓展服务领域。服务企业建档，探索企业档案工作发展的新思路，采取电话解答、现场指导、集中培训、突击整理等多种方式为企业建档提供服务；推动家庭建档，采取各项宣传措施，发挥家庭档案在国家发展、民族进步、社会和谐以及家庭建设中的积极作用。

档案宣传工作。2015 年，区档案局利用 6 月 9 日“国际档案日”的契机，组织开展一系列宣传活动。与人社局、区公安局、薛埠镇政府联合，围绕“家庭档案、结婚证的演变、记忆中的金坛、档案利用、劳动人事档案管理中心服务流程”等主题，制作了 20 块内容丰富的档案文化展板，分别在城区和农村各举办了一次“档案——与你相伴”宣传咨询活动，金坛电视台新闻频道对这次活动作采访报道；在国际档案日前后一周充分利用网站、电子显示屏、宣传橱窗等，刊登、播放档案宣传标语，扩大档案社会知晓度；在全区各机关、团体、企事业单位中，围绕“我与档案、我与档案工作、身边榜样”三个主题，开展“档案——与你相伴”征文活动；组织参加“档案法律法规知识有奖竞赛”活动；在社会各界中广泛征集《家庭档案故事》，拉近群众与档案和档案部门的距离；拓展档案宣传渠道，利用报刊和电台广播等媒体进行档案宣传。

档案征集工作。2015 年，征集沈成嵩书籍《乡贤记忆》《农时记忆》《江南乡村民俗》《稼禾记忆》《农耕年华》《记住乡愁》；杨兆群《中国企业家摄影作品集：非洲的故事》；向区文广局征集非遗工作图片、文稿、视频 100 余件。开展金坛区名特优农产品档案资料的征集工作，为新农村建设服务；抓好金坛非物质文化遗产资料征集，充实地区非物质文化遗产名录档案数据库；丰富省级艺术名人档案资料，突出档案征集新亮点；对金坛籍院士、区重大活动的资料进行征集。

档案队伍建设。2015年，区档案局在“江苏省档案人员远程教育平台”上开展全区档案人员网上岗位培训和继续教育培训，共有20名档案员参加网上岗位培训，取得岗位证书；5名档案员参加江苏省档案局组织的全省档案专业技术人员继续教育高级研修班学习；28名宗教人员参加区档案局和宗教局联合举办的宗教档案业务培训班，提高全市档案人员队伍素质。

（卞　晶）

机关党建

【概述】 2015年，区级机关党工委（以下简称机关党工委）始终围绕从严治党政治责任和机关党的建设任务，抓部署、求创新、谋发展，全面完成各项工作任务，取得扎实成效。

思想建设。坚持把政治理论学习作为加强思想建党、增强政治纪律、确保中央和省、常州市、区委政令畅通的重要抓手，通过按季度分月制定学习计划、特邀专家教授作专题讲座、向全区机关党务工作者推荐读本、干部轮训等方式，及时组织广大党员干部深入学习贯彻习近平总书记系列重要讲话精神，学习贯彻中共十八大、十八届三中、四中、五中全会和区委十二届九次、十次全会精神。结合连续第六个金坛“读书月”“明道立德——守纪律、讲规矩、转作风”党性党风党纪教育月等载体，引导领导干部上讲坛，举办机关“读书沙龙”专场交流，组织61名全区党务干部赴井冈山开展党性观念提升培训。党员干部素养在学习实践中进一步锤炼提升。

组织建设。组织全区机关党委、党总支、支部书记全面进行述职。以开展“机关党组织集中建设月”“约谈支部书记”等活动为抓手，认真落实对基层党组织书记谈心谈话制度，对任期届满机关党组织进行换届指导，29家区直属机关党委、总支、支部完成换届选举工作，区直属机关党委全年收缴党费65.4892万元。结合“五一”“五四”“七一”表彰，加大典型示范引领。注重严把党员“入口”关，培训城区党（工）委、直属机关党委入党积极分子249名。通过示范联动，在全区推行“五联法”铸实党员“发展链”。严格贯彻中央和省委要求，鼓励区级机关党组织运用项目化管理方法推进机关党建工作，遴选12个优秀机关党建工作项目予以奖励。强化党组织“阵地”作用，通过党员“活动组”的形式，共同学习、交流心得。不断优化区级机关绩效管理考核，以考评促机关党建工作质量不断提升。

作风建设。以开展“三严三实”专题教育活动为契机，区四套班子党员领导和500余名科级领导分赴基层讲授党课737场次，受众达3万余人次。各级党组织书记严格落实党建工作责任清单和专题教育“一把手”责任清单，在专题教育推进中“对账销号”，落实整改。结合新一轮常州市特邀监督员聘任，对基层干部不作为、乱作为以及执法不公等群众反映强烈的问题开展了专项治理、明察暗访。倡议机关部门（单位）广泛开展“简约六法”“四治四提升”等活动。严肃查处党员违纪问题，并运用正反“两面镜子”警示教育、现场观摩庭审等方式，党员干部作风更加自律，行动更加自觉。

服务发展。按照供需对接、按需服务工作要求，全区第四轮结对帮扶、机关党组织、党员帮扶贫困家庭活动持续开展、成效显著。创新开展入党积极分子“义工积分”制度，多次组团开展广场服务，参与党员达1200多人次，服务群众近万人次。推进机关服务品牌创建，发挥区级机关“技能·风采”大赛品牌影响，举办“学国学、弘扬传统中华文化”知识竞赛、“点赞金坛”微作品创意大赛、“清风金坛”微小说创作比赛、“点心制作”比赛、“微党课”比赛、“民族魂”抗战主题歌曲演唱比赛等活动。结合第六届全民运动会，举办了篮球、乒乓球、游泳、羽毛球、登山等文化体育活动。

【“五一”“五四”“七一”表彰】 区纪委吴华忠、区地方税务局刘玉珍、环保局姜一斌被评为金坛区劳动模范；区地方税务局二分局风险应对股获江苏省级“工人先锋号”称号，区检察院为民服务中心、烟草公司物流配送金坛中转站获常州级“工人先锋号”称号，区科技局计划科、气象局防雷中心获金坛级“工人先锋号”称号。区司法局法律援助中心获江苏省青少年维权岗称号。区地方税务局党委被评为常州市2013～2015年先进基层党组织；区政协办党支部、区委农工办党总支部、区总工会党支部、科技局党支部、审计局党支部、环保局党支部、国税局机关党委、烟草公司党总支部被评为金坛2013～2015年先进基层党组织；陈军、冯琴、胡江、陈坤英、郭云飞、杨玮、陈兴龙、卞荣、杨志群9人获金坛2013～2015年优秀共产党员称号；肖巍、樊莹、胡奕、王彤、万冬平、吴玉萍、徐国祥、钱永锋8人获金坛2013～2015年优秀党务工作者称号。同时，区直属机关党委也表彰了40名优秀共产党员和20名优秀党务工作者。

【四治四提升】 2015年，在执法监管部门和窗口单位、服务行业中开展“四治四提升”活动，即：治庸、提能塑形，治懒、提质增效，治散、提神聚力，治奢、提廉正气，以高标准、严要求促进机关政务服务提档升级。（潘　铭）

台湾工作

【概述】 2015年，区台办紧贴金坛区委、区政府“全力以赴开展招商引资，全力以赴推进项目建设”主题，深化坛台产业合作，引进两家台企投资落户并顺利投产，1家台企成功登陆“新三板”；助推转型升级，3家台企入选“龙城英才计划”，2家企业技术创新获区科技局专项资金扶持;深化两地交流交往,为12个商务团队和2个公务团赴台考察交流办妥相关手续。连续第七年被中台办宣传局评为“中央台办‘两刊’对台宣传工作先进单位”,1人被评为常州市统战系统先进工作者。

助推创新实现转型升级新发展。区台办贴近服务主动作为,推动企业创新发展迈入新常态。江苏帕卓管路系统股份有限公司正式登陆“新三板”上市,为常州第一家上市台企,也是金坛工业企业第一家在新三板上市企业。台属企业江苏丰登作物保护股份有限公司的产品连续五次被列为国家火炬项目。“龙城英才计划”筑巢引凤。针对金坛区的台资台属企业大多属于小微企业实际,改企业“单打独斗”为“众人拾柴火焰高”,从政府政策扶持上下功夫,鼓励企业积极招贤纳智,推动台资台属企业筑巢引凤汇聚行业领军人才,不断掌握核心技术,争做产业上流。金坛阿波罗生物制品有限公司、司达磁电科技有限公司、金坛泰成电子科技有限公司先后被评为“龙城英才计划”第六、七批领军人才创业优先支持项目,享受100万元创业资金资助,并优先推荐申报江苏省“双创计划”“博士计划”“333工程”等各类人才计划项目以及各类科技、产业项目。专项政策服务点对点引导。引导促进企业提高自主创新能力,为企业搭建科技开放平台,完善中介服务体系。组织工商、质监部门就品牌认定标准、质量体系认证以及技术标准为台企、台商进行专题政策对接会。江苏帕卓管路系统股份有限公司获得省高新技术企业称号。协调科技局进行专项科技扶持政策对接,帮助完成项目立项,金坛泰成电子科技有限公司智能双液点胶机的关键技术研发,台属企业江苏力合粘合剂有限公司无溶剂蒸煮型软包装复合粘合剂的研发获区科技局专项资金扶持。结对子借力克难破瓶颈。鼓励台资台属企业争取国家和省、市的科技研究、推广、标准化项目,结对子借力克难突破技术瓶颈,实现技术创新。协调区政府相关部门支持金坛阿波罗生物制品有限公司积极推进土壤生态护理菌剂及微生物清洁酵素专利项目产业化。第十一批清华大学博士生赴金坛与区内9家企业开展社会实践时,区台办与区科技局协调,利用博士生实践机会,助力台企攻克的技术难题。清华博士们运用丰富的知识,开阔的眼界为江苏东禾电声配件有限公司等台企生产技术进行有效改进,提升效率质量,瓶颈问题得到有效解决,得到台商的称赞欢迎。

品牌服务推动产业合作新常态。区台办致力打造360°无死角服务,依靠诚心、真心的服务成为台商台属的“贴心人”。真诚服务。走访调研金坛中小台资企业,了解企业生产经营情况,对企业亟需解决的问题给予协调,提醒企业把好安全生产关卡,经常性组织政企政策对接,权益维护,为企业更好发展壮大保驾护航。引进的江苏证隆机械有限公司在薛埠工业园区正式投产;司达磁电科技有限公司经过一年的考察、选址、搬迁,于3月24日举行开工典礼,基建工程已经全部完工,正在进行设备调试准备正式投产。11月,妥善解决常州冠霖现代农业有限公司土地合同纠纷。优化环境。3月20日,协调区各银行行长一行对区台企进行走访调研,并重点参观谋求转型升级的台企——金坛市吉麗嘉多物资有限公司。3月25日,区委书记范寿柏走访调研帕卓工程机械配件有限公司,对企业所提出的项目申报、科技支持、政策配套、税务管理等方面的问题进行现场办公。5月15日,与江苏省常州市农行一行,走访区部分台企,积极搭建融资平台,促进通过优化审批通道、创新产品及担保方式、提升专业能力等手段,不断加大对中小台企的支持力度,满足企业个性化的金融需求。合作互利。发挥台商联谊会、台属联谊会优势,与常州市、武进区、厦门市台协联系,推介介绍金坛,寻求产业合作互利。3月10日,专程赴上海拜会松江台协会,并走访有关台资企业,向松江台协介绍近年来金坛大力开展基础设施建设,加快打造“一城一区一山一水”四大重点板块情况,欢迎包括松江台商在内的上海企业参与金坛的经济社会发展,实现上海、松江与金坛的双赢。

对台交流交往呈现新气象。按照上级台办和区委、区政府最新赴台办法做好各项赴台交流考察的申报工作,并提供各种咨询和服务;对陆生赴台进行跟踪服务,及时了解陆生的学习情况和思想动态。坛台交流渠道不断拓展。3月10日,受上海台协松江副主委张景惠邀请,赴上海拜会松江台协会;5月9日,常州市台协到访金坛台商联谊会,开展联谊互动活动,体会金坛“亲商、安商、富商”的软环境建设。坛台交流层次不断提升。春节前夕,应台湾中华厦漳泉文化交流协会的邀请,金坛广播电视台赴台湾再次推动金坛与台湾两地的产业文化对接,对“‘阿里山—茅山’海峡两岸公益文化交流活动”项目进行拓展。8月13～19日,应台湾高雄市防灾协会的邀请,区应急救援考察团一行7人赴台进行为期7天的参访活动。通过访问交流,初步了解台湾防灾工作、应急救援现状、发展模式和工作特点,双方加深了解,建立互信,增进了友谊。坛台交流广度不断加强。3月26日,台湾中天电视台、台湾联合报莅临金坛参访道教圣地—坤教茅山乾元观,同时还充分领略国家非物质文化遗产、被誉为“江南一枝花”的金坛刻纸的剪纸炫彩。作为在台湾推出的《美丽常州》节目的重要内容,旨在向台湾介绍金坛具有源远流长的文化传承及积淀五千年华夏历史的人文底蕴。

新媒体模式实现涉台宣传新突破。在加强涉台宣传上,区台办运用“互联网＋”新模式,追求涉台宣传“及时、有效、迅速”。2015年在国台办一级网站上登稿6篇,省市一级网站登稿42篇,协助常州市台办完成台资企业调研。促进优惠政策宣传落实到位。通过“互联网＋”将关系台胞、台商切身利益的文件、政策等及时传达给台商,切实维护好台胞、台商的利益。推介宣传金坛新形象到位。以突出"亲情"、体现"真情"、运用"乡情"为主线,和台北金坛同乡会保持经常的联系,互换会刊,互通信息,及时报告家乡经济建设的形势。上传金坛最新推介宣传片,使岛内台胞台属更加形象生动了解金坛的发展变化,通过宣传信息的发送,了解到大陆对台胞的关心,使台湾岛内人士直面内地的发展。凝聚台胞情谊。通过网络平台、微信、QQ等将台胞、台商凝聚在一起,组建成一个"大家庭",家庭的每个成员在生日、节假日,无论身在何处,都能收到暖暖的问候,并为在金坛台商举办庆生会等,让台商感受到"一家亲"。 (薛 华)

信访工作

【概述】 2015年,区信访局共受理信访总数2834件次,同比上升10.9%。其中来信269件,同比下降31%;直接收信51件,上级交办转送218件;信访复查38件,复核10件,不予受理10件。接待到区上访370批2565人次,同比批次下降15.1%、人次上升18.4%,其中集访110批2145人次,同比批次上升6.8%、人次上升28.8%。发生去省上访69批902人次,其中集访13批826人次;进京访39批53人次,其中非访5人9人次。

【依法维护全区信访秩序】 年内,加强初信初访工作,努力从源头上化解信访矛盾。启动全区信访稳定工作"特殊时期防范制",围绕"将信访问题解决在萌芽状态,将信访人稳控在当地"的目标,区信访局确立"排查不留死角、预防不留盲点"的原则,做到"早发现,早解决",确保把社会矛盾化解在当地,把信访人吸附在当地。加强领导下访接访工作,2015年,全区信访数量上升,主要涉及企业欠薪、征地拆迁、土地确权和改制等方面问题。区委、区政府针对各镇区的信访矛盾实际状况,先后组织信访、综治、人社、住建、法院、公安等职能部门成立20多个临时工作组,主动对接各镇(区)、街道,点对点地开展工作。同时就当年经济下行压力增大的实际状况,区政府从10月初开始在全区范围内组织开展对欠薪企业和拖欠农民工资的单位大排查,对责令整改不到位的两家欠薪企业人社部门实施经济处罚并在全区进行通报。12月,信访维稳临时工作组再次深入各镇区对可能欠薪逃逸和拖欠农民工工资问题严重的建筑企业进行专题研究,提前制定预防应对措施。加强依法信访打击非访工作,努力实现信访形势的根本好转。严格按照中央四部委《关于进一步解决进京非正常上访突出问题的若干意见》和公安部有关文件精神,依法维护信访秩序,坚决打击违法上访行为,树立即使诉求合理也不能行为违法的鲜明导向,切实维护正常信访秩序。完善进京上访人员的稳控、接返和处置工作预案,控住源头、守住关口,做到"反应快、劝得回,管得住、不倒流,证据足、严处置",确保全国重要敏感时期不发生影响社会大局稳定的信访突出问题和群体性事件,不发生有影响的个人极端事件,不发生有影响的进京非正常上访,使压降非访有明显改观。

【"阳光信访"新模式】 2015年5月1日,全区信访条线正式全面启用"阳光信访"信息系统,信访业务实现全口径网上流转,提高办理质量和效率。区信访局坚持由局长带头亲自接待信访人并使用录入系统直接受理,做到凡有群众来访都有领导审核跟踪;各科室专职人员做好上级部门下转网访件的日常接收答复工作;遇重要信访事项局"一把手"坚持亲自把关、亲自处理,着力按照"人要稳定、事要解决"的要求,促进群众初信初访就能够把信访诉求事项协调化解好,确保最大限度地减少重信重访的发生。对疑难信访事项及时提请落实区领导牵头包案处理。遇疑难复杂信访问题,信访局领导班子成员都认真研究,及时提出处理建议措施,提请有关区领导实行包案责任制,主动协调落实责任单位和涉案单位责任人。

【信访法治化建设】 2015年是国务院《信访条例》(以下简称《条例》)修订施行10周年。为广泛宣传《条例》修订实施10年来信访法治化建设取得的成效,区信访局与媒体沟通,营造贯彻条例的社会氛围。区信访局合力与金坛电台《八九关注》栏目联合录制信访领导答记者问,针对群众关心的问题和新《条例》中不同以往的地方,如依法上访、逐级走访、阳光信访、信访终结等方面作专题解释。同时也以发放宣传资料、张贴标语、挂横幅等多种形式,不断掀起宣传贯彻《条例》的新高潮。

【及时就地解决信访问题】 年内,区信访局对近两年来所有进京访和进京非访人员、上访过程中曾经发生异常过激行为人员、省市交办的信访积案和重点信访人员全面进行梳理,全部纳入重点管控。以信访人实际居住地所在镇(区)为稳控责任主体,由区信访局将信访重点稳控对象进行"网格化"集中交办,共集中交办24件,并要求属地政府每日重点关注。建立以区信访局为主体的应急指挥平台,启动"横向到边、纵向到底、覆盖全市、处置有力"的立体防控机制,按照"家里看、面上防、途中堵、点上劝、安全返"的实用举措,确保"重点人员不失控,群体性矛盾不升级,突发事态不扩大"。

【信访部门自身建设】 2015年,面对新形势新任务新要求,围绕基础、能力和作风三大自身建设工程,树立为党和政府分忧、为人民群众解难的意识,内强素质、外树形象,以奋发有为的精神状态投入信访工作。区信访局人员在偏少的情况下,实现工作人员"一专多能,一岗多责"(AB岗转换),保证各岗位工作的连续、畅通,并在此基础上建立金坛区信访综合信息平台,逐步实现各类办公信息资源全区共享的工作制度。 (仲 霞)

老干部工作

【概述】 2015年,全区老干部工作贯彻落实全省和常州市老干部工作会议精神,坚持为党的事业增添正能量的价值取向,突出工作重点,提高老干部工作科学化水平,为推进全区经济社会发展做出积极贡献。

老干部思想政治和党支部建设。区委老干部局采取作辅导、看录相等多种形式,组织老干部政治理论学习4次。坚持每半年邀请区委、区政府领导向老干部通报全区经济建设和社会事业发展情况。邀请区委党校教员向老干部作学习中共十八届五中全会精神专题辅导,组织老干部观看中央党校关于《全面推进依法治国,大力促进国家治理体系与治理能力现代化》的视频辅导报告。组织原四套班子老领导分别参加区党代会、人代会、政协会,使老干部参政议政,支持现任领导工作。加强老干部党支部建设。2015年年末,全区共有离退休干部党支部61个,参加党日活动的老干部党员达90%以上。11月下旬,常州市金坛地方税务局、金坛区水利局2个离退休干部党支部被推授予常州市"五好示范"离退休干部党支部,东城街道华胜社区被推荐为江苏省离退休干部党员"一方隶属、多重管理"党建工作试点社区。

检查落实老干部生活待遇。坚持从优照顾的原则,对老干部提供人性化优质服务。检查落实老干部的各项经费。对区镇、有关部门离休干部生活补贴及政策性等经费进行检查,确保按时足额发放。12月中旬,区委老干部局会同区委组织部、区财政局、人社局联合下发《关于调整离休干部护理费标准的通知》,调整117名离休干部的护理费。协调落实老干部的医疗待遇。会同区医保中心对离休干部的医疗费报销问题进行协调管理,并对6名离休干部的"三无"遗属办理医疗保险卡。4月中旬和12月下旬,区委老干部局分别邀请区中医院和人民医院专家为100多名老干部作呼吸系统疾病防治和冬季养生保健知识讲座,增强老干部自我保健能力。做好走访慰问工作。2015年春节前,协助区委、区政府的领导走访慰问住院的老干部,并对生活困难的离休干部遗孀进行走访慰问。8月下旬,组织工作人员带着抗战纪念章、慰问金和慰问品冒着酷暑对36名抗战离休干部进行走访慰问。全年走访老干部和老干部遗属130多人,将党组织的温暖送到老干部的心坎上。做好老干部的信访工作,接待来信来访16批次,对老干部反映的问题和建议,凡属政策范围的,及时与有关部门联系协调解决,对暂时不能解决的,做好耐心细致地思想疏导工作。协助有关部门处理10名离休干部的丧事,提倡节俭办事。探索利用社区资源服务老干部。会同东城街道办深入到金河社区居委会对服务老干部工作的对象进行调查摸底,加强对"空巢"、独居、常年生病卧床不起等特殊困难老干部的联系。11月下旬,经考核验收金河社区被授予"常州市老干部居家养老服务示范点。"

不断丰富老干部文体活动。强化老干部各类协会建设。全区现有老干部书画、诗文社、艺术团、门球、棋牌、等10个协会。年初召开各类协会负责人会议,研究制订全年活动方案。同时,把政治素质高、业务能力强、身体状况好的老干部调整为协会负责人,使各类协会充满生机和活力。强化老干部活动阵地建设。按照软件创优、硬件达标的要求,完善活动中心各项规章制度,建立各类工作台账。11月下旬,常州市国土资源局金坛分局、儒林镇2个部门的老干部活动中心被推荐为常州市"三星级"老干部活动中心。开展"增添正能量、展现新风采"系列活动。2015年春节前,老干部书画协会的老干部到儒林镇义务为群众写春联。5月下旬和6月中旬,老干部艺术团分别参加"第一届常州市合唱大赛"和区直属机关党委举办的"民族魂"抗战主题歌曲演唱比赛。"七一"期间,区委老干部局会同区供销合作总社联合举办"茅山竹海"老干部书画作品展,老干部们精心创作150余幅书画作品,印制书画集1500册,赠送给全区各部门领导干部和广大书画爱好者,提升社会的影响力。8月下旬,老干部诗文社举办纪念抗战胜利70周年吟诗会。组织老干部门球队举办武进、溧阳三市区老干部门球联谊赛,通过比赛,提高球技,增进友谊,促进老干部身心健康。

助推经济社会和谐发展。区委老干部局注重引导老干部为推动"两个率先"建言献策。5月中旬,组织原四套班子老领导视察区行政服务中心工作和"12345"政府公共服务热线窗口运行情况,在肯定成绩的基础上,对行政服务内容、管理机制、服务意识、服务效率等方面提出一些积极建议。11月中旬,组织原套班子老领导视察华夏宝盛园、壹号农场,老领导希望茅山旅游度假区要立足优势和特色,多方位构建旅游发展平台,增加重点旅游项目的建设和引进。区农研会的老干部还深入区镇和有关部门搞调研,对全区农业合作社、集体经济合作社、实现现代农业、科技人才队伍建设等课题先后写成许多调研文章,并在省、市级报刊上发表。发挥老干部在教育关心下一代方面的作用。组织关工委12名老干部用身边的人和故事,到中小学围绕纪念抗战胜利70周年革命传统教育宣讲30多场,约5万名学生参与活动。全区600多"五老"网吧志愿者利用寒、暑假和节假日,对全区45个网吧进行检查督促,净化青少年健康成长的环境。发挥老干部的专业特长作用。全区有200多名专业技术干部受聘于经济工作,有120多老教师、老医师利用一技之长发挥余热。区人民法院有10多名老法官被区委农工办、区住建委、粮食局等部门聘请担任法律顾问,实现自己的人生价值。

提升老干部工作队伍整体素质。区委老干部局认真组织"三严三实"学习和教育实践活动,不断改进工作作风,提高服务效率和质量。组织4

名工作人员参加常州市老干部工作培训班，提高业务工作能力。加大对老干部工作的宣传力度。利用报刊电台、电视网络等新闻媒体及时报道老干部工作中的重要活动，宣传老干部和老干部工作中的先进典型和经验做法。在金坛老干部工作网站刊登老干部工作信息37条，上报省、市信息40多条。其中，被省网站录用10条，被市老干部局网站录用25条。加大老干部工作制度化管理力度。健全和完善《老干部工作制度》《学习会议制度》《老干部走访慰问制度》《公车使用管理制度》等，深入基层、调查研究、拓宽思路、提升工作效能，使老干部工作步入制度化、规范化管理的轨道。

【举办全区“邮政杯”老干部扑克大赛】 5月中旬，区委老干部局会同区老年体协联合举办“邮政杯”老干部扑克大赛，来自全区各有关部门和镇区的96名老干部参加。本着“友谊第一，比赛第二”的宗旨，相互交流，增进感情，经过两天的紧张激烈角逐，地税局一队、二队、总工会代表队分别荣获冠、亚、季军。

【召开全区离退休干部党建工作会议】 6月下旬，区委老干部局会同组织部联合召开全区离退休干部党建工作会议，对2013~2014年全区离退休干部“五好”党支部和“四好”党员创建评选活动进行总结部署，并对15个“五好”离退休干部党支部和30名“四好”党员进行表彰，区委常委、组织部部长刘国新对进一步做好新形势下的离退休干部党建工作提出要求。

【举办纪念抗战胜利70周年老干部专场文艺晚会】 8月中旬，区委老干部局会同区委宣传部、组织部、区关工委、老年体协、老年大学等单位联合举办纪念抗战胜利70周年《胜利歌声多么响亮》老干部专场文艺晚会，区领导王跃中、王艳红、赵钢超、潘双林与数千名观众一起观看演出。晚会共演出大合唱、独唱、舞蹈等13个节目，展示老同志弘扬伟大抗战和爱国主义精神，表达要牢记历史，勿忘国耻，倍加追求和珍惜和平的愿望。

【举办纪念抗战胜利70周年老干部书画摄影作品展】 9月上旬，区委老干部局举办纪念抗战胜利70周年老干部书画摄影展，共展出书画作品86幅，摄影作品88幅。作品题材广泛，具有很高的思想性和艺术性，激励年轻下一代要铭记历史、缅怀先烈、珍爱和平、开创未来，为实现全区经济建设和社会事业快速发展做出新贡献。

（汤国华）

机构编制工作

【概述】 2015年，区编办有序推进政府职能转变和机构改革工作，加快行政审批制度改革步伐，加强机构编制监管，有序推进试点改革，做好机构编制管理服务工作，为全区经济社会发展提供行政体制和机构编制方面保障。

【行政审批制度改革】 5月初，区“五张清单”（行政审批事项目录清单、权力清单、行政事业性收费项目清单、政府部门专项资金管理清单、投资项目准入清单）完成并对外公布。区级行政审批事项由原来的322项精简为169项，精简率47.5%。按照审改清理规范工作要求，共取消合并项目数177项，通过承接省、市下放到区级的行政审批事项，梳理部门原先申报中的遗漏事项，新增24项，根据中央“今年全面取消非行政许可事项”要求，对34项非行政许可事项全面清理，2项升级为许可事项，32项改为部门管理服务事项，压缩审批时限，审批服务事项即办件占比由22.3%提高到32.5%，平均承诺时限由3.86个工作日压缩到3.4个工作日。同时，梳理完成区38家单位权力事项5887项，其中，常用权力2123项，非常用权力3764项。区84项行政事业性收费项目清单和预算安排200万以上的政府部门专项资金管理清单也均在政府和相关部门网站进行公布。10月28日省审改督查组对金坛审改工作进行验收，对区审改体制机制建设、五张清单公布、“三集中三到位”、创新服务举措等行政审批制度改革方面取得的成绩表示肯定。区审改亮点工作联合竣工项目验收入选江苏省简政放权100例，得到新华日报的报道肯定。

扩权强镇改革初具成效。2015年上半年，区编办多次前往薛埠镇进行中心镇扩权强镇改革试点对接工作，对薛埠镇的机构设置、人员管理等进行改革，通过市政府办印发《金坛市薛埠镇机构改革实施细则》，征求区级各相关责任部门意见后，印发《关于赋予薛埠镇部分经济社会管理权限的通知》，向薛埠镇下放首批125项区级行政审批权限。薛埠镇扩权强镇试点工作人员积极性得到充分调动，工作效率提升。

责任清单编制工作。7月25日，区政府办公室印发《常州市金坛区人民政府办公室关于开展政府部门责任清单编制工作的通知》，对责任清单编制工作进行部署。全面梳理部门职责，明确具体责任事项。明确部门职责边界。对部门履职的边界事项进行梳理，厘清管理责任。加强事中事后监管制度措施。加强产品质量、食品药品安全、安全生产、环境保护等关键领域，加强监督检查，避免管理缺位。加强公共服务事项，梳理为人民群众生产生活提供便利、服务的事项。为增强清单编制工作的指导性和操作性，区审改办邀请常州市审改办相关人员对区涉及部门业务人员进行专题培训，印发《政府部门责任清单编制说明》。责任清单编制工作涉及的32家部门（单位），通过部门编制、审核修改、沟通反馈、签字确认、审改领导小组审议等主要环节，10月初完成政府部门责任清单编制工作，10月底通过机构编制网站对外进行公布。

【行政机构编制工作】 机构改革完成。工商、质监回归地方管理，与药监局“三合一”成立市场监督管理局，制定并出台市场监管局“三定”方案,回收行政编制7名,按规定成立9个派出分局,整合3个局9个事业单位成立市场监督管理稽查大队、检验检测中心和信息中心3个事业单位,明确区市场监督管理稽查大队机构规格为相当副科级;市卫生局和计生局合并成立卫生和计划生育局,制定并印发卫计局“三定”方案;规划局单独设置并进行职能调整;市民宗局调整为市政府工作部门,日常与市委统战部合署办公,并核增行政编制2名;成立市政务服务管理办公室,挂政务中心和公共资源交易中心牌子,核增行政编制6名,成立下属事业单位电子政务中心,初步搭建了“一办四中心”的组织架构。按要求理顺生猪屠宰相关人员和职能的划转工作,不动产登记管理工作进展迅速。

撤市设区调整到位。区编办做好全区机关部门的印章更换工作。撤市设区工作布置后,区编办根据两办的任务要求,启动全区党政机关和事业单位及部分村委组织的印章更换工作,对全区各单位需更换的印章名称、规格、材质进行严格把关,待审核无误后开具介绍信送公安窗口刻制。共计开具介绍信170余份,累计审核印章2700多枚。做好全区机关和事业单位的更名工作,6月中旬发文各级党、政、群团机关及内设机构、事业单位现有名称中冠有“金坛市”的,在撤市改区后统一更冠“常州市金坛区”,并办理事业单位法人变更手续。

党政机关力量加强。将茅山旅游度假区、长荡湖旅游度假区机构规格提升为副处级,领导职数和内设机构规格得到相应提升,为旅游度假区开发建设提供体制保障;在发改委、住建局、旅游局、科技局设立招商科,分别核增行政编制3名,增强全市招商力量;根据区划调整设立西城、东城、尧塘街道办事处,制定西城街道“三定”方案;对全区司法员专项编制进行分配,增强乡镇的司法建设力量,为全区开发建设提供机构编制保障;对纪委、发改委、农林局、人大办内设机构进行重新设置,提升行政效率,加强力量配置;分别在经信局和财政局增挂“区汽车产业发展办公室”和“区政府和社会资本合作办公室”,分别给交通局和民盟金坛区委核增领导职数1名,部门职能得以理顺,力量得以加强。

【事业单位改革】 事业单位年度公示全面完成。事业单位年检改为年度公示,区编办下发《关于做好2014年度事业单位法人年度报告公示工作的通知》,共完成事业单位年检363家,已公示355家。未年检单位9家,其中,省里下放2家,待注销5家,未上报2家。完成事业单位网上申办变更业务89家,注销业务13家。

中文域名注册工作全面完成。为切实加强中文域名的全面覆盖,在去年党政机关和部分事业单位注册的基础上,本年度追加预算对全区所有机关和事业单位进行注册,对新增和调整的单位进行沟通,做到不遗漏不重复。9月底下发通知要求全区具有自主门户网站的单位做好网站挂标工作,目前已有93家机关和事业单位完成挂标工作,完成率达90%以上。

事业单位整合进展迅速。上半年度,区编办对人社、交通、经信、国土、城管等部门的事业单位进行整合。撤消区社会劳动保险事业管理处、区职工医疗保险基金管理中心、区机关事业单位社会保险事业处、区农村养老保险事业管理处、区退休人员管理中心5家事业单位,组建区社会保障服务中心;撤销区劳动就业管理处、区人才服务中心、区人力资源市场管理办公室、区市劳动人事档案管理中心等4家事业单位,组建区就业和人力资源服务中心;撤销区市镇公路管理处、区城市客运管理处、区运政稽查大队;撤销区散装水泥办公室、区墙体材料改革领导小组办公室2家事业单位,组建区墙体材料和散装水泥管理办公室,区市信息化发展服务中心、区企业发展服务中心分别由独立设置改为挂牌;撤销了区地产发展中心、区测绘地理信息院、区土地开发整理中心,设立区土地征地勘测中心;区环卫处编制由160名压缩为60名管理、专技人员编制,80名工勤人员编制,工勤人员编制实行退一减一;成立西城街道经济社会发展服务中心和水利管理服务站;对全区乡镇卫生系统人员编制进行全面调整,城东卫生院和第二人民医院进行合并;全区水利管理服务站经费渠道由自收自支变更为差额拨款;成立段玉裁中学等4所学校,对公办幼儿园进行了增编;对区审计局下属事业单位进行增编,审计力量得到加强;对区农林局下属事业单位进行撤并整合。完成区社会保障服务中心、区就业和人力资源服务中心、区土地征地勘测中心、区土地收储中心、区环卫处的相关升格工作。

监管体系建设不断加强。根据上级机构编制部门要求,按月上报每月的机构编制变动表,对全区机构编制的监管要求更加严格。做好与人社、组织、财政的数据联动,人事编制信息系统信息完善已基本完成,2015年年底正式投入使用。加强对机构编制的动态管理,机构编制管理体系不断规范,为切实完成财政供养人员“只减不增”的目标提供体制保障。 (山　杰)

编辑　刘士科

常州市金坛区人大常委会

综　述

2015年，常州市金坛区第十六届人民代表大会召开第四次会议，听取和审议区人大常委会、区人民政府、区人民法院、区人民检察院工作报告，审查和批准区国民经济、社会发展年度计划和财政预算，并分别作出相应决议。全年区人大常委会共举行7次常委会会议和13次主任会议，听取和审议区人大常委会有关工作机构、区人民政府、区人民法院、区人民检察院工作报告29项，通过决议、决定11个，依法任命干部17人次，免去职务9人次，撤销职务1人次。全年督办代表建议131件，处理群众来信来访20件次。

区十六届人大常委会扎实开展"三严三实"专题教育，坚持法治导向、发展导向、民生导向、问题导向，认真履行宪法和法律赋予的职责，在促进区域发展、推进法治建设、维护群众利益、发挥主体作用、提升履职能力等方面做出贡献。组织人大代表进行视察、调研、督查活动，深入开展"走访基层一线代表"和"走访服务选民月"活动，促进和推动"一府两院"（一府是指政府，两院是指法院和检察院）依法行政、公正司法，增强人大代表履职的自觉性和责任感。加强规范性文件备案审查工作，拓展人大常委会监督范围。

重要会议

【金坛区第十六届人民代表大会第四次会议】 2015年1月5～7日在华商培训中心举行。会议听取和审议狄志强所作《区政府工作报告》；审议孙国林所作《2014年国民经济和社会发展计划执行情况与2015年计划安排意见的报告》；李留清所作《2014年财政预算执行情况和2015年财政预算草案的报告》。审查和批准区2014年国民经济和社会发展计划执行情况与2015年计划；区2014年财政预算执行情况和2015年财政预算。听取和审议于炳才所作《区人大常委会工作报告》、宋文良所作《区人民法院工作报告》、蔡和方所作《区人民检察院工作报告》，并分别作出相应决议。

大会主席团通过议案审查委员会主任委员杜跃华所作《关于议案的审查报告》和财政预算委员会主任委员王新辉所作《关于财政预算草案的审查报告》。大会共收到代表提出议案13件，代表建议、批评和意见118件。经审查，13件议案不具备立案条件，均作为代表建议、批评和意见处理。

大会通过《金坛区第十六届人民代表大会第四次会议选举办法》，依法选举宋文良为金坛区人民法院院长，选举冯锁强、吕庆、许海连、陈建平、周俊、黄立群同志为金坛区第十六届人

9月21日，区人大听取重点建议办理情况汇报会　　（区人大办　供稿）

民代表大会常务委员会委员。

【金坛区第十六届人大常委会会议】 2015年,区十六届人大常委会共召开7次会议。会议听取和审议区人大常委会、区人民政府、法院关于政府半年工作、财政预算执行、财政决算、城建交通基础设施建设及项目资金安排、社会救助、节约集约用地、刑事审判、为民办实事、代表建议办理等工作情况的汇报。评议区文化广电体育局、农林局2013~2014年工作情况。专题询问"城区停车难"问题。听取和审议《中华人民共和国电力法》等法律法规贯彻实施情况汇报。

区十六届人大常委会通过《金坛区人大常委会2015年工作要点》,并作出《关于授予诺伯特·汉斯等五人"金坛市荣誉市民"称号的决定》《关于授予2012~2014年度金坛市劳动模范荣誉称号的决定》《关于批准金坛区2014年财政决算的决定》《关于接受陈春洪同志辞去金坛区人民政府副区长职务的决定》《关于批准2015年本级政府债券支出预算的决定》《关于召开金坛区第十六届人民代表大会第五次会议的决定》《关于接受王莉、周炳荃同志辞去常州市第十五届人民代表大会代表职务请求的决定》《关于接受杨荣平同志辞去金坛区第十六届人民代表大会代表职务请求的决定》《关于接受李立新同志辞去金坛区第十六届人民代表大会代表职务请求的决定》《关于撤销李立新同志金坛区人大常委会尧塘街道人大工作委员会主任职务的决定》《关于延期召开金坛区第十六届人民代表大会第五次会议的决定》。

4月9日,全市人大工作座谈会召开 (区人大办 供稿)

区十六届人大常委会根据区人大常委会主任、区人民政府区长、区人民法院院长、区人民检察院检察长提请,共任命国家机关工作人员17人次,任命沈东为副区长,免去职务9人次,撤销职务1人次。

此外,根据《选举法》《江苏省各级人民代表大会选举实施细则》,区十六届人大常委会第25次会议依法补选孙春伟、查艳为常州市第十五届人民代表大会代表。

8月21日,区人大现场视察城区停车难工作 (区人大办 供稿)

【金坛区第十六届人大常委会主任会议】 2015年,区十六届人大常委会共召开13次主任会议。会议听取和审议区人民政府、检察院关于住房公积金管理工作、文化娱乐和体育健身市场管理工作、"十三五"规划编制、长荡湖旅游度假区建设、区域卫生信息化建设、重大项目引进和落地项目推进工作、重点代表建议办理、城市长效管理工作、依法行政工作、落实区人大常委会"两项决定"等情况和贯彻实施《治安管理处罚法》《工会法》《红十字会法》情况汇报。

【全区人大工作座谈会】 2015年9月27日,区人大常委会召开全区人大工作座谈会。区人大常委会全体主任、副主任和驻会委员,各镇人大主席、副主席,各街道人大工委主任、副主任出席会议。区人大常委会党组副书记、副主任于炳才传达全省县乡人大工作和建设座谈会精神,并对《中共江苏省委关于加强全省县乡人大工作建设的实施意见》进行全面解读。

重要工作

【"三严三实"活动】 区人大常委会党组及机关扎实开展"三严三实"专

题教育，坚持用党的先进理论武装头脑，认真研读习近平总书记系列重要讲话以及党章、党规、党纪，认真梳理问题清单，边查边改，持续推进，引导党员干部坚定理想信念、强化党性修养、增强纪律意识、提升能力素质。不断规范人大机关内部各项管理制度，加大执行力度，坚持厉行勤俭节约、实施精简办会、强化廉洁自律，努力从源头上抵制各种不正之风，切实做到心中有党、心中有民、心中有责、心中有戒，树立人大良好形象。

【督查督办常委会决议决定、审议意见及代表建议、批评和意见】 区人大常委会成立督查领导小组，负责对区人大常委会作出的决议决定、审议意见的贯彻落实情况，以及区人大代表所提议案和建议、批评、意见的办理情况进行督促检查。2015 年，常委会共下发 10 份审议意见书，“一府两院”分别在规定期限内作出答复和反馈，常委会对审议意见落实情况进行满意度测评，取得较好成效。着重督查区人大代表在区十六届人民代表大会四次会议期间提出的 131 件代表建议。所有代表建议均及时转交区政府办理，经各承办部门共同努力，所有代表建议在规定时间内全部办理完毕，代表对建议办理满意率 100%。

【重点建议督办工作】 2015 年 9 月，区人大常委会督查“加快实施老丹金溧漕河城区段景观改造”和“加强对全区河道疏浚清淤”两件重点建议办理情况。督察组在实地察看并听取汇报后，要求相关部门进一步增强责任意识，高标准制定规划、高速度启动项目、高质量建设工程，确保两件重点建议落实到位。

【专题询问活动】 年内，区人大常委会就人民群众普遍关注的“城区停车难”问题开展专题询问。在深入调研基础上，常委会组成人员和人大代表围绕老城区停车设施建设、非机动车占道管理、城区道路规划改造等 10 个方面问题，向政府及公安、住建、交通、规划、城管等部门主要负责人现场询问，督促政府整改落实，定期汇报进展情况，切实做到有询问、有答复，有承诺、有结果。

10 月 15 日，区人大领导视察《中华人民共和国电力法》贯彻实施情况

（区人大办　供稿）

【评议部门工作】 区人大常委会首次采用工作评议这种监督方式，分别对文广体局和农林局开展工作评议。通过听取专题工作汇报、走访服务对象、实地察看、问卷调查、个别谈话等多种方式，全面了解被评议部门工作情况，并进行满意度测评。督促部门认真制订整改方案，抓好整改落实。通过开展工作评议，推进部门工作作风改进和工作效能提升，切实增强常委会监督的广度、深度和力度。

【“走访服务选民月”活动】 为加强人大代表与选民的密切联系，做到倾听民声、体察民情、凝聚民智，区人大常委会于 11 月开展区人大代表“走访服务选民月”活动。全体区人大代表回到原选区通过“六个一”（到选民家中进行一次走访，与选民进行一次座谈，开展一次述职活动，为选民办一件实事，慰问和帮助一户困难群众，撰写一条高质量的代表建议）的形式，向选民汇报自己一年来履职情况。驻会常委会组成人员同时开展走访基层一线人大代表活动，帮助解决代表履职过程中遇到的实际困难和问题。

【常州市人大到金坛调研和检查】 2015 年 3 月 17 日，常州市人大常委会副主任俞志平、盛建良率常州市人大农业和农村工委、常州市水利局一行到金坛调研河道管理工作。7 月 10 日，常州市人大常委会副主任邵明率常州市人大执法检查组一行到金坛检查《中华人民共和国安全生产法》贯彻实施情况。9 月 22 日，常州市人大常委会副主任贾宝中到金坛开展生态红线区域保护专项执法检查。11 月 13 日，常州市人大常委会副主任、法制工作委员会主任委员盛建良到金坛开展立法项目调研活动。11 月 20 日，常州市人大常委会副主任俞志平、邵明率调研组一行到金坛调研重点项目建设情况。（吴　强）

编辑　方　骊

常州市金坛区人民政府

重要会议

【区政府常务会议】 2015年,常州市金坛区人民政府召开常务会议7次,发会议纪要7期。研究通过一批规范性文件;定期分析研究经济运行情况并部署阶段性工作任务;讨论年度政府工作报告;讨论年度经济和社会事业工作目标、意见、考核办法及考核情况;贯彻落实上级会议及各类文件精神。研究决定各类计划方案。包括2015年度各镇(区、街道)经济发展主要目标任务清单,2015年度投融资计划,关于推广运用政府和社会资本合作模式的实施意见(试行),2015年度重点规划编制计划清单,2015年度政府性投资项目安排计划清单,2015年度重点产业类项目实施计划清单,关于进一步明确2015年度镇(区、街道)项目引进目标任务的方案,常州市金坛区第二期学前教育五年行动计划(2016~2020),关于深化教育领域综合改革推进教育现代化建设的实施意见。制定各种考核激励政策。包括2015年度镇综合考核工作意见,2015年度镇、区重点工作考核意见,2015年度开发区工作考核意见,金坛区住宅小区物业管理工作考核办法(试行),2015年度茅山旅游度假区工作考核意见,2015年度西城街道工作考核意见,关于加大企业人才引进培养资助(奖励)力度的意见。表彰一批先进集体和个人。包括2015年农村工作会议表彰项目及名单,2015年度金坛区荣誉市民名单,双拥工作会议表彰方案,2012~2014年度金坛区劳动模范候选人名单。完善各类保障制度。包括关于加强住房公积金扩面工作的意见,关于进一步完善城乡居民基本养老保险制度的实施意见,常州市金坛区社会救助实施办法。推进和谐社会建设。包括2015年农村工作会议方案,关于进一步深化农村改革加快农业现代化和城乡发展一体化建设意见,关于推动城乡社区“减负增效”的实施意见,常州市金坛区城区停车服务收费管理办法(试行),金坛区公务用车制度改革总体方案,金坛区自来水价格改革方案。

【区长办公会议】 2015年,区政府召开区长办公会议29次,发会议纪要29期。讨论研究众成实业发展有限公司股权投资江苏城东建设工程有限公司事宜,第一批国有资产资源优化整合方案,研究区殡仪馆迁建及配套工程投资建设方案,原江苏金虹纺织有限公司东厂区土地实施收储、其周边土地上房屋实施征收及对整个地块进行整体规划和出让实施方案,盘固集团有限公司茅东矿区矿石输送带拆除及相关矿产资源等量置换、资产回购和人员安置补偿方案,华罗庚实验学校新城分校等7所学校投资建设方案,第二批国有资产资源优化整合方案,区职工服务中心投资建设方案,区人力资源市场(培训中心)、区公安局业务技术用房投资建设方案,金坛区第三批国有资产资源优化整合方案,金坛区地价评估标准指导意见的补充明确事项相关事宜,金城片区公安业务技术用房工程投资建设方案、进口60米消防云梯购置方案,常州市金坛第一人民医院、常州市金坛血站新建工程投资建设方案,新孟河延伸拓浚(金坛段)工程建设实施方案。

重要工作

【获国家节水型城市称号】 3月3日,金坛市获国家级节水型城市称号。全年财政投入29万元,为市民免费更换节水型龙头12674只,改造104座公厕节水器具、12所学校节水器具及旧管网。并投入资金3.88亿元,实施城乡供水和低压区改造,惠及城乡市民20万人。

【京东农业、帕卓管路、常峰股份在“新三板”挂牌】 6月29日,江苏京东农业股份有限公司在股权交易中心挂牌上市,成为金坛区首家在“新三板”上市的企业和常州首家上市农企。随后,江苏帕卓管路系统股份有限公司和常峰股份分别登陆“新三板”挂牌交易。

【金坛新城吾悦广场奠基】 7月25日,金坛新城吾悦广场举行奠基仪式。

该项目总投资约30亿元，规划建筑面积超40万平方米，项目分两期开发，总体开发周期3～4年。其中中心商业shopingmall预计在2016年年底开业，集购物、娱乐、餐饮、休闲为一体的一站式、体验型商业综合体，将带动区域成为城市的新中心。

【众泰汽车金坛项目竣工投产暨整车下线】 9月28日，众泰汽车江苏金坛智能制造基地正式竣工投入运营，大迈X5车型在金坛基地全面下线，其产能为年产整车30万辆，同时还建有发动机、电池以及其他零部件的生产线。

【2015中国休闲湖泊峰会暨第四届长荡湖湖鲜美食节】 10月17日，2015中国(长荡湖)休闲湖泊峰会暨第四届中国·长荡湖湖鲜美食节拉开帷幕。活动以"品牌推广、展示风采，扩大交流、提升形象"为主旨，提出了"一湖长荡，蟹香八方"口号。通过活动，进一步提升长荡湖的旅游形象，扩大金坛的知名度、美誉度和影响力。

【农村土地承包经营权确权登记颁证】 10月30日，金坛区农村土地承包经营权确权颁证仪式在西城街道方边村举行，该村16名农户代表领到常州市首批"农村土地承包经营权证"。金坛是全省16个整体推进农村土地承包经营权确权登记颁证试点县(市)之一，涉及85个村、1076个村民小组、2.9万公顷耕地。截至年底，9.24万户农户中已签订合同8.92万份，签订率96%以上。

行政服务

【概述】 2015年4月，根据金坛市委、市政府关于印发《金坛市人民政府职能转变和机构改革实施意见》的通知精神，组建金坛市政务服务管理办公室(以下简称市政管办)，为市政府派出机构，正科级建制，挂金坛市政务服务中心和金坛市公共资源交易中心牌子。2015年，全区政务服务工作践行"服务经济、方便群众、提高效率、塑好形象"的宗旨，进一步转变机关作风，深化行政审批制度改革，创新服务机制，改进服务方式，提升服务效能，优化发展环境。全市共有25个市级机关部门和10个公用事业单位、中介机构进驻区行政服务中心(以下简称中心)，共设111个窗口，有工作人员224人。其中，管理人员20人，窗口工作人员179人，工勤、保安、导服员11人，"12345"政府公共服务热线话务员14人。中心全年共办理各类行政审批服务事项59万件。其中，即办件54万件，占92%；承诺件5万件，占8%。各类办件收费(含契税、车购税、各类基金等)8.3亿元。"12345"政府公共服务热线受理群众诉求4万件，群众满意率98.9%。

【行政审批事项清理】 年内，根据中央"全面取消非行政许可事项"要求，对金坛区五轮审改梳理出的34项非行政许可事项全面清理，取消所有非行政许可事项。出台《金坛市市级行政审批事项目录清单》，确定金坛区保留行政许可事项169项，与上轮审改清单相比，精简事项153项，精简率为47.5%。根据审批事项目录变动情况，对权力阳光系统权力库的事项内容进行调整，确保将审改确定的许可、管理服务和上报件全部在网上调整到位，将审批制度改革成果落到实处。

【商事制度改革】 在推出企业设立登记"三证合一"服务的基础上，10月1日全面推行"一照一码"登记服务，全新的"一照一码"涵盖了营业执照、组织机构代码证、税务登记证的所有功能，实现了企业登记"一表申请、一窗收件、并联审批、核发一照"审批服务，大大简化审批流程，缩减审批环节，节省办理时间，年内发放新版营业执照690张。协调解决新登记或是变更的个体工商户在申报银行账户和车辆登记时，需要提供组织机构代码证资料的审核要求，保障商事制度改革在金坛区顺利推行。

【项目网上审批系统建设】 2015年，按照常州市政府关于加快推进"建设项目信息共享、网上审批系统"应用工作的要求，制订金坛区网上审批系统建设方案和手机移动平台建设方案，明确系统建设的总体目标、主要功能、建设步骤和保障措施。通过招投标，确定一家软件公司对原有办公系统进行改造升级，进一步梳理、完善事项申报材料共享、个性化表单等功能，筑牢并联审批系统的数据库基础。与五大阶段牵头部门进行专题对接，梳理各阶段涉及的审批事项和中介环节，确定将14个审批部门的66个审批服务事项和48个中介(技术)服务事项定制入网。多次召集涉建项目部门和窗口业务工作人员对系统进行全流程演练，现场解决部门和窗口提出的有关整体设计、操作功能、中介服务等方面的30多项问题。

【开展"服务园区、服务项目"活动】 组织住建、规划、环保、消防等部门赴直溪、朱林、指前等工业园区开展"服务项目、服务园区"活动，跟进泰明光伏、科林线缆、凯丽纺织等十多个重大项目进展情况，现场解决项目推进、园区建设中遇到的困难、问题。着力解决重大项目江苏康泰生物医学技术有限公司1.4万平方米房产手续办理和常州武矿电气设备有限公司防火门、消防栓与设计图不符等问题。牵头召集国土、规划、房管等部门召开会议，拟订关于园区标准厂房的分割、转让的政策文件。

【编研发放服务手册】 2015年，将近年来国家、省、市、区出台的72项扶持中小企业发展的优惠政策编成《中小企业优惠政策汇编》，向金坛区各级领导干部、企业家、招商人员、政务服务工作人员、部分机关干部免费赠送。区委书记范寿柏专门为此册作"用足政策红利、激发创新活力"的序。将五轮审改保留的行政许可事项169项、管理服务事项206项、上报事项89项,编印成《行政服务指南》,对每个事项的类别、设立依据、申报材料、办件类型、承诺时限、办理程序、收费依据、收费标准、办理地点和联系电话等十个方面进行明确公示,为企业、群众提供详实的办事参考。编印行政服务百宝箱系列丛书之综合便民服务篇和审批服务创新篇,通过大量的彩图配释,让群众和企业对政务服务中心和下辖分中心的职责以及部分办理事项的流程有更直观的认识。

【竣工联合验收工作】 2015年,对原《金坛市工业建设项目竣工联合验收实施方案》进一步优化,及时组织规划、国土、消防、质监站等8个单位验收人员集中上门验收,验收时限压缩在3个工作日内。在稳步推进竣工联合验收的基础上,进一步拓展服务范围、创新服务模式,将验收范围从重点工业建设项目扩大到服务业、拆迁安置房,为主体基本竣工的东方盐湖城、锦绣家园拆迁安置小区、泰明光伏、武矿电气等20多个项目提供提前介入服务,为项目普遍存在的共性问题提供个性化操作方案。全年共对宏瑞机械、圣鑫光伏等52个项目完成竣工联合验收工作,项目竣工一次性通过率92%。

【落实减负增效】 年内,及时就财政部等上级部门关于取消、停征和免征一批行政事业性收费、放开部分专业服务价格、降低部分涉房经营服务性收费标准工作进行部署,取消、停征和免征58项行政事业性收费,降低房产测绘等四项经营服务性收费,规范人防工程建设和人防工程易地建设费收取标准,并出具相关《会议纪要》。规划窗口全面推行"一站式"服务,所有工业项目规划方案审批全部由窗口负责办理。地税分中心全面落实《全国纳税服务规范》拓宽服务模式,房管分中心将他项权利登记中的一般抵押登记等2个业务小类、转移登记中的买卖等16个业务小类由二审调整简化为一审,供电分中心推行"电力一点通"智能电网互动服务。

【政务微信平台建设】 年内,开发以微信公众服务号、订阅号(面向市民)和以12345便民服务工作平台为主,兼有行政审批、协同办公功能的三合一手机端系统(面向政府工作人员),推进"中心"互联网+工作,满足群众和企业办事便利的需求。政务微信平台让市民通过关心微信公众服务号、订阅号平台的相关信息,同时政务工作人员也摆脱固定场所固定设备上办公的限制。

【"12345"热线便民服务】 2015年,开展一系列"进镇区、进社区、进校园、进广场"的宣传活动,扩大"12345"热线的群众知晓度与参与度。邀请电视媒体进行跟踪报道和开展专题调查、现场督办,一大批诸如电线杆倒塌、窨井盖缺失、违章搭建等事关城乡建设、民生发展的问题得到了解决。日常生活中的供水、供电、供气、违章摆摊、露天烧烤、经营场所扰民,局部地段垃圾污水污染等城建市容问题一个电话就能得到迅速解决。热线新推出"出租车叫车服务""水、电、气、有线电视、电话的报修"等公共服务,便民服务项目进一步增加。全年热线受理群众诉求4万件,同比增长90%,其中电话诉求3.9万件,现场答复办结3.3万件,派发任务单6700件,任务单办结率99.59%,热线回访率100%,群众满意率98.9%,同比提升1.9%。

【中介机构监管】 年内,开展执业行为检查,加强日常监督。定期会同中介机构行业主管部门对相关中介机构进行检查,重点检查执业行为记录以及"服务承诺、工作流程、收费标准和公司制度"等上墙公示情况,有效净化中介市场服务环境。完善信用体系建设。根据《中介机构信用评价管理办法(试行)》要求,加强对8大类73家中介机构联合检查并进行信用等级评价工作,A类中介机构20家,B类中介机构44家,C类中介机构4家,另有5家进入金坛区从业未满一年未参与评价,评价结果在"中国·金坛"门户网站上公布,实现中介服务市场的透明化管理。优化涉建中介机构查询系统。对"涉建中介机构查询系统"内容进一步优化,剔除不符合金坛区发展实际的内容,对相关中介机构信息及中介服务流程图进行修改完善,并将《企业建设项目中介机构服务手册》全面发放到镇区和相关企业。

【窗口品牌建设】 年内,开展"一科一品""一窗一品"优质服务品牌创建活动,一批主题内涵深、工作措施硬、审批服务优、群众反响好的优质服务品牌如地税分中心"D税服务1+1"、国税窗口"税e融"、受理督办科"12345五星电波"等服务品牌已获群众认可。修订《标准化窗口建设工作实施办法》,从窗口建设标准化、政务公开标准化、服务行为标准化、服务质量标准化、窗口管理标准化五个方面,对进驻中心窗口全面推进标准化建设。

【严格考评　强化通报】 年内,从工作质量、规范服务、工作纪律等方面进行考核,对窗口服务及工作人员进行量化考核,严格"红旗窗口"评比。将双月窗口及工作人员考核结果及扣分原因以文件的形式通报各窗口部门,引起各部门对窗口工作的重视。全年共发现违纪现象32次,并及时召开督查通报会进行通报,提出具体整改意见。每季度对5个分中心进行明查和暗防,检查结果用于年底分中心考核,同时联合监察局对分中心进行检查指导,督促其切实解决工作人员管理和作风建设等问题。

【创优争先】 2015年,开展群众路线教育实践活动回头看,组织清理行政审批事项、简化审批程序专项治理行动。建立审批目录动态调整机制,确保做到"目录之外无审批"。加强作风建设,要求全体机关干部、窗口工作人员、镇区首席审批代办员严格执行中央“八项规定”和区作风建设的“八个严禁”，做到规定执行不打折、不变通、不走样。先后有区四套班子老领导、区民建支委和天长、吴江、吴中、宜兴、丹阳、溧阳市（区）等兄弟单位走进中心考察调研，省政府审改专项督查组对金坛区五张清单公布、“三集中、三到位”、创新服务举措等行政审批制度改革方面取得的成绩给予充分肯定，区政管办获区委区政府重点项目组织推进奖。（高雷斌）

政府法制

【概述】 2015 年，金坛区深入贯彻《国务院关于加强市县政府依法行政的决定》《省政府贯彻国务院关于加强市县政府依法行政决定的实施意见》等文件精神，按照建设法治政府的总体目标，紧紧围绕全区的中心工作和法制工作总体思路，抓住全面推进依法行政工作主线，积极推进政府依法行政，为全区经济社会健康发展创造良好的制度环境，提供了坚强的法制保障。

行政复议和应诉。积极探索行政复议委员会试点工作。根据《中共中央关于全面深化改革若干重大问题的决定》《国务院法制办公室关于在部分省、直辖市开展行政复议委员会试点工作的通知》和《省政府关于加快推进法治政府建设的意见》等精神，成立了常州市金坛区人民政府行政复议委员会，统筹行政复议资源，完善受理、审理程序和制度。区政府法制办在案件审理过程中，积极引入听证模式，通过召开听证会，给各方当事人提供自由陈述意见、进行辩论反驳的机会，增强了行政复议活动的透明度和公正性，提高了行政复议的办案质量和公信力。全年区政府共收到行政复议申请 60 件，受理 51 件，不予受理 9 件。审结的案件中，经复议决定维持的 14 件，作出驳回行政复议申请决定的 18 件，因申请人主动撤回复议申请或者逾期未补正材料而终止的 12 件，作出确认违法决定 3 件。全年区政府作为行政诉讼案件被告和被上诉人的案件共 53 起，没有一起败诉的案件。

金坛市荣誉市民授予仪式　　（区政府　供稿）

规范性文件审核。区政府法制办围绕全区发展、稳定工作的需要，从提高规范性文件的质量入手，改进规范性文件的审查方法。完善规范性文件计划管理制度，征集各部门规范性文件建议项目，确定政府本年度规范性文件制定计划 8 件。严格规范性文件审查制度，强化对以规范性文件增设行政处罚、行政许可、行政收费等事项的审查把关，确保规范性文件合法、合理、有效，切实提高规范性文件的质量。

法制培训。坚持行之有效的领导干部任前考法制度，不断加大公务员招考录用环节法律知识的考察力度，强化法制工作人员的法律学习，通过参加上级业务培训、邀请专家授课、行政执法工作交流、案例研讨等形式，不断提高法制工作人员的法律素质，增强其法治理念。4 月，区政府在前三年轮训 1309 人次行政执法人员的基础上，再次启动新一轮行政执法人员法律知识培训工作，并将培训经费依法纳入财政预算。

政府信息公开。认真贯彻落实《中华人民共和国政府信息公开条例》，推进政府信息公开全覆盖。健全依申请公开机制，明确依申请公开范围。各镇（区）、街道、各部门确定了专门机构和专门人员负责依申请信息公开的答复工作，明确工作职责，依法做好答复，努力提高政府行政效能和公信力。2015 年，区政府法制办对受理的 59 件政府信息公开申请全部依法进行了答复，保障人民群众的知情权、参与权、表达权和监督权。

（罗锦锦）

外事工作

【概述】 2015 年，金坛区人民政府外事办公室（以下简称外事办），本着服务地方经济社会发展的宗旨，立足新常态，适应新变化，应对新挑战，全力推进改革，着力深化能力提升，主动服务，创新服务，创优服务，在对外交流、重大涉外活动、外事管理和出访服务等方面均取得成绩。认真做好因公出国（境）、友好城市联络、外事接待、APEC 商务卡的办理以及 2015 年度的荣誉市民评选等工作，为全区的改革开放、经济建设和社会进步作出了贡献,营造了良好的涉外环境。

【因公出国(境)管理】 2015年,区外事办审核(报批)因公出国(境)任务团组28批63人,其中自组团11批45人次,报批上组团17批18人次。未发生1例违规违纪现象。年内为5家企业11人办理APEC商务旅行卡(持卡人凭有效护照和旅行卡3年内无须办理入境签证,可以自由往来于已批准入境的各APEC经济体之间),累计为金坛区办理APEC商务旅行卡137张。

【友好城市联络】 年内,在保持与友好城市荷兰克伊克市沟通联系的基础上,主动加强了与法国埃松省圣乔治市、美国维吉尼亚州费尔法克斯县、加拿大安大略省列治文山市等城市的联系,充分利用友城资源为地方经济发展服务。通过不懈的努力,美国弗吉尼亚州福基尔县同意与金坛区缔结友好城市。

【荣誉市民】 为表彰和鼓励在金坛区经济建设、社会发展和对外友好交流合作等方面做出突出贡献的区外人士,金坛区于6月2日对5位外籍人士进行2015年度荣誉市民表彰,同时推荐的一位外籍人士当选了常州市荣誉市民,进一步调动了他们热爱金坛区、服务金坛区的积极性。

【涉外管理】 2015年7月,金坛区发生一起涉外事件,为非法组织劳务人员赴蒙古务工的劳务纠纷事件,外事办与商务、公安、法院、信访等部门及时介入,使问题迅速得到解决,未产生任何严重后果。

【外事接待】 3月19日,接待全国友协培训部处长王文栋等一行4人,参观了亿晶光电、埃马克公司,商定并安排4月9日"2015年全国友协系统建设"培训班参观事宜。

3月25日,接待加拿大联邦终生议员LORNE NYSTROM、加拿大泛亚国际投资管理集团CEO林佰轩、加拿大泰来投资有限公司市场总监张浩一行,他们拜访了区纺织商会,为金坛纺织企业走出去进行牵线搭桥。

4月2日,接待香港城建及城市产业高端专业人士代表团20人,组织参观考察滨湖新城并举办"金坛—香港新型城镇化合作项目交流会"。

4月9日,区外事办组织副区长李皓陪同"2015年全国友协系统建设"培训班150余人参观亿晶光电和埃马克公司。

4月13日,在区外事办安排下,江苏省人社厅驻法国联络处主任、欧洲国际人才交流协会秘书长黄申萍一行与人民医院进行了对接,参观了华罗庚实验学校、鑫品茶场和壹号农场,为法国圣乔治友好代表团来访进行前期调研。

7月7日,在常州外办副主任都文平带领下,副调研员沈炼和巢琳到金坛区的蓝色星球、华盛天龙和卓郎纺机进行APEC商务卡使用情况的调研。

7月8日,接待省政府外事办副主任蔡锡生一行。副主任蔡锡生对江苏金昇集团"一带一路"情况进行调研,参观卓郎纺机厂,听取企业汇报,与企业高管进行了座谈。常州市外事办副主任司马双龙和处长谢巍也陪同参观和座谈。

8月2日,区外事办主任陈小华接待21世纪日本石川县"少年之翼"代表团藤村一志计日课长一行5人,参观了博物馆、刻纸研究所和华夏宝盛园,省、市外事办领导参与了接待。

9月1日,在常州外事办处长包国强的陪同下,马来西亚集壹通信有限公司董事詹声利参观了区银晶光电科技发展有限公司,金坛区外事办领导参与了接待。

10月3日,在常州市外办副主任都文平陪同下,金坛区接待了澳门科协主席、澳门科技大学原校长、南京大学原副校长许敖敖夫妇一行,参观了乾元观、水街、文博园等。

11月3日,法国枫丹白露地区萨木瓦市副市长弗朗斯瓦·布何吉咏女士一行在江苏省人社厅驻法国联络处主任、欧洲国际人才交流协会秘书长黄申萍的陪同下,对金坛区进行了友好访问,副区长王艳红参与接待。

11月6日,在常州市外事办副主任都文平的陪同下,瑞士联邦经济促进署大苏黎世地区上海代表处首席代表高建平一行3人参观了金坛区乾元观和创业中心。

12月12日,外国驻上海各领事馆中方工作人员一行十余人在常州市外办副主任都文平和副调研员沈炼的陪同下,参观了金坛区博物馆和文博园。

12月19日,省外办护签处处长于郑和港澳通行证办理员毛华以及南京市外办签处副处长徐新等一行5人,在常州市外办副调研员沈炼的陪同下,对金坛区的众泰汽车和文博园进行调研和参观。 (龚 晶)

编辑 夏 冰

常州市政协金坛区委员会

综　述

2015年，政协金坛区委员会（以下简称区政协）紧紧围绕全面打造“一城一区一山一水”的发展要求，突出团结民主主题，充分发挥独特优势，深入开展协商议政，努力促进社会和谐，各项工作取得了新的成效，为助推全区加快发展做出了积极贡献。全年区政协共举行1次全体委员会议、7次常委会议、9次主席会议、5次主席（扩大）会议。向区委、区政府提交建议报告4份，征集提案96件，审查立案90件，提案工作办复率100%，委员满意率98.9%。共收到社情民意信息46件，上报省政协、常州市政协3件，上报金坛区委、区政府6件，转部门办理5件。编辑《金坛政协》4期，出版金坛文史资料第31辑《金坛书画简史》。区炎黄文化研究会编辑研究专刊2期、出版了《南宋进士——刘宰》一书。

重要会议

【政协金坛市第九届委员会第四次全体会议】 1月4日下午举行开幕式，市委书记范寿柏到会并讲话。市政协主席张建华主持会议，大会听取并审议通过市政协副主席段振国所作的常委会工作报告和市政协副主席潘双林所作的提案工作报告。与会委员列席市人大十六届四次会议，听取并讨论市政府工作报告和其他工作报告。委员们认真履行职责，围绕全市政治、经济、文化和社会建设中的重大问题，参政议政，建言献策，提出许多建设性的意见和建议。大会选举王国胜为市政协第九届委员会主席，增补朱霞、姜方俊为市政协第九届委员会常务委员。会议确定了2015年市政协主要工作目标，大会历时4天，1月7日闭幕，新当选市政协主席王国胜发表讲话。大会期间，收到委员提案96件，审查立案90件。大会一致通过会议决议。

【政协金坛区第九届委员会常委会议】 2015年，区政协共举行6次常委会议。会议围绕区委、区政府中心工作和政协重点工作，对经济社会发展中的热点、难点问题开展专题协商讨论，提交建议报告4件。1月5日，市政协召开九届十九次常委（扩大）会议。会议听取市委关于九届市政协主席、常务委员候选人提名并协商讨论，审议了九届四次会议《选举办法》（草案），审议了九届四次会议选举总监票人和监票人建议名单，审议了大会《决议》（草案）。1月6日，市政协召开九届二十次常委（扩大）会议。会议听取大会秘书长关于委员讨论市委负责人讲话、审议市政协九届常委会工作报告和提案工作报告讨论市政府工作报告及其他报告的情况汇报；听取了各小组协商讨论九届市政协主席、常委候选人、《选举办法》（草案）等情况汇报；协商通过了《选举办法（草案）；会议审议通过大会决议（草案）。1月7日，市政协召开九届二十一次常委会议，协商通过市政协2015年工作要点。4月28日，市政协召开九届二十二次常委会议。围绕金坛市美丽乡村建设中存在的创建任务重、资金缺失多、群众参与度低等问题进行协商讨论，提出“强化规划引领、集中有限资金、注重长效管理”等具有针对性的意见建议，市政府主要领导对政协的建议进行批示，要求有关单位认真研究，采纳借鉴。7月29日，区政协召开九届二十三次常委会议。围绕加快发展健康服务业进行专题协商，形成《关于加快推进我区健康服务业发展的建议》，提出“编制产业发展规划、提升医疗服务水平、加快发展养老服务”等意见建议供区委、区政府参考。10月29日，区政协召开九届二十四次常委会议。听取区政府办关于区政协九届四次会议以来提案办理情况通报并协商讨论；会议围绕科学编制金坛“十三五”规划议题，从科学编制规划、认真执行规划和做大做强汽车产业、加快推进城镇化建设等方面提出意见建议。

【政协金坛区第九届委员会主席会议】 2015年，区政协共召开6次主席会议，7次主席（扩大）会议。1月28日，市政协召开九届三十一次主席会议。协商环卫工人队伍建设情况，提出“加大宣传，营造全社会关心环卫工人良好氛围”“加强合作，多为环卫工人办实事好事”等建议，会议协商讨论了市政协2015年重点工作方案，协商通过市政协领导分工调整方案。3月31日，召开九届三十二次主席会议。专题协商加快物流业发展议题，提出物流业要坚持与优势产业互动发展，与创新保障推动发展，与信息技术融合发展，提高服务水平，力争做强做大等建议。5月19日，召开九届三十三次主席会议。会议视察金城镇、直溪镇小农水重点工程，听取水利部门工作情况通报并协商讨论，提出对策建议。会议还听取市政协调研组“关于推进健康服务业发展”课题的调研情况汇报并协商讨论。8月19日，就解决中小微企业融资难融资贵问题召开九届三十四次主席会议专题协商讨论，会议提出中小微企业要与银行、政府多做交流沟通，政府部门、银行与各家企业要各尽其职，积极召开银企对接，为中小微企业的发展提供各项服务工作的建议。会议还听取关于“十二五”规划终期评估和“十三五”规划编制工作调研方案汇报并协商讨论。9月23日，召开九届三十五次主席会议，听取全区动迁安置房建设情况通报并协商讨论，为被拆迁群众住得安全、住得舒心积极出谋划策。12月16日，召开九届三十六次主席会议，会议听取区委办、政府办关于办理政协提交的调研报告、社情民意信息情况通报并协商讨论；协商讨论区政协九届常委会工作报告和提案工作报告(讨论稿)；审定各类评优项目，协商召开九届五次会议及相关人事变动等有关事宜。

2015年，区政协召开7次主席(扩大)会议，邀请部分委员就朱林镇经济社会发展情况、茅山旅游度假区建设情况、公共体育服务体系示范区建设、财税、反腐倡廉、公安检察等工作专题听取情况通报并协商提出建议。

重要工作

【委员提案及提案办理】 2015年，区政协共收到提案96件，经审查，立案90件。立案率93.75%。其中，民主党派提案9件，界别小组及委员联名提案36件，委员个人提案45件。立案提案分送区委、区政府等35个承办单位办理，办结率和答复率100%，当年采纳解决的占30%，正在实施或已列入计划逐步解决的占63.4%，一时难以解决或因政策原因需向上级反映的占6.6%。从收到的提案人问卷反馈意见表显示，提案办理满意和基本满意率达98.9%。区委区政府及各承办单位高度重视提案建议落实，许多意见和建议被吸纳到相关规划、政策措施以及部门实际工作中，对促进决策科学化、民主化，助推全区经济社会发展发挥了积极作用。“促进科技金融创新、助推企业创新发展”“加快电子商务发展”“加快发展乡村旅游产业”等一批提案得到较好落实，区政府和职能部门充分吸纳提案建议，推动相关问题的解决，服务了企业，促进了发展。

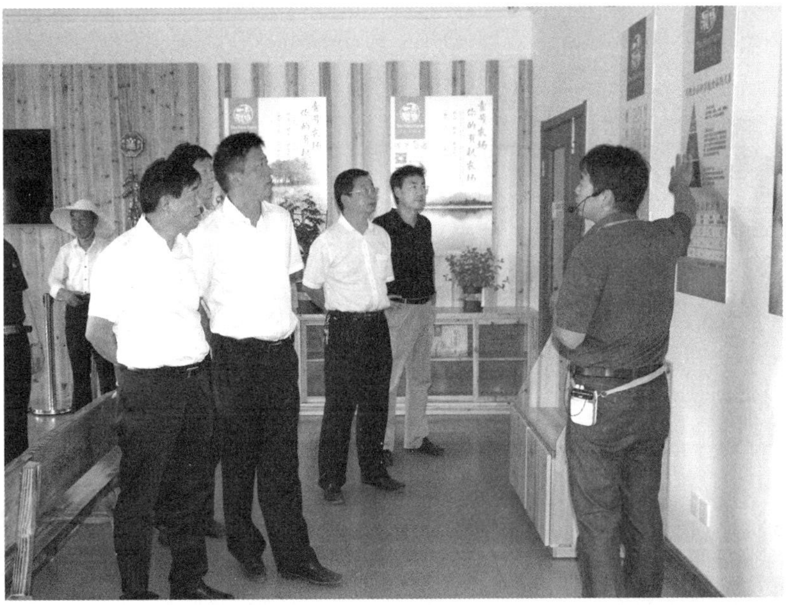

区政协委员视察农业旅游项目“壹号农场”　　(区政协　供稿)

【反映社情民意信息工作】 2015年，区政协共收到社情民意信息46件，经整理编辑后分别报送省政协、市政协和区委、区政府及相关部门。区委、区政府十分重视政协报送的社情民意信息，相关部门认真落实信息建议，取得较好的社会效果。区政府和卫生部门认真办理《关于建立全区医疗资源信息共享平台的建议》，加大资金投入，加快卫生信息化体系建设。区卫生信息平台成为全国唯一一个通过国家卫计委四星级标准验收的县(区)级单位。《关于建立我区骨髓移植咨询服务机构的建议》也得到了区红十字会的重视，通过加强宣传、建立志愿者队伍等方式普及知识，扩大影响，较好地完成了捐献志愿者资料入库工作。

【积极推进文化传承】 2015年，注重发挥文史工作“存史、资政、团结、育人”的社会功能，不断拓宽史料征集渠道，丰富文史专题，完善征集内容，提升稿件质量和编撰水平。区政协文史委编辑完成《金坛书画简史》文史资料。炎黄文化研究会加强对金坛优秀历史文化的研究，编辑炎黄文化研究专刊2期，出版了《南宋进士——刘宰》。　　(史　霞)

编辑　夏　冰

民主党派·群众团体

民盟金坛区委

【概述】 2015年,民盟金坛区委带领全体盟员紧密团结,围绕民盟江苏省委和民盟常州市委"活力基层组织建设年"工作要求,贯彻落实金坛市委十二届十次全体会议精神,推进金坛民盟的各项工作,为金坛经济社会发展贡献力量。年内发展新盟员10名,截至2015年年底,全区共有盟员168名。

参政议政。2015年"两会"期间,盟员中的人大代表、政协委员围绕金坛经济和社会发展主题,提出许多建设性意见和建议。于晓东委员代表民盟金坛区委在政协大会上作《关于塑造金坛形象 提升城市品位的建议》的大会发言。盟员中的3位区人大代表和23名区政协委员共向"两会"提交提案、建议32件。盟员、区人大代表杜跃华在常州市人代会上提出议案《加强大气污染治理 建设绿色宜居城市》获市委书记阎立督办,并被评为常州市人大优秀提案。《关于将城隍庙恢复重建纳入"老城区更新规划"的建议》被列为2015年区政协主任重点督办提案。

在金坛区九届四次政协大会上,民盟组的《产城融合 实现城市建设和产业发展共赢》获优秀调研报告;委员金人宪的关于尽快制定出台《江苏省食品生产加工小作坊和食品摊贩监督管理办法》的建议被评为"优秀社情民意信息";委员朱颖涛、张小平、刘桃园等人的提案获优秀提案;委员于跃进、沈利、陈淑玲、褚礼政、于燕荣获"优秀委员"称号。

组织建设。坚持"以教育、文化、科技界为主,以中上层人士为主"的方针,继续做好组织发展工作。发展新盟员,注重质量,重点做好"80后"、公务员和非公经济代表人士的发展工作。规范新盟员入盟程序,搭建新盟员的培训、学习和活动平台,使新盟员入会后有一个全面培训提高的过程。把发展工作与后备干部队伍建设相结合,不断优化队伍结构,提高整体素质,增强组织的生机与活力。2015年新发展盟员10人。盟员王丽辉参加盟省委基层组织负责人培训班,20多人次参加民盟常州市委组织的培训。6月23日,民盟常州市金坛区委挂牌仪式在金坛区人民政府举行。中共常州市委常委、统战部部长张跃等到会祝贺。

社会服务。民盟金坛区委直属支部盟员、江苏能英律师事务所主任律师、高级律师培训师杨贞分别给金坛区商会、中等专业学校、河头中心小学、薛埠小学举办法制宣传专题讲座;民盟医卫综合支部走进金坛看守所,盟员陈淑玲为监狱服刑人员讲授心理健康教育,并为十几个有问题的在押犯有针对性做个案心理调整,取得很好的反响;教育综合支部、一中支部、华中支部开展创建书香支部"读书与人生"征文、演讲活动,朱志萍获常州民盟"读书与人生"演讲比赛一等奖;文化支部盟员书法家石东礼为全区老干部及作"文化金坛"系列讲座,为在金坛基地参加社会实践的第十一批清华大学博士生开设金坛人文历史专课;盟员吴炜栋偕书画家到消防大防慰问退伍士兵,与消防士兵进行交流、座谈,并为退伍士兵赠送书法作品。人民医院支部联合常州市政协委员中的医疗专家到金坛区指前镇进行义诊,并组织支部盟员赴浙江象山县,考察基层卫生医疗事业改革。

盟员风采。2015年,民盟成员中有1人被区见义勇为组织评为见义勇为积极分子;1人被评为江苏省知识产权工作先进个人和常州市科技系统先进工作者;1人所领衔的企业团队,其科技项目2015年获金坛区科技进步一等奖,并有多项发明专利和实用专利获得国家授权;1人所主持的科技项目获科技进步二等奖;1人获2015年省交通厅业务培训优秀学员称号;1人所领导的公司2015年获江苏住建系统和谐劳动关系模范企业光荣称号;1人参与的《以问题为导向 提高人大监督实效的思考》课题获江苏省人大系统优秀论文奖(三等奖);1人的行书作品《刘禹锡诗九首》入展中国书法家协会主办的首届"刘禹锡杯"全国书法作品展,草书《杜甫诗》在常州市首届书法篆刻刻字大展中获金奖;1人获"江苏银行杯"全省老年书法大赛二等奖;1人获江苏洋河杯书法比赛一等奖;1 人获金沙英才奖;1 人获金沙英才奖突出贡献奖。

(马　莉)

金坛区工商业联合会

【概述】 2015 年,金坛区工商业联合会(以下简称区工商联)履行工作职能,加快发展,引导和促进全区非公企业适应经济发展,为区非公经济健康发展和非公经济人士健康成长做出积极贡献。

思想引领。开展以守法诚信为重点的理想信念教育实践活动。5 月 29 日,区工商联召开以守法诚信为重点的理想信念教育实践活动动员会议,工商联常执委、基层商会、行业商(协)会秘书长 100 多人参加会议。会议传达省、常州市理想信念教育实践活动动员会精神,96 位企业家常、执委联名发出守法诚信倡议书,号召全区民营企业要树立法治思维,增强法治观念;弘扬创新创业,推动转型升级;强化诚信意识,树立良好形象。

引导非公有制经济人士投身光彩事业。5 月,与区残联、金坛广电台等部门共同开展"唱响爱的分贝"主题助残活动,号召全区民营企业家奉献爱心,帮助困难残疾人家庭,活动共计收到捐款 33.3 万元,充分彰显区民营企业家致富不忘回报社会、反哺社会的良好风尚;11 月,区工商联层层发动,广泛宣传,在亿晶光电、金昇集团、晨风集团、蓝色星球、健尔康等企业的大力支持下,募集资金 100 万元捐助金坛锡剧团,为区文化事业的蓬勃发展做出积极贡献;区工商联执委、江苏华越毛纺有限公司董事长俞建强捐赠 105 万元设立奖教基金,与指前实验学校建立长效捐赠机制,每年从基金中拿出 10 万元用来奖励取得优秀教学成绩的教师;直溪镇商会牵头成立妇女儿童公益促进会,为全镇因贫致困、因病致困的妇女儿童送去温暖;温州商会持续开展"星火助学"活动,与罗村小学结成长期帮扶对子,为贫困学生送去助学金和慰问品。

调查研究。区工商联围绕年初确立的"二代传承"主题开展调研,委托上海交通大学郑敬普教授团队对区多家有代表性的企业进行走访,并举办沙龙活动,在此基础上形成对区二代传承情况的分析报告上报区委、区政府主要领导,争取区委、区政府对区二代传承课题的重视和关心。

配合上级部门开展好调研走访活动,3 月 30 日,省工商联副主席桂德祥率调研组到区工商联副主席(副会长)单位金昇集团了解民营企业"走出去"情况;4 月 14 日,省工商联研究室主任高寿凯一行到区调研"全面推进依法治国"情况,调研组通过实地考察和召开座谈会充分了解金坛区在加强法制建设,促进民营经济健康发展方面的实际情况和主要做法,并给予充分肯定;6 月 18 日,省外事办副主任周暐到区开展民营企业"走出去"调研。区工商联还完成上规模民营企业企业调研、民营企业社会责任调研、第十一次私营企业抽样调查等工作。

经济服务。强化培训拓展思维。3 月 27 日,邀请《非诚勿扰》特邀嘉宾、南京大学社会学系心理学博士黄菡老师到金坛作"幸福从心开始"讲座;5 月 29 日,与上海交通大学共同举办"2015 企业传承与发展"论坛,邀请国内多所知名院校的客座教授郑敬普做主讲嘉宾,区 140 多位民营企业家参加活动。9 月 24 日,开展"企业传承与内部管理"企业家沙龙,20 多名企业家参加活动。11 月 8～13 日,与区委组织部、统战部、区经信局四部门共同开展青年企业经营管理人才培训活动,40 多名中青年企业家赴上海交通大学学习培训。

举办沙龙防范风险。区工商联与江苏能英律师事务所共同举办 3 期"企业法律风险管理系列沙龙",80 多名中小企业负责人、高层管理人员参加活动。沙龙以股权众筹之资本对赌、知识产权、合同法律风险为主题,邀请来自上海、无锡、苏州地区的业内资深律师,用生动的语言、经典的案例为企业家作精彩的演讲和分享,该活动受到区中小企业的热情参与和广泛好评。

外出交流开阔视野。区工商联分两批组织 40 多名常、执委赴内蒙古参观当地知名企业,考察当地市场环境和投资机会。区化工行业商会组织 20 多名会员企业赴浙江奉化滕头村参观学习,滕头村生态立村的思路,环境保护与经济发展双赢的发展理念给大家留下深刻印象并深受启发。区纺织服装行业商会对会员企业在异地办企情况进行考察,分别走访江苏晨风集团宿迁生产基地、江苏翔发丝绸新沂有限公司、江苏洪泽大河面粉厂等企业。建筑行业协会组织理事单位负责人赴华天建设集团公司江西西海开发建设项目进行考察学习,领略项目开发工程建设与生态环境相融合的优势,借鉴成功经验。餐饮行业商会 8 月组织会员企业赴徐州烙馍村考察,学习外地基础餐饮的宝贵经验;9 月组织会长企业赴台湾交流学习,推动金坛区餐饮行业商会与台北地区餐饮行业的交流。指前镇商会组织纺织服装类会员企业与无锡电子商务协会进行对接,促进传统产业与现代互联网的融合,加快企业转型升级步伐。

加强宣传扩大影响。区工商联筹办《金坛商会》内刊,全年出版 6 期。主要内容是发布行业调研分析报告,报道基层商(协)会组织的工作动态、重大活动和会员企业的企业风采、光彩事业、先进典型事迹,充分展示工商联形象,架起政企沟通桥梁,提升服务能力和水平。建筑行业协会围绕建筑业新的发展目标,做好行业宣传,全年出版内刊《金坛建工》8 期,并将刊物寄送到分散在全国各地的每位会员手中。餐饮行业商会与金坛广播电台合作完成一档美食节目《吃香喝辣在金坛》,宣传金坛美食和金坛餐饮企业。

完成商会换届组建。建筑行业协会、汽车零部件商会分别召开换届选举大会,调整充实领导班子,同时把热心商会工作和社会公益事业的非公人士吸纳到会员队伍中来,进一步增强代表性,提高商会的凝聚力和号召力。

汽车零部件商会由于众泰等整车企业的加盟,更名为汽车行业商会。9月16日,由多家汽车流通企业召集发起的汽车流通业第一次会员代表大会在金坛经济开发区召开,常州市金坛区汽车流通商会正式成立,大会选举现代4S店总经理李剑亮为首届会长。

推动对外学习交流。2015年,区工商联机关分别与武进区工商联、太仓市工商联、无锡滨湖区工商联、海拉尔区工商联、苏州吴江区工商联、如皋市工商联进行深入的交流,就日常工作、组织建设、"五好"工商联创建情况等方面进行沟通和探讨。区工商联与无锡滨湖区工商联、海拉尔区工商联缔结为友好商会。 (陈 薇)

金坛区总工会

【概述】 2015年,常州市金坛区总工会(以下简称区总工会)围绕金坛社会经济发展,开展"普惠职工服务年"活动,服务企业,服务基层,服务职工,发挥工会组织作用。

普惠服务。推进工会服务卡发行工作,通过示范引领、部门联动、媒体宣传、分级动员,营造工会普惠服务氛围;8.7万名在职职工免费办理工会服务卡,有效激活7.9万张;签约工会服务卡特约服务单位130家,2600名职工参与春节、五一、中秋、十一工会卡优惠活动;5名持卡职工得到大病互助,发放互助金2.5万元;25名职工得到首次住院补贴,补贴金额5000元。搭建信访接待、法律援助、就业介绍"三位一体"服务平台,建立基础数据库、工会服务卡、职工互助互济、社会化帮扶"四大服务体系"。镇、街道、企业建立职工帮扶站(点)160个,吸纳8名专职律师加入职工法律援助服务志愿者服务队伍。

职工素质。开展金武路改扩建、延政西路西延新建项目重点工程创优立功竞赛,举办插秧机操作工、金融青年点钞识假、客运驾驶员技能竞赛。开展"小革新、小发明、小创造、小设计、小建议"竞赛活动,培育创新能手、示范岗位和标兵班组。做好"促转型,当主力"创新攻关项目申报备案工作,申报备案创新项目4个,戴杨"劳模创新工作室"一项研究成果获2015年常州市职工十大创新成果奖,常州市沃尔核材有限公司一项合理化建议评为常州市十佳合理化建议。组织开展区第六届全民运动会职工部比赛,1200名职工报名参赛。开展"书香企业"职工读书月活动暨有奖征文活动,收到征文176篇。创建"全国职工书屋示范点"3个、"江苏省职工书屋示范点"5个,"常州市职工书屋示范点"72个。职工流动课堂培训职工6000人次,其中,赴京、津地送训1000人次。送文艺进企业6场次,3000名职工参与活动。评选"全国劳动模范"1个、"全国五一巾帼标兵"1个、江苏省"工人先锋号"2个、江苏省"五一巾帼标兵岗"1个、江苏省"五一巾帼标兵"1个、江苏省"五一劳动奖章"1个、江苏省"五一劳动荣誉奖章"1个,常州市"五一劳动奖状"3个、常州市"五一劳动奖章"6个、常州市"工人先锋号"15个、金坛区劳动模范30个、金坛区"工人先锋号"30个。

帮扶服务。实施创业就业行动,区职工学校对困难职工及其子女、农民工进行技能培训,培训600人次;对6家创业企业提供咨询指导,提供创业扶持资金3万元。开展"金秋助学"活动,给33名困难职工子女发放助学金9.9万元。发放"晨风工友爱心基金"123.7万元,对103名患大病困难职工、225名困难职工进行救助。组织120家企业参与农民工专场招聘会,1600名农民工现场进行招聘。建立职工诉求渠道,设立区、镇两级"12351"职工维权热线,区职工帮扶中心每周一和每周四为广大职工提供律师咨询。区总工会接办省总转办案1件,处理网上信访3件,办理区政府交办案2件,调处劳动争议19件,参与追讨拖欠职工工资279万元。指导各级工会组织开设宣传咨询站点,开展法制宣传活动20次。组织开展"安康杯"知识培训和竞赛,区供电公司连续2年被评为"全国安康杯优胜单位"。联合区安监局、住建局,开展2次高危企业、建筑工地安全应急演练,与企业协商签订"劳动安全卫生专项协议"。开展夏季"三送"(送清凉,送法律,送安全)活动,落实高温劳动保护政策,督促企业增设防暑降温设施。

和谐企业。将构建和谐企业作为工会工作重点,依法维护职工合法权益,推动劳资双方机制共建、效益共创、利益共享。督促指导企事业单位建立以职代会为基本形式的企事业民主管理制度,提高职工代表依法履职能力,引导职工代表为推动企业和谐发展建言献策,涌现出江苏利步瑞服装有限公司为代表的一批按规范召开职代会企事业单位、王韦花为代表的一批履职能力强的职工代表以及江苏丰登作物保护股份有限公司赵海军提出的《己唑醇原药技改》能够促进企业发展的一批高质量优秀提案。有85%的企业建立职代会制度和厂务公开制度,职工群众最基本的知情建议权、审议通过权、监督评议权得到落实。开展第十轮企业工资集体协商"要约""应约"行动,建立区域性、行业性工资集体协商标准体系,引导企业建立完善工资共决机制,促进职工收入增长与经济发展基本同步。经人社局审核通过的集体合同和工资专项协议的企业2820家,其中百人以上企业工资协商率达95%,合同续签率、报备率100%。

组织建设。开展"广普查、深组建、全覆盖"集中建会行动,建立企业工会1593个,村(社区)工会联合会102个,镇域行业工会联合会4个,涵盖4480家法人单位,发展工会会员14.5万人,工会组建率和职工入会率达95%。培育选树3个镇级工会、3个局级工会和50家基层工会为示范典型,推动"模范职工之家"创建。推进村(社区)工会工作规范化建设,制定出台《关于加强镇、街道"小三级"工会建设的意见》,召开村(社区)工会工作现场推进会,明确"小三级"工会规范化建设要求及工作职能。举办浙江大学工会干部“创新实践”专题研修班,举办7期适应性岗位培训,有560名基层工会干部参加培训。金坛卿卿针织厂工会获“全国模范职工之家”称号,袁国芳、郭红梅被评为全国优秀工会工作者。正信光伏有限公司工会等30家单位被评为“金坛区模范职工之家”,潘建芳等98人被评为金坛区优秀工会工作者。

【庆祝“五一”国际劳动节暨劳动模范表彰颁奖晚会】 4月29日在金坛市体育馆举行。晚会对评选的30名2012~2014年度金坛市劳动模范进行表彰,由全国、省级劳动模范代表为新当选金坛市劳动模范颁奖。常州市人大常委会副主任、总工会主席贾宝中出席晚会。金坛市委书记、市人大常委会主任范寿柏致辞。金坛市委副书记、市长狄志强宣读劳模表彰决定。企业选送职工优秀文艺节目在晚会上演出。 (丁卫武)

共青团金坛区委员会

【概述】 2015年,全区各级团组织服务青年,推动各项工作,“梦想家”青少年事务服务中心被团省委评定为省级示范服务平台,姜方俊、韩锋、汤俊等一批优秀青年受到团中央、团省委等表彰,团的各项事业不断取得新的进步和发展。

创新引导青年的新载体、新路径,探索贴合青年思想实际的引导方式,夯实广大青少年的共同思想基础。核心价值观引导青少年。以“五四”“六一”、国庆、抗战胜利70周年等时间节点,开展团、队主题教育活动。开展身边好青年、魅力团支书、优秀少先队员等评选,引导青少年学榜样、学先进,一大批优秀团员青年和先进集体,受到团中央和团省、市委的荣誉表彰。主题实践凝聚青少年。开展“保护母亲河”主题生态环保行动。征集165个实习岗位,面向金坛籍大学生开展暑期社会实践活动。开展第二届“指尖上的书式年华”青年读书共享活动,在青年聚集地成立共青团网络书吧。媒体产品影响青少年。打造“金坛青年”微信公众号,推出微视频16部、微动画1部、微刊200余期,集聚“粉丝”近8000人,累计阅读超20万人次。

发挥团的组织功能,引领青年投身经济社会建设。榜样引领岗位建功。以纪念“五四”运动96周年为契机,联合相关部门评选表彰第二届“金坛杰出青年英才”,制作播放“青春力量、建功发展”新闻专题,开展“青春榜样、创享金沙”青年讲堂活动,用榜样力量激励青年建功成才。姜方俊被团中央、农业部评选为第九届“全国农村青年致富带头人”。汤俊、韩锋分获2015年百名“江苏好青年”最敢创业和最善创新青年,韩锋还被表彰为江苏省杰出青年岗位能手。服务青年创业就业。全省农村创业青年代表座谈会在金坛召开,团区委服务农村青年创业工作受到省委常委、副省长徐鸣和团省委书记万闻华肯定。编印《金坛青年创业指南》1000册,开展SYB创业培训15期,技能培训6期,培训青年近1000人次。深入实施青年创业贷款项目,发放贷款1.63亿元,扶持青年创业项目232个。开展“守望家乡,青春建功”“青企携手,共创未来”青年专场招聘会,组织170余家企业提供千余工作岗位,参与应聘青年达3000人次。参与社会治理创新。组织青年志愿者1600人次提供志愿服务6600小时,围绕文明城市创建、“3·5”学雷锋日、旅游节庆活动等,开展各类大型志愿服务活动20余场。地税局团支部“青年创业E路通”志愿服务项目获评第二届中国青年志愿服务项目大赛铜奖。开展区级青年文明号复核,新增省级青年文明号1家、市级3家,区环境监测站赴常州作创建经验交流。

从队伍、机制、品牌、活动等入手,推进青少年权益保护工作,切实为青少年群体代好言、维好权。聚焦青少年权益,让维权有温度。召开全区未成年人保护暨预防青少年违法犯罪工作会议,深入开展青少年普法、禁毒、防艾等专项工作,新增市级“青少年维权岗”1家,区级4家。开展“春节自护,平安暖冬”“青春自护,暑期安全”系列活动,印发青少年自护口袋本6000册。帮扶困难学子,让爱心有力量。不断放大希望工程、圆梦行动品牌效应,发放助学金1.6万元,帮助25名小学生缓解生活困难,募集资金14.8万元,帮助37名贫困新生圆梦大学。关爱重点群体,让成长有希望。实施“为了明天——青少年群体成长护航工程”,两个项目分获常州市“阳光伙伴”青少年公益项目二级、三级项目。举办“关爱留守儿童,倾听心声共成长”共青团“倾听日”活动,建立人大代表、政协委员联系留守儿童工作站,成立“梦想家”青少年事务服务中心,获常州市首批社会工作实训基地授牌。

运用平台思维,打造青少年服务终端,推进区域化团建工作,团的基层组织建设和运行机制取得新进展。推进服务型团组织建设。召开全区党团共建暨“总经理与青年员工面对面”座谈会,统筹推进非公企业团组织建设。实施基层重点团工作项目化管理,开展农村区域化团建工作,团区委获评常州市农村区域化团建示范县(区),直溪镇获评示范乡镇,西阳文学社和喜洋洋农场两个项目获评创新项目。推进青少年综合服务平台建设。以“一平台+四中心+X项目”服务模式,打造区级青少年综合服务平台,完成直溪镇“希望来吧”升级改造。区青少年事务服务中心和直溪镇“希望来吧”成功获评省级示范服务平台。推进团的外围组织建设。召开全区到村任职高校毕业生联谊会第三次换届会议,成立大学生村官创业者协会,促进创业大学生村官抱团发展。推进少先队名师工作室建设,建立少先队工作片区管理机制,形成少先队辅导员梯度培养机制。在2015年常州市辅导员风采展示活动中,金坛区代表队以综合第一的成绩获团体总分特等奖,实现历史突破。华罗庚实验学校学生华艺澄作为常州唯一一位少先队员代表出席全国第七次少代会，得到省委书记罗志军的亲切接见和赞扬。

加强团的作风和团干部队伍建设，团干部的素质能力得到提升。扎实开展“三严三实”专题教育。认真开展专题学习、座谈研讨，紧密结合实际，开展“团干部如何健康成长”大讨论活动，引导团干部树立正确的成长观。密切联系基层工作。建立团区委机关干部挂钩联系基层团组织制度，选派金融系统优秀青年担任镇区、街道团(工)委编制外副书记，帮助基层团组织解决困难及问题。促进团干部健康成长。配合区委组织部开展“星火计划”青年干部训练营活动，34名专兼职团干部入选训练营。举办团干部培训班，提升团干部业务工作水平和服务大局能力。

【2015年“青春聚爱 暖冬行动”启动仪式】 1月22日，团区委、区国税局在儒林中心小学举行2015年“青春聚爱 暖冬行动”，团区委副书记张婕、李俊平，国税局副局长陈学忠及部分青年代表参加活动。此次“青春聚爱 暖冬行动”作为共青团“暖冬行动”的启动仪式，共发放暖冬奖学金3000元，爱心物资千余元。在此之后，各个乡镇团委、部分青工团组织，也将把从全市募集来的暖冬衣物送往各个小学、初中贫困青少年及孤寡老人手中，为他们送去冬日的温暖。

【共青团联系服务青年月专场交流洽谈会】 2月8日，“守望家乡青春建功”共青团联系服务青年月专场交流洽谈会在区人才市场成功举办，116家企业共提供616个岗位供青年求职者选择，吸引600余名青年求职者到场。通过前期与区人社局、区人才市场合作，利用春节前外出务工青年和学生返乡、农村青年相对集中的有利时机，有针对性地为本地用工企业提供人才资源，为各类返乡青年人才提供更多的就业渠道，为金坛经济综合发展提供人才保障与智力支持。

【“践行核心价值观 建设文明新金坛”志愿服务月月行活动】 3月5日，团区委、区志愿者协会在东城街道华胜社区金江苑小区开展“践行核心价值观 建设文明新金坛”志愿服务月月行集中启动日活动。来自全区公安、卫生、住建、供电的37家单位参与此次志愿服务活动，为社区居民提供便利。

【“青爱的自然·青爱的你”植树活动】 3月11日，区级机关党工委、团区委、区农林局在薛埠镇下杖村联合开展“青爱的自然·青爱的你”植树活动，来自市直各单位的130余名团员青年参与此次植树活动。随后，在植树现场进行“青年生态林”的揭牌仪式，邀请区直属机关党委书记王洪庆、团区委副书记张婕为“青年生态林”揭牌，并由志愿者代表宣读“保护环境·生态文明”倡议书。此次活动以植树护绿活动为主题，号召全市团员青年提高绿化意识、生态意识和环保意识，为建设绿色金坛贡献青春力量。

【“青春俏佳人 成长故事汇”风采展示】 3月22日，区委组织部、区级机关党工委、团区委、区妇联在区级机关第二会议厅联合开展“青春俏佳人·成长故事汇”风采展示活动，区委组织部副部长、区级机关党工委书记史益群、区直属机关党委书记王洪庆、区妇联主席朱珍娣、团区委书记许海连出席活动。区十佳女性代表王虎琴、杨丽莉、丁屹作女性成长故事分享，区的12名优秀女青年公务员代表分享青春故事。经过7位评委、30位大众评委的综合评议，陆文娟、张田荣获“最美风采奖”、姚雯婧等5人荣获“风采奖”。

【省委常委、副省长徐鸣在金坛出席全省农村创业青年代表座谈会】 4月16日，全省农村创业青年代表座谈会在金坛壹号农场召开，省委常委、副省长徐鸣出席会议并讲话。团省委书记万闻华主持座谈会。省政府副秘书长杨根平、省农委主任吴沛良、省委农工办副主任王巨祥，省人社厅副厅长朱从明、团省委副书记蒋敏、常州市市委常委、科教城党工委书记徐光辉、金坛区委常委、组织部部长刘国新以及全省各市团委相关负责人、全省近80名农村创业青年代表出席会议。会上，为受表彰的全国和省级农村青年致富带头人颁发证书，江苏海之客农业发展有限公司总经理姜方俊等8名农村创业青年典型作发言。

【纪念五四运动96周年暨第二届“金坛市杰出青年英才”颁奖典礼】 4月30日，纪念五四运动96周年暨第二届“金坛市杰出青年英才”颁奖典礼在金广电中心举行。常州团市委书记潘文卿致辞。金坛市委常委、组织部部长刘国新发表讲话。大会对本届“金坛市杰出青年英才”进行表彰。姜方俊、杜宇雷、张旭琴代表本届“杰出青年英才”获奖者宣讲青春奋斗故事。

【常州共青团走进金坛“倾听日”活动】 5月27日，“关爱留守儿童 倾听心声共成长”——常州共青团走进金坛“倾听日”活动在市明珍实验学校举办。金坛区青少年事务相关领域人大代表、政协委员、团干部代表和社会工作者代表参加活动。常州团市委副书记李磊和金坛区委组织部副部长、区级机关党工委书记史益群为“人大代表、政协委员联系留守儿童工作站”揭牌。

【“非你莫暑”2015年金坛籍大学生暑期社会实践活动】 为引导金坛籍返乡大学生感知家乡变化，回乡就业创业，团区委于7月初面向全区的机关、事业单位致函，希望各单位积极提供实践岗位。截至7月中旬，共征集22家单位实习岗位65个，联合区人社局面向19家企业征集近100个岗位。7月17日，团区委在区青少年宫成功举办2015年金坛籍返乡大学生暑期社会实践活动岗位对接会。岗位对接会采取现场洽谈形式,通过用人单位与大学生面对面沟通,进行双向选择。本次活动吸引近百名金坛籍大学生冒雨前来寻求实践岗位。会上,大部分岗位都得到落实。

9月25日,区团委、住建局、检察院等相关单位联合开展留守儿童关爱行动

(团区委　供稿)

【全区未成年人保护暨预防青少年违法犯罪工作会议】 8月5日,在樱花大酒店召开。区未成年人保护委员会、区综治委预防青少年违法犯罪工作领导小组成员及各成员单位联络员,各镇、街道综治办主任、团(工)委书记,部分学校少先队大队辅导员参加会议。团区委许海连代表区未成年人保护委员会、区综治委预防青少年违法犯罪工作领导小组作工作报告。会议对一批先进集体和个人进行授牌表彰,并发放青少年自护口袋本。副区长王艳红到会讲话。

【"青眼看金坛·旅游之我见"金坛籍返乡大学生走进"一山一水"活动】 8月25日,团区委联合区旅游局开展"青眼看金坛·旅游之我见"活动。活动组织金坛籍返乡大学生24人走进金坛"一山一水"的旅游板块,通过他们的旅游体验为金坛旅游发展出谋划策,团区委副书记李俊平参加本次活动。大学生们分别游览长荡湖水城、上阮现代产业园、保朴园。在随后举行的座谈会上,旅游局工作人员详细介绍金坛旅游的现状和当前的发展重点,大学生们纷纷就当天的所见所闻提出建议。

【2015年度"希望工程·圆梦行动"】 团区委通过发动学校、镇区、街道进行为期一个多月的前期摸排;通过微信、微博等新媒体开展"爱心结对""爱心众筹"等进行爱心传递,在社会上取得较大的反响。同时结合区"星火计划"训练营活动,发动企业提供12个爱心助学岗位。活动中,共募集到爱心助学款13.2万余元,帮助全区37名大学新生缓解学费压力,圆大学梦。

10月30日,全区党团共建暨"总经理与青年员工面对面"座谈会召开

(团区委　供稿)

【留守不孤寂　月圆情更浓——留守儿童关爱行动】 9月25日,团区委联合区预防领导小组成员单位区检察院、区住建委赴尧塘街道水北小学开展"留守不孤寂　月圆情更浓"中秋慰问活动。近年来,团区委在全区范围内全面实施"留守儿童关爱工程",建立工作有网络、引路有典型、活动有载体、帮教有对象、助学有保障、宣传有氛围的"六有"模式关爱留守儿童,努力为留守儿童营造温馨的精神家园,以此推动形成城乡关爱工作网络,促进留守儿童健康成长。

【全区党团共建暨"总经理与青年员工面对面"座谈会】 10月30日,全区党团共建暨"总经理与青年员工面对面"座谈会在南方光纤科技有限公司召开,区委组织部副部长、区综合考核办主任周俊,南方光纤科技有限公司总经理殷国亮,团区委书记许海连、副书记李俊平,各镇、街道组织委员及团(工)委书记出席活动。本次座谈会是党建带团建的生动实践,是服务企业青年成长、助力企业发展的积极探索。座谈会上,通过开展企业一线青年员工的微创新活动及表彰,体现南方光纤对青年员工培养的重视，也为企业团组织在今后企业发展中凸显先锋作用的提供有效载体范本。

【共青团网络书吧成立】 11月15日晚，团区委在在"coffee more"咖啡馆举行"共青团网络书吧"成立仪式，20多为青年代表参与活动。在成立仪式上，中国摄影家协会会员、江苏省摄影学会理事、金坛摄影家协会副主席王玉华介绍《70·抗战老兵》摄影集和其背后的故事，青年代表分享阅读感想，探讨阅读心得。"书式青春"网络书吧是团区委采取线上与线下相结合的工作模式，旨在为金坛青年提供更宽松、自由的读书环境，更丰富多彩的休闲生活。

【第十六届"我们约会吧"公益性相亲活动】 11月11日恰逢光棍节，团区委联合区妇联举办第十六届"我们约会吧"公益性相亲活动。区妇联副主席钱永峰、团区委副书记袁海涛参加本次活动，全区200余位青年积极参与本次相亲会。活动现场开展丰富多彩的配对活动。本次活动拓宽各级青年的交际范围，丰富全区单身青年朋友的业余文化生活，帮助更多的青年朋友收获友谊果实，共促社会和谐。

【2016年"共青团与人大代表、政协委员面对面"活动】 12月25日，团区委以"促进青年创业"为主题，邀请全区大学生村官代表、创业青年代表和服务青年创业工作者代表参加"共青团与人大代表、政协委员面对面"活动。座谈会上，团区委副书记李俊平汇报金坛共青团青年创业工作，区人社局考试培训中心副主任吴志就人社部门促进青年创业等方面作补充发言。随后，与会的创业青年代表从自身创业的经历以及创业过程中遇到的困难等方面和在座的人大代表、政协委员作深刻的交流和探讨。团区委书记许海连向在座的人大代表、政协委员重点汇报目前全区青年创业所面临的困难。在座的人大代表、政协委员们也纷纷表示，共青团提供这样的机会与创业青年代表和服务青年创业工作者代表面对面交流非常好，他们将在即将召开的区"两会"上针对大家提到的情况形成课题，提出议案、提案，向社会和决策层集中呼吁。 （吴　寅）

金坛区妇女联合会

【概述】 2015年以来，常州市金坛区妇女联合会（以下简称区妇联）紧扣中心，服务大局，积极思考，奋发作为，各项工作取得一定成绩。

强化培训，妇女发展能力切实提升。加强技能培训。全区各级妇联组织开展各类农村实用技术培训26期，培训1500人次；联合区教育局开展"农村妇女网上行"基础技能培训10期，培训560人次；联合区农林局、区供销社开展农民职业技能培训，200余名女经纪人获得国家认可的中级职业资格证书；联合区财政局、区青年创业中心等部门开展农村富裕女劳动力转移培训，帮助400多名妇女转移就业；与区人社局联合开展家政、养老护理员培训6期，培训180人次。开展技术对接。联合区农林局，通过"科技专家+女能手+农村妇女"的科技传递快车道，为农村妇女提供各种技术指导和服务；联合区科技局组织科技惠民服务队下乡为妇女群众讲解科技政策、知识产权等相关知识，发放农业科技服务信息和农业科技成果手册。组织学习交流。先后组织女能手、女经纪人赴浙江湖州、上海、苏州、无锡等地学习，共5批次百余人，参观现代科技示范园、现代农业生态园和现代农业产业园等，既学习外地的先进经验，又搭建相互交流的平台，通过建立微信、QQ群，达到资源共享，交流合作日趋紧密，坚定女能手发展现代农业的信心。

搭建平台，创业就业工作扎实推进。搭建单亲贫困母亲就业平台。开展单亲贫困母亲就业圆梦行动，依托各级巾帼培训基地、联合社会组织力量对100名单亲贫困母亲开展技能培训，帮助30名单亲贫困母亲实现家门口就业。搭建女性创业就业平台。与区人社局等多部门联合开展"春风送岗位行动"，举办女性专场招聘等各类活动10余场，提供就业岗位2000余个。与东方盐湖城合作，推荐300多名妇女实现就业，也帮助企业化解用工难题。举办女大学生"SYB创业培训"，加强女大学生创业就业实践基地建设，推动女企业家为女大学生创业就业提供帮助。搭建岗村结对帮扶平台。继续推进巾帼文明岗进村帮扶活动，共促成12个岗村对子，举办项目扶持送资金、科技培训送技术、进村入户送政策、文化宣传送观念、扶贫帮困送温暖等联动服务20场，发放宣传资料近万册，受益人数万余人次。

培育特色，妇女致富渠道不断拓展。完善妇女小贷政策。妇女小贷实现贷款额度放宽、贷款银行拓展、简化操作程序、贷款对象更广等四个方面的突破。全年金坛区共完成妇女小额担保贴息贷款1260多万元，发放2014年妇女还贷贴息资金51.23万元，妇女小贷工作显现出的示范激励、创业帮扶、资金集聚、综合提升效应越来越明显。加大项目培育力度。与农口部门联合开展走访调研，切实加强巾帼优秀项目培育，挖掘出巾帼农家乐示范基地、巾帼优秀农民专业合作社、巾帼创新业项目等共12个，并向常州推荐争取扶持资金15万元。大力开展巾帼"妇"字品牌建设，创成省级巾帼电子商务村、巾帼来料加工基地、巾帼农家乐示范基地、巾帼优秀专业合作社等6个，争取扶持资金14万元。深入推进巾帼来料加工。组织来料加工女经纪人赴浙江义乌培训考察，深化巾帼来料加工示范基地建设，建立留守妇女就业联络平台，让农村妇女通过来料加工在家门口就业增收。2015年，新增1个省级基地、培育2个市级基地，发放扶持金4万元。

实施妇儿规划，构建妇儿合法权益维护机制。维护妇儿自身权益。联合公检法司等部门举行"法律温暖 家庭幸福"妇女维权周广场咨询活动，帮助女性维权;依托妇女儿童之家等平台,为妇女儿童提供信访、法律援助、人民调解、心理咨询四位一体的维权服务,全年各级妇联接待来信来访97件,做到件件有落实,事事有回音,处理常州批转的2例信访案件,与信访当事人进行核实、了解、答复。协助农工办做好土地承包经营权确权登记工作,并将此项工作纳入考核。全年,试点镇、村确权工作全部完成,妇女在本轮承包经营权登记中均做到证上有名,名下有地。实施妇儿关爱项目。认真组织实施"十二五"妇女儿童规划终期评估工作,推动妇儿实事项目有序开展。与区卫计局联合,组织实施"两癌"筛查项目,完成省定2.5万人任务,并做到早发现早治疗,及时将新增患病妇女信息录入救助系统,启动新一轮"两癌"救助项目,为43名患病妇女发放治疗救助资金15万元。召开妇女"双学双比"工作会议,发放"巾帼优秀创新业"等12个"妇"字品牌项目扶持资金18万元,鼓励包括女大学生在内的更多妇女创业发展。在金坛中等专业学校开设"苏盐连锁职教春蕾班"和"常州烟草职教春蕾班",帮助90名贫困学生完成学业成功就业。在省、常州市对区"十二五"妇儿规划实施情况的终期评估中,区卫计局、教育局、儒林镇、直溪镇的示范点充分展示出区妇女儿童发展各类指标的良好态势,得到评估组专家的一致好评。关注妇女儿童生活。走访慰问因下岗失业、重大疾病、意外灾难等原因致贫的特困妇女家庭、生活困难的"三八"红旗手等73人,发放慰问金及慰问品计11万元;与区水利局、卫计局联合开展"浓情五月 助力母亲"爱心接力活动,为110名贫困母亲送关爱,让她们共享发展成果;走访慰问区启智学校,捐赠校服、教学用具和食品,牵头区委政府领导与特殊儿童共度六一节;举行茅山老区留守儿童夏令营活动,为20多名留守儿童发放助学金2万元;开展困境儿童调查登记工作,通过开展真情寻呼"1+1""双百蒲公英行动",积极整合社会资源,帮扶贫困留守流动儿童100余人。

推动文明建设创新,引导妇女在和谐社会建设中彰显风尚。实施"书香家庭"项目。为更好地落实常州"智慧女性 和美家庭"项目,提升广大女性的综合素质,谋划开展一系列活动。举办"书香家庭"启动仪式,邀请常州市妇联主席周广菊和区领导为读书家庭代表赠送书籍500余册;在青少年科技活动中心建立悠贝亲子阅读基地,每周六固定开设亲子绘本阅读课堂,现有固定家庭会员300余户;新建西城街道南洲里社区和青少年科技活动中心图书"爱心角",培育百名阅读使者。与常州市妇联开展结对活动,接受捐赠图书1000册;和区教育局联合举办"陪孩子读万卷书行万里路"亲子读书公益讲座,为400多名家长进行亲子旅游、亲子读书的专题分享,营造家庭共同阅读、快乐成长氛围。注重示范引领风尚。开展"最美家庭"寻找活动,树立全国五好文明家庭、省平安家庭、常州十佳好儿女等一批最美典型,组织先进事迹巡展,引领更多的妇女、家庭崇德向善,传播正能量。召开庆祝"三八"妇女节105周年纪念大会,通过小品、舞蹈、配乐演讲等多种形式展示妇联工作和优秀女性风采,激发全区广大妇女立足岗位、敬业奉献的热情和斗志。区政府"12345"公共服务热线等14个单位创成常州级巾帼文明岗,河滨小学等11个单位创成省级巾帼文明岗,区妇保所荣获全国巾帼文明岗。区财政局获省巾帼建功先进集体。营造家庭阅读氛围。举行庆六一暨"书香一缕传家风 亲子共读绘本剧"大赛,集比赛、文艺表演、表彰于一体,全区9个幼儿园的160余名幼儿、家长参与现场展示。区实验幼儿园选送的《鸡毛信》和春风幼儿园的《孔融让梨》在常州市举办的"小书虫"幸福剧场比赛中分获一等奖和三等奖,既较好地展示出区少年儿童践行美德、传承优良家风的成果,又倡导全区家庭积极参与"书香家庭"活动,更好地培养家庭成员快乐阅读的习惯。在全区开展家风家训微故事、征文、四格漫画和亲子阅读家庭微视频征集活动,全区2000多个家庭积极参与,500多名家庭成员在活动中相互学习、交流和成长。活动共评选出优秀稿件300余篇,表彰优秀作品48篇。

4月18日,区妇联、区教育局联合举办"读万卷书,行万里路"亲子阅读公益讲座

(区妇联 供稿)

建设服务型组织,全面提升妇联干部自身建设。加强作风建设。扎实开展"三严三实"专题教育活动,制订专题学习计划,认真查找妇联组织中的"四化"倾向,制定完善9项具体制度,有效整改"不严不实"突出问题,促进全委干部理论素养和工作效能的

进一步提升。按规召开支部换届会议,参加党群组党员学习日活动,走进结对社区开展清洁家园义务劳动,参加区级机关"民族魂"抗战主题歌曲演唱比赛,增强党组织凝聚力,提升党员的党性修养。指导直溪镇妇女儿童公益促进会的"让花儿不再凋谢——困境妇女帮扶行动"和区检察院向日葵护苗之家的"失依儿童救助工作项目"入选常州市女性社会组织公益创投项目。新建开发区、西城街道妇联和市场监督管理局妇委会,女大学生村官联谊会顺利换届。高标准、严要求完成省妇联在全区的妇女工作调研,展示金坛妇女工作的特色和品牌,得到省、市妇联领导的称赞。助推女干部成长发展。与机关党工委、团区委联合开展"青春俏佳人 成长故事汇"风采展示,通过巾帼榜样故事分享、青春成长心路历程环节,为机关优秀年轻女性展示风采搭建平台;与区科技局、工商联、农林局、地税局联合,先后邀请省知识产权局局长支苏平、省委党校教授黄菡、上海巾帼园总经理周珏珉、上海复旦大学附属医院主任医师钱来娣分别就知识产权、女性幸福指数提升、成功职场、健康保健等做专题讲座,推动广大女干部内外兼修、健康生活、快乐工作。推选许靖等2名女干部参加常州市第11期中青年女干部培训班,提升女干部从政能力。多名妇联干部参加全国、省、常州市妇联组织的高校培训、专题论坛和现场考察,拓展视野,增强能力,提升境界。

探索新媒体工作路径。为弥补妇联干部队伍专业化能力不足,注重多元借智借力,强化网络媒体的运用。与电台、电视台等主流媒体合作,精心策划"巾帼建新功、共筑中国梦"栏目,对"两癌"救助、妇女小贷、维权服务等11项工作进行系列宣传报道,并在省级以上电视台等媒体报道86次,扩大岗位建功、巾帼维权、巾帼志愿等活动影响力。向各类网络媒体报送反映区妇女儿童发展的各类信息,通过妇联工作的窗口反映区经济社会发展新面貌,全年共报送各级各类信息700余条,其中,常州女性网录用220多条,江苏省女性网录用210多条。借用专业技术,依托腾讯网开设"金坛女性"微信公众号,及时发布各类活动信息,线上线下互动,更广泛宣传妇联工作,服务妇女儿童,展示妇联组织和妇联干部综合服务能力。

【庆祝"三八"妇女节105周年纪念大会】 3月4日,在区城管局大礼堂召开。常州市妇联主席周广菊、金坛区委常委、组织部长刘国新,原区委常委、纪委书记吴晓华,金坛区人大常委会副主任赵钢超、区政府副区长王艳红、区政协副主席姜玲参加大会。会上,通过小品、快板、舞蹈、演讲等多种形式宣传女性先进典型。现场为20名"两癌"患病妇女每人发放3000元的救助资金。同时,用为读书家庭赠书的形式开启书香家庭活动。

【开展"浓情五月 助力母亲"爱心接力活动】 5月20日,区妇联、水利局、卫生局联合在体育公园风景区开展"浓情五月 助力母亲"爱心接力活动,为全区100名贫困母亲开展送健康、送技能、送关爱的"三送"活动,让她们感受到同样的幸福与快乐。城区妇委会共组成28支爱心接力队,通过爱心接力赛跑的形式,为贫困母亲奉献一份爱心。活动现场为110名贫困母亲发放含有技能培训卡、健康体检券、夏令用品等的爱心大礼包,让她们共享发展成果;10家城区妇委会现场与贫困母亲进行结对。常州市妇联副主席储蕾,区委常委、组织部部长刘国新,区政府副区长王艳红参加活动。

【庆六一暨"书香一缕传家风 亲子共读绘本剧"大赛】 5月27日在住建委举办。全区9个幼儿园的160余名幼儿、家长参与现场展示,较好地展示出区少年儿童践行美德、传承优良家风的成果,倡导全区家庭积极参与"书香家庭"活动。区委常委、组织部部长刘国新,区人大常委会副主任赵钢超、区政府副区长王艳红、区政协副主席姜玲参加活动。

【茅山老区留守儿童夏令营活动】 8月14日,金坛区妇联举行茅山老区留守儿童夏令营活动暨助学金发放仪式,来自全区的20多名留守儿童参加活动。本次夏令营以"为梦想奔跑"为主题,开展丰富多彩的素质拓展训练、特色兴趣小组等活动,不仅有心灵解锁、撕名牌、水雷大战,还有溺水自救互救教育演练、欢乐水上乐等项目,让孩子们拓宽视野,启迪思维,释放压

8月14日,区妇联举行茅山老区留守儿童夏令营活动暨助学金发放仪式

(区妇联 供稿)

力,提高团队协作能力。活动中,为每位留守儿童发放1000元的助学金和慰问品,区妇联领导鼓励学生们要怀有一颗感恩的心,努力学习、提高自己,早日成为栋梁之才,建设家乡,回报社会。

【接受省、常州市"十二五"妇儿发展规划终期评估】 11月27日接受常州市、省妇儿工委对金坛区"十二五"妇儿发展规划终期评估。考核组成员听取区妇儿工委及相关成员单位"十二五"妇儿发展规划终期评估汇报,查看相关台账资料,实地查看区疾病预防控制中心、青少年科技中心、直溪镇妇女儿童活动中心、儒林镇柚山村、儒林小学、东城实验小学、常州杰克服装有限公司、常州港华丝娟工艺制品有限公司等示范点。这些示范点从女性创业就业、基层妇女参与决策管理、村(社区)卫生服务示范、流动儿童均等享受基础教育服务等方面展示出区妇女儿童发展各类指标的良好态势,得到评估组专家的一致好评。

(王胜玉)

金坛区科学技术协会

【概述】 2015年,金坛区科学技术协会(以下简称区科协)推进"三服务一加强"(服务经济社会发展 是方向,服务提高全民科技素质是基础,服务科技工作者是基点;加强自身建设是保证)工作,完成年度既定任务目标。区科协被省人社厅、省科协联合授予省科协工作先进集体称号。被区委、区政府评为2015年度考核优胜单位。

推进重点人群科学素质提升工作。科普进学校。协调区教育部门组织全区科技辅导员和青少年学生,发挥创新精神、开展科普教育,开展青少年科普讲座、科技制作培训等一系列科技辅导活动。区青少年科技活动中心组织开展机器人竞赛培训、电子百拼、动力飞机制作。在区科协的指导下,区华城实验小学在第二十一届江苏省青少年科技模型竞赛无锡分赛区"电子百拼"项目活动中,成绩显著,荣获团体一等奖,杨啸、蒋云蔚等多名同学荣获一、二、三等奖。指导绿色家园者愿者协会在全区中小学中开展"生命之水"科普讲座。绿色家园志愿者协会的志愿者培训师走进课堂,进行"水与生命""水与生活""节水技巧"等环保宣传,向每位学生赠送《水与生命》科普读本和PH实验试纸,课堂上培训师进行水知识讲解、PH试纸实验,和学生互动水知识抢答,以"水环境保护"为主题开展手抄报、实验征文、水资源保护感想评比等活动。区华城实验小学、区西城实验小学等学校的五六年级共1000多名学生参加该活动。会同区教育局、区科技局联合开展金坛区中小学第四届科学节。本届科学节设立"现场竞赛""科技创新成果竞赛""专家报告""科技主题展板会展"及"科普电影展播"等五个板块的系列活动,为全区广大科技教育工作者和青少年学生提供交流机会和平台,涌现一批优秀科技教育工作者,会聚一大批具有一定科技含量的科学作品。全区的科技辅导员和中小学生都积极参与系列活动。"现场竞赛"共有85支中小学代表队参与"七巧板""吸管结构""纸牌承重"三个项目的角逐;"科技创新成果竞赛"共上交科学作品288件,其中,小学180件,中学108件;会展科学主题展板48块。经组委会认真评审,省华罗庚中学等21所学校获第四届中小学科学节"优秀组织奖";华罗庚实验学校等16所学校的"科技主题展板"获"一等奖";省华罗庚中学陈浩然、夏炎、杨李鋆等225名同学获中小学科技节"现场竞赛"活动一二三等奖;河滨小学赵运星等167名选手的科技创新成果获一二三等奖;第五中学郑小东等80名老师获"优秀科技辅导员"称号。科普进农村。协调区农林、卫生等部门,组织专家服务团队开展科技入户活动,选聘一批专家和农技员,组成"送科技下乡专家讲师团"到全区各镇区开展实用技术培训。通过开展"菜单式"培训,全面提高农民掌握和运用先进实用技术增收致富能力。区中医医院青年志愿者服务队赴各乡镇开展中医中药科普乡村行活动;朱林镇利用乡镇集镇期间开展"健康赶集"健康宣传义诊和健康科普宣传;薛埠镇为"五保"老人举行体检和防治高血压健康科普讲座;儒林镇举办以"和谐我生活,健康儒林人"为主题的科普宣传活动,倡导健康生活;直溪镇举办葡萄知识培训班,合作社5位骨干社员和周边镇村葡萄种植户共20多人参加培训。还邀请全国小麦专家组开展小麦穗肥施用指导,在田间地头开设"现场课";指前镇通过渔业、水稻、园艺、农机等科技入户活动,把科技备耕作为2015年农业生产的关键环节来抓,组织农技人员带着农科书籍、资料进村入户,深入田间地头指导农业生产,全面普及和推广农业新技术,向农民推介优质良种,传授最新技术,为全镇农民提供科技备耕的"套餐"。科普进社区。协同区委宣传部等单位依托社区科普大学、党校、党员之家等平台开展"社区读书论坛""书香社区"及社区基层组织建设成果展等活动。区老科协多次组织老年人开展养生保健健康知识科普讲座,并定期为社区、机关、企事业单位赠送《养生与保健》;区疾控中心联合全区各医院在"3·24世界防治结核病日"开展主题为"你我共同参与,依法防控结核—发现、治疗并治愈每一位患者"的科普宣传,活动主要在各社区进行;西城街道文化社区开展科普大众创业、万众创新报告会,社区党员、居民代表、应届毕业生等近百人参与活动;区冬泳运动健康学会邀请6名国家级游泳教练、全国游泳冠军来坛进行游泳知识科普讲座、学术报告和技术交流,来自全区城区社区的107名游泳爱好者参加,讲座普及"科学游泳、健康生活"的理念。科普进机关。组织科普讲堂、机关学习日等活动,参与区委宣传部、直属机关党委单位等部门组织的宣传活动和知识竞赛,营造"大科普"的宣传氛围。组织下属的大雅读书研究会举办"4·23世界读书日"读书活动，该活动被纳入区委宣传部主办的金坛读书月活动体系并被《今日金坛》刊登，邀请诸多知名专家学者举行《说文解字》《周易》《左传》等传统文化知识讲座，举办书友聚会和读书沙龙、灯谜会和诗歌朗诵等，参加人数累计达1000余人，机关干部职工得到传统文化的熏陶。

科普宣传阵地建设。采取有效保障和激励措施，加强巩固现已建有的科普活动站、科普图书室、青少年工作室、科普画廊等基层科普设施，不断扩大覆盖面，同时针对全区区划调整后行政村、社区科普宣传栏建设情况进行调查摸底、分批资助工作，确定西城街道春风社区等10个单位为首批建设安装科普画廊资助对象。江南农耕园被中国科协评为“2015～2019年全国科普教育基地”。海之客农业发展有限公司被评为常州市优秀科普教育基地。省华罗庚中学等5家单位被评为金坛区科普教育基地。

争创优秀科普惠农服务站和带头人活动。上阮农业产业园被评为省“基层科普行动计划”奖补单位。银湖食用菌合作社郑尊富被评为省级科普惠农带头人。罗村赤岗特种山芋专业合作社等3家单位被命名为常州市科普惠农服务站，兴阳农机合作社等11家单位被命名为金坛区科普惠农服务站，盛大农机合作社等5家单位被评为金坛区优秀科普惠农服务站。带动核心农户2651家，辐射农户7352家。

社区科普益民计划。西城街道文化社区获中国科协和财政部“2015年基层科普行动计划”科普示范社区；重点指导经济开发区华城社区、金城镇春风社区两家科普益民服务站规范开展工作，形成经验，典型示范，推动全区社区科普工作上新台阶。

科协人才工作。继续开展星级学会评定。2015年新评定的汽车零部件行业学会和环境保护学会两家区级学会为金坛区第二批星级学会，全区星级学会达4家。提升人才服务。继续发放金沙英才驿站服务绿卡，为全区的高层次人才提供8大优质服务，其中，体育馆免费健身项目在原来室内篮球、羽毛球、乒乓球、健身器械的基础上，增加室外网球、篮球项目，继续组织区医院为全部高层次人才进行免费体检。参加常州市组织的2015年成都高校科技人才项目产学研活动，先期搜集全区企业73项技术和项目需求，与成都高校衔接，并对成都大学、西华大学感兴趣的12个项目进行重点跟进服务。开展学术交流。组织开展常州市优秀自然科学论文和金坛区第四届优秀自然科学论文的评选。经评审小组初评、区评委会终评，评出一等奖6篇、二等奖10篇、三等奖16篇，优秀奖43篇，由区政府发文表彰。有6篇论文被评为常州市优秀自然科学论文。开展企业科技专利信息应用工作。组织4家企业参加省市科技信息专利应用培训，有5家企业接入企业科技信息开发应用平台。

5月19日，金坛区第二十七届科普宣传周启动仪式　（区科协　供稿）

【科普示范区创建】 7月24日上午，省科协检查验收组到金坛，对金坛区创建2016～2020年全国科普示范区工作进行检查验收。检查组听取了副区长杨琦的创建工作汇报，查阅相关工作台账，并到文化社区、黄金村等科普示范点进行了实地视察。金坛区创建工作得到了检查组组长、省科协副主席阮仁良和省市科协验收组的一致好评和肯定。10月19日，金坛区被省科协命名为省科普示范区。2016年2月4日，金坛区被中国科协命名为全国科普示范区。

【第27届科普周和全国科普日】 5月19日，金坛区第二十七届科普宣传周启动仪式在樱花大酒店隆重举行，区委常委、组织部部长刘国新等领导出席。本届科普周期间，有143名科技人员参加科技和科普咨询活动，接受技术咨询1000多人次，200多人接受专家义诊，更新制作科普展板105块，科普橱窗121个，举办科普讲座和专题报告会16场；走访科技示范户127户，发放技术资料8400余份，据统计，此次科普周活动共赠送发放科普资料1.6万余份，全区受教育人数达30万人次。金坛电台定时滚动播出“科普知识你我共参与”节目。全区各大新闻媒体充分发挥自身优势参与科普宣传报道，营造了浓厚的社会氛围，取得良好的宣传普及效果。

9月20日，在金沙广场举行“公民道德宣传日”暨“全国科普日”志愿者服务系列活动。15家单位的志愿者，通过发放宣传资料、现场咨询、展板展示、现场服务等方式,开展公民道德宣传、文明出行宣传、医疗服务、法律咨询等30多项服务,激发市民关心科普建设的热情。当日启动的“迎国庆、讲文明、树新风”志愿者服务系列活动一直持续到9月30日,各单位组织开展道德讲堂、志愿服务、窗口行业优质服务等系列宣传活动,宣传党的政策法规,增强市民的道德意识,提升广大公民的科学素质。 (丁立成)

10月22日,首届“金坛之秋”音乐会在金沙广场举行 (区文联 供稿)

金坛区文学艺术界联合会

【概述】 2015年,区文联开展一系列主题鲜明的文艺惠民活动,满足广大群众的精神文化需求,为金坛经济建设和社会发展提供精神支撑。先后举行第八届《洮湖》文学奖评比暨“美丽乡村”文学作品征文大赛、首届金坛成人器乐大赛;举办“正义与荣耀”摄影美术书法精品展、全国名家刻纸精品邀请展、第四届金坛摄影艺术展;组织首届“金坛之秋”音乐会、少儿文艺进基层专场演出、戏曲纳凉晚会;开展“深入生活,扎根人民”主题实践活动,组织本地知名书画艺术家,到体育馆、常州监狱薛埠分监狱等地,进行现场书画创作;组织金坛部分作家和省作协采访团10位资深作家到朱林镇黄金村,和村民进行座谈交流,采访中国好人榜人物严清华等活动达21次。结合“四下乡”活动,组织书法家、美术家协会会员开展义写春联活动23次,向老百姓赠送春联约3000幅;组织戏曲家、音乐家、舞蹈家协会会员开展惠民文艺演出260多场,使老百姓不出门就享受到文化大餐。

9月5日,金坛首届成人器乐大赛拉开帷幕 (区文联 供稿)

围绕文艺精品战略,组织文艺家开展各种形式的创作活动,推出一批具有金坛特色的文艺佳作,一些精品获省、国家级奖项(展览)。沈成嵩《记住乡愁》获“第二届中外诗歌散文邀请赛”图书类一等奖;叶林生故事作品《脱缰的报马》获浙江省第三届吴根越角“善文化”新故事创作邀请赛金奖;韩献忠的散文《水城三叠》入选中国盲文出版社出版的《苏州小巷》一书。吴炜栋的作品入展“和平颂、水乡情”全国书法名家邀请展;冯建国的作品入展全国第二届手卷书法作品展、第七届观音山杯全国书法展;郭志荣的行书入选全国第十一届书法篆刻展览、行书古诗数首入选中国书协2014教字成果展;李国华的作品获中国书协2014教字成果优秀作品奖。程云仲的作品入展2015全国画院巡回展;范石甫、李国平、陈曦的书画作品入展“千垛菜花·板桥遗韵——全国当代著名书画家学术邀请展”;周国俊的作品获全国金融系统美术书法摄影大赛优秀奖;王爱俊的《渔夫系列之六》入展由中国美协等主办的“吴冠中艺术馆全国油画展”、《寂静的山村》获第十一届五星工程奖书画类银奖;倪罗强、周钦仲、邓卫华、贺健获江苏省美协新人新作奖。翟利华谱曲的《水生水长水姑娘》获第十一届五星工程奖音乐类金奖;张铠麟获省《茉莉花声乐大赛》优秀歌手奖。金寿彭的作品《鱼满塘》在省“鱼米之乡美好江苏”摄影作品征集评选活动中获优秀奖、作品《欢乐的鸡场》获入选奖,《中国龙、中国梦》获第十一届五星工程奖摄影类金奖;王玉华的作品获首届江苏摄影奖——纪录类摄影创作奖,《打工妹的闲暇时光》获省“美丽江苏”摄影比赛二等奖;在2015年德国国际摄影三地巡回展上,杨兆群的《凝视》获荣誉奖、《惬意》和《在他乡》入选,摄影作品《尽日惹飞絮》获《大众摄影》第九期优秀奖。李祥、杨兆群创作大型刻纸作品《金坛古城图》;杨兆群、孙荣才、李祥、佘云祥创作的刻纸作品入选中国民间文艺家协会举办的纪念抗战胜利70周年剪纸作品展;杨兆群的刻纸《晚作》获"中国工艺美术文化创意奖"金奖,刻纸作品《勤善在手 福寿缠身》《福人家门 需靠节俭》被《人民日报》刊登。据不完全统计,2015年金坛获得省级以上奖项(展览)或在省以上杂志发表的各类文艺作品有70多件(次)。

开展文艺交流活动。举办沈成嵩农耕文化作品研讨会。范石甫、程云仲、杨兆群、吴炜栋、冯建国、王爱俊在金坛或外地举办个人作品展;举办"乡情乡韵"丹阳·金坛书法联展、"迎新春"金坛·丹阳油画联展、"墨缘问道汲古出新"张勤等八人美术作品巡回展;金坛民协和溧阳民协开展民间艺术的交流活动。2015年开展各类文化艺术交流活动(个人展览)达19次,提升了金坛的知名度和美誉度。组织艺术专业培训。举办"诗情诗意写金坛"主题诗歌创作培训班,故事创作培训班,金坛首期篆刻培训班,花鸟画提高班,摄影作品研讨班,音乐沙龙活动等;在部分学校开设刻纸兴趣班、"巨龙娃娃班"、面塑培训班,培育金坛本土文艺新生力量,为金坛各类艺术人才脱颖而出打下坚实基础。各协会还向上级协会推荐会员,2015年新入国家级会员2人、省级会员7人。

【《阅读与文学》讲座】 4月12日,金坛市第六届读书节重要一课《阅读与文学》讲座在金坛博物馆举行。本次讲座由市文联和市作家协会组织,聘请江苏省作家协会副主席一级作家储福金、《雨花》杂志主编一级作家李风宇分别主讲文学与网络阅读、文学阅读与现代生活、文学创作与生活感悟,以及《雨花》杂志办刊情况与创作投稿要求。市作协60多名会员和部分文学爱好者参加本次讲座。

【第八届《洮湖》文学奖】 10月15日,第八届《洮湖》文学奖暨"美丽乡村"征文颁奖会举行,来自金坛、溧阳和皖南等周边城市获奖作者出席颁奖会,并围绕文艺在经济、社会发展中的引领作用及文学创作展开座谈。周苏蔚的小说《寺巷柳阳婆》等14篇作品荣获第八届洮湖文学奖,《水岸花开又一村》等28篇作品,荣获"美丽金坛"征文文学作品奖和优秀作品奖。《洮湖》杂志创刊19年来,得到广大文学爱好者喜爱和支持,读者、作者遍及江苏、安徽、广东、北京、上海等各大省市,打破了地域界限。同时,通过《洮湖》杂志培养一大批文学爱好者,并成功举办八届洮湖文学大奖赛,对推动和繁荣金坛文学创作,推动文学精品生产,发现新人新作,团结老、中、青文学工作者,扩大《洮湖》的社会影响,提升《洮湖》的文学品位,讴歌和赞美新时代、新乡村,激发人们热爱家乡、热爱生活、热爱祖国的政治热情,参与美丽家园新金坛的建设起到重要的作用。

【邀请文艺专家授课】 2015年,区文联组织多门类、多层次的讲座、培训班,使文艺人才队伍整体实力不断增强。邀请省作家协会副主席储福金、《雨花》杂志主编李风宇分别主讲文学阅读与现代生活、文学创作与生活感悟;邀请中国企业家摄影学会常务副主席霍玮主讲了纪实摄影技艺;邀请国家非物质文化遗产专家孙建军主讲刻纸的传承与发展;邀请南师大教授林逸鹏到金坛作"水墨艺术的魅力"专题讲座;邀请国家一级美术师范石甫主讲花鸟画赏析。 (朱 瑜)

金坛区归侨侨眷联合会

【概述】 2015年,金坛区人民政府侨务办公室、归侨侨眷联合会(下称区侨办、侨联),积极履行为侨服务、为经济建设服务的职能,求实创新,工作取得显著成绩。

关爱侨界。2月13日,区委常委兼纪委书记吴小华、副区长陈锁龙、区政协副主席潘双林在区侨办、侨联工作人员陪同下,专程赶到茅山老区的一号农场,慰问场主海归创业人才姜方俊。同日,副区长沈新峰、朱柏松专程赶到亿晶光电有限公司,慰问常州市留学归国人员协会副会长孙铁囤博士。2015年,区侨办、侨联走访慰问重点侨眷和困难侨眷44户,发放慰问金4.2万余元。5月5日和5月10日,美西、加拿大常州籍华侨华人联谊会分别在旧金山和多伦多举行成立仪式,区侨办、侨联负责人季明华与常州市委统战部、侨办、侨联领导组成代表团出席活动。季明华在美国和加拿大广泛联谊金坛籍华侨华人,宣传金坛,推介金坛,邀请他们回家乡进行经贸文化考察。8月上旬,季明华书画作品参展"牢记历史·珍爱和平——江苏省侨界庆祝世界反法西斯战争暨中国人民抗日战争胜利70周年书画作品展"。积极组织区小学、初中学生参加由中国侨联、《人民日报》海外版、中国国际广播电台、中央电视台等部门主办的"第十六届世界华人学生作文大赛"。共收到作文265篇,最终选出172篇参赛,获得一等奖3名、二等奖19名、三等奖11名。区侨联获优秀组织奖。2015年,华侨华人、归侨侨眷来信来访22人(件)次,主要涉及房屋拆迁、华侨捐赠、出入境、子女升学等方面,区侨办侨联都给予及时办理答复,信访办结率100%。会同《今日金坛》报社向归侨侨眷和侨港商免费赠送《今日金坛》报100多份。

社区侨务。区侨办、侨联深入社区宣传《中华人民共和国归侨侨眷权益保护法》。在社区实施侨界空巢老人关爱行动。河滨居委会主任史春华被评选为江苏省侨界空巢老人关爱行动优秀个人。

招商引资。在2015年2月召开的区经济工作总结表彰大会上区侨办、侨联被表彰为招商引资工作先进集体。

华侨捐赠。区侨办、侨联贯彻落实《华侨捐赠条例》,做好华侨捐赠款项的监督管理工作。美国工程院院士、中国科学院外籍院士胡正明与父亲、弟弟共同设立的百万元胡氏奖助金在金坛第一中学已颁发十八届。捐赠实施过程中出现问题,区侨办、侨联都提出建议,妥善解决。胡正明6月来电感谢金坛侨办、侨联。9月3日下午,胡正明专程从美国赶到区第一中学参加第十九届胡氏奖助金颁奖仪式。副区长王艳红和区侨办、侨联负责人亲切会见胡正明,高度赞扬胡氏家族热爱故土,捐赠助学的美德。

侨务宣传。2015年,区侨办、侨联对外宣传金坛,对内宣传侨务,在国家、省侨网侨刊刊登消息报道9篇,在市级侨网刊登消息报道31篇。

参政议政。区侨办侨联组织动员侨界政协委员调查研究,建言献策,参政议政。在政协金坛第九届委员会第四次会议上,侨界委员提出了十多件提案。"80后"海归一号农场主姜方俊经侨办、侨联考察推荐,当选为政协金坛第九届委员会常务委员。侨联委员戴纪荣被评为先进委员。(冯荣生)

金坛区红十字会

【概述】 2015年,常州市金坛区红十字会(以下简称区红会)克服困难,转变观念,砥砺前行,各项工作取得新进展。

争取上级支持,加大工作创新力度。依托金坛花山国训中心"常州未成年人社会实践基地",报经区政府同意、省红十字会批准,筹建600平方米"红十字生命体验馆"项目,预算投资190万元左右(已争取江苏省红十字会专项经费40万元、常州市红十字会配套资金20万元,其余资金为金坛本级自筹)。项目已入公开招投标阶段,2016年暑期建成投入使用。

争取人大支持,加大法规宣传力度。7月6日,区人大常委会主任会议听取全区《中华人民共和国红十字会法》贯彻实施情况汇报,视察西城街道南洲社区基层红十字服务站,参与救护培训进社区活动,在肯定成绩的同时,提出全区红十字工作要顺应时代和群众要求,加大宣传、积极作为、主动服务方面下功夫,通过开展急救"四进"活动,努力形成"人人学急救、急时救人人"的社会氛围,切实做好自然灾害和突发事件中易受损或困难群众的人道救助工作。

争取政府支持,加大资金投入力度。2015年,区政府在财力偏紧的情况下仍然拨出13万元专款用于急救培训,全年共完成培训初级救护员1008人,普及救护培训8011人。公益性应急救护培训惠及供电公司、城管执法大队、安监局系统企业负责人及员工1600多人,先后为东城街道、西城街道、朱林镇等社区居民开展急救培训12场。

加大筹资力度,推高应急救助能力。1月8日,在副区长、区红会会长王艳红的带领下一行4人来到西城街道小南门社区、东城街道华胜社区慰问杨荣芳、何芳玲等10位困难家庭。此次活动送去价值2500元的棉被20条、价值1600元的毛毯20条和慰问金1万元。5月8日纪念第68个世界红十字日,区红会与区卫生局围绕"践行基本原则——纪念红十字和红新月运动基本原则通过50周年"这一主题,在金沙广场举行专家义诊以及红十字知识的宣传和捐献造血干细胞救助白血病的活动。活动的现场有400多名群众前来接受义诊服务,发放宣传资料300多份。2015年向机关与贫困村结对帮扶的指前镇下新河村和金城镇北塔村共送去6万元扶贫款。造血干细胞捐献是红十字会的传统项目,也是核心业务,截至2015年11月,有104人填写了《造血干细胞捐献申请表》,全部血样送至省骨髓库。(王梅)

金坛区残疾人联合会

【概述】 2015年,金坛区残疾人事业得到健康快速发展。区残联获得"江苏省残疾人就业工作优秀单位"荣誉称号。

服务平台建设。建立"金馨家园"精神病人辅助性就业站。以第二人民医院精神病人工疗站为中心,区残联牵头卫计、东城街道办事处,在东城街道化胜社区建立"金馨家园"辅助就业站,帮助就业困难的精神、智力和重度肢体残疾人等实现家门口就业。截至2015年年底,在全省属唯一的精神病人辅助性就业站。该机构吸纳安置17名精神、智力残疾人,月均收入1000元。筹建残疾人创业孵化基地项目。2015年,金坛区残联结合实际,与西城街道联合筹建残疾人创业孵化基地项目。9月,在西城街道文化社区内建成6间店面,总建筑面积82平方米。项目由区残联提供资金筹建,由西城街道负责管理,制定公约和扶持办法。通过提供店面给残疾人就业创业,并结合项目对残疾人创业扶持、带动其他残疾人就业创业等情况给予奖励和返还房租,2015年12月21日首个创业项目入驻。残疾人庇护托养中心正常运行。坚持公办民营运行模式,调整残疾人庇护托养中心经营方。2015年3月底与朱林镇卫生院签约,形成工作合力,各项工作均有序推进,规范运行。办理"民办非企业单位登记证书""税务登记证""组织机构代码证"和"养老机构设立许可证"等证书,注册登记"金馨托养中心",取得金坛区首家三级"养老机构等级证书"。2015年,中心先后收住托养人员61人,现实有托养人员50人,其中,残疾人40人,社会化托养10人。2015年中心启动运作托养残疾人工疗项目,参加工疗的残疾人21名,人均月增收500元左右。

社会保障工作。2015年,金坛区纳入重残救助2945人,发放保障资金1612.3万元。区残联为386人发放一户多残、依老养残补助金125.71万元。10月区残联根据省相关文件精神对护理补贴发放标准进行调整,全年为267名残疾人发放护理补贴28.2万元。争取区福利彩票公益金助残项目,配套实施省残疾人幸福生活推进计划。2015年,在对贫困残疾人家庭基本家电需求调查摸底的基础上,投入25万元,招标采购130台洗衣机,60台电视机,220台电饭煲、220台电风扇、100台微波炉、2台太阳能热水器，在所在镇、街道进行公示后，全部发放到位。

教育就业工作。金坛区全年发放教育补贴23000元。为15名自主创业残疾人发放奖励金3.6万元。创建1家常州市级残疾人扶贫示范基地，辐射带动30名残疾人就业，人均增收2000元。开展残疾人实用技能培训3期，培训100人。切实抓好企业分散安置残疾人的年审工作。区财政局、地税局、残联3家联合发布年审核报通告，除了在就管所大厅做好审、核报服务工作以外，另派员到地税服务大厅现场办公，方便企业的核报。同时认真做好小微企业免缴残保金申报服务工作。2015年，完成2673家企业安置残疾人就业核报工作，有432家企业按比例安置残疾人776人，经审核2015年应征收残保金1554万元，入库数1215万元。有序开展残疾人证办理工作。2015年，新领残疾证706人，组织上门评残服务43人(次)。

"强基育人"工程。组织残疾人工作者参加培训。金坛区政府残疾人工作委员会举办全区残疾人工作者培训班。全区各镇(街道)分管领导、残联理事长和专职委员，各村(社区)残疾人工作者，区残工委成员单位分管领导以及区残联全体工作人员共200余人参加培训。副区长陈锁龙参加开班仪式并作动员讲话。省残联副理事长蔡振康受邀进行专题讲座，培训班对金坛区"十二五"期间的残疾人事业进行回顾并对"十三五"残疾人事业进行展望，就金坛区残疾人教育、就业等相关具体政策和业务进行具体讲解。2015年，全区共有25名区、镇(街道)专职委员和区启智学校老师等残疾人工作者参加常州组织的2批普法培训班。组织考察学习。2015年10月16日，金坛区残联组织东城、西城街道残联理事长、专职委员及街道社区主任共40余人赴南京建邺区考察学习残疾人工作开展情况，重点就残疾人社区庇护托养、工疗及文化建设进行观摩学习。协会工作日益活跃。在"国际聋人节""国际盲人节""全国肢残日"等节日，区残联聋人协会开展沙家浜红色教育游，以此来纪念反法西斯战争70周年。盲人协会协组织15位盲人朋友来到消防大队感受和体验红门军营生活，接受消防安全知识教育。肢残人协会组织20名残疾人走近大海，激发他们参与社会的热情。智力、精神残疾人及亲友会组织40余名智障儿童和家长赴常州春秋淹城参观游览，引领智障儿童亲近大自然。

康复救助工作。2015年，金坛区全年在康复救助方面投入资金140万元。落实"三助一免"。为156名符合手术指征的贫困白内障患者实施复明手术。发放功能型轮椅、高靠背轮椅等辅助器具255件(套)。免费安装假肢12人。发放贫困精神病人服用第二代药物免费救助卡687张。救助长期住院病人15人。通过筛查招标验配，共装配助听器38台，救助31人。开展0～14周岁残疾儿童抢救性康复。截至2015年年底，金坛区共有45名残疾儿童在全省各定点康复机构进行康复训练，其中，0～6岁残疾儿童34人，7～14岁儿童11人。在小天使康复培训中心28人，基本实现残疾儿童康复训练全覆盖。为特殊儿童装配心智障碍救助定位仪52台，其中，区启智学校40台，小天使12台。

宣传文体工作。2015年，金坛区残联以全国助残日活动为契机，通过常州、金坛各大媒体集中宣传报道"唱响爱的分贝"助残公益活动，《金坛新闻》《第一时间》共报道信息30余篇，并拍摄制作《爱心义捐义卖微心愿》和《让爱传出去》2篇公益宣传片。在山水金坛网民生直通板块开设了金坛残联"网页"，反映残疾人事业发展动态并为残疾人排忧解难。加强信息报送工作，中残联网站录用信息9条，省残联网站录用13条，《常州日报》刊登3篇，《常州残联》刊登15篇，常州残联网站录用21篇，《今日金坛》刊登12篇。认真做好区第六届全运会残疾人部的组织工作，全区共有100名残疾人运动员分别代表3街道5镇参赛。向省轮椅篮球队推荐女运动员1名，3名运动员作为省队队员参加全国轮椅篮球锦标赛获得第4名。1人代表国家队参加巴西世界残疾人游泳锦标赛。

信访维权工作。及时处理来信来访。2015年，处理残疾人来信3件，电访5人，接待来访20多人次，帮助残疾人解决实际问题，杜绝残疾人集访和越级上访。2015年，区残联认真做好金坛区全国残疾人专项调查扫尾工作，加强自查、议查、推磨互查等质量控制环节，开展数据汇总、复录、上报等各项工作，对12058名残疾人进行核查，对11780名残疾人进行上门入户调查，完成率97.7%，入户率98.3%，复录差错率0.005%，高质量一次性通过系统上报。开展残疾人法律救助工作，区残疾人法律援助中心为15名残疾人提供法律援助，免收法律服务费1万多元。

【"唱响爱的分贝"义捐义卖大型公益助残活动】 2015年5月17日是第25次"全国助残日"。金坛区结合实际，拓展"关注孤独症儿童，走向美好未来"主题内涵，区残联、金坛广电台、工商联和文明办联合开展"唱响爱的分贝"义捐义卖大型公益助残活动。活动得到区委区政府的大力支持，获得社会各界的积极响应，累计募集善款391772元，衣物1万多件，在全区上下形成了扶残助残的热潮。此次活动所得善款，用于救助金坛区100户特困残疾人家庭和扶持区小天使康复中心等残疾人服务机构，对每户残疾人家庭发放3000～5000元救助金，实施精准扶贫，着力解危助困。区残联着手建立长效机制，设立"惠平阳光屋"，接收市民日常捐赠和救助残疾人等困难群体。2015年"国际残疾人日"，作为"唱响爱的分贝"活动的延伸，金坛区红十字会、江苏鸿瑞昌泰和常州万泰汽贸向区二院住院精神病人及"金馨家园"分别捐赠150床毛毯和1万元现金，帮助精神病人温暖过冬，支持就业站发展。 (陈卫东)

编辑 刘士科

人民武装

【概述】 2015年，金坛区人武部以新形势下国防和军队改革发展为主线，聚焦强军目标，按照强班子打基础、抓准备谋打赢、促融合求发展、规范建整体上的总体思路，深化军事斗争准备，履行各项使命任务，推动全区国防后备力量建设。

思想政治建设。按照建设新时期“四有”军人标准要求，确立政治工作“生命线”地位不动摇。组织干部职工学懂悟透全军政治工作会议、中共十八届三中、四中、五中全会精神。开展“学习践行强军目标、做新一代革命军人”和“正确面对得与失、凝心聚力抓准备”主题教育。结合纪念抗战胜利70周年，牵头组织驻金坛现役官兵、入伍新兵、基干民兵参加清明节烈士祭扫、全民公祭日活动，与区委宣传部联合举办“70·抗战老兵”摄影作品展，激发参军报国热情。开展“三严三实”教育和“做新一代革命军人样子”大讨论，按照正视问题找准症结、问题积弊全力解决的原则全面整改问题。依法依规处理工程建设、军事训练、经费使用等重大事项。

军事斗争准备。着眼能打仗、打胜仗，狠抓战备训练落实。投入60余万元，建设作战值班室、战备器材库、非战争军事行动器材库、战备图库和作战数据库，升级改造作战室和兵器室。推进民兵情报信息员队伍和民兵应急分队常态化建设，与辖区内2个省级二类重要防卫目标进行任务对接，明确应急行动方案。组织现役干部、专武干部开展军事业务技能训练，落实全员实弹、实投训练考核。抓好民兵应急分队战斗体能和险难科目训练，组织民兵应急连开展武装3公里越野、实弹射击和20公里野外拉练。加强防汛抢险形势研判，与区防汛、湖管和卫生等部门联合开展防汛抗洪演练，创新无人机技术应用，模拟大堤溃坝、封堵决口等多课目演练。注重民兵队伍编组科学化，重点强化应急力量、防空防卫、科技支前和现役部队岗位预编人员编组，实现人员到点、证件核查、网上信息、电话抽查“四相符”，圆满完成江苏省军区成建制点验拉动考核。

拥政爱民工作。发挥军地桥梁纽带作用，服务地方经济社会发展。开展“进校园、进社区、进广场、进工厂”等系列国防教育，组织华罗庚中学、第一中学应届毕业生参加军校和国防生招生专场咨询会，宣讲国防政策，激励青年学生投身国防事业。组织民兵参加全区百年一遇抗洪抢险，相关事迹在央视新闻频道、江苏省电视台等多家媒体予以报道。开展扶贫帮困活动，先后与薛埠镇塔山村、山蓬村多户困难群众结成帮扶对子，定期提供生活帮助。投身文明城市创建，组织开展“学雷锋在行动”等系列活动，驻金坛部队和民兵预备役人员义务献血1.6万毫升，向敬老院孤寡老人赠送慰问品。全力做好军属排忧解困工作，会同区政府向上海消防武警某部金坛籍士官患尿毒症家属赠送慰问金1万元，为荣立军区二等功的海防某连指导员家庭送喜报锦旗。协调化解6起涉军家庭征地拆迁补偿、劳资纠纷。

【实战化集训】 6月上旬，区人武部在民兵训练基地组织合成化民兵应急连骨干72人进行实战化科目集训。先后完成武装3公里越野、手枪（冲锋枪）实弹射击、手榴弹投掷等科目训练考核，并沿茅山地区进行20公里野外拉练，有效锻炼提高队伍实战能力。

【军民联演抗洪抢险】 6月中旬，区人武部会同区水利局、湖管会、卫生局等单位，在儒林镇长荡湖水街附近开展军民联合抗洪抢险救援演练。演练活动出动民兵分队125人、冲锋舟14艘、无人机2架，完成无人机搜救、封堵决口、克服管涌等8个科目演示汇报。

【军民齐心抗洪灾】 6月下旬，金坛遭受百年一遇特大洪涝灾害，区人武部连续组织民兵1000余人次参与直溪镇香草河管涌、朱林三星村薛埠河漫堤、金城镇东大亭决口、指前镇长荡湖护堤等多处险情处置，成功救援被困群众50人。

【重要目标实兵防卫演练】 10月下旬,区人武部在直溪镇邓慕村举行“西气东输”金坛储气库(重要目标)军警民联合防卫演练。演练采取自导自演,以防卫战斗“一个过程”,划分战斗准备、战斗实施和撤出战斗三个阶段,重点演练占领防卫阵地、防敌侦察监视、防敌空袭、防敌袭扰破坏、组织地面抗击和消除敌袭后果6个内容。区民兵相关分队和公安、民防、环保、安监等单位115人参加演练。

【参加常州市民兵实战化考核比武】 11月12日,区合成化民兵应急连125人前往溧阳市国防园,参加军分区民兵实战化科目考核比武竞赛。全体民兵先后完成武装3公里越野、手榴弹投掷等科目考核,取得了综合成绩第3名和14个单项个人名次。其中,金城镇民兵左涛夺得全常州市综合考评个人第1名,3公里武装越野个人第1名。 (姚　华)

人民武警

·武警金坛区中队·

【概述】 武警金坛中队主要担负金坛区看守所外围武装警戒任务及打击暴恐分子和处置突发、恐怖事件等临时勤务,协助公安机关逮捕、押解、追捕罪犯,对提审、公审和刑场实施警戒,同时为金坛区改革开放、经济稳定快速发展提供保障。2015年,中队以《军队基层建设纲要》和条令、条例为依据,牢记习近平主席“听党指挥、能打胜仗、作风优良”的嘱托,坚持发挥好党支部战斗堡垒和团支部助手作用,把“强班子建设保中心、打牢基础保稳定、谋发展创一流”作为工作思路,在提高战斗力标准上谋打赢。

中队抓实“整体建设、全面规范、勤训结合、确保安全”工作,做到以训促勤抓军事训练,把反恐防袭、一招毙敌、应急处置等作为训练重点,提高快速反应和协同作战能力。完成武警总部、江苏武警总队训练考核任务。在参加省武警总队、常州武警支队组织的各类考核竞赛活动中成绩突出。中队应急班获常州支队应急班比武竞赛第五名,狙击手龚杰被武警总队评为优秀狙击手,副中队长周亮被评为武警总队优秀教练员,士官姚培添获武警总队优秀士官人才奖,士官柴罗浩被评为“十佳士官”。中队官兵传承发扬我军优良传统,爱岗敬业、不辱使命,全年出动官兵110人次,配合区公安局完成各类临时押解任务。圆满完成江苏总队作训(科)股正规化执勤试点任务。连续8年被省武警总队评为正规化执勤一级单位,2015年再次被总队评为正规化执勤先进中队。

中队党支部采用“引进来、走出去”的政治教育方法,抓好思想政治教育和队伍建设,把“学习践行强军目标,做新一代革命军人”主题教育活动和“中国梦、强军梦、我的梦”主题活动贯穿政治教育始终。通过主题演讲、歌咏比赛、参观见学、开展“双优”评比、班排挑应战、个人表决心等形式,增强教育效果。中队组织成立小乐队、文艺舞蹈队、篮球队,丰富官兵业余文化生活,夯实官兵安心本职、爱岗奉献的思想根基。

(李祝豹　潘一平)

·武警金坛区消防大队·

【概述】 武警金坛区公安消防大队受中国人民武装警察部队常州市消防支队和金坛区公安局双重领导,主要负责防火检查、消防执法、行政审批和消防宣传等监督管理工作。大队下辖南环路消防中队(现役)、金坛区城西、薛埠、尧塘、直溪政府专职消防队。有现役消防员41人、政府专职消防员61人。

2015年,消防大队围绕火灾形势和队伍管理两个稳定目标,以服务经济建设、维护社会稳定为根本出发点,实现社会火灾防控水平、灭火应急救援能力、部队基层基础建设水平、公众消防安全素质和队伍综合管控能力新提升。大队被评为“双拥模范单位”“军民共建先进单位”,1名干部获“拥政爱民好军人”荣誉称号;大队党委和中队党支部被省消防总队评为先进基层党委、先进基层党支部,成功争创“省级青年文明号”。

大队持续推进实战化练兵,全力做好灭火救援工作。按照“1+4”(1个现役中队、4个政府专职队)灭火救援网,建设和完善灭火救援储备库,加强实战装备建设投入和设备更新,建立电梯和特种车辆应急救援联运体系。2015年,共接出警759起,出动车辆1051车次,出动警力5337人次,抢救被困人员90人次,疏散被困人员142人次,抢救财产价值615.5万元。成功处置“2·11”金溪大厦火灾被央视报道。以战斗力为核心标准,重点突出“六熟悉”(熟悉消防队责任区的交通道路、水源情况;熟悉责任区内重点单位的分类、数量及分布情况;熟悉责任区内主要灾害事故处置的对策及基本程序;熟悉责任区内重点单位建筑物使用及重点部位情况;熟悉重点单位内部消防设施情况;熟悉重点单位消防组织及其灭火救援任务分工情况)工作,推进实战化练兵。积极开展技战术训练和合成训练,提升官兵单兵技能和理论素养,提高消防信息化、管理正规化、作战规范化水平。全年开展实地演练120余次,制作和完善各类预案115份。积极开展道路水源普查工作,全年新建消火栓374个。增加消防经费,推动部队发展和基层设施建设。贯彻落实《江苏省地方消防业务经费基本支出计领标准》,增加消防业务经费基数40万元,争取省级财政专项经费58万元。现役部队基本支出达到238.42万元。继续实施区《消防专项规划(2014~2030)》建设工程,2015年建设计划有序推进。总投资1800万元的消防装备建设工程顺利实施,其中价值1200万元的60米直臂云梯消防车年底配备到位。以社区警务责任区为基础,重新调整83

个村(居)级消防网格，为城西中队添置器材20万元。尧塘政府专职队建成投执，直溪消防站生活设施配置到位，人员招聘、装备采购等工作稳步推进；建立朱林、儒林、指前3个保安联防队，初步实现全区灭火救援网络全覆盖。

火灾隐患排查整治工作常态化、长效化。按照上级部署要求，采取领导带队查、部门联动查、条块结合查等多种方式，重点对卫生、养老、教育等行业，劳动密集型和易燃易爆等企业的消防安全状况进行专项整治。通过发函布告、会议协商、移交抄送等形式，推动部门落实监管责任。联合民政部门强制关停12家隐患相对突出严重的养老机构，初步形成"政府主导、民政主责、部门联合、消防推动"的养老机构消防安全监管模式。2015年，消防部门累计组织检查单位2490家，督促整改隐患4657处，拆除彩钢板4805平方米。派出所检查单位4974家次，督促整改隐患4451处。挂牌督办的4家重大火灾隐患单位全部完成销案。对发生较大火灾事故的8家单位和个人进行行政处罚。全区共发生火灾157起，死亡2人，同比下降43.9%。大队每周组织开展监督执法教学，全面提高执法实践能力；组织新监督员参加支队开展的执法培训活动；邀请资深公安民警讲解执法记录仪的使用，固化双人执法制度，深化警师培养机制，保证工作长效性。实行"网上督察""执法检查"和"法制巡查"三项执法自查制度，重点抽查网上法律文书、回访案件执行情况，严防结案超期。为解决现有建筑装修装饰工程无法办理施工许可证问题，及时提请区住建委出台《既有公共建筑装饰装修工程施工许可证申领办法》，完善施工许可证申领制度。针对新旧《建筑设计防火规范》适用问题，提请区政府编发专题会议纪要，明确具体审批事宜。对全区"黄卡"项目消防备案和验收实行靠前服务和过程跟踪。参与区行政审批中心牵头的综合验收工作，共参加服务项目343个，已审批项目280个。在金坛山水网开设"消防直通车"专栏，将二级、三级重点单位负责人、安全管理人员纳入移动互联网消防信息服务平台，发送消防安全常识和业务指导信息；开通大队微信公众号，每日更新消防动态，发布权威消息；依托金坛电视台、广播电视台播放消防安全公益广告、安全提示标语。参加花山国防教育基地消防宣传展厅建设，开展"11·9"消防安全宣传月活动，累计发放宣传资料5000余份；指导社会单位组织消防培训演练56次，受训群众1.2万人次；联合文广体局开展"电影下乡"活动，提高村居民消防安全意识。 （邱跃进 潘一平）

人民防空

【概述】 2015年，全区民防工作围绕军事斗争准备，把人防建设纳入城市总体规划，健全指挥通信设备，加强人防工程建设和管理。区民防局被评为2015年度江苏省民防工作先进单位、常州市民防工作先进单位，获常州市民防工作创新成果一等奖。

通信警报建设。按照常州市《2015年民防(人防)工作目标责任书》要求，年度新增3台电声警报器，累计达到31台，实现城区和乡镇全覆盖。结合"9·18"防空警报试鸣日，按照省民防局统一部署，拉响防空警报。防空警报试鸣期间，组织小南门、北园、华城3个社区进行紧急疏散隐蔽演练和人防知识宣传活动。警报试鸣鸣响率100%。

人防工程建设。在人防工程建设中，严格执行工程规划，规范工程审核审批，加强工程质量监督检查。强化人防工程维护管理，确保工程使用状态良好。对已竣工的人防工程，做到落实责任单位专业技术维修人员，落实岗位责任制度，落实档案管理制度。规范人防工程使用许可制度。单位或个人使用人防工程需签订《人防工程租赁使用合同》和申领《人防工程平时使用证》，并实行使用证年检制度。

民防知识教育。开展"5·12"防灾减灾日宣传活动。在区中心大统华广场悬挂宣传横幅，利用LED显示屏滚动播放防灾减灾知识和宣传标语，设立咨询台，发放防灾减灾资料；对全区10余所中小学校开展师生灾情应急疏散演练，现场指导学生进行应急疏散逃生；在全区23个社区悬挂近100条宣传标语，发放防灾减灾知识宣传袋600余只，接受群众咨询50余人次；充分利用广播、电视、报纸等新闻媒体滚动宣传防灾减灾知识。区民防局组织社区应急疏散演练的新闻报道被中央电视台《朝闻天下》栏目录用播出。

重点工程建设。重点推进集指挥所、规划馆、民防科普馆、停车库、应急救援物资库等功能为一体的综合工程建设，发挥人防建设在完善城市功能上的独特作用。4月，会同区规划局、民政局参观武进淹西人防物资库工程，并考察了该工程战时功能(物资库)和平时功能(存放骨灰盒的地下陵园)建设设施，详细了解工程建设、运营、管理等工作情况。区民防局对此工程构建、配套设施等进行专题研究，结合金坛实际，准备启动建造具有战时与平时功能的人防工程项目。

人防法治化建设。严格贯彻执行《中华人民共和国人民防空法》等人防建设各项法律法规，坚持依法行政，提高依法管理人防工作水平。对工程建设、管理实行制度化、规范化。优化审批流程，规范审批文书，对行政相对人坚持做到"五公开"，提升服务质量。认真抓好人防执法队伍建设，注重执法人员培训，加大执法力度，提高人防执法队伍整体素质，保障人防行政执法质量。

人防应急准备。突出人防专业队伍建设，抓好专业队整组集训。按照"两防一体化"要求，金坛区按照城区常住人口的1‰组建10支人防专业队。全面推进民防应急救援队伍和民防志愿者队伍建设，有效履行战时防空、平时服务、应急支援的使命，加强人防通信系统建设和培训，提升人防专业队伍执行任务能力和人防通信技术水平。

【民防工作获常州市创新成果一等奖】 2015年，区民防局选送的《开创“控规”管理先河 提升人防建设品位》获常州市民防工作创新成果一等奖。区民防局率先编制完成省内首个区级层面的包括滨湖新城启动区、老市政府周边、东门大街沿线、东环二路沿线等地区地下空间和人防工程控制性详细规划，进一步强化人防规划建设的科学性。

【省民防局局长钱国超到金坛调研民防工作】 2015年8月13日，省民防局局长钱国超调研金坛民防工作，实地察看金坛区人防指挥所综合工程和花山人防疏散基地建设项目，听取金坛人防工作情况汇报。钱国超对金坛人防工作所取得的成绩给予充分肯定，并要求金坛区民防局紧紧围绕军事斗争、人防应急准备这条主线，结合城市建设和民生事业发展，注重创新，搞好规划，发挥人防作用，努力推进人防建设跨越式发展。 （蓝红玲）

编辑　钱国新

三星村风貌　　（朱林镇　供稿）

法　治

综　述

2015年,全区政法系统履行维护社会大局稳定、促进社会公平正义、保障人民安居乐业职责,以“三严三实”专题教育为动力,推进平安金坛、法治金坛和过硬队伍建设,提升公众安全感和法治建设满意度,为加快实施“一城一区一山一水”战略和全区经济社会发展营造安全稳定的社会环境和公平正义的法治环境。金坛区连续十二年被命名为江苏省平安县(市、区)。

推进综治和平安建设。区委、区政府出台《关于深入推进平安金坛建设的实施意见》,确定新一轮平安金坛建设的指导思想、奋斗目标和重点工作。严打违法犯罪。全年公安机关侦破各类刑事案件705起,摧毁涉恶团伙9个,连续十二年实现命案全破。检察机关批准逮捕280件405人,提起公诉640件851人。审判机关审结刑事案件618件,判处罪犯806人。全区违法犯罪警情、刑事案件同比下降14%、4.45%。突出重点整治。组织区公安、城管、教育、市场监督、文广体、卫计等部门,分阶段对全区28所学校校园周边环境、全区范围易肇事肇祸精神病人、重点关注对象违法设摊开展专项督查整治。依托区二院设立集收治、工疗为一体的易肇事肇祸精神病人救治基地,收治各类重症精神病患者115人。对社会治安重点地区展开排查整治工作,以真抓真管真严打的高压态势,组织开展“街区亮剑”“街区扫丑”“强侦”打击与禁毒会战等活动;全面开展寄递物流和危爆物品清理整顿专项行动;启动治爆缉枪行动,收缴各类枪支弹药、管制刀具等;集中组织消防安全隐患排查专项行动,全区未发生重特大火灾、交通事故和危爆物品安全事故。实施打防一体。优化社会防控体系,制定《新一轮社会治安防控体系建设三年规划(2015~2017)》,推进旧小区安防升级、技防入户、企业监控外延等工程建设,建成环区、环城、环镇“三环式”防控网络,全年新增安装视频监控567个,1342家社会单位自建监控点全部接入图像专网。优化巡控、侦控、查控、防控、堵控勤务模式,科学设置30个巡逻责任区、19个应急堵控点、6个边界堵控点,每日常态巡逻投入警力80人次。“政企警社”治安联合会形成有机联动治安防范新格局,以“我爱我家”“夕阳红”义务护村巡逻队建设为基础,推进群防群治队伍建设。加强社情动态研判,确保社会政治大局稳定。区维稳办会同10家维稳成员单位出台《稳评工作实施意见》,制订《金坛区域稳评工作实施计划》,全年完成社会稳定风险评估项目30个。深化“三项排查”工作,积极应对、依法处置群体性上访,畅通动态预警和信息渠道,全区各级人民调解委员会共受理矛盾纠纷2723件,调解纠纷2723件,成功调解2688件,调解成功率98.71%。全国“两会”“9·3”大阅兵、国家公祭日等重大活动期间未发生赴省进京集访、未发生在全省有重大影响的事件、事故、案件。创新社会治理。年初,确立“土地确权”“维护社会和谐稳定警政企治安联合会建设”“省综治信息系统建设”等21个2015年度重点社会治理创新项目,区综治委牵头组织开展镇街道、部门创新项目分析会、动态推进会,让社会治理创新项目落地生根。其中“建立农村土地确权矛盾纠纷依法化解机制”被评为2015年常州市创新社会治理优秀项目。综治委制订印发《关于创新发展社会矛盾纠纷大调解机制的实施意见》,创新解决矛盾纠纷多元化机制,推进区调处服务中心实体化、规范化建设。稳步推进矛盾纠纷调解个案补贴制度,推动建立以奖代补长效机制。围绕与群众息息相关的食品药品安全、生态环境保护、医疗卫生秩序等问题,政法机关之间、政法机关与职能部门之间探索建立行政执法与刑事司法衔接配合联动机制。夯实基层基础。加快推进区级社会管理服务中心工程建设,全区9个镇(街道)政法综治中心全面完成升级改造,完成全区9个镇(街道)、124个村(社区)和9个成员单位的省级综治信息系统建设网络专线布设、安装和调试,安装率100%。同时分批开展信息系统业务培训。完善村(社区)“一委一居一站一办”服务体系，以“三官一师一员”(一村一警官、一检察官、一法官，一律师，一调解员)团队服务模式主动下沉警力、下沉服务，帮助基层开展矛盾纠纷排查化解，提供政策理论辅导，打通服务群众最后一公里。政法委机关分片召集城区社区主任座谈会，主动向基层问计问策，帮助基层解决实际问题，并向相关社区投入援建资金14万元。全区成立18名调解专家人才库，新增公安辅警150名，建成运行合成作战平台、DNA实验室及理化试验室、高清远程视频接访系统、网上诉讼服务中心、多部门联动执行查控系统、视频监控调解室等一批实战平台。为突出平安建设工作重心，区综治办印发《2015年金坛区专门工作领导小组及专项工作组任务分解表》，定期跟进督查，有效落实层级责任和部门责任。形成平安创建齐抓共管良好局面。

深化法治县(市、区)创建。遵循法治引领社会治理理念，注重平安创建和法治创建有机融合，全面推进依法治区建设。牢固树立法治理念。区委理论中心组带头在全区掀起中共十八届四中全会依法治国精神9个学习专题、6个学习篇目的学习贯彻热潮。领导干部集中学法成为常态、任前考法成为常例、年度述法成为常规，各级领导干部运用法治思维和法治方式深化改革、推动发展、化解矛盾、维护稳定的能力不断提升。通过推广课堂式法治教育、案例式法治教育、平民式法治教育，促进依法决策、依法管理、依法行政、依法办事。区法治办制定《2015年法治建设责任分解表》(分解依法治区工作责任7大类31项)，组织开展依法行政、公正司法示范点等行业法治创建活动和法治区镇、民主法治示范村(社区)等系列法治创建活动，形成以法治县(市、区)创建为核心、以行业示范点创建为支撑、以基层法治创建为基础的法治创建体系，切实增强区域法治建设实效。营造浓厚法治氛围。深化普法平台建设，继续开播“法在身边”专题栏目，以案说法、以案释法的宣传内容和宣传形式不仅成为金坛收视率最高栏目之一，而且引起江苏卫视、中央电视台等新闻媒体聚焦和关注，先后在江苏城市频道、中央电视台新闻频道和法治频道等播出多期金坛区法治案例。促推平安法治融合宣传，制作大型宣传墙画23幅、高速路口宣传炮台3个、滚动播放电子屏5面，覆盖城区10条主要交通路口。打造“一镇一品”法治文化建设格局，推进镇级法治游园阵地建设，建成花山国防教育训练中心省级未成年人社会实践基地、薛埠镇游仙湖法治文化公园、朱林镇休闲广场法治文化长廊等为代表的一批法治文化教育阵地。村级法治创建捷报频传，西城街道方边村被评为全国民主法治示范村，8个村(社区)被评为省级民主法治示范村(社区)。推进执法司法公正。加强执法规范化建设，提升执法司法公信力。公安局在开发应用“民意督办平台”的基础上，升级打造监督管理中心和警务督办平台，投入800万元在15个派出所建成规范化办案场所，建立行政管理权责清单，行政复议、行业场所审批执法和亡人交通事故处罚等法律文书公开率100%。检察院制订“规范司法行为专项整治工作实施方案”“纪律作风整顿活动计划表”，列出十方面司法不规范突出问题清单和办案流程规范可能存在的问题对照清单，推行模板化办案和主办执法办案积分管理办法，健全完善工作机制。法院认真执行涉诉信访法治化治理要求，对不能进入诉讼程序的案件积极探索第三方参与涉诉信访化解机制，客观公正处理信访案件，化解信访积案37件。稳步推进司法体制改革，深化诉访分离，把符合条件的申诉纳入法定程序解决。加强执行联动机制和法院执行中心建设，破解执行难问题。完善社区矫正机制，细化对服刑人员审前调查、假释评估、日常监管和行政处罚等执法管理，组织服刑人员常态化日常集训、轮训与劳动改造，对重点社区服刑人员实行24小时随机查控。健全“阳光服务中心”各项功能设置，全年集中开展劳动教育9次238人次。落实审判权运行机制改革和立案登记制改革。以水北法庭为试点，成立“法官＋法官助理＋书记员”和“法官＋书记员”两个独任审判团队。制定立案登记规范化操作程序，严格执行“一次性告知”，提高登记立案效率。彰显法治惠民成果。以民生实事的方式将法治建设成果惠及广大人民群众，保障人民群众安居乐业，提升公众安全感和法治建设满意度。升级改造老小区“三防(人防、技防、设施防)”设施，安装楼宇防盗门3000扇。常态开展警银联防电信网络诈骗行动，堵截诈骗汇款59起，挽回损失303万元。开展系列专项安全整治，切割复原渣土车500余辆，处理“僵尸车”37辆。推进城区静态交通治理，新建停车场4处、新增路内泊位387个。对38家养老院火灾隐患集中治理。受理法律援助案件957件。启动民事环境公益诉讼，严打食品药品违法犯罪，查办征地拆迁、社会保障、涉农惠农等领域的职务犯罪。推行巡回审判、“1＋N警务协作机制”“法律六进(进机关、乡村、社区、学校、企业、单位)”“便企行动”、预约服务、代办服务等服务机制，方便群众行使法律权利。帮扶救助涉诉信访案件当事人以及民事执行案件中特困群体、涉法涉诉信访案件困难群众55人，发放司法救助金53.9万元。

强化队伍建设。专题教育求实效。以实际行动践行“三严三实”，创新“三官一师”形式，开展千警走基层活动，集中走访基层听民意、化解矛盾纠纷促民和、多办实事好事解民难。2015年6月，在抗击全区百年不遇的特大洪涝灾害中，干警组织紧急转移安置群众3000余人次，排涝固防受淹企业131家。严格规范强监管。网上办案、网上监督、网上考核机制全面推行，讯问、拘留、庭审、监管场所实行全程录音录像，实现对执法办案全过程的动态管理和实时监督。公安、检察院、法院和司法局等部门对便民服务中心、便民服务窗口功能实行提档升级，推行“一站式服务”和“首问负责制”,精心印制服务指南,主动公开管辖案件范围、受理流程和监督举报电话等内容,保障群众参与执法监督和司法活动的权利。拓宽路径提素质。建立健全队伍综合素质提升工作机制,研究出台政法队伍建设群众满意度提升活动实施方案,在全区政法队伍中掀起干事创业热潮。公安系统创新提炼“一专题、两讲堂”(春训专题,实战讲堂、道德讲堂)队伍正规化建设路径,固化“春训”教育训练模式,举办9期“实战大讲堂”,举办5场道德讲堂活动和首届金坛“民心警察”评选活动。区检察院把人才培养作为队伍建设核心任务,开展“坛检微讲堂”“辩论对抗赛”等活动。法院以司法能力建设为突破口,围绕工作难点、热点问题,举办金沙论坛、审判经验交流会等,开展示范庭审、精品案例、优秀裁判文书评比,同时采取“走出去、引进来”的方式让干警了解法学前沿知识。区司法局以实战化平台建设为切入点,严格落实司法行政队伍职业化、专业化、正规化建设目标任务,完善并提高法律援助、人民调解、公证等一线窗口单位服务群众的机制和水平。全区政法系统涌现出曾被评为全国优秀人民警察,2015年又获评全省“模范军队转业干部”的陆旭东、全国先进司法所朱林镇司法所等一批先进个人和先进集体。

【综治委机构更名】 为充分发挥综治委作为区委、区政府领导全区社会治安综合治理工作常设机构综合协调作用。从7月10日起,金坛市社会管理综合治理委员会更名为常州市金坛区社会治安综合治理委员会,金坛市社会管理综合治理委员会办公室更名为常州市金坛区社会治安综合治理委员会办公室。更名后的综治委共有56个成员单位,下设办公室。

【开展政法队伍建设群众满意度提升活动】 2015年4月,政法委在充分征询政法各部门意见建议的基础上印发《关于开展政法队伍建设群众满意度提升活动的实施办法》,有效整合政法部门资源,推进政法队伍建设群众满意度提升活动。从公众安全感提升、执法司法公信力提升、服务为民质效提升、政法队伍作风形象提升四个方面入手,以工作成效为基础,围绕法律服务、司法救助、法治宣传、治安环境优化、基层民主法治建设等群众关心、社会关注的热点、难点问题,组织开展“侵财犯罪打击”“治理毒驾酒驾”“失依儿童救助”等15个系列专项行动,用群众能够切身感受到的实措实举,提升政法队伍建设满意度。在全区统一部署基础上,政法各部门紧密结合部门职能和工作实际,制订切实可行的实施方案,落实责任领导和责任部门。把本部门牵头负责的专项行动任务细分、工作细化,做到有明确目标任务,有具体工作举措,有完成进度要求,有督促检查机制。通过项目化推进、目标化实施,有力提升部门公信力和队伍建设满意度。

(周文俊)

审　判

【概述】 2015年,金坛区法院共收案11358件,新收案件数同比上升23.26%,结案10170件,结案率83.44%,同比上升12.54%。

依法惩治刑事犯罪。2015年,共审结刑事案件618件,判处罪犯806人。坚持惩罚犯罪与保障人权并重,依法从重惩处故意伤害、抢劫、强奸、贩卖毒品罪等严重刑事犯罪,共审结此类案件108件119人。抓好渎职、贪污、受贿、挪用公款等职务犯罪案件的审判,审结职务犯罪案件9件10人。坚持尊重和保障人权,对主观恶性较小、犯罪情节轻微、悔罪表现好的过失犯、未遂犯、初犯、偶犯做到惩罚与挽救相结合,全年共有207名被告人被依法判处缓刑、管制等非监禁刑。认真落实未成年人犯罪记录封存和合适成年人参与诉讼制度,对符合条件的所有未成年被告人的犯罪记录进行封存,并使每一位未成年被告人有法定代理人或安排合适成年人、辩护人参与诉讼,保障未成年被告人合法权益。

妥善处理民商纠纷。全年新收民商事案件7141件,审结6649件,结案率85.84%,涉案标的额达14亿元。坚持合法、自愿原则,对婚姻家庭、继承纠纷、劳务合同纠纷等案件,优先采用调解方式,全年调解结案2061件,调解率39.63%;对当事人不愿调解或有必要为社会提供规则指引的案件,注重采用判决方式,全年判决结案3481件。坚持维护劳动者权益与保障企业生存发展并重,审结劳动争议类案件225件;重视保护公民的人身权和财产权,审结人身、财产损害赔偿案件1579件;依法妥善处理婚姻家庭类纠纷,保护妇女儿童及老年人合法权益,审结婚姻家庭、财产继承、抚养、扶养及赡养纠纷案件1076件;保护诚实守信的市场秩序,制裁违约欺诈行为,审结金融借款及民间借贷案件1497件。

有效化解行政争议。全年共受理行政诉讼案件70件,审结60件,受理非诉行政执行案25件,审查结案25件。坚持监督与支持并重,加强对行政权力运行的司法监督,依法判决2件尧塘街道办事处不履行政府信息公开法定职责案败诉并发出司法建议要求其整改;支持行政机关依法行政,引导当事人在法律范围内合理表达诉求,对11件行政诉讼案件,作出维持原具体行政行为的判决。坚持程序审查与实质化解并重,按照《中华人民共和国行政强制法》规定要求以及《行政诉讼法若干问题解释》审查标准,对行政非诉执行案件进行审查,全年审查并裁定准予执行24件,不准予执行1件;将协调工作贯穿于行政审判全过程,全年诉前协调案件12件,撤诉结案8件。坚持个案指导与机制构建并重,走访区人社局、国土局、工商局等9家单位,开展固定证据、制作行政法律文书等个案指导,全年进行执法培训授课5次,380名行政执法人员参加专题培训。结合新《行政诉讼法》的修改精神和实施要求,撰写《金坛区人民法院积极宣传新行政诉讼法，努力形成依法行政新常态》调研报告，建立全区尊重并依法参与行政诉讼新机制。

努力破解执行难题。2015 年，共受理执行案件 3667 件，执结 2789 件，同比分别上升 35.71%、11.56%，执结标的额达 3.61 亿元。突出执行工作“强制性”，依法采取罚款、拘传、司法拘留等措施，惩处规避执行行为，全年对 68 名规避执行的当事人实施拘传，将 8 件拒不执行判决、裁定罪移送公安机关，加大对规避执行行为的打击制裁力度。推进执行工作“信息化”，扩大“点对点查控系统”应用范围，查询银行由省内扩大到全国，由 8 家扩展到 28 家，将法人和其他组织纳入银行查询；充分利用“全国法院身份证认证系统”，完善执行指挥中心工作制度，推进执行单兵系统建设工作，以“信息化”提高执行效率。深化执行工作“公开化”，与金坛电视台合作，在金沙广场大型户外屏幕上和区电视台 4 套图文频道中向社会公开曝光失信被执行人 1426 名。实施网上拍卖，实现涉讼财产交易价格最大化，全年有 76 件案件的 76 件拍品在网上公开拍卖，成交额 5590.46 万元，最大限度地维护当事人权益。规范执行案件流程管理等各项办案制度，以案件流程管理为依托，改进案件分类管理，强化期限意识、质量与效率意识。2015 年，区法院实际执结率 58.15%，列常州市第一。

【主动服务大局】 1 月，区法院院长带领领导班子成员和部门负责人深入经济开发区、滨湖新城、茅山旅游度假区开展调研，出台《关于服务金坛加快发展的实施意见》，服务区委中心工作。关注全区经济运行情况，挖掘司法审判大数据，及时对审判工作中发现的新情况、新问题进行分析调研，向区委、区政府呈送《金坛经济案件审判动态》报告，为党委政府科学决策提供参考。秉持“从老百姓不方便的地方改起”的服务理念，对诉讼服务中心进行改造，新建诉讼服务站。通过建设诉讼服务大厅、诉讼服务网、“12368”诉讼服务热线，并建立当事人约见法官制度等措施，提升司法服务群众的能力和水平，进一步方便群众诉讼。按照“谁执法谁普法”要求，继续办好《法在身边》电视普法宣传栏目，提高《法在身边》的品牌效应和辐射力度，推进“法治金坛”建设。全年组织开展“法治大讲堂”活动 36 次，放大以案释法效应，做到“举案一个，公开一片，释明一群，受益一众”。

【打造阳光司法】 2015 年，区法院在实现所有案件同步录音、同步录像、同步显示笔录的庭审“三同步”基础上，在诉讼服务中心设置显示屏，同步直播每天庭审，公开庭审过程，全年开展庭审直播 20 次。规范裁判文书制作，落实裁判文书上网工作，所有符合上网条件的文书一律上网公开，全年上网文书 5131 篇。新建法院外网，设置司法公开、庭审直播、网上诉讼服务等审务公开栏目，开通并维护法院官方微博，方便群众了解法院工作，查询相关资料，网上办理诉讼事项。

【自觉接受监督】 2015 年，发挥人民陪审员参审保障及监督审判、联系群众的作用，全区 127 名人民陪审员全部参与案件审理，参审率 100%。加强人大代表、政协委员联络工作，广泛征求并听取各类意见、建议，全年邀请代表、委员参加座谈、视察法院工作 122 人次，观摩庭审、参与听证、现场指导执行 78 人次。及时向区人大常委会报告新行政诉讼法贯彻实施情况、刑事审判工作情况，自觉接受监督。推进法院新闻宣传规范化建设，健全新闻宣传和发布机制，自觉接受媒体监督，全年有 846 篇新闻稿被中央、省、市各级媒体录用报道。

【促进司法公正】 水北法庭进行审判权运行机制改革试点以来，运行状况良好，“法官 + 法官助理 + 书记员”和“法官 + 书记员”两个独任审判庭全年分别结案 494 件和 143 件。建立以主审法官为核心的审判团队模式，科学划定主审法官、法官助理和书记员之间的职责分工，明确人员的分类管理和考评等内容，为全院审判权运行机制改革积累经验。实行立案登记制改革，制定立案登记操作规程，执行“一次性告知”，化解群众立案难题，杜绝“不立不裁”现象。自 5 月 1 日立案登记制实施以来，区法院共登记立案 7070 件，同比增长 19.55%。推进涉诉信访法治化改革，按照诉访分离要求，畅通诉求表达渠道，尊重原审合理的自由裁量权，维护司法裁判既判力，对信访案件不做程序以外实体处理。对确有困难的信访当事人，符合救助规定的，及时给予司法救助。2015 年，共处理群众来信 117 件次，接待群众来访 618 人次，化解信访案件 37 件。

【提升司法能力】 2015 年，扩大“苗壮工程”实施对象，将书记员导师制纳入其中，建设专业化书记员队伍。区法院组织新招录的 14 名书记员开展为期一个半月的速录技能培训，提高其业务技能；组织书记员参加常州中院和省高院组织的书记员技能竞赛，获常州市团体第一名。针对审判权运行机制改革新要求，实施人员分类管理，实行院庭长办案和综合部门人员办案制度，建立院庭长办案督查和考评制度，开展“百日办案竞赛”活动，定期举行书记员、法警技能考核。加强审判理论和审判实务研究，2015 年，法院干警在相关国家级期刊发表学术论文、案例 13 篇，其中 5 则案例入选中国法院年度案例。开展法院文化建设，注重对干警人文关怀，做好群团工作，举办法官沙龙、青年干警座谈会、演讲比赛等丰富多彩、健康向上的活动，提高司法能力，凝聚职业信仰。

（贯梦姣）

检　察

【概述】 2015 年，金坛区检察院认真履行批捕、起诉职能，坚持宽严相济刑事政策,积极参与社会治理,维护社会和谐稳定。全年批准逮捕280件405人,提起公诉640件851人。加大对严重刑事犯罪的打击力度,对故意伤害、抢劫、强奸、聚众斗殴等严重暴力犯罪案件提起公诉53件80人;对贩卖毒品、容留他人吸毒等毒品类刑事案件提起公诉68件77人;从快批捕公安部挂牌督办涉毒数量12公斤的跨省特大贩卖毒品案,刘某某等人利用"伪基站"发布虚假信息诈骗案;围绕群众反映强烈的食品安全等突出问题开展专项打击,起诉生产销售毒鸭脖、"印度牛肉"等危害食品安全犯罪6件25人;参与整顿和规范市场经济秩序,对职务侵占、挪用资金等破坏金融秩序犯罪提起公诉13件18人;对涉案金额超过2亿元的虚开增值税专用发票系列案提起公诉8件15人。贯彻宽严相济刑事政策,坚持在法治轨道上解决矛盾纠纷,对构成犯罪但无逮捕必要的依法不捕63人,对犯罪情节轻微的依法不诉2人;全面落实检调对接机制,促成轻微刑事案件和解15件。对18名刑事案件被害人进行司法救助,发放救助金5.1万元。新建"检察为民服务中心",建立集控告、申诉、投诉、咨询、查询、受案于一体的"一站式"服务中心,开展检察长接待日活动26次,利用远程视频接访系统接待来访6次。健全法律文书说理制度,全年释法说理126人次,促成3起申诉案件当事人息诉罢访。引入律师参与化解和代理涉法涉诉信访案件,推进涉法涉诉信访改革。针对执法办案中发现的突出问题,向党委政府报送加强高效渔业补贴领域整治等专题报告4份。以保障人民群众获得检察服务和法律帮助为重点,开展"一村(社区)一检察官"工作,努力实现"五个全覆盖"。全面开展未成年人检察工作,依法对3名涉罪未成年人进行不公开听证并作出附条件不起诉决定;与区小天使康复培训中心共同成立涉罪未成年人考察帮教基地;与团区委联合建立"向日葵护苗之家基地",举办"缤纷冬日"等自护微讲堂活动;联合有关部门救助"失依儿童"20余名。失依儿童救助工作项目入选2015年常州市女性社会组织公益创投项目,被评为常州市优秀巾帼志愿服务项目。广泛开展"法在身边"法治宣传活动,在金坛电视台黄金时间播出法治宣传节目20期、廉政公益广告500余次。

发挥检察机关在反腐败斗争中的职能作用,认真查处和预防职务犯罪,推进反腐倡廉建设。积极争取纪检、监察等部门的支持,形成反腐工作合力,共立案侦查职务犯罪案件14件(大案13件)19人。其中,贪污贿赂犯罪案件8件13人,渎职侵权犯罪案件6件6人。开展查办和预防发生在群众身边、损害群众利益职务犯罪专项工作,查办发生在征地拆迁、社会保障、涉农惠民等领域的职务犯罪案件13件17人,占全年立案人数的94%。开展职务犯罪追赃工作,为国家挽回经济损失300余万元。落实"科技强检"战略,推进侦查信息化和装备现代化建设,构建职务犯罪基础信息平台。在法律规定允许的前提下转变办案方式方法,将反腐败与促发展有机结合,采取强制措施、侦查措施与维护涉案单位正常秩序并重,努力维护涉案单位及当事人的合法权益。执行最高人民检察院颁布的职务犯罪侦查工作八项禁令,加强与犯罪嫌疑人近亲属、辩护律师的沟通协调,做好释法说理工作。开展以岗位预防为点、以系统预防为线、以社会预防为面的预防工作。形成个案、类案分析6件,撰写预防调查报告5份,发出检察建议5件;开展行贿犯罪档案查询3957次;对涉案单位警示教育10余次;结合办案举行案例剖析会2场;预防微电影《这里面,有防腐剂》获全国检察机关预防职务犯罪专题微电影三等奖。进一步统筹协调,凝聚预防职务犯罪工作合力,与常州市金坛地方税务局形成协作联席会议纪要,建立查办和预防职务犯罪联络工作制度、调研制度;与金坛邮政分公司启动"预防邮路"工作,加强邮检合作,优势互补,将预防触角延伸到千家万户。

提升法律监督能力,维护法律统一实施,让人民群众在每一个司法案件中感受到公平正义。与区公安局联合出台《关于加强检察机关与公安机关刑事司法联动工作的实施意见》,建立健全检察机关驻派出所检察官联络员工作机制、行政执法与刑事司法相衔接机制,监督侦查机关立案1件,移送线索侦查机关立案2件,监督撤销案件1件,书面纠正7件,依法追捕1人,追诉3人,有效防止有案不立、有罪不究、以罚代刑等问题发生。加强对刑事审判活动的监督,依法办理刑事抗诉案件2件。受理审结各类民事

检察长带头司法办案 (区检察院 供稿)

行政案件79件，其中受理执行监督案件66件，发出检察建议65件且均被采纳，终结审查1件；受理督促履职案件12件，发出检察建议均被采纳；受理环境公益诉讼案件线索1件，已移送常州市人民检察院审查。会同有关部门开展打击虚假诉讼工作，强化对人事、劳务领域虚假诉讼案件的打击力度，发出检察建议9件，均获得整改。立项推进改革创新项目，与区政府签订规范性文件，建立行政执法与检察监督衔接机制，出台相关实施细则。与区水利局、公安局联合出台《关于建立水行政执法联动机制的意见》，开展长荡湖水资源保护行动。对刑罚执行和监管活动中的违法违纪行为纠正47件，其中书面检察建议4件。开展审前未羁押判实刑交付执行专项监督工作，督促收押执行审前未羁押被判实刑罪犯27名。开展羁押必要性审查12件，提出变更强制措施或释放建议12份，均被采纳；开展财产刑执行监督11件；开展强制医疗执行监督1件。

开展规范司法行为专项整治工作，提高严格规范、公正文明司法水平。按照上级实施方案规定的重点整治内容，制订《重点整治十个方面司法不规范突出问题清单》，梳理汇总50项问题；结合自身司法办案实际，重点在程序方面制订《办案流程规范方面可能存在的问题对照清单》，梳理汇总72项具体问题。各业务部门坚持问题导向，对照两个清单，共排查案件1289件，发现司法不规范问题69项。在自查的同时，认真听取社会各界意见建议，把问题摸全、找准、查透。征求到人大代表、政协委员、律师等意见建议10类139条，及时反馈到相关部门逐一落实整改。抓住规范司法行为专项整治工作的重点，制订"适用指定居所监视居住，落实同步录音录像制度，扣押、冻结、处置涉案款物，保障律师执业权利"等六个专项检查方案。采取领导包干、项目推进的方式，每位领导班子成员各负责一个专项，并按照方案规定的工作范围、要求、步骤等，

检察官为群众提供法律帮助　（区检察院　供稿）

以上率下、统筹推进。在项目推进过程中做到有据可查，重点问题由领导班子成员亲自把关，确保专项检查质效。坚持领导班子"每周督查"制，由一名领导班子成员带领检务督察小组对各业务部门的项目推进情况进行督查，并通报督查情况。建立"模板化办案"工作机制，全院各业务部门对照规范司法排查出来的问题清单，修订完善法律文书模板，根据工作流程和工作规范制定相应模板，提升办案笔录、法律文书、办案流程的标准化、规范化。

开展检察理论基础性和应用性调研，为检察工作的开展和领导决策提供依据。全院干警撰写调研文章50余篇，其中在检察系统综合类知名期刊发表3篇；在《江苏检察公告》发表1篇；在国家级刊物发表10篇。承担国家级课题3项，获得国家级奖励1项。干警主持的"检察独立与惩戒机制法治化研究"课题被最高人民检察院立项。派员参加2015年中国刑事诉讼法学年会、2015年江苏省法学会刑事诉讼法学年会等四项高级别学术会议，干警所撰写的论文均被会议论文集收录。

【开展一村（社区）一检察官工作】 2015年，区检察院主动把检察工作融入推进依法治区工作实践，以立足职能、主动服务、利民便民为原则，以保障人民群众获得优质高效的检察服务和及时有效的法律帮助为重点，亮出提供检察服务、开展普法宣传、参与综合治理、帮助化解矛盾、接受群众监督的"五项承诺"，广泛开展一村（社区）一检察官工作。

【出台《关于建立水行政执法联动机制的意见》】 为保护区水资源、水环境和水工程，促进经济社会可持续发展，推进生态文明建设。2015年，区检察院与区水利局、公安局联合出台《关于建立水行政执法联动机制的意见》，规定各部门在水行政执法联动机制中的职责分工，明确信息联络、联席会议、犯罪线索移送以及检察机关监督行政执法等内容，加强检察监督与水行政执法有效衔接，为严厉打击破坏水资源违法犯罪行为提供有效保障。

【建立"模板化办案"工作机制】 2015年，区检察院树立办案工作精品化理念，建立"模板化办案"工作机制，制定办案笔录模板6个，法律文书模板19个，办案流程模板3个，包括《自侦部门办案规范流程操作清单》《公诉办案细则》《侦查监督案件办理规范》《民事行政案件办案模板》等。通过模板化办案，干警在规范化、格式化的笔录记录、文书制作、办案流程中，形成更为科学的司法逻辑、办案习

惯,推动检察干警规范司法能力、司法办案规范化水平整体提升。

【创新推进预防卷宗工作】 2015 年,区检察院认真落实江苏省人民检察院关于《职务犯罪侦查和预防中建立预防卷宗工作细则》。在落实组织保障的基础上,强化侦防一体化机制,通过信息流通顺畅、资源有效共享、创新工作模式、丰富预防手段,推动预防笔录、预防卷宗工作转型升级,提升惩治和预防职务犯罪整体效能。

(冯 玉 陈 涛)

公 安

【概况】 2015 年,金坛区公安机关紧扣公安部、省公安厅、常州市公安局总体部署,以实施区《新一轮社会治安防控体系建设三年规划》为抓手,实现全区违法犯罪警情、刑事案件比上年分别下降 14%、4.45%。连续两年被评为省"公正司法示范点",连续四年被省公安厅评为执法质量优秀单位。

建设社会治安防控体系。推动治安防控体系立体化布局,实施技防城三期工程,新增安装视频监控 567 个,整合重点部位社会面视频监控 153 个,实施千家企业监控外延工程,1342 个社会单位自建监控点位全部接入图像专网。调整完善巡逻防控网络,设置主城圈、城郊圈、镇村圈防控圈,细化设置 30 个巡逻责任区及 19 个应急堵控点、巡逻集结点、勤务交接点,依托 6 个卡口在辖区外围严密边界堵控。升级改造"三防"(人防、技防、设施防)设施,在老小区新安装楼宇防盗门 980 扇;建设以治安、交通一体的 240、341 省道为主轴的"平安长廊"。开展技防入户工程,推广安装"车卫士"、居家报警器等技防设施,累计入户 12.98 万,入户率 59%。推动治安防控体系专业化运转,为 83 个社区警务责任区配备"一警四辅";组建 10 人专职监控巡逻队伍,对全区 2013 个高清监控视频实行等级巡航,抓获犯罪嫌疑人 18 人,带破案件 60 余起;防汛救灾期间转移受灾群众 800 余人,抢救财产 160 余万元,紧急撤离亚邦制药库存剧毒化学品 2.5 吨。修订完善《"关城门"方案》《应急处置绑架、劫持人质工作预案》等方案预案,成功抓获"8·19"非法使用枪支过失致人死亡等犯罪嫌疑人 7 人;完善巡控、侦控、查控、防控、堵控常态化勤务模式,全区违法犯罪警情同比下降 16.3%。推动治安防控体系社会化转型,建立政、企、警、社有机联动的治安防范新格局,成立区"政企警社"治安联合会,同步设立 10 个治安联合分会;与街道联动,在大型安置小区成立由镇、街道经费保障,社区民警组织管理的"我爱我家"义工巡逻队。开展警银联防电信网络诈骗,堵截诈骗汇款 59 起,避免群众损失 303 万元;联合住建、城管、交通等相关部门开展系列专项整治,切割复原渣土车 500 余辆,依法处理"僵尸车"37 辆。对 38 家养老院火灾隐患开展集中治理,在 7 家重点危化品单位安装人像识别系统,全区未发生重特大火灾、交通事故和危化品安全事故。

夯实警务基础。完成 10 个标准化警务室在社区服务、中介服务、防范体验、监控中心等功能区的一体化建设;完成直溪派出所、直溪消防中队及消防器材储备中心一体化建设,15 个派出所执法办案区、勤务指挥室、服务接待大厅提档升级;启动区公安业务技术用房、金城派出所新建工程;开展警务辅助人员招录工作,招录交通管理辅警 110 人、巡特警辅警 40 人,基层警力得到充实。

严厉打击违法犯罪。健全由刑警牵头的每周合成研判机制,配套实施大要案件所队捆绑挂牌督办制度和打击刑事犯罪积分考核制度,最大限度统筹应用侦查手段和资源。年内破案 705 起,破案率 19.3%,同比提升 1.1 个百分点;八类案件(故意杀人、放火、强奸、抢劫、爆炸、投毒、贩卖毒品、故意伤害致人死亡或重伤)、四类侵财(盗窃、抢劫、抢夺、诈骗)案件破案率分别达 82.1%、16.6%,同比分别提升 1.2、3.5 个百分点,命案连续 12 年实现全破;侦破"4·28"税案、"5·15"特大网络诈骗案和生产销售不符合安全标准食品案 3 起部督案件。组织开展常态化、针对性的临控测试,推进落实旅馆、网吧、出租房屋等实名登记制,共处罚旅馆 57 家、责令整改 2 家、取缔 2 家,收缴各类枪支 46 支、子弹 747 发、管制刀具及弓弩 35 把、伪劣烟花爆竹 360 件,查处涉娼人员 266 人、涉赌人员 543 人,集中销毁赌博机 853 台。

狠抓执法规范化建设。实行学法分级管理、干部任职法律考试和民警执法资格等级考试,组织民警参加旁听庭审讨论 11 次,应知应会法律知识学习抽考 8 场,试行《主办民警执法办案积分管理办法》,对执法办案积分高、成绩显著的主办民警给予相应奖励。加强执法教育培训,建立"订单式"指导,解决基层办案中遇到的执法难题,建立"夜校培训",开展送法上门,服务到所。规范执法标准,建立犯罪抓捕、入所审查、现场辨认、押解带离、监所关押安全评估等 8 项规章。规范执法流程,推广应用执法监督管理及涉案财物管理系统、执行案件网上办理"单轨制",完善城区派出所试点运行法制民警驻所工作制。规范办案场所,投入 800 余万元在 15 个派出所建成规范化执法办案场所,实现执法办案在全监督状态下运行。落实案件审核"四级[法制员、派出所领导、法制(案审)大队、局领导]把关"制度,实行重大、复杂案件集体审议制度,实施执法岗位责任、错案倒查问责和案件质量终身负责制,修订《案审工作规范》,健全刑事案件"统一登记、归口办理、统一审核、统一出口"制度。梳理并明确行政管理事项、权限及依据,建立行政管理权责清单,坚决杜绝行政乱作为、不作为。优化"互联网+公安网+手机短信+人工回访"告知模式,确保违法犯罪警情、案件处理告知率 100%。全面公开行政审批、行政事业性收费目录清单,行政复议、行业场所和亡人交通事故处罚等法律文书公开率100%。

【破获盗窃车辆柴油系列案件】 2014年10～12月，金坛发生多起货车柴油被盗案件。案发后，公安局立即抽调刑警、和涉案地派出所成立专案组全力侦破。经过两个多月研判分析、守候伏击，于2015年1月13日上午，在金坛经济开发区利步瑞服饰公司对面小区内将纪某某（男，金坛市儒林镇人）、彭某（男，贵州省余庆县人）、张某某（女，贵州省余庆县人）3名涉案嫌疑人抓获。经查，上述3名犯罪嫌疑人自2014年10月起，结伙流窜金坛，采用撬汽车油箱盖、电动泵抽取等手段，盗窃作案30余起，窃得车内柴油千余升，涉案价值3万余元。

【抓获一名公安部B级督捕命案逃犯】 1月20日下午，在常州市公安局侦查部门的配合下，在经济开发区晨风路利步瑞公司附近公交站台抓获公安部B级督捕命案逃犯于某某（男，吉林东辽县辽河源镇久安村三组人），经审查，其交待了自2003年8月份以来，伙同张某某、蒋某某、黄某某、尹某某、王某某等人在辽宁省沈阳市、吉林省通化市等地以租车为名抢车杀害出租车司机，作案10起。

【快速侦破一起拦路抢劫案】 2月4日凌晨，金坛城区发生一起抢劫案件，受害人郑某在金城镇元巷新村内遭一名男子暴力殴打，并劫走皮包1只，损失200余元。接到报警后，公安局通过侦查将涉嫌抢劫犯罪嫌疑人陈某某（江苏淮安人）抓获。经查，该犯罪嫌疑人交代了其于2月4日凌晨窜至金城镇元巷新村3幢丙单元楼梯口东侧车库门口，采用暴力殴打方式对受害人郑某进行抢劫的犯罪事实。

【侦破“4·28”特大虚开增值税发票案】 4月28日，江苏长润电工材料有限公司因涉嫌虚开增值税发票，被常州市金坛区国家税务局查获，因案情重大，区国家税务局遂将案件移交区公安局侦办。公安局接警后，迅速抽调精干警力组成专案组全力展开侦破。5月6日专案组经过侦查、取证，将江苏长润电工材料有限公司法人代表蒋某某、股东肖某某、会计朱某某、票贩程某某等骨干人员抓捕归案。经审查，蒋某某在经营江苏长润电工材料有限公司过程中，由于铜价变动等情况出现亏损，遂通过买卖增值税专用发票牟利。蒋某某、孙某某、刘某某等人利用“空壳公司”作为幌子，采取实际虚进发票、对外虚开发票等手段进行违法犯罪活动。为突破全案，专案组经过细致排查取证，于5月27日抽调百余名警力对其他嫌疑人实施集中抓捕，成功破获由公安部、国家税务总局联合督办涉及江苏、天津、山东、上海等30多个省市的“4·28”特大虚开增值税发票案，捣毁开票窝点10多个，涉案总金额40亿元，查获账本1000余本，追缴非法所得2000余万元，抓获涉案人员40余人。

【破获“5·15”特大网络诈骗案】 1月，金坛公安局在侦办区第一建筑安装工程有限公司会计挪用资金案中，查证发现一网络非法销售彩票犯罪团伙。由于网络诈骗组织化、智能化程度高，且涉案范围广、人员多、层级深、资金大，区公安局随抽调精干警力成立专案组开展侦查。专案组成员循线追踪、抽丝剥茧，相继辗转省内南京、如皋及上海、江西、重庆、湖南等地开展大纵深、大跨度侦查取证和线索追查。经过持续5个月努力，该网络诈骗团伙组织架构、作案手段及资金流向逐渐清晰，犯罪团伙主要成员身份、工作地、生活地全面掌控到位。6月16日由副局长马建春率相关部门人员组成协调小组赶赴犯罪团伙所在地长沙市芙蓉区，与当地警方开展案件侦破协调对接。6月19日上午，区公安局30名警力千里急赴长沙驰援，与先期8名侦查人员汇合。在芙蓉警方70名警力配合下，组成7个抓捕行动小组。历经1个多小时，传唤审查涉案人员73人，当场缴获132台作案电脑以及账本、银行卡等涉案物品。刑事拘留犯罪嫌疑人35人，对4名在逃的犯罪嫌疑人上网追逃。专案组随即组织突审，经查，2014年7月至案发，以周某、曹某、顾某某等人为主的网络诈骗犯罪团伙设立“长沙研思网络技术有限公司”“长沙瓦罗澜网络科技有限公司”2家网络公司，通过租用境外服务器以“聚宝”和“探彩”网站非法网络销售彩票，涉案金额达3000余万元，系有史以来侦破最大规模网络诈骗案件。

【抓获一名外省命案逃犯】 5月4日下午，区公安局刑警大队会同城东派出所通过线索研判，经常州市公安局相关部门协助，在区经济开发区晨宇金属装饰公司抓获涉嫌故意杀人在逃犯罪嫌疑人王某（贵州兴仁县城关镇人）。经查，1995年4月9日，犯罪嫌疑人王某因琐事伙同他人持刀将受害人黄某砍伤，经抢救无效死亡。案发后，犯罪嫌疑人王俊被贵州兴仁县警方上网追逃。

【开展城区静态交通综合治理】 为解决群众反映行车难、停车难、秩序乱等城区交通突出问题，5月18日至10月31日，区公安局联合区委宣传部、区发改委、住建委、规划局、城管局、东城街道、西城街道开展城区静态交通综合治理。撤除五角场、西一环西门大街路口、西一环横街路口等5个路段绿化隔离带，在虹桥路、文化路、南环一路实验学校等3个路段设置隔离护栏，在电胜桥、华润苏果、五角场等12个路口新增设置左转弯待转区，提高城区信号灯路口的机动车通行能力。利用城区现有公共资源，新建设丹阳门八角井、峨嵋菜场、澳门豆捞东侧和丽锦花园西侧4处公共停车场。规范停车设置，建设改造华润苏果、南门大街等3处地下停车设施。增加路内停车泊位387个，查处盲道停车1381起、占道经营1564起、教育劝导3000余人次。

【迅速破获“7·25”抢劫案】 7月25日2时19分,公安局滨湖派出所接110指令称:一名男犯罪嫌疑人,当日凌晨2时许窜至金坛区金城镇县府路老市政府东侧马路边,采用勒脖子方式对受害人陈某某(女、江苏泰州市人)实施抢劫,抢走三星牌手机1部,价值1500元。接警后,公安局刑警大队会同滨湖派出所民警迅速赶赴现场开展案件侦破工作。通过调取案发现场视频侦查,发现嫌疑人从“开一天”酒店路口一直尾随受害人至县府路实施抢劫。专案组利用视频作战平台摘要处理,发现该嫌疑人作案前一直在街面商店前徘徊,有盗窃店面房重大作案嫌疑。结合盗窃店面房重点嫌疑人开展工作,发现丁某(男,金城镇人,因盗窃被处理)有重大作案嫌疑。专案组遂围绕嫌疑人丁某开展布控。7月26日晚,专案组在一网吧内将正在上网的犯罪嫌疑人丁某抓获。经审查,犯罪嫌疑人丁某交代刑满释放一个星期,窜至常州市天宁区以及金坛城区采用撬锁等手段,盗窃作案8起,抢劫作案1起犯罪事实。

【成功侦破特大盗窃单位机器元件案】 8月5日8时许,公安局接到报警称:开发区瑞欣光电有限公司切片车间两台机器的cpu被盗,价值20万元。案发后,公安局迅速抽调刑警和涉案地东城派出所警力,会同常州市公安局相关部门开展侦破工作。经查,该公司被盗车间46号和50号机器上两台A02B-0307-B822的4000CPU于2015年7月16日17时至8月3日8时28分之间,被人采用乘隙手段盗走。通过现场勘查,技术人员发现该案内外勾结实施盗窃可能性较大,侦查民警结合图像侦查和调查走访,很快锁定犯罪嫌疑人,并于8月7日在城区景阳花园西门和瑞欣光电有限公司内分别抓获盗窃犯罪嫌疑人于某某(尧塘镇人)、谢某某(东城街道人,瑞欣光电有限公司员工)。经审查,于某某、谢某某交代了犯罪事实。

【成功破获一起利用伪基站诈骗案】 8月3日8时20分至8月4日10时20分之间,犯罪嫌疑人利用伪基站发送短信“95533”号码,谎称积分兑换现金,通过向被害人发送钓鱼网站,让被害人输入手机验证码等诈骗手段,骗取周某某、陈某某等多名受害人账户内存款2万余元。案发后,区公安局在常州市公安局侦查部门支持下,于8月20日在安徽桐城将犯罪嫌疑人郑某某(连云港市海州区人)、王某(女,连云港市海州区锦屏镇人)抓获。经审查,犯罪嫌疑人通过伪基站发送“95533”短信,骗取受害人信任,作案20余起,涉案金额8万余元。

【快速侦破一起故意杀人案】 10月6日凌晨,直溪镇建昌村委小桥头40号发生一起故意杀人案,受害人邓春华(男,40岁)在其家中被人用刀捅伤颈部及胸部,经抢救无效死亡。案发后,区公安局立即启动“关城门”方案开展查控并成立专案组全力开展侦破。专案组经现场勘查走访及视频图像追踪,锁定嫌疑人为3名年轻男子,并刻画出3名嫌疑男子逃跑路线。当日下午,专案组通过秘密手段一举在金坛直溪蔡甲村将曹某、潘某某、谢福星3名嫌疑人抓获。经审查,3名嫌疑人交代在10月5日通过购买手套、绳索等作案工具,于当晚结伙攀爬至受害人家中实施抢劫,被受害人发现后持随身携带的单刃匕首将受害人捅死后逃跑的犯罪事实。

【破获“8·20”聚众斗殴案】 8月20日中午,朱林镇农贸市场附近发生一起聚众斗殴案件,其中有两人被刀捅伤。案发后,区公安局抽调精干力量组成专案组,全力开展侦破工作。专案组历经一个月调查摸底,相继在金坛城区、丹阳皇塘等地抓获参与聚众斗殴犯罪嫌疑人缪某(朱林人)、徐某某(尧塘人)、薛某(丹阳导墅人)、荆某(丹阳皇塘人)、蔡某某(丹阳皇塘人)、王某(丹阳导墅人)等6名涉案嫌疑人。经审查,上述6人对聚众斗殴犯罪行为供认不讳。

【速破一起故意杀人案】 11月1日23时57分,区公安局110指挥中心接到一报警电话,报警人自称“王某某”,因其感情纠纷与其情人发生肢体冲突,失手把其情人掐死。接警后,区公安局迅速赶赴现场展开调查走访。经现场调查,报警人王某某,因个人家庭、婚姻生活不如意迁怒于受害人丁某某(女,43岁,安徽宿松县人,住直溪巨村老雅庄),于11月1日晚8时许,趁受害人单身一人在家时溜门入室,欲与受害人发生性关系遭到拒绝后,采用手卡脖子、被子捂口鼻手段将受害人杀死并强奸,事后因害怕打电话报警自首。 (潘一平)

司法行政

【概述】 2015年,全区司法行政工作围绕加快发展主题,服务“一城一区一山一水”板块建设和“加快项目引进、加快项目建设”工作,将司法行政体制改革融入全区经济社会发展大局,以推进“四个全覆盖”(法治宣传教育全覆盖、矛盾纠纷排查调处全覆盖、特殊人群服务管理全覆盖、公共法律服务体系全覆盖)体系建设为抓手,以夯实公共法律服务载体建设为重心,突出“规范化建设提升年”主题,推动司法行政工作迈上新台阶。

【法律服务】 2015年,区司法行政工作有效整合资源,按照不变体制变机制,机关瘦身、人员前移、力量下沉的要求,全面推进区、镇、村(社区)三级公共法律服务平台建设。区公共法律服务中心前台开设人民调解服务、法律援助服务、法律咨询服务、法治宣传服务、公证服务、安置帮教服务等7个窗口,后台设置“12348”网络指挥平台、法援中心、调处中心、赵金荣工作调解室、律师服务团等办公平台。实现一个窗口受理,一条龙服务,一揽子解决群众的法律需求。协调召开律师与检察官、法官座谈会,畅通职业共同体良性互动机制。严格法律服务主体审查监管，全区7家律师事务所74名职业律师、5家法律服务所43名基层法律工作者通过省厅年检注册，并全部向社会进行公示。推进法律援助联络点全覆盖工程，新增设人武部、看守所、老龄委等法律援助工作站。全年法律服务人员办理各类法律事务8017件。其中，律师办理法律事务396件，基层法律服务工作者办理法律事务451件，公证处办理各类公证6213件，法律援助中心办理法律援助案件957件。

【人民调解】 区司法局与区委政法委、区公安局联合下发《关于进一步推进"公调对接"工作的意见》，全区15个镇（街道）派出所公调对接工作全面完成，人民调解的社会覆盖率进一步上升。推进基层调解实战化平台建设，区司法局投资20万元，对全区9家司法所安装集视频调解、证据固定和调解联动等功能于一体的视频监控调解室。结合各镇（街道）实际，以镇（街道）为单位，以菜单化方式分别就土地征用、房屋拆迁、土地权属纠纷、人生损害赔偿等领域组织全区300余名调解员进行有针对性的业务培训。推动人民调解行业组织建设，成立区人民调解协会，建立18名调解专家人才库，指导人民调解业务工作的开展。全区各级调解委员会共受理矛盾纠纷2723件，调解纠纷2723件，调解率100%，调解成功2688件，调解成功率98.71%。成功化解45起群体性上访事件，涉及600余人次。

【特殊人群管理】 区司法局对服刑人员审前调查、假释评估、居住地变更等执法环节进行提档升级，从人员身份确认、材料收集、文书制作等方面进行全面细化，真正做到执法有理有据，管理严格安全。利用移动终端定位监管系统，实施重点监控对象24小时监控，消灭监管盲区，严防脱管漏管和重新犯罪。实行"非工作日值班制度"，推广"研判、上门、定人、跟踪、报告、处置"管理工作法和社区矫正教育十法（增信减压法、扬善弃恶法、适时提醒法、考评激励法、情境体验法、帮教结合法、价值干预法、循序渐进法、防微杜渐法、因材施"矫"法）。全年接收社区服刑人员186人，解矫242人，在册227人，审前调查70人，假释评估12人，警告11人。利用金坛阳光服务中心安置帮教基地资源，常态化开展服刑人员日常集训、轮训与劳动改造教育，全年集中劳动教育9次238人次。依托当地茶叶、养殖、植树等特色产业，引导社会资源进入安置帮教，探索服刑人员劳动改造+技能培训社会化模式，做到帮教帮扶有针对性和可持续性。

【法制宣传】 2015年，是"六五"普法收官之年，区司法局组织省市两级"六五"普法终期考核验收工作，将考核检查与经验总结、成果展示相结合，力求实现"六五"普法圆满收官。开展"法润江苏·德法同行"活动，注重法治宣传与德治教育有机结合，打造具有本地特色的"法治福孝"品牌。开设金坛普法微信公众平台，开展"扫微信、学法律、赢话费"活动，发挥媒体互动普法功效。12月4日，在区青年广场组织开展"12·4"宪法宣传日暨全国民主法制宣传日活动，区领导、法检两长和区公安民警、法官、检察官及部分行政执法人员举行宪法宣誓仪式，现场和群众一起体验宪法的威严和庄重。推进基层民主法治示范村（社区）建设，指前上阮村等8个村获省级民主法治示范村称号。

【法律援助】 2015年，是全区村（居）法律援助服务联络点全覆盖运行后第一年，法律援助案件数量急剧增多，全年办理法律援助案件957件（民事案件834件，刑事案件123件），案件补贴金额急剧增大。为做好做实这项民生工程，区法律援助中心狠抓援助办案质量、狠抓刑事援助效率、狠抓信息平台管理，制定出台法律援助案件质量考评办法、法律援助案件质量评分标准和办理法律援助案件程序评分标准等多项制度规范，实施法律援助刑事案件审查、受理、指派一体化流程，引导法律援助志愿者积极参与未成年人刑事案件诉讼，提升法律援助案件办案质量。修改完善区法律援助《办案补贴发放办法》，针对结案环节和诉讼结果对补贴金额作进一步细化，引入监督机制，动态管理发放办案补贴费用，提高发放透明度。积极争取省法律援助基金会法律援助资助费用，成功申报资助案件24件，资助案件数量在常州地区位居第二。

【公证服务】 区公证处以"法润江苏·公证暖心五项行动""八项服务承诺"活动为载体，秉持"始于主动、融于真诚、终于满意"的公证服务理念，为区域经济发展和群众生活提供高效优质的公证服务。强化内部管理，讨论拟订《2015年度内部绩效考核办法》和《2015年度岗位职责规定》，采用分工分组形式开展日常服务，细化公证员和其他工作人员岗位职责和考核标准，实现公证资源合理配置。加强公证宣传，提升公证品牌在群众心目中的形象，组织或参与10多次公证宣传活动，发放公证宣传手册千余份。录制2期《法在身边》公证宣传专题节目，让更多人对公证业务种类、办理各类公证所需材料、公证办理一般流程有清晰而形象的认识。发挥公证职能，实施首次接待记录制度，在接待大厅设立"公证材料便民服务台"，实现办证事项一次性告知；建立"上门办证预约登记制度"，为老弱病残孕等行动不便的当事人提供上门办证服务，承担扶贫助弱社会责任；开展"公证助残月"活动，为农民工、残疾人、老年人等弱势群众开设公证办理"绿色通道"，减免、退还公证费用万余元。

【司法队伍建设获省创新成果二等奖】 2015年，区司法局依托三级平台，推进"机关瘦身、人员前移、力量下沉"的司法队伍建设创新工作。依托区公共法律服务中心建设，开展机关"瘦身"。整合区级司法行政资源，抽调有生力量到区公共法律服务中心服务,轮流坐班,制度化运转。科学设置法律援助、公证办理、人民调解服务、法律咨询、法治宣传、安置帮教等7个服务窗口,开设专业律师咨询窗口,选派全区资深律师全天候坐班。实施"一个门进,集中受理,分头办理,一揽子解决"的工作机制,强化流转、跟踪、督促、反馈流程,解决窗口与机关科室衔接不畅问题。依托镇(街道)公共法律服务中心建设,实行人员"前移"。推进司法所实战化建设,在全区9个镇(街道)实现镇级公共法律服务中心全覆盖。落实社区矫正专业执法工作责任,根据需要和方便群众办事,开设法律咨询、人民调解等窗口。落实司法所政法专编人员招录工作,组建以社区矫正执法工作者、专职社工及社会志愿者"三位一体"的工作队伍,形成"横向到边、纵向到底、不留空白"的矫正工作网络。成立区人民调解协会,对人民调解员特别是镇(街道)专职调解员实行规范化管理、教育、指导。依托村(社区)司法行政工作站建设,推进力量"下沉"。在原法律援助联络点全覆盖基础上,加强全区115个村(社区)司法行政工作站建设,将司法行政工作站打造成为服务社会、服务民生、服务群众的主阵地,建成集矛盾纠纷化解、社区矫正和安置帮教、法律援助、法治宣传四大中心于一体的、面向群众的一线实战平台,更好地服务基层群众。《机关瘦身、人员前移、力量下沉——打造三纵三横公共法律服务体系》获2015年度江苏省司法厅队伍建设创新成果二等奖。

(邹贵福)

编辑 钱国新

薛埠镇游仙湖公园 (薛埠镇 供稿)

科学技术

综　述

2015年，全区科技工作按照区委、区政府“加快项目引进、加快项目建设”决策部署，把握苏南国家自主创新示范区契机，推进科技创新、产业创新、企业创新、产品创新、业态创新、管理创新，营造大众创业、万众创新的环境，为科技创新搭建平台。江苏旺达喷灌机有限公司获2015年度国家科技进步二等奖，并受到常州市、金坛区嘉奖。区科技局获2015年度区级机关部门工作目标绩效考核优胜单位和重点项目组织推进奖。区知识产权局获2015年度江苏省知识产权工作先进集体、江苏省专利行政执法工作先进集体、江苏省知识产权政务信息工作先进集体。

科技管理

【概述】 2015年，全区科技管理工作按照江苏省科技厅、常州市科技局部署，围绕区委、区政府中心工作，推进创新驱动发展战略。切实加强机关作风建设，推进科技体制改革，加强创新平台建设，深化产学研合作，引导创新资源更多地向企业集聚，提高科技创新集群效应。狠抓产业结构优化升级，开展技术攻关，突破制约产业发展技术难题，组织实施一批国家、江苏省、常州市、金坛区科技计划项目。实施知识产权强区战略，不断提升知识产权创造、运用、管理和保护能力，成功创建“江苏省实施知识产权战略区域示范市”。

【创新政策】 2015年3月，金坛市人才工作领导小组出台《金坛市人才工作专项资金使用管理办法》，对入选常州“龙城英才计划”项目的政府资助资金、重点产业引进高层次人才的政府资助资金、开展人才评选表彰奖励经费、科技镇长团工作经费地方财政配套资金、人才推介对接活动费用、区人才工作领导小组核准用于人才工作的其他费用，规范资金使用范围。

2015年10月，金坛区人民政府办公室出台《关于进一步加大企业人才引进培养资助（奖励）的实施意见》，从高层次人才引进培养资助（奖励）、高技能人才引进培养资助（奖励）、人才载体建设资助（奖励）、引进国外智力项目资助（奖励）、优秀人才评选表彰奖励五个方面加快推动高层次人才和紧缺技能型人才向全区重点产业集聚，有效落实“人才强区”发展战略。

【高新技术产业】 2015年，全区实现高新技术产业产值456.1亿元，同比增长25.2%，占规模以上工业总产值比重的45.5%。全年组织申报区级以上科技计划项目45项，24个项目获省科技厅立项。新增高新技术企业16家，新增省民营科技企业136家，新增省高新技术产品36种。

【创新平台】 9月，常州市直溪科技创业园、金坛区朱林科技创业园、常州市薛埠科技创业园被常州市科技局认定为常州市级科技企业孵化器。全区新增省级工程技术研究中心4家、省企业研究生工作站7家、省企业技术中心1家、国家级博士后创新实践基地1家。凡登“江苏省（凡登）复合金属线材工程技术研究中心”在省研发机构绩效评价中获优良等级。

【科技金融】 6月，金坛区科学技术局会同江苏省金坛经济开发区管理委员会向江苏省生产力促进中心提出《关于参与“苏科贷”工作的申请》，同时联合出台《关于印发江苏省金坛“苏科贷”实施细则的通知》和《关于印发江苏省金坛科技型中小企业信贷风险补偿资金池管理办法的通知》。经江苏省生产力促进中心同意，由金坛经济开发区出资500万元，省生产力促进中心配套出资500万元，带动南京银行金坛支行出资9000万元，成立金坛“苏科贷”资金池。2015年年底，分别为常州大成工业气体有限公司、常州唐龙电子有限公司提供300万元“苏科贷”贷款。

【知识产权】 2015年，全区申请专利3350件，授权798件，其中发明专利申请882件，授权115件，有效发明专利

403件。凡登(常州)新型金属材料技术有限公司、江苏丰登作物保护股份有限公司获江苏省企业知识产权管理标准化示范先进单位,江苏科泰绝热新材料有限公司、金坛市晨光轻工机械有限公司成为江苏省企业知识产权管理标准化示范创建企业,常州亿晶光电科技有限公司、凡登(常州)新型金属材料技术有限公司获省知识产权战略推进计划项目,江苏凯灵汽车电器有限公司获2015年常州知识产权创新企业。组织申报金坛区金城商业广场参加江苏省"正版正货"示范街(区)创建。中大国际商贸城、万和奥特莱斯购物公园通过江苏省"正版正货"示范街区终期考核验收。利用"四下乡""3·15""4·26"、邻里节、科普宣传周和世界环境日开展多层次、全方位的知识产权保护宣传活动。

【产学研】 2015年,区科技局根据产业、企业发展需求,组织企业与高校开展多次大规模产学研活动。1月27日,浙江大学—金坛市产学研对接洽谈会在金坛举行。浙江大学常州工业技术研究院院长童水光、常务副院长吕红兵等12位专家教授与金坛企业开展产学研对接。4月27~29日,由副市长杨琦带队,市科技局组织19家企业赴哈尔滨,与哈尔滨工业大学、黑龙江省科学院开展产学研对接活动。28日,召开哈尔滨工业大学—金坛市产学研对接洽谈会。哈尔滨工业大学工研院院长路忠峰率院相关人员及该校机器人研究所、机电学院、制造系统自动化技术研究所有关专家出席对接活动。会上,常州市奥伦自动化设备有限公司、盛利维尔新材料技术有限公司、江苏凯灵汽车有限公司分别与哈工大机电学院、机器人研究所和航空宇航制造工程系签订合作协议;29日,召开黑龙江省科学院—金坛市产学研对接洽谈会。黑龙江省科学院院长郭春景、副院长曾祥俊率该院产业处及下属7个研究所的负责人、专家参加对接活动。会上,江苏省金坛经济开发区管委会与黑龙江省科学院签署共建《黑龙江科学院金坛技术转移中心》备忘录,金坛市银湖食用菌有限公司、江南鸽业有限公司、大地复合肥有限公司分别与黑龙江省科学院微生物研究所和能源环境研究所签订合作协议。5月12日,副市长杨琦率领指前镇及科技局、人社局、汽车零部件商会和6家企业负责人组成金坛市政企代表团赴成都,与西华大学开展产学研对接。通过交流,双方达成共识,签订"西华大学—金坛市全面科技合作协议""校地人力资源(毕业生)引入合作协议""共建超低温高韧性球墨铸铁技术研发中心协议"等5项产学研合作协议。5月18日上午,组织全市150家企业参加第十届中国常州先进制造技术成果展示洽谈会开幕式。展洽会上,金坛市市长狄志强与同方威视科技江苏有限公司总裁助理王利民签订《智能安检CT的研发产业化》,盛利维尔(中国)新材料技术有限公司与东南大学签订《新型高分子复合钢丝的研发及产业化》合作协议。

【清华研究生实践基地建设】 7月6日至8月13日,12名清华大学博士生到清华大学博士生社会实践金坛基地9家企业参加社会实践。实践期间,博士生共完成10项课题,其中杨洪凯"紫外光谱吸收法对大气臭气浓度的检测仪"研发获得年度清华大学博士生社会实践一等奖。11月6日,金坛区副区长杨琦,区科技局局长王洪祥、副局长倪小平赴清华大学研究生院,与该院洽谈清华大学研究生社会实践金坛基地第三轮合作事宜。在洽谈中,杨琦对清华大学为金坛推进科技创新工作的支持表示感谢,并希望长期合作。清华大学党委研究生工作部副部长马春生对金坛重视社会实践基地建设、支持清华学子到金坛参加社会实践给予充分肯定和高度评价。双方达成共识,杨琦与马春生共签第三轮《共建清华大学研究生社会实践金坛基地协议书》。

【创新人才】 2015年,全区共引进高层次人才98人。盛利维尔(中国)新材料技术有限公司盛荣生团队、金坛市六九钛业科技有限公司郭蔚团队获江苏省科技创新团队。徐斌、余木火入选省"双创人才",蒋璨、贾和坤、刘新宽、王剑入选省"博士计划"。组织开展高层次人才柔性进企业活动,聘请上海理工大学刘新宽博士、江苏大学贾和坤博士、西华大学王剑博士分别到3家企业任科技副总。

【金沙英才奖】 2015年,组织开展第2届"金沙英才奖"评审。经推荐评审,区政府研究,决定授予朱琛琦等5人为"金沙英才奖"突出贡献奖,姚建华等25人为"金沙英才奖"。

科技计划与成果

【概述】 2015年,全区共实施江苏省科技计划项目24项。36种产品获江苏省高新技术产品。5个项目获常州市科技进步奖。43项科研成果评为2015年度金坛区科技进步奖。其中,一等奖4项,二等奖8项,三等奖31项。

表13 2015年金坛区获国家科技进步奖项目一览表

序号	项目名称	获奖单位	获奖等级
1	新型低能耗多功能节水灌溉装备关键技术研究与应用	江苏旺达喷灌机有限公司	二等奖

表 14　2015 年金坛区新增省工程技术研究中心一览表

序号	名称	承担单位
1	江苏省超硬材料切割用金刚线(绳)工程技术研究中心	盛利维尔(中国)新材料技术有限公司
2	江苏省动植物生物驱虫药品工程技术研究中心	常州佳灵药业有限公司
3	江苏省高速精密电主轴轴承工程技术研究中心	金坛市天驰轴承有限公司
4	江苏省大型发电机组绝缘材料工程技术研究中心	金坛市华荣绝缘材料有限公司

表 15　2015 年金坛区新增省企业研究生工作站一览表

序号	企业名称	合作高校
1	常州朗博汽车零部件有限公司	南京理工大学
2	金坛市环保设备有限公司	南京理工大学
3	江苏斯威克新材料有限公司	河海大学
4	江苏鑫隆复合工程材料有限公司	常州大学
5	晨风集团	苏州大学
6	江苏科祥防腐材料有限公司	合肥工业大学
7	江苏海翔化工有限公司	南京工业大学

表 16　2015 年金坛区新增高新技术企业一览表

序号	企业名称	序号	企业名称
1	江苏宏源中孚防水材料有限公司	9	江苏帕卓管路系统股份有限公司
2	金坛加怡热电有限公司	10	江苏嘉寓门窗幕墙有限公司
3	常州日新模塑科技有限公司	11	江苏索特动力工程有限公司
4	江苏正晖照明科技有限公司	12	卓郎(江苏)纺织机械有限公司
5	江苏瑞东农药有限公司	13	金坛市博盟车辆配件有限公司
6	金坛市沃尔新材料有限公司	14	常州亿禾铝业有限公司
7	江苏润德精密机械有限公司	15	江苏威龙灌装机械有限公司
8	常州佳灵药业有限公司	16	金坛市天坛燃气具有限公司

表 17　2015 年金坛区获省知识产权管理标准化示范创建单位一览表

序号	单位名称	序号	单位名称
1	江苏科泰绝热新材料有限公司	2	金坛市晨光轻工机械有限公司

表 18　2015 年金坛区获江苏省“双创团队”一览表

序号	团队所在单位	领军人才	核心成员
1	盛利维尔(中国)新材料技术有限公司	盛荣生	徐　斌　张哲峰　刘新宽
2	金坛市六九钛业科技有限公司	郭　蔚	丘立安　王振国

说明:“双创团队”是指高层次创新、创业团队。

表 19　2015 年金坛区获江苏省“双创人才”一览表

序号	姓名	计划类别	所在单位
1	徐　斌	创新	盛利维尔(中国)新材料技术有限公司
2	余木火	创业	江苏金州纤维科技有限公司

说明:“双创人才”是指高层次创新、创业人才。

表20　　2015年金坛区获江苏省“双创博士”一览表

序号	姓名	计划类别	所在单位
1	蒋　璨	创新	中盐金坛盐化有限责任公司
2	贾和坤	创新	金坛鑫田柴油机有限公司
3	刘新宽	创新	盛利维尔(中国)新材料技术有限公司
4	王　剑	创新	常州华德机械有限公司

说明:“双创博士”是指创新、创业博士集聚计划人才。

表21　　2015年金坛区省级科技计划项目一览表

序号	项目名称	承担单位	计划类别
1	精准灌溉拖移式智能喷灌机的研发与应用	江苏旺达喷灌机有限公司	重点研发资金
2	基于温敏型水凝胶的沥青路面防冻机理研究与材料开发	常州履信新材料科技有限公司	青年科技人才专项
3	新型高灵敏POCT紫杉醇荧光免疫检测试剂	江苏维尔生物科技有限公司	青年科技人才专项
4	金坛茶业科技创新公共服务平台建设	江苏鑫品茶业有限公司	科技富民强县专项
5	青锋茶趣园建设技术集成与创新	江苏茅山青锋茶叶有限公司	科技富民强县专项
6	优质茶园高产高效种植技术集成示范	金坛市露源生态茶业有限公司	科技富民强县专项
7	金坛名优茶加工一体化集成示范推广	金坛市茅麓茶厂	科技富民强县专项
8	江苏省企业知识产权管理标准化示范先进单位奖补经费	江苏丰登作物保护股份有限公司	知识产权
9	江苏省企业知识产权管理标准化示范先进单位奖补经费	凡登(常州)新型金属材料技术有限公司	知识产权
10	替代进口轨道车辆用关键部件橡胶人字弹簧	金坛市德博密封技术有限公司	企业技术创新资金
11	木霉菌水分散粒剂制备关键技术的研究	江苏德仁生物科技有限公司	企业技术创新资金
12	知识产权创造与运用专项资金	金坛区	知识产权
13	新型高效光伏电池焊带研发	凡登(常州)新型金属材料技术有限公司	重点研发专项资金
14	高速列车用超低温高韧性球墨铸铁转向架轴箱研发及产业化	常州华德机械有限公司	成果转化资金
15	金坛经济林果产业分店	江苏鑫品茶业有限公司	奖补资金
16	盐酸多柔比星脂质体注射液产业化	常州金远药业制造有限公司	国家中小企业发展项目资金
17	高速列车(CRH3)转向架轴承箱箱体研制	常州华德机械有限公司	国家中小企业发展项目资金
18	兆瓦级发电机组用绝缘材料－聚乙烯薄膜粘带的产业化开发	金坛市华荣绝缘材料厂	国家中小企业发展项目资金
19	江苏省重点企业研发机构	凡登(常州)新型金属材料技术有限公司	创新能力建设
20	地下盐矿资源化综合利用技术开发及产业化	中盐金坛盐化有限责任公司	重大成果转化——面上
21	新型螺旋式超高强度金刚线(绳)的研发及产业化	盛利维尔(中国)新材料技术有限公司	重大成果转化——面上
22	江苏省(亿晶)光伏工程研究院	常州亿晶光电科技有限公司	科技基础设施建设
23	知识产权战略推进计划	常州亿晶光电科技有限公司	知识产权
24	知识产权战略推进计划	凡登(常州)新型金属材料技术有限公司	知识产权

表22　　2015年金坛区新增江苏省高新技术产品一览表

序号	产品名称	企业名称
1	盐酸多柔比星脂质体注射液	常州金远药业制造有限公司
2	头孢拉定胶囊	江苏亚邦强生药业有限公司
3	头孢克洛片	江苏亚邦强生药业有限公司
4	4－羟基二苯甲酮	江苏海翔化工有限公司
5	低损耗零水峰单模光纤	江苏南方光纤科技有限公司
6	低损耗弯曲不敏感单模光纤	江苏南方光纤科技有限公司
7	涡轮增压器	江苏索特动力工程有限公司
8	汽车用耐热、低压变、自润滑特种 EPDM 橡胶件	常州朗博汽车零部件有限公司
9	汽车空调压缩机用自润滑特种 HNBR 密封圈	常州朗博汽车零部件有限公司
10	高钢级、抗硫化氢腐蚀套管 C110 钢级	江苏常宝普莱森钢管有限公司
11	稠油热采环境专用隔热套管 CB80H 钢级	江苏常宝普莱森钢管有限公司
12	噻吩磺隆原药	江苏省激素研究所股份有限公司
13	甲磺隆原药	江苏省激素研究所股份有限公司
14	醚苯磺隆原药	江苏省激素研究所股份有限公司
15	高强度 0.105mm 切割钢丝	凡登（常州）新型金属材料技术有限公司
16	JSC 326 梳棉机	卓郎（金坛）纺织机械有限公司
17	智能化高粘度防腐灌装机	金坛市金旺包装科技有限公司
18	电控高压共轨系统	常州博瑞油泵油嘴有限公司
19	高速螺旋切割钢丝	盛利维尔（中国）新材料技术有限公司
20	集成式模块化汽车组合开关	江苏凯灵汽车电器有限公司
21	快固化聚氨酯粘合剂	江苏力合粘合剂有限公司
22	环保阻燃辐射交联套管	常州市沃尔核材有限公司
23	冷缩电缆附件	常州市沃尔核材有限公司
24	氙气灯光源	常州天雄照明科技有限公司
25	氙气灯	常州天雄照明科技有限公司
26	橡胶密封套	金坛市博盟车辆配件有限公司
27	橡胶密封圈	金坛市博盟车辆配件有限公司
28	高分子胶管	江苏帕卓管路系统股份有限公司
29	高分子胶管总成	江苏帕卓管路系统股份有限公司
30	环保节能型门窗	江苏嘉寓门窗幕墙有限公司
31	环保节能型幕墙	江苏嘉寓门窗幕墙有限公司
32	2，4，6－三甲基苯甲酰基二苯基氧化膦	常州久日化学有限公司
33	环保型阻燃高强度改性聚丙烯材料	常州思道高分子材料科技有限公司
34	高效低毒除草剂苯磺隆	江苏瑞东农药有限公司
35	高效低毒水性化除草剂双草醚	江苏瑞东农药有限公司
36	非免洗多晶小方锭	常州续笙硅材料有限公司

表 23　　2015 年金坛区获常州市科技进步奖项目一览表

序号	项目名称	完成单位	主要完成人	获奖等级
1	用于超超临界发电机组的新型绝缘材料的研发	金坛市华荣绝缘材料有限公司	陆帮荣　戴阿富　王　燕　邵孟巍　陆小粽　邓卫城　王金林	二等奖
2	制备来氟米特的绿色新工艺	常州亚邦制药有限公司	王思清　陈再新　毛白杨　陶　锋　马绍明　夏正君　王勇军	二等奖
3	轨道车辆用橡胶人字弹簧	金坛市德博密封技术有限公司	周连祥　储富强　苏力争　翁国文　沈　燕	三等奖
4	稻麦周年协调高产高效技术集成创新与应用	金坛市作物栽培技术指导站、金坛市土壤肥料技术指导站、常州市农业技术推广中心	孙和平　魏广彬　段云辉　徐　蕊　严剑文	三等奖
5	苏南丘陵地区薄壳山核桃早实丰产栽培技术集成与推广	常州果美农业科技有限公司、江苏省中国科学院植物研究所	王国祥　耿国民　朱灿灿　陆小美　孙伟忠	三等奖

表 24　　2015 年金坛区科技进步奖项目一览表

序号	项目名称	完成单位	主要完成人	获奖等级
1	JSC326 梳棉机	卓郎(金坛)纺织机械有限公司	朱中华　许小平　王　刚　万伟锋　张永平　徐玉俊　盛意平　顾学军	一等奖
2	庞巴迪 380 公里动车组前照灯的研发	常州市赛尔交通器材有限公司	林　敏　何红心　陈　侃　黄锁祥　成　辉	一等奖
3	“长江 1 号”河蟹生态高效养殖技术集成与推广	金坛区水产技术指导站 金坛区水产良种繁育场	王桂民　张金彪　刘伟杰　丁彩霞　田息根　罗　明　周　威　王若玉	一等奖
4	经空肠造口胃减压 - 肠内营养应用于合并严重呼吸道疾病的胃手术	金坛区人民医院	周林秋　虞立平　段建春　戴国芳　华卫俊　佘晶江	一等奖
5	特殊环境中使用的气动隔膜泵的研究与开发	金坛诚辉机械制造有限公司	姜银方　刘建瑞　林广胜　姜新春　熊小明　徐明生	二等奖
6	消泡式全自动灌装机	金坛珠峰包装机械有限公司	周数理　丁　娟　吴卫卫　洪海清　徐菊红　张极民	二等奖
7	精准光引诱立体复合物理杀虫装备	江苏鑫田电子科技有限公司	凌和平　李建明　李志华　邓满宝　周云亮　薛国松	二等奖
8	制备来氟米特的绿色新工艺	常州亚邦制药有限公司	陈再新　毛白杨　马绍明　陶　锋　夏正君　王勇军	二等奖
9	金坛区农技推广服务体系建设创新研究	金坛区农林局	邓九胜　于　斌　孙云玉　王小珍　蒋红刚　纪　康	二等奖
10	现代智能化生态种养殖循环模式集成创新与示范	江苏海之客农业发展有限公司	姜方俊　王雯君　张　旻　蒋　锴　胡曼恬	二等奖
11	GDF - 15 在急性冠脉综合征危险分层及预后中的价值	金坛区人民医院	于文敏　丁　澍　吕　远　臧　璇	二等奖
12	金坛市区域卫生信息平台的设计与应用研究	金坛区卫生和计划生育局	李志芳　苏建华　汤娟华　李小平　王　栋　卞军武	二等奖
13	带主动安全头枕的客运座椅的研究与开发	江苏金鹏汽车座椅有限公司	杨丽玉　胡小忠　周军　高　箭　陆星星	三等奖
14	电动汽车车门智能控制系统	江苏凯灵汽车电器有限公司	李德民　徐福芳　宋　健　颜云强　陈伟兵	三等奖
15	奥伦恰恰自动印花机	常州市奥伦自动化设备有限公司	王永鑫　王问群	三等奖
16	硬嘴软袋液体自动撑袋灌装旋盖设备	金坛晨光轻工机械有限公司	眭文卿　眭小平　李卫庆　黄俊东　谭静芳	三等奖

续表24

序号	项目名称	完成单位	主要完成人	获奖等级
17	稀油润滑型卧螺离心机	江苏恒亮离心机制造有限公司	陈小亮 谭芳媛 陈 嵘 于网华 黄俊华	三等奖
18	岩土工程健康监测的智能传感器及实时监测系统	常州金土木工程仪器有限公司	杨 豪 秦益霖 杨志余	三等奖
19	CCG1000－12K型智能化高粘度防腐灌装机	江苏金旺包装机械科技有限公司	袁兆军 张 帅 蒋文强 王 阳 尹春华	三等奖
20	自动高效供棉机	金坛申龙纺织机械制造有限公司	徐 峰 张文琴 赵建生 朱文祥 李伟国	三等奖
21	高速、长寿命、耐高温、高可靠性热辊轴承	江苏天驰轴承有限公司	李国栋 沈建平 郝 常 陆 静 张 奎	三等奖
22	硅晶切割机的开发及运用	常州天泽光伏设备制造有限公司	于金文 陈 胜 高金书 徐水明 崔 正	三等奖
23	蓄电池激活增效贴片	江苏麦普龙电源科技有限公司	万里钊 王志彬 戴 云 郭仁涛 朱广龙	三等奖
24	降血脂药重要中间体“高纯4－氯－4′－羟基二苯甲酮”	江苏海翔化工有限公司	高 阳 俞 建 贺 建 高学民 黄 栋	三等奖
25	微生物源农药申嗪霉素的生产工艺研发	江苏省激素研究所股份有限公司	冯美丽 朱红军 孔繁蕾 张旺庚 田冬平	三等奖
26	35%三环唑悬浮剂	江苏丰登作物保护股份有限公司	欧阳立新 耿荣伟 周 波 吕忠明 蒋志华	三等奖
27	靶向钌、锇配合物荧光探针及在肿瘤早期检测中的应用	金坛爱特生物科技有限公司	曾宪顺 姚建华 王 庆 蔡松涛 王 炜	三等奖
28	发酵床养殖技术在种鸡养殖上的研究与应用	江苏八达畜禽有限公司	钱浩然 黄丹毓 庄 严 成 艳	三等奖
29	苏南丘陵地区薄壳山核桃早实丰产栽培技术集成与推广	常州果美农业科技有限公司 江苏省中国科学院植物研究所	王国祥 耿国民 朱灿灿 陆小美 孙伟忠	三等奖
30	“黄金村”牌软米品种提纯复壮技术研究与应用推广	金坛金土地有机稻米专业合作社 江苏省农科院	王 娟 严清华 窦在荣 梅家乐 陆 乐	三等奖
31	枝叶红茶生产关键技术集成创新与产业化示范	常州市金坛麦宝食品有限公司	杨朝生 郁志芳 冯 莉 姜 丽 黄菊美	三等奖
32	茶－果复合优质高效设施化栽培技术创新研究	金坛茅麓茶厂	王哲明 李 云 王金喜 杨贤君 李伯华	三等奖
33	机插稻全程机械化精准施肥关键技术集成应用	金坛区土壤肥料技术指导站 金坛区农机化技术推广服务站 金坛区薛埠镇农业综合服务站 金坛区朱林镇农业综合服务站 金坛区金城镇农业综合服务站	邱淑芬 李 勇 李新宇 沈家禾 董园园	三等奖
34	生猪重大动物疫病防控集成技术研究与推广	金坛区动物疫病预防控制中心	杨文卫 徐荣军 汤明庚 陆则基 翁粉祥	三等奖
35	金坛区公安局民意督办系统的研发与应用	金坛区公安局	杨金忠 王国元 黄建平 吴素青 徐志辉	三等奖
36	金坛市规划管理信息平台	金坛区规划局 金坛区规划编制研究中心 金坛区城乡测绘院 广州城市信息研究所有限公司	彭云俊 张小平 邓丽萍 王 霞 陈 迅	三等奖

续表 24

序号	项目名称	完成单位	主要完成人	获奖等级
37	依达拉奉和右美托咪定对体外循环大鼠的脑保护作用及机制研究	金坛区人民医院	范云霞 吴 晶 尹 琪 王文辉 张庆伟	三等奖
38	甲钴胺对大鼠脑缺血再灌注损伤后细胞凋亡及 Bcl－2/Cytc/Caspase－3 信号通路的影响	金坛区人民医院	苏建华 陈玉芳 薛建琴 张俊华 耿瑜睿	三等奖
39	硫化氢对蛛网膜下腔出血大鼠海马区神经损伤的保护作用和机制研究	金坛区人民医院	王建强 吴开云 刘艳梅 朱 倩	三等奖
40	周期性机械应力促进大鼠髓核细胞增殖和细胞外基质合成的 EGFR－JNK 信号通路的研究	金坛区人民医院	谢 华 何 劲 陈旭霞 高共鸣 农鲁明	三等奖
41	甘草泻心汤加减方预防化疗后口腔溃疡的临床研究	金坛区中医医院	胡爱群 黄 菊 杨留洪 肖书星 周益萍	三等奖
42	橡皮筋挂线结合药线拖线治疗高位复杂性肛瘘的临床研究	金坛区中医医院	尹国平 王 跃 王 艳 李振宇 王美琴	三等奖
43	尿液电导率检测前质量保证对肾病诊断影响的研究	金坛区中医医院	邹正平 张建强 谢江燕 徐 勇 王春年	三等奖

表 25 **2013—2014 年度金坛区"金沙英才奖"名单一览表**

序号	姓名	单位	奖项
1	朱琛琦	江苏金坛汽车工业有限公司	金沙英才奖突出贡献奖
2	徐 斌	盛利维尔(中国)新材料技术有限公司	金沙英才奖突出贡献奖
3	林 敏	常州市赛尔交通器材有限公司	金沙英才奖突出贡献奖
4	郭 蔚	常州市金坛六九钛业科技有限公司	金沙英才奖突出贡献奖
5	黄 浩	常州市金坛区中医医院	金沙英才奖突出贡献奖
6	姚建华	金坛爱特生物科技有限公司	金沙英才奖
7	褚礼政	常州市金坛环保设备有限公司	金沙英才奖
8	耿荣伟	江苏丰登作物保护股份有限公司	金沙英才奖
9	何胡送	江苏斯威克新材料有限公司	金沙英才奖
10	王 平	江苏华盛天龙光电设备股份有限公司	金沙英才奖
11	徐俊霞	江苏凯灵汽车电器有限公司	金沙英才奖
12	张旺庚	江苏省激素研究所股份有限公司	金沙英才奖
13	魏慎金	常州亿晶光电科技有限公司	金沙英才奖
14	郭建亭	常州市金坛区产品质量监督检验所	金沙英才奖
15	汤 俊	江苏索特动力工程有限公司	金沙英才奖
16	王哲明	金坛市茅麓茶场	金沙英才奖
17	刘伟杰	常州市金坛区水产指导站	金沙英才奖
18	周双庆	常州市金坛区朱林镇农业综合服务站	金沙英才奖
19	傅俊毅	常州市金坛区茶叶技术指导站	金沙英才奖
20	王雯君	江苏海之客农业发展有限公司	金沙英才奖
21	杨国华	常州市金坛区东城实验小学	金沙英才奖
22	张 俊	常州市金坛区华罗庚实验学校	金沙英才奖
23	蒋守成	常州市金坛区朝阳小学	金沙英才奖

续表25

序号	姓名	单位	奖项
24	陈耀方	常州市金坛区西城实验小学	金沙英才奖
25	赵　凯	常州市金坛区人民医院	金沙英才奖
26	何　劲	常州市金坛区人民医院	金沙英才奖
27	丁　屹	常州市金坛区人民医院	金沙英才奖
28	金寿彭	常州市金坛区文化馆	金沙英才奖
29	韩献忠	常州市金坛区朱林镇文化体育站	金沙英才奖
30	李伟民	江苏城东建设工程有限公司	金沙英才奖

（吴大荣）

防震减灾

【概况】 2015年，金坛区地震局以"地震监测预报、地震灾害预防、地震应急救援和防震减灾科普宣传"(3+1)工作体系建设为突破口，树立忧患意识和震情第一观念，做好防震减灾各项工作。

【地震监测】 区地震局树立责任重于泰山理念，以高效有序的震情处置和机制灵活的快速反应强本固基，提高技能。根据省、市地震部门的要求，抓好震情监视，加强台站监测设备管理，保障地震台站仪器正常运行和观测数据连续可靠。及时分析处理监测数据资料；落实震情值班工作责任制，值班工作人员手机24小时处于开通状态，确保通信联络畅通；坚持震情分析会商制度，按时参加常州市地震局组织的季度震情会商会；做好地震监测设施和地震观测环境保护工作，同时做好地震监测设备的运行维护工作，确保监测设备正常运行、地震监测资料持续可靠、信息传输及时准确。2015年，投入3万余元对地震监测设施进行更新换代。金坛强震动台获江苏省强震动台网运行维护优秀奖。

【地震应急】 2015年，结合区划调整，完成《常州市金坛区地震应急预案》修编工作。投入4万余元，配置相应地震应急装备。

【地震科普宣传】 区地震局利用金坛科普周向广大人民群众普及防震减灾、地震应急救援知识。全年发放地震宣传画册1000余份。（谢文胜）

气象科技

【概述】 2015年，区气象局完善省、市、区三级农业气象服务体系和联动机制，开展"元旦"、春节、"五一"和清明等重大节日气象服务工作，做好春运、"两会"、高考、长荡湖籽虾节等重大活动气象保障服务，加强对降雪、大风、冰冻和暴雨等各类灾害天气的预测预警工作，特别做好"6·18"特大暴雨洪涝灾害全程预报、预警和灾后复产服务工作，继续做好全区防雷安全、施放氢气球安全管理等工作。区气象台获"2014~2018年度江苏省科普教育基地"称号。行政服务中心气象窗口连续三年被评为红旗窗口。

防雷安全管理。对全区490家防雷重点单位和已建建(构)筑物防雷装置实施定期检测。与教育局联合发文对全区55所中小学校防雷装置进行集中检查、检测，发现安全隐患，督促其及时整改。区气象局防雷中心被区总工会授予金坛区"工人先锋号"称号。

气象行政审批工作。根据国家、省政府清理规范行政审批中介服务要求，区气象局先后于6月、11月取消和规范"建设项目雷电灾害风险评估""防雷装置设计技术评价"两项行政审批中介服务事项。全年受理审批事项182件，办结率100%。

8月13日，清华大学博士生金坛基地社会实践汇报会

（区科技局　供稿）

气象宣传。全年在中央、省级新闻媒体刊登金坛气象宣传稿件28篇。

【薛埠镇被认定为第三批标准化气象灾害防御镇】 继朱林镇、金城镇被中国气象局评为全国标准化气象灾害防御镇后,薛埠镇被认定为2015年度第三批标准化气象灾害防御乡(镇)。在农业气象服务体系和农村气象灾害防御体系建设中发挥示范引领作用,为保障农业现代化和社会主义新农村建设做出贡献。

【完成6个"综合减灾示范社区"气象灾害应急准备认证工作】 为贯彻落实中国气象局全面开展气象防灾减灾示范社区建设的相关要求,区气象局完成金坛区金城镇城南村、南瑶村,薛埠镇罗村村、方麓村、上阮村、西旸村6个社区气象灾害应急准备认证工作,提升基层社区气象防灾减灾能力。

【江苏省气象局副局长任健到金坛区调研】 9月9日下午,江苏省气象局副局长任健、计财处处长钱鹰到金坛区调研基建项目建设情况。金坛区副区长陈锁龙参加座谈,就金坛区气象灾害监测预警中心项目建设和加快落实地方财政保障等工作达成共识。任健表示,金坛区气象局干部职工团结一致、敢于突破、敢于创新,在完善气象防灾减灾体系建设、提升气象服务质量和改善气象发展环境等方面取得进步。希望金坛区气象局不断总结先进经验,主动适应气象科技发展新形势,做好基建项目建设工作,积极探索地方财政保障新机制,全面推进气象现代化建设步伐。

【省气象局检查组验收金坛"三农"项目】 11月6日,江苏省气象局"三农"服务专项互学互查互评暨项目检查组到金坛区气象局检查验收2015年中央财政"三农"气象服务专项建设情况。验收组成员对项目建设成果予以充分肯定,并针对专项实施过程中存在问题提出建议。希望金坛区气象局以此次验收为契机,提高气象为农服务水平,做好"三农"气象服务工作。 (陈亚君)

编辑　钱国新

金西工业园鹏程路 (朱林镇　供稿)

综　述

2015年,全区教育系统正确把握教育发展方向,坚持依法治教、科学治教、从严治教,以新思维、新举措,推动教育改革务实创新与发展。

2015年,全区共有幼儿园45所,中小学55所。其中,小学30所,初级中学16所,九年一贯制学校4所,高级中学4所,职业学校1所。另有国防教育训练中心1所,特殊教育学校1所。在校学生59930人。

教育现代化建设。根据金坛区经济、社会发展现状及趋势,通过多方充分论证,并报金坛区人民政府批复同意,完成金坛区教育史上首个统一、科学、系统的教育专项规划,明晰全区教育发展方向、规模和布局。配合惠金公司做好总投资4.5亿元新建段玉裁中学、段玉裁实验小学、移址新建殷雪梅小学、新建新城实验幼儿园开工的前期工作,已完成围墙施工、施工图设计;主动与国控公司对接,做好总投资3.3亿元新建良常实验学校、尧塘中学移址新建、尧塘中心小学及汤庄小学移址新建的前期工作,尧塘中学移址新建、尧塘中心小学与汤庄小学合并移址新建已完成建筑方案设计,良常实验学校已完成规划红线的划定。总投资8000万元金坛东城小学新建工程、总投资3100万元金坛华城小学改扩建二期工程、总投资1500万元水北中学改扩建教学及实验楼、总投资1200万元后阳小学改扩建教学及综合楼、总投资1100万元河头小学改扩建教学楼、总投资150万元五叶小学改扩建食堂餐厅、总投资150万元唐王小学改扩建门卫与食堂餐厅等学校校舍安全工程全部建成,于9月1日投入使用。总投资8000万元的常州市中小学生综合实践基地新建工程已完成土建施工,宿舍楼装饰已完成。投入1000万元,对8所学校运动场地塑胶化改造提升,并竣工投入使用。投入1200余万元,重点保障新建学校仪器设备添置、学生机房建设、图书采购,为实施一师一优课工程,在部分中小学安装智能录像系统。

素质教育。聚焦“学校文化建设”和“学生心理健康教育”两大主题,开展百名德育干部和百名班主任高端培训工作。《依托少先队名师工作室,推进辅导员专业化发展》经验在全省交流,区辅导员代表队获常州市辅导员风采大赛团体总分第一名。华罗庚实验学校华艺澄同学作为常州市唯一学生代表赴京参加第七次全国少代会。全区以“八礼四仪”为核心,开展系列德育活动,《中小学生守则》主题教育活动全面开展。流动留守儿童“成长护航工程”有序推进,努力做到一个不能少。五中自编自演的文明礼仪微视频在区文明网宣传展播。朝阳小学致力“知书达礼”学校文化建设,《知书达礼》校本课程获常州市特等奖。举办金坛区中小学第四届科学节。在2015年常州市中小学研究性学习优秀成果评比中,后阳小学、华罗庚实验学校获特等奖,岸头实验学校、洮西中学、华罗庚中学获一等奖,另有6项成果获二等奖,11项成果获三等奖。在常州市创新大赛中,全区获7个一等奖,22个二等奖,并有3件作品选送省参赛。茅麓小学、四中的大合唱参加江苏省“紫金杯”合唱节常州赛区比赛获铜奖。组织参加常州市青少年书法现场大赛,5名学生获一等奖。在江苏省第五届中小学生艺术展演活动中,有6名学生获绘画、书法、摄影、征文等项目一等奖,区教育局获得优秀组织奖。

教育惠民。做好中等专业学校学生免学费工作。为保证学校正常运转,对因免除学费导致学校收入减少的部分,由财政补助经费528万元予以保障。执行“教育救助”政策,组织回收“教育救助”学生、家长网上问卷调查2万多份。发放助学金、学生乘车补贴近500万元,惠及学生4500余人次,其中职业教育、高中教育助学金由每年1500元/生调整到2000元/生。审核发放生源地信用助学贷款73笔,贷款金额52.03万元。除政府资助主渠道外,“荀姚光彩基金”“牵手成长计划”“圆梦行动”等社会资助体系日趋完善,确保没有一名学生因家庭贫困辍学。继续保持公办学校100%接纳外来务工人员子女入学,确保所有外来务工人员子女享受和本地学生就学的同等待遇。区启智学校成功承办常州市第八届特殊教育学校运动会,《"潜能课堂"课程建设》项目获教育部、省专项资助100万元。

【省委宣传部部长王燕文视察常州未成年人社会实践基地】 2月6日,省委常委、宣传部部长王燕文到金坛视察正在建设中的常州市未成年人社会实践基地。该基地2014年1月破土动工,各相关职能部门和建设单位通力合作,按照"特色鲜明、省内一流、立足常州、辐射全省"的目标要求,多次召开有关工程建设推进会、座谈会以及恳谈会,确保基地建设各项工作顺利推进。王燕文希望基地建设能彰显地域特色,整合周边文化旅游资源,打造"五色"(红色,爱国主义教育;金色,文化艺术教育;绿色,生态文明教育;蓝色,身心健康拓展;白色,盐文化教育板块)文化课程体系,将基地真正建设成集国防、科技、素质拓展和劳技教育于一体的未成年人社会实践基地和文化旅游基地,促进金坛地方经济发展。

【区政府召开8所新校建设现场推进会】 5月7日,区长狄志强、副区长王艳红召集开发区、东城街道办、西城街道办、尧塘街道办、区教育局、财政局、住建局、发改局、国土局、规划局以及国控公司、惠金公司负责人,视察全区8所新建学校的建设进展情况,并召开会议研究部署推进举措。2014~2015年,全区共有8个新建学校项目规划立项。分别是华罗庚实验学校新城分校(殷雪梅小学)、新城实验幼儿园、段玉裁中学、段玉裁实验小学、东城实验小学、西城实验学校(九年一贯)、尧塘中学和尧塘小学(与汤庄小学合并)。滨湖新城4个项目建设正在有序推进,东城实验小学已建成投入使用,良常实验学校和尧塘中、小学等项目建设已经启动。狄志强指出,8所新校的建设事关全区经济社会发展大局,必须加快推进速度,全力保障建设进展。并就加快8所新校建设作出部署,在总体模式上,要坚持政府统一规划、市场主体投资、政府购买服务的原则;在具体操作上,从项目立项、土地指标、规划设计、项目融资到资产处置,按照建设主体和投资主体的相应职责分工负责;在向上争取上,发改、财政、教育等部门要积极向上争取资金帮助,所有资金由区财政统一安排。

【省委书记罗志军接见华罗庚实验学校学生华艺澄】 5月29日,第七次全国少代会代表、华罗庚实验学校学生华艺澄到南京市青少年宫参加"建设新江苏、争当好少年"少先队庆"六一"主题活动,受到省委书记罗志军接见。在活动中,她跟罗志军和其他领导一起分享自己的成长故事,较好地宣传华罗庚实验学校育人特色,全方位地展示金坛少先队员风采。罗志军赞扬她是江苏好少年,并勉励她在全国少代会期间充分展示江苏少年儿童风采。

【举行庆祝第31个教师节暨表彰颁奖晚会】 9月9日,金坛区庆祝第31个教师节暨表彰颁奖晚会在金沙广场举行。区四套班子领导王跃中、赵钢超、王艳红、潘双林出席晚会,王艳红致辞。晚会以"最美的你"为主题,融歌舞、合唱、戏曲、体操、器乐演奏、情景剧、诗朗诵等多种艺术表现形式于一体,热情讴歌人民教师爱岗敬业、爱生如子、无私奉献的崇高品德,诠释教师职业的神圣光荣和幸福美好,展示金坛教育开拓进取、改革创新发展成果。参演的400余名青少年儿童,涵盖学前教育、义务教育、高中教育、职业教育和特殊教育等各个学段,表达全区青少年儿童对人民教师的无限敬仰和感恩之情,突出社会主义核心价值观和时代主旋律,收到很好的宣传和教育效果。

幼儿教育

【概述】 2015年,编制出台《常州市金坛区第二期学前教育五年行动计划(2016-2020)》。开展城乡幼儿园结对帮扶和对口支援活动,有效推进城乡学前教育均衡发展。成功创建省、常州市优质幼儿园各2所。春风幼儿园接受常州市特色幼儿园验收,薛埠镇、朱林镇顺利通过常州市学前教育现代化乡镇的评估验收。加强队伍建设,举办"提升幼儿园园长课程领导力"论坛活动、园长课堂教学评优课和园长一日活动现场研讨。组织全区幼儿教师爱幼演讲比赛、幼儿教师基本功大赛和为期一月的"千园开放日"等活动。实验幼儿园被评为常州市数学思维游戏课程基地。

【华城实验幼儿园连续13年夺得全国幼儿基本体操表演大赛金奖】 5月25~27日,2015年"中南杯"全国幼儿基本体操表演大赛在北京市光彩体育馆举行。华城实验幼儿园体操队在全国14个省、市、自治区的38个代表队中脱颖而出,获全国金奖和"最佳编排奖",实现13连冠。

【薛埠、朱林两镇成功创建常州市学前教育现代化乡镇】 11月30日至12月1日,常州市政府教育督导委员会、市编办、财政局、人社局和教育局等相关部门组成专家组,到金坛区薛埠镇、朱林镇进行学前教育现代化乡镇创建工作现场评估验收。专家组一致肯定两镇政府坚持科教兴镇战略,在实施科学管理,改善办园条件,完善保障机制,提升办园水平方面均取得显著成绩。建议两镇要进一步加大教育投入,理顺办园体制,注重内涵建设,打造属于自己的特色。

表 26　　金坛区幼儿教育基本情况一览表　　单位:个、人

年度	班级数	入园(班)人数	离园(班)人数	在园(班)总人数	学前两年入园率(含流动人口)	学前三年入园率(含流动人口)	教职工数
2015	347	4424	4601	13328	116%	102.46%	1189

表 27　　金坛区幼儿园办园情况一览表　　单位:个

年度	教育部门办园数		乡镇中心园数	企事业办园数	私人办园数	股份制办园数	合计
	公办性质	集体性质					
2015	4	8	9	3	18	3	45

(宋月梅)

中小学教育

【概述】 2015 年,全区普通高中 4 所,在籍学生 7396 人;九年一贯制学校 4 所,初级中学 16 所,小学 30 所,初中、小学在籍学生 37211 人。小学入学率、巩固率、合格率、毕业率 100%,初中入学率、毕业率 100%,毕业生升学率 98.93%。落实教学质量效益深化年各项举措,推进教学常规达标活动,根据江苏省、常州市"一师一优课、一课一名师"活动要求,结合我区"常态优课"建设工作,出台全区活动方案。举行"一师一优课、一课一名师"晒课活动培训动员大会,全区中小学参与"晒课"教师达到 700 人,向上级"推优"比例数名列常州市前茅。2015 年公办高中全部取消择校招生,取消同城借读。高考继续保持高位增长态势,本二以上达线人数 1451 人,达线率 76.85%,比 2014 年增长 9.5 个百分点。

课程改革。出台《关于进一步推进学校课程建设的实施意见》《金坛市中小学课程项目建设扶持与奖励办法》和《关于开展全市中小学"校长课程基地"建设的通知》等文件,明确学校课程建设目标、实施原则、基本思路和保障机制。教师发展中心开展"学校课程建设"项目培训,邀请专家作辅导讲座,在西城实验小学、朱林小学等校举办学科课程建设主题观摩交流活动,举办由小学分管领导参加的"课程建设与质量内涵发展"主题论坛活动,组织多个学科教师赴南京、上海、常州等地参加观摩、研讨交流活动,对学校及教师进行面上引领。对首批申报的 40 多个学校、校长课程进行专题调研并按文件规定予以资金扶持。朝阳小学校长蒋守成领衔的数学主题拓展课程、西城实验小学校长陈耀方领衔的阅读课程、华罗庚实验学校副校长张五芳领衔的立体阅读课程、河头小学的"亲近母语"等已取得阶段性成果,在省内外产生了积极影响。国训中心中小学综合实践基地的课程规划、设置已审定完成,涵盖生命教育、社会实践、科学实践、技术实践四大领域,共 400 多个活动项目,构建了一张完整的基地课程网络图,覆盖整个中小学实践教育。

科研兴教。全区共有 65 项课题被确定为常州市、金坛区教育科学"十二五"规划课题。其中,常州市重点课题 11 项,常州市立项课题 30 项,金坛区立项课题 24 项。按计划开展全区备案课题中期评估工作,华中、华罗庚实验学校、朝阳小学、河滨小学、西城实验小学五所学校顺利通过常州市教科研基地中期评估。在江苏省教育科学"十二五"规划 2015 年度课题评审中,全区有 8 项教科研课题获省级立项,其中西城小学《基于"数学活动经验积累"的教学评价研究》等 2 项为省级重点资助课题,另有 4 项为重点自筹课题。2015 年度,华罗庚实验学校毛海鹰获第六届全国小学语文教师素养大赛特等奖。在江苏省中小学教师教学基本功竞赛中,白塔中学何丽华获初中数学一等奖,西旸小学王瑾、直溪中心小学杨晔获小学数学一等奖,建昌小学沈晓云获小学语文二等奖。西城实验小学姚星获小学科学省级评优课一等奖,河滨小学李燕红、朝阳小学吴荣强、华罗庚实验学校居云慧分获小学语文、数学省级评优课二等奖。

【朝阳小学承办全省"小数报名师大讲坛"暨"数学主题拓展"课堂教学研讨活动】 12 月 19 日,由江苏教育报刊总社、《小学生数学报》编辑部、常州市教科院、金坛区教师发展中心联合举办的"小数报名师大讲坛"关注数学核心素养暨"数学主题拓展"课堂教学研讨活动在朝阳小学举行,来自省内各地的小学数学教师代表、教研员以及各级领导、专家 230 余人参加活动。与会老师零距离分享教学成果,零距离释疑解惑,零距离把握教改方向。这次"小数报名师大讲坛"教学研讨活动的开展,为全省各市小学数学教师提供广泛交流机会,为深入探究数学教育教学的真谛分享智慧,有效推进了金坛小学数学教学的改革创新。

【暂无户籍适龄儿童也能上学】 近年来,超生子女,特别是外来务工人员超生子女因无法提供计划生育证明、户口证明等材料遭遇被学校拒之门外

的“入学难”现象较为普遍。针对学校和家长普遍担心没有户口无法取得学籍的问题,金坛区教育局采用父母身份证号注册临时学籍的做法,保证这些适龄儿童按时入学。

【华罗庚实验学校毛海鹰获第六届全国小学语文教师素养大赛特等奖】 11月27日,第六届全国小学语文教师素养大赛在江苏南京举行,共有来自全国各省的29名代表参赛。在为期两天半比赛中,经过朗读、粉笔字、才艺、课堂教学和现场素养答题(客观题和主观演讲)等五项技能的比拼,代表江苏省参赛的华罗庚实验学校毛海鹰老师以总分第二名的成绩获本次大赛特等奖。

表28 金坛区普通中小学学校数、班级数、学生数一览表 单位:个、人

年度	小学			初中			高中			合计		
	学校数	班级数	学生数	学校数	班级数	学生数	学校数	班级数	学生数	学校数	班级数	学生数
2015	30	618	25871	20	291	11340	4	166	7396	54	1075	44607

表29 金坛区普通中小学“三率”情况一览表

年度	小学			初中		
	入学率	毕业率	升学率	入学率	毕业率	升学率
2015	100%	100%	100%	100%	100%	98.93%

(丁彩霞)

表30 金坛区高级中等学校招生考试及录取情况一览表 单位:人

年度	参考人数	录取人数			录取率
		普通高中	职业学校	合计	
2015	3943	2318	1583	3901	98.93%

表31 金坛区普通高校招生考试及录取情况一览表 单位:人

年度	参考人数	录取人数	录取率
2015	1888	1451	76.85%

(刘国平)

中等职业技术教育

【概述】 2015年,江苏省金坛中等专业学校顺利通过“江苏省高水平现代化职业学校”评估验收。在普通高校对口单招统考中大专以上达线率为100%,其中47名学生达到本二及以上录取线,比2014年增加8人。组织选手参加省技能大赛,获2块金牌、4块银牌、7块铜牌。

【省金坛中专顺利通过省高水平现代化职业学校项目建设现场验收】 10月21~22日,省金坛中专接受江苏省首批高水平现代化职业学校项目建设视导专家组的现场验收。常州市教育局副局长胡鹏、金坛区副区长杨琦、金坛区教育局党委副书记孙坚陪同。在现场考察中,视导专家组通过听取汇报、参观校园、查阅资料、座谈访谈、随堂听课和评估反馈等方式了解项目建设情况。专家组对该校专业建设能够充分切合地区产业转型升级,实现两“对接”和两“结合”;教师素质提升明显,双师型教师队伍建设有突破,教学改革初见成效;学校重视项目建设专项资金的管理,专业设施设备齐全等工作予以肯定,并就学校的校企合作机制、系部二级管理等方面提出建设性意见和建议。

表 32　江苏省金坛中等专业学校招生情况一览表　单位:个、人

年度	中等职业类		高等职业类		综合高中	
	班级数	学生数	班级数	学生数	班级数	学生数
2015	7	255	7	237	8	274

（许　琴）

高 等 教 育

【概述】 金坛开放大学正逐步建设成为融开放教育、社区教育、成人教育于一体的新型大学,发展进入一个崭新阶段。学校共有在籍开放教育及奥鹏学员 2186 人。2015 年,金坛开放大学被评为省招生先进集体。

表 33　金坛区高等教育自学考试报名、考试情况一览表　单位:人

年度	报名人数	参考人数	参考率	毕业人数		
				专科	本科	合计
2015	480	246	51.25%	4	15	19

表 34　金坛区成人高校招生考试及录取情况一览表　单位:人

年度	报名人数	录取人数	录取率
2015	451	422	93.57%

（刘国平）

成 人 教 育

【概述】 2015 年,全区创建江苏省农科教结合富民示范基地 1 个(儒林镇社区教育中心),新增江苏省标准化社区教育中心 1 个(直溪镇社区教育中心)、常州市社区教育示范镇 2 个(东城街道、朱林镇),常州市标准化居民学校 58 个,达 78.3%。承办常州市全民终身学习活动周开幕式,区教育局获常州市社区教育通讯报道优秀组织奖和全民终身学习活动周常州市突出贡献奖及全国优秀组织奖。组织相关科室和消防大队对行业学校和校外培训机构进行年度督查与等级评估工作,对存在的安全隐患与法人代表面对面交流,并提出限期整改意见。新审批 3 家校外培训中心。

【创建省级农科教结合富民示范基地】 12 月 18 日,省教育厅副巡视员孙曙平、省成人教育协会副会长马良生等率专家组,到金坛区儒林镇社区教育中心创建省级农科教结合富民示范基地进行现场考核评估。省专家组一致认为,该基地养殖规模大、重研究、有成效、可推广,真正起到了农科教结合和富民示范效应,是一个高水平示范基地。这是金坛区继金城镇、薛埠镇、开发区之后创建的第四个省级农科教结合示范基地。

教 育 管 理

【概述】 2015 年,区教育局强化教育管理,完善教育保障制度,加强师资队伍建设,优秀教师比例不断攀升,坚持依法治教,重视校园安全,强化教育督导,各项工作有序、高效开展。

教育督导。金坛教育督导组对指前实验学校(小学部)等 8 所小学、华罗庚实验学校(中学部)等 6 所中学进行中小学素质教育督导;对红太阳幼儿园等 10 所幼儿园进行幼儿园综合督导评估。通过开展开学工作专项检查、学生放学时间专项检查、执行课程计划专项督查等,编织规范办学行为“防护网”。2015 年,金坛区分别接受常州市人民政府教育督导室对教育局 2014 年教育工作的督导考核、江苏省和常州市两级人民政府教育督导委员会开展的县级人民政府教育工作督导考核。10 月,顺利通过全国中小学校责任督学挂牌督导创新县(市、区)省级考核。

师资队伍。全区有专任教师 4963 名,高中、职业高中教师合格学历和高一层次学历分别为 99.9%、97.3% 和 17.2%、13.7%。初中、小学、幼儿园教师高一层次学历分别为 95.8%、99.3%、88.6%。2015 年,教育系统在高层次优秀教师培养上取得新突破,全区现有在职特级教师 13 人,中小学正高级教师 3 人,学术类优秀教师 1292 人,其中常州市级 611 人,常州市名师工作室领衔人 4 名,优秀教师群体占专任教师的 26.03%。

表 35　　金坛区中小学、幼儿园专任教师数及学历达标情况一览表　　单位:人

年度	普通高中		职业高中		初　中			小　学			特殊教育			幼儿园		
	专任教师数	学历达标率(%)	专任教师数	学历达标率(%)	专任教师数	学历达标率(%)	本科达标率(%)	专任教师数	学历达标率(%)	专科达标率(%)	专任教师数	学历达标率(%)	专科达标率(%)	专任教师数	学历达标率(%)	专科达标率(%)
2015	738	99.9	262	97.3	1433	100	95.8	1819	100	99.3	9	100	100	702	100	88.6

(凌　东)

师德教育。组织“我身边的常州好人”“金坛十大最美教师”和“金坛优秀教育工作者”评选活动。出台《关于进一步加强和改进师德师风建设的实施意见》,加强全区教师队伍建设,提高教师职业道德水平,提升新时期教师形象。同时规范教职工全员聘用制度,依法与每位教职工签订聘用合同,签约率100%。

教师管理。严格教师资格准入制度,严把教师入口关。科学制订招聘简章,完善考核办法,严格考核程序,通过自主报名、资格审核、笔试、上课、技能考核、体检、政审等环节,录用63名新教师。贯彻落实《党政领导干部选拔任用条例》,全年选拔正校级领导1人,副校级领导13人,机关事业单位中层副职2人,校级领导交流11人。探索机关公务员队伍建设新途径,选派部分机关公务员到基层学校进行挂职锻炼,在过程上实行“一对一”全程指导,在工作上实行量化考核,有效提升机关工作人员服务基层一线的能力。拓宽网上远程培训渠道,组织全区57名中小学校级领导报名参加“中国电信——网上远程培训”。选派骨干校长参加高级研修,先后组织1人参加长三角名校长培训、2人参加京苏粤校长培训、6人参加省骨干校长培训、24人参加省引智助力培训、73人参加上海复旦大学暑期培训,全年对校长培训500多人次。

教育经费。2015年,教育经费支出10.5亿元,其中国家财政性教育经费8.57亿元(公共财政预算安排教育经费8.51亿元,政府性基金预算安排教育经费0.06亿元)。公共财政教育支出占公共财政预算支出的18.26%。幼儿园、小学、初中、高中、职业教育生均公共财政预算教育事业费支出分别为1831.84元、13531.33元、17387.59元、16523.22元、12587.88元;生均公共财政预算公用经费支出分别为351.39元、701.56元、1003.53元、501.67元、1000元。全年在校安工程、债务化解等方面支出1.39亿元。

新建成的东城实验小学　　(区教育局　供稿)

依法治教。出台《关于厉行节约反对浪费和规范公务接待工作的规定》,严禁各校用公款购买烟花爆竹、烟酒、花卉、食品等年货节礼,规范“三公”经费开支。配合省市物价局对教育收费进行专项检查,对所有学校、单位食堂财务会审,并进行资产清查。组织全体中小学师生阅读《清风正气——金坛历代勤廉人物故事选编》,并组织撰写读书心得,举行读书演讲比赛。华罗庚实验学校等12所学校创建成省、常州市“廉洁教育好学校示范点”。会同区综治办、公安局、检察院、法院、司法局等部门开展教育系统全员法制教育活动,组建首届学校法制教育讲师团,为全区学校提供菜单式法制教育讲座,开展法制专题讲座30余场次。6月,组织全系统5000余名教职工、机关工作人员参加法制教育综合测试。

安全工作。出台《金坛教育系统“党政同责、一岗双责”实施办法》。开展学校食品卫生等专项监督检查,组织学校食品卫生管理人员培训,4所学校创建成“江苏省健康促进学校”。创新安全工作例会制度,聘请社会专业人士进行安全知识讲座、技能培训。出台《校园专职保安人员考核奖励办法》,加强对保安人员培训及在岗履职情况的督查和考核。召开推进校车安全工程协调会,确定由区政府国资控股公司参股,吸收民营资本投资推进校车安全工程实施方案,选定

校车服务公司场地和办公地点。暑期投入近1000万元对各学校排查出的215项安全隐患进行整改。

【优秀教育管理人才可延迟退职】 7月,金坛区教育局党委发布《关于研究优秀教育管理人才使用的会议纪要》。该纪要对加强退职(退休)优秀教育管理人才的科学合理使用方面作出明确规定:当年度到龄转任的校级领导和局属事业单位负责人,如果符合热爱教育事业、胜任本职工作和身体健康的基本条件,并具备特级教师、正高级职称教师、全国优秀教师和劳动模范等其中一项条件,或是办学业绩突出,在金坛教育界、社会上享有较高声誉的校长,可延长任职年限至法定退休年龄;对已年满法定退休年龄但办学业绩突出,在省、市内外拥有较高知名度的校长,退休后可根据工作需要对其返聘。

【省教育督导委现场考核金坛区责任督学挂牌督导创新工作】 10月21～22日,受省政府教育督导委委托,由省教育厅副巡视员步锦昆任组长的省级教育督导考核组,对金坛区申报全国中小学校责任督学挂牌督导创新县(市、区)创建工作进行现场考核。常州市教育局副局长沈梅、金坛区副区长王艳红、金坛区教育局局长柯建强等陪同考核。考核组认为金坛区创建工作呈现四大特色亮点,领导高度重视,形成挂牌督导"一二三"工作机制,即完善一个工作机构、出台两份文件、定期召开三个会议,确保责任督学监督指导、护航教育改革发展的作用得到充分发挥;工作注重创新,不断创新工作举措,放大挂牌督导功效,坚持"全覆盖"与"全天候"相结合,确保挂牌督导不留死角;队伍精心配备,筛选出一批管理水平高、科研能力强、工作实绩好的校长、园长、教研员、特级教师组成督学队伍,通过合理搭配、协同合作、优势互补,形成别具一格的挂牌督导个性特色;督导方式先进,积极探索责任督学网络信息化管理,构建金坛教育督导网,互动效果达到立体化,速度快捷趋向高效化。省教育督导考核组在肯定责任督学挂牌督导创新工作的同时提出了希望。

新建成的东城实验小学　　　（区教育局　供稿）

【成立学校法制教育讲师团】 4月,区教育局会同区综治办、公安局、检察院、法院、司法局等单位,在全区遴选出具有丰富法律知识和实践经验的法官、检察官、律师、警官、乡镇法律工作者组成首届学校法制教育讲师团,为全区各中小学、幼儿园提供菜单式法制教育培训。这是对2014年起开展全员法制教育活动的延伸和补充,将为进一步做好预防青少年违法犯罪工作营造良好的舆论氛围,为促进青少年增强法制观念、提高思想道德觉悟奠定良好的思想基础。

【举办全区幼儿园园长、骨干教师暑期培训班】 8月18～19日,区教育局围绕"教师的专业成长"和"区域活动的创设"两大主题,举办幼儿园园长暑期培训班,区教育局副局长吴芳及全区各幼儿园园长、副园长、骨干教师和新教师300余人参加了活动。培训班邀请省教科院毛曙阳博士、南京实验幼儿园园长章丽、武汉亿童教育培训中心主任杨霏霏和培训师丁兰为大家作了四场专题报告。报告内容理念先进,案例鲜活,引发全体参训人员强烈共鸣,进一步启迪与会者对幼儿园园所发展和教师专业成长的理性思考,取得良好效果。　（吴金林）

编辑　钱国新

文 化

综 述

2015年，举办金坛区第六届全民运动会暨第七届文化艺术节，成功建成首批省级公共体育服务体系示范区。

文体服务供给优质高效，文化馆、图书馆、博物馆等公共文化场馆全部实行免费开放和优质服务，组织基层文艺巡演50多场次，圆满完成送书、送戏、送电影等送文艺下乡任务。图书馆新馆土建工程基本完成，新馆内外装修有序推进，硬件设备、业务管理和人员配备等各项筹备工作陆续展开。

儿童剧《田梦儿》公开首演并获得赞誉，大型儿童音乐剧《从长荡湖来的女孩》获2015年度国家艺术基金资助。刻纸作品《福娃盼冬奥》入选第五届中国剪纸艺术节暨“剪彩冰雪·热盼冬奥”全国剪纸艺术精品展并获奖。

第一次可移动文物普查工作有序开展，组织实施“5·18”国际博物馆日及世界文化遗产日纪念活动，成功创建省级金坛圩村文化生态保护实验区，金坛刻纸、指前鱼灯等项目获得文化部和省非遗保护专项补助资金。

（李　媛）

【金坛区第六届全民运动会暨第七届文化艺术节】 4～10月，成功举办区第六届全民运动会暨第七届文化艺术节。全运会比赛设职工、农村、学生、老年人和残疾人五个大部，先后进行了田径、球类、游泳、趣味性群众体育运动等80多项次的比赛及表演，参与总人数达5000多人次。全运会首次设立残疾人部，首次采用以政府购买服务的方式组织比赛，积累了社会化办赛和体育赛事产业化运作的经验。第七届文化艺术节，结合纪念世界反法西斯战争暨中国人民抗日战争胜利70周年活动，先后举办全国名家剪刻纸精品邀请展、省“五星工程奖”摄影作品巡展、“精彩江苏”文化惠民巡演等20多项文化艺术活动，吸引近十万市民参与。

（于　华）

【儿童剧创作发展】 2015年，由省委宣传部投入扶持资金200万元打造的重点扶持项目大型音乐儿童剧《田梦儿》，在第三届江苏省美德少年颁奖典礼上举行首场公演，并在全省13个地级以上城市巡回演出。反映“八礼四仪”内容的儿童剧《寻找“红头发”》进入专家论证环节。儿童剧《飞扬少年》进入剧本修改阶段。音乐儿童剧《从长荡湖来的女孩》获第十届上海优秀儿童剧展演最佳剧目奖和受观众欢迎剧目奖，获常州市第七届精神文明建设“五个一工程”优秀作品奖。大型红色经典励志儿童剧《黎明的河边》获2015年度国家艺术基金资助。华罗庚艺术团获得文化部服务基层优秀院团资助。

（俞　皓）

【非物质文化遗产保护】 2015年，金坛区成功创建省级金坛圩村文化生态保护实验区；完成金坛抬阁、直溪巨龙、金坛封缸酒酿造技艺和金坛刻纸项目国家级代表性传承人申报工作；东浦丝锣鼓项目被列为江苏省级第四批非物质文化遗产代表性项目。金坛刻纸、指前鱼灯两个项目共获得文化部和省非遗保护专项补助资金45万元。其中，金坛刻纸获文化部资助30万元，指前鱼灯获省文化厅资助15万元。

（李　媛）

文 学 创 作

【概述】 2015年，全区共创作各种形式的文艺作品上千余篇（首）。其中，在省、市级以上报刊发表几百余篇（首），获全国、省、市奖有几十篇（首）。多次举办各种征文大赛、各种艺术研讨会。

【省作家协会到金坛采风】 1月26～27日，江苏省作协“深入生活，扎根人民”主题实践活动到金坛采风。26日下午，江苏省作协采访团10位资深作家编辑来到江苏省新农村建设示范点、地处茅山老区的朱林镇黄金村，参观黄金村有机软米合作社，采访中国好人榜人物、江苏省劳动模范、黄金村第一书记严清华。朱林镇党委书记周文俊向省作协领导和作家们介绍黄金村在严清华带领下脱贫致富向幸福出发历程，作家们还聆听了黄金村40多位老村民小组长和老村民代表的心声。当省作协作家们翻阅到严清华担任黄金村党总支书记16年，写下300多万字的民情日记时，都被严清华的敬业奉献精神深深感动，表示将选择适当时机深入黄金村采访，创作讴歌新农村建设带头人严清华的文学作品。

【为公益事业作《水城三叠》】 年内，中国盲文出版社《苏州小巷》一书正式出版。这是中国残疾人联合会、中央电视台和中国盲文出版社共同发起的"带盲童看祖国"系列公益活动之一。区作家协会理事、民间文艺家协会副主席韩献忠创作介绍长荡湖的散文《水城三叠》入选其中。范小青、储福金、叶兆言、黄蓓佳等40多位江苏省作家参与了这项公益活动，并创作一篇篇介绍江苏山水的散文，让全国盲童领略到祖国悠久历史、传统文化、壮美风光以及不同地域的风土人情，从而激发盲童热爱大自然、热爱祖国的情怀。

【葛安荣当选江苏省散文学会理事】 2月10日，江苏省散文学会第一次会员代表大会在南京梦都大街省作家协会二楼会议室召开，金坛区中国作家协会会员，一级作家葛安荣当选江苏省散文学会理事。

【农耕文化作品研讨会】 4月26日，由省作协、常州市文联、金坛区文联等联合发起组织沈成嵩农耕文化作品研讨会在九洲金东方举行，60多位省、市社会学家、民俗专家、文化学者参加会议。著名作家及文艺评论家张王飞、赵本夫、储福金、陆建华等到场祝贺并讲话。

【书籍出版】 2015年，蒋文静以抗战为题材的长篇小说《荆蝶兰》，由凤凰出版社出版。作者两易其稿，历时八年七次修改创作而成。刘一默的诗歌集《远方的芦苇》由现代出版社出版。诗歌作者赵明夫和他女儿赵蓓分别出版古体诗诗集《咏怀集》和散文集《心痕》。

表36　　2015年金坛区主要文学创作作品一览表

姓名	作品名称	发表或获奖
刘一默	诗歌《远方的芦苇》	现代出版社出版
朱富林	传记《金坛人物春秋》	南京大学出版社出版
刘智永	散文《孝傲金沙》	江苏大学出版社出版
周苏蔚	小说《落地开花》	获《雨花》杂志为纪念世界反法西斯战争暨中国人民抗日战争胜利70周年发起的两岸三地（中国大陆、港澳和台湾地区）征文小说优秀奖
周苏蔚	《落地开花》《从春唱到秋》	《翠苑》发表
沈成嵩	《记住乡愁》	"第二届中外诗歌散文邀请赛"图书类一等奖
叶林生	《蚊子戏》《断尾求生》	上海世纪出版集团《故事会》发表
	《绝恨野狐谷》《推向地狱的女人》	上海故事会文化传媒《故事会》发表
	《脱缰的报马》	第三届吴根越角"善文化"新故事创作邀请赛金奖
	《快乐在哪里》	常州市戏剧曲艺征文大赛二等奖
	《我有理我任性》	常州市戏剧曲艺征文大赛优秀创作奖
沙剑波	《退居二线》《左撇子》	《当代闪小说》发表
	《许愿》《摄影》	《闪小说》发表
	《故乡的河》《父亲的随身伴侣》	《常州日报》发表
	《姻缘无常》	地方文学刊物"金穗文学奖"二等奖
韩献忠	散文《水城三叠》	入选中国盲文出版社出版的《苏州小巷》
	《南瓜面疙瘩》《麻线》《黄金村的焦屑》	《南京日报》"雨花石"文艺副刊发表
	《水浒第一菜》	《旅游时尚》发表
	《麻姑献寿红香芋》	
	《黄金村的焦屑》	

续表 36

姓名	作品名称	发表或获奖
韩献忠	《春天不问菜》	《旅游时尚》发表
	《黄瓜的故事》	
	《长荡湖的红午宴》	
	《西瓜的故事》	
	《冬瓜的故事》	
	《金玉奴与豆汁》	
	《珍珠塔与干点心》	
吉荣华	《壮哉,雁门关》	《中国散文佳作精选集》发表

美术·书法·摄影

【概述】 2015年,全区先后举办各类书画摄影展几十次,有百余件作品参加国家级、省级、市级展出或获奖。全年新入国家级会员2人、省级会员7人。

【送"福"帮教活动】 2月4日上午,组织范石甫、李国平、程云仲、陈曦等书画艺术家,到常州监狱薛埠分监狱开展《冬日关爱迎春送"福"》帮教活动。书画名家们挥毫泼墨,一幅幅寓意深刻的书法作品及艺术家们行云流水的创作手法,让参加活动的服刑人员表现出浓厚的兴趣,有书画爱好的服刑人员还虚心向书画名家们请教。书画家现场为参加该次活动的干警和每位服刑人员创作并赠送一幅"福"字书法作品,表达对他们新年的祝福。

【迎新春金坛丹阳精品油画联展】 2月10日上午,迎新春金坛丹阳精品油画联展在区文化馆开展。区领导王跃中、赵钢超、王艳红、潘双林参加活动。画展共展出两地30多名艺术家60幅油画精品。作品主题鲜明、内容广泛,形式多样、个性突出,集中代表两地油画创作的最高水平。区领导希望两地文化部门进一步加强文化艺术领域的交流与合作,创作出更多作品,给两地书画爱好者提供更多、更美的艺术享受。

【个展精彩纷呈】 3月26日,《气象雍容》——冯建国书法展在区博物馆开展;8月2日,《佛道禅心》——程云仲画展在宜兴市揭幕;8月8日,《墨缘问道、汲古出新》——中国画名家八人巡回展在博物馆开展;8月26日,《抗战老兵》王玉华摄影艺术作品集在金坛博物馆举行首发式,并于8月30日在南京先锋书店举行赠书仪式;9月21日,《心迹万象》——吴炜栋书法作品展在南京诸子艺术馆隆重开幕,11月18日,在常州画院展出;9月27日,杨兆群"非洲故事"摄影作品展亮相无锡,展出杨兆群两次深入非洲腹地所拍摄的30多幅精彩照片,展现作者高妙的艺术水准和深厚的人文关怀。

【多方位开展交流活动】 一年来,文联多次在区体育馆组织"深入生活,扎根人民"书画笔会,范石甫、程云仲、张勤、吴炜栋等10多位全区知名书画艺术家齐聚一堂,进行现场书画创作交流。3月27日至4月2日,区摄影家协会组织部分会员赴安徽黟县和江西婺源两地,进行摄影创作采风活动。11月5日,举办四条屏邀请展,受邀参加的有院校教授、画院专职画师、职业画家等30位当代老中青书画家。展出的作品内容广泛,形式多样,风格各具千秋。

【"美丽金坛、圆梦大年"摄影大赛】 4月9日,金坛乡村旅游"美丽金坛、圆梦大年"摄影大赛颁奖仪式在金坛博物馆举行,副区长刘明江出席颁奖仪式。该次摄影大赛以捕捉金坛传统的春节习俗为主线,多角度、宽范围的记录过大年特色活动瞬间,最终评选出18幅作品分获一、二、三等奖。

【"乡情乡韵"丹阳·金坛书法联展】 4月29日,"乡情乡韵"丹阳·金坛书法联展在金坛博物馆开幕,丹阳市副市长许伟,金坛区领导王跃中、赵钢超、潘双林出席开幕式。该次书法展集中展出丹阳金坛两地71位书法名家的71幅优秀作品,吸引了众多书画爱好者的广泛参与。

【首期篆刻培训班】 6月6日,金坛书协举办首期篆刻培训班在金坛文化馆结业。该期篆刻培训班于4月18日开班,由区文联、区书协、区文化馆组织,聘请具有篆刻创作经验和篆刻教学经验丰富的书协副主席黄耀震为辅导老师。为了强化教学效果,使教学更加直观,他还专门制作了PPT。数十位学员通过近两个月的培训顺利结业。

【"珍爱土地、美化家园"书画邀请展】 6月24日,由中共金坛区委宣传部、区国土资源局、金坛广电台、区文联主办的"珍爱土地、美化家园"——纪念第25个全国"土地日"金坛书画邀请展开展。该次画展共征集展出60余幅作品,区领导王跃中、杜跃华、王艳红、段振国参加画展。

【"正义与荣耀"摄影美术书法精品

展】　9月7日,“正义与荣耀”摄影美术书法精品在金坛博物馆开展,区领导王跃中、赵钢超、王艳红、潘双林出席开展仪式。该次展览筹备一年来,得到了广大文艺工作者的积极支持和热情参与,共征集到摄影、美术、书法作品近200件,其中摄影作品集中展示王玉华潜心寻访金坛老兵的光影瞬间,记录抗战英雄的历史沧桑和现实幸福。同时展出杨兆群历时22天走访经历二战的6个国家拍摄的珍贵图片,以及抗战时期的英雄人物、重要战役等为素材创作的美术、书法作品。

【历代名人咏金坛诗意书画展】　9月22日,历代名人咏金坛诗意书画展在区博物馆开展。展出作品题材多样,立意新颖,内容涉及社会风俗、名胜古迹、自然景观,集中展现出金坛的地域文化特点。主办方还评选出18件优秀书画作品。

【第四届金坛摄影艺术展】　10月22日,三年一届的第四届金坛摄影艺术展在区博物馆开幕,区领导王跃中、赵钢超、王艳红、潘双林出席开幕式。该次展览筹备工作历时半年,共征集各类摄影作品600多幅,经过专家层层筛选、评审,有80幅作品最终入围第四届摄影艺术展,其中评出一等奖2名,二等奖5名,三等奖8名,优秀奖20名。

【范石甫书画小品展】　10月23日,由江苏省中国画学会主办,金坛区委宣传部、区文联承办,金坛园林大酒店协办的范石甫书画小品展在金坛园林大酒店画廊开幕。江苏省中国画学会副会长兼秘书长翟优,著名书画家陈显铭,金坛区领导王跃中、赵钢超、王艳红、潘双林参加活动。书画展展出范石甫近年来创作的近40幅小品画。作品涉及书法、花鸟、山水、人物,既有传统笔墨,又具时代风采,集中展示范石甫小品画艺术成果。

【“墨韵金坛”美术书法晋京展】　12月26日,“墨韵金坛”美术书法晋京展在北京798艺术区泛空间开幕。中国文联国内联络部副主任李培隽,《国土资源报》总编徐志俊,中科院陈日德博士,区领导杜跃华、王艳红参加活动并讲话。展览共展出金坛当代美术家、书法家近期创作的近50幅作品,作品题材丰富,内容广阔。其中有书法,有山水、人物、花鸟画,亦有“江南一枝花”金坛刻纸。

表37　　**2015年金坛区美术、书法、摄影主要作品一览表**

姓名	作品名称	发表或获奖
杜跃华	画册《杜跃华中国画作品》	中国文化艺术出版社出版
吉成方	画册《吉成方山水画集》	中国文艺家出版社出版
范石甫	书画作品	入展“千朵菜花·板桥遗韵——全国当代著名书画家学术邀请展”
李国平	书画作品	
陈　曦	书画作品	
程云仲	美术作品	入展2015全国画院巡回展
倪罗强	美术作品	江苏省美协新人新作奖
周钦仲	美术作品	
邓卫华	美术作品	
贺　健	美术作品	
周国俊	美术作品	全国金融系统美术书法摄影大赛优秀奖
王爱俊	《渔夫系列之六》	入展“吴冠中艺术馆全国油画展”
	《洮湖之秋》《温暖的记忆》	入选长三角地区油画名家邀请展
	《寂静的山村》	获第十一届五星工程奖书画类银奖
王爱俊	水粉《浅滩上的渔夫》	入选“首届全国水粉画大展”,评为“优秀作品”并被石家庄美术馆收藏
	油画《捉鱼佬系列之六》	入选“2015吴冠中艺术馆全国油画作品展”
	油画《秋》	选入当代油画作品学术提名展作品集
	油画《记忆》	
吴炜栋	书法作品	入展“和平颂、水乡情”全国书法名家邀请展
	草书作品《杜甫诗》	常州市首届书法篆刻刻字大展金奖
冯建国	书法作品	入展全国第二届手卷书法作品展
	书法作品	入展第七届观音山杯全国书法展

续表37

姓名	作品名称	发表或获奖
郭志荣	行书作品	入选全国第十一届书法篆刻展览
	行书古诗数首	入选中国书协2014教字成果展
	书法(行草)《曹植洛神赋》	常州市首届书法篆刻刻字大展优秀奖
	书法(篆刻)作品	“全国第十一届书法篆刻作品展览”入展
李国华	书法作品	获中国书协2014教字成果优秀作品奖
	书法(篆刻)作品	“纪念抗日战争获胜70周年‘洋河杯’书法篆刻展”三等奖
	书法(篆刻)《唐诗二首》	常州市首届书法篆刻刻字大展优秀奖
贾建国	书法(篆刻)作品	“纪念抗日战争获胜70周年‘洋河杯’书法篆刻展”三等奖
金寿彭	摄影作品《鱼满塘》	省“鱼米之乡美好江苏”摄影作品征集评选活动优秀奖
	摄影作品《欢乐的鸡场》	省“鱼米之乡美好江苏”摄影作品征集评选活动中获入选奖
	摄影作品《中国龙、中国梦》	第十一届五星工程奖摄影类金奖
王玉华	摄影作品	首届江苏摄影奖——纪录类摄影创作奖
	摄影作品《打工妹的闲暇时光》	省“美丽江苏”摄影比赛二等奖
杨兆群	漫画《社会主义核心价值观之保护环境·和谐共生》	获常州市“我们的价值观”公益广告大赛平面(漫画)一等奖
	摄影作品《凝视》	2015年德国DVF国际摄影三地巡回展上获GIP荣誉奖(自然组自由主题)
	摄影作品《惬意》《在他乡》	入选2015年德国DVF国际摄影三地巡回展
	摄影作品《尽日惹飞絮》	获《大众摄影》第九期优秀奖
王　峰	摄影《劳动之花》	入选常州市“龙城清韵”廉政摄影作品展
	摄影《廉政文化进校园》	

戏曲·音乐·舞蹈·民间艺术

【概述】 2015年,区戏曲家、音乐家、舞蹈家协会举办惠民文艺演出260多场,使老百姓不出门就享受到文化大餐。民间文艺家协会围绕民间文学多出作品多出精品,成为非物质文化遗产保护和传承的生力军。

【文化惠民“村村行”活动】 2月10日,由市委宣传部、市文联主办,市戏曲家协会承办的文化惠民“村村行”活动在指前镇岳阳村周舍自然村正式启动,这次在周舍自然村连演4场锡剧《珍珠塔》等传统戏剧,受到村民们欢迎。

【第十个“文化遗产保护日”活动】 6月13日是中国第十个“文化遗产保护日”,区文联等单位主办以“保护成果,全民共享”为主题的文化遗产保护活动。当天上午,金坛区文联、民间文艺家协会等部门组织大学生村官代表近距离了解金坛刻纸非遗文化。金坛刻纸国家级非物质文化遗产传承人杨兆群还与大学生村官代表签署参与金坛刻纸等非物质文化遗产传承保护书。副区长王艳红参加活动。

【首届金坛成人器乐大赛】 9月26日,由民建金坛支部、区文联联合主办的首届金坛成人器乐大赛在金沙广场举行决赛。区领导王跃中、王艳红、潘双林与广大市民一起观看比赛,并为获奖者颁奖。

【倪秀梅剪纸艺术精品展】 10月12日,以“火红的窗花、雪白的世界”为主题的倪秀梅剪纸艺术精品和金坛刻纸新作在金坛同时展出。区领导王跃中、赵钢超、王艳红、潘双林出席开幕式并与各界人士共同参观展览。

【首届“金坛之秋”音乐会】 10月22日,由金坛区委、区政府主办,区委宣传部、区文联、区音乐家协会承办的首届“金坛之秋”音乐会在金沙广场举行。民乐合奏《锡剧雅韵》拉开了音乐会的帷幕,女声独唱《妈》、器乐合奏《保卫黄河》等节目一一呈现。此次音乐会有150多位文艺工作者参与演出,节目内容形式多样、丰富多彩。区领导王跃中、赵钢超、潘双林等观看音乐晚会演出。

【大型刻纸作品《金坛古城图》被收藏】 11月6日,金坛博物馆收藏了由国家级非物质文化遗产金坛刻纸代表性传承人杨兆群和常州市非物质文化遗产金坛刻纸代表性传承人李祥联手创作的大型刻纸作品《金坛古城图》。作品依据金坛历史记载和众多老人以及考古学者的口述描绘,经过两位作者一年多时间的精心构思,认真讨论,反复修改创作绘制而成。两位作者历时三个多月刻制成长4.25米，高为0.6米的作品。作品以长卷形式，用高俯视角来透视城市风貌反映清代时期金坛古城画面。

表38　**2015年金坛区戏曲、音乐、舞蹈、民间艺术主要作品一览表**

姓名	作品名称	发表或获奖
杨兆群	刻纸作品《晚作》	“中国工艺美术文化创意奖”金奖
	刻纸作品《勤善在手　福寿缠身》《福人家门　需靠节俭》	《人民日报》刊登
	剪纸《伟大的胜利》	纪念中国人民抗日战争暨世界反法西斯战争胜利70周年——2015全国剪纸名家精品展铜奖
	刻纸《三兔飞天藻井图》	2015“艺博杯”江苏省工艺美术精品大奖赛金奖
佘云祥 杨兆群	剪纸《茅山伏击战》	纪念中国人民抗日战争暨世界反法西斯战争胜利70周年——2015全国剪纸名家精品展银奖
杨兆群 孙荣才 李　祥 佘云祥	刻纸作品	入选中国民间文艺家协会举办的纪念抗战胜利70周年剪纸作品展
韩献忠	小品《假如被双规》	2015年江苏省群众文艺作品征稿活动“优秀文艺作品”奖、第九届常州戏剧文学奖小品三等奖
	锡剧《信访主任	第九届常州戏剧文学奖戏剧本提名奖
叶林生	微电影剧本《小磊的萨克斯》	第九届常州戏剧文学奖小戏类二等奖
姚汝明	《相依》	常州市第十二届小戏小品曲艺征文大赛优秀创作奖
徐锁平	《小糊涂虫》	常州市第十二届小戏小品曲艺征文大赛优秀创作奖
翟利华	谱曲的《水生水长水姑娘》	获第十一届五星工程奖音乐类金奖
张铠麟		获省《茉莉花声乐大赛》优秀歌手奖
黄粉敏	《给小鸟安个家》	常州市优秀童谣、童诗、少儿歌曲创作征集童谣一等奖
	《快乐一家子》	常州市优秀童谣、童诗、少儿歌曲创作征集童歌一等奖

（朱　瑜）

群众文化

【概述】 2015年，区文化馆围绕区文化广电体育局九大工作要点，开展形式多样、丰富多彩的群众文化活动。

1月开始，文化馆组织文艺小分队分别到金坛武警中队、金坛汽轮机厂、残疾人康复中心、神亭村、西城街道、黄金村、港华丝娟厂等地慰问演出。全年组织、承办8场广场月月演活动，联合文化馆馆办团队为民演出传统锡剧20场，组织少儿文艺进社区活动3场，承办广场舞大赛10场，组织“精彩江苏”文化民生巡演指前专场演出、“同心文化”茅山老区行各1场，精彩的文化活动受到广大群众热烈欢迎。金坛区第七届文化艺术节期间，举办各类演出、展览、讲座、比赛活动23场次。参与、承办和主办开幕式、广场舞电视大赛、纪念抗战胜利70周年老干部专场文艺演出（广场月月演）、“同心文化”茅山老区行、江苏省“五星工程奖”摄影作品巡展、第四届艺术摄影展、艺术节闭幕式暨广场月月演文化广电体育局专场演出等8项活动。

【免费开放工作】 2015年，区文化馆举办三期涵盖中老年声乐、越剧、插花、篆刻、中国舞、摄影创作、快板、拉丁舞、二胡、竹笛、素描、小主持人、少儿声乐、面塑、武术、拉丁舞、爵士舞等30个培训班，招收学员近千人。在文化艺术培训方面，文化馆采取了两条腿走路的方针，在办好文化馆内每年三阶段免费培训班的同时，坚持走出馆舍，深入基层，到企事业单位去办班、辅导。5月，为国土局摄影协会开设了培训班；8月，为利步瑞厂的工人摄影爱好者开班；11月，金寿彭还应邀到溧阳为摄影爱好者授课。在反法西斯和抗日战争胜利70周年纪念活动中，文化馆将所有的文艺老师派到基层，帮助公安、消防编写文艺剧本，培养文艺骨干。由于工作突出，2015年，文化馆被区政府授予“双拥先进单位”称号。

【展览与大赛】 2015年，共组织展览9次。1月，杨兆群——相外之像摄影展;2月,金坛—丹阳油画展;4月,粉墨新象——2015常州—张家港女性艺术家书画联展与粉彩自然——王爱俊粉彩画展;5月底,2015年“六一”儿童书画展;9月,江苏省第十一届“五个一工程奖”摄影作品巡展;10月,老朋友书画联展和金坛区第四届艺术摄影展。此外,文化馆还组织以“美丽金坛”为题材的摄影巡展10次,分别在青年广场、东方汽轮机厂、神亭村、黄金村、金江苑小区、直溪文化中心、华商会议中心等地进行展出。

【文艺作品创作】 年内,小品《到底谁的错》《我的地盘谁作主》参加金坛和常州市道德讲堂宣讲演出,策划拍摄微电影《青苗》。金寿彭摄影作品《鱼满塘》在省“鱼米之乡美好江苏”摄影作品征集评选活动中获优秀奖,作品《欢乐的鸡场》获入选奖;摄影作品《看望卧床13年的老人》获常州市“龙城清韵”廉政摄影大赛二等奖;作品《茶香春早》《梦龙》《夕阳无限》获入选奖。徐书翔撰写的论文《浅谈文化馆与文化志愿服务》获省“文化馆与现代公共文化服务体系建设”理论研究成果三等奖,导演的小品《快乐在哪里》在常州市小品小戏曲艺大赛中分别获一、二等奖。王爱俊的油画《捉鱼佬之六》入选2015年吴冠中艺术馆全国油画展,《逝去的记忆》《洮湖之秋》参加长三角油画邀请展。

【非物质文化遗产保护性展演】 金坛抬阁是国家级非物质文化遗产保护项目。2015年3月7日在金坛非物质文化遗产展演活动中,金坛抬阁以真实面貌与广大市民见面,庞大的队伍阵容和阁上8名扮演着董永、七仙女、土地公、玉皇大帝等形象的小演员,受到观众喜爱。直溪巨龙、谈庄秧歌灯、指前渔灯、直溪狮子、官庄马灯等一批国家、省、市、县级非物质文化遗产保护项目和2个业余群众文化优秀团队在青年广场亮相,观众达万人之多。9月19日,金坛抬阁和直溪巨龙又在金坛区第六届全民运动会暨第七届文化艺术节开幕式上精彩展现,这次抬阁表演,较3月7日的表演在桩的结构上有新改进。金坛马灯是非遗保护项目,原金坛城东朱庄马灯已后继无人,频临灭绝。但在2014年底调查中发现儒林镇官庄村活跃着一支马灯队。为此,文化馆特派人到儒林镇官庄村调研,对他们的活动轨迹进行记录,对他们的保护和发展提出意见,并在2015年金坛非物质文化遗产展演活动中进行保护性展示。 (徐书翔)

文物·博物

【概述】 2015年,金坛博物馆有序推进可移动文物普查,完成文物保护工程3项。全年举办各类展览13次,接待观众10万余人次。

【博物馆预防性保护工程建设】 为改善馆藏珍贵文物保存环境,降低文物损毁率,预防性保护珍贵文物,区博物馆被省文物局列为2015年博物馆预防性保护工程试点单位,开展文物健康评测、展厅和库房监控预警、预防性保护等工作。区博物馆预防性保护工程建设项目总投资200万元。其中,省财政厅、省文物局文物保护专项补助经费50万元,区政府参照省级经费1:3的比例配套150万元。建设工程分二期实施,一期工程经费为省级专项补助经费50万元,5月上旬政府采购结束,下旬工程完成实施。二期工程经费为区政府配套资金150万元,12月底工程建设全面竣工。

【戴王府彩绘保护工程】 2015年,区博物馆积极向上级文物部门申请专项资金,对戴王府遗址彩绘进行全面修缮。该工程方案由南京博物院编制,经政府招标办公开招标,由南京博物院负责施工。项目总投资120万元。其中,省财政专项经费补助60万元,地方财政配套资金60万元。工程修复于年底完工。

【华罗庚纪念馆展览出新工程】 2015年,区博物馆多次组织座谈会,广泛征求社会各界意见,实施华罗庚纪念馆展览出新工程建设。在华罗庚纪念馆的展览中,所有展板图片、文字已褪色,“华罗庚与亲情”“华罗庚与家乡”等展览内容已略显陈旧,区博物馆组织力量对其进行了调整、出新,并增加文字内容的英文翻译,有效发挥了华罗庚纪念馆的文化服务窗口功能。该工程总投资60万元,于9月底公开招投标,12月底全面竣工。

【不可移动文物点标志牌安装】 根据常州市文物局对辖市区不可移动文物点标志牌统一安装工作的要求,2015年10月12日开始,区文管办指导施工方对金坛区89处不可移动文物点进行标志牌的安装工作。其中,开发区4处、尧塘街道办1处、西城街道办4处、指前镇9处、儒林镇7处、薛埠镇62处、直溪镇2处。区文管部门克服安装区域面积大,协调村委多,安装时间紧等困难,圆满完成了该项工作任务。

【加强馆际协作交流做好馆藏文物借展工作】 年内,为加强与国内博物馆同行之间的交流与合作,发挥馆藏文物的资源特色与优势,区博物馆与浙江省博物馆合作举办《中兴纪胜——南宋风物观止展》。博物馆共计借出文物31件(套)。其中二级文物6件(套),三级文物15件(套),未定级文物10件(套)。为做好此项工作,馆按要求向上级文物部门书面请示,完善文物借展相关手续,并特意为借展文物制作锦盒,保证文物出行安全。

【有序推进第一次全国可移动文物普查工作】 2015年,根据国家统一规范和技术标准,区博物馆开展文物测量、拍摄、信息数据资料采集和登记。该次文物普查涵盖馆藏文物8169件(组),采集各类相关信息13类总计8169条,拍摄照片2万余张。7月初,可移动文物普查数据录入工作全面完成,8月,进入数据审核阶段。为确保数据准确,工作人员参照藏品登记卡与总账,对录入的全部文物数据进行逐条核对,对部分需修改的数据进行修改。文物信息采用可移动文物信息管理平台联网和离线电子数据等方式报送上级普查机构。

【举行纪念段玉裁280周年诞辰活动及《段玉裁全书》首发式】 8月15～16日,纪念段玉裁280周年诞辰暨段学、清学国际学术研讨会分别在南京、金坛两地举行。活动期间,由江苏人民出版社出版的175卷《段玉裁全书》首发式在段玉裁纪念馆举行,主编赖永海向南京图书馆、南大图书馆、金坛博物馆及段玉裁小学、中学等赠书。与会学者专程赴金坛薛埠花山村瞻仰段墓、宣读祭文、敬献花篮,并参观段玉裁纪念馆。

【举行博物馆开馆十周年暨书画作品捐赠仪式】 9月28日,金坛博物馆举行开馆十周年暨捐赠书画展活动,有58位金坛籍书画家向金坛博物馆捐赠佳作80幅,他们的捐赠丰富了馆藏,捐赠书画作品展成为市民中秋节的文化大餐。金坛博物馆于2005年7月12日正式对外开放,现有藏品8195件(套),文物藏品一万余件。截至2015年7月,金坛博物馆、华罗庚纪念馆、段玉裁纪念馆、戴叔伦纪念馆、戴王府共计接待观众10万余人次。

金坛博物馆通过活动,倡议社会各界人士积极向金坛博物馆捐赠有较高社会价值和艺术价值的优秀书画作品,为后辈留下宝贵资源。

【志愿者队伍建设】 7～8月,博物馆举行小讲解员志愿者活动,招募小学、初中及高中学生志愿者讲解员共计30名,并开展地方文史知识及讲解技巧与礼仪培训。经过学习与培训,小讲解员们对家乡金坛的历史文化和人文精神有了初步了解,对他们从着装服饰、肢体语言、神态语气、精神面貌等讲解礼仪上都作了详细要求,为今后成为一名合格的博物馆讲解员做好准备。

【举办各类展览】 2015年,区博物馆先后举办"相里相外—杨兆群先生摄影展"《气象雍容—冯建国书法展》《艺苑采露—金坛市首届青少年书画展》《中国画名家八人展》《恩海书画院书画展》《王玉华抗战老兵摄影作品展》《金坛区纪念抗战胜利70周年摄影书画展》《历代名人咏金坛书画作品展》《博物馆开馆十周年暨捐赠书画展》《杏坛墨韵——金坛区教师书画作品联展》《倪秀梅剪纸艺术展》《金坛区第四届摄影艺术展》《新水墨——当代中国书画四条屏作品展》等十余个展览活动。　(岳维芸)

图　书

【概述】 2015年,金坛区图书馆本着一切为读者服务的宗旨,在保证馆内各项服务的同时,加强未成年人服务、业务管理和人员培训等工作。全年开展读者活动20余次,图书借阅量约49.7万册次,接待读者32.2万人次,征订各类报刊525种,采购新书9263册,为15个图书流动服务点定期送书下乡,定期到各图书流动点更换图书2.7万册次。加强业务知识学习,在全省公共图书馆业务知识竞赛中一位馆员获三等奖。

【多渠道采购新书】 重视资源建设,春节前采购新书2393册。5月,馆领导和相关业务主管赴北京接受王丹一捐赠图书900册。8月,接受上海师范大学教授曹旭捐赠著名哲学家艾思奇夫人图书28册。全年按要求提前完成图书采购计划。

【建设图书馆网络平台】 2015年,区图书馆配合全省图书馆安装公共电子阅览室管理系统,实现电子阅览室安全监控和统一管理,加强图书馆信息资源数字化、网络化平台建设,在原有1台阅览室专用服务器和30台电脑终端基础上,2015年又添置安装江苏省公共图书馆上网行为规范软件,以保证健康绿色上网。11月,参加国家数字图书馆推广工程建设与服务案例征集。

【创建九个分馆】 金坛区在创建公共文化示范区基础建设上,先后在社头、朱林、金城镇、直溪、开发区、薛埠、指前卿卿服装厂设立7个分馆,2015年又增设愚池和方麓2个分馆,图书馆派出业务骨干人员对9个分馆网点进行连网、打印、分类、输入、帖标、上架工作,实现与区馆网络连接。

【图书馆技术部发挥优势】 在纪念抗战胜利70周年之际,图书馆技术部发挥优势,特组织全区读者积极参与全国文化共享工程"文化记忆、致敬荣光"网络答题活动。并在电子阅览放映优秀抗战影片。

【少儿图书馆】 2015年,区图书馆在承办"红领巾读书读报奖章"征文活动中,收到全区21所学校274篇征文,经评委评审,共评出一等奖10个、二等奖21个、三等奖44个,6所学校获优秀组织奖,8位老师获优秀指导老师奖。图书馆获江苏省"红读"优秀组织奖。在"法治书画 "为主题的第十八届"六一杯"少儿书画比赛中,收到48所学校587幅作品,经评委评审,评出优秀组织奖9个、优秀辅导老师21位、一等奖26个、二等奖49个、三等奖94个。并举行为期3个月的少儿书画展。　(庄建华)

文化市场管理

【概述】 2015年,区文化行政综合执法大队坚持依法行政、秉公执法,各项工作有序推进。大队不断加大对全区文化市场的监管,及时发现并查处各类违法案件。全年查处各类案件31起。在推进全国文化市场技术监管与服务平台试点工作中,率先在新平台进行数据采集、主体激活、业务审批办理、执法巡查记录及执法案件录入等方面工作,平台各项指标运行良好,试点工作在全国名列前茅,受到文化部领导好评。在公共文明指数测评期间,大队整合全队力量,按区域划分小组,责任到人,加强对辖区内文化场所的巡查力度。2015 年 4 ~ 9 月,大队组织专门力量集中对岳庄村文化市场进行重点整治,整治工作取得成效。充分调动社会各方力量,积极探索新的工作模式,专门成立了金坛区娱乐行业协会,有效发挥行业自律功能,促进全区娱乐行业健康发展。 (刘 芳)

广 播 电 视

【概述】 2015 年,金坛广播电视台围绕区委、区政府中心工作,把握正确舆论导向,为金坛经济建设和社会事业全面发展传递正能量。广播共播出《89 整点新闻》(89 为广播电台频率)2860 档,编发新闻 16000 多条,《行业之声》《89 关注》报道关系民生保障新闻及专题 1000 多条;电视《金坛新闻》和《第一时间》播报新闻 720 多档计 1 万多条;《金沙视听》全年出版发行 50 期;金坛网采制编辑转发各类新闻信息 2000 多条,删除不良信息 1000 多条;电视频道和广播刊播各类公益宣传片及公益广告片、公益用语计 2000 多条次。

【新闻宣传】 2015 年,区广播电视台完成以"大型新闻行动"为主要抓手的各项宣传工作和任务。从 1 月中旬开始,跨越 2015 大型新闻行动节目围绕"精彩新开局、实现开门红"主题拉开帷幕,专题报道金坛区打造"一城一区一山一水"大型新闻。在"一城"报道上,宣传以滨湖新城为引领,新城区、开发区和老城区协调发展,重点城市项目开工建设,加快推进城市化进程新举措;在"一区"报道上,宣传以开发区为重点,各工业集中区相配套,项目企业加速集聚的显著成效和各镇区全力推进重大项目招引以及早开工、早建设、早投产、早达产的新进展;在"一山一水"报道上,宣传茅山、长荡湖旅游板块打造,把山水资源转化为加快发展新动力所取得新成果。全年,"跨越 2015"大型新闻行动专栏从"加快项目引进,加快项目建设""围绕项目干,夺取双过半""聚焦大平台,引建大项目"和"冲刺四季度"四个阶段,连续播出专题报道近 300 篇,有效渲染干事创业氛围。

《政风热线》完成电台向电视直播的过渡。为了适应新形势满足新要求,5 月 8 日,《政风热线》完成由电台直播向电视直播的全面转型。台专门成立《政风热线》报道组,安排采、编、播精干力量,做好《政风热线》直播节目和后续报道。从直播前和上线部门的沟通与涉及上线部门的市民投诉资讯话题的选择、前期采访,到后期制作,全程一丝不苟精心准备,使《政风热线》直播节目更有针对性、直观性、可看性,达到贴近百姓生活,反映百姓需求,帮助百姓解决实际问题的目的。报道中,《政风热线》专栏借广播、电视、金坛网、金沙视听等广电传媒,四位一体全媒体运作、立体式报道。加强与"12345"政府公共服务平台的融合,借助市纪委及"12345"公共服务平台的行政监督力和推动力,使一批市民反映强烈、久拖未决的问题在广电传媒关注下得到解决。12 月 2 日成功举办《电视问政》,区各部委办局领导现场连线回复市民解决若干实际问题,受到市民赞誉。《政风热线》专栏全年播出近 300 期,收集市民投诉线索 318 条,办结率 100%。其中,广电台直接帮助市民解决问题 60 多件次。

一年来,电台、电视、报纸、网站四家媒体通力协助,增加广电宣传信息量,报道一系列主题创新、播报形式创新的新闻。如年初的"两会"报道,开设"贯彻全委会精神、两会精神,矢志不渝加快发展"专栏,全面报道镇区和各部门、各单位学习贯彻会议精神工作情况和全力以赴优化发展环境,开展招商引资,推进项目建设等方面取得的新进展、新成效、新经验、新典型,详细解读两会精神及政府六项重点工作。"金坛新闻"栏目为此开设"盘点民生实事"系列报道,从就业、住房、公共基础设施、文体卫生惠民、人居环境、居家养老、提升教学质量、加大社会保障、强化食品药品监管和和谐安民工程等方面对政府为民办实事成果进行全面报道。广播电台加强《准点新闻》播报力度,报纸《金沙视听》扩大与部委办局的合作力度,在理念定位、版面设计、报道内容等方面下功夫,更好地发挥舆论导向作用。金坛网主动出击,论坛常出常新,随时跟踪报道区委区政府重大会议和活动,发挥广电台主流媒体作用。2015 年,广电台先后与公检法司、人社局、水利局、交通运输局、住建委、发改委等单位及相关企业合作开设"法在身边""阳光人社""金水安澜""金坛建设"等 30 多个专栏。这些新合作栏目全方位立体式展示全区各行各业的发展与成绩,传播了正能量。

区广播电视台加强对外宣传的各项业务交流工作,不断提升新闻策划能力,提高外发新闻录用率,全年向常州台发(用)稿 510 多条,向江苏省台发(用)稿 190 多条,被央视录用新闻 12 条。在周边县级台中保持领先地位。

【新闻创优】 年度新闻获常州市一等奖 3 条,二等奖 12 条,三等奖 12 条。其中,公益广告《遵守交规,拒绝酒驾》获 2014 年度江苏省电视社教二等奖,广播剧《胡杨 · 绿杨》继入选江苏省"五个一工程"奖后,被评为 2014 年江苏省广播文艺二等奖,新闻评论《莫让惠民工程建得起转不起》获 2014 年江苏电视新闻三等奖和江苏省广播文艺二等奖,《喜洋洋》获 31 届江苏省电视金凤凰音乐电视(MTV)三等奖,为近年来获奖项最多的一年。

【事业建设】 2015 年,区广播电视台完成农村镇村双向网改造。按照"夯实基础、扩大规模、创新业态、深化改革、提升素质"总体思路,实施镇村双向网改造工程。从 2012 年启动至 2015 年前后花三年时间,在完成全区乡镇环网建设和城区骨干网及城区范围内住宅小区双向网改造建设的基础上，完成建昌、白塔、西岗和唐王等镇村双向网改造工程，为“智慧金坛”“智慧社区”建设及发展用户、稳定用户、提高收视质量，实现业务增值打下基础。推进数字电视进村入户。做好新建住宅小区、拆迁安置小区等区域用户发展工作，全年发展有线数字电视新用户4000户。

【安全保障】 2015年，广电台强化落实安全生产和安全播出责任制。建立各部门分工合作机制，保持部门间的联系与沟通，及时处理各种可能发生的网络、设备运行故障；做好光缆线路的正常巡查、维护以及敏感时期光缆线路巡护工作；加强设备及机房前端设备的检修、维护，消除机房用电安全隐患，确保设备安全平稳运转；制订机房值班制度、零报告制度、安全播出应急处理预案等保障措施，定期检查检测播出设备，并做好详细记录，发现问题及时上报处理；做好辖区内有线电视与电力、电信线路交越以及电力、电信搭挂等情况检查统计工作，对安全隐患较大、易发生事故的线路按照要求进行整改，彻底消除安全隐患。2015年，广电台办公室、监察室、经营中心、技术装备部、运行监管部、节目中心及水电等部门协调组织召开各类安全生产会议及责任落实会议8次，安全检查4次，确保广播电视网络运行畅通和健康发展。全年未发生任何安全责任事故。

【产业发展】 广告创收在逆境中实现预期目标。2015年，广电台按照新广告法规定以及国家工商总局、国家新闻出版广电总局要求，相继清理并停播一批医药、医疗器械类及相关保健产品广告，在全国县级台电视广告普降三成以上的严峻形势下，合理调整人员结构和部门设置，组织营销人员走访有关部门、单位，广泛听取改进宣传报道与传播方式的意见和建议，采取“新闻立台，栏目强台，展会活台”三位一体经营理念，实现栏目合作有突破，先后与30多家局属单位及企业合办广播电视专栏；创新栏目节目有突破，如在电视《今日资讯》版块中新设“气象小主播”等节目，并通过微信公众平台评选“月度气象小主播”和“优秀气象小主播”，提升商家和市民对广电台节目的关注度；户外活动有突破，先后举办户内外大型文化活动等20多场次，其中，郎酒杯广场舞大赛11场次，红木家具展4场次，百强车企巡回展1期，服装小百货展2期，还有少儿主持大赛等，以走出去的文化活动方式创新经营方法。经过经营中心、电视中心、广播中心、金坛网等部门的共同努力，全年实现广告经营创收1800万元。网络公司以构建“智慧金坛”为抓手，创新工作思路，完善工作机制，全年完成主营收入4480万元。

顺利完成金坛广告公司划归常州江东现代传媒有限公司的权属变更。2014年12月，市长狄志强在调研广播电视工作时提出成立现代传媒有限公司。2015年，广电台按照金坛区第三批国有资产（资源）优化整合方案的指示精神，加快发展新闻传媒产业，成立“常州江东现代传媒有限公司”，整合广播电视台旗下所经营的广播、电视、报纸、网络等产业在内的所有经营创收业务，以及金坛区事业单位户外公共设施、公共资源可利用的广告位，如汽车站台、自行车站台、高速公路（高炮）、桥梁广告等户外媒体和电商团购、影视剧发行等经营业务，为日后推动跨地区、跨行业、跨所有制的兼并重组，催生新闻传媒产业领头羊，推动新闻传媒产业与文化、旅游、信息、娱乐、商贸等产业融合发展，延伸产业链，实现金坛新闻传媒产业运营、文化地产运营、金融服务、创意产业四大产业板块运营打下基础。经过2015年筹备，于2016年1月1日正式挂牌运营。

（高洪庚）

编辑　钱国新

卫 生

综 述

截至2015年年底，金坛区拥有各级各类医疗机构198家。其中，二级医院2家(区人民医院、中医医院)，精神病专科医院1家(区第二人民医院)，区妇幼保健所、医疗急救站各1家，博爱医院1家，民营医院5家(金坛花园妇科医院、金坛韩氏中医关节病专科医院、金坛诚康医院、金坛东大肛肠医院、金坛仁爱医院)，乡镇卫生院14家(含3家分院)，城市社区卫生服务中心2家(金城镇卫生院、东城街道社区卫生服务中心)，城市社区卫生服务站15家，村卫生室98家。门诊部29家(民办13家)，诊所14家，企事业单位医务室15家。

全年自主、公开招录医卫类工作人员80人，引进硕士研究生5人。年末，全区实际开放床位2446张(核定床位数2109张)。其中，区级医院实际开放床位1795张(区人民医院900张、区中医医院420张、区二院475张)，乡镇卫生院(含城市社区卫生服务中心)501张，民营医院170张，平均每千人拥有床位4.4张。全区医疗机构卫生技术人员2697人。其中，医师(含执业助理医师)1430人，注册护士1057人，其它210人。每千人分别拥有卫生技术人员4.8人，执业医师2.5人，执业护士1.9人。

表39　　2015年金坛区级医院、卫生院、专科医院情况一览表　　单位：张、人

医　　院	卫技人员	核定床位数	门急诊人次	出院人数	重点(特色)专科	咨询电话
金坛区人民医院	837	800	614413	25544	肿瘤科、泌尿外科、神经内科、消化内科、脑外科、骨科、心内科、急诊医学科、儿科、检验科、麻醉科、药剂科、放射科、神经病学学科	82821553
金坛区中医医院	524	250	386418	14425	皮肤科、骨伤科、中西结合心内科、脑病专科、中西结合妇产科、中西结合肿瘤科、中西结合呼吸科、中西结合消化内科、中西结合肛肠科、肺病科	82822351
金坛区第二人民医院	185	380	116810	3027	精神病专科	82821806
金坛区直溪中心卫生院	78	75	134512	2924	小针刀专科、省级示范中医科	82444269
金坛区薛埠中心卫生院	86	60	120223	2225	老人山伤骨科	82661017
金坛区社头中心卫生院	42	20	60798	225		82711190
金坛区水北中心卫生院	45	25	97526	676		82551276
金坛区尧塘中心卫生院	56	36	83576	1236	省级示范中医科	82592283
金坛区城东卫生院	138	100	93295	1042		
金坛区金城镇卫生院	155	100	355370	4173	妇产科、口腔科	82839633
金坛区指前镇卫生院	29	20	56613	301		82751319

续表39

医　院	卫技人员	核定床位数	门急诊人次	出院人数	重点(特色)专科	咨询电话
金坛区建昌卫生院	29	22	72843	426		82461282
金坛区儒林镇卫生院	55	30	127979	555	省级示范中医科(中医妇科、针推、骨伤)	82561060
金坛区茅麓卫生院	30	20	94819	451		82661017
金坛区朱林镇卫生院	66	36	129459	1242		82621866
金坛区洮西卫生院	26	15	68805	518		82721223
金坛区博爱医院	56	50	31166	1267		82819272
金坛花园妇科医院	30	20	20000	358		82798555
金坛韩氏中医关节病专科医院	13	30	3054	530		68903006
金坛诚康医院有限公司	18	20	8	30		82811095

卫生综合改革

【概述】 2015年,全区公立医院改革有序推进。推进"影像、远程会诊、检验、病理、消毒"五大中心建设,并积极发挥集团核心作用。推进临床路径管理,截至2015年年底,公立医院已有54病种进行了临床路径管理。落实医药价格综合改革,在2015年10月31日零点前医疗服务收费项目全部调整到位。新价格试行总体反映平稳。

【城乡联动医改】 10月14日,江苏省政协副主席何权率20余名省政协委员赴常州市金坛区,开展建设现代医疗卫生体系专题民主监督活动。何权一行实地察看设立在金坛区第二人民医院、中医院和人民医院的影像会诊中心、临床检验检测中心、临床病理诊断中心、远程医疗会诊中心等。何权评价金坛区以卫生信息化建设支撑医改的探索决心大、投入多、工作实。金坛区信息化支撑医改的建设过程经历三个阶段。第一阶段自2008年起,金坛区首先着力建设和完善基于云架构的基层医疗卫生信息系统。第二阶段主要是平台建设和机制建设,通过平台建设,能产出内容完整、数据准确可靠、及时更新、具有使用价值的居民电子健康档案,实现信息共享、协同应用,提高居民电子健康档案的质量和利用价值。第三阶段自2016年起,进入全面服务医改阶段。该区将以区域平台为基础、健康档案为载体,巩固和拓展各种应用成果,深化区域医疗集团和5大医疗服务中心建设,实现上下联动,缩短检查时间,提高检查质量,方便百姓就医。 (汤娟华)

【江苏省医改办督查组督察金坛区综合医改试点工作】 12月30日,江苏省医改办督查组在省卫计委副巡视员李少东带领下至金坛区进行综合医改试点工作巡查,金坛区副区长王艳红陪同。金坛区强化组织保障,落实政府投入,以深化医药卫生体制改革为契机,以公益性服务为宗旨,不断提升服务能力,改进服务模式,优化服务流程,方便群众就医,医疗改革取得了初步成效。李少东对金坛区医疗体制改革取得的成绩特别是信息化建设给予充分肯定,并希望金坛区能够柔性引进人才、提高待遇,平稳构建分级诊疗机制和药品供应保障机制,抓落实,求突破,促改革。 (王群)

医疗服务

【概述】 2015年,金坛区人民医院与常州市第二人民医院签署合作协议,建立全面技术支持关系,并将儿科、内分泌科、骨科列为共建专科。金城镇

省政协副主席何权(右三)率省政协委员赴金坛区视察

(区卫生和计生局　供稿)

卫生院、薛埠中心卫生院和直溪中心卫生院开展二级医院创建工作。儒林镇卫生院申报首批江苏省建设群众满意的乡镇卫生院。加强医疗服务质量管理控制指标体系建设,落实各级各类医疗机构医疗质量和安全监管,开展以医疗核心制度落实、合理用药等为重点的专项督查,加大医院感染培训和督查力度。做好无偿献血工作,2015 年,共完成无偿献血 5260 人次,采集全血量 179.06 万毫升,实现临床用血 100% 来自自愿无偿,血液成分制备使用率达 99.9% 以上。

【区人民医院被国家卫计委列入“提升县级医院综合能力县医院”名单】 国家卫生和计划生育委员会于 2014 年 12 月 26 日下发《关于全面提升县级医院综合能力第一阶段 500 家县医院名单的通知》中,金坛区人民医院榜上有名。按照国家卫计委的规划,县级医院综合能力提升将分两个阶段进行。2014～2017 年,国家卫计委在全国县级公立医院综合改革试点县中,挑选具备一定基础和较高医疗服务能力、医疗技术水平的 500 家县级医院开展能力提升建设。2018～2020 年,全面提升县级医院综合能力。作为入选的 500 家县医院之一,区人民医院将在国家卫计委的扶持下,加大人才引进、加强重点专科建设、扩大诊疗病种范围,全面提升诊疗水平和能力。 (吴平涛 季 英)

【江苏省乡镇卫生院院长培训班至朱林镇卫生院考察调研】 5 月 11 日,江苏省乡镇卫生院院长培训班 90 多名学员在江苏建康职业学院的组织带领下,到朱林镇卫生院考察调研。汇报会上,金坛区卫计局局长李志芳从基础设施、卫技人员结构和人才队伍建设、卫生信息化建设、特色专科建设等方面作客观详细介绍,既展示区卫生计生工作取得的成绩,也剖析存在卫生人才匮乏和乡村医生网底构筑不牢等不足,并提出下一步的发展规划。汇报结束后,学员们通过看展板、进病房、到科室与医务人员沟通交流、走访村卫生室等形式进行考察调研。(王红萍)

【江苏省人民医院冠心病中心金坛分中心、省危急重症远程诊治网络医院在区中医医院成立】 9 月 24 日,江苏省人民医院冠心病中心金坛分中心、江苏省危急重症远程诊治网络医院成立暨揭牌仪式在区中医医院举行,这是省人民医院在全省二级中医医院中唯一一家分设冠心病诊疗中心。省人民医院冠心病中心金坛分中心、省危急重症远程诊治网络医院的成立将充分发挥省人民医院冠心病中心的优质医疗资源,对区中医医院冠心病诊疗进行技术支持、手术指导、远程会诊,并接受该院疑难患者转诊,以提高冠心病诊疗技术水平和业务能力,更好地为金坛区冠心病患者提供便捷的诊疗服务。省人民医院冠心病中心金坛分中心成立后,全年可接诊患者 300 例,可将区中医医院的冠心病患者抢救成功率提高 5% 左右。 (朱 建)

12 月 27 日,区人民医院与常州二院合作,在金沙广场举行“惠民大义诊、专家面对面”大型义诊活动。 (区卫生和计生局 供稿)

医疗机构建设

【概述】 2015 年,推进卫生基础建设。完成区二院、城东卫生院合并移址新建项目,8 月正式搬迁使用。完成儒林中医妇科医院建设,9 月正式搬入使用。区人民医院、常州市中心血站金坛血站建设规划方案通过区规委会评审。直溪镇中心卫生院门急诊医技楼完成施工图设计,进入招投标程序,年内开工建设。薛埠镇茅麓卫生院西旸分院完成简易过渡房建设,并于 7 月搬入使用。原薛埠镇茅麓卫生院西旸分院,完成施工图设计,进入招投标程序。

【儒林中医妇科医院综合大楼竣工投入使用】 8 月 18 日,儒林镇中医妇科医院综合大楼竣工,投入使用。中医妇科医院综合大楼的建成,为全区乡镇卫生院中医事业的建设、发展起到很好的示范带动作用。总投资约 700 多万元、建筑面积 2200 平方米的儒林中医妇科医院综合大楼于 2014 年 3 月规划,9 月动工。正式投入使用后,儒林卫生院成为全区乡镇卫生院中建设标准最高、中医特色最浓、功能设备最先进的乡镇卫生院之一。

(张邦华)

新型农村合作医疗

【概述】 2015 年,全区新型农村合作医疗筹资标准由上年的 450 元提高到 550 元,个人缴款从原来 110 元调整到 130 元。参保总人数达 351651 人,参保率100%。2015年,县乡两级政策补偿比86.6%,受益率9.7%,区外转诊率19.7%。新增南京胸科医院、南京中西医结合医院、镇江中西医结合肾脏病研究所、常州市德安医院4家定点医疗机构。同时,在区内定点医疗机构实施床日付费、总额付费和单病种付费等复合式支付方式改革。

医疗医学

【概述】 2015年,继续做好常州市孟河医派百人传承培养工程,有6人进入新一轮青苗培养工程的培养。直溪中心卫生院、尧塘中心卫生院通过"江苏省乡镇卫生院示范中医科"复核。金坛区中医医院肺病科申报为江苏省基层医疗机构中医特色专科建设项目。推进科研人才工作。全年引进硕士研究生5人,录用大中专院校毕业的卫计人员80人。申报常州市高层次卫生培养人才工程培养对象3名。安排27人下基层对口支援、54人参加各级医院进修学习。区人民医院申报成盐城卫生职业技术学院临床学院。对47名乡村医生进行了用药知识培训,组织三批医疗管理干部共45人次到江滨医院实践学习。组织申报各级各类科研课题28项,获省卫计委立项课题1项、省中医药管理局立项1项,完成9个金坛区科研项目课题验收和鉴定工作。获金坛区科技进步一等奖1项、二等奖2项、三等奖7项,发表市级以上论文326篇,其中SCI收录论文3篇、中华中文核心期刊论文1篇。

【区中医医院接受江苏省中医管理局督查组督查】 3月6日,江苏省中医管理局周柏林一行在常州市卫计委领导陪同下,到区中医医院,对2014年"全国农村基层中医药工作先进单位"复核检查中所发现的问题进行回头看督查。汇报会上,区中医医院副院长杨留洪从硬件设施建设、人才队伍建设、重点专科建设等方面向督查组汇报改进情况及医院"十三五"规划。周柏林对区中医医院基层中医药创建工作给予充分肯定,并对医院今后发展方向及如何发挥中医药特色提出建议。常州市卫计委副主任汪晓东表示,市卫计委将大力支持基层中医药工作建设,金坛区中医医院要充分发挥中医龙头作用,将新医改与医院发展相结合,将争创工作与医院发展相结合,找准定位,以此促进医院的全面发展。

【国家级公益性科研项目"针灸戒烟"中期研讨会在区中医医院召开】 4月25日,国家级公益性科研项目"针灸戒烟"中期研讨会在区中医医院召开。中国针灸学会秘书长杨金生和参与该科研的针灸学科专家出席研讨会。会议针对该项目在临床研究中所遇到的问题进行中期评估和讨论,研究组专家对后期如何完善课题研究提出指导性建议。国家级公益性科研项目"针灸戒烟",是通过刺激人体的穴位来调整吸烟者的整体机能、疏通经络、宣通肺气、镇静安神,进一步调整人对烟味刺激的感受程度,并改善因吸烟而导致的尼古丁依赖症状,从而达到戒烟的目的。该项目由中国中医科学院针灸研究所和全国5家医疗机构合力研究,区中医医院是国家中医药管理局针灸理疗康复特色专科建设单位,其针灸科于2013年9月开始参与该科研项目,并在临床研究上取得一定的成效。下阶段,区中医医院课题组成员将根据研究组专家建议开展后期临床研究,同时将继续利用多种方式加大宣传推广力度,配合做好该项国家级科研项目。　(朱　建)

【区人民医院神经内科开展首例脑血管介入手术】 11月26日,区人民医院神经病学学科为一名患者实施全脑血管造影术和颈内动脉海绵窦瘘封堵术。术后,患者左侧突眼明显改善,颅内杂音消失,取得较好的治疗效果。这是人民医院神经病学学科在全区首次开展脑血管介入手术,填补了全区脑血管疾病介入诊断和治疗的空白。人民医院神经病学学科是常州市市区共建重点学科,在该学科带头人苏建华的带领下,全科始终致力于新技术新业务的拓展,创新开展该地区领先的诊疗技术。该手术的成功开展,使得病人不出金坛就能得到原先只能在三级医院才有的治疗技术,减少患者经济负担。　(曹林军)

【区人民医院承办省级继续教育项目培训班】 7月17日,由常州市第一人民医院主办,区人民医院承办的省级继续教育项目非小细胞癌多学科治疗进展学习班在区人民医院开班。学习班特邀上海肺科医院肿瘤科主任周彩存、南京军区总医院肺癌诊治中心宋勇等肺癌领域的权威专家授课。全区医疗机构200多名医务人员参加学习。学习班通过理论与临床实践相结合的方式,介绍非小细胞肺癌治疗的最新动态,系统讲解肺癌多学科治疗策略等内容,并对非小细胞肺癌临床治疗的相关热点进行充分的讨论。此次继续教育学习为基层卫生技术人员更新医学知识、增强专业素质,提高服务水平起到作用。　(蔡　洪)

疾病预防控制

【概述】 2015年,强化疾病防控,全年共报告甲、乙类传染病653例,发病率为112.92/10万,较2014年同期上升12.56%,无甲乙类传染病暴发疫情。全区共报出传染病报卡1410张,及时报告1410张,及时报告率100%。审核传染病报卡1410张,及时审核1410张,及时审核率100%;全年,共发生传染病疫情信息预警124次,均进行及时处置,及时处置率100%。做好人感染H7N9禽流感、手足口病、霍乱、艾滋病、结核病、麻风病防控工作。

卫生监督

【概述】 2015年,强化卫生监督工作,顺利完成餐饮食品安全职能、人员移交。开展公共场所卫生监督量化分级管理、饮用水安全卫生监督管理等工作。完成全区6起重大活动卫生保障工作。

妇幼卫生保健

【概述】 2015年,开展好重大妇幼卫生服务,农村孕产妇住院分娩补助1845人,增补叶酸预防神经管缺陷新增服用人数为1958人,免费艾滋病、梅毒和乙肝检测3776人,妇女"两癌"筛查25401人。全年孕产妇死亡率0、婴儿和5岁以下儿童死亡率分别是2.52‰和3.58‰、婚前医学检查率91.87%、产前筛查率88.07%、新生儿疾病筛查率98.95%、出生缺陷发生率5.33‰。计划生育指导站与妇幼保健所合并到位,实现人、财、物的全面整合。

卫生信息化

【概述】 2015年,提高信息化建设水平。金坛区创成为全国首批卫生信息互联互通标准化四星级县(区)级单位。邀请省级专家开展卫生计生信息化"十三五"规划研讨并完成规划初审稿。开展区域卫生信息平台的应用建设,对卫生计生信息化实行有效整合。相继推进药品医用耗材采购信息平台、社会抚养费征收管理系统、区域病理信息平台、区域心电诊断平台等信息化应用项目。2015年,金坛区成为国家四级乙等医疗健康信息互联互通城市。

8月6~7日,国家医疗健康信息互联互通标准化成熟度测评授牌仪式上,金坛成为国家四级乙等医疗健康信息互联互通城市。

(区卫生和计生局 供稿)

【金坛区区域卫生信息互联互通标准化成熟度通过国家卫计委复评】 6月1日,由国家电子计算机质量监督检验中心副主任边红丽带队的卫生信息互联互通标准化成熟度测评现场查验专家组到金坛,对全区区域卫生信息互联互通标准化成熟度进行现场复评,江苏省卫生计生委信息中心主任刘晓强等参加复评。复评中,专家组听取金坛区卫计局有关金坛卫生信息化区域平台的建设情况,以及前期卫生信息化成熟度测评过程中出现问题的修正及完善情况。并查看现场,随机抽查重点人群在平台中的就诊记录,核对区域卫生信息平台互联接入情况。专家组对金坛区卫生信息建设给予高度肯定。 (胡 岩)

爱国卫生

【概述】 巩固国家卫生城市成果。结合文明城市建设暨城市长效综合管理的要求,切实履行工作职责。2015年,全区6个2010年命名的江苏省卫生村通过常州市和省级复审考核。全区无害化户厕率为98.1%,水质合格率为95.8%。开展健康公众咨询活动156场,健康知识讲座232场,发放宣传资料31万份,建成健康步道1条、健康小屋2座、无烟学校4家、健康促进医院7家。 (朱慧华)

编辑 盛南萍

综　述

2015 年,全区体育工作积极探索区域体育现代化发展规律,把握体育现代化发展方向,持续加大体育投入,社会体育意识不断增强,全民健身服务体系不断完善,竞技体育综合实力和竞争力不断提升,体育产业发展势头良好,体育科教和信息化水平不断提高。成功建成江苏省首批公共体育服务体系示范区,顺利通过常州市体育基本实现现代化考核评估验收。

竞技体育。认真备战江苏省第十九届运动会,全年完成注册运动员150 余人,交流引进高水平运动员 70余人。组队参加 2015 年江苏省县组篮球比赛获男子组第 4 名;组队参加2015 年江苏省青少年篮球甲组比赛获男子组第 5 名。加强裁判员队伍建设,2015 年晋升赛艇项目国家级裁判员 1 人,晋升赛艇、龙舟、拔河、自行车四个项目一级裁判员 6 人次。成功组织承办 2015 年全国围棋甲级联赛第20 轮比赛、龙于工坊全国钓鱼大师赛、江苏金坛茅山登山健身大会、首届苏浙皖中老年男子篮球比赛、江苏省青少年篮球甲组比赛等省级以上重大体育赛事。

群众体育。成功组织举办金坛区第六届全民运动会。编制完成《金坛(基本)公共服务设施布局规划(文体设施篇)》专项规划,完成全区所有行政村(社区)全民健身工程提档升级工作,并逐步向人口密集的城市居民小区和农村自然村延伸。组织单项全民健身活动 30 余次,选取城市社区、工矿企业为重点,开展国民体质测试工作,测试人数超 3500 人。组织举办体育社团秘书长、会长培训班 2 期,5个单项体育社团被区民政局评为AAA 级社会组织。组织举办三级社会体育指导员培训班 1 次,培训三级体育指导员 130 名,推选近 100 人次参加二级以上社会体育指导培训。

学校体育。继续开展阳光体育运动,确保学生参加体育活动时间,培养学生终身体育意识。成功组织举办金坛区第六届全民运动会学生部各项比赛。区青少年体校顺利通过国家级高水平体育后备人才基地中期检查复评。2015 年,全区有国家级高水平后备人才基地 1 所,国家级青少年奥林匹克体育俱乐部 1 所,省级青少年奥林匹克体育俱乐部 6 所,省级体育传统项目学校 5 所,全国校园足球特色学校 1 所,常州市足球布点学校 3 所。

体育产业。努力开拓体育产业市场,不断增加体育产业收入。加强体育彩票销售规范化管理,扩大体育彩票销售宣传,全年体彩销售额 9422 万元。区奥体体育产业有限公司充分利用现有场馆设施资源进行对外开放、承办相关演出、会展,利用部分空闲房屋、场地对外招商招租,全年实现健身卡门市销售 50 多万元,产业收入超100 万元。组织开展 2015 年度江苏省和常州市体育产业引导资金申报工作,金坛茅山道教文化博览中心有限公司的"茅山旅游度假区体育配套项目"成功获得常州市级体育产业引导资金 20 万元资助。

竞技体育

【参赛 2015 年江苏省青少年田径锦标赛暨县组田径比赛】 4 月 30 日至 5 月 4 日,2015 年江苏省青少年田径锦标赛暨县组田径比赛(第一赛区)在如皋市奥体中心举行,来自全省各县(市)的 35 支甲级代表队参赛。金坛代表队 16 名运动员参加甲、乙、丙三个组别的跳远、110 米栏、铁饼、铅球、垒球、中长跑、短跑等项目的比赛,获2 枚金牌、3 枚银牌、1 枚铜牌,团体总分 106 分,名列全省奖牌总数第十五名,团体总分第十八名。江苏省华罗庚中学获高中组总分第十八名。

【承办首届苏浙皖中老年男子篮球赛】 6 月 5 ~ 7 日,在区体育馆举行。来自浙江长兴、安吉,安徽广德、郎溪,江苏金坛、溧阳等城市的 6 支代表队、近 100 名运动员参赛。经过 3 天,共11 场紧张激烈的角逐,金坛代表队夺得冠军,浙江安吉代表队、江苏溧阳代表队分列二、三名。

**【承办 2015 年江苏省青少年甲组篮球

比赛】 7月30日至8月1日，在区体育馆举行。来自全省6支男子代表队和5支女子代表队、200多名运动员参加本次比赛。比赛采取单循环积分制，男子组进行15场对决，女子组进行10场对决，经过三天紧张激烈的角逐，南京市、徐州市、南通市分获男子组前三名；徐州市、无锡市、南京市分获女子组前三名；常州市、徐州市分获男、女组体育道德风尚奖。

【承办2015年全国围棋甲级联赛第20轮比赛】 11月12～13日，2015年全国围棋甲级联赛第二十轮江苏队与浙江队比赛在金坛茅山保朴园举行。来自中韩两国包括世界冠军芈昱廷、唐韦星，韩国围棋高手金志锡等10多名顶级围棋高手进行为期两天的激烈对决。最终，江苏队占据主场优势，男女两队都取得本轮比赛的胜利。棋圣聂卫平亲临现场助战，并与棋迷互动。

金坛区女子田径最高纪录

表40

（截至2015年12月31日）

项目	成绩	创造者	比赛名称	时间(年)	地点
60米	8″3	彭　芳	县中小学生田径对抗赛	1983	金坛
100米	12″26	孙小兰	市中小学生田径比赛	2011	金坛
200米	26″3	符真云	省县级田径比赛	1998	锡山
400米	59″5	王　月	市中小学生田径比赛	2004	金坛
800米	2′18″59	王　丹	市中小学生田径比赛	2004	金坛
1500米	4′56″8	徐明芳	常州市中小学生田径比赛	1993	常州
3000米	11′36″9	汤丽仙	省县级田径比赛	1994	金坛
5000米	20′27″4	詹玉华	省第二届农民运动会	1991	徐州
100米栏	15″0	马　蕾	省县级田径比赛	1998	锡山
4×100米接力	51″7	华罗庚中学队	市中小学生田径比赛	2004	金坛
跳高	1.63米	史腊华	省县级田径比赛	1986	沛县
跳远	5.58米	李月琴	省县级田径比赛	1999	锡山
三级跳远	12.21米	李月琴	省县级田径比赛	1999	锡山
铅球(4千克)	10.83米	徐　萍	市第三届全民运动会	2002	金坛
铁饼(1千克)	32.16米	徐　萍	市第二届全民运动会	1998	金坛
标枪(600克)	33.88米	吴玉权	县中小学生田径比赛	1978	金坛

金坛区男子田径最高纪录

表41

（截至2015年12月31日）

项目	成绩	创造者	比赛名称	时间(年)	地点
60米	7″7	姜　涛	市中小学生田径运动会	2004	金坛
100米	10″65	周学文	市第四届全民运动会	2006	金坛
200米	22″	周学文	市第四届全民运动会	2006	金坛
400米	50″2	吴　健	市第五届全民运动会	2010	金坛
800米	1′58″6	陈建喜	省第十届运动会	1982	南京
1500米	4′05	陈建喜	省第十届运动会	1982	南京
3000米	9′02″45	仇　磊	市中小学生田径运动会	2003	金坛
5000米	15′51″8	陈建喜	镇江地区第七届运动会	1982	镇江
10000米	33′37″4	陈建喜	镇江地区春季中长跑比赛	1982	宜兴
110米栏	14″6	王　伟	省县级田径比赛	1998	锡山
4×100米接力	44″0	华罗庚中学队	市中小学生田径运动会	2005	金坛

续表41

项目	成绩	创造者	比赛名称	时间(年)	地点
跳高	1.95 米	钱　鹏	市第四届全民运动会	2006	金坛
跳远	7.05 米	韩勇超	市第四届全民运动会	2006	金坛
三级跳远	13.90 米	钱　鹏	市第四届全民运动会	2006	金坛
铅球(7.26 千克)	11.55 米	刘国洪	市第二届全民运动会	1998	金坛
铅球(5 千克)	12.72 米	张锁华	市中小学生田径运动会	1994	金坛
铅球(6 千克)	14.37 米	杨　俊	市中小学生运动会	2008	金坛
铁饼(1.5 千克)	39.98 米	黄志俊	县首届全民运动会	1993	金坛
铁饼(2 千克)	41.92 米	杨　俊	市中小学生田径运动会	2008	金坛
标枪(700 克)	52.31 米	岳云萍	市第五届全民运动会	2010	金坛
标枪(800 克)	50.06 米	岳云萍	市第四届全民运动会	2006	金坛

群众体育

【金坛区第六届全民运动会】 2015年5～11月举行。区第六届全民运动会设农村部、职工部、学生部、老年人部、残疾人部5个部，各部分开比赛，分别由区委农村工作办公室、区总工会、区教育局、区老龄委和区老年人体育协会以及区残联组织实施，区文化广电体育局负责综合协调。先后进行乒乓球、羽毛球、篮球、中国象棋、围棋、排球、足球、游泳、钓鱼、登山、健身操、田径、全民健身展示等13个大项的比赛，总参与人数近1万人次。

9月19日上午，金坛区第六届全民运动会暨第七届文化艺术节开幕式在区体育馆举行。金坛区四套班子全体领导，全区各镇(街道)、各部委办局相关领导以及2000多名群众参加开幕式。开幕式入场式上，12名武警战士护卫着国旗、会旗、标语，迈着威武整齐的步伐入场，裁判员代表队和来自全区各行各业的46支运动员代表队随后入场，通过主席台接受检阅。区长狄志强致开幕词，区委书记范寿柏宣布金坛区第六届全民运动会暨第七届文化艺术节开幕。入场式后进行大型文体表演，来自金坛中等专业学校的同学以及部分单项体育协会近1000人参加演出。

【新春中国象棋、围棋邀请赛】 2月26～27日，在区老干部活动中心举行。来自全区100多名象围棋爱好者参加本次比赛，其中年龄最小的6岁，最大的94岁。比赛设象棋少儿组、中青年男子组、老年组、高龄组、女子组和围棋少儿组、综合组7个组别。经过两天紧张激烈角逐，史渊哲、陆奕帆、蒋麒润获象棋少儿1～3年级组前三名；陈宇全、胡仁杰、杨涵获象棋少儿4～6年级组前三名；杨瑞忠、徐国光、黄国华获象棋中青年男子组前三名；江不凡、王锁炳、于锁庚获象棋老年组前三名；万洪生、包海如、帅洪荣获象棋高龄组前三名；黄常芳、胡宁波、叶美琴获象棋女子组前三名；周辰燃、王安苏、谭昊获围棋少儿组前三名；虞旭东、虞俊、曹国勤获围棋综合组前三名。

【“庆祝元宵，科学健身，弘扬新风，反对邪教”——新春健身气功展演活动】 3月8日下午，在华罗庚公园举行。金坛健身气功协会数十名健身气功爱好者表演了八段锦、五禽戏、六字诀、大舞、导引养生十二法、马王堆导引术等气功功法，吸引数百名市民围观，丰富了新春期间群众文体生活，弘扬了中华传统体育项目的魅力，抵制和打击了庸俗文化和邪教对基层群众思想的侵蚀。

【迎新春排舞展示活动】 3月16日，在区青年广场举行。区排舞协会组织全区3个街道和6个乡镇共200多人

9月19日，金坛区第六届全民运动会开幕式举行　(区文广体局　供稿)

4月16日,2015年江苏省老年人体育节金坛分会场开幕式举行

(区文广体局 供稿)

参加展演,展示百人腰鼓、直溪龙狮以及自编排舞曲目,吸引上千群众观看。

【2015年江苏省老年人体育节金坛分会场开幕式暨金坛市千名老年人健步走活动启动仪式】 4月16日上午,在区体育馆东大门广场举行。金坛区副区长王艳红致开幕词,常州市老年体协主席薛峰宣布活动开幕。随后,来自全区各镇(区)、街道及20多个单项体育协会的300多名老年体育爱好者参加围绕城南体育公园步道的健步走活动,拉开2015年金坛老年人体育节序幕,在随后半年多的时间里陆续举行门球赛、柔力球展示、广场舞比赛等老年人体育活动。

【广场舞教练员培训班】 4月28日,在区老干部活动中心举行。来自全区各镇(区)、单项协会和晨(晚)练点的40多名负责人参加培训。区老年体协负责人为参训学员讲解科学健身锻炼方法及注意事项,区排舞协会的国家级社会体育指导员对学员们进行现场教学,完整地学习了《青春飞舞》《五星红旗飘起来》等五种广场健身舞曲。

【2015年金坛业余足球联赛】 5月3日,在区体育场正式开赛。比赛汇集区足球协会、各企事业单位以及周边地区的13支队伍300多名业余足球运动员参赛。在近7个月的时间里,参赛球队采用双循环赛制,每个周末进行比赛,经过26轮共156场比赛的角逐,根据各队积分,决出名次。最终万创汽贸队、百度队和科达星辰队分获本次联赛的冠、亚、季军。

【金坛棋类协会成立30周年活动】 5月18~19日,金坛棋类协会和老年人体育协会在区老干部活动中心共同举办全区中国象棋大奖赛,以此庆祝金坛棋类协会成立30周年。金坛棋类协会近百名会员参加本次活动,经过两天比赛,钱文军、黄国华、刘亮分别获得比赛前三名。金坛棋类协会成立30年来一直致力于象围棋运动在金坛的推广普及,每年由棋类协会举办的迎新春象围棋比赛已成为金坛迎新春全民健身活动中坚持时间最长、组织最有力、影响程度最广的传统赛事。

【2015年三级社会体育指导员培训班】 6月23日在区体育馆举办。来自各镇(社区)130名社会体育骨干参加培训,培训内容包括科学健身指导、社会体育指导员的职责,室外健身器材使用与日常维护。本次培训班特邀常州市体育指导员协会谢斌教授、刘会平博士等专家为培训班的学员授课。通过1天的理论和实践课学习,并经过考核,130名学员顺利拿到三级社会体育指导员证。

【2015年全民健身乒乓球比赛】 6月26~28日,在区体育馆举行。来自全区共40支代表队200多名运动员报名参赛,参赛人员范围包括全区市民、到金坛创业、务工人员及区乒乓球协会全体会员,为金坛历史上参赛人数最多、规模最大的一次乒乓球比赛。本次比赛依据乒乓球协会对会员平时参加各项比赛的积分统计情况,设立甲、乙、丙三个组别,非乒乓球协会会员参赛组别由队员本人自愿申请,同时还设立领导企业家组。经过三天紧张激烈的角逐,甲级组录取前五名、领导企业家组录取前六名、乙、丙两组分别录取前八名并给予表彰。

【常州奥体篮球联赛金坛赛区比赛】 8月7~9日在区体育馆举行。共有8支篮球俱乐部队近100名运动员参赛,比赛采取先分组循环再交叉淘汰的赛制,经过三天共计16场紧张激烈的角逐,红狼俱乐部、易成典礼俱乐部和金牌汽车俱乐部分获本次比赛前三名,本次比赛的冠军也获得代表金坛赛区参加常州市比赛的资格。

【2015年金坛区全民健身日启动仪式暨金沙公园步道荧光夜跑(走)活动】 8月7日晚在体育馆金沙公园健身步道举行。来自金坛户外运动协会等11支队伍近600名户外运动爱好者参加活动,并在微雨中坚持完成4.7公里的夜跑路程,拉开金坛区第7个全民健身日序幕。

【金坛区老年人体育节中老年人广场健身操(舞)比赛】 9月20日在青年广场举行。来自各镇(区)、街道、单项协会共19支健身代表队500多名广场健身舞爱好者参加比赛。比赛分规定和自选两套动作，得分相加后排定名次。经过角逐，经济开发区广场舞健协会规定套路《五星红旗飘起来》、自选套路《红红的日子》获得第一名；区群星舞蹈协会规定套路《和你一起看夕阳》、自选套路《红红火火中国结》获得第二名。两支代表队也获得代表金坛区老年体协参加常州市老年体协举办的广场健身操（舞）海选的资格。

10月11日，2015年茅山登山健身大会举行　（区文广体局　供稿）

【2015常宝股份金坛茅山登山健身大会】 10月11日在江苏省金坛茅山旅游度假区举行。来自各省辖市和金坛本地共45支代表队、500多名运动员参加本次比赛。比赛设公开组、本地组（职工部、农村部）两个大组，公开组和本地组均设男子个人、女子个人以及团体三项。本地组比赛还纳入金坛区第六届全民运动会职工部、农村部比赛项目。经过一上午紧张激烈的角逐，连云港市力然体育代表队、扬州市登山户外运动协会代表队和常州市微马代表队分获公开组团体前三名；本地组职工部团体前三名分别被公安局二队、区公安局一队和向阳花地暖代表队获得；本地组农村部团体前三名分别为指前镇、直溪镇和薛埠镇。

【“城市力量·体彩爱行走”爱心行走公益活动】 11月19日上午分别在金坛第五中学、金坛青年广场和金坛八佰伴购物中心广场开展。来自金坛区毛驴志愿者协会会员及全民健身爱好者近千人参加活动。“城市力量·体彩爱行走”公益活动是由江苏体彩、腾讯·大苏网联合发起的大型公益活动。参与者将日常行走的步数转化成公益捐赠，根据规则兑换成“体彩爱心基金”。该活动所募集的“体彩爱心基金”将用于援建“江苏体彩希望小学”。

学校体育

【华城实验幼儿园体操队参加2015年全国幼儿基本体操表演大会】 5月23～26日，由中国关心下一代工作委员会、中国宋庆龄基金会、中国下一代教育基金会、中国体操协会、全国妇联儿童工作部、北京市体育总会等单位联合主办，北京中关环宇体育文化发展交流中心承办的2015年全国幼儿基本体操表演大会在北京光彩体育馆举行。来自全国14个省、市、自治区38个代表队、500多名幼儿参会。江苏省金坛华城实验幼儿园获得甲组金奖和甲组最佳编排奖两项殊荣。

【承办2015年常州市中小学生排球锦标赛】 8月23～27日，在区体育馆举行。来自常州各辖市（区）中小学校共27支代表队、343名运动员参加本次比赛。比赛设小学、初中、高中男女6个组别，采用国家体育总局审定的最新排球竞赛规则，先分组循环后交叉淘汰的赛制进行。经过五天40场紧张、激烈的角逐，常州市新北区罗溪中心小学和常州市武进区鸣凰中心小学分获小学组男、女冠军；常州市武进区星辰实验学校囊括初中组男、女冠军；而常州市武进区前黄高级中学囊括高中组男、女冠军。　（张　磊）

编辑　姚贝玲

人口与计划生育

【概述】 2015年，全区人口计生工作紧紧围绕“十二五”争创目标，坚持计划生育基本国策，坚持实行计划生育目标管理责任制，为经济建设和社会发展创造良好的人口环境。全区出生4722人，人口出生率8.06‰，人口自然增长率1.76‰，出生政策符合率99.4%。

依法行政。认真执行现行法律法规，严格再生育审批，落实集体讨论制度和公示制度，全年审批二孩1434对，无一例错批，无一例投诉。规范社会抚养费征收工作，严格做到程序规范，全年作出社会抚养费征收决定书251份，征收到位406.7万元。简化办证程序，实行便民一站式服务。办理“生育服务联系单”2526份、“独生子女父母光荣证”2240本。强化性别比治理，与区公安局、市场监督管理局，妇联等部门联合出台金坛区《关于开展集中整治“两非”专项行动的实施方案》，在全区开展打击非法行医和“两非”（非医学需要的胎儿性别鉴定、非医学需要的人工终止妊娠行为）专项行动。

奖励扶助。全面落实计划生育各项奖励优惠扶助政策，做好独生子女父母奖励金、奖扶、特扶、企业退休职工一次性奖励、城镇非从业居民一次性奖励登记、审核、发放等工作。全年发放独生子女父母奖励金100多万元。2015年确认新增农村部分计划生育家庭奖扶对象4223人，至2015年年底全区有享受对象19681人，发放奖励扶助金1804万元。新增计划生育特别扶助对象142人，至2015年年底有特扶对象1159人，发放特别扶助金623万元。登记企业持证退休职工3399人，发放退休职工和城镇非从业居民一次性奖励金985万元。发放计划生育公益金8.5万元，其中伤残、疾病14人，当年独生子女死亡19人；救助计划生育特困家庭715户，发放救助金71.5万元。

流动人口。坚持属地管理，落实均等化服务。联合5个部门下发《关于加快推进流动人口基本公共卫生计生服务均等化工作的实施意见》，确保均等化服务落到实处。推进重点区域服务，在全区开展创建示范集贸市场（企业）活动，薛埠镇集贸市场被评为常州市流动人口管理示范市场，评选出10个区级示范市场（企业）。加强动态管理，夯实信息基础，2015年协查信息反馈和接收及时率96%。开展流动人口主题宣传活动30多场次，发放宣传资料1.2万余份，服务流动人口3000多人。组织计生协会会员、爱心妈妈、社会爱心人士开展形式多样的关爱留守儿童活动，筹集爱心捐款，为189名留守儿童送去校服和300册图书。

人口信息。开展全员人口信息数据清理活动，以户为单位逐户逐人进行核查，完成核查信息566020条。做好相关部门信息交换核查，采集结婚信息4624例，经核查入库3343条。公安落户信息3135例，妇保所、医院分娩信息4709条，核查上报2978条，预防接种信息6627条，核查上报3905条。开展“十二五”终期评估自查，对“十二五”以来村人口计生工作开展情况、出生人口核查情况、流动人口服务管理情况、计划生育奖励优惠政策的落实等情况进行现场调查和评估。调查抽取8个村、6家企业，完成调查139户、485人，核查出生信息54条，数据准确率98.9%。

协会工作。推进基层计生协组建工作，全区计生协组织190个，会员60985人，其中企业、流动人口计生协会59个，企业和农贸市场流动人口计生协会4家，换届计生协会20家。深入开展生育关怀行动，服务特殊家庭。投入资金12万元，创建常州市生育关怀基地2个、区级生育关怀基地3个。投入资金7万元，创建常州市春晖家园示范基地1个。组织计生协会员、结对帮扶志愿者开展走访帮扶活动。对794户计生特殊困难家庭进行慰问，发放公益救助金67.4万元。做好计划生育系列保险工作，2015年独生子女幸福家庭保险、妇女安康保险参保23386人，保险金额572960元，理赔36起，赔付13.36万元。（朱慧华）

【常州市卫计委领导到金坛区调研】

5月19日，常州市卫计委副主任冯子秋一行到金坛区就企业退休职工计划生育一次性奖励兑付、失独家庭帮扶、控制出生性别比，及打击非法胎儿性别鉴定等工作进行专项调研。调研会上，金坛区卫计局副局长张萍就调研课题在金坛区的实施情况、工作中遇到的困难、以及产生的原因和解决意见等做了详细汇报。金坛区卫计局局长李志芳表示将积极配合常州市卫计委此次的调研工作，进一步整合卫生、计生资源，切实解决好群众所关心的问题。冯子秋充分肯定金坛计生工作取得的成果，并确定将在金坛开展医养结合的“春晖家园”失独家庭帮扶试点工作，以便此项工作今后在整个常州市域的推广。

（许赟贤）

【金坛区卫计局获省“避孕药具不良反应监测工作先进集体”称号】 7月7日，江苏省避孕药具不良反应监测试点工作总结会在连云港市召开。会上，金坛区卫生和计划生育局获“避孕药具不良反应监测工作先进集体”称号。“十二五”期间，金坛区紧密结合避孕节育随访服务开展不良反应监测，重点抓好健全网络，建立目标责任。规范指导，增强监测意识。强化培训，提升填报技能。督查考核，保证项目质量等方面工作，扎实推进避孕药具不良反应监测，连续三年保持每百万人口600例的数据上报成绩。

（王小琴）

人力资源和社会保障

【概述】 2015年，全区人力资源和社会保障工作坚持“民生为本、人才优先”工作主线，积极应对经济发展新常态，全力服务发展，增进民生福祉，突出重点、瞄准难点、创新举措、精准发力，圆满完成全年各项目标任务，实现人社事业健康可持续发展。

就业创业。就业规模持续扩大，城镇新增就业11246人，城镇失业人员再就业4037人，就业困难人员再就业956人，城镇登记失业率1.78％。新增转移农村劳动力4930人。扶持创业1211人，创业带动就业6055人。提供应届毕业生就业岗位4226个，组织193名高校毕业生青年参加就业见习。开展城乡劳动者职业技能培训5595人，创业培训843人。举办各类人力资源洽谈会61场，服务进场招聘用人单位近3000轮次，服务进场求职各类人员2万余名。开展“民营企业招聘周”“高校毕业生就业服务月”专项活动。开通“企业通短信平台”“人力资源市场微博服务厅”“找工作就业服务群”等网络服务平台。人力资源市场网站日点击超过1200人次，新增注册企业会员869家，新增个人会员11315人，发布网络招聘信息1347条。推进离校未就业高校毕业生就业促进计划和大学生创业引领计划。出台《大学生创业扶持资金申领办法》和《大学生创业扶持资金申领实施细则》，为全区761名离校未就业高校毕业生开展实名制登记。两个大学生创业项目入选省级大学生优秀创业项目。创业培训实训基地被评为“江苏省创业培训示范基地”。薛埠镇大学生创业团队赢得常州市第二届大学生创业大赛二等奖。

社会保障。企业养老、职工医疗、失业、工伤和生育保险分别净增参保3858人、3550人、3858人、3600人、5062人。城乡居民基本养老保险参保缴费人数7.9万人，覆盖率99.7%，续保缴费率95%以上。机关事业保险养老金社会化发放率100%。退休工人体检、资格认证及社区管理率均达到95%以上。加强参保单位欠缴情况常态化筛选清理，清欠社保资金195万元。制订出台《关于开展职工基本医疗保险工作的实施办法》，国内首创不通过商业保险，而由医保经办机构经办大病保险业务的新模式。出台《关于进一步完善城乡居民基本养老保险制度的实施意见》，完善《征地补偿和被征地农民社会保障办法》，被征地农民累计纳入社会保障范围9.5万人。办理征地转保6500人，其中近1500人办理退休手续。546名失水渔民领取社会保障待遇。实施“总额预算＋指标控制”医疗费用结算模式，扣除不合理医疗费用86.4万元，职工医保人均次住院医疗费用较2014年同比下降550元左右，报销比例提高1.2%。企业退休人员养老待遇实现11连调，人均月增资192元，人均养老金1774元/月。城乡居民基础养老金最低标准从90元/月提高至105元/月。历次征地农民生活补贴标准由300元/月提高至375元/月。征地保障第四年龄段养老金由420元/月提高至435元/月。办理企业职工退休、定期生活费、一次性养老金等合计4722人。其中，正常退休4620人，病退休52人，一次性养老金50人。受理工伤认定申请2213件，认定2124件，案件认定规范率100%。

人才引育。人才总量新增5347人，专业技术人才新增3361人。引进高层次人才312人，常州市级以上领军人才10人。12人入选常州市“龙城英才计划”第七批C类优先支持项目。引进外国智力项目7项。新增国家级企业博士后科研工作站1家。每万名劳动力中高技能人才635人。牵头制订《关于进一步加大企业人才引进培养资助（奖励）力度的实施意见》，突出企业引才主体地位、提高资助标准、完善资助类别，在两高人才引育、人才载体建设、高端外国专家项目引进、人才成长激励等形成完整的政策体系。成立企业用工服务小组，设立返乡就业服务台，编印发放企业用工招聘专刊和《致广大返乡就业人员的一封信》3万份。先后建立陕西宁强等4家人力资源开发合作基地，组织68家企业赴外地招工，输入外籍劳动力资源近300人。开展“人社局长金坛行”活动，邀请甘肃西和，陕西勉县、城固等地人社部门领导到金坛交流考察，寻求人力资源对接新渠道。组织参加大连、吉林、重庆、兰州、哈尔滨、武汉等人才推介会，多渠道引进领军人才。实施“名校优才计划”，先后组织72家企业赴省内外高校举办11

5 月 28 日,金沙乐业工程“百所职校金坛行”校政企合作项目对接会举行
(区人社局　供稿)

场人才专场招聘会,共引进本科及以上毕业生 437 人,硕士以上高层次人才 92 人。成功举办金沙乐业工程“百所职校金坛行”校政企合作项目对接会,全区 36 家重点企业、招商引资新入户项目与 22 家省内外高职院校实现技能型人才引育供给无缝对接,校政企合作协议签订率 100%。区人社局 2015 年度创新项目“搭建人力资源精准服务平台”获常州市人社局“工作创新奖”。

机关事业。顺利完成 2014 年度全区机关事业单位人员考核、奖励工作。全区机关和参照管理单位 2663 人、事业单位 10304 人参加考核,其中确定为优秀等次的分别为 489 人、1608 人。新招录公务员 69 人,初任培训率 100%。公开招聘事业单位工作人员 249 人,聘用合同签订率 100%。完成 10 名军转干部和 2 名随调家属安置任务。推进事业单位分类改革,建立完善人员聘用、岗位管理、公开招聘等三项制度,对全区事业单位工作人员的聘用合同规范化管理情况进行全面检查和督促落实,事业单位工作人员聘用合同签订 10304 人,签订率保持 100%。引入公务员平时考核机制,推广金坛经济开发区日志式日常考核。公务员初任以及在职培训做到凡进必训,凡提必训。贯彻落实机关事业单位养老保险制度改革实施意见,坚持市区政策统一、分级经办原则,统一视同缴费指数,维护参保人员利益。扎实推进公务员职务与职级并行制度,对机关公务员和参照管理人员晋升职级进行测算。根据国务院和省、市文件精神及要求,调整机关事业单位在职、退休人员基本工资标准,并于年底前完成全区机关事业单位人员养老保险预缴预扣工作。会同区委组织部、区档案局做好全区聘用干部、附属编制人员档案收集整理、移交。完成全区公务员“三龄二历一身份”(年龄、工龄、党龄、学历、经历和身份)信息审核认定。

劳动关系。规模以上企业劳动合同签订率 99%,已建工会企业集体合同签订率 98% 以上。及时发布金坛区企业工资指导线,出台企业工资最低标准,调整后的最低工资标准为每月 1600 元。立案查处劳动保障投诉举报案件 225 件,省联动平台办理投诉举报案件 174 件。受理各类劳动争议案件 767 件。劳动监察、劳动仲裁案件受理率 100%,按期结案率 100%。主动监察用人单位 512 户,人均监察 64 户,涉及劳动者 2.4 万人。劳动保障监察日常巡查企业 179 家,下发《限期改正指令书》26 份、《劳动保障监察建议书》35 份。实地检查 8 家建筑工地农民工工资发放情况,为 1500 余名劳动者追讨工资近 2000 万元。依法妥善处置劳动保障群体性突发性事件 41 起,其中欠薪逃逸 2 起,依法移送公安 2 起,为 2749 名劳动者追发工资 3691 万元。开展省级劳动监察两网化管理示范区创建。指导指前镇、东城街道争创常州市劳动监察合格网格单位。对国电兆晶、舜尧服饰等 9 家常州市劳动保障诚信(示范)企业授牌。贯彻落实《中共中央国务院关于构建和谐劳动关系的意见》和新修订的《中华人民共和国劳动合同法》,召开全区协调劳动关系三方工作会议,积极推进企业工资集体协商制度。依托省调解仲裁管理系统和市电子政务平台,劳动人事仲裁案件做到实时同步网上运行。设立金城镇、尧塘街道 2 个标准化巡回仲裁庭,筹建劳动人事争议调解服务平台,建立多层次调节体系,方便当事人就近处理劳动争议,提高仲裁效率。

公共服务。2015 年作出行政许可决定 66 份,其中特殊工时 55 份,涉及职工总人数 29590 人。网上权力运行数合计 332 万件,当天业务当天上传阳光权力平台。连续八年实现劳动人事仲裁零改判、行政复议零撤销、行政诉讼零败诉。合理划分窗口功能,养老补缴、征地转保、异地转移等业务实行一窗式办理。在常州地区首创与殡仪馆联网比对的社保认证方式,认证率 99.2%。社会保障卡全区累计发卡突破 40 万张,并于 2015 年 10 月起在全省率先实现与银行系统全面对接,开通八大金融服务功能,推进全业务经办。全面推进城乡居保便民服务标准化管理,建成 80 家便民服务标准化示范点,便民服务标准化率 66%,被评为全省“城乡居保参保登记、权益查询、保费缴纳、待遇领取‘四个不出村’工作成绩突出单位”。

队伍建设。坚持以上率下,层层推进,扎实开展“三严三实”专题教育活动,问题查找和整改扎实有效,党员干部和职工普遍受到教育。紧扣“展人社风采,为党旗增辉”主题,深入实施组织聚力、学习引领、项目创新、作风锻造、和谐创建五大工程,开展人社党员干部“百村千企行”活动,由局领导带领全局154名党员干部,分为8个小组挂钩联系全区行政村、社区和企业,开展主动服务和问需服务。开展“贴心服务百分百,群众满意百分百”“双百服务”行动。编印发放“人社便民服务卡”2000张。组织农民工维权、农保征地保障、医疗费用审核结算等11个岗位(科室)争创党员示范岗。成功举办首届“人社文化周”活动,丰富充实人社机关文化内涵。落实两个责任,坚持党政同责,坚持把推进党风廉政建设与推进人社工作深度融合,坚持压力传导。通过签订党风廉政建设责任状,形成一级抓一级、层层抓落实的工作格局,分四批对局属各科室、事业单位34名负责人进行党风廉政建设集中约谈,组织中层以上干部62人参观常州市预防职务犯罪教育基地,机关工作效能、作风建设明显提升。 (张卫全)

民政工作

【概述】 2015年,金坛区民政工作紧紧围绕“以民为本、为民解困、为民服务”的工作宗旨,以创建现代民政示范区为抓手,解放思想,开拓创新,各项工作扎实推进。

社会救助工作。出台《常州市金坛区社会救助实施办法》,进一步规范全区社会救助工作。建立起与城乡居民收入水平直接挂钩的城乡低保标准增长机制。从2015年7月1日起,城乡低保标准由每人每月460元提高到每人每月590元;农村五保集中和分散供养标准分别由每人每年7200元、6200元提高到每人每年8100元7100元;农村五保、城乡低保、孤儿、城市“三无”(无经济来源、无赡养能力、无劳动能力)老人医疗救助年度累计限额从3.5万元提高到4.5万元,其他救助对象(重残)年度累计救助限额从2.5万元提高到3.5万元,平均医疗救助比例65%。

社区建设。加大社区建设力度,出台《金坛区2015年城乡社区工作意见》。推进城乡和谐社区创建工作,到2015年年底城乡省和谐社区达标率为90%、98%,其中创成1个全国和谐示范社区、1个省和谐示范镇、25个省和谐示范社区、26个常州市和谐社区。开展社区信息化建设,制订出台《关于进一步加强全区城乡社区信息网络规范化建设的意见》,为市、区、镇、社区实现“四级联动”服务体系奠定良好基础。举办社区读书月活动,社区大家乐文艺活动及“八一”文艺演出,进一步提升城市社区文化建设氛围。区委、区政府联合出台《关于推动城乡社区减负增效的实施意见》,全面推行“减负增效”和“政社互动”工作。协调解决部分社区办公用房问题。截至2015年年底,东城街道6个新增城市社区和西城街道5个老城市社区办公用房已全部到位;农村社区中尧塘街道的西华、下庄、汤庄等农村社区也已启用新办公用房,社区基础设施得到进一步完善。进一步推进二级公共服务平台建设。2015年,西城街道、儒林镇、直溪镇、薛埠镇建成镇级服务大厅并已投入使用,全区建有6个镇(街道)级服务中心并达到标准化要求,城乡社区管理服务站合格率达到95%以上。

养老机构建设。加大养老机构床位数建设,全区拥有养老床位数5641张(养老机构床位数3916张、居家养老床位数1725张),每千名老人拥有机构养老床位数46.4张,社会力量举办和公建民营养老机构床位数占养老机构床位数比率71.5%,护理型床位占养老机构床位比率50.51%。为改善全区农村敬老院服务机构的生活设施和保障条件,不断提升供养服务水平,从2014年起,用三年时间,投入5000万元,全面实施农村敬老院“三有三能六达标”(三有:有能正常使用的卫生间、有保暖降温设备、有电视机;三能:老人冬季不出院能洗澡、能看病、能康复娱乐;六达标:消防、卫生、环境、五保老人供养水平、管理服务人员配比和工资待遇达到国家和省提出的标准)建设,实现硬件和软件同步提档升级。开展全区养老机构消防安全专项检查,通过全面清理整治,全区基本符合安全要求的养老机构13个,需立即整改的养老机构17个,严重不符合安全要求养老机构12个,采取机构人员分流和关停取缔,实行分类处置,至2015年年底已取缔2家严重不符合要求的养老机构。开展养老(福利)机构综合保险参保工作,全区参保床位2083张,缴纳参保费93735元。

民政项目建设。投入1100万元的金坛革命烈士纪念馆于9月30日建成开馆,纪念馆位于区烈士陵园内,展示134名烈士的生平事迹。启动殡仪馆移址新建及配套建设工程,该工程总投资50136.79万元,建设规模总占地面积36.4公顷。其中,区殡仪馆迁建工程占地5.1公顷,建筑面积15835.61平方米;殡葬服务区配套建设工程占地面积2.4公顷,建筑面积4319.52平方米;生态殡葬区建设占地面积28.9公顷,生态殡葬开发面积25万平方米,其中骨灰堂及配套建筑面积5987.26平方米。加大区公墓环境建设力度,对墓区道路、停车场等基建工程实施改造。

福利彩票销售。区福利彩票销售2014年、2015年连续两年突破亿元大关,2015年销售彩票1.35亿元,销量同比增长25%,彩票市场占有率达60%以上,在全省县级市排名第9位,已连续六年进入全省县级市前20强,2015年首次进入全省县级市前10强。

(陈　伟)

表 42　　2015 年金坛区新成立社会团体一览表

序号	业务主管单位	社团名称	法　人	办公场所
1	区交通局	金坛区机动车维修行业协会	丁建亮	金坛区北环西路 165 号
2	区工商联	金坛区尧塘街道商会	戚建国	金坛区尧塘街道南路 88 号
3	共青团区委	金坛区大学生村官创业者协会	谢　跞	金坛区西门大街 77 号
4	区交通局	金坛区公共交通安全互助协会	盖立人	金坛区金坛大道 618 号
5	区公安局	常州市金坛区西城街道平安志愿者协会	王健娟	金坛区东门大街 999 号
6	区工商联	常州市金坛区薛埠镇商会	秦国平	金坛区薛埠镇百花东路 88 号
7	区供销合作总社	常州市金坛区供销合作经济联合会	钱　方	金坛区西门大街 86 号
8	区文化广电体育局	常州市金坛区桥牌协会	张陵洁	金坛区丹凤路 29 号
9	区科学技术协会	常州市金坛区大雅传统文化研究会	徐淑萍	金坛区北环东路 117－10 号
10	区卫生和计划生育局	常州市金坛区无偿献血志愿者协会	帅健强	金坛区河滨东路 5 号
11	直接登记	常州市金坛区金沙义工协会	史　欢	金坛区华城一村 25 幢 107 室
12	金坛地方税务局	常州市金坛区国际税收研究会	狄欣荣	金坛区华城中路 5 号
13	区公安局	常州市金坛区平安志愿者联合会	王　辉	金坛区县府路 66 幢 104 室
14	区公安局	常州市金坛区东城街道平安志愿者协会	王月平	金坛区金江苑一村 3 区 17 幢101室
15	区工商业联合会	常州市金坛区汽车流通商会	李剑亮	金坛区金湖路 369 号
16	区司法局	常州市金坛区人民调解协会	童国俊	金坛区江南路 9 号
17	区工商业联合会	常州市金坛区超市供货商商会	陈春明	金坛区丹凤路 23 号
18	区文学艺术界联合会	常州市金坛区舞蹈家协会	祝柏华	金坛区金东街一号文化大厦三楼
19	江苏省金坛经济开发区管理委员会	常州市金坛经济开发区足球协会	蔡　昊	金坛区华城中路 168 号

表 43　　2015 年金坛区新成立民办非企业一览表

序号	业务主管单位	民非名称	法　人	办公场所
1	区文广体局	金坛区江南书画艺术研究院	裴生荣	金坛区金碧园 1－A－5 号
2	直接登记	金坛区西城街道北园社区居家养老服务站	仲玲玲	金坛区西城街道北园社区居委会
3	直接登记	金坛区西城街道北门社区居家养老服务站	李兴美	金坛区西城街道北门社区居委会
4	直接登记	金坛区西城街道春风社区居家养老服务站	贺素珍	金坛区西城街道春风社区居委会
5	直接登记	金坛区西城街道翠园社区居家养老服务站	刘粉英	金坛区西城街道翠园社区居委会
6	直接登记	金坛区西城街道丹阳门社区居家养老服务站	王惠霞	金坛区西城街道丹阳门社区居委会
7	直接登记	金坛区西城街道东园社区居家养老服务站	沙银萍	金坛区西城街道东园社区居委会
8	直接登记	金坛区西城街道河滨社区居家养老服务站	史春华	金坛区西城街道河滨社区居委会
9	直接登记	金坛区西城街道虹桥社区居家养老服务站	杨吉伢	金坛区西城街道虹桥社区居委会
10	直接登记	金坛区西城街道花街社区居家养老服务站	徐晓珍	金坛区西城街道花街社区居委会
11	直接登记	金坛区西城街道南洲社区居家养老服务站	张　旭	金坛区西城街道南洲社区居委会
12	直接登记	金坛区西城街道文化社区居家养老服务站	符金和	金坛区西城街道文化社区居委会
13	直接登记	金坛区西城街道西门社区居家养老服务站	张勤芳	金坛区西城街道西门社区居委会
14	直接登记	金坛区西城街道小南门社区居家养老服务站	俞　燕	金坛区西城街道小南门社区居委会
15	直接登记	金坛区西城街道愚池社区居家养老服务站	袁粉美	金坛区西城街道愚池社区居委会
16	直接登记	金坛区西城街道城南村居家养老服务站	庄荣生	金坛区西城街道城南村委
17	直接登记	金坛区西城街道小坵村居家养老服务站	荆贺火	金坛区西城街道小坵村委
18	区教育局	金坛区夏恩英语教育培训中心	倪云峰	金坛区南环一路 928 号 508

续表43

序号	业务主管单位	民非名称	法　人	办公场所
19	区残联	金坛区金馨托养中心	周素芸	金坛区朱林镇西岗港城南路99号
20	区民政局	金坛区康乐老年护养院	韩兆清	金坛区东城街道汇福路2号
21	共青团区委	常州市金坛区青少年事务服务中心	高　珅	金坛区西门大街77号
22	区教育局	常州市金坛区新思维教育培训中心	陈锁庆	金坛区华苑新村16幢
23	区民政局	常州市金坛区春晖养老院	张小俊	金坛区西门大街延伸段298号
24	直接登记	常州市金坛区西城街道朱庄社区居家养老服务站	戴晓明	金坛区西城街道朱庄社区B区9号楼
25	直接登记	常州市金坛区西城街道西城社区居家养老服务站	吴网成	金坛区西城街道西城社区居委会
26	直接登记	常州市金坛区直溪镇直里社区居家养老服务站	李小留	金坛区直溪镇直里社区居委会
27	直接登记	常州市金坛区直溪镇直溪社区居家养老服务站	张锁明	金坛区直溪镇直溪社区居委会
28	直接登记	常州市金坛区直溪镇溪城社区居家养老服务站	庄小罗	金坛区直溪镇溪城社区居委会
29	直接登记	常州市金坛区直溪镇西溪村居家养老服务站	褚　茂	金坛区直溪镇西溪村委
30	直接登记	常州市金坛区直溪镇王甲村居家养老服务站	王正平	金坛区直溪镇王甲村委
31	直接登记	常州市金坛区直溪镇建昌村居家养老服务站	巫中卫	金坛区直溪镇建昌村委
32	直接登记	常州市金坛区直溪镇迪庄村居家养老服务站	邓中一	金坛区直溪镇迪庄村委
33	直接登记	常州市金坛区直溪镇井庄村居家养老服务站	王金平	金坛区直溪镇井庄村委
34	直接登记	常州市金坛区直溪镇吕坵村居家养老服务站	王才林	金坛区直溪镇吕坵村委
35	直接登记	常州市金坛区指前镇岳阳村居家养老服务站	戴听生	金坛区指前镇岳阳村委
36	直接登记	常州市金坛区指前镇新河村居家养老服务站	汤明富	金坛区指前镇新河村委
37	直接登记	常州市金坛区金城镇元巷村居家养老服务站	王罗忠	金坛区金城镇元巷村委
38	直接登记	常州市金坛区金城镇冯庄村居家养老服务站	蔡达成	金坛区金城镇冯庄村委
39	直接登记	常州市金坛区金城镇后阳村居家养老服务站	张荣生	金坛区金城镇后阳村委
40	直接登记	常州市金坛区金城镇白塔村居家养老服务站	靳吉庚	金坛区金城镇白塔村委
41	直接登记	常州市金坛区金城镇长竹埂村居家养老服务站	周小平	金坛区金城镇长竹埂村委
42	直接登记	常州市金坛区金城镇沈渎村居家养老服务站	杨国华	金坛区金城镇沈渎村委
43	直接登记	常州市金坛区金城镇培丰村居家养老服务站	张海益	金坛区金城镇培丰村委
44	直接登记	常州市金坛区金城镇前庄村居家养老服务站	靳忠跃	金坛区金城镇前庄村委
45	直接登记	常州市金坛区薛埠镇东进村居家养老服务站	张小网	金坛区薛埠镇东进村委
46	直接登记	常州市金坛区薛埠镇连山村居家养老服务站	虞福庚	金坛区薛埠镇连山村委
47	直接登记	常州市金坛区薛埠镇上阮村居家养老服务站	张国庆	金坛区薛埠镇上阮村委
48	直接登记	常州市金坛区薛埠镇山蓬村居家养老服务站	黄小碗	金坛区薛埠镇山蓬村委
49	直接登记	常州市金坛区薛埠镇长山村居家养老服务站	陈　云	金坛区薛埠镇长山村委
50	直接登记	常州市金坛区薛埠镇东窑村居家养老服务站	周国忠	金坛区薛埠镇东窑村委
51	直接登记	常州市金坛区薛埠镇泉江村居家养老服务站	高锁春	金坛区薛埠镇泉江村委
52	直接登记	常州市金坛区薛埠镇神亭村居家养老服务站	秦国平	金坛区薛埠镇神亭村委
53	直接登记	常州市金坛区薛埠镇致和村居家养老服务站	郑国华	金坛区薛埠镇致和村委
54	直接登记	常州市金坛区薛埠镇仙姑村居家养老服务站	吴桂芳	金坛区薛埠镇仙姑村委
55	区老龄委	常州市金坛区家家乐居家养老服务中心	钱洪霞	金坛区东园路8号
56	区文广体局	常州市金坛区文化社区艺术团	于锁兰	金坛区文荟苑24幢三楼
57	直接登记	常州市金坛区西城街道居家养老服务中心	谢蓉蓉	金坛区朱庄花苑B区9号楼
58	区民政局	常州市金坛区西城街道社会组织培育发展中心	储京林	金坛区金水华都6号楼附楼

老龄事业

【概述】 2015年,区老龄办按照发展实干工作导向,创新思路,突出重点,真抓实干,维护和保障老年人的合法权益,丰富老年人的精神文化生活,促进老龄事业健康持续发展。

居家养老服务站标准化建设。结合全区实际情况,对居家养老服务站标准化建设进行调查摸底,上报居家养老服务站提档升级、医养融合、老年教学点建设情况。组织相关人员进行参观学习,完成建设规划设计。至8月底,全区完成居家养老服务站标准化建设提档37个、医养融合点63个、老年教学点63个、关爱之家23个。

居家养老服务政府援助。进一步推进养老服务工作,提高养老服务水平,切实解决全区老年人的生活照料问题。经过三个多月的核查、申报工作,2015年符合政策条件的援助对象81人,可接受政府给予每月200元的居家养老无偿服务,服务内容包括家政服务、代买代购、陪医助浴等,11月圆满完成居家养老服务政府援助对象无偿服务补贴发放工作。

老年人的优待和维权。促进高龄补贴制度落实,全年办理发放老年人优待证300余份,认真对待老年朋友来电来访工作,切实维护好老年人的正当合法权益。

敬老月活动。重阳节期间,走访慰问百岁老人、敬老院,送去慰问金、慰问品。组织开展形式多样、内容丰富的爱老敬老助老活动,使敬老活动氛围在全社会蔚然成风。 (杨 洋)

民族、宗教事务

【概述】 2015年,全区认真贯彻落实党的民族宗教工作方针政策,积极开展民族团结进步创建活动,推进少数民族致富项目,谱写民族团结新篇章;围绕宗教教风建设年、星级宗教活动场所创建、宗教场所主要教职任职备案等主题活动,推进全区宗教工作再上新台阶;加强全区民族宗教干部队伍建设和作风建设,提升民族宗教工作服务管理水平,为全区经济社会发展作出应有贡献。

民族工作。加大对少数民族群众的服务管理,妥善处理好涉及少数民族群众尤其是流动少数民族群众的矛盾纠纷。4月16日晚11时许,区城东派出所接报一起涉疆人员纠纷警情。经了解:3名新疆人员均为新疆维吾尔自治区阿克苏地区柯坪县玉尔其乡人,现到金坛经商,暂住金城镇江南路85号,16日晚在芭比酒吧进行娱乐,结账时因账单数目与酒吧服务人员发生争执,3人将酒吧物品损坏后准备离开时,酒吧人员与他们发生争执。在争执过程中,他们均不同程度的受伤,医院诊断后均为皮外伤。17日8时30分许,他们从医院返回派出所做笔录的途中,其中一名新疆人员声称已打电话回家召集人员到金坛处理此事。9时,区民宗局与区公安局国内安全保卫大队、城东派出所衔接,委派清真寺阿訇冯世伟和寺管会负责人李洪庚等人前往城东派出所了解情况,并做好善后工作,维护了社会稳定。扎实推进少数民族致富工程项目。认真贯彻落实市委办、市政府办《关于加快全市少数民族致富,共同基本实现现代化的实施意见》精神,采取技术支持、资金帮扶、典型示范等方式大力开展农村少数民族共同致富"结对帮扶工程"。积极为昌玉红香芋合作社、朱林镇黄金村金土地有机稻米合作社、直溪镇新河小萝卜合作社和巧媳妇合作社等4个致富示范项目争取少数民族扶贫资金93万元,带动139户少数民族家庭增收。

宗教工作。全力开展主题创建活动。以创建为抓手,深化和谐寺观教堂、星级宗教活动场所等主题创建活动。宝塔禅寺、清真寺以及开发区、薛埠镇、指前镇、尧塘镇、儒林镇基督教聚会点的三星级档案创建工作已完成。乾元观为五星级宗教活动场所,崇寿观、元阳观、基督教中心堂为四星级宗教活动场所,开发区、薛埠镇、指前镇、儒林镇基督教聚会点和弥陀寺为三星级宗教活动场所,为全区宗教活动场所创建起到很好的示范引领作用。安全规范举办宗教活动。3月1日,弥陀寺大雄宝殿举行奠基庆典活动;3月8日,金坛忠烈寺隆重举行护法殿落成和佛像开光庆典仪式;5月6日,金坛儒林镇大涪山普门禅寺举行青铜梵钟开光庆典;6月6日,金坛区宝塔寺举行三圣殿奠基仪式;12月6日,金坛区宝塔禅寺举行三圣殿上梁庆典。为确保宗教活动安全有序地开展,区民宗局很好地做好各项安全预案,对各宗教场所做好活动前、中、后的指导,进一步提高宗教场所安全管理、规范管理的意识和责任。继续指导场所做好弘扬中华传统文化。弥陀寺于1月28日至2月12日举办第一届"金坛弥陀寺大学生佛教文化冬令营"及"禅修冬令营";7月21～31日举办第四届大学生佛学夏令营,招收来自全国各地的学员近90人。8月11日,乾元观茅山书院首期"慧心养德"少儿修学班开班,本次修学班费用全免,限额招收35名8～15周岁少儿;12月5～6日,茅山元阳观举办首期"道在吾心"公益体道班,费用全免,学员60余人。

【宗教慈善】 2015年,全区积极贯彻落实《关于鼓励和规范宗教界从事公益慈善活动的意见》文件精神,探索宗教界服务社会的新途径、新方法,以弘扬宗教优良传统、发挥宗教正能量的积极作用,引导全区宗教界开展社会公益慈善活动。1月2日,乾元观义工团为金坛留守失依儿童创建的"向日葵护苗之家"开展慈善义工活动,为他们送去152套羽绒服、内衣、球衣,76双棉鞋和30套左右床上用品及若干生活用品、学习用具、玩具和食物。2月16日,茅山元阳观倪建兵道长带着全观道长对薛埠和西旸2所敬老院进行春节前的慰问,此次给薛埠、西旸两个敬老院以及徐甲、倪巷村贫困户送去150份礼品,价值约3.6万余元。在"宗教慈善周"活动中,宗教界为华罗庚中学20名品学兼优的困难学生捐助4万元、为25户困难残疾户捐助5万元。11月19日,金坛区宝塔禅寺小小佛徒助力团来到花山小学,为全校147名学生捐赠校服300套,发放点心150份,现场捐赠1万元现金,此次活动共计捐赠钱物4万余元。

（陈建英）

关心下一代工作

【概述】 2015年,区关工委以纪念抗日战争胜利70周年为契机,在青少年中开展各项活动,积极引导他们牢记历史,不忘国耻,发奋图强,为实现"中国梦"而努力。全区各级关工委对青少年的各类思想教育活动79次,受教育者3万多人次,举办有关讲座15场,参听人数2万人。金城、薛埠、指前、尧塘、东城等镇(街道)举办报告会、知识竞赛、绘画、摄影等活动激发广大青少年以实际行动来报效祖国,为民族振兴作贡献。

以中小学学生为主要对象,开展法制教育,不断提高青少年的法律意识,规范自己的言行。年初,区关工委主任王一鸣到法院少年庭了解全区未成年人犯罪情况,悉心提出建议,并与区司法局联合开展社区矫正工作。各镇关工委在寒暑假期间聘请司法干部、派出所民警给学生进行法制宣传教育,有效遏制了未成年人犯罪。

践行"三个代表"重要思想,为青少年做实事,办好事。全区各级关工委筹集资金30多万元,帮扶200多名孤儿、特困生。民营企业润雨服饰有限公司、常州依得乐服饰有限公司每年出资数万元与特困生结对帮困助学。五叶小学早在2000年就成立绿叶助学基金会,2015年,该校收到捐款1.39万元,资助贫困生37人。全区帮困助学活动蔚然成风,受到学生家长和社会各界好评。

充分发挥老同志的作用,让更多的老同志参与关心下一代工作。全区有6000多名老同志参与关心下一代工作。这支具有特色的队伍,几年来对青少年进行思想、法制教育,与有关部门密切配合,在全区关心下一代工作中发挥巨大的作用。

工作班子不断健全,关心下一代工作不断提高。各级党委、政府把关工委工作提上议事日程,积极开展工作。按照省关工委提出的"双创"要求,全区93个行政村和468家规模民营企业建立关工委组织。

（王一鸣　周美芳）

慈善事业

【概述】 2015年,区慈善总会全面贯彻落实《省政府关于促进慈善事业健康发展的实施意见》精神,慈善工作实现募捐社会化、救助精细化、运作规范化,努力发挥慈善事业在全区新型社会保障和救助体系中的补充作用。全年各项慈善资金总收入3030.27万元。其中,第十四个慈善周现款募集914.55万元,组织协议承诺捐赠兑捐223万元,冠名基金募集专项资金264.73万元,定向捐赠资金1347.78万元,慈善资金利息增值收入280.21万元。全年各项慈善资金总支出2390.95万元。其中,慈善项目救助支出807.19万元,冠名、定向捐赠按照捐赠者的意愿支出1554.01万元,宣传及管理费用支出29.75万元;受益困难群众1万余人(户)。

慈善项目救助。全年先后实施助困、助医、助老、助残等七大慈善救助项目。其中,春节开展"助困送温暖"活动,慰问救助困难群众4600余人(户),发出慰问资助金279万元;帮助家庭遭遇突发事件的特困群众发放应急救助资金28万元;医疗救助恶性肿瘤、白血病等重大疾病患者2081人,发放救助金429万元;资助农村敬老院提档升级建设资金44万元;资助意外交通事故未获得赔偿的困难家庭10万元;发放与省慈善总会联合实施的儿童大病慈善救助资金4.19万元;帮助家庭生活困难的残疾人发放资金13万元。

慈善冠名、定向专项捐助。为荀姚光彩基金、周氏志成冠军奖助学基金、晨风工友爱心基金、华达老年事业基金、蔡炳照大爱基金等冠名捐赠单位服务,冠名捐赠支出208.27万元;按照捐赠人的意愿,定向捐赠支出1345.74万元。

慈善自身建设。慈善组织建设。根据新的行政区划调整,全区已建立9个镇、街道慈善分会和120个村、居委会慈善工作站,形成以区慈善总会为龙头,以镇、街道慈善分会为依托,以村、居委会慈善工作站为延伸的慈善组织网络体系,以及三级联动的慈善救助体系。慈善监督机制建设。严格按照国家有关法律法规和总会的章程开展活动,建立有效的社会监督、规范的财务管理和经常化的信息披露机制,增强慈善工作的公信力和透明度。聘请金坛区金信会计师事务所对2014年度慈善专项资金审计,审计结果用书面形式向理事会、监事会全体成员汇报,在全区慈善工作大会上进行通报,利用《今日金坛》向社会公示。慈善文化建设。坚持把宣传作为慈善工作的先导,利用报刊、电视、电台、网络等媒体,充分发挥村居慈善工作站平台的作用,宣传现代慈善文化,宣扬慈善先进典型,着力增强公众慈善意识,提升慈善事业的社会影响力。

（眭震球）

编辑　姚贝玲

各镇(街道)概览

金 城 镇

【概述】 金城镇总面积72.09平方公里,其中耕地3900公顷。全镇辖有11个行政村,164个村民小组,总人口5.8万人。2015年,全镇实现地区生产总值53.4亿元,比上年增长13.5%,三次产业增加值占地区生产总值比重依次为11∶70∶19。全镇完成公共财政收入3.31亿元(含耕、契两税),增长44.3%,农民人均纯收入27500元,增长15.5%。

农业。全年实现农林牧渔总产值10.7亿元,比上年增长7.4%,其中农业产值5亿元,畜牧业产值1.3亿元,渔业产值4.1亿元。全年粮食总产量3.8万吨,夏粮公顷单产5.38吨、秋粮公顷单产9.22吨,油料总产量629吨,水产品总产量1.1万吨,水果总产量890吨,蔬菜总产量7.3万吨,出栏生猪2.56万头,出栏家禽110.8万只。全镇高效农业种植、养殖面积2133公顷,其中高效设施农业面积1941公顷。特色产业有鲜食果品153公顷,"塔湖"牌香葱201.67公顷;特种水产养殖面积1266.6公顷。有种植、养殖专业户1100多户。建有无公害农产品基地9个,拥有无公害农产品9只。引进"三资"开发农业0.04亿元。

全年新增土地流转面积176公顷,共3298公顷。新增农村合作社5家、家庭农场19家,新增家庭农场名录17家。全镇联合收割机保有量27台,高速插秧机44台,中拖71台,农机总动力3.1万千瓦,三麦机收率、水稻机收率100%。扎实推进水利工程建设,全年共完成各类土方65万立方米,水利建设投入资金1357.2万元,其中小型农田水利建筑配套项目18项,太湖流域水环境治理工程和二轮水利重点县建设等,有力地提升了全镇农田水利的设施条件和装备水平。

工业。全镇完成地区生产总值53.4亿元,比上年增长13.5%。服务业增加值10.2亿元、增长11.2%。完成工业开票销售95亿元,工业实际投入22亿元、完成公共财政收入(不含耕、契两税)2.8亿元。2015年,全镇81家规模以上工业企业完成产品销售收入146.62亿元,实现利税22.58亿元,实现工业增加值35亿元。装备制造、化工及新材料、光伏新能源、纺织服装等四大支柱产业占全镇工业经济的95%,其中装备制造占29.2%,化工及新材料占29.5%,光伏新能源22.3%,纺织服装占全部工业的14%。完成全社会固定资产投资59.4亿元。

2015年,全镇成功签约工业项目25个,计划总投资47.95亿元,其中亿元以上项目9个,总投资42.1亿元。其中,投资10亿元项目1个(金岩"车桥总成及配件"10亿元),5亿元以上项目5个(香港华君控股"1.5GW晶硅电池组件"6.5亿元、中科国能"2GW光伏组件"6亿元、申康"多缸大缸径高功率发动机"5.6亿元、西文晨风"服装辅料加工"5亿元、力拓建设"枕轨"5亿元),1亿元以上项目3个(晨风"羊毛衫、围巾"1.8亿元、河北德道"汽车零部件"1.2亿元、江苏伯龙"宇航军品产品"1亿元)。在新签约的25个项目中,开工项目20个。华君控股"1.5GW光伏组件"项目,实现当年建设当年投产。

全镇共有建筑业企业6家,全年实现建安总值2亿元。

园区建设。2015年,镇工业园区新建道路3条,分别为金城镇环园路、后观路延伸工程、北杨路新建工程,总长3.8千米,总投资3500万元,道路结构层基本结束,供水、供电、雨污水、燃气、弱电等相关配套设施同步实施。工业园区物业配套房、垃圾中转站、元巷小区北门停车场等园区配套工程已进场实施,总投资180万元。

标准厂房配套用房共建有房屋5幢,建筑面积1.9万平方米,总投资3000万元,房屋主体已全部竣工,正在实施水、电、气等相关配套工程。

服务业。2015年,全镇完成服务业增加值10.18亿元,比上年增长11%;服务业经济总量占地区生产总值的比重达19.06%。其中批发零售贸易、住宿餐饮、交通运输、居民服务等四大支柱产业在全镇服务业中起到了举足轻重的作用,完成增加值7.9亿元,同比增长13%,占全镇服务业增加值的77.6%。

新农村建设。全镇农村铺设污水管网2596米,新建停车位103个,安装路灯198盏,水泥路面460145平方米,新建公共绿地8个,墙面出新2.3万平方米,栽种树木46800余株,清理垃圾11890吨。新建公厕5座,新建和改造垃圾箱38个,新建毒饵站163个,改造三格式化粪池417个,清除露天粪坑91个。全年全镇农村环境整治与长效管理总投入1835.02万元。创建南瑶村、后阳村"江苏省绿化示范村",创建元巷村、南瑶村"江苏省生态村"。全镇卫生保洁实现长效管理,配备村级保洁员194名。

集中开展城郊元巷、冯庄2个村的环境卫生整治,完成区域供水改水13300户。

元巷安置小区占地面积24公顷,总建筑面积41万平方米,共计房屋47幢,其中46幢小高层、1幢物业楼,可安置2620户,总投资15亿元,于2015年9月15日正式交付,本次交付涉及动迁户1348户、房屋2206套,年内共交付动迁户1269户、房屋2088套,交付完成率94.13%。小区配套工程金城镇社会福利中心、元巷农贸市场、金城镇中心幼儿园等项目于10月进场施工,占地3.1公顷,总建筑面积3.1万平方米,总投资8000万元。

科技创新。2015年,全镇新增3家省级高新技术企业,总数达15家,申报25个高新技术产品,高新技术产业占规模以上工业产值的33%。新增27家省级民营科技企业,总数达77家。新增省级工程技术研究中心1家,企业研发中心6家,总数达34家。申请专利480件,其中发明专利180件。组织200家企业参加南京大学等产学研合作、常州经贸成果洽谈会等

元巷安置小区　　(金城镇　供稿)

活动1200人次。全镇共争取科技和人才项目资金126万元。金坛区华南化工有限公司贺鹰博士主持的抗癌生物医药项目、江苏凌云药业有限公司宋元达博士主持的天然植物源食品防腐剂项目等5名高学历人才申报了常州市领军人才创业项目。鑫田柴油机贾和坤博士申报的江苏省企业"科技副总"成功立项。

社会事业。全镇共有中小学3所。其中,中学1所,小学2所。有在校学生1184人,教师194人。教育现代化步伐加快,每校建有校园网,中小学全部实现宽带上网。基础教育水平稳步提高,小学、初中入学率100%,初中毕业生升学率98%以上,教育质量稳步提升。

2015年,文体活动蓬勃开展。星级文化示范村创建全部获得通过。组队参加区第六全民运动会并取得较好成绩。以"中国梦·金城韵"为主题的大型文艺晚会成功举办,村广场舞等各类文体活动先后举办15场次。村级文化建设全面加强。网格化服务管理实现全覆盖,村服务中心的平台建设基本到位。

全力推进医药卫生体制改革,深化卫生惠民工程,提升医疗服务水平,促进卫生事业的可持续发展。年末全镇共有卫生机构12个,拥有固定资产6834万元,病床100张,拥有卫生技术人员170人。卫生服务网络覆盖率100%,初级卫生保健普及率100%。农村新型医疗保险参保率100%。启动新农合的收缴工作,征收人数为91076人,共筹集资金964万元。

各类保险净增1090人,居民养老保险续保缴费7961人,全年发放民政资金约655.2万元。全年发放各类涉农补贴644万元,发放长荡湖网围整治资金6500万元。

计划生育和优生工作成效显著,孕前优生健康检查覆盖率90%以上,优质服务率95%以上,流动人口管理服务率95%以上,依法行政达标率100%,政策兑现率100%,人口文化建设达标率95%以上,全镇计划生育率99.8%,人口出生率1.57‰,死亡率1.24‰,自然增长率0.33‰。发放独生子女政策性奖励资金13万元。

维稳工作。"12345"公共服务平台所有转接信访件在第一时间处理。全年共接待来访93批367人次,办结率100%。

(肖建华)

表 44　　2015 年金城镇各村基本情况一览表

村名	党总支书记村委会主任	工农业总产值（万元）	利税总额（万元）	村名	党总支书记村委会主任	工农业总产值（万元）	利税总额（万元）
南　瑶	陆春红	163250	19693	冯　庄	蔡达成	265700	32960
长竹埂	周小平	20690	1885	白　塔	靳吉庚	186750	21856
后　阳	张荣生	112905	12993	庄　城	蔡粉祥	43825	4304
培　丰	张海益	208650	26016	前　庄	靳忠跃	14380	740
沈　渎	杨国华	63430	6532	联　丰	艾国平	20700	666
元　巷	王罗忠	459650	58195				

表 45　　2015 年金城镇骨干企业情况一览表

企业名称	销售收入（万元）	利税总额（万元）	法定代表人	企业名称	销售收入（万元）	利税总额（万元）	法定代表人
常州耐福电声科技有限公司	13687	－818	权赫赞	金坛鑫龙服装有限公司	89269	4266	陈鑫元
常州龙宇江庆新材料科技有限公司	1239999	253924	刘　策	金坛区金旺包装科技有限公司	96567	7197	房国荣
江苏兴禾混凝土有限公司	30751	－381	周　扬	金坛区鑫捷绝缘材料有限公司	26732	1503	朱斌乐
常州市江南医药原料有限公司	46151	6597	黄月美	金坛区鸿羽织造厂	32954	298	王菊琴
金坛区金阳湖粮油有限公司	17009	－190	徐国富	江苏威龙灌装机械有限公司	23641	8292	蒋玉华
江苏金榆科技集团有限公司	876652	100242	刘柏榆	金坛区天成箱包有限公司	39421	2603	高　辉
江苏宝联化工科技有限公司	495299	65872	赵　刚	金坛皇冠欧阳电子有限公司	16850	621	欧阳宝宝
江苏源力汽车内饰件有限公司	849647	89735	姚卫军	金坛区鑫隆防水塑胶制品有限公司	54829	3033	史龙孝
江苏通洋船舶有限公司	84028	7968	杨光辉	金坛区荣盛化工有限公司	40700	1478	王荣生
江苏凌云药业有限公司	60777	16552	凌青云	江苏汇和制衣有限公司	28482	1447	夏　薇
帝目自动设备(金坛)有限公司	21547	－1751	许凌翔	江苏蓝色星球环保科技股份有限公司	662531	40380	尹和平
常州德源箱包制造有限公司	87610	－1376	李　德	常州凯格努服饰有限公司	28989	780	岳美英
常州三佳服饰有限公司	25560	1927	王国昌	常州佳恒服饰有限公司	46521	941	吴建生
常州广裕橡塑科技有限公司	70144	15110	陆明余	常州宝齐莱服饰有限公司	20920	1690	孙忠保
常州三源光伏材料有限公司	20196	595	蒋国义	江苏晨阳机械有限公司	902497	144642	谢　军
金坛欧歌电声科技有限公司	21978	297	欧阳宝宝	常州强达宝成化工有限公司	60884	8119	付和英
华通(常州)生化有限公司	52936	3396	王泽华	常州润雨服饰有限公司	593588	115435	袁湘勤
常州立渝弹簧有限公司	20736	3751	俞海林	金坛区万杰电器有限公司	14687	2817	刘海波
金坛区成龙橡塑制品有限公司	797802	162822	艾　晶	常州立全精密机械有限公司	16217	977	张景惠
金坛华诚电子有限公司	29773	2424	陈　烈	常州市南岗鞋业有限公司	36372	1324	杨　敏
金坛区金源服饰有限公司	3040	116	阮金平	江苏润泽农化有限公司	790191	193818	朱小平
金坛区金鹏汽车座椅有限公司	462940	34699	严乔成	金坛区康达医用器材制造有限公司	29724	2966	曹书保
金坛区华龙塑料制品有限公司	26036	1042	孔　玮	金坛翔润丝绸服饰有限公司	28383	1739	蒋小福
常州市天华制药有限公司	27836	4608	周益芳	常州市凯丰橡塑制品有限公司	36219	386	冷荣平

续表45

企业名称	销售收入（万元）	利税总额（万元）	法定代表人	企业名称	销售收入（万元）	利税总额（万元）	法定代表人
金坛区宏瑞机械厂	22457	814	刘元娣	金坛区豪源服饰有限公司	20089	3251	徐国俊
金坛鑫田柴油机有限公司	144693	750	虞阿美	江苏索特动力工程有限公司	30591	626	汤　俊
金坛金军动力机械有限公司	39367	2797	张水军	金坛卓邦服装有限公司	11051	-137	黄国刚
金坛区天瑞服饰有限公司	20289	2425	吴海燕	金坛区三方医药原料有限公司	36125	1273	张国涛
江苏力合粘合剂有限公司	756188	174294	蔡炳照	常州华南化工有限公司	27168	1329	魏晓廷
金坛区华邦化工有限公司	95351	15925	王华琴	江苏鑫隆复合工程材料有限公司	24439	577	史月香
常州宝尔曼斯服饰有限公司	37015	3222	孙忠保	江苏大力士云石护理材料有限公司	188685	6593	杜昆武
金坛区微特电机有限公司	68903	5951	王国俊	金坛区华东化工研究所	55870	3405	朱金富
常州闲兴服饰有限公司	23227	480	徐美芳	金坛区前药制药原料厂	66045	5299	郑锁庆
常州远方卓越汽车部件有限公司	29351	1288	吴　燕	金坛区西南化工研究所	27085	1248	魏晓廷
金坛区贝斯特汽车内饰件厂	24974	1344	龚东留	江苏登冠医疗器械有限公司	32148	835	单叶英
金坛区绿盛科技开发有限公司	22117	2137	蒋一成	金坛区虹亚服饰有限公司	18664	913	陈雅平
江苏成松防水材料有限公司	66886	2579	艾成松	江苏易成电力器材有限公司	2749825	628890	王粉美
金坛区经编装饰品厂	356057	66870	冯罗生	金坛华盛服饰有限公司	28529	1511	王　青
江苏翔发丝绸服饰有限公司	75011	3297	蒋小福	江苏东宝印染有限公司	47816	-3129	孙　文
常州佳诚服饰有限公司	439504	83923	王国昌	金坛区华祥织布厂	28891	1056	冯荣华

薛埠镇

【概述】 金坛区薛埠镇，是全国重点镇、全国小城镇建设示范镇、国家卫生镇、江苏省小城镇综合改革试点镇、江苏省园林小城镇、常州市西部中心镇。古有“吴中门户，江东福地”之称，历史悠久，文化底蕴丰厚。340省道及宁常、扬溧高速穿境而过，区域和资源优势明显。全镇土地总面积234.7平方公里，其中耕地面积6494公顷，下辖21个行政村、3个场圃、3个居委会、280个村民小组，总人口68122人，其中非农业人口22361人。2015年，全镇实现地区生产总值38.45亿元，财政收入2.9亿元，农民人均可支配收入23726元。

农业。2015年，全镇农业总产值107257万元，粮食产值15150万元，多种经营产值86650万元，夏粮5235公斤，秋粮公顷单产8385公斤，粮食总产量40858吨；拥有大中型农机481台，农机总动力8.8万千瓦；种植养殖专业户78户；年出栏生猪80231头，年出栏家禽177万只，水产品产量2143吨，水果产量896吨，蔬菜产量29808吨。实施了涉及9个村的省、部级水稻万亩示范片各1个，建设高标准农田1333.3公顷，新增高效设施农(渔)业面积133公顷，新增农民专业合作社20家，新认定家庭农场14家，创成常州市级以上合作示范社3家、常州市级农业园区2个。农产品质量安全网格化管理初显成效，“巨鹿”牌青锋茶、“晶翠”牌金坛雀舌茶、“晶泉”和“立景”牌葡萄获“常州名优农产品”称号。上阮现代农业园区基础设施日趋完善，创成江苏省科普教育基地，福地上阮公司获江苏省民营科技企业称号，成功举办常州乡村旅游节开幕式暨赏樱季、首届上阮牡丹展、上阮花视界、水果采摘节等系列活动，京东农业在新三板成功挂牌。

工业。2015年年底，全镇有工业企业583家。其中，私营企业302家，个私工业企业281家。工业产品销售收入63亿元，工业利税总额7.93亿元，完成技改项目8项，技改投入0.63亿元。合同利用外资113万美元，外贸供货额7300万美元，全镇实现工业总产值56.3亿元。2015年年初排定的13个新建项目，有9个项目开工。其中证隆印染、上田民防、铠建合金二期、LED光扩散粒子和安得兴金属制品一期等竣工投产；常鑫机械三期、大力新科技、金山汽配、华能风力发电等4个项目分别处于立项、手续报批等准备阶段。在续建项目中，鑫盛印刷科技、兢业医化抗癌药、凯姆乐电子、菲拉克药芯焊丝、恒达电力器材和旭普汽车零部件等6个项目竣工。

招商引资。全年完成新签约项目23个，协议总投资20.23亿元。其中，5亿元以上项目1个，亿元以上项目4个，5000万元以上项目5个，其他项目13个。主要涉及机械零部件、机械制造、新材料等领域。在谈项目信息43个，计划总投资约27亿元。涉及装备制造、新材料、新型建材、医疗器械和标准厂房等项目。

薛埠镇镇区建设　　　　（薛埠镇　供稿）

科技。积极促进科技孵化器建设，和招商、经贸部门联合，将镇机械产业园、村联建厂房、东窑村、薛埠村标准厂房融合，申报了常州市科技企业孵化器——薛埠镇科技创业园，获常州市科技局批准。自主研发和高技术攀升步伐加快。企业创新能力大幅提升，在市场、技术和资源的共同作用下，加强与各级各类科技重点工作的衔接，不断加大科技投入，丰富科技创新内涵，承担省级科技项目4项，省人才项目1个，金坛区科技计划项目13个，培育省民营科技型企业3家，省民科企23家，开发市级新产品5个，确认常州高新科技产品1个，申请专利350件，获专利授权37件。产学研不断取得实效，高层次人才引进倍增。新增产学研合作8项，盘固集团与南理工再签焊接机器人工程中心产学研项目。产学研合作项目特种工程塑料纤维、棒材、石墨烯宏量新材料、现代生物技术有机谷物蛋白系列产品等产业化实施，都对镇产业结构优化、技术水平提升和高新技术产业发展产生重大影响和带动作用。项目集聚博士、院士、教授等高层次人才5人及团队，六九新材料获得江苏省科技厅人才团队项目，获得项目资金300万元。江苏涌新和泰成电子获得常州“龙城英才”项目，资助金额100万元，六九材料郭蔚、茅麓茶场王哲明获得金坛区“金沙英才”项目资助。推进科技资源的科普化。广泛开展现代农业、民生等科技创新成果示范普及，实施科普惠农兴村工程，以科技示范基地为载体，新建江苏省科普惠农服务站1家、常州科普惠农服务站1家，实施江苏省农业三新工程3项。积极培育科普旅游新产品，推进科普产业化，宝盛园获得常州科普特色场馆称号。

镇村建设。为加快镇区产业升级，保障园区入驻企业生活配套需求，薛埠镇规划新建了邻里中心。该项目总投资5867.2万元，用地面积8600平方米。规划新建职工住宅楼、食堂等公用配套设施总面积1.5万平方米。项目已完成桩基工程，正在进行主体建设。2015年，编制完成了水库移民后扶“十三五”规划。2015年申报项目6个，使用后扶项目资金1826万元，实施方案已通过审核。其中蚂蚁坝和下庄河溢洪道的整治，提升了集镇区域排水溢洪能力，缓解了雨季防洪压力。为提升农村道路通达水平，方便农村居民出行，继续实施省级农村道路提档升级工程，新建扩建农村道路8条，总里程13.4公里，总投资5356万元；完成花茅路提升改造及沥青摊铺工程。完成6座农桥改造建设，争取上级资金90余万元；实施总投入350万元的环卫所和垃圾中转站新建项目，完成设备安装正式投入运行。利用原地税办公大楼改建镇便民服务中心，6月正式启用。投资2730万元在全镇21个行政村的24个自然村开展覆盖拉网式农村环境综合整治，建成污水处理设施25套，提升泵站2座，铺设管网65.4公里，新建村民休闲广场7座，环卫设施全部配备到位，实现垃圾日产日清、无害化处置，镇村环境得到明显改善和提升，上阮村获江苏省“最美乡村”称号。组织开展“美丽乡村”创建工作，仙姑、上阮顺利通过常州市级考核验收；上阮赤岗自然村开展省级“美丽乡村”示范村的创建，年内已通过常州市级考核验收。

社会事业。投资100余万元，完成镇敬老院提档升级工程；完善社会救助体系，保障困难群众基本生活；落实双拥优抚政策，慰问抗战老兵。协助区交通局实施金坛区首座乡镇三级汽车客运站—薛埠客运站新建工程，总投入资金5000余万元，主体工程已经完成，进入内部装饰阶段；协助区卫计局启动茅麓卫生院西旸分院原址新建工程。2015年，全镇有中学2所，小学5所，在职教师386人，在校学生数2549人；医院1所，卫生室13个，初级卫生保健普及率99%，自来水普及率98.7%；文体事业日趋繁荣，全镇21个行政村全部建有农家书屋，镇图书馆藏书13.4万册，开通数字电视户13145户；农民家庭收入稳步增加；集贸市场成交额11.01亿元，电话普及率100%。持续构建立体化治安防控网络，投资100余万元对镇区主要道口、重要部位增补安装升级技防探头190多个；大力推进农村家庭技防入户工程，投资30余万元新安装技防户2000余户。社会保障工作不断加强，社会保障体系不断完善，农村低保户及五保户供养实现应保尽保。全年全镇参加社会保险人数31823人，新型农村合作医疗参保率100%。

（李志斌）

表46　　2015年薛埠镇各村基本情况一览表

村名	党总支书记村委会主任	工农业总产值（万元）	利税总额（万元）	农民人均可支配收入(元)	村名	党总支书记村委会主任	工农业总产值（万元）	利税总额（万元）	农民人均可支配收入(元)
东进村	张小网	39686	2390	20629	茅庵村	杨伟斌	20167	371	22961
上阳村	杨国华	28758	1099	21768	泉江村	高锁春	5148	223	13948
薛埠村	王春才	175203	48365	23973	下杖村	许华庚	9446	264	18934
连山村	虞福庚	33266	3681	24955	石马村	黄文庆	60841	5639	18829
方麓村	朱锁良	27279	2581	25277	神亭村	秦国平	7333	253	17520
上阮村	张国庆	36948	1036	39282	致和村	鞠土华	9479	470	29094
山蓬村	黄小碗	5502	255	19482	倪巷村	常振权	1027	170	12053
长山村	陈　云	22971	2261	19830	西旸村	李雪兵	42064	3746	37326
罗村村	王美金	28808	1650	21977	仙姑村	袁国栋	21435	702	37194
花山村	袁箭峰	62086	2596	44849	茅东村	王国华	7754	937	13851
东窑村	周国忠	25202	569	14517					

表47　　2015年薛埠镇骨干企业一览表

企业名称	销售收入（万元）	利税总额（万元）	法定代表人	企业名称	销售收入（万元）	利税总额（万元）	法定代表人
盘固水泥集团有限公司	134164	12147	张锁林	金坛区晨丽制衣厂	6136	244	陈生庚
江苏晶昇服饰有限公司	5680	1855	崔四海	金坛区金星包装箱厂	2050	103	徐锁方
金坛铠建合金材料科技有限公司	11060	931	张来建	金坛区昌鑫制衣厂	2621	214	王昌明
常州杰达制衣有限公司	8105	562	刘亚芬	金坛区祥盛精制钙化有限公司	5596	97	陈国祥
金坛区舜尧服饰有限公司	8471	1622	王开平	金坛区茅麓塑料有限公司	2360	230	杨其斌
常州旭普汽车零部件有限公司	2070	91	马瑞洪	金坛区盘固塑业有限公司	1608	105	萧金铅
奥托立夫(江苏)汽车安全零部件有限公司	25537	1245	程翠香	金坛区富达制衣厂	1473	101	裴留富
金坛德培化工有限公司	5903	221	叶锡培	江苏亚邦矿业有限公司	9019	821	杨建华
常州市鑫盛印刷科技有限公司	2685	128	唐建惠	金坛区金陶农配有限公司	2132	158	李腊亭
江苏东禾电声配件有限公司	3046	213	陈俊隆	金坛区常鑫轧辊科技有限公司	71232	707	柯国秋
金坛区花山包装有限公司	1654	104	葛书平	金坛区超创电池有限公司	5336	457	解玉新
金坛区溶解乙炔有限公司	1319	172	王粉祥	金坛区召辉合金有限公司	1566	95	许召庚
常州卓雅箱包制造有限公司	7242	321	周国平	金坛澳宇纺织有限公司	1515	92	徐建平
金坛区金鹿电缆料有限公司	3963	763	吴长全	金坛沃德丰电子科技有限公司	7060	497	吴长全
金坛区茅麓溶剂厂	3627	171	曹荣庚				

直溪镇

【概述】 直溪镇位于金坛西北部，全镇总面积106.6平方公里，总人口5.98万人，辖12个行政村24个村民小组，1个养殖场和4个社区居委会，耕地面积5345公顷，水域面积1675公顷。直溪镇“董永传说”“巨村龙灯”被列为国家级非物质文化遗产名录。是国家级生态镇、江苏省文明示范镇、江苏省卫生镇、江苏省龙舞之乡。

2015年，实现地区生产总值49.2亿元，比上年增长11.5%；财政收入3.97亿元，增长46%，农民人均可支配收入22050元，增长13%。

农业。2015年，直溪镇实现农业生产总值8.98亿元，比上年增长6.8%。农业产业结构调整实现再升级，全年实施区级以上农业项目100万元，新增高效农业面积806公顷、高效渔业面积133公顷，粮食、水产品和畜产品产量持续增长，农业机械化水平95%，2015年建成常州市河蟹园区1个、渔业标准化基地2个、“一村一品”示范村1个。全年农业“三资”开发总额突破1.2亿元。加大农业科技投入,新增农业领域实用专利授权2项。加大农产品监管力度,全镇9137户种植养殖户、53家农业企业、20家合作社、37家农资店和4家收储运点,全部纳入监管体系。全面开展农村承包地确权登记工作,承包合同平均签字率97.2%。新增农民专业合作社示范社6家、省级示范社3家(天旺湖水产专业合作社、笠帽家禽专业合作社和南方稻米专业合作社)、常州市"三好三强"示范社3家(丰登农机、新河大蒜和邓慕农机)。新增家庭农场申报名录22家,新增家庭农场14家,新增示范家庭农场11家。全镇12个行政村、1个社区居委会和一个养殖场实施"一事一议"筹资和财政奖补项目,人均筹资25元,总筹资额111.32万元,共实施项目15个,财政奖补资金187.08万元,村投入46.8万元,实施村内道路建设。全年投入8000万元,用于"小农水重点县"建设项目,新建排年水枢纽1座,改造分水墩、井庄排涝站2座,新建改造防洪闸3座,建昌圩排涝流量提高了一倍。投入1500万元在新河村、吕坵村实施万亩高标准农田项目;投入1500万元在井庄村、新河村、王甲村实施万亩增千亿斤粮末级渠系建设工程,投入5000万元在吕坵村、新河村实施1330公顷土地复垦整治项目。

工业。2015年,全镇实现开票销售80.9亿元,比上年增长27.7%,完成工业投入19.1亿元,比上年增长85.4%。正信光电科技股份有限公司实现销售收入22.78亿元,比上年增长44.8%;常州斯威克光伏新材料有限公司实现销售收入10.4亿元,增长58.8%;江苏省健尔康医用敷料有限公司实现销售收入6亿元;江苏丰登作物保护有限公司、江苏久诺建材科技有限公司完成股份改制。全年全镇工业总投资50.1亿元,开工项目21个,竣工18个。其中泰力松实现销售收入1.02亿元,嘉华实现销收入0.85亿元,久诺实现销收入0.6亿元,为全镇工业经济发展注入活力。总投资10亿元的亿晶光电100兆瓦渔光互补项目,于9月并网发电。常州戴兹乐精密机械有限公司的苏万康成功申报常州"龙城英才"计划C类创业型人才项目。江苏丰登作物保护股份有限公司、江苏春江农化有限公司相继与南京农大、浙江大学等相关科研机构签订产学研合作协议,实现校企合作。

招商引资。坚持"一切围绕项目转",实行"一个项目、一名领导、一套班子、一抓到底"的工作机制,全年全镇引进项目60个,签约落地14个,其中5亿元项目2个,亿元以上项目7个,签约项目总投资28.4亿元。苏州工业园诚弘机械有限公司航空接插件项目总投资5亿元,江苏威龙灌装机械有限公司灌装机械项目总投资3.5亿元。江苏光达智能设备有限公司、江苏五信新材料有限公司、江苏翰泰鞋业有限公司、江苏省君达医疗器械有限公司4家企业实现当年投产。

建筑业。2015年,全镇共有建筑企业31家,涉及劳务、土建、家居装潢、园林绿化多个领域。强抓市场回暖机遇,不断突破传统模式,实施快速转型发展,建筑产业市场面不断扩大。直溪建筑公司升格为二级企业资质,建昌建筑公司升格为一级资质企业。2015年,实现建安产值33亿元,比上年增长3.8%。

第三产业。2015年,全镇实现服务业总产值30.5亿元,实现增加值10.02亿元,其中生产税额4.01万元。有注册登记各类三产实体6865个。新增个体工商户28户,从业人员1968人。人均收入3.08万元。以"福孝文化、红色文化、道教文化、水乡文化"为主题,全面开发建昌片区特色文化旅游资源,吕坵村的真武庙,展现宗教文化特色,蔡甲村中共苏皖区一大会址成为革命传统教育基地,2015年接待旅客5万人次。"如意小镇""老槐树""建昌圩文化长廊""默元休闲度假观光""水文化""农家乐"一批乡村旅游蓬勃兴起和发展。

镇村建设。2015年,人居环境提档升级。溪城雅苑安置小区竣工,工程配套设施完成90%。工业集中区纵四路、纵五路、横四路东延段主要路段建成通车;园区绿化、亮化工程配套到位;总长2.1公里的健尔康、朱林、直东路污水管道建成投用。新建标准厂房10幢,总建筑面积6.1万平方米,有4家企业入驻使用;邻里中心、溪城雅苑商业用房竣工。投入1820万元,实施全覆盖拉网式农村环境综合整治工程,新建污水处理站15座,铺设污水管网45公里,村级污水处理能力明显提升。全年秸秆还田面积3333.3公顷,完成建昌、登冠片区供水主管网改造,共计完成接水1.4万户,覆盖率100%。全镇12个行政村,有10个创成常州市"五化三有"村。汀湘村获"国家级生态村""常州市小康家园示范村"称号。

社会事业。文体活动丰富多彩。努力搭建社区居民健身休闲娱乐、文化交流、学习教育的平台,不断营造健康向上的社区文化氛围。2015年"七夕",在望仙桥举行"鸳鸯"邮票和"董永传说"邮册首发仪式。7月,举办了第二届金坛直溪、丹阳吕城"友好乡镇中国象棋友谊赛"。传承直溪优秀文化和非物质文化遗产知识。公共卫生服务体系进一步健全,该镇5个中心村,建设便民医疗服务中心,完善镇级、村级就医环境。12个行政村完成世代服务站和生育文化园建设,计划生育合格率95%。优先发展教育方针全面落实,积极推进教育创新,规范幼儿教育办学秩序,"平安校园"建设成果显著。2015年,直溪镇被评为"常州市学前教育示范镇"。该镇15所村民学校均晋级为常州市标准化村民学校;溪滨村被评为2015年度江苏省"巾帼电子商务示范村",获扶持资金4万元。坞家蔬果专业合作社获2015年度常州市"巾帼优秀项目"称号。全镇7141人领取老年补贴缴费,向715户1146人低保对象发放低保救助金399.12万元。镇慈善分会累计募集慈善捐款118.05万元,发放各类慈善救助金101.86余万元。建昌建筑公司董事长史焕荣等11位企业家发起成立建昌圩文化研究会、建昌圩爱心基金会,《建昌圩》文化研究系列丛书已出版7册,建昌圩被中国乡土艺术协会评为"中国圩文化"之乡。建昌圩爱心基金会认捐资金1172万元,加强养老服务机构安全管理,提高居家养老服务体系建设。2015年,投资10万元,创建巨村村"老年人关爱之家"。直溪镇敬老院获得常州市"敬老文明号"称号。 (耿新如)

表48 2015年直溪镇各村(社区、场)基本情况一览表

村(居、场)名	党总支书记村委会主任(场长)	工农业总产值(万元)	利税总额(万元)	农民人均纯收入(元)	村(居、场)名	党总支书记村委会主任(场长)	工农业总产值(万元)	利税总额(万元)	农民人均纯收入(元)
坞家	王洪生	22861	2562	21054	建昌	巫中卫	24485	1518	22304
直里社区	李小留	29173	3264	21072	天湖	虞冬雷	27244	2237	22310
直溪社区	张锁明	45729	3703	21435	迪庄	邓中一	37830	2903	22090
汀湘	蔡留发	54027	3943	22450	井庄	王金平	34085	2478	22182
西溪	褚 茂	42407	3215	22428	新河	李国和	41972	3862	22214
王甲	王正平	50564	5195	22584	吕坵	王才林	49758	4174	22463
溪滨	孟国强	27439	4104	21107	建昌养殖场	王和平	9762	451	25512
巨村	欧阳云发	31034	2600	22453					

表49 2015年直溪镇骨干企业情况一览表

企业名称	销售收入(万元)	利税总额(万元)	法定代表人	企业名称	销售收入(万元)	利税总额(万元)	法定代表人
江苏省健尔康医用敷料有限公司	60253	4048	陈国平	金坛区金冬染织有限公司	3017	119	李冬发
常州健泽卫生材料有限公司	14825	285	陈国平	金坛区江南制粉有限公司	26294	3163	丁 振
正信光电科技股份有限公司	227793	25215	王桂奋	常州金浩绝缘材料有限公司	2392	182	徐国平
江苏丰登作物保护股份有限公司	36136	293	纪立新	金坛区宏威电工绝缘材料有限公司	887	26	杜炳洪
常州港华丝绢工艺制品有限公司	16616	384	李壮民	江苏凯兴塑化有限公司	2079	128	梅金德
常州亚珺制衣有限公司	2933	219	叶国金	金坛金法码制衣有限公司	5139	347	王维荣
常州亚细制衣有限公司	3395	25	王建俊	常州而今太阳能设备制造有限公司	9664	780	赵二斤
江苏春江农化有限公司	73028	11357	张和平	常州斯威克光伏新材料有限公司	104104	17030	赵世界
金坛区金冠化工有限公司	62833	11224	蒋国平	江苏斯威克新材料有限公司	30569	141	赵世界
金坛区兰陵化工有限公司	46837	6364	谭林林	金坛区天虹管业科技有限公司	3114	319	刘和平
金坛区登冠化工有限公司	63326	11453	高小兵	江苏健裕健康医疗器械有限公司	2660	94	储小林
常州雅迪服饰有限公司	3613	220	李国群	泰明光伏(金坛)有限公司	6749	-146	徐建龙
金坛区裕华毛纺厂	3640	105	王金元	常州中信博新能源科技有限公司	45084	1771	蔡 浩
金坛区新金冠盐矿有限公司	4480	1843	管国新	江苏天航新能源科技有限公司	68361	14708	蒋志锋
江苏龙泉太阳能科技有限公司	2754	71	黄留金	金坛中船新能源科技有限公司	52781	11488	戴 强

朱 林 镇

【概述】 朱林镇,是茅山老区。地形以平原为主,水陆交通发达,常合(原沿江)、扬溧高速公路和340省道贯穿朱林镇境内。国家级文物保护单位——三星村文化遗址就坐落在朱林镇三星村境内。2015年,全镇总人口38516人,土地总面积77平方公里,辖9个村民委员会和2个居民委员会,144个村民小组,耕地总面积3406公顷。全年实现地区生产总值28.57亿元,财政收入15.06亿元亿元,农民人均可支配收入21476元。

农业。全年实现农业总产值6.40亿元,农业增加值3.33亿元。粮食产量3.31万吨,蔬菜产量2.56万吨,肉

类产量0.72万吨,水产品产量0.55万吨。种植业推进结构调整,无节水芹、黄金软米、麦之初面粉、畜牧产业等主导产业优势显现。完成第七期太湖水污染治理“氮磷拦截工程项目”,启动高标准农田项目和区“菜篮子”工程蔬菜生产基地项目建设。新建成的金西农产品加工集中区成为常州市首家省级农产品加工园区。建成长兴村高标准农田333.3公顷,新增高效设施渔业面积30公顷,新增各类新型农机具186台,现代农业得到长足发展。朱林无节水芹被列入国家级地理标志,“黄金村”牌有机软米被评为江苏省优质农产品。新建家庭农场等新型农业经营主体11家,市级以上农业龙头企业4家。成立植保统防统治专业化服务队4个,惠及2000余农户近千公顷水稻。全年新增农民专业合作社3家、家庭农场19家,戴祥华家庭农场创成省级示范家庭农场。农民专业合作社69个,农民专业合作社成员14338人。完成土地确权工作,全镇签订合同并完成确认9049户,完成率95.5%。结合常州市帮扶行动,各村新建标准厂房4000平方米。黄金、龙溪、长兴、唐王4个行政村经营性收入达到100万元。建成龙溪二村安置房9幢7.3万平方米,交付316户被征地农民,并全部纳入社会保障。完成9条村庄道路拓宽硬化改造共计7公里;实施570米长王家路道路提档升级;新建农桥2座。投入近400万元建成江苏省级社区多功能运动场5个,长兴村建成村级综合文体中心;新建唐王、黄金2个常州市达标卫生室。水利重点县项目顺利推进,改扩建排涝站8座、圩口闸2座、灌溉站2座。

工业。全年实现工业开票销售28.80亿元,实现工业增加值14.44亿元,全镇完成工业固定资产投入17亿元,全镇销售收入1000万元以上企业32家,规模工业企业占比80%以上。企业运行质量稳中有升。装备制造、服装、化工及新材料等企业增量稳定。凡登等4家亿元企业销售收入占全镇总量的39.6%,科菱库精工增幅超30%,远岫工艺品、金顺新材料、大地肥业等重点企业支撑作用明显,洮湖机械、科林线缆等新项目顺利投产,海润光伏等新引进企业贡献率逐步提升。工业企业增值税占销售收入3.5%。凡登公司税收超5000万元,增幅42%,全镇超百万元的企业23家。全年新增规模以上企业3家。全镇50余家企业投入3亿元进行技术升级改造,其中瑞创新材料、科菱库精工2家企业设备投入均超千万元。帕卓管路成为金坛区首家在“新三板”上市的工业企业,三德利牧业在省股权交易中心成功挂牌。科技工作注重抓好项目申报、省高新企业和民营科技企业培育、产学研合作。全年完成申报区级以上项目9项,其中省级科技项目3项。全年完成专利申请数614件,其中发明专利申请173件,专利授权数完成31件。帕卓工程机械和日新树酯公司2家企业申报省高新技术企业。企业申报省高新技术产品3种,常州市级高新技术产品6种。申报或复审省民营科技型企业10家。签订产学研合作协议10项。完成申报省级双创人才项目2个,分别为省B级和省C级项目;申报金坛区“金沙英才”项目3人,在由国务院办公厅联合14家国家部委发起的“发现双创之星”大型主题系列活动中,凡登公司总经理钱海鹏成功入选省“发现双创之星”。

常州市委书记阎立(前排左一)视察朱林镇西洋圩水芹基地 (朱林镇 供稿)

朱林镇建筑业在稳固北京、南京等传统市场的基础上,陆续拓展海南、陕西及非洲南部等新兴市场,经营范围进一步拓宽。全镇共有建筑企业19家,其中一级资质10家,2015年实现建筑业总产值14.37亿元。

第三产业。随着金珠广场餐饮住宿、休闲娱乐等商家入驻,同时龙溪新村等区域的人口集聚,集镇商业地带的繁华与人气与日俱增。金西加油加气充电“三站合一”项目顺利签约落户,方便了企业的生产生活。朱林村开启农副产品网上销售新模式,成为金坛第一家省级电子商务示范村。黄金村与上海艺领投资公司合作开发特色有机农耕项目,策划推广黄金村农耕文化,建立有机稻米互联网销售平台。江苏艮泽投资公司就三星村古遗址整体旅游开发达成投资合作,一期完成三星观复建项目。

园区建设。按照高起点规划、高标准建设、高速度推进的原则加快园区建设,整合各类资源,打造载体平台,夯实发展基础。道路框架全面拉开,建成金西工业园“五纵四横”的园区道路。南区4.3平方公里现代园区全面形成。对金西工业园规划范围内的原五联、咀头等7个自然村604户农户和2家企业进行了整体搬迁,共拆迁房屋、厂房10.3万平方米。建成龙溪二村安置房9幢7.3万平方米。园区形成净地166.67公顷。基础设施配套兴建朱林大道、永兴路等7条道路共计8.1公里,建成园区主入口景观绿化2万平方米,完成鹏程路、永兴路等主次干道绿化4.1万平方米,安装路灯426盏。架设改造10千伏、35千伏高压线20公里,埋设自来水管网12公里,天然气管道6公里,雨污水管网20公里,新建污水提升泵站3座,对项目的承载功能进一步提升。园区范围内及集镇建设的农村土地经营权全部完成置换工作,涉及36个村民小组近2500人,置换面积近330公顷。收储朱林碧润水芹合作社、联盛织造厂等土地5.33公顷,平整土地160公顷。建成6万平方米的金西工业园标准厂房一期和天顺能源标准厂房,物业公司和职工食堂正式运营。二期4幢3.3万平方米标准厂房和总建筑面积2.1万平方米的邻里中心一期工程全面开工建设。金西创业中心的孵化器功能逐步显现。

镇村建设。2015年,顺利完成行政村区域优化,镇村一体化发展进程加快。坚持规划先行,编制完成朱林镇总体规划、金西工业园控制性详规等专项规划,集镇和园区的空间布局、功能定位和产业发展更趋合理,形成较为完善的规划体系。镇村建设与管理逐渐步入正轨,集镇管理成立镇城管执法中队,建立镇村垃圾收运体系,新购置洒水车、垃圾清运车、电动巡查车等设备。朱林交警中队与朱林派出所合署办公,强化集镇、园区交通秩序管理。投入1400万元在16个自然村开展太湖水环境综合治理、全覆盖拉网式环境整治项目,共新建生活污水处理设施9座、管网36公里。对3个集镇实施绿化亮化改造工程,更新维护公厕、垃圾箱等公共设施。启动建设"河道绿色长廊",对辖区内丹金溧漕河、薛埠河27.5公里长沿岸土地进行流转,完成两岸绿化14公顷。结合常州市"生态文明在行动"和"创森"工作,长兴、龙溪等村创成省级绿化示范村、森林生态村。沙湖村创成省级生态村,建成2个"三星康居乡村"样板村。开展新农村建设和农村环境优化美化行动,实施王家路、屯山大道等25.5公里的农村道路提档升级工程,改造新建农桥22座,完成186个自然村的全覆盖拉网式村庄环境整治。新建16个小型污水处理设施及管网47公里。

社会事业。2015年,全面推进农村新型养老保险,全镇居民养老保险续保6983人,续保率96%;新增职工养老保险254人;社会保障卡发放23587张,完善信息采集1215人;新型农村合作医疗实现全覆盖。切实做好了城镇低保、农村低保、重残救助、五保老人生活保障等各项工作;募集各类善款46.72万元。

全镇有文化艺术团体19个,会员1520个,剧院(场)2座,座位1220个。文化专业户76个,文化站1个,建筑面积350平方米;公共图书室13个,建筑面积1200平方米,藏书5.5万册。文化行业从业人员520人,占全区社会从业人员的5%,其中事业单位从业人员3人。主要文化艺术团体有唐王故事协会、朱林镇戏迷协会、西岗村戏迷演出队、三星女子龙灯队、西岗龙船队、朱林健美队、咀头村篮球队等。地方特色民间艺术有农民故事创作演讲、民歌演唱等。群众文化活动以唐王农民故事会为依托,建设民间风情特色的文化镇村,镇村农民故事墙成为一道靓丽的文化风景线。农村公共体育设施面积达19900平方米,公共文化设施面积7980平方米。在全区第六届全民运动会上,朱林镇获农村部团体总分第一名。教育卫生事业健康发展,举办全镇医疗系统职工技能比赛,并对全镇教育教学考评优秀单位和优秀教育工作者进行了表彰。成功创建常州市社区教育工作示范乡镇和常州市学前教育现代化乡镇,并获常州市无偿献血先进单位称号。全镇有幼儿园4所,在园幼儿360人,专任教师27人。小学3所,在校生1142人,专任教师112人,小学适龄儿童入学率100%;初中2所,在校生510人,专任教师107人,初中适龄人口入学率100%,小升初升学率100%,九年义务教育覆盖率100%。镇卫生院2所,病床98张,专业卫生人员74人。2015年,农村安全饮用水普及率100%,农村卫生厕所普及率90%,新型农村合作医疗参保人数2.82万人,实现全覆盖。9个村全部安装配备健身器材,常年参加体育活动的人员占常住人口的95.5%。有线电视用户1.33万户,电视综合覆盖率96%。农村最低生活保障户数422户,人数662人。农村各种福利收养单位2个,收养252人。农村五保户149人,其中集中供养94人,分散供养55人。全面推进"平安朱林、法制朱林"建设,镇、村两级综治信息平台全面实现联网运转。严格落实安全生产和食品药品安全责任制。创成常州市级平安先进乡镇,建成常州市首家镇级公共法律服务中心,镇司法所获"全国先进司法所"。

【常州天润科技有限公司研发屋顶盖瓦发电项目牵手汉能控股集团】 2015年5月1日,常州天润光伏科技有限公司自主研发的10多种配套汉能薄膜太阳能光伏瓦,投入批量生产。

位于金坛区朱林镇的天润彩瓦厂已有14年历史,专业生产混凝土彩色屋面瓦,为常州建材行业十强产品,企业拥有德国技术的大型彩瓦滚压及全自动控温、吸尘生产线。传统建材企业寻求升级,跨国公司主动找上门来合作。天润彩瓦品种全、质量优,广泛应用于建筑领域,并吸引了浙江及省内多家光伏企业前来洽谈合作。7月,该厂与汉能控股集团合作。汉能总部位于北京,是全球规模第一、技术第一的薄膜太阳能企业。双方达成合作协议,天润挂牌成立光伏科技有限公司,专门生产与汉能薄膜太阳能芯片相配套的混凝土彩瓦。天润光伏科技有限公司已成功开发出10多种适合不同房型的彩瓦,并通过上海有关专家帮助,彻底消除了瓦片漏水隐患。产品已申请发明专利、实用新型专利和外观专利各2项,光伏瓦每片附加值100~120元,仅彩瓦本身利润就比原先翻了10倍。薄膜太阳能混凝土彩瓦适用于别墅、民房及阳光房,每平方米用瓦6.3片,每片瓦每天可发电9.8瓦。一户63平方米斜屋面安装光伏瓦,年发电量可达5290千瓦时,除自用外,余电可上网出售。25年投资回报期内发电收益超过11万元,是投资的2~3倍。至2015年年底,光伏瓦通过淘宝网和汉能控股集团国内各大产品体验店进入全国市场,并已用于上海多所高校屋面改造工程。

【黄金村获"全国文明村"称号】 黄金村10多年前为省级贫困村,在村委会和村民的努力下,黄金村变得经济强、百姓富、环境美、文明程度高,2015年村集体收入430万元,固定资产2080万元,农民可支配收入2.08万元。先后获得国家级生态村、全国农民示范社,省新农村建设先进村、常州市、金坛市小康家园示范村等130多项荣誉称号。2015年2月,中央精神文明建设指导委员会授予朱林镇黄金村第四届"全国文明村"称号。

黄金村土地面积5.74平方公里,人口2546人,耕地300公顷。村集体投资1600万元先后创办农地、农机、有机稻米合作社和食品公司。生产、加工"黄金村"牌有机、绿色软米、米粉、发芽糙米等产品,连续10年获国家有机、绿色认证,被评为"全国畅销品牌""江苏省名牌""江苏省名优"和"消费者放心产品"。村土地股份合作社,坚持集体所有权、稳定承包权、搞活经营权,流转农户家庭承包土地226.7公顷,建立了有机、绿色稻米栽培基地和节水育秧套种蔬菜基地,农户以土地入股,采用保底收益加二次分红的分配模式,确保兑足农户(股民)的,交足集体的(村、合作社),剩下是自己的。村农机合作社有中高级技术人员10人,持证职业农民36人,配套农机164台套,实现机耕、育秧、机插、植保、收割、粮食烘干、加工等全程农业机械化服务,使用无人机植保,提升了统防统治的效率和质量。2013年创办的江苏黄金村食品有限公司,建成年产1000吨即食型方便米粉生产流水线。"黄金村"牌有机软米系列产品成为黄金村农民增收第一品牌。产品走电子商务平台,本村农民开设网络店铺24家,招聘微商80余家,从业人员480余人,实现年销售农产品5000余件,产值400余万元。成立以村书记为队长的电子商务团队,实现创业和就业相结合,安装100M光纤网络,开通400客服电话,并与物流合作开通产品配送服务。完善电子商务激励机制,鼓励村民从事线上线下销售产品。黄金村从载体、内涵、形式三方面创新入手,拓宽精神文明建设舞台、提振精神文明建设风貌、激活精神文明建设机制。开展"道德模范家庭户"和"道德家庭户"评比表彰活动,激发村民自觉学法守法、勤劳创业、关心集体的意识。每年评选道德模范家庭户40户,道德家庭户100多户。

黄金村软米收割　　　　（朱林镇　供稿）

【李建国在斯里兰卡投资1.2亿元建酒店】 2015年12月,朱林镇杰中杰建设工程有限公司董事长李建国带来消息:公司围绕国家"一路一带"和"海上丝路"战略发展项目,总投资1.2亿元,投入在斯里兰卡帕拉杜勒市的酒店正式开始营运。

10年前,李建国随金坛建筑大军进京参加奥运鸟巢工程建设。因善打硬战而赢得总承包方中信集团信任,承建工程规模越来越大,李建国被评为奥运工程优秀建设者和全国优秀农民工。此后,江苏杰中杰凭着打响的奥运建设品牌,一直成为中信集团的合作伙伴,从国内转战国际建筑市场。

国家提出"一带一路"和"海上丝路"的发展战略后,公司应邀随中建三局赴斯里兰卡考察建筑市场。来到素有印度洋上明珠之称的斯里兰卡,考察5天。李建国了解到,近年从欧洲来斯里兰卡的游客特别多,全国酒店长年缺住宿床位3万余张。每年10月到次年4月为旺季,酒店房间一天在250美元左右,淡季也在100美元一天。而随着中国游客暑假赴斯里兰卡、马尔代夫度假,淡季也已不淡。觅得商机,李建国带11人再赴斯里兰卡考察,选择首都以南27公里外的帕拉杜勒市,与当地议员合作投资。2014年年初起,李建国一连注册3家斯里兰卡杰中杰公司,分别用于酒店经营、土地产权购买和工程建设。一年后,公司办公楼已建成并启用;而投资1.2亿元的斯里兰卡杰杰酒店建设10个月便竣工营业。杰杰酒店位于铁路与大海之间,建筑面积1.5万平方米,客房167间,可同时容纳800人就餐。杰中杰公司赴斯里兰卡投资已完全打开局面。2014年9月16日,他作为中资企业代表,受到到访的国家主席习近平亲切接见。斯里兰卡政府对来自中国投资的李建国非常友好,已专门设立中国工业园,并配备贷款扶持及减免税等优惠政策。在国家开发银行与常州商务局的支持下,杰中杰公司在斯里兰卡又开始投资了房地产开发和工业园区的建设项目。 (韩献忠)

表50 2015年朱林镇各村基本情况

村名	党总支书记村委会主任	工农业总值(万元)	利税总额(万元)	农民人均纯收入(元)	村名	党总支书记村委会主任	工农业总值(万元)	利税总额(万元)	农民人均纯收入(元)
朱林村	王卫中	142208	14330	22706	沙湖村	蒋锁政	62110	5711	21647
龙溪村	陶小兵	171210	15145	21816	西岗村	许建奎	84971	8266	21415
长兴村	顾旺胜	87620	8686	21037	唐王村	丁沧宇	87812	8880	21639
红旗圩	张爱华	54451	5310	20249	黄金村	王 娟	45630	4287	24146
三星村	周荣富	115040	10319	22015					

表51 2015年朱林镇销售1000万元以上骨干企业名单

企业名称	销售收入(千元)	利税总额(千元)	法人代表	企业名称	销售收入(千元)	利税总额(千元)	法人代表
凡登(常州)新型金属材料技术有限公司	458779	92104	钱海鹏	金坛区朱林宏达电镀有限公司	260005	34185	蒋志刚
常州市天顺能源科技有限公司	746755	95923	陈网俊	金坛区天驰轴承有限公司	34455	3973	李钟平
常州市日新树脂有限公司	294975	13444	陈 敏	常州锐联卫生用品有限公司	57949	2626	周立新
江苏金动动力机械有限公司	177946	3405	征华富	金坛区远岫工艺制品有限公司	41631	3336	孙小军
常州成业服饰有限公司	25705	100	范小伟	江苏科菱库精工科技有限公司	150837	8027	徐晓东
常州海华化工有限公司	42375	4017	张 布	常州帕卓工程机械配件有限公司	22301	-622	詹以哲
金坛区环保设备厂	21077	4160	褚世卿	常州沃施莱格金属制品有限公司	22133	2361	孙 平
金坛区金岗机械制造有限公司	18060	-2608	张兆华	常州日新模塑科技有限公司	71597	8432	王向东
金坛区大地复合肥制造有限公司	656993	143614	宋乐东	常州韩利壁纸制造有限公司	28136	332	刘升炫
江苏欧美达汽轮机配件有限公司	20241	1456	陈春雷	常州苏昊服装有限公司	58868	99	刘 昊
金坛区晨泰粮油购销有限公司	40802	-149	张之初	常州银丰电力装备有限公司	94738	2809	薛 蔚
常州明珠稀土有限公司	651051	102430	宋月明	常州市和顺玻璃制品有限公司	23557	-8429	周用臣
金坛区中特轴承有限公司	348125	29038	唐秀庚	常州金坛阳湖钢业有限公司	26256	543	朱 敏
金坛区競宇服饰有限公司	20250	673	孙克平	常州市金坛金顺新型金属材料有限公司	70425	982	黄可苗
常州市旺达变压器有限公司	39967	3672	蔡旺罗	金坛区洮湖机械有限公司	39676	1254	庄发华
金坛区建明机械制造厂	63530	144	何建明	金坛区朱林雄风五金装饰厂	21504	713	陆明荣

指 前 镇

【概述】 指前镇位于金坛区西南部,长荡湖西畔,与溧阳市别桥镇、埭头镇接壤。丹金溧漕河水运主要航道和扬溧高速公路自北向南分别穿越镇域东、西部地区,中心集镇沿镇广公路(241省道)向北10公里,到达常合高速公路入口处。全镇总面积105.14平方公里,其中耕地面积4493公顷。下辖行政村12个,居委会2个。2015年,全镇总人口5.35万人,其中非农业人口5202人,完成地区生产总值24.47亿元,实现财政公共预算收入5581万元,农民人均可支配收入21310元。

农业。2015年,在巩固传统农业优势的同时,加快发展现代农业。全年实现农业增加值5.14亿元,比上年增长4%。农业生产水平不断提升。粮食生产再获丰收,小麦、水稻两季公顷单产均达15510公斤,全镇粮食规模化经营占56%。农业机械快速发展,新增步进式插秧机20台(保有量102台),高速插秧机18台(保有量63台),中拖台22台(保有量45台),全喂入式收割机6台(保有量12台),烘干设备19台套(保有量34台套),秸秆粉碎机72台(保有量80台)。新建农机合作社3家,全镇累计达到21家。生态农业建设成效初显,全镇秸秆还田率90%以上,实现农田化肥投入零增长。农业保险全面覆盖,完成水稻、油菜、小麦保险面积5600公顷,涉及农户18452户。清水渎村获"全国一村一品示范村"称号,黄春海家庭农场被评为"江苏省示范家庭农场"。农村经济实力不断增强。新增村集体物业型增收项目3个,全镇8个村集体拥有物业资产,10个村集体年收入超100万元。全年新增土地流转面积134公顷,新发展专业合作社2家、家庭农场16家。新型专业合作社和家庭农场的快速发展成为壮大现代农业发展规模、促进农民持续增收的新引擎。农业农村基础不断改善。完成12个村188个村民小组5667公顷土地2.9万个地块的土地确权登记工作,农户签字率92%,并进入验收发证阶段。农田水利基础设施不断完善,做好2014年度、2015年度中央财政水利重点县工程,以及市级小型农田水利设施等工程,全年完成总投资约2780多万元。重点农业项目加快推进,投资5000多万元的解放、丰产、芦溪3个村的高标准基本农田建设土地整治项目全面启动,投资1400多万元的东浦、庄阳村的高标准农田建设项目完成招投标工作并开工。

工业。2015年,全镇把主要精力集中到"加快项目引进、加快项目推进"上,全力以赴开展招商引资,加快项目建设,服务现有企业,进一步增强了全镇的工业经济基础。完成工业开票销售36.75亿元,比上年增长2.05%;工业实际投入4.81亿元,增长108%;新增规模工业企业6家、民营企业51家。32家规模以上企业实现销售31亿元,占全镇工业收入的85%。江苏华越毛纺有限公司开票3.5亿元,增长63.5%;江苏苏标纺织有限公司开票1.2亿元,增长87%;常州华德机械有限公司开票1.8亿元,增长21.3%;江苏金洋造船有限公司开票4668万元,增长54%;金坛市卿卿针织厂开票3.8亿元,净增长1300万元。金坛市恒利精纺有限公司开票4044万元,增长61%。产值下降较多的企业有科宇重工、华荣绝缘材料、鑫豪特种钢、中平铸造等企业。

招商引资。全年共签约圣业管件、群达机械、凯丽纺织二期、欣越高档面料成衣、博越羊毛、宏伟重工机械、赛丽高档绒毯、智能减隔震装置、上海运和电器等13个投资3000万元以上项目,协议总投资15.7亿元,其中亿元以上项目6个,盘活园区外闲置厂房和土地项目6个,基本实现月月有签约项目的目标。

切实强化对企业和项目的服务,积极为落户项目在行政审批、基础设施配套、生产经营等过程中提供"保姆式"服务,及时为企业排忧解难,确保签约项目早开工、开工项目早竣工、竣工项目早投产。2015年,全镇3000万元以上在建工业项目14个,其中5个是续建项目。凯丽纺织、云鹏不锈钢净化2个项目已竣工投产,立鼎建材项目也进入设备安装阶段,华荣生物酶制剂项目上海路博、科宇大型铸造件等已竣工。

在加快园区项目建设的同时,启动了园区污水厂方案设计、园区集中供热、园区110千伏变电所、园区排涝站移址新建、荷花港内河码头、指前港码头设计、园区河道生态驳岸等功能配套建设,项目承载能力不断提升。对全镇10吨以下燃煤锅炉分类分时间段实施关停并转,启动园区企业集中供热项目。面对错综复杂的宏观形势和经济发展的下行压力,不断提高为企服务水平,进一步完善党政领导与企业挂钩制度,为企业解决实实在在的发展问题。

建筑业。指前建筑公司、社头建筑公司、洮西建筑公司、兴业古典园林建设有限公司、鑫磊建设工程有限公司不断突破传统模式,实施快速转型发展,建筑产业市场场面不断扩大,在稳固北京、南京等建筑市场的同时,积极开辟上海、苏州、无锡、常州、镇江等大中城市的建筑市场,不断扩大行业板块施工规模。全年实现建安产值3.87亿元,完成建筑业增加值0.88亿元。

第三产业。第三产业快速提升,新建立的江南百果园,集自然风光、休闲娱乐为一体,实现生态、经济和社会效益有机统一。水产品交易、集贸市场和各类商业网点成交额增幅明显,2015年服务业增加值6.95亿元。全镇新增个体工商户114户,共有第三产业实体2657个,从业人员8457人。拥有各类运输车辆2531辆,其中家用汽车961辆。电话普及率99.6%。全镇7家银行年末存款余额13.79亿元,年储蓄存款11.32亿元,人均储蓄存款19871元,年末贷款余额2.01亿元。

村镇建设。总投资近1.5亿元的9幢5.9万平方米的西湖馨宁安置小区于8月交付,成为全区园区拆迁安置第一个交付的镇。S241拓宽工程前期工作扎实推进,完成近3万平方米的房屋动迁、23.4公顷农田的清障征用以及13.6公里沿线的杆管迁移工作。完成指前自来水厂的回购和交接工作,全面实施指前、社头片区区域供水管网改造工程,实现全镇自来水管网改造全覆盖,保证了群众的饮用水安全。投资1430多万元的拉网式农村环境整治工程全面完成,"常州市国家森林城市创建"有序开展,完成成片造林13.3公顷,围村林带80公顷,新建和完善农田林网800公顷,其中建设建春村高标准农田林网133.3公顷。指前、新河、东浦村通过"省级绿化示范村"验收,解放村通过"省级森林生态示范村"的验收,东浦村获"常州最美乡村"称号。实施总投资236万元的6个"一事一议"筹资财政奖补项目,争取财政奖补166.9万元,受惠人群2.5万人。投入600多万元全面启动建设指前路二期、喜鹊岸桥、丰产、建春农村道路提档升级、社头卫生院交通干道新建等工程。新河港整治工程已完成清障等各项前期工作。完成途经丰产、解放2个村的中石油“西气东输”天然气管道铺设。

社会事业。2015年,指前通过“常州市学前教育现代乡镇建设”评估,指前实验学校小学部、社头小学、洮西幼儿园顺利完成学校素质教育督导评估和镇“十二五”时期妇女儿童发展规划终期评估。全镇现有实验学校1所,初中2所,小学2所,幼儿园3所,在职教师270余人,专任教师均具有相应的任职资格,学历达标率100%;在校学生2706人。其中,初中阶段学生582人,小学阶段学生1557人,学龄前儿童567人。江苏华越毛纺有限公司董事长俞建强捐款100万元设立“江苏华越奖教基金”。计划生育优质服务工作扎实开展,成立常州市春晖家园示范基地,为镇计生特殊家庭提供了一个健体娱乐、情感交流、心灵慰藉的平台。积极创建常州市“巾帼文明岗”,开展“蒲公英行动”“真情寻呼1+1”结对活动。全年为职工办理工会普惠卡6000余份。全镇拥有13个村卫生室、39名乡村医生,指前、社头、洮西3家卫生院拥有68张病床、84名医务人员,卫生设施不断完善,服务水平日益提高,认真做好农民健康工程,组织开展全镇65周岁以上居民免费健康体检和离退休干部、镇村干部健康体检。积极推进城乡居民养老保险缴费和失地农民保障工作,全镇参加企业养老保险4634人,城乡居民养老保险8782人,缴费率95%,办理失地农民保险730名。对农村低保户、农村重残、农村孤儿、受灾家庭、生活困难职工、寒门学子等各类群体进行及时的帮助和救助,全年发放救助金1283万元。第十四个慈善周募集善款78万元。深入开展精神文明建设,总投入650余万元的集五保供养、残疾人庇护托养所、镇老年大学、居家养老服务中心为一体的综合性社会福利院环境得到进一步改善和提升,被评为“省三星级文明敬老院”,敬老院副院长王锁英被评为“常州好人”。

(孔隽斌)

表52 **2015年指前镇各村基本情况一览表**

村名	党总支书记村委会主任	工农业总产值(万元)	利税总额(万元)	农民人均纯收入(元)	村名	党总支书记村委会主任	工农业总产值(万元)	利税总额(万元)	农民人均纯收入(元)
社头村	张国庆	27037	2977	21006	庄阳村	殷美成	21539	2021	20798
解放村	柏罗庚	24108	2546	20527	清水渎村	张明俊	21764	2374	20813
建春村	徐明富	13219	1531	20735	东浦村	吕建民	35916	3785	20982
丰产村	邹正福	18634	1961	21017	新河村	汤明富	107940	10623	20997
芦溪村	周国和	15793	1563	19488	王母观村	强桂生	27149	2789	20506
指前村	俞建强	39871	1913	20694	岳阳村	戴听生	17657	1653	19872

表53 **2015年指前镇骨干企业一览表**

企业名称	销售收入(万元)	利税总额(万元)	法定代表人	企业名称	销售收入(万元)	利税总额(万元)	法定代表人
江苏南顺食品有限公司	67835	3706	张恒达	常州宝佳针织有限公司	4417	180	黄道明
常州约特新材料科技有限公司	42896	-3.9	黄大庆	金坛区华荣绝缘材料有限公司	4074	675	陆邦荣
金坛区卿卿针织厂	28415	1624	姚幼卿	金坛区鼎金混凝土有限公司	4059	215	虞　白
江苏华越毛纺有限公司	32489	1588	俞建强	金坛区恒利精纺有限公司	4044	128	周金洪
常州华德机械有限公司	17593	3086	丁建中	常州瑞华电力电子器件有限公司	3953	434	陈兴中
金坛区科宇重工科技有限公司	13231	-491	孙木清	江苏华兴电子有限公司	3938	674	徐志明
江苏苏标纺织有限公司	11927	794	邹斌俊	常州市大友纺织有限公司	3772	49	武　斌
江苏金标毛纺有限公司	11486	891	邹斌泉	江苏宝能建筑材料有限公司	3550	-4049	王金星
金坛长海焊材有限公司	11238	271	刁仁根	常州司迈特服饰有限公司	3091	163	高琴仙
金坛区倩友服饰厂	9339	320	姚　青	江苏铭鼎新材料科技有限公司	3079	89	李立仁
金坛区鑫特机械有限公司	5142	92	李国庆	江苏尚革卓越新材料科技有限公司	2981	96	彭丽琴
金坛区鑫豪特种机械配件有限公司	4931	32	吕存石	江苏大隆铸造有限公司	2739	85	金裕宇
江苏金洋造船有限公司	4673	197	练文林	金坛区茂盛精细化工厂	2713	157	王惠中

续表53

企业名称	销售收入（万元）	利税总额（万元）	法定代表人	企业名称	销售收入（万元）	利税总额（万元）	法定代表人
江苏海定工程机械有限公司	2549	62	王　俊	金坛区奥威特海绵制造有限公司	2055	98	田锁兔
金坛区望胜合金铸钢有限公司	2539	138	王丰明	江苏瑞丰电子有限公司	1268	395	董学娟
金坛区瑞凌焊接器件有限公司	2186	171	邱　光	江苏安顺压力容器制造有限公司	1259	67	翟树兵
常州世越羊绒纺织有限公司	2070	171	俞建强	江苏华荣生物科技有限公司	1241	167	朱月珍

儒林镇

【概述】 儒林镇是全国重点镇、常州市中心镇，地处金坛区东南部，距金坛城区23公里，西滨长荡湖，东临武进区，南与宜兴、溧阳两市接壤。镇域面积61.2平方公里，耕地面积1556公顷，下辖6个行政村，1个居委会，385个村民小组。总人口31920人，非农业人口4520人。2015年，全镇全年实现地区生产总值67.3亿元，财政收入1.64亿元，农民人均纯收入22668元。

农业。按照渔业养殖创特色、粮油生产保供给、安全监管争一流的目标，实现农业可持续健康发展。全年实现农业总产值67101万元。粮食产值3846万元，多种经营产值57449万元，其中夏粮每公顷单产5235公斤，秋粮每公顷单产9438公斤，粮食总产值6917万元。结合本地渔业养殖大镇的特点，大力推广微孔管道增氧等先进渔业养殖技术，新增微孔增氧设施5.33公顷，推广河蟹“155”模式覆盖率90%，完成水循环治理项目7期24个，总面积420公顷。实施省级万亩粮油高产示范方1个、常州市百亩丰产方5个，推广小麦“四位一体”全自动化播种面积93.33公顷。实现各类水产总量7327吨，出栏生猪2.9万头，出栏家禽12.5万羽，蔬菜产量4575吨，水果产量10吨。全镇共有大中型农机58台，农机总动力4.3万千瓦。柚山村、五叶村粮油高产创建工作连续6年获得常州市嘉奖，儒林镇被常州授予亩产“吨粮”达标镇称号。柚山河蟹产业园被评为市级河蟹园区。申报一事一议财政奖补项目3个，万叶牌大闸蟹评为常州市名优农产品，获得2015年中国北京国际渔业博览会金奖。注册商标的合作社达到41家，经无公害认证的5家。新增家庭农场12家，其中区级示范家庭农场5家。完成789.33公顷小麦、784.73公顷水稻、7.67公顷油菜政策性农业保险工作。

工业。全镇以电线电缆、金属材料、机械橡塑和化纤纺织为支柱产业。2014年，全年实现工业开票销售64.01亿元，比上年增长107.5%；全镇共有工业企业327家，新增工商登记企业数53家，新增登记注册资本6.06亿元。规模企业26家。完成工业实际投入6.62亿元，比上年增长401.9%，实现年销售超20亿元企业1家，超10亿元企业1家，超5亿元企业1家，超亿元企业8家；全年完成工业企业新开工项目17个，技改项目12个，总投资6.15亿元。

园区建设。完成太平河改造和240省道以东亮化、绿化等工程，优化园区环境。后堵庄23户村民的动迁工作已全部完成，园区承载能力进一步提升。2万平方米的邻里中心一期交付使用，420个标间实施精装修，职工拎包即可入住，9幢标准厂房已入驻企业13家。编印《儒林企业招工信息》，广泛发放宣传，缓解企业用工难压力。

招商引资。全年签约项目共18个，总投资23.65亿元，亿元以上项目6个(含1个8亿元项目、1个5亿元项目、1个3亿元项目)。其中，征地项目6个，盘活闲置资产项目1个，租用标准厂房项目11个。

科技创新。全年申报各类专利220余件，申报区级科技计划项目6项，其中君诚新材料、奉献精密机械、金土木3家企业的项目获批；申报获批民营科技企业11家；签订产学研协议4份；申报江苏省高新技术产品2项；申报“龙城英才计划”C类项目3个，江苏日发机械科技有限公司与肖浩博士合作的碳纤维材料的研发项目正式入选龙城英才计划。

第三产业。2015年3月，省政府批准长荡湖旅游度假区设立省级旅游度假区。延续长荡湖籽虾节和长荡湖湖鲜美食节活动，从历年活动中汲取经验，挖掘内涵，发现新意，举办“2015中国长荡湖湖泊休闲峰会”，长荡湖旅游度假区获“2015年度中国休闲养生度假胜地”称号。国庆“黄金周”期间游客接待12万人次，旅游收入2800万元。全年游客接待量约113万人次，比上年增长21.5%。借区里组织活动之机，走进上海，推介长荡湖旅游；借南京有关部门组织美食展销之机，进入南京，推介“旅游+美食”；借杭州峰会论坛之机，主动挂钩，让长荡湖旅游在浙江媒体面前亮相。与茅山上阮生态园、常州上游传媒联手推出“游湖赏景品湖鲜”一日游活动；与金坛电视台、金坛电台、上海东方网等单位签订年度合作计划，全方位包装推广长荡湖旅游和美食。从完善景区标志标识、改进景区管理方式方法等方面着手，力求为游客提供科学细致的服务，提升景区的对外形象。先后拟定《关于对旅行社奖励的规定(草案)》《关于导游考核奖励的办法》《关于水城管理的建议》《关于游船收费的暂行规定》等一些管理办法和建议，并加快落实执行，使度假区的管理功能和服务职能更趋规范化、制度化。适应市场需求，推行旅游团餐的接待方式，有力推进了水街餐饮市场发展。

镇村建设。强化农村环境长效管理,出台《儒林镇农村环境卫生长效管理考核实施办法》。全面启动国家生态文明示范镇创建;关停常溧高速两侧4个小土窑,对全镇25台燃煤锅炉进行整治;园区企业和天香苑生活污水全部接管到镇污水处理厂;推进工矿废弃地复垦整治,通过上级项目验收;实施常溧高速两侧民房刷白工程和沿线绿化工程。大力推进集镇交通秩序整治,新增停车位100个,集镇管理得到加强,儒林城管执法中队被评为常州市"三星级中队"。按照"服务区域最大化、办公面积最小化、社会效益最优化"的总体要求,总投资475万、建筑面积2460平方米的便民服务中心竣工并投入使用,年内已有民政、建管、劳服等6个部门进驻,为重点中心镇"一站式"便民服务窗口建设打下基础。投资175万元修建集镇中心广场,为附近居民休闲健身提供便利。

社会事业。水香苑、天香苑一期全面交付,共计26幢楼房、1285户住宅,建筑面积17.4万平方米;投资3800万元的五叶新集贸市场交付使用;长荡湖饮用水源地网围拆迁清障工作全面完成,共拆迁234户278.2公顷,处置废弃船只2605吨,完成下汤餐饮集中区4户餐饮船的整治任务;完成201县道绿化工程及晨风东路东延段绿化提升、人行道板铺设。重视对社会弱势群体的关怀,截至2015年年末,全镇有低保户560户862人,全年发放资金276.4万元,发放受灾慰问款20万元,困难群众临时救助148人次计20.18万元。完成225名失地农民、240名失水渔民进保障工作,做好居民养老保险、新型农村合作医疗保险的征缴工作,实现应保尽保,完成指标任务。

(邓艳萍)

表54　　2015年儒林镇各村(社区)基本情况一览表

村(社区)名	党总支书记村(居)委会主任	工农业总产值(万元)	利税总额(万元)	农民人均可支配收入(元)	村(社区)名	党总支书记村(居)委会主任	工农业总产值(万元)	利税总额(万元)	农民人均可支配收入(元)
柚山	蒋赤卫	29788	2807	29746	五叶	陈华芳	33514	3227	19324
南社	胡伟云	25680	2498	22551	湖头	曹浩华	16229	1550	22876
儒林	许国良	34905	3382	21351	河下	刘金保	491220	34128	19222
后庄	赵金生	22757	2108	21621					

表55　　2015年儒林镇骨干企业情况一览表

企业名称	销售收入(万元)	利税总额(万元)	法定代表人	企业名称	销售收入(万元)	利税总额(万元)	法定代表人
常州武矿电气设备有限公司	223170	18185	戴少云	江苏海锋能源科技有限公司	3645	477	殷锡培
江苏建亚电工材料有限公司	96796	4754	邵　庆	金坛区环宇弹簧有限公司	3478	417	柳　尉
金坛区飞达柴油机配件厂	60067	15122	袁志平	江苏东凌冶金材料有限公司	3400	175	李慧忠
江苏长润电工材料科技有限公司	57311	270	蒋士成	金坛区金盛金属科技有限公司	3038	101	季建芳
金坛区宝杭新型金属材料有限公司	35147	1743	陶家袍	金坛区鑫奥电子元件厂	2937	60	汤小平
常州市苏优辐照科技有限公司	23686	-136	蒋旭峰	江苏宏艺天地节能科技有限公司	2688	143	缪建军
常州杰克服装有限公司	20829	676	李海娇	常州远宇化纤有限公司	2168	24	陆保大
江苏君诚新材料有限公司	12322	136	陆君贤	常州市银诚精密铸造有限公司	2135	46	徐峰平
江苏柚山建材有限公司	11874	476	俞月根	常州欧美电子有限公司	20654	-40	宋小梅
金坛区华泰精密铸造有限公司	8219	-31	张来存	金坛区兴利达工具有限公司	20535	-6	赵建平
金坛金鸥水处理有限公司	6810	1264	金敖大	常州友恒精密铸造有限公司	20445	65	周　良
金坛区好特福制衣有限公司	6373	341	袁国良	金坛区鹏飞铜业有限公司	20017	13	胡金龙
常州康美化工有限公司	4210	2	张伟华	江苏奥辉合金材料有限公司	13301	-1	黄慧清

尧塘街道

【概述】 尧塘街道位于金坛区东南部,隶属于江苏省金坛经济开发区,东邻武进,南望宜兴,北接丹阳。全街道呈桑叶形,尧塘河、湟里河穿境而过,常合(沿江)高速、常溧、金宜、金武公路等省市干线公路贯穿境内,总面积88.81平方公里,耕地面积3693.33公顷,辖11个行政村、2个居委会,农业人口4.75万人。2015年完成农业总产值5.45亿元,农民人均可支配收入24759元,增长12%。

农业农村。2015年,完成粮食总产29609吨,水产品1695吨,蔬菜12889吨,夏粮公顷单产6406公斤,秋粮公顷单产10239公斤。土地确权名列前茅。9月初街道9个行政村全部通过金坛区验收,农户签字率和土地面积确权率分别达到98.8%和99.2%,各个指标均走在全区前列。11月1日,顺利承接全国农村土地确权登记颁证工作现场会,确权操作模式得到农业部和省农委的充分认可和肯定。借助创建国家森林城市的契机,大力加强美丽乡村建设和水岸生态廊道建设,重点实施常溧高速两侧绿化工程,完成常溧高速尧塘段12573米绿化任务。完成连片造林28公顷、围村林带106.7公顷,新建省级森林生态示范村2个,省级绿化示范村4个。花木升级多措并举。切实加快花木产业转型升级,出台《关于加快尧塘花木产业转型升级的奖励办法(暂行)》,新建"中国尧塘花木"网站,完成花木电视宣传片《花道》的拍摄工作,大力提升花木产业规模化、标准化、科技化水平。农业产业化不断壮大。全年新培育2家金坛区级农业龙头企业,新增常州市现代农业产业园区1家、常州市级"一村一品"示范村1个。集体经济日趋增强。坚持以项目推动集体经济发展,确定村级一事一议项目4个,创建省级农民合作社1个,常州市农民合作社1个,完成新型农民合作社2个,申报区示范家庭农场4个,创建市、区"三好三强"农民专业合作社4个,农村集体经济显著增长。

动迁清障。2015年,尧塘街道紧紧围绕全区"两个加快"发展方针和"一城一区一山一水"发展战略,全力以赴做好项目推进、园区清障。房屋动迁再创佳绩。全年动迁共计涉及红旗、林丰、尧塘等8个行政村27个自然村510户,房屋总面积达15.09万平方米。其中新孟河延伸拓浚工程涉及235户5.63万平方米、G233国道涉及146户4.63万平方米。截至12月,新孟河动迁已签字211户4.8万平方米,签字率达89.8%,G233签字121户2.95万平方米,签字率82.9%,有力保证了后续工作的进程。土地清障稳健有力。顺利推进园区内中航锂电子、晨风创业园等项目以及九龙山路、青龙山路、明湖路等多条道路建设,共计流转土地460.4公顷,为全区项目建设奠定坚实的基础。

锡剧名家名段大联欢　　　　(尧塘街道　供稿)

民生实事。民生工程稳步推进。完成尧塘中、小学建设前期工程;汤庄河、福堂河、尧成河等太湖流域河道治理清淤工程、水北小学至上汤村道路建设工程和南汤路道路建设工程以及红旗、水东、下庄三个村村级便民服务中心建设相继竣工;水北文体大楼周边环境综合整治工程涉及湟里河生态驳岸基本完工;海棠名都安置小区已经全面启动;道路监控工程已纳入开发区统一实施。镇村管理规范有序。投入10万余元,完善环卫配套设施,全面保障集镇环境卫生。加强安置小区环境卫生整治,对紫薇花园、香树苑绿化带进行集中清理和整治10余次,改善居民的基本生活环境。

社会事业。社会保障不断加强。办理低保491户,发放资金251.07万元。新增残疾人低保家庭7户,发放贫困残疾人救助资金181.53万元。全年发放社会保障卡3366张,完成企业"五险合一"净增参保人数448人,城乡居民养老保险续缴率完成98.92%,完成扩面征缴544人。教育卫生均衡发展。街道共有中学3所,小学3所,义务教育普及率达100%;拥有镇卫生院2所,医务室21个,初级卫生保健普及率100%;街道自来水普及率100%。公共服务日趋完善。完善农村养老服务体系建设,顺利完成开发区、河头、尧塘三家敬老院的整合。完成孕前优生检查189对,"两癌"筛查2400余人,发放独生子女父母奖励金116460元。社会管理日益规范。规范房屋产权、经济房登记,办理个人房屋产权证68份,单位产权91份。完善社会矛盾纠纷调解,办理信访件30件,接待上访249人次,排查矛盾纠纷265起,调处成功纠纷258件。

表 56　　2015 年尧塘街道各村基本情况一览表

村名	党总支书记	村委会主任	工农业总产值（万元）	利税总额（万元）	农民人均可支配收入（元）	村名	党总支书记	村委会主任	工农业总产值（万元）	利税总额（万元）	农民人均可支配收入（元）
西华	孙华东	孙华东	44276	5177	23910	水北	林洪俊	周小平	31961	4292	23161
谢桥	周国平	周国平	28928	4985	24680	水东	岳国荣	陈　忠	38211	6458	22355
下庄	王庆昌	王庆昌	10536	1851	22404	迎春	王明生	张卫星	22285	2609	22626
尧塘	陈建平	陈建平	36193	4664	23264	林丰	潘国俊	戴卫国	15564	499	2275
红旗	王国方	赵志忠	39563	4695	23117	万新	秦建明	秦建明	18388	2108	21742
汤庄	冯秋生	王国银	66184	8546	22861						

东城街道

【概述】 东城街道地处金坛城东郊，北与丹阳市里庄桥镇，东与丹阳市皇塘镇毗邻，南与尧塘街道，西与西城街道接壤。行政区域面积 74.49 平方公里，常住人口 10.04 万人。下辖 21 个行政村(社区)。其中 16 个社区，3 个村(居委会)合一，2 个农业行政村。街道成立以来，紧紧围绕区委、区政府提出的“常金一体化”、全力打造“一城一区一山一水”的总体发展战略，在全力保障开发区经济发展、载体建设的同时，不断创新社区管理模式，强化服务平台建设，加大各类矛盾排查和处置力度，积极营造和谐稳定的发展环境。

社区建设持续加强。加强硬件设施投入。投入 200 万元完成汇贤、新城等 6 个新建或移址办公社区办公场所的提档升级改造，截至 2015 年年末，有 11 个社区全面达到“江苏省和谐社区”的硬件指标要求。推进社区面貌提升。按照江苏省城市环境综合整治工作要求，整合区、街道两级资金 700 万元，协同区城管局高标准完成金河社区创建“江苏省城市管理示范社区”考核验收；投入 400 万元对峨嵋社区周家村、电胜社区岳庄村等 4 个城中村进行环境综合整治，社区面貌焕然一新。创新物业管理模式。采取“政府采购、公开竞标、市场化管理、专业化考核”的模式，采购了弘昌、金盛等 7 家三级以上资质的物业企业，实现了 12 个安置小区物业服务全覆盖。

征地动迁克难求进。征地服务保障有力。全年完成清障 236.7 公顷，高效完成了蓝色星球、卡斯特铝业、同方威视等重点项目和华罗庚实验学校新城分校等民生工程的交地工作。动迁工作有力推进。按时完成徐塘竹木市场、徐塘工业园区等重点地块动迁 78953.55 平方米。此外，金宜路以东、晨风路以北、经八路以西、东方新都小区以南的 6 家企业搬迁，华胜社区曹家棚 67 户新开项目的前期准备工作均已就绪。

社会治理卓有成效。有效化解社会矛盾。全年受理各类矛盾纠纷调解 218 起，成功调处 215 起，调处率 98% 以上。特别是妥善化解中居午安置房交付、金江南苑 19 和 22 号楼错位，积极稳控凯尔尚郡、万和奥特莱斯等群体性矛盾，营造了安定和谐的发展氛围。加强治安防控建设。新增治安重点区域高清探头 195 个，组建各村(社区)义工巡逻队群防群治。岳庄区域整治通过常州市综治委考核验收。

城乡事业统筹发展。投入 121.57 万元，加强了规划区外的五联、明星等村的农田水利建设。加快为民办实事项目建设，确保东城实验小学等民生项目如期完工。加强华城实验幼儿园等 4 所幼儿园的监控安装，顺利通过首批“常州市学前教育现代化街道”创建验收。金江苑农贸市场全面投入运营，解决了周边 2 万余名社区居民的“菜篮子”问题，为社区居民提供了生活便利。街道卫生服务中心动工建

金河社区周末便民服务点　　　　（东城街道　供稿）

设,街道综合文体站免费对外开放。组建了全区首家社区艺术团金河社区“金河之声”艺术团。认真做好低保、重残、老龄和计生惠民奖励,全年累计发放各类补助706.35万元。积极参加第14个慈善周活动,共募捐款57.73万元。净增社会保险扩面征缴1691人次,完成全年目标的173%。

表57　　2015年东城街道各村(社区)基本情况一览表

村(社区)名	党组织书记 村(居)委会主任	村(社区)名	党组织书记 村(居)委会主任
华城社区	姚国粉	新城社区	沈　俊
华苑社区	王黎君	汇贤社区	虞国新
华兴社区	王建伟	聚贤社区	林国新
华胜社区	王月平	中塘村(社区)	岳火青
东方社区	史跃忠	柘荡村(社区)	王金富
峨嵋社区	卞洪生	河头村(社区)	马金芳
电胜社区	樊建平	明星村	陈息定
南苑社区	姚林芳	五联村	蒋雪芹
金河社区	汤鹏飞		

说明:华阳社区、华光社区由东方社区代管,金东社区由河头村代管,中塘社区由中塘村代管

西城街道

【概述】　西城街道成立于2015年1月。街道东依金坛经济开发区、西临北连金城镇、南接指前镇,区域总面积74.97平方公里、总人口17.78万人。境内有241、340两条省道环绕,常合高速横穿南部区域。全年完成地区生产总值78.48亿元,同比增长16.4%。其中,三产服务业增加值55.03亿元,增长20.3%;第二产业增加值22.02亿元,增长8.4%;第一产业增加值1.43亿元,增长4.0%。全年完成公共财政收入2.48亿元,下降17.1%。

7月3日,西城街道开展“奉献社区、清洁家园”行动

(西城街道　供稿)

城市管理。全年完成11个老小区改造扫尾和寺巷等2个“城中村”环境整治;成立城管中队,对小区毁绿种菜、乱堆乱放、乱搭乱建等问题开展了集中整治;配强物管人员并加大考核激励,出台《西城街道社区物业管理工作考核办法》,试行成立河滨、北门社区物业管理委员会,引导春风二村、南园二村业主委员会顺利换届选举,强化对58个规模小区、近百个零散住宅物管工作的督查、考核和案件处置,农村保洁和创建实现长效化管理,群众满意率90%以上。坚持城市管理长效机制,有效处理数字化城市管理平台案件2.2万件,为美化社区居住环境提供了保障。

社区建设。社区办公用房有所改善,西城、朱庄、北园、东园、北门、愚池等社区办公用房完成装修并进驻办公。由区收储中心收储亚达服装厂作为西城街道办公楼,在简单装修后,2015年11月街道机关整体进驻;社区工作“减负增效”得到推进,按要求规

范了社区机构标识和社区事务的准入事项。“一居一品”特色创建有序开展,河滨社区的省级“三社联动”试点、南洲社区的“国家级综合减灾示范基地”、春风社区的“减负增效”推行样板等取得了创建成效,春风社区获全国和谐社区称号,文化社区获全国科普示范社区称号,方边村获全国民主法治示范村称号。“社区建设讲坛”活动创新开展,“奉献社区、清洁家园”行动普遍开展,引起了社会各界对社区的关注。

拆迁清障。对城南后岐自然村、元巷官坊和高田自然村395户7.12万平方米的房屋住宅实施整体动迁,基本完成动迁协议的签订,房屋腾空率96.2%;完成长荡湖涉及109户的网围整治148公顷,完成滨湖新城人民医院、段玉裁中小学、中央商务区等重点项目以及钱资湖大道、金坛大道等重点工程地块的清障175公顷,完成长荡湖水厂地块、中航锂电地块、钱资湖南侧地块、官坊高田地块征地清障307公顷,完成钱资湖南侧宅基地整治复垦101公顷,满足了滨湖新城及重大项目(工程)开工建设的需要。

民生事业。民生政策全面落实。超额完成年度慈善募捐任务,募集现金50.4万元。春节走访慰问1720人,发放慰问金193万元。完成城乡低保核查,核减低保65户。优抚安置工作全部落实,公开招录13名转业士官充实到社区。成立西城街道居家养老服务中心,居家养老的规范化建设进一步加强。建立残疾人创业孵化基地,残疾人救助体系逐步完善;社会保障应保尽保。全年完成养老保险、医疗保险、失业保险各净增1090人,完成率122%。居民养老保险续保缴费3718人,完成率88%。组织就业技能培训502人次。办理退休职工养老待遇资格认证15261人,退休待遇按时足额发放,515名退休职工得到免费体检;文体活动广泛开展。金坛区第九届邻里节“社区天天乐”活动丰富多彩,在金坛区第六届全运会中获农村组篮球赛、广播操和健身舞第一名,举办金坛区“欢乐金沙广场月月演”西城街道专场演出;计划生育有效措施服务率、计划生育率99%以上;金坛区第四中学在2015年的高考中,本二以上达线率77.31%,在全常州三星级高级中学中名列第一,并超过5所四星级高级中学。对5所非法幼儿园联合进行执法检查,对所有中小学、幼儿园联合进行安全大检查,确保了安全防护措施的落实;新型居民医疗保险做到应保尽保,献血任务全面完成,卫生防疫、动物防疫全面落实到位;人武工作完成342人的民兵整组任务、48人的战备训练任务和52人的新兵征集任务;工会、妇联、共青团等条线,在各村、社区和规模企业都健全了组织网络。

维稳安全。“平安西城”建设得到加强。完成街道政法中心规范化建设,普法宣传教育走进学校和社区,在9个社区、17个住宅小区、67个零星住宅地块安装了单元防盗门,在重大节日、全国“两会”“9·3”阅兵期间对重点特殊人群实现有效管控,有效处置3起企业法人逃逸事件、文化二村纵火案集访事件,调处物业管理纠纷88件、邻里纠纷77件、环境生态纠纷46件、公共安全纠纷21件、婚姻纠纷21件、劳动纠纷17件、民事赔偿纠纷9件、其他纠纷22件,接受处理“12345”投诉案件771件、办结率100%;安全环保工作常抓不懈。对32家工商企业进行了重点检查、限时整改。对10家企业锅炉进行了整治,淘汰3只、改换7只。对金沙影城消防隐患的整治进行重点督办。对涑渎河进行全面整治,维护保养污水处理设施3处,同时对居民生活污水进行管网处理,区域水质全面达标。

(于根堂)

表58 2015年西城街道各行政村基本情况一览表

村名	党总支书记 村委会主任	户数 (户)	总人口 (人)	村民小组 (个)	总面积 (公顷)	村集体收入 (万元)
城南	钱卫军	3112	8287	10	950	1349
小垢	潘建洪	35	185	10	1	238
黄庄	阚小马	762	2764	9	360	127
方边	田松青	1826	4824	28	920	337
涑渎	顾建华	1987	5684	16	458	320
岸头	张乔关	2120	6045	16	967	232

编辑 夏 冰

人 物

新闻人物

·新任区领导·

陈春洪

中共常州市金坛区委副书记。

1960年8月生，江苏金坛人。1984年11月参加工作，1985年9月加入中国共产党。本科文化。1984年11月至1998年3月历任金坛县(市)指前镇计生办公室计生助理、党委宣传委员、党委委员、副镇长、党委副书记、镇长、党委书记；1998年3月至2001年5月先后任金坛市儒林镇人大主席、党委书记；2001年5月至2001年9月任金坛市经济委员会党委副书记、主任；2001年9月至2009年4月任金坛市经济贸易局局长、金坛市工贸公有资产经营有限公司董事长(2004年7月起享受副处级待遇)；2001年9月至2009年4月任金坛市经济贸易局党委副书记、书记(其中2005年3月至2007年12月在中央党校经济管理专业函授本科)；2009年4月至2013年3月任中共金坛市委常委、政法委书记；2013年3月至2015年7月任金坛市(区)人民政府常务副市长(副区长)；2013年4月至2015年5月任金坛市人民政府党组副书记。2015年6月起任现职。

(段裕丰)

纪海平

女，中共常州市金坛区委员会常委，中共常州市金坛区纪律检查委员会书记。

1969年3月生，河南周口人。1986年9月参加工作，1995年8月加入中国共产党。党校研究生学历，学士学位。

1986年9月至1989年9月，参军在解放军信息工程学院电子工程专业学习；1989年9月至1996年12月先后任总参谋部第三部第三局第六处见习学员、技术员、助理工程师；1996年12月至2002年12月先后任解放军信息工程学院政治部宣传处正连职干事、第六系第三队副营职教导员、解放军信息工程大学通信工程系正营职教导员、解放军信息技术学院政治部正营职干事(其中2001年12月解放军高等教育自学考试军事高技术应用与管理专业大学毕业，被授予学士学位)；2002年12月至2004年9月先后任总参谋部第三部第二局训练大队正营职政治干事、副团职政治干事；2004年9月至2004年12月任中共常州市纪律检查委员会工作人员；2004年12月至2008年12月先后任中共常州市纪律检查委员会党风廉政建设室、干部管理室副科级纪检监察员、副主任(其中2005年9月至2008年7月在江苏省委党校宪法学与行政法学专业研究生学习)；2008年12月至2011年11月任中共常州市纪律检查委员会信访室主任；2011年8月至2015年11月任中共常州市纪律检查委员会常委；2015年10月起任现职。

(刘　晓)

朱柏松

中共常州市金坛区委常委，常州市金坛区人民政府党组副书记、副区长。

1964年10月生，江苏常州人。1982年8月参加工作，1992年4月加入中国共产党。南京交通高等专科学校道路与桥梁工程专业大专学历。

1982年8月至2002年3月历任武进市(县)交通局工程股工作人员、副股长、工程科科长、规划计划科科长、市工程管理处副主任、市公路处副主任、党委委员、副局长(其中1994年9月至1997年12月函授学习南京交通高等专科学校道路与桥梁工程专业);2003年3月至2009年7月任常州市武进区交通局党委书记;2003年3月至2010年4月任常州市武进区交通局局长;2003年5月至2013年3月任常州市武进区交通资产经营公司董事长;2006年3月至2013年3月任常州市武进区交通产业发展有限公司董事长;2007年7月至2009年7月任江苏武进经发集团副总经理、董事;2009年7月至2013年3月历任常州市武进区交通局党委副书记、交通运输局党委副书记、局长(2010年12月至2013年3月享受副处级待遇);2013年3月至2015年6月任金坛市人民政府副市长;2013年4月至2015年5月任金坛市人民政府党组成员;2015年5月至2015年6月任中共金坛市委常委、金坛市人民政府党组副书记;2015年6月起任现职。　(刘　晓)

沈　东

中共常州市金坛区委常委,常州市金坛区人民政府党组成员、副区长。

1975年6月出生,江苏常州人,党校研究生学历,1996年6月入党,1996年12月参加工作。

1996年12月至2003年10月历任常州市新北区圩塘镇政府通讯报道员、材料员、秘书、监察室主任、纪委副书记(其中1995年9月至1998年7月湖北函授大学计算机应用专业大专学习;2000年3月至2003年3月江苏省委党校经济管理专业本科学习);2003年10月至2008年10月历任常州市新北区春江镇政府(筹)圩塘办事处成员、党委组织委员、副镇长、党委副书记、政法委书记(其中2004年9月至2007年7月江苏省委党校社会学专业研究生学习);2008年10月至2010年1月任常州市高新区(新北区)纪(工)委(监察局)农村纪检监察工作室主任;2010年1月至2011年3月任常州市新北区春江镇党委副书记、镇长,新北工业园区党工委副书记;2011年3月至2011年9月任常州高新区(新北区)党政办公室副主任;2011年9月至2012年12月任常州市新北区新桥镇党委书记;2012年12月任2013年6月任江苏常州新北工业园区党工委书记;2012年12月至2015年5月任常州市新北区春江镇党委书记;2013年6月至2015年5月任江苏常州滨江经济开发区党工委书记;2015年5月至2015年6月任中共金坛市委常委、金坛市人民政府党组成员;2015年6月起任中共常州市金坛区委常委、常州市金坛区人民政府党组成员;2015年7月起任现职。

(刘　晓)

王国胜

政协常州市金坛区委员会党组书记、主席。

1959年2月生,江苏金坛人,大学文化程度。1980年8月参加工作。1982年10月加入中国共产党。1980年8月至1983年4月任金坛县茅麓中学教师;1983年4月至1985年9月任金坛县团委副书记(其中1984年10月至1985年9月兼任金坛县团委青农部部长);1985年9月至1987年7月在常州工业技术学院学习;1987年7月至1992年9月先后任中共金坛县委办公室秘书科秘书、副科长、办公室副主任;1992年2月至1996年8月任中共金坛县委员会政策研究室主任、办公室主任(其中1995年8月至1997年12月在中央党校经济管理专业学习);1996年8月至1998年2月任中共金坛市委员会常委、中共金坛市委宣传部部长(其中1997年10月至1998年1月兼任金坛市金城镇白龙荡乡党委书记);1998年1月至2002年11月任金坛市人民政府副市长;2001年1月至2002年10月任中共金坛市委员会常委;2002年10月至2006年1月任常州市文学艺术界联合会主席、党组书记(其中2002年10月至2006年1月兼任中共常州市委宣传部副部长);2006年1月至2006年6月任中共金坛市委员会副书记(正处级);2006年6月至2011年6月任中共金坛市委员会常委(正处级);2011年6月至2015年1月任中共金坛市委副书记(正处级)。2015年1月起任现职。

(黄国明)

王建斌

中共常州市金坛区委常委,常州市金坛区人民武装部部长。

1969年1月生,江苏吴江人,军事经济学院财务管理专业本科学历,1993年9月入党,1987年10月参加工作。

1993年7月至2002年8月历任炮兵第九师三团后勤处财务股正排职助理员、副连职助理员、正连职助理员、代理股长、股长(其中1994年9月至1997年7月学习中央党校经济管理专业函授本学;2000年9月至2003年6月学习军事经济学院财务管理专业函授本科);2002年8月至2006年2月历任炮兵第九师二团后勤处财务股股长、处长;2006年2月至2009年9月任炮兵第九师后勤部财务科科长;2009年9月至2010年5月任炮兵第九师十六团代理副团长;2010年5月至2011年6月任第一集团军无锡第一干休所所长;2011年6月至2013年4月历任炮兵第九师后勤部部长、司令部副参谋长;2013年4月至2015年6月任金坛市人民武装部部长;2015年5月至2015年6月任中共金坛市委员会常委;2015年6月起任现职。(刘　晓)

·全国劳动模范、先进生产(工作)者·

荀建华

1962年2月生,中共党员,本科文化。常州亿晶光电科技有限公司董事长。2015年4月被中国共产党中央委员会、中华人民共和国国务院授予“全国劳动模范”称号。

荀建华作为最早进入光伏行业的民营企业家,带领亿晶光电从最早拉制单晶硅起步,逐步向切片、电池、组件、发电系统延伸,成为光伏行业产业链最长的企业,提升了企业的市场竞争力和抗风险能力。2007年电池产品下线,仅用9个月时间,产品就通过德国vde认证,取得进入欧洲光伏市场的准入证;后又通过德国tuv、美国ul、日本jet等一系列认证,以自主品牌成功开拓了国际市场,2008年成为江苏省民营企业纳税百强企业,全国民营企业500强。2010年,在国际市场创下销售额6亿美元的业绩。2011年,公司在上海证交所A股正式上市。2014年,公司产能达1000兆瓦,销售35.8亿元,利润2.03亿元,进入中国光伏行业前10位。他带动了金坛光伏产业的发展,为金坛造就了一个新的支柱产业。绿色能源的生产和使用,为节能减排、建设生态文明做出了重要贡献。

致富不忘回报社会。建厂初期,他出资300多万元用于尧塘镇红旗村新农村建设;出资300万元在金武路上安装了14公里长的太阳能路灯;每年给金坛市华罗庚艺术团资助16万元用于新剧目创作……公司成立至今,他先后为新农村建设、捐资助学、扶贫帮困等社会公益事业捐款超3500万元。2012年,又以夫妇俩名义出资2000万元成立“荀姚光彩基金”,用于教育、文化等人才培养与奖励。(姚丽)

·省部级劳动模范、先进生产(工作)者·

郭红梅

女,1968年8月生,中共党员,大专学历,现任江苏省金坛经济开发区总工会副主席。2015年12月被中华全国总工会授予“全国优秀工会工作者”称号。

她热爱工会事业,始终坚持“团结、务实、创新、争先”的理念,以百倍的工作热情、严谨的工作作风,开展工作。她整合各项资源,突破传统模式,探索创新了基层工会组建“一二三”工作法,“一”即突出“有一个企业就要建立一个工会组织,有一名职工就要发展一名工会会员”的总要求,“二”即树立“抓大不放小、扩面不漏点”两个理念,“三”即坚持“先大后小、先易后难、先建后补”3个步骤,努力达到“建立一个、带动一批、覆盖一片”的良好效果。独立建会298家,会员2.8万人,建会率位于金坛榜首。她推动的工资集体协商以“单独协商探路、联合协商跟进、行业协商细化、牵头协商扫盲,四轮驱动、三箭齐发”的做法得到省总工会的充分肯定。她强化帮扶站、点建设,采取“应建尽建、因地制宜、一企一策、不拘一格”的模式,根据不同职工群体需求建点、针对企业生产经营实际建点、依据工会组建形式建点、结合社区工作特点建点等多种建点方式建立职工帮助点,2013年争创了“常州市四星级帮扶站”,利步瑞职工帮扶点获“省企业工会帮扶工作先进集体称号”。她关爱员工,细致周到,热心为职工办实事、办好事,真心实意为职工服务,在职工中深受好评。

她2011、2012、2014年获金坛市政府嘉奖;2013年获金坛市三等功、被评为“常州市优秀工会工作者”。(宋　芳)

姜方俊

1981年2月生,中共党员,研究生学历。现任江苏海之客农业发展有限公司董事长。2015年1月被共青团中央和农业部联合表彰为“全国农村青年致富带头人”。

2011年,他作为主要创始人,带领融合整体设计、技术、财务、营销、运营等各方面人才的创业团队和资金来带金坛，规划总投资2亿多元创建江苏海之客农业发展有限公司，注册“壹号农场”。项目首期投资6000万元，实现流转土地100公顷，领办果蔬专业合作社、农机专业合作社、稻米专业合作社，16户核心成员带领102户农户以“公司+基地+电商”的方式从事现代农业生产，2013年，实现销售400多万元，2014年销售近千万元。“壹号农场”给现代农业发展和当地农民增强了活力。2012年7月他入选“省双创计划”引进人才。同年12月“壹号农场”项目获“常州龙城英才计划”重点推荐项目。2013年，他入选2013年度江苏省科学技术厅选派的第2批法人科技特派员。他带领团队投资承建的壹号农场基地被评为江苏省农机化科技示范基地。同年，江苏海之客农业发展有限公司被评为省民营科技企业。同期，金坛市海之客农机专业合作社被评为江苏省科技型农民专业合作社。　（陈　文）

仇书洪

1958年6月生，中共党员，现任薛埠镇司法所所长、综治办主任、信访办主任，兼任江苏省人民调解协会副会长。2015年3月被省委、省政府表彰为“人民满意的公务员”。

他自担任司法所长以来，干一行爱一行，积极开展人民调解方法的实践和探索，2012年他编著《人民调解36法》，由省委常委、政法委书记李小敏作序，南京大学出版社出版发行。先后多次应邀为法官、公安干警、检察官、司法所长、公务员、人民调解员传授调解经验。《新华日报》《法制日报》《江苏法制报》《农民日报》等多家新闻媒体对此进行报道。

他先后获江苏省防激化工作先进个人、江苏省优秀政法综治干部、江苏省司法行政系统个人二等功、江苏省十大法治人物、全国模范司法所长、全国调解能手等荣誉称号。　（李志兵）

莫锁龙

1963年1月生，中共党员，本科学历，金坛区农林局农机学校教师。2015年12月被农业部和国家安全监管总局评为“全国农机安全监理示范岗位标兵”。

他在工作中牢固树立“爱岗敬业、诚实守信、公平公正、服务三农、奉献社会”的监理职业道德，刻苦钻研本职业务，大胆创新，为金坛区农机监管工作作出贡献，获得部、省多项奖励。在农机安全宣传教育工作中，紧紧抓住安全监管这一主题，围绕宣传《农业机械安全监督管理条例》、农机“六五普法”“打非治违”专项行动、“六打六治”隐患排查、“平安农机”创建等工作重点、热点和难点问题，作了大量信息宣传工作，加强了对外宣传力度，树立了良好的农机监理形象，营造了和谐的农机执法环境。创新的农机驾驶人宣传教育联镇蹲点挂社、零距离服务等培训和宣传教育形式，得到省、市主管部门的高度肯定。他连续6年被评为江苏省农机安全宣传教育先进个人。　（周　俊）

逝世人物

毕　昇

（1985.9—2011.6.11）

生前是常州市武进区湟里专职消防队二班班长，共青团员。

金坛市尧塘镇水东村人。2003年12月参加中国人民解放军，在新疆乌鲁木齐陆军学院服役，历任战士、班长。2005年12月退伍，进入常州速派奇车业有限公司工作。2008年12月应征成为常州市武进区合同制消防队员，在常州市消防支队组织的消防技能比武竞赛中，多次取得优异成绩，被评为优秀合同制消防队员。入队后，参加灭火和抢险救援280余次，抢救遇险群众16人，多次受到表彰。

2011年6月11日上午，毕昇在参与处置武进区嘉泽镇中岳锻造厂人员中毒事故战斗中，面对高温、有毒气体的侵蚀，临危不惧，冲锋在前，率先佩戴空气呼吸器登上15米高的烟囱侦查救人。在救援过程中意外吸入有毒气体，经抢救无效牺牲。6月28日，江苏省人民政府批准毕昇为革命烈士。江苏省公安厅党委追认他为中国共产党党员，共青团常州市委追授他常州市新长征突击手称号。　（陈书明）

戴顺瑞

（1945.1—2015.2.21）

常州市人大常委会原副主任。曾任中共金坛县委副书记、县长。

江苏常州人。大专文化，高级经济师。1966年4月加入中国共产党。1964年4月参加工作。历任常州市社教工作队队员、常州市茶山针织厂革委会副主任、常州市郊区革委会政工组办事员、常州市茶山公社革委会副主任等职。1980年入南京农学院农经系干部班学习,1983年毕业后任常州市郊区农林科科长。1983年11月起任常州市郊区人民政府副区长,1985年2月起任中共常州市郊区委员会副书记、郊区人民政府代区长、区长。1985年10月起任中共常州市委农村工作部副部长。1986年8月起任中共金坛县委副书记、金坛县人民政府副县长、代县长。1987年4月至1990年4月任中共金坛县委副书记、金坛县人民政府县长。其间,1986年8月起兼任中共金坛县委政法委员会书记;1987年6月起先后兼任中共金坛县人民政府党组书记、金坛县地方志编纂委员会主任等职。1990年4月起任中共常州市郊区委员会副书记(正处级)。1991年11月至1998年5月任中共常州市郊区委员会书记。其间,1992年1月起兼任常州市郊区人民武装部党委第一书记(至1998年5月),1996年3月起兼任常州市郊区人大常委会主任(至2001年1月)。1998年1月起任常州市人大常委会副主任。2008年2月退职休养。

他是中共江苏省第九次代表大会代表,江苏省第七届人民代表大会代表;中共常州市第六次、第七次、第八次、第九次、第十次代表大会代表,中共常州市委第六届、第八届委员,常州市第十二届、第十三届人民代表大会代表。 (陈书明)

编辑　方　骊　刘士科

愚池公园　　　　(区委党史工委　供稿)

荣 誉 栏

金坛获得的综合荣誉

荣誉称号	授予单位	授予时间
2014 年全省农经农业系统工作效能建设成效显著单位	省农业委员会	2015.01
2014 年度省局门户网站信息报送先进单位	省海洋与渔业局	2015.01
2014 年度全省环境信访工作成绩突出单位	省环保厅	2015.03
第七批“国家节水型城市”	住建部、国家发改委	2015.03
江苏省 2014 年度平安县(市、区)	省综治委	2015.06
2015 年“王宝和杯”全国河蟹大赛优秀组织奖	中国渔业协会河蟹分会	2015.11
第十三届江苏名特优产品(上海)交易会县(市、区)最佳展团	江苏名特优产品交易会组委会	2015.12
2015 年度兽医工作先进县(市、区)	省农委	2015.12
2015 年度江苏农业网信息资源建设先进集体	省农业信息中心	2015.12

全国条线先进集体

单位名称	荣誉称号	授予单位	授予时间
金城镇方边村	全国民主法治示范村	司法部	2015.03
朱林镇司法所	全国先进司法所	司法部	2015.12
区农林局	2015 中国北京国际渔业博览会优秀组织奖	中国渔业协会河蟹分会	2015.10
金坛供电公司	全国“安康杯”竞赛活动优胜单位	中华全国总工会、国家安监总局	2015.4
金坛供电公司	全国用户满意工程活动“供电服务用户满意标杆”	中国质量协会、全国用户委员会	2015.11
区教育局	全民终身学习活动周成功组织奖	全民终身学习活动周工作小组 中国成人教育协会	2015.01
东城街道华兴社区	人口和计划生育基层群众自治示范村居	中国计划生育协会	2013.11
东城街道华苑社区	全国综合减灾示范社区	国家减灾委员会、民政部	2014.12
华城小学	少先队基本知识学习实践好活动	全国少工委办公室	2015.06
洮西小学	少先队基本知识学习实践好活动	全国少工委办公室	2015.06
朱林镇黄金村	全国文明村	中央精神文明建设指导委员会	2015.02
东城街道华城社区	全国科普示范社区	中国科协、财政部	2013

省条线先进集体

单位名称	荣誉称号	授予单位	授予时间
区司法局	江苏省法润江苏系列活动集体三等功	省司法厅	2015
朱林镇司法所	省社区矫正先进集体	省司法厅	2015
区司法局	江苏省司法行政队伍建设创新成果二等奖	省司法厅	2015
区农工办	全省农经农业系统工作效能建设成效显著单位	省农委	2016.02
区农工办	全省扶贫系统工作先进集体	省扶贫工作领导小组办公室	2016.01
区农工办	全省农工办工作创新奖	省扶贫工作领导小组办公室	2016.01
区农工办	2015 年度农业农村改革创新成果	省委农村工作领导小组	2016.01
区国税局一分局办税服务股	青年文明号	团省委、省国税局	2015.01
区国税局团委	江苏省五四红旗团委创建单位	团省委	2015.08
金坛供电公司	江苏省电力公司 2015 年度先进集体	江苏省电力公司	2016.01
金坛电信分公司	2015 年度市场经营先进县分公司	中国电信江苏分公司	2015.12
金坛电信分公司	客户维系先进标杆单位	中国电信江苏分公司	2015.12
区教育局	江苏省教育宣传工作先进单位	省教育厅	2015.06
区教育局	江苏省第五届中小学生艺术展演活动优秀组织奖	省教育厅	2015.08
区教育局	“苏教国际杯”江苏省“第十五届中学生作文大赛”(高中组)优秀组织奖	省教育厅	2015.12
金沙高级中学	江苏省四星级普通高中	省教育厅	2015.04
金沙高级中学	江苏省绿色学校	省环境保护厅、省教育厅	2015.11
指前镇王母观村	江苏省民主法治示范村	省依法治省领导小组	2015.06
指前镇指前村	江苏省民主法治示范村	省依法治省领导小组	2015.06
东城街道党工委	人口和计划生育依法行政示范乡镇(街道)	省人口和计划生育委员会	2013.02
东城街道华城社区	江苏省城市管理示范社区	省住建厅	2014.12
东城街道老干部党支部	全省离退休干部先进集体	省委组织部、省委老干部局	2015.02
东城街道金河社区	江苏省城市管理示范社区	省住建厅	2015.12
区农林局植保站	2015 年农作物病虫害绿色防控工作先进集体	省植保站	2015.12
区农林局水产站	2014 年江苏省水产技术推广系统先进单位	省渔业技术推广中心	2015.02
区农林局农机推广站	2015 年度江苏省农村推广工作先进单位	省农机推广站	2015.12
区农林局科技科	“送科技、比服务、促增收”活动表现突出单位	省农委办	2015.03
广东志成冠军集团有限公司	江苏儿童慈善突出贡献单位	省妇联、省儿童少年福利基金会	2015.05
常州润雨服饰有限公司	江苏儿童慈善突出贡献单位	省妇联、省儿童少年福利基金会	2015.05
区妇联	《莫愁》杂志宣传特等奖	省妇联	2015.06
河滨小学	省巾帼文明岗	省城镇妇女“巾帼建功”活动领导小组、省妇联	2015.03
区广播电视台电视节目中心	省巾帼文明岗	省城镇妇女“巾帼建功”活动领导小组、省妇联	2015.04
金坛园林大酒店	省巾帼文明岗	省城镇妇女“巾帼建功”活动领导小组、省妇联	2015.05
中国移动金坛分公司手机卖场步行街店	省巾帼文明岗	省城镇妇女“巾帼建功”活动领导小组、省妇联	2015.06

单位名称	荣誉称号	授予单位	授予时间
常州优容教育科技有限公司	省巾帼文明岗	省城镇妇女"巾帼建功"活动领导小组、省妇联	2015.07
金坛建筑科学研究院材料收发科	省巾帼文明岗	省城镇妇女"巾帼建功"活动领导小组、省妇联	2015.08
区中医院十三区肿瘤科护理组	省巾帼文明岗	省城镇妇女"巾帼建功"活动领导小组、省妇联	2015.09
直溪中心幼儿园	省巾帼文明岗	省城镇妇女"巾帼建功"活动领导小组、省妇联	2015.10
区供电公司党群工作部	省巾帼文明岗	省城镇妇女"巾帼建功"活动领导小组、省妇联	2015.11
区农业银行朱林支行	省巾帼文明岗	省城镇妇女"巾帼建功"活动领导小组、省妇联	2015.12
区政府办财务科	省巾帼文明岗	省城镇妇女"巾帼建功"活动领导小组、省妇联	2015.12
区春风幼儿园家长学校	省优秀家长学校	省妇联、省教育厅	2015.12
区残联	2014年度按比例安排残疾人就业工作先进单位	省残疾人工作委员会	2015.03
团区委	2014年度少先队工作优秀项目	省少工委	2015.03
区少工委	2014年度江苏新疆少年儿童"手拉手"互助活动贡献奖	团省委、省少工委	2015.01
区公安消防大队	2014年度江苏省级青年文明号	团省委	2015.01
区住建委团委	江苏省青年志愿服务事业贡献奖	团省委、省志愿者协会	2015.02
薛埠镇团委	2014年度省五四红旗团委	团省委	2015.04
区公共交通有限公司支部	2014年度省五四红旗支部	团省委	2015.04
江苏海之客农业发展有限公司	2015年江苏省青少年农业科普示范基地	团省委、省农委	2015.07
尧塘街道	江苏省团报团刊宣传工作先进集体	团省委	2015.08
洮西小学少先队大队	江苏省优秀少先队集体	团省委、省教育厅、省少工委	2015.12
白塔小学小太阳中队	江苏省优秀少先队集体	团省委、省教育厅、省少工委	2015.12
区人社局	县(市、区)工作成绩突出单位	省人社厅	2015.08
区人社局	江苏省创业培训实训示范基地	省人社厅	2015.09
长荡湖旅游度假区	江苏省生态旅游示范区	省旅游局、省环保厅	2014.11
金坛移动公司	企业文化示范单位	中国移动江苏公司	2015.09
尧塘街道团工委	2015年度江苏省团属报刊宣传先进单位	共青团江苏省委	2015.08
朱林镇黄金村	江苏省科普示范村	省科学技术协会	2015.02
朱林镇黄金村	江苏省巾帼电子商务示范村	省妇女联合会	2015.08
朱林镇黄金村	江苏省5A级农机专业合作社	省农机局	2015.08
朱林镇黄金村	江苏省农产品展销会畅销产品	省农村工作办公室	2015.12
朱林镇唐王村	江苏省森林生态示范村	省农林厅	2015.12
朱林镇长兴村	江苏省民主法治示范村	省依法治省领导小组	2015.06
朱林镇长兴村	江苏省三星级规范档案室	省档案局	2015.09
朱林镇长兴村	江苏省绿化示范村	省绿化委员会	2015.12
朱林镇三星村	江苏省村庄规划建设示范村	省住建厅	2015.02
朱林镇龙溪村	江苏省民主法治示范村	省依法治省领导小组	2015.06
朱林镇龙溪村	江苏省森林生态示范村	省农林厅	2015.12
朱林镇朱林村	江苏省电子商务示范村	省商务厅	2015.11

单位名称	荣誉称号	授予单位	授予时间
朱林镇朱林村	江苏省绿化示范村	省绿化委员会	2015.12
朱林镇红旗圩村	江苏省高效渔业示范村	省海洋渔业局	2015.04
朱林镇沙湖村	江苏省水美乡村	省水利厅	2015.03
朱林镇沙湖村	江苏省生态村	省环保厅	2015.12
朱林镇经济发展服务站	江苏省三星级规范档案室	省档案局	2015.09

省条线先进个人

姓　名	单位职务	荣誉称号	授予单位	授予时间
王跃中	区委常委、宣传部部长	全省优秀宣传思想工作者	省委宣传部	2016.02
柏虎斌	统战部副部长、民宗局局长	统战工作先进个人	省委统战部	2015.09
杨丽莉	水北法庭副庭长	个人二等功	省委、省政府	2015.02
吴罗孝	东城街道司法所所长	个人二等功	省司法厅	2015
纪冬梅	区公证处主任	人民满意公证员	省司法厅	2015
史玉华	区司法局社区矫正科科长	全省社区矫正工作先进个人	省司法厅	2015
陈旭东	区公安局交巡警大队城区中队	江苏省模范军队转业干部	省军转干部安置领导小组、省委组织部、省人社厅、省军区政治部	2015.07
张五芳	华罗庚实验学校	全国五一巾帼标兵	中华全国总工会	2015.02
毛海鹰	华罗庚实验学校	江苏省五一劳动奖章	省总工会	2015.04
毛海鹰	华罗庚实验学校	江苏省十佳文明职工	省委宣传部、省文明办、省总工会	2015.4
沈　峰	常胜小学	江苏省优秀少先队辅导员	团省委、省教育厅、省少工委	2015.12
杨蓉凤	常胜小学	江苏省二十七届中小学“金钥匙”科技竞赛优秀科技辅导员	省教育厅	2015.12
何丽华	白塔中学	江苏基本教育青年教师教学基本功大赛(初中数学)一等奖	江苏省基础教育青年教师教学基本功大赛组委会	2015.12
杨　晔	直溪中心小学	江苏基本教育青年教师教学基本功大赛(小学数学)一等奖	江苏省基础教育青年教师教学基本功大赛组委会	2015.12
王　瑾	西旸小学	江苏基本教育青年教师教学基本功大赛(小学数学)一等奖	江苏省基础教育青年教师教学基本功大赛组委会	2015.12
张金彪	区水产技术指导站副站长	2015年度省水产品质量安全专项整治工作先进个人	省海洋与渔业局	2015.12
罗　明	区水产技术指导站	2014年度省水产技术推广系统信息工作先进个人	省渔业技术推广中心	2015.02
莫锁龙	区农机监理所	2014年度农机安全监理宣传信息工作优秀信息员	省农机安全监理所	2015.09
季　敏	区农林局产业化办公室主任	第十七届江苏农业国际合作洽谈会先进个人	江苏省农业国际合作洽谈会组委会	2015.10
傅俊毅	区农林局园艺科副科长	全省园艺推广先进个人	省园艺学会	2015.05
魏广彬	区农林局农业科科长	2014年度国家粮食丰产科技工程江苏项目优秀工作者	国家粮食丰产科技工程江苏项目办公室	2015.03
高立伟	区农林局市场信息科副科长	2014年度江苏农业网信息资源建设先进个人	省农业信息中心	2015.03

姓　名	单位职务	荣誉称号	授予单位	授予时间
贺　燕	区农林局市场信息科	2015年度江苏农业网信息资源建设先进个人	省农业信息中心	2015.12
史月香	江苏鑫隆复合工程材料有限公司董事长	江苏优秀民营女企业家	省妇联、省工商联	2014.12
丁文娟	区烟草专卖局	江苏省烟草专卖局(公司)政研会优秀会员	省烟草专卖局(公司)	2015.12
夏荣顺	江苏盐道物流有限公司董事长	第五届长航十大杰出人物	交通运输部长江航务管理局	2014.12
乔琳琳	区广电台妇委会主任	江苏儿童慈善突出贡献个人	省妇联、省工商联	2014.12
王虎琴	金坛农产品质量检验检测中心主任	全省百名巾帼科技创新典型人物	省妇联	2015.09
钱永锋	区妇联副主席	省巾帼建功标兵	省城镇妇女巾帼建功活动领导小组、省妇联	2015.03
曹玉芳	区残联党组书记、理事长	全省残联系统先进工作者	省残联、省人社厅	2015.12
蔡　莉	区人社局	县(市、区)工作成绩突出个人	省人社厅	2015.08
宋佩勇	金坛移动公司	优秀共产党员	中国移动江苏公司	2014.06
孔至道	团区委	2014年度江苏新疆少年儿童“手拉手”互助活动先进个人	团省委、省少工委	2015.01
陈学谦		2014年度“江苏省农村青年致富带头人”	团省委、省农委	2015.02
张　键		2014年度省优秀团员	团省委	2015.04
董佳一		江苏省“青年演说家”比赛(高中组)三等奖	团省委	2015.10
李馨怡		江苏省优秀少先队员	团省委、省教育厅、省少工委	2015.12
沈　峰		江苏省优秀少先队辅导员	团省委、省教育厅、省少工委	2015.12
韩　锋		江苏省杰出青年岗位能手	团省委	2015.12
栾斌臣		江苏省杰出青年岗位能手	团省委	2015.12
汤　俊 韩　锋		江苏省身边好青年	团省委、省文明办、省通管局	2015.12
徐洪庆	朱林镇政府	江苏省“最美乡村兽医”	省农委	2015.11
王　娟	朱林镇政府	江苏省“农民创业状元”	中共江苏省委农村工作领导小组	2015.07
戴国平	朱林镇政府	全国残疾人调查优秀调查员	省残疾人工作委员会	2015.10

编辑　钱国新　汤芬娣

江苏省人民政府关于调整金坛市部分行政区划的批复

苏政复〔2015〕10号
（2015年1月28日）

常州市人民政府：

你市《关于金坛市行政区划调整的请示》（常政发〔2014〕164号）收悉。现批复如下：

一、同意撤销尧塘镇。以原尧塘镇的西华、谢桥、尧塘、汤庄、红旗、水东、迎春、万新、下庄、水北、林丰11个村委会区域设立金坛市尧塘街道办事处，街道办事处驻尧塘集镇尧汤路8号。

二、以金城镇的华苑、峨嵋、东方、华胜、华兴、华城6个居委会和柘荡、河头、中塘、五联、明星5个村委会区域设立金坛市东城街道办事处，街道办事处驻华胜居委会汇贤南路3号。

三、以金城镇的西门、文化、小南门、春风、丹阳门、花街、河滨、北园、东园、北门、虹桥、翠园、愚池、西城、朱庄、南洲16个居委会和城南、涑渎、方边、小坵、黄庄5个村委会区域，以及原尧塘镇的岸头村委会区域设立金坛市西城街道办事处，街道办事处驻虹桥居委会县府路65号。

四、将金城镇的王母观、新河、岳阳3个村委会划归指前镇管辖。

行政区划调整后，尧塘街道办事处行政区域面积88.81平方公里，人口5.09万人，管理11个村委会；东城街道办事处行政区域面积74.49平方公里，人口10.04万人，管理6个居委会、5个村委会；西城街道办事处行政区域面积74.97平方公里，人口17.78万人，管理16个居委会、6个村委会；金城镇行政区域面积72.09平方公里，人口5.81万人，辖11个村委会；指前镇行政区域面积105.14平方公里，人口5.35万人，辖12个村委会。

行政区划调整工作涉及面广，政策性强，望你市切实加强领导，精心组织，周密部署，确保社会稳定。

江苏省人民政府关于同意设立江苏省金坛长荡湖旅游度假区的批复

苏政复〔2015〕25号
（2015年3月21日）

常州市人民政府：

你市《关于申报金坛市长荡湖旅游度假区为省级旅游度假区的请示》（常政发〔2014〕117号）收悉。现批复如下：

一、同意设立江苏省金坛长荡湖旅游度假区。

二、金坛长荡湖旅游度假区规划面积19.76平方公里，四至范围：东至常溧高速，南至省道239、大涪山，西至儒林镇界，北至沿江高速。

三、金坛长荡湖旅游度假区的开发建设，必须符合城市总体规划、土地利用总体规划、旅游度假区总体规划，严格控制建设用地规模，节约集约用地，依法办理用地报批手续。要注重旅游度假区建设与村庄改造、乡镇发展相协调，实现利民、惠民、富民的发展目标。正确处理资源保护与开发的关系，加强生态环境保护和建设，坚持走可持续发展道路。

四、金坛长荡湖旅游度假区要充分发挥生态优势，努力打造以湖荡风光、渔乡风情、美食体验、养生休闲为特色的品牌旅游度假区。进一步健全管理机构，大力发展旅游龙头企业，建设优良的旅游度假设施，营造优美的旅游度假环境，开发优质的休闲旅游度假产品，不断提升旅游度假区的综合实力和服务水平，为促进“畅游江苏”、推进旅游强省建设作出贡献。

中共金坛市委 金坛市人民政府 关于印发《金坛市人民政府职能转变和机构改革实施意见》的通知

坛委发〔2015〕4号
（2015年1月8日）

各镇党委和人民政府，开发区、茅山旅游度假区党工委、管委会，各街道党工委、办事处，市各部委办局，市直各单位：

《金坛市人民政府职能转变和机构改革实施意见》已经市委、市政府同意，现予印发，希认真贯彻执行。

金坛市人民政府职能转变和机构改革实施意见

根据常州市《市委办公室、市政府办公室印发〈金坛市人民政府职能转变和机构改革方案〉的通知》（常办发〔2014〕83号）精神，为积极稳妥地做好市政府职能转变和机构改革工作，保证完成各项改革任务，现提出如下实施意见。

一、指导思想和基本原则

（一）指导思想

高举中国特色社会主义伟大旗帜，以邓小平理论、“三个代表”重要思想、科学发展观为指导，深入学习贯彻习近平总书记系列重要讲话精神，围绕建立中国特色社会主义行政体制目标，坚持适应地方经济发展需要，大力简政放权、转变政府职能，优化机构设置、理顺权责关系，创新体制机制、提高行政效能，努力建设人民满意的法治政府和服务型政府，为实现“常金一体，东扩南移，苦干三年，强基进位”目标而努力奋斗。

（二）基本原则

转变职能。以职能转变为核心，以简政放权为突破口，合理界定政府部门职能，理顺部门职责分工，努力在重要领域和关键环节上取得突破。

优化结构。在市级政府机构限额内,统筹推进政府职责和机构调整,积极探索建立职能有机统一的大部门体制。

创新管理。以职能管理为基础,创新行政管理方式,完善政府监管体制,促进全面正确履职。

稳妥推进。坚持职能转变和机构改革同步推进,整体把握与重点突破相结合,积极稳妥推进各项改革。

二、加快政府职能转变

把职能转变放在更加突出位置,按照以"五张清单、四条主线、一大平台、六项改革"为主要内容的政府职能转变基本框架,推进简政放权,转变监管方式,坚持依法行政,强化监督制约,进一步激发市场、社会创造力,切实提高政府管理科学化水平。

(一)大力推进简政放权,深化行政审批制度改革

1. 建立行政审批事项目录清单。继续认真做好国务院和省、常州市政府取消下放行政审批事项的落实和衔接工作,本届政府任期内行政审批事项减少四分之一以上。对面向公民、法人、其他组织的非行政许可审批事项,原则上予以取消,今后不再保留"非行政许可审批"这一审批类别。2015年1月底前汇总形成《金坛市行政审批事项目录清单》,向社会公布。加强行政审批事项目录化、标准化、动态化管理,实现"目录之外无审批"。积极推进经济开发区行政审批制度改革试点工作。(责任部门:市编办、市行政服务中心、经济开发区)

2. 建立政府行政权力清单。对政府行政权力和部门职责交叉进行全面梳理,加大取消、整合、下放和转移力度,减少交叉事项,简化办事环节,优化权力运行。2015年1月底前公布《金坛市政府行政权力事项清单》,做到"法无授权不可为"。(责任部门:市编办、市法制办、市行政服务中心)

3. 建立政府核准的投资项目目录清单。加快制定市政府核准的投资项目目录,配套出台审批、核准和备案管理办法。制定出台鼓励发展的产业指导目录。鼓励非国有资本参与国有企业投资项目,制定民营企业进入特许经营领域的实施意见,鼓励各类市场主体依法平等参与市场竞争。(责任部门:市发改委)

4. 建立政府部门专项资金管理清单。对上级补助和本级预算安排,具有指定用途的项目资金进行清理和规范。2015年1月底前公布政府部门专项资金管理清单。探索因素法分配专项资金,改革财政性资金对竞争性领域的支持方式,逐步减少、退出竞争性领域的无偿支持政策。扩大产业类财政专项资金有偿使用试点范围,推进200万元以上财政专项资金的预算绩效管理。(责任部门:市财政局)

5. 建立行政事业性收费目录清单。对行政事业性收费、政府性基金和实施政府定价或指导价的经营服务性收费,全面进行梳理,取消不合法收费项目,降低不合理收费标准。2015年1月底前完成收费目录公示工作,实行"目录之外无收费"。(责任部门:市发改委、市财政局)

(二)紧扣重点领域主线,优化公共服务运行机制

1. 以服务企业为主线,优化注册登记服务。全面实行认缴登记制。制定工商登记前置改后置审批事项目录清单。放宽市场主体住所(经营场所)登记条件。实行工商营业执照、组织机构代码证和国地税税务登记证"四证联办"。推行"清单化审核、备案化管理"的外商投资企业设立快速审批方式。建立外资企业准入单一窗口机制。推行电子营业执照和全程电子化登记管理,探索扩大网上登记代办业务。改企业年检制度为年度报告公示制度,建立企业公示信息抽查制度和经营异常名录管理制度。

2. 以项目建设为主线,优化项目审批服务。切实落实《常州市建设项目审批全流程再造工作方案(试行)》,大力推进联合审图、联合踏勘、联合验收、多证联办,实现建设项目审批"一门受理、集中审查、联合办理",逐步实施建设项目网上审批。进一步优化重点建设项目审批代办服务,实行市、镇(区)代办联动。减少、归并审批前置中介(技术)服务项目。积极推进经济开发区行政审批制度改革试点。

3. 以规范市场为主线,优化审批中介服务。对行政审批前置环节的技术审查、评估、鉴证、咨询等服务事项进行全面清理规范,加快从事行政审批前置中介服务的市场中介组织与行政机关脱钩,稳步实施事业单位从事中介服务的职能剥离。制定加强行政审批中介服务管理意见。建立中介服务机构职业道德评估制度,完善中介服务机构失信惩戒机制、自律保障机制和退出机制。公布涉建中介服务机构目录清单,建立不良记录黑名单制度。

4. 以便民利民为主线,优化民生领域服务。进一步优化居民出生、入学、婚姻等方面的登记、办证服务,有效减少、简化办事手续。降低就业门槛,不断优化公共就业创业服务。深化户籍制度改革,切实优化落户居住、跨区域流动、出入境等一系列管理服务。完善城乡居民基本养老保险政策。健全城乡低保标准调整机制,细化社会救助政策措施。探索适度普惠性儿童福利制度,推进养老服务业综合改革,深化医疗卫生体制改革。

(三)完善政务服务体系,打造阳光便捷的服务平台

1. 完善政务服务平台建设。研究制定我市政务服务体系建设实施意见。优化整合行政审批、公共资源交易、便民服务、电子政务四大内容,组建市政务服务管理办公室,构建"一办四中心"(市政务服务中心、市电子政务中心、市政府公共资源交易中心、市市民服务中心)的市级政务服务平台。继续推进行政审批"三集中三到位",加快建设市政务服务网上平台和办事大厅。实行公共资源交易平台与政务服务中心合并的一体化管理模式,统筹推进镇、街道便民服务中心和村(社区)便民服务代办点建设。

2. 规范优化行政审批服务。2014年底前向社会公开行政审批事项的设定依据、受理部门、提交材料清单、审批环节、审批时限、审核标准、收费项目。进一步减少中间层级和交叉环节,简化审批流程、压缩办理时限,提高行政效能。涉及两个及两个以上部门审批的项目,2015年全部实行并联审批。建立岗位职责清晰、流程优化、审批权限明确、工作标准具体的行政审批运行机制。

3. 完善行政权力网上公开透明运行机制。努力实现全市行政机关、所有行政权力、电子监察监控的网上全覆盖。加快实现行政权力网上运行工作与各部门核心业务工作、与政务服务审批和服务事项办理、与行政绩效管理"三个融合"。健全政府法制监督应用平台,加强对行政权力网上运行情况的实时监控。逐步将重大行政决策事项和人财物等内部管理事项纳入网上运行系统。

4. 深入推进政府信息公开。2015年实现财政预决算、部门预决算和"三公"经费除涉密部门和涉密事项外全部公开。建立健全信息公开和政策解读制度,完善部门例行新闻发布机制和主动信息发布机制。加强政府网站建设和管理。积极探索利用政务微博、微信等新媒体,及时发布各类权威政务信息。加强电子政务建设,完善标准化服务和管理运行机制,实现政务信息互联互通和资源共享。

(四)配套推进相关改革,更好发挥政府作用

1. 稳妥开展政府机构改革。按照精简统一效能原则,稳步推进大部门制改革,理顺权责关系,完善体制机制,加快形成精干高效的政府组织体系。进一步优化政府组织结构,进一步理顺部门职责体系,完善政府权力运行机制,促进市域整体协调发展。

2. 继续深化事业单位分类改革。推进承担行政职能的事业单位改革,把属于政府的行政职能划归相关行政机构。从事公益服务事业单位改革要在与主管部门理顺关系、去行政化、建立法人治理结构等方面取得积极进展。推进有条件的事业单位转为企业或社会组织。建立各类事业单位统一登记管理制度。逐步整合职责功能相近的事业单位。面向社会提供公益服务的事业单位逐步推行属地管理。探索推进检验、检测、认证机构改革。建立健全绩效考核、人事管理、收入分配、社会保险、财政保障等事业单位改革配套政策。

3. 有序推进社会组织改革。积极开展社会组织登记制度改革,试行行业协会商会一业多会。完善社会组织培育发展平台,加快社会组织孵化,开展公益创投活动。推进行业协会商会与行政机关脱钩工作。积极探索政府向社会转移职能实施方案。健全社会组织管理制度,引导社会组织完善法人治理结构,加强登记审查和日常行为监管,到2017年基本形成政社分开、权责明确、依法自主的现代社会组织体系。

4. 大力推进市级中心镇扩权强镇改革。赋予中心镇部分县级经济社会管理权限,扩大中心镇财政自主权,优化中心镇机构设置,强化目标考核激励,完善相关配套政策,激发其发展动力和活力。2014年底开展薛埠镇扩权强镇试点工作,并积极争取申报省经济发达镇行政管理体制改革扩大试点,2015年在总结试点经验基础上向儒林镇推开改革。

5. 加快推进监管方式改革。制定出台加强事中事后监管办法,加快构建行政监管、信用管理、行业自律、社会监督、公众参与的综合监管体系。维护市场公平交易秩序,完善常态化监管机制。加强社会诚信体系建设,建立跨部门、跨地区、跨行业的失信行为联合惩戒制度。

6. 积极探索综合行政执法体制改革。整合规范监管执法主体,加快推进重点领域跨部门、跨行业综合执法。优化执法层级,进一步加强食品药品、安全生产、环境保护、劳动保障等重点领域基层执法力量。规范和完善监管执法协作配合机制。做好行政执法与司法的有机衔接。

三、深化市级政府机构改革

按照精简统一效能原则,结合金坛实际,稳步推进大部门制改革,强化机构和职责整合,规范机构设置,理顺权责关系,完善体制机制,加快形成精干高效的地方政府组织体系。

(一)优化组织结构,调整市政府机构

1. 整合市政府卫生行政部门、人口和计划生育部门的机构和职责,组建市卫生和计划生育局,优化配置医疗卫生和计划生育服务资源。不再保留市卫生局、市人口和计划生育局。

2. 整合原市食品安全委员会办公室、工商、质监和食品药品监管部门的职责以及卫生部门承担的食品安全监管职责,组建市市场监督管理局,挂市食品药品监督管理局、市食品安全委员会办公室牌子,为市政府工作部门。不再保留市食品药品监督管理局、常州市金坛工商行政管理局、常州市金坛质量技术监督局。

3. 市规划局由在市住房和城乡建设委员会挂牌,调整为单独设置,为市政府工作部门。

4. 市民族宗教事务局由在市委统战部挂牌,调整为与市委统战部合署办公,为市政府工作部门。

改革后,市政府设置工作部门26个(详见附表)。

(二)整合部门职责,规范机构设置

1. 将原市人口和计划生育局的研究拟订人口发展战略、规划及人口政策职责划入市发展和改革委员会。

2. 将市商务局的生猪定点屠宰监督管理职责划入市农林局。

3. 将土地登记、房屋登记、林地登记等不动产登记管理职责整合,由市国土资源局承担。

4. 组建市政务服务管理办公室,为市政府派出机构,挂市政务服务中心(由市行政服务中心更名)和公共资源交易中心牌子。

加大机构和职责整合力度。从实际工作出发,大胆创新,在更大范围、

更多领域综合设置机构。探索市场监管、农业农村管理、城市规划建设和市政管理等领域机构和职责的整合。按照同一件事情由同一个部门负责的原则,最大限度解决部门职责交叉和分散问题,将部门相同相近、交叉重叠的职责整合由一个部门承担,确需多个部门负责的事项,要明确牵头部门,分清主次责任。建立健全政府部门间的协调配合和磋商机制,形成工作合力。

严格规范各类机构设置。市政府工作部门内设机构要综合设置。从严规范和管理合署办公机构、政府派出机构、开发区(含各类经济功能园区)管理机构、挂牌机构和议事协调机构。挂牌机构不得设为实体机构,议事协调机构不单设办事机构。对工作任务基本相同或相近的议事协调机构进行归并整合,凡其工作任务可交由职能部门承担的,工作任务已完成或即将完成的,原则上撤销。

(三)加强统筹协调,推进相关配套改革

建立统一规范的公共资源交易平台。加快整合工程建设项目招投标、土地使用权和矿业权出让、国有产权交易、政府采购等平台,建立健全统一规范、上下衔接的公共资源交易平台。充分发挥市场配置公共资源的决定性作用,改革完善公共资源管理体制和运行机制,拓展公共资源交易平台功能,逐步将其他分散的各类公共资源交易纳入公共资源交易平台。

改革市场监管执法体制。整合现有卫生(餐饮服务环节食品安全卫生执法)、工商、质监和食品药品监管执法力量,组建统一隶属于市市场监督管理局的市场监管执法队伍。在原有的工商分局基础上按区域设置市场监督管理分局,挂食品药品监督管理分局牌子,为市市场监督管理局的派出机构,承担所辖区域工商、质监、食品药品监管等市场监管工作。市市场监督管理局要将机关人员编制压缩20%,以充实基层执法力量。

推进检验检测机构整合。按照政事分开、事企分开和管办分离的要求,打破行业壁垒、行政壁垒,减少重复建设、重复投入、重复检测,大力推进业务相同或相近的检验检测机构分类整合、优化布局,全面提升检验检测综合能力。整合市食品药品、农产品、质量技术标准等技术资源,组建综合性检验检测机构,2015 年上半年完成改革。同时,结合政府向社会转移职能,逐步将涉及建筑、能源等中介检验检测服务推向市场,积极营造公平竞争的市场环境。今后,除特别需要外,政府部门原则上不再新设一般性检验检测机构。

要充分认识食品安全问题的复杂性、长期性、艰巨性,充分考虑食品药品监管的专业性、技术性和特殊性,确保食品药品监管能力在监管资源整合中得到强化,把监管触角延伸到基层,打通监管执法的"最后一公里",削除监管死角盲区,着力防范区域性、系统性风险。

整合镇卫生、人口计生机构设置。随着市卫生、人口计生行政机构的整合,其在镇一级相应机构和职能也作相应调整。

四、严格控制机构编制

按照财政供养人员只减不增的要求,加强机构编制管理创新,严肃机构编制纪律,有效控制政府规模,努力降低行政成本,把更多财力用于改善民生。

(一)严格控制人员编制。中央核定的行政编制总额和各类专项编制员额不得突破,事业编制总额以2012年底统计数为基数实行总量控制。严格控制参照公务员法管理事业单位和经费自理事业单位的机构编制。事业单位空编超过20%的,超过部门原则上予以收回。减少领导职数,严格按照规定配备非领导职务。

(二)创新机构编制管理。围绕党委和政府中心工作,加大机构编制管理创新力度,提高机构编制工作科学化、法制化、规范化水平。向改革要编制,向管理要编制,向信息技术要编制,不断提高机构编制资源效用。加强机构编制评估,结合职能管理,强化机构编制动态调整机制,采取切实措施,核减职能减少、工作任务不饱和单位的人员编制,加强事关中心工作和民生保障方面的人员力量。撤并整合职责相近、设置重复分散、规模过小的各类事业单位,适当收回部分空余编制。结合简政放权、重心下移,推动编制资源向基层和一线倾斜,严禁挤占、挪用基层和一线人员编制。进一步完善机构编制和组织、人社、财政等部门的协调配合机制,全面实行机构编制实名制管理。探索镇机关事业人员统一使用办法,加快建立镇机关、事业、社会人员顺畅交流机制。

(三)严肃机构编制纪律。各项机构编制法律法规和政策必须严格遵守。机构编制政策规定执行情况将纳入市委、市政府督查工作范围,作为考核领导干部的重要内容,将机构编制管理情况特别是落实财政供养人员只减不增要求的情况列入纪检监察、干部人事、财政审计监督工作范围。对超限额设置机构或者变相增设机构、违反规定增加编制或超编进人、超职数配备领导干部、以虚报人数等方式占用编制并冒用财政资金等违规违纪行为的责任人员,按照有关党纪政纪规定严肃处理,涉嫌犯罪的,移送司法机关依法处理。

五、切实加强组织领导

市政府职能转变和机构改革工作在市委、市政府的统一领导下,由市机构编制委员会负责组织实施,市机构编制委员会办公室承担具体工作。各有关部门要按照中央、省和市委、市政府的统一部署,把政府职能转变和机构改革作为当前和今后一项重要工作,落实改革责任,强化合作意识,形成改革合力。2015 年春节前基本完成市政府机构改革工作。

附件:金坛市人民政府机构设置表

附件

金坛市人民政府机构设置表

市政府办公室	市发展和改革委员会	市经济和信息化局	市科学技术局	市教育局	市公安局	市监察局	市民政局	市司法局	市财政局	市人力资源和社会保障局	市国土资源局	市住房和城乡建设委员会	市交通运输局	市水利局	市农林局	市商务局	市文化广电体育局	市卫生和计划生育局	市市场监督管理局	市审计局	市环境保护局	市规划局	市城市管理局	市统计局	市安全生产监督管理局	市民族宗教事务局

说明：

金坛市人民政府设置工作部门26个。市政府办公室挂市政府研究室、市政府外事办公室、市政府法制办公室、市政府侨务办公室、市政府金融工作办公室、市应急管理办公室牌子；市发展和改革委员会挂市物价局、市旅游局、市粮食局牌子；市经济和信息化局挂市中小企业局牌子；市科学技术局挂市知识产权局牌子；市监察局与市纪律检查委员会机关合署办公，列市政府工作部门序列，不计市政府机构个数；市住房和城乡建设委员会挂市民防局牌子；市农林局挂市农业机械管理局、市农业资源开发局、市茅山老区经济开发办公室、市畜牧兽医局牌子；市水利局挂市水务局牌子；市文化广电体育局挂市新闻出版局牌子；市市场监督管理局挂市食品药品监督管理局、市食品安全委员会办公室牌子；市环境保护局挂市太湖水污染防治办公室牌子；市城市管理局挂市城市管理行政执法局、市城市管理监督指挥中心牌子；市民族宗教事务局与市委统战部合署办公，列市政府工作部门序列。

中共金坛市委
金坛市人民政府

关于进一步深化农村改革加快农业现代化和城乡发展一体化建设的意见

坛委发〔2015〕1号

（2015年3月20日）

各镇党委和人民政府，开发区、茅山旅游度假区党工委、管委会，各街道党工委、办事处，市各部委办局，市直各单位：

为贯彻落实党的十八大、十八届三中、四中全会精神和中央、省、常州市“三农”决策部署，加大农村改革创新力度，加快农业现代化和城乡发展一体化建设，保持农业农村发展的良好势头，努力实现农业强、农村美、农民富，为全市改革发展稳定大局作出新贡献。现就2015年全市农业农村工作提出如下意见：

一、转变农业发展方式，加快建设现代农业

1. 加快主导产业发展。深入推进粮油高产增效创建，增强万亩示范区、千亩展示片、百亩攻关方辐射带动作用，巩固提升“稻麦亩产吨粮”创建成果；以农业园区和基地建设为重点，新改造标准化池塘5000亩，切实加大蟹池“155”生态养殖、青虾双季养殖技术等一批新技术和新模式的推广力度，新培植10家年产值超100万元的家庭渔场和10家年销售额超300万元的产销大户；深入开展畜牧业“六项创建”活动，新建一批省级生态健康养殖示范场、农业部生猪标准化示范场；加快推进万亩永久性蔬菜基地、光伏农业产业园、万亩现代茶叶园区、食用菌产业园区建设，加速园艺业转型升级。

2. 加强农业物质装备和科技支撑。推进农村土地综合整治，大规模建设旱涝保收、高产稳产的高标准农田，力争全年新增高标准农田2万亩以上；促进高效设施农业提档升级，力争全年新增高效设施农业、渔业面积8000亩以上；加快推进农业机械化，

不断完善农机具购置补贴政策,提高主要农作物生产的机械化水平,力争全市农业机械化综合作业水平较上年提高2个百分点;统筹农产品产前、产中、产后装备建设,提升粮食烘干、仓储设施和经济作物产后处理水平,现代化粮食仓容比例达70%以上;整合农业科技资源,构建支撑现代农业产业发展的技术体系,有效实现协同攻关、技术集成、产学研结合。拓展物联网技术应用范围,抢占现代农业制高点,培育具有信息示范典型意义的企业2~3家。扎实推进农业科技入户工程和新型职业农民培育试点,确保主推品种、主推技术到位率保持在95%以上。深化农业产学研合作,加快"两站一中心建设",促使企业真正成为面向市场、面向生产的创新主体。

3. *提升现代农业产业功能*。加强园区基础设施建设,切实增强园区承载大项目、带动大发展的能力。突出产业链招商,全年"三资"投入农业总额力争突破15亿元,加快推动农业主导产业形成集群优势。围绕农业园区发展定位和主导产业,加快集成推广一批新型适用农业科技成果,辐射带动周边农户实行统一标准生产、统一品牌销售。贯彻落实《全市农产品品牌建设实施意见》,在品牌整合和保护上取得实质性进展,新增省级以上名牌产品3只。以茅山、长荡湖旅游度假区建设为契机,开发系列旅游产品,实现品牌增值溢价。加快农业信息基础设施建设和信息技术推广运用,支持供销社和电商、物流、商贸、金融等企业参与农村电子商务平台建设,推动物联网、互联网金融与农产品实物营销相结合,引导农民上网用网,支持发展农民网店。加快江南茶叶大观园、金坛茶文化交流中心等重点工程建设,强化农业创意与精品线路推介,加快做强全市休闲观光农业。积极办好相关农业节庆会展活动,努力办出特色和效益。

4. *大力培育新型农业经营主体*。推进家庭农场有序发展,重点支持粮食蔬菜生产、种养结合、机农一体的土地经营规模100~300亩的农户家庭农场,培育市级示范性家庭农场20家。推进农民合作社规范化建设,抓好名录建设、监测运行、示范社创建、教育培训、项目引导等措施,培育市级以上示范社30家。鼓励兴办劳务、资产富民等新型合作社和合作社联合社,开展农民合作社综合社试点工作。强力推进农业产业化经营,新增省级以上农业龙头企业3家,力争填补国家级农业龙头企业空白。加快新型职业农民培育,开展职业农民分类调查摸底,提供"点菜式"专业培训,全年培育新型职业农民1500人。吸引和支持年轻高素质人才和农业科技人才务农创业,支持符合条件的新型农业经营主体优先承担财政支农项目,新增农业补贴向新型农业经营主体倾斜。

5. *促进农业可持续发展*。建立健全农业生态环境保护责任制,加强问责监管,依法依规严肃查处各种破坏生态环境的行为。加强畜禽屠宰监督管理和病死动物无害化处理。加强农业面源污染综合治理,推进畜禽养殖污染减排,大力发展种养结合、生态平衡的循环农业。推进机械化深耕整地和测土配方施肥,推广生物有机肥、低毒低残留农药,积极倡导农膜回收,切实减轻土壤污染。推进农作物秸秆综合利用,拓展和普及秸秆机械化还田、肥料化、基料化、能源化等综合利用途径,加快秸秆收贮体系建设,确保全市秸秆综合利用率稳定在90%以上。落实作物品种、畜禽水产遗传资源、野生动物保护和湖泊禁渔等农业资源保护措施,促进农业永续发展。完善农业生态补偿制度,对水稻种植和市级生态林管护进行生态补偿,完善补偿办法,逐步扩大补偿范围,提高补偿标准。加强水污染防治和水生态保护,加强水源地保护,建立健全饮用水源地保护监测预警与安全应急机制,确保群众饮水安全。加强气象防灾减灾,减少农业灾害损失。落实农业投入品管理和农产品质量安全监管措施,加强农资、农产品质量突出问题专项整治,确保不发生重大农产品质量安全事故和区域性重大动物疫情。

二、完善增收长效机制,推动富民强村进程

6. *完善就业创业富民服务*。落实积极的就业政策,健全"城乡一体、平台到村、联系到户、服务到人"的就业服务体系,推进基层公共就业服务平台标准化、信息化建设,提升"15分钟"公共就业服务网的服务水平。全力推动大众创业、万众创新,实施农民创业富民行动,加大农民创业培训力度,全年开展农民技术培训8000人、农业技能培训2500人、转移培训3000人,新增转移就业2000人。加强农村企业创业基地建设,带动更多农民就近就地创业就业。力争2015年实现农村居民人均可支配收入增长11%以上。

7. *提高社会保障水平*。落实统一的城乡居民基本养老保险制度,建立与经济发展水平相适应的缴费机制,稳步提高养老、低保、社会救助等保障水平,切实做到动态管理下的应保尽保。完善新农合和农村大病保险制度,新农合人均筹资标准由450元提高到550元,市镇两级住院政策补偿比例由80%提高到85%,困难群众医疗门诊和住院的医疗救助比例提升到70%。加快农村低收入人群转化步伐,优先安排有劳动能力和就业愿望的人群免费培训,推介公益性岗位就业;对因病、因灾等致贫的低收入人群,组织开展结对帮扶,帮助解决生活中的实际困难。

8. *创新村级经济发展路径*。创新农村集体经济发展路径,村级集体经济组织新建标准厂房、专业市场、商业设施、仓储设施等项目,主要应安排在开发区、工业集中区,并由市镇统一规划建设,统筹运营管理。积极探索新型集体经济实现形式,大力发展农村合作经济,大力支持社区股份合作、农地股份合作、农民专业合作以及富民合作、劳务合作、物业合作等,积极发展为农服务型经济,在提高农民组织化程度的同时,为村级集体带来稳定收入。进一步规范村帐镇管,强化村级财务管理。加强信息监管平台建设,推动集体"三资"管理制度化、规范化、信息化。力争全年实现村级集体总收入增长10%以上。

9. 深入推进结对帮扶活动。继续深化机关与村结对、村企共建、强村带弱村活动,集中人力、物力和财力,重点支持经济薄弱村发展壮大村级集体经济。组建多形式帮扶平台,采取资金支持、劳动用工、技术扶持、产业带动、兴办实事、合作开发等形式,统筹规划实施商业物业、标准厂房等促进薄弱村集体经济增收项目。鼓励薄弱村充分利用特色资源,因地制宜发展休闲观光业、乡村旅游业,现代高效农业等产业项目,继续改善农业农村基础设施。持续对接"百千万"帮扶工程,用好用足扶持茅山老区发展的政策、项目和资金,加快老区经济薄弱村增收致富。

三、创新农业经营机制,增强农村发展活力

10. 推进农村集体产权制度改革。加快推进土地承包经营权确权登记颁证工作,坚持以二轮承包工作为基础,牢牢把握"确地为主"的原则,严格执行政策,依法规范操作,充分调动农民群众积极性,依靠村民民主协商,自主解决矛盾纠纷,确保全市全面完成土地承包经营权确权登记颁证工作。积极推进农村社区股份合作制改革,按照"归属清晰、权责明确、保护严格、流转顺畅"的要求,符合条件的村要加快改革步伐,力争年内基本改制到位;资产较少的村,要完成资产、人员"双固化"工作。启动市级农村产权交易市场建设,同时推进镇级农村产权交易服务中心建设,逐步形成市、镇联动的农村产权交易市场体系。科学制定交易规则、交易办法,加强市场监管,积极引导农村土地经营权、集体经济成员股权、"四荒"资源使用权等进场交易,自由流动,推动农村产权流转公开、公正、规范运行。

11. 规范引导农村土地经营权有序流转。坚持"依法、自愿、有偿"的原则,促进农村土地有序流转,推动适度规模经营。依托农村经营管理机构健全土地流转服务平台,形成市、镇(街道)、村三级服务和管理网络。建立农村土地流转(交易)公开市场,引导农民的土地承包经营权在公开市场上向专业大户、家庭农场、农民专业合作社、农业企业等新型农业经营主体流转。鼓励村集体组织通过委托形式参与土地流转。全市新型农业经营主体规模经营比重比上年增加5个百分点。

12. 着力探索农村集体土地使用制度改革。在确保土地公有制性质不改变、耕地红线不突破、农民利益不受损的前提下,审慎稳妥推进农村土地制度改革。积极探索集体经营性建设用地使用权流转试点,逐步建立城乡统一的用地市场。抓好宅基地制度改革试点,依法保障农民宅基地权益,选择基础较好的镇开展农村宅基地及其地上农房的统一调查,统一颁发宅基地使用证书和村民住房所有权证书。继续规范开展城乡建设用地增减挂钩试点。稳妥开展同一镇范围内村庄建设用地布局调整试点,优化镇村建设用地布局。

13. 继续推进农村金融制度创新。鼓励各类金融机构到乡镇增设具有信贷功能的营业网点,加快布设农村金融综合服务站。加大新型农业经营主体信贷支持力度,积极探索和开展仓单、股权、应收账款、存货质押、大型农机具抵押、林权、土地(含水域)承包经营权、农村宅基地使用权以及目标农产品等抵质押业务,扩大涉农金融服务有效担保物范围。抓好农民合作社融资改革,简化贷款手续,优化金融产品,提供优质服务。创新"三农"融资渠道和模式,支持成长型涉农企业在创业板和中小板上市,支持符合条件的涉农企业发行中小企业私募债等产品。按照"市场主导、政策引导"的原则,大力发展"三农"保险,进一步巩固和完善政策性农业保险,鼓励保险机构开发小额信贷保证保险、家庭农场保证保险以及农村农房、农业设施、农民养老健康、农村小额人身保险等普惠保险业务,创新支农惠农方式,提高农业保险覆盖面和风险保障水平。

14. 加快供销合作社、粮食、农水改革发展。坚持为农服务方向,全面深化供销社综合改革。按照"联结农民、助农增收"的要求,着力推进基层社改造,创新联合社治理机制,拓展为农服务领域。加大"新网工程"建设力度,推进农村商品流通现代化,提升为农服务水平。深化地方国有粮食企业改革,促进企业转换机制、增强活力。深化小型农田水利工程体制改革,完善排灌站、渠系、河道、圩堤"四位一体"管护模式。

四、推进城乡发展一体化,加快新农村建设步伐

15. 加快新型城镇化建设。推动编制农村"多规合一",统筹安排城乡建设用地布局,优先保障农村发展合理用地需求,推动经济社会发展、土地利用、城乡发展、生态保护、农业水利等各项规划的科学对接,进一步优化农村生产、生活、生态空间布局和村庄生态环境。逐步推进儒林、朱林、指前、直溪集镇中心区城市设计和控制性详细规划编制,有序完成重点村、特色村村庄建设规划编制,做好规划保留村发展提升工作。积极推进产镇融合发展,加快扩权强镇,增强统筹协调、自主决策、公共服务和依法行政能力。

16. 加强农村基础设施建设。有效整合城市公交、城乡客运以及镇村公交,建立全市交通运输综合信息服务平台。推进农村公路提档升级工程,启动镇村道路规划编制,逐步实现城区到镇通一级公路、镇到村通二级公路的目标。实施龙山水利枢纽工程,开展新一轮中央财政小型农田水利重点县、千亿斤粮食产能、高标准农田、小流域治理、河湖库清淤整治、省级维修项目和水库移民后扶结余资金项目等重点项目建设,提升水利保障能力。

17. 持续改善农村人居环境。围

绕打造“生态文明建设示范市”目标，按照“四美一有”创建要求，编制完善规划，落实创建责任，强化督查指导，集聚资源要素，推进项目建设，确保完成美丽乡村示范村创建的年度目标任务。协同推进国家森林城市、水美乡村等创建工作。以镇(街道)为责任主体，按照“政府推动、分级负责、社会参与、市场运作”的思路，全面落实道路修护、河道管护、绿化养护、设施维护和垃圾收运“五位一体”常态化机制，进一步创新管理方式，强化督查考核，不断提高村庄环境管理的高效化、专业化、社会化水平，切实巩固村庄环境整治成果。

18. *加大公共产品供给力度。*实现文化惠民工程，推进江苏省公共体育服务体系示范区建设，完成30个镇(街道)、村(社区)全民健身工程提档升级；加大农村基层公共文化和体育设施配套建设，推动文化科技卫生法律“四下乡”活动经常化、制度化，全面完成镇村有线电视数字化双向网络改造。推进教育现代化建设，积极创建江苏省学前教育改革发展示范区，提升城乡教育均衡化发展水平。推进医疗集团一体化管理机制，加强二级医院综合能力建设，提高农村基层医疗机构诊治能力。强化农村儿童预防接种服务，全面实行免费婚前孕前优生健康检查。支持建设多种农村养老服务和体育设施，完善农村养老服务体系。

五、强化工作责任落实，提高组织保障水平

19. *加强农村基层党组织建设。*围绕中央提出的“六有”目标，以农村基层服务型党组织建设为抓手，强化市、镇、村三级便民服务网络建设。实施“3131培养工程”，完善晋档升级考核机制，强化村党组织领导责任，推进村级“四有一责”建设。适应农村经济社会发展要求，打破地域领域界限，创新区域性、产业型、功能型等党组织设置方式，加强农民合作社和新型农村社区党建工作。完善村党组织议事规则和决策程序，改进村党组织的领导方式和工作方式，支持和保证村民自治组织和经济组织充分行使职权。深入贯彻各级关于改进作风的有关规定，深入开展领导干部“三解三促”活动和向赵亚夫同志学习活动，强化为农服务意识，实现联系服务群众常态化、制度化，巩固和拓展党的群众路线教育实践活动成果。切实加强基层为农服务体系建设，为新形势下“三农”工作提供有力保障。

20. *加强农村法治和精神文明建设。*牢固树立依法行政理念，推进涉农行政管理创新，严格按照行政审批事项目录清单规范涉农行政审批。健全涉农行政执法经费财政保障机制，鼓励探索农林水利等领域内的综合执法。深入开展基层法治创建活动，增强各级领导、涉农部门、基层干部法治观念和法治为民意识，引导农民学法守法用法。深入推行“减负增效”和“政社互动”，推动基层政府切实转变职能，强化群众自治组织功能。畅通和规范农民诉求表达、利益协调、权益保障渠道，加强农村信访工作，引导农民依法理性维护自身权益。坚持法治建设与道德建设紧密结合，深入开展社会主义核心价值观宣传教育，推进农村精神文明建设。

21. *加强惠农强农政策落实。*严格执行财政支农投入政策，落实各项惠农强农政策。整合财政支农资金，优化资金投向，重点加大对农业农村公共基础设施建设、公共服务、农业生产关键环节、改革试点以及农业重点地区的投入。发挥财政资金引导作用，通过建立基金、贴息、奖励、风险补偿等措施，带动更多的金融和社会资金投向农业农村。转变支农项目管理方式，优化农业项目管理流程，积极稳妥探索和推进“以奖代补”“先建后补”“项目库”为核心的农业项目管理方式，确保农业项目科学、规范、有效、安全运行。推进普惠制和精准补贴相结合的农业补贴政策，逐步加大精准补贴力度。

22. *加强农业农村工作统筹协调和督促检查。*强化党委领导、党政齐抓共管、部门各司其职、社会力量共同参与合力推进“三农”工作的体制机制，更加有效地为“三农”提供服务。按照城乡发展一体化三年行动计划，扎实推进各项工作。健全督查制度，落实督查责任。把深化农村改革、推进城乡发展一体化的相关工作列入督查重点，对城乡规划、农业现代化、改革创新、富民强村、生态文明、公共服务、社会治理等工作进行专项督查，切实做到事事有着落、件件有结果，确保市委、市政府各项决策和重要工作部署落到实处。

中共常州市金坛区委
关于制定金坛区国民经济和社会发展第十三个五年规划的建议

（2015年12月19日中国共产党常州市金坛区第十二届委员会第十次全体会议通过）

坛委发〔2015〕34号
（2015年12月24日）

中国共产党常州市金坛区第十二届委员会第十次全体会议，根据党的十八届五中全会和省委、常州市委全会精神，在总结“十二五”的基础上，深刻认识并准确把握我区所处发展阶段和所面临的新形势、新机遇，就制定《常州市金坛区国民经济和社会发展第十三个五年规划》提出如下建议。

一、“十二五”期间全面夯实加快发展基础，开启了融入苏南发展大潮的伟大进程

（一）“十二五”时期取得的显著成绩。“十二五”是金坛发展史上值得浓墨重彩书写的黄金五年。五年来，面对宏观经济持续下行、宏观调控日益趋紧、区域竞争激烈和自身发展苏南垫底的多重压力，全区上下以习近平总书记系列重要讲话精神为指引，认真贯彻落实中央和省、市委重要部署，准确研判金坛依然处于工业化中后期的阶段特征，通过纵向剖析、横向比较，提出了“常金一体、东扩南移，苦干三年、强基进位”总体要求。通过以科学规划为引领、以平台打造为抓手、以环境优化为基础、以项目建设为重点、以产业集聚为动力，有序实施了推动金坛经济社会加快发展的各项工作部署，成就了金坛干事创业氛围最浓、项目进驻最多、基础建设最快、外界关注度最高的五年，为“十三五”加快发展奠定了战略基础。综合实力在强基进位中显著攀升。预计“十二五”末全区地区生产总值达到530亿元、工业开票销售收入达到700亿元、公共财政预算收入达到36亿元，分别是“十一五”末的1.7倍、1.8倍、2倍。特别是近两年来，全区主要经济指标增幅均位列苏锡常县市前列，在经济持续下行的情况下依然逆势而上、“一枝独秀”。规划在发展中的作用显著发挥。始终坚持规划就是生产力，聘请国内一流规划团队编制《金坛城市空间发展战略研究》，同步启动开发区、度假区、各镇工业园区、滨湖新城等重点板块和交通、水系等专项规划的修编工作，形成了完善的城乡规划体系，统领经济社会加快发展。发展载体在功能打造中显著强化。按照产城融合和城乡一体化发展要求，完成动迁494万平方米，为产业集聚和城乡建设腾出100多平方公里的宝贵空间。开发区实施“区镇合一”，核心开发区域达到78平方公里，成为常州又一个可以承载重特大项目的发展平台。各镇按照省级开发区标准，均腾出了3－10平方公里的开发空间，“七通一平”基础设施实现全覆盖，金城工业园区通过省级经济开发区（筹）部门会审。茅山旅游度假区和长荡湖旅游度假区先后获批省级旅游度假区，金坛成为全省继常熟后第二家同时拥有两个省级旅游度假区的县区。形成了“以开发区为龙头，各镇工业园区相配套，茅山、长荡湖旅游度假区相呼应”的多层次、差异化、全方位开放开发格局。发展环境在基础先行中显著提升。树立大交通意识，加快构建内外通达的综合交通网络。五年来，共建设道路102条、总投资135亿元、总里程328公里，竣工72条、总里程220公里，金武路、钱资湖大道、华城中路一期等常金快速通道相继建成，域内“八纵八横”交通架构雏形开始显现。加快滨湖新城核心区范围内基础设施建设，市民中心基本建成，碧桂园商住、新城吾悦广场、江南银行等城市商业项目加快建设。全区投资环境显著改善。发展后劲在项目推进中显著增强。牢牢把握“招商引资”这条经济发展的生命线，坚持“外引内培”，招商引资成果显著。大招商以来新增签约产业类项目464个、协议总投资935.9亿元；其中50亿元以上项目3个，10亿元以上项目14个。引进了众泰汽车、中航锂电、同方威视等一批投资规模大、成长性高、带动力强的重大项目，推动晨风、金昇、亿晶、康美、凡登等一批本土优秀企业继续加大在坛投资。总投资85亿元的众泰汽车项目，从签约到整车下线历时仅一年，创造了我国汽车发展史上的“众泰速度”，为培育千亿级的汽车产业集群奠定了坚实基础。总投资125亿元的中航锂电项目，创下了国内同行业项目单体投资之最，推动了中航工业集团与江苏省政府的战略合作。发展活力在改革创新中显著激活。平稳完成撤市设区各项工作,主动融入常州城市发展大局。理顺全区治理和城市管理体制,调整部分镇行政区划,新设东城、西城、尧塘三个街道,推动薛埠、儒林中心镇“扩权强镇”改革,优化组合行政村设置;整合组建市场监督局和卫计局,强化了规划局、旅游局的职能作用。理顺重点板块体制机制,开发区、茅山和长荡湖旅游度假区均实行“相对独立、封闭运行”的管理体制,并享有县市级经济管理权限。理顺投融资体系,积极推进政府和社会资本合作体制建设。一系列改革使经济发展内生动力不断释放。民生福祉在共建共享中显著改善。依据城市发展规划和产业发展现状,着力推动文教卫体均衡布局,高考本二以上达线率连续四年实现增长,创成“全国义务教育发展基本均衡区”。社会保障和服务体系不断完善,被征地农民全部纳入社会保障,农村土地承包经营权确权登记颁证工作基本完成,成为“亩产吨粮县”和省“四有一责”建设先进县,农业现代化水平始终保持全省第一方阵,荣获国家节水型城市和省人居环境奖,“法治金坛”和“平安金坛”建设扎实推进,社会保持和谐稳定。党的建设在从严从实中显著加强。始终把全面从严治党贯穿于加快发展过程之中,扎实开展党的群众路线教育实践活动,认真组织“三严三实”专题教育,全区干部经历了严格的党内生活锻炼,精神面貌焕然一新。全面加强基层组织建设,落实各级党组织书记抓党建责任,村党组织和书记晋档升级新模式被评为全国基层党建优秀案例。严格落实党委主体责任、纪委监督责任,强化“一岗双责”,加大违纪违法案件查处力度,全区形成了风清气正、干事创业的浓厚氛围。

(二)“十二五”时期积累的宝贵经验。“十二五”的实践,不仅为“十三五”发展奠定了扎实的基础,也积累了宝贵经验,值得继续保持和发扬。一是“十二五”的发展业绩主要得益于我们始终坚持聚焦加快发展,以“功成不必在我任”的胸怀和气魄,带领全区上下团结一心夯实加快发展的基础。“十二五”期间,尤其是近三年来,人的变化成为全区最大的变化,一切为了发展、一切服务发展成为全区上下的工作着力点,思发展、谋发展、议发展成为全体干部群众的关注焦点,奋发向上的精神状态、干事创业的工作热情在经济社会发展中凝聚成强大正能量。二是“十二五”的发展业绩主要得益于我们始终坚持解放思想,面对发展过程的艰难险阻,主动解放思想、迎难而上,积极向东部发达板块学习,借鉴成功经验;坚持差异化竞争的理念,将资源、生态、空间等方面的优势逐步转化为发展优势;坚持城市经营的理念,完善投融资平台体制机制,积极吸引各方资金参与城镇建设。三是“十二五”的发展业绩主要得益于我们始终坚持规划引领,通过规划编制研讨理清思路,按照主次有别、先后有序的要求推进各类规划修编,形成了城乡统筹、重点突出、特色鲜明的规划体系,空间布局和资源配置更加合理,努力方向更加明确,规划已成为金坛加快发展的根本大纲。四是“十二五”的发展业绩主要得益于我们始终坚持从金坛实际出发,敢于直面现实,通过横向纵向对比分析,准确判断金坛处在工业化中后期阶段,必须靠项目投入带动经济社会快速发展。同时,深入分析我区的现状、机遇和挑战,科学确定未来战略方向、战略目标和战略重点。五是“十二五”的发展业绩主要得益于我们始终坚持工业化带动基本路径。工业化是推进区域经济发展的主动力。“十二五”期间,我们按照“以工业化带动城镇化、以城镇化支撑工业化、以产业化凸显核心竞争力”的思路,在规划的引领下,我们围绕发展载体的打造,开启了金坛大开发大建设的伟大历程,形成了开发区、度假区、工业园区同步发力推动金坛快速前行的“动车效应”。六是“十二五”的发展业绩主要得益于我们始终坚持营造氛围,树立科学的用人导向和考核导向,“以实绩论英雄、以成败论英雄,让有作为的人有地位、有才华的人有岗位”成为选拔任用干部的根本标准,以发展指标作为镇区考核的主要指标,以服务发展的水平作为部门考核的依据,良好的政治生态和奋发向上的创业氛围不断巩固。七是“十二五”的发展业绩主要得益于我们始终坚持改善民生,坚持发展为了人民、发展成果由人民共享的理念,始终把群众利益放在工作的最高位置,以民生工程的大力推进,促进了群众幸福指数的大幅提升,赢得了广大群众的信任和支持。

同时,我们也要清醒地看到,金坛自身发展存在的问题仍然突出,主要是经济总量小、产业层次低、结构不合理、民生事业欠账较多、干部队伍的能力还不能完全适应加快发展的需要等等,这些问题都需要在未来五年工作中切实加以解决。

(三)“十三五”时期面临的宏观形势。“十三五”期间,国际国内形势深刻变化,机遇与挑战相互交织。从国际环境看,当前,和平与发展依然是时代主题,世界多极化、经济全球化、文化多样化、社会信息化深入发展,全球经济在深度调整中曲折复苏,新一轮科技革命和产业变革蓄势待发。同时,国际金融危机深层次影响在相当长时间依然存在,全球经济贸易增长乏力,保护主义上升,外部环境中不稳定不确定因素增多。从国内环境看,“四个全面”的战略部署正在实践中不断深化,经济发展步入新常态,长期向好的基本面没有改变。经济发展方式正从规模速度型粗放增长转向质量效率型集约增长,经济结构正从增量扩能为主转向调整存量、做优增量并举的深度调整,经济发展动力正从传统增长点转向新的增长点,经济发展正向形态更高级、分工更复杂、结构更合理的阶段演化。同时,“三期叠加”影响不断加深,结构调整阵痛仍将持续,经济下行压力短期内难有明显缓解。从区域环境看,“一带一路”、长江经济带以及苏南自主创新示范区等国家重大战略的深入实施,区域内分工协作的深度和广度将持续提升，长三角地区尤其是苏南板块产业优化升级的不断加快，发达地区经济溢出效应将更为明显，为身处苏南板块的金坛提供了新的外部机遇。我们必须明大势、看大局，准确把握国内外发展基本趋势，准确把握战略机遇期内涵的深刻变化，有效防范和应对可能的风险和挑战，始终保持清醒头脑，坚定信心，锐意进取，奋发作为，不断开辟金坛发展新局面。

（四）“十三五”时期所处的历史阶段。对标苏南标兵，金坛迫切需要在“十三五”经历一个持续而快速的发展过程。因此综合研判，未来较长一段时间金坛仍然需要靠项目投入推动加快发展，加快发展依然是“十三五”工作的主题。

“十三五”期间，金坛发展必须充分利用以下五个方面的优势：从区位条件看，交通改善让金坛处于苏南板块的地域优势逐步显现。沿江城际铁路的建设、常金快速通道的通车，内外通达的立体化交通网络的完善，必将加速承接东部产业梯度转移和融入苏南发展大潮的步伐。从体制机制看，县级体制为金坛持续提供政策红利。设区后，我区的事权、经济管理权、财政管理体制保持县级体制不变，我们既能享受重大基础设施、公共服务资源、社会保障等方面与常州大市接轨的优势，又能继续享受“省管县”的体制优势。从资源禀赋看，山水资源为金坛差异化竞争创造了条件。茅山和长荡湖是长三角地区得天独厚的自然资源，山水资源的开发不仅可以为金坛发展注入新的动力，而且将突显出我区与周边城市差异化发展的优势。从经济基础看，强基进位为金坛加快发展做好了充分的准备。“十二五”期间，全区在规划体系、基础设施、平台载体、项目投入等方面已经做了大量的准备工作，我们的后发优势正在逐步转化为项目承载的优势，新的支柱产业正在破茧而出。从干部队伍看，过去五年为金坛初步锻炼了一支想干事、能干事的队伍。“十二五”期间，全区干部队伍在大开发大建设的实践中得到了初步的锻炼，服务发展、服务企业、服务群众的能力得到了大幅提升，渴望快速发展和融入苏南发展大潮的愿望更加迫切，这必将成为“十三五”加快发展的强大动力。

二、科学谋划“十三五”的指导思想和发展目标，奋力开创融入苏南发展大潮的全新局面

（一）指导思想。全面贯彻党的十八大和十八届三中、四中、五中全会精神，深入贯彻习近平总书记系列重要讲话精神，抢抓“一带一路”、长江经济带、苏南国家自主创新示范区建设等重大历史机遇，保持战略定力，始终坚持加快发展不动摇，积极践行“扩大开放、加快发展、统筹协调、改革创新、成果共享”五大理念，着力打造“一城一区一山一水”四大重点板块，在产业集聚上实现新突破，在产城融合上创造新特色，在改革创新上取得新进展，在民生幸福上打造新亮点，确保主要经济指标增幅始终高于省市平均水平，加快融入苏南整体发展进程。

（二）五大理念。实现“十三五”发展目标，必须深刻理解、准备把握、自觉践行“扩大开放、加快发展、统筹协调、改革创新、成果共享”五大理念。

扩大开放理念。开放是繁荣发展的必由之路，必须顺应金坛人民对加快发展的迫切愿望，更加主动融入苏南发展大局。立足集聚发展的外部资源和内生动力，坚持对外开放和对内开放并举，在扩大经济开放中推动社会事业进步、思想观念更新、人文素养提升，努力打造金坛经济、社会、文化等全方位对外开放新格局。

加快发展理念。发展是解决我区一切问题的关键，必须响应金坛发展阶段的新变化，把“十二五”的实践成果转化为推动加快发展的新动力。坚持始终聚焦发展，牢牢把握加快发展主题，进一步壮大发展主体、优化要素配置、激发发展活力、拓展发展空间、提升发展水平，确保我区在遵循经济规律上实现科学发展、在遵循自然规律上实现可持续发展。

统筹协调理念。协调是持续健康发展的内在要求，必须牢牢把握金坛经济社会事业总体布局，在重点突破中实现整体推进。正确处理发展中的重大关系，重点促进城乡区域协调发展，促进产城融合发展、经济社会协调发展，促进农业农村、党的建设、社会文明同步发展，推动硬实力和软实力同步提升，不断增强全区发展整体性。

改革创新理念。改革创新是引领发展的第一动力，必须突出创新在经济发展中的关键作用。大力推进制度创新、科技创新、文化创新等各方面创新，加快形成以创新为主要引领和支撑的经济体系和发展方式，让创新贯穿金坛一切工作、在全社会蔚然成风，力保金坛在加快发展中不断档、不松劲、不减力。

成果共享理念。共享是中国特色社会主义的本质要求，民生需求是经济社会发展的根本导向。必须坚持发展为了人民、发展依靠人民、发展成果由人民共享，作出更有效的制度安排，持续增加保障和改善民生的投入，不断提升人民生活水平，增强发展信心，增进人民团结，使全区人民在共建共享中有更多获得感和幸福感。

（三）四大重点板块。即全力以赴打造“一城一区一山一水”。“一城”包括主城区和各镇，是城镇公共服务职能的聚集区和未来城镇化发展的核心区，是全区城市形象和魅力的重要展示区。以滨湖新城打造为引领、以老城区改造提升为支撑形成未来城市主中心，带动各集镇功能完善，为因产业发展而快速集聚的人群提供舒适的生产生活环境。“一区”包括开发区和各镇工业园区，是工业化和产业集聚带动全区经济发展的重要载体。以开发区为龙头、各镇工业园区为配套，通过项目投入快速培育优势产业和新兴产业，通过工业化带动城镇化发展，为人口集聚和产城融合提供持续不断的拉动力。“一山”依托茅山资源，围绕“青山秀水绿田”打造茅山道教名胜带、五湖休闲度假带和生态农业观光带，形成主题鲜明、亮点突出、功能互补的“一心三带”茅山旅游格局。“一水”依托长荡湖资源,围绕“湖”文化,以禅修养生、湖鲜美食、湿地趣景为特色,打造长三角独具特色的“休闲湖泊”,形成品美食、禅养生、水生态、宿农舍为主题的休闲旅游度假胜地。通过持续努力,将“一山一水”打造成国家级旅游度假区和长三角知名度假旅游目的地。

“一城一区一山一水”贯穿未来较长一段时期金坛经济社会发展全领域、全过程,是实现“十三五”发展目标的重要内容和最佳载体。四大板块之间通过产业科学布局、功能差异化定位,构成相互促进、相互支撑的整体,为金坛加快发展提供了“四轮驱动”的强大动力。“一城一区一山一水”是一项浩大的系统工程,不可能一蹴而就。必须牢固树立攻坚战、持久战意识,立足实际、循序渐进,坚持“一任接着一任干,一张蓝图干到底”,在实践中不断增强战略定力。“一城一区一山一水”是紧密联系的有机整体。“一区”是龙头,为拉动全区经济高速增长提供持续动力;“一城”是载体,为产业发展提供功能配套;“一山一水”是新动力,以独特生态禀赋为金坛提供差异化竞争优势。最终实现“一区”产业“聚人”“一城”宜居“留人”“一山一水”生态“怡人”,共同推动金坛早日融入苏南整体发展进程。

(四)发展目标。围绕中央全面建成小康社会和省委建设新江苏的要求,综合考虑未来发展趋势和条件,明确今后五年金坛加快发展的阶段目标要求。

——经济综合实力显著增强。经济保持稳定快速增长,逐步提升金坛在苏南板块的地位,到2020年,累计完成工业实际投入1000亿元,全区地区生产总值达到1000亿元,公共财政预算收入达到80亿元,工业开票销售收入达到2000亿元左右。

——人民生活水平和质量普遍提高。居民收入不断增长,结构趋于优化。社会就业更加充分,劳动关系更加和谐,形成更加公平、可持续的社会保障制度。形成创业致富的良好环境和风气。教育公平有效保障,全面提高教育现代化水平。人民群众对医疗服务满意度显著提高。基本形成养老服务体系格局。加速新城区和老城区的协调发展,人居环境不断优化。

——生态环境质量明显改善。生产方式和生活方式绿色、低碳水平上升。环境风险得到有效控制,土地节约集约利用水平进一步加强。饮用水安全保障水平持续提升,水、大气、土壤环境质量逐步改善,主体功能区和生态安全屏障基本形成,生态系统稳定性增强。生态文明制度体系基本建立,全社会环境意识显著提高。

——公民文明素质和社会文明程度不断提高。加快构筑思想文化建设高地、道德风尚建设高地。人民群众思想道德素质、科学文化素质、健康素质明显提升,全社会法治意识不断增强。文化事业和文化产业繁荣发展,公共文化服务体系更加完善,文化体制改革逐步深入,文化影响力进一步扩大。

——各方面体制机制更加完善。治理体系和治理能力现代化取得重大进展,形成系统完备、科学规范、运行有效的体制机制,执行推动好深化改革各项目标任务。“平安金坛”“法治金坛”建设扎实推进,司法公信力明显提高,人民群众的满意度和安全感持续提升。党的建设制度化水平显著提高。

三、认真落实“十三五”时期加快全区经济社会发展的重点举措

(一)着力打造“一区”,全面加快工业化步伐

苏南发达板块的发展证明,一个地区的繁荣必须建立在高水平的工业园区和工业高度发达的基础上。我们近年来的实践也证明,只有搭建了高标准的发展平台才能有高水平的发展。因此,必须坚定不移坚持“工业兴区”,高标准打造开发区和工业园区。

1. 集中精力提升开发区建设水平。以建设千亿级的经济开发区为目标,充分依托“封闭运行、先行先试”的体制优势,快速提升开发区建设水平。继续按照“高起点规划、高标准建设”的原则,加强对资源优化布局和产业发展布局协同性的研究,进一步完善开发区规划编研体系。始终突出规划在实践中的引领作用,严格按照规划的要求构建便捷的路网系统和完善的基础设施。加快布局配套项目和功能性项目,推进钱资东河沿岸景观改造,建设高品质的生产生活环境,以一流的环境吸引一流的项目和人才。加快集聚重大项目,加快培育产业集群,把开发区打造成常州地区全方位对外开放的重要窗口、体制机制创新的重要平台、支撑全区全面进步的主要增长极、产城融合发展的重要示范区,力争在“十三五”末成为省内一流的开发区。

2. 进一步加强各镇工业园区建设。提升工业园区建设水平,完善基础设施功能,全面优化园区景观和环境,加快标准厂房和邻里中心建设,为项目落户和企业生产提供更加优质的配套服务。推动各镇工业园区从建设为主向建设与运营并重转变,建立一流的项目和企业服务机制。加强特色园区建设,华科园以打造一流的省级高新区、金城工业园区以打造高水平省级经济开发区为目标,以特色园区的突破发展带动各镇工业园区的共同提升,打造全区新的经济增长点。

3. 始终突出项目引进和项目建设。把项目引进和项目建设作为“十三五”的重中之重,持续营造“全社会高度关注、全民广泛参与”的浓厚招商氛围,尤其是突出四套班子领导和各镇区主要领导的带头示范效应,以招商的大突破赢得金坛的大发展。继续加强专业招商队伍建设,健全培养、使用和考核机制,在实践中锻炼一支熟悉产业、掌握政策、善于谈判的招商队伍。强化以商引商,充分发挥在坛投资企业家的优势,加强与外地商会的联系,达到一大批企业快速集聚的效果。营造一流的营商环境,借鉴先进经验,探索建立项目建设一站式服务体制,切实提高服务能力、拓展服务范

围、提升服务水平,使亲商爱商的理念落到实处。

4. 壮大主导产业和培育新兴产业。在加大引进龙头型、旗舰型项目的同时,按照“强链、补链”的思路,围绕龙头项目和龙头企业,完善产业链条和协作体系,加快集聚一批上下游配套企业,增强产业集聚化发展的新优势。加大战略性新兴产业培育扶持力度,重点围绕众泰汽车、中航锂电、同方威视等龙头项目,大力招引配套企业和项目,形成较为完善的特色产业链。加快光伏新能源、装备制造、纺织服装、化工新材料四大支柱产业的高端化发展,持续提升其市场竞争力。积极引进新兴产业和高新技术产业,为金坛产业体系补充新力量。深化扶强扶优机制,培育一批规模大、实力强、具有核心竞争力的行业龙头企业。

(二)着力打造“一城”,全面加快产城融合发展

产城融合是城市发展的新要求,要把产城融合作为“十三五”期间的重大战略突破口,通过优化城乡空间、推进新型城镇化建设,不断集聚产业和人口,实现产、城、人三者和谐共进,全面增强城市综合竞争力。

1. 优化城市空间布局。以城市空间发展战略研究、主城区协调发展研究、城市总体规划为统领,进一步完善“一主一副两片四点”新型城市格局,“一主”即老城区、滨湖新城、开发区三片一体形成金坛主城区;“一副”即薛埠镇、茅山旅游度假区及观光农业区、旅游服务中心;“两片”即中部高效农业作业片区、南部长荡湖生态休闲旅游区;“四点”即两片之中各具特色的直溪镇、朱林镇、指前镇和儒林镇。始终突出主城、各镇在区域发展中的主体作用,完善开发建设与管理机制,合理引导人口、产业、服务向城镇集中。

2. 加快滨湖新城建设。按照“产城一体、水城相融,生态低碳、江南特色”的定位,坚持高起点定位、高品质规划、高速度建设,着力推进滨湖新城建设。高标准推进钱资湖环湖风光带景观工程,配合实施周边绿带、水系等生态廊道建设,把钱资湖打造成中小城市公共开放空间的典范,把滨湖新城建设成宜居宜业宜游的差异化新城。加快道路管网等重大基础设施建设,积极引导老城区教育、医疗、行政办公等优质社会事业资源向新城转移,加快打造道路成网、功能项目成形的新城市中心。推动城市项目招商,引进一批商业金融、商务办公等城市服务业项目,吸引一批民营企业总部落户,努力为周边产业基地提供良好生产生活服务支撑。

3. 放大常金同城效应。按照常州打造“常金统筹核心片区”的部署安排,立足金坛发展实际,积极向上争取规划用地空间,推动金坛城市建设管理与常州大市接轨,更好地融入常州中心城市发展。依托重大基础设施布局推进区域融合,加快重点骨干路网建设,逐步实现与常州中心城区无缝对接。主动接受常州主城区城市资源的辐射,实现产业、科技、社会事业全方位融入,不断放大同城效应。

4. 提升老城配套功能。完善老城区交通路网和地下管网等基础设施,推进城区内水系景观化改造,提高城市综合承载能力。稳步推进老城区改造,强化城区环境长效管理,加速完善现代城市生活配套设施,不断提升老城区形象和品位。加大商贸设施规划建设和管理力度,加快建设特色性商贸圈,与滨湖新城形成各有侧重、互为补充的城市商贸功能配置,满足城市居民的不同需求。

5. 加快推进集镇建设。依托资源禀赋,进一步明确重点镇、一般镇的发展定位,逐步形成各自特色。加快中心城区资源的辐射和外溢,推动金城镇与中心城区的对接融合。按照“全国重点镇”建设要求,加快薛埠镇、儒林镇等重点镇建设,不断提高集聚效应和综合承载能力。按照“规模适度、注重特色、宜居宜业”的要求,推动朱林、直溪、指前等镇加快发展,实现园区与集镇互动融合,促进城镇和谐发展。

6. 完善交通基础设施。全力推进城际铁路建设,做好向上对接、征地拆迁等前期各项准备工作,积极推动沿江城际铁路早日开工、如期建成。按照“无缝衔接”原则,适时启动沿江城际铁路综合客运站点建设,实现客运、铁路、公交的零距离换乘,提供更加便利、快捷、舒适的出行条件;加大与上级部门和单位的沟通协调和工作对接,积极争取连淮铁路南延段早日开工,打造区域性城际铁路交通枢纽。着力加快“一城一区一山一水”四大板块的主干路网竣工通车,有序推进对外主干道建设,持续提升纵横交错、内外联动的交通体系。

(三)着力打造“一山一水”,全面带动服务业发展

抢抓旅游产业发展的难得机遇,统筹开发山水资源,加快将资源优势转化为经济发展优势,将旅游业打造成金坛的新兴战略产业、经济发展的新动力和对外形象的靓丽名片,以旅游产业的大发展带动全区服务业全面发展。

1. 加快茅山旅游开发。突出养生度假、宗教观光、运动康体、文化体验、高端养老核心主题,打造国家级旅游度假区和国家5A级旅游景区。高起点高标准深化度假区各类规划,着力推进度假区内外交通网络和水电气等基础设施建设,加快建设茅山RBD暨茅山现代旅游休闲度假商务区,完善功能配套,推动度假区由形态开发向功能开发转变。严格空间主体功能,实施生态保育工程。倾力培育东方盐湖城等龙头性旅游项目,着力引进一批高品质的休闲旅游项目,将茅山打造成长三角休闲旅游的新亮点。

2. 加快长荡湖旅游开发。突出湖鲜美食、禅修养生、湿地休闲主题,打造长三角知名旅游休闲度假区、别具一格的国家级生态旅游示范区。加快理顺开发建设体制机制,高起点高标准编制规划。坚持基础先行,完成长荡湖退圩还湖、生态清淤、道路交通网格化和功能设施景观化工程。打造特色功能组团,统筹推进“金蟹银滩”

民俗美食体验、“水月佛国”禅修养生体验及“湿地趣境”生态景观体验等旅游先导区建设。通过差异化发展处理好与周边旅游的竞合关系,不断丰富旅游产品,将长荡湖打造成继茅山后又一个承载重特大旅游项目的平台。

3. 加快发展特色旅游业。结合国家乡村旅游“千千万万”品牌建设和“美丽乡村”建设,提高乡村旅游组织化程度和产品品质。系统整合旅游资源,提升以仙姑、上阮等为代表的七彩乡村系列品牌产品,打造以壹号农场等为代表的十大农业观光园,形成“七村十园”引领发展的乡村旅游格局。整合旅游发展空间格局,构建区域绿道空间构架,打造绿道休闲旅游精品。

4. 加快壮大城市服务业。坚持市场导向,促进生产服务业集聚化、生活服务业便利化、基础服务业网络化、公共服务业均等化。依托新城开发、老城改造、开发区提质,推进服务业集聚发展。完善金融服务体系,加快融资租赁和金融租赁行业发展,大力吸引各类股权基金和股份制商业银行入驻金坛。加快社区服务、养老服务等行业发展,着力培育科技服务业、商务服务业、信息服务业和文化产业。

(四)着力推动改革创新,全面增强发展活力

改革是推动发展的根本驱动力。坚持问题导向,强化改革意识,切实转变体制机制,不断提升经济社会治理能力。

1. 营造一流开放环境。主动融入国家新一轮改革开放大潮,充分把握常州产城融合综合改革试点的独特优势,实施更加主动的开放战略。加强与长三角城市在融资、招商、科技、人才等领域的沟通和对接,不断引进符合金坛实际的新型体制机制,促进开放度的不断提高和产业能级的全面提升。发挥开发区“窗口”作用,集聚要素资源培育特色产业园。积极开展与各类国际资本和资源的对接,提升外资利用质量,加快转变对外贸易增长方式,推动传统贸易向产业链高端发展。支持企业通过并购、参股、境外上市等形式开展多样化的国际经济技术合作。

2. 激发创新创业热情。加快建设和完善全区创新创业生态系统。培育新型众创孵化平台,依托华罗庚科技园、国家级创业服务中心建设低成本、便利化、全要素、开放式的众创空间。培育创业主体,集成创业支持政策,推动大众创业、万众创新。打造创业企业群,深入实施科技企业“小升高”和培强计划,支持优势企业围绕“互联网+”开展跨界融合。实施创业投融资促进行动,加快引进一批创投机构。

3. 深化体制机制改革。深化管理体制改革,进一步转变政府职能,持续推动简政放权、放管结合、优化服务,提高政府效能,激发市场活力和社会创造力。继续完善投融资体制和风险防控机制,积极探索新型融资模式,推广政府和社会资本合作,提升资产经营和资本运作能力。推动行业商会与行政机关脱钩,厘清行政机关与行业协会商会的职能边界,创新行业协会商会管理体制和运行机制。统筹推进文化、教育、卫生、体育等民生事业改革,切实实现发展成果惠及民生、全民共享。

4. 全面加强依法治区。深入贯彻落实全面依法治国要求,把依法治区作为一项基础性工程。始终抓住领导干部这个“关键少数”,引导领导干部运用法治思维和法治方式治理经济和社会事务。加强法治政府建设,推行政府权力清单制度,完善政府信息发布制度,深入推进行政权力网上公开透明运行,实现政府活动全面纳入法治轨道。协调推进司法体制改革,建立全民普法和守法长效机制,弘扬社会主义法治精神,在全社会形成良好的法治氛围和法治习惯。

(五)着力加强生态文明建设,全面构建生态宜居环境

以提升生态环境为核心,实行最严格的环境保护制度。突出绿色发展,完善生态文明建设支撑体系,推动形成绿色发展方式和生活方式,协同推进人与自然和谐发展。

1. 加快发展绿色经济。着力构建可持续发展的绿色经济体系,基本形成高附加值、低耗能、低排放的产业结构,让生态经济成为新的经济增长点。以生态优先为导向,强化规划环评和项目环评、能评,加快淘汰高能耗、高污染等落后产能,积极推进生态工业园区建设。支持绿色清洁生产,推进传统制造业绿色改造,鼓励企业工艺技术装备更新改造,推动循环经济在生产、流通、消费、回收各环节和企业、园区、社会各层面的发展。

2. 持续加强生态建设。实行严格的生态空间管制和生态红线管控,鼓励公众参与监督生态建设,建立环保、国土、水利等部门多方联动的执法机制,形成社会广泛参与、多方齐抓共管的良好氛围。建立统一的水生态管控机制,强化湿地生态修复与重建,积极推进中国人居环境奖、国家生态文明建设示范市创建工作,持续改善生态环境。以列入全国第一批河湖管护体制机制创新试点县(市)和省级水生态文明城市创建试点县(市)为契机,抓好长荡湖、通济河等重点流域综合整治,全力确保长荡湖、新孟河等饮用水源地安全。

3. 严格落实环保措施。以解决水污染、大气污染、土壤污染、重金属污染和持久性有机物污染等损害群众健康的突出环境问题为重点,加强综合治理,改善环境质量。强化城乡建设用地、遗弃污染场地清理及污染场地土壤修复,实施废气、扬尘等各类污染物综合治理,加快推进农村环境综合整治,实现区域生态环境质量的持续改善。健全重大环境事件和污染事故责任追究制度,加强环境质量监测监控,保障环境安全。

4. 推进新农村建设。优化镇村布局调整,加快推进农村“多规合一”,有序完成重点村、特色村村庄建设规划编制,做好规划发展村提升工作。深化美丽乡村建设。围绕“四美

一有”标准，依托自然禀赋、历史文化遗存等资源条件，与三星级康居乡村、农业旅游示范点、重要旅游景区相结合，打造一批特色鲜明、宜业宜居宜游的美丽乡村。深化农村环境长效管理。建立健全道路修护、河道管护、绿化养护、设施维护和垃圾收运“五位一体”常态化机制，不断提高村庄环境管理的高效化、专业化、社会化水平，切实巩固村庄环境整治成果。推进强村富民。坚持以扶持物业经济为主，加大经济薄弱村帮扶，全面增强村级集体经济实力。

5. 大力发展现代农业。围绕“全省领先、全国有名”目标，着力提升现代农业发展水平。加强农业科技推广应用，大力发展农机装备，推进农机农艺融合，稳步提升农业机械化水平和农业综合产能。按照“特色、经济、效益、协调”要求，转变传统农业经营方式，引导农村土地有序流转，发展多种形式的适度规模经营，发挥其在现代农业建设中的引领作用。充分利用市场机制，鼓励引导金融资本、社会资本参与现代农业发展，推进农业产业化发展进程。

（六）着力增强民生福祉，全面完善社会公共服务体系。

按照人人参与、人人尽力、人人享有的要求，增强政府职责，注重机会公平，保障基本民生，让经济社会发展成果更多更公平惠及全区人民。

1. 提高城乡居民收入。建立健全全区就业服务体系，重点帮助大学生、城乡困难人员就业，实现充分就业。完善创业扶持政策，鼓励以创业带动就业。落实财政支农惠农政策，积极推进农村土地承包经营权流转和土地股份合作，加快村级集体资产产权制度改革，促进农民收入稳步增加，不断缩小城乡居民收入差距。坚持居民收入增长和经济增长同步、劳动报酬提高和劳动生产率提高同步，多渠道增加居民财产性收入，持续增加城乡居民收入。

2. 完善社会保障体系。围绕“人人享有保障”目标，加大政府保障投入，加快形成广覆盖、保基本、多层次、可衔接的社会保障体系。持续加大社保扩面征缴力度，完善被征地人员进保障工作，不断提高养老、医疗、失业、工伤、生育保险参保率。加强廉租房、公共租赁房等保障性安居工程建设，加快农村困难群众危旧房改造，逐步建设符合实际的保障性住房体系和商品房体系。大力发展老龄事业、儿童福利事业、残疾人事业，加强养老服务机构建设，推动社会福利事业逐步向普惠型转变。

3. 大力发展社会事业。把教育公平作为实现社会公平的基础，完善教育投入稳定增长机制，健全覆盖城乡的公共教育服务体系，实现公共教育资源均衡配置。统筹城乡医疗卫生资源，加快人民医院、中心乡镇卫生院和标准化村卫生室等移址新建和扩建，形成比较完善的公共卫生和医疗卫生服务体系。不断完善基本药物制度，推进公立医院综合改革，促进基本公共卫生服务均等化。加大文化体育事业发展投入，健全基层群众性文化体育设施，构筑更加完善的公共文化体育服务体系。精心组织实施一批文化体育产业重点项目和重大工程，加大文化艺术精品的创作与生产，培育发展一批文化龙头企业，形成具有区域特色和影响力的文化产业。

4. 推进社会管理创新。坚持服务为先、寓服务于管理的原则，改变管理方式，实现由防范控制型管理向服务型管理转变。根据社会结构的新变化新特点，统筹抓好对现实社会和虚拟社会的管理，逐步建立起与时代发展相适应的社会治理体系。全面开展城市、农村社区建设，健全新型社区管理和服务体制，完善基层服务和管理网络，推进社会管理重心向基层转移，深入推进“政社互动”和社区减负增效，增强基层自治活力。

5. 切实维护社会稳定。建立公平规范的利益调节机制，畅通和规范群众诉求表达、利益协调、权益保障渠道，积极预防和化解各种社会矛盾，切实保障人民群众在经济、政治、文化、社会等方面的权益。深化“平安金坛”建设，扎实开展平安系列创建活动，强化综治基层基础工作，健全重大事项社会稳定风险评估机制、公共突发事件应急处置机制，积极预防和妥善处置群体性事件，严厉打击各类犯罪活动，全力维护社会稳定。强化安全生产工作，完善各级各类预案，着力提高保障公共安全、处置突发事件、应对重大自然灾害的能力。健全网上舆情监管机制，加强互联网监管。

四、全面从严治党，为实现“十三五”发展目标提供坚强政治保障

顺利实现“十三五”规划目标任务，党的领导是根本保证。要站在协调推进“四个全面”战略布局的高度，以全面从严为主基调，坚持党总揽全局、协调各方。提高决策科学化水平，完善党委研究经济社会发展战略、定期分析经济形势、研究重大方针政策的工作机制。优化领导班子知识结构和专业结构，注重培养选拔政治强、懂专业、善治理、敢担当、作风正的领导干部，提高专业化水平。深化干部人事制度改革，完善政绩考核评价体系和奖惩机制，强化敢于负责、勇于担当、崇尚实干、奋发作为的鲜明导向，充分调动各级干部的工作积极性、主动性、创造性。加强党的各级组织建设，强化基层党组织整体功能。完善人才引进、培养、使用、激励机制，鼓励开发区等载体平台打破体制机制约束，不拘一格引进高层次人才。严明党的纪律规矩，严格落实“两个责任”，健全改进作风建设长效机制，深入推进党风廉政建设和反腐败工作，着力构建不敢腐、不能腐、不想腐的体制机制，持续巩固风清气正、干事创业的政治生态环境，全力保障经济社会加快发展。

中共金坛市委办公室
《关于在领导干部中开展“三严三实”专题教育的实施方案》的通知

坛委办字〔2015〕29 号
(2015 年 5 月 22 日)

各镇党委,开发区、茅山旅游度假区党工委,各街道党工委,市委各部委办局,市各委办局党委(党组),市直各单位党委(支部):

《关于在领导干部中开展“三严三实”专题教育的实施方案》已经市委同意,现印发给你们,请结合实际认真贯彻执行。

关于在领导干部中开展“三严三实”专题教育的实施方案

在领导干部中开展“三严三实”专题教育,是党的群众路线教育实践活动的延展深化,是持续深入推进党的思想政治建设和作风建设的重要举措,是严肃党内政治生活、严明党的政治纪律和政治规矩的重要抓手,也是我市贯彻落实习近平总书记视察江苏时的重要讲话精神、推进全面从严治党、落实从严管理干部要求的重大契机。根据中央、省委、常州市委部署要求及《关于在县处级以上领导干部中开展“三严三实”专题教育的实施方案》(常办发〔2015〕29 号)精神,结合金坛实际,现就我市开展“三严三实”专题教育,提出如下实施方案。

一、指导思想

按照中央、省委和常州市委统一部署,深入学习贯彻党的十八大和十八届三中、四中全会精神,深入学习贯彻习近平总书记系列重要讲话精神,紧紧围绕协调推进“四个全面”战略布局,对照“严以修身、严以用权、严以律己,谋事要实、创业要实、做人要实”的要求,聚焦对党忠诚、个人干净、敢于担当,把思想教育、党性分析、整改落实、立规执纪结合起来,教育引导各级领导干部强党性、守纪律、树正气、干实事,认真查摆和解决“不严不实”问题,自觉按照“三严三实”要求修身做人、为官用权、干事创业,做到心中有党不忘恩、心中有民不忘本、心中有责不懈怠、心中有戒不妄为,不断巩固和拓展党的群众路线教育实践活动成果,积极营造风清气正的政治生态,进一步增强勇于担当、敢挑重担、履职尽责的责任意识,为我市全力打造“一城一区一山一水”提供坚强的思想、政治和组织保证。

二、目标要求

“三严三实”专题教育在全市各级党政机关、人民团体、事业单位副科以上领导干部和国有企业市管领导人员中开展。市委常委会带头开展“三严三实”专题教育,带头学习提高,带头查摆解决问题,以坚定的信念、决心和行动树标杆、作示范。市人大常委会党组、市政府党组、市政协党组结合各自实际开展专题教育。各镇、区、街道党政领导班子成员特别是党政主要负责同志,要立足承上启下、为政一方,同群众联系更直接、更紧密的实际开展专题教育,从思想深处清除与“三严三实”要求不适应、不符合的突出问题,切实做到忠诚、干净、担当。机关、企事业单位副科以上干部,要立足本职岗位开展专题教育,真正从思想、工作和作风上严起来、实起来,把“三严三实”要求体现到履职尽责、做人做事的方方面面。各级党组织要把“三严三实”专题教育作为当前加强各级领导班子和党员干部队伍建设、从严管党治党、夯实基层组织、加快推进富民强市的主题主线,在本地区、本部门的党员干部中开展形式多样的专题教育,真正把“三严三实”形象树立起来。

按照中央、省委和常州市委提出的总体要求,结合金坛实际,“三严三实”专题教育要坚持以上率下、坚持问题导向、坚持从严要求,紧紧围绕省委提出的“六查六看六整治”这条主线深入开展,推动各级领导干部真查真看真改“不严不实”问题,真正把“三严三实”作为修身做人、用权律己的基本遵循、干事创业的行为准则,在深化“四风”整治、巩固和拓展党的群众路线教育实践活动成果上见实效,在守纪律讲规矩、营造良好政治生态上见实效,在真抓实干、推动改革发展稳定上见实效。查修身严不严,看是否做到信念坚定、党性坚强、道德高尚,着力整治理想信念动摇、信仰迷茫、精神迷失,宗旨意识淡薄、借为民办事搞个人政绩、侵害群众利益,党性修养缺失、不讲党的原则,违背社会主义道德等问题。查用权严不严,看是否做到为民用权、秉公用权、依法用权，着力整治权力寻租、权钱交易、以权谋私，侵吞国有资产、插手工程建设和土地出让等问题。查律己严不严，看是否做到心存敬畏、手握戒尺、遵纪守法，着力整治无视党的政治纪律和政治规矩，心中无党纪、眼中无国法，听信和传播甚至制造政治谣言，以人划线，搞亲亲疏疏、团团伙伙，重大问题不请示、不报告，边整边犯、顶风违纪等问题。查谋事实不实，看是否做到尊重规律、尊重科学、尊重实际，着力整治政绩观不正确、拍脑袋决策、搞形象工程，脱离实际、好大喜功、盲目攀比，急功近利、重显绩轻实干等问题。查创业实不实，看是否做到真抓实干、锐意进取、敢于担当，着力整治"乱作为""慢作为""不作为"，精气神不振、墨守陈规、小富即安，见到矛盾推、遇到问题躲、碰到难事拖等问题。查做人实不实，看是否做到忠诚老实、襟怀坦白、公道正派，着力整治执行中央和省、市委决策打折扣、搞变通，阳奉阴违、自行其是，弄虚作假、投机钻营，心浮气躁、贪图虚名，私心严重、处事不公等问题。

三、方法措施

"三严三实"专题教育从2015年5月开始，全市各级同步进行。专题教育不是一次活动，不分批次、不划阶段、不设环节，要融入领导干部经常性学习教育，重点围绕"四专题一强化"组织实施。

1. *讲好"三严三实"专题党课。* 以市委书记讲专题党课开局启动，发挥带学促学作用。"七·一"前，党(工)委(党组)书记结合专题教育动员部署，紧扣"三严三实"要求，带头讲一次党课。党(工)委(党组)其他成员也要在适当范围讲一次党课。要带着问题讲党课，课前认真搞好调查研究，广泛征求意见，找准突出问题，深入剖析根源，亲自动手撰写讲稿；课上紧密联系本地本部门本单位实际，联系党员、干部思想、工作、生活和作风实际，有针对性地讲清楚"三严三实"的重大意义和丰富内涵，讲清楚"不严不实"的具体表现和严重危害，讲清楚落实"三严三实"的实践要求和实现路径。

2. *开展"三严三实"专题学习研讨。* 深入学习习近平总书记系列重要讲话精神，学习党章和党的纪律规定，重点研读《习近平谈治国理政》《习近平关于党风廉政建设和反腐败斗争论述摘编》，读原著、学原文、悟原理。用好中央纪委、中央组织部编写的《优秀领导干部先进事迹选编》《领导干部违纪违法典型案例警示录》，认真学习焦裕禄、杨善洲、沈浩、周广智、赵亚夫、许巧珍以及我市严清华、陆旭东等先进典型事迹，从周永康、薄熙来、徐才厚、令计划、苏荣等违纪违法案件中汲取教训。市委组织部要结合年度干部教育培训计划，指导党校、行政学校开设专门课程，进行针对性培训。市委宣传部要做好党(工)委(党组)中心组学习安排，宣传好"时代楷模""最美基层干部""最美共产党员""龙城先锋""金坛好人"等先进典型。市纪委要梳理近年来查处的违纪违法案例，编写反面典型忏悔录，抓好警示教育。在个人自学基础上，学习研讨重点分3个专题开展，每个专题大体2个月时间，制定切实可行的学习计划，做到学习人员、学习时间、学习内容、学习效果"四落实"。突出交流互动，每个专题安排2-3次互动式交流研讨，每次安排部分班子成员作交流发言，班子成员把自己摆进去、把职责摆进去、把实际思想和工作摆进去，自己撰写心得体会，做到踊跃发言、讨论起来，相互启发、形成共识。各级领导干部要按照学习内容对标找差，每个专题都要相应列出自身"不严不实"问题清单，边学边查边改。

专题学习研讨一：严以修身，加强党性修养，坚定理想信念，把牢思想和行动的"总开关"。 重点学习研讨如何坚定马克思主义信仰和中国特色社会主义信念，增强道路自信、理论自信、制度自信，增强实现中国梦和建设新金坛的自信；如何站稳党和人民立场，牢固树立正确的世界观、人生观、价值观和公私观、是非观、义利观，忠于党、忠于国家、忠于人民，做到科学发展向上攀登、联系群众向下扎根；如何践行社会主义核心价值观，保持高尚道德情操和健康生活情趣，自觉远离低级趣味，树立良好家风，坚决抵制歪风邪气，坚守共产党人精神家园。

本专题学习研讨期间，要重点研读中央规定内容，同时认真研读习近平总书记视察江苏时的重要讲话，以及总书记关于加强党性修养、坚定理想信念等系列重要讲话精神。结合纪念建党94周年和日常工作安排，充分利用我市党性教育基地、革命传统教育基地以及道德讲堂等资源，通过学习身边典型，重温入党誓词和入党志愿书、结对帮扶困难群众、开展组团式服务、组织在职党员到社区报到志愿服务群众等多种形式，增强党的意识、党员意识、纪律意识、规矩意识。

专题学习研讨二：严以律己，严守党的政治纪律和政治规矩，自觉做政治上的"明白人"。 重点学习研讨如何严格遵守党章，落实习近平总书记在十八届中央纪委五次全会上提出的"五个必须"要求，自觉维护党中央权威，任何时候任何情况下都做到在思想上政治上行动上同以习近平同志为总书记的党中央保持高度一致；维护党的团结，做老实人、说老实话、干老实事，不搞团团伙伙，不搞任何形式的派别活动；遵循组织程序，不超越权限办事，不搞先斩后奏；服从组织决定，不跟组织讨价还价，不欺骗组织、对抗组织；管好亲属和身边工作人员，不让他们利用特殊身份谋取非法利益。

本专题学习研讨期间，要重点研读中央规定内容，同时认真研读习近平总书记关于加强作风建设、严守政治纪律和政治规矩等系列重要讲话精神，认真学习党内政治生活有关规定，深入学习贯彻中央八项规定、省委十项规定、常州市委三十条实施意见、金坛市委十项规定精神以及作风建设相关制度规定，深入学习贯彻省、市委关于推动全面从严治党的一系列决策部署，以及省、市委关于落实从严管理干部的有关规定。

专题学习研讨三：严以用权，真抓实干，实实在在谋事创业做人，树立忠诚、干净、担当的新形象。重点学习研讨如何坚持用权为民，自觉遵守宪法法律和党的纪律，按规则、按制度、按法律行使权力，敬法畏纪，为政清廉，任何时候都不搞特权、不以权谋私；如何坚持民主集中制，自觉接受监督，不搞大权独揽、独断专行；如何紧紧围绕加快发展的主旋律主基调，始终坚持“五个进一步”，集中精力主攻项目引进和项目建设，在苏南县市中继续保持经济指标增幅名列前茅；如何弘扬“三创三先”新时期江苏精神，深化党建工作服务“两个率先”走在前工程，积极投身我市“一城一区一山一水”建设的生动实践，从本地本部门本单位实际出发谋划事业、推进工作，敢于担当、攻坚克难、开拓创新，努力创造经得起实践、人民和历史检验的实绩。

本专题学习研讨期间，要重点研读中央规定内容，同时认真研读习近平总书记关于全面建成小康社会、全面深化改革、全面依法治国、全面从严治党以及党风廉政建设和反腐败斗争等系列重要讲话精神。在抓好自学和交流研讨的基础上，采取多种形式开展先进典型的学习宣传和警示教育，组织学习成果交流，切实用好正反两面镜子，增强自我净化、自我完善、自我革新、自我提高能力。

3. 组织“三严三实”专题调研。要结合开展第四轮结对帮扶，把“三解三促”作为“三严三实”专题教育的重要载体，进一步丰富内涵、创新形式，引导领导干部深入基层、深入群众查找解决“不严不实”问题。要围绕“加快项目引进、加快项目建设”、着力打造“一城一区一山一水”、国家生态文明示范市创建等重要部署，突出重点板块、重点领域、重点单位，多到矛盾多、意见大、发展基础薄弱的地方，多到重大项目工程现场，多到教育、医疗卫生、交通、信访等民生一线，察民情、知不足、受教育。要突出工作重点，引导领导干部把自己摆进去，采取随机性调研、驻村蹲点、座谈交流、民情恳谈等多种形式广泛征求意见，面对面听取基层干部群众对党的群众路线教育实践活动问题整改的评价，对存在“不严不实”问题的反映，对践行“三严三实”的意见建议，不能仅仅以为群众办几件实事代替查找自身问题。通过“三解三促”所见所闻、所思所想，进一步梳理修改自身“不严不实”的问题清单，撰写践行“三严三实”的心得体会。

4. 召开“三严三实”专题民主生活会和组织生活会。2015 年底，机关、企事业单位领导班子年度民主生活会和组织生活会，要以践行“三严三实”为主题，贯彻整风精神。要注重运用党的群众路线教育实践活动成功经验，会前，广泛征求意见建议，深入开展谈心谈话，按照“两对照三联系”的要求，认真对照党内规章制度、党的纪律、国家法律、党的优良传统和工作惯例，对照正反两方面典型，紧密联系个人思想、工作、生活和作风实际，联系个人成长进步经历，联系党的群众路线教育实践活动中个人整改措施落实情况，深入剖析“不严不实”问题，进行深刻的党性分析，撰写对照检查材料；会上，党（工）委（党组）主要负责同志带头查摆问题、开展批评，班子成员逐一开展严肃认真的批评和自我批评。党员领导干部可结合工作分工和有关联系点安排，参加指导下一级领导班子专题民主生活会。

5. 强化整改落实和立规执纪。坚持列出清单、专项整改，立说立行、边学边改，建立机制、督促整改，上下结合、联动整改，立规执纪、刚性整改，以解决问题的成效、转变作风的成效、促进发展的成效取信于民。把深化党的群众路线教育实践活动后续整改作为“三严三实”专题教育的重要内容，严格对照“两方案一计划”和个人整改清单，特别是中央 21 项、省委 18 项、常州市委 8 项、金坛市委 10 项专项整治任务，不折不扣抓好落实、一条一条兑现承诺。对新查摆出的问题，党（工）委（党组）主要负责同志带头，对照问题清单，制定整改措施，一个问题一个问题解决，完成一个销号一个。把专项整治作为具体抓手，针对群众反映强烈、具有普遍性的“不严不实”突出问题，特别是为官不严、为官不实、为官不为等问题，集中时间、集中精力开展专项整治。建立整改跟踪督查机制，对“不严不实”问题比较严重的领导干部，要立足教育提高，由党（工）委（党组）主要负责同志及组织人事部门与其开展谈心谈话，点明问题，提出要求，促其改正。对群众意见大、不认真查摆问题、没有明显改进的，要适时进行组织调整。对顶风违纪、边改边犯特别是不遵守政治纪律和政治规矩的，要依规依纪严肃处理。针对“不严不实”问题，制定领导干部“三严三实”行为规范，围绕严肃党内政治生活、加强干部教育管理、加强权力运行制约监督等，进一步完善相关制度规定，抓好制度入脑入心，强化刚性执行，推动践行“三严三实”要求制度化、常态化、长效化。

四、组织领导

各地各部门各单位党（工）委（党组）要把开展“三严三实”专题教育作为一项重大政治任务，切实加强组织领导，始终以严而又严、实而又实的作风组织开展，确保不走过场、取得实效。

1. 落实领导责任。我市“三严三实”专题教育在市委常委会领导下开展，由市委组织部牵头组织实施，市纪委、市委办公室、市政府办公室、市委宣传部、市级机关党工委等相关部门单位要各司其职、协力推进。党（工）委（党组）是抓好本地本部门本单位专题教育的责任主体，要对专题教育全面负责，精心组织谋划，周密安排部署，扎实有效推进。党（工）委（党组）主要负责同志要切实承担起第一责任人责任，既带头接受教育，又进行具体指导，用心抓好重点工作，自始至终把责任扛在肩上。要结合落实《各镇、街道党（工）委书记和部门党委（党组）书记基层党建工作责任清单》和镇、街道“书记项目”，把抓好专题教育作为履行党建主体责任的重要任务，纳入党建工作述职评议考核的范畴。

2. 强化督查指导。结合党的群众路线教育实践活动整改落实工作和巩固拓展活动成果情况专项检查，加强对专题教育的督促指导。统筹市委有关重点工作安排和“三解三促”活动，市委常委牵头，有关职能部门参加，适时开展调研督查指导。对组织不力、敷衍塞责、效果不好的，要严肃批评、严肃问责。市委组织部要整合相关部门力量，采取巡回检查、专项调研、随机抽查等方式，开展常态化督查。

3. 加强宣传引导。充分运用报刊、广播、电视、网络等媒体，广泛宣传中央和省、市委精神，通过新闻报道、典型宣传、言论评论、工作综述、专题专访等形式，加强正面宣传和舆论引导，为专题教育健康有序开展营造良好氛围。积极探索在全面从严治党中加强党的思想政治建设的有效办法和措施。

4. 注重统筹兼顾。坚持专题教育与日常工作有机融合，与中心组学习、“三会一课”、年度民主生活会和组织生活会紧密结合，不以抓集中活动的形式开展。坚持讲求实效、力戒形式主义。坚持两手抓、两促进，把开展“三严三实”专题教育与贯彻落实党的十八大和十八届三中、四中全会精神结合起来，与落实中央和省、市委关于全面从严治党要求结合起来，与全市“加快项目引进、加快项目建设”这个中心任务结合起来，与完成本地区本单位当前各项工作紧密结合起来，以加快推进现代化、建设美好金坛、全面打造“一城一区一山一水”的实际成效检验专题教育成果。

金坛区人民政府办公室
关于进一步加大企业人才引进培养资助（奖励）力度的实施意见

坛政办发〔2015〕109号

（2015年10月28日）

各镇人民政府，开发区、茅山旅游度假区、长荡湖旅游度假区管委会，各街道办事处，区各委办局，区直各单位：

为贯彻落实“人才强区”发展战略，深入实施“金沙英才计划”，加快推动高层次人才和紧缺技能型人才向我区重点产业、新兴产业集聚，现就进一步加大企业人才引进培养资助（奖励）力度提出如下意见。

一、企业人才引进培养资助（奖励）类别

（一）高层次人才引进培养资助（奖励）

（二）高技能人才引进培养资助（奖励）

（三）人才载体建设资助（奖励）

（四）引进国外智力项目资助（奖励）

（五）优秀人才评选表彰奖励

二、企业人才引进培养资助（奖励）标准

（一）高层次人才引进培养资助（奖励）

1. 来金坛企业工作，具有博士研究生学历学位，或年龄在55周岁以下具有正高级专业技术职务任职资格的，给予每人每月专项资助2000元，如在金坛行政区域内购房，给予购房总额20%的一次性购房补贴，最高不超过20万元。

2. 来金坛企业工作，具有硕士研究生学历学位，或年龄在45周岁以下具有副高级专业技术职务任职资格的，给予每人每月专项资助1200元，如在金坛行政区域内购房，给予购房总额10%的一次性购房补贴，最高不超过10万元。

上述两类高层次人才，须与我区企业签订3年以上（含3年）服务协议，并在我区社保经办机构办理参保手续（外籍人士除外）。专项资助期限为3年。符合享受购房补贴的，一次性购房补贴由用人单位和区财政按1:1比例共同承担。高层次人才从企业引进并享受资助的次年起发放《金坛区高层次人才健康服务绿卡》，给予每人每年800元健康津贴，连续发放3年。

3. 企业在职人员取得博士、硕士学位，回到原企业工作，并签订3年以上（含3年）服务协议的，分别给予每人每月专项资助1200元、800元，资助期限为2年。

4. 企业在职人员获评正高、副高专业技术职称，被企业聘任相应专业技术职务的，分别给予一次性奖励1万元、2000元。

5. 对我区重点产业引进的紧缺型高端人才，采取“一事一议”的原则，给予资助奖励。

（二）高技能人才引进培养资助（奖励）

1. 来金坛企业工作，并被聘任相应技术职务的高级技师，年龄在55周岁以下，与企业签订3年以上（含3年）服务协议的，给予每人每月专项资助 1000 元,专项资助期限为 3 年。

2. 企业在职人员获评高级技师、技师资格,被企业聘任相应技术职务的,分别给予一次性奖励 1 万元、2000 元。

3. 获评金坛区级以上大师工作室的主要带头人,给予每月专项资助 600 元,专项资助期限为 3 年。

(三)人才载体建设资助(奖励)

1. 企业经批准设立的国家级博士后科研工作站、省级博士后创新实践基地,与高校、科研院所联合招收博士后进站研发,分别给予科研项目经费资助每人每年 5 万元、3 万元,资助期限为 2 年。

2. 博士后在站期间,给予每人每月 2000 元专项资助,资助年限为 2 年。

3. 在站博士后按期出站,留在我区企业工作,符合相应条件的,可以申请高层次人才引进资助。

(四)引进国外智力项目资助(奖励)

1. 企业引进外国专家技术和管理项目,被国家、省外国专家局批准立项并获得经费资助的,可申请匹配经费资助,最高不超过 20 万元;获得常州市外国专家局批准立项的常州市级引智项目,给予每个专家不超过 3 万元,每个项目不超过 10 万元的引智项目资助。

2. 被批准为国家、省引进国外智力示范单位的,分别给予 6 万元、3 万元奖励;批准为常州市级企业引智工作站的,给予 1∶1 配套资金奖励,最高不超过 2 万元。

(五)优秀人才评选表彰奖励

1. 获评享受国务院特殊津贴专家的,给予一次性奖励 3 万元。

2. 获评省有突出贡献中青年专家的,给予一次性奖励 2 万元。

3. 获评常州市中青年专业技术拔尖人才的,给予一次性奖励 1 万元。

4. 获评金坛区"优秀高技能人才"的,给予一次性奖励 5000 元。

5. 获评"金沙名技师工作室"的,给予一次性奖励 5 万元。获评"高技能人才培养试点企业"的,给予一次性奖励 2 万元。

6. 同时获评多个奖项的,按就高原则不重复享受。

7. 我区企业引进的海外高层次人才,取得《江苏省海外高层次人才居住证》后,其在当地税务部门所缴工薪收入个人所得税额的地方留成部分,一次性奖励给个人,历年累计不超过 30 万元,具体办法按《金坛市关于落实<江苏省海外高层次人才居住证>个人所得税奖励政策实施细则》(坛人社发〔2013〕106 号)文执行。

三、组织实施

(一)企业人才引进培养资助(奖励)工作在区人才工作领导小组领导下实施。区人社局、财政局共同做好企业人才引进培养资助(奖励)资金的审核、发放工作;各镇(区、街道)及相关职能部门,按照各自职责,做好政策宣传、跟踪了解、人才引进、管理服务等工作。

(二)区人社局应根据我区重点产业、新兴产业发展需要,制定《金坛区重点产业人才引进专业目录》,每年定期向社会公布。

(三)企业人才引进培养资助(奖励)资金列入区财政年度预算。区人社局每年向区人才工作领导小组报告当年度资金使用情况,提出下年度预算。

(四)本意见从发布之日起施行。之前如有与本意见不一致的,按本意见执行。

(五)本意见由区人力资源和社会保障局负责解释。

编辑 盛南萍

标准厂房建设　　(金城镇 供稿)

表 59

人口、劳动力

项　目	单位	2014 年	2015 年	项　目	单位	2014 年	2015 年
年末总户数	万户	20.47	20.28	社会劳动力	百人	3513	3621
年末总人数	万人	55.34	54.93	按登记注册分			
其中:男性	万人	27.54	27.25	(一)全部职工人数	百人	714	810
女性	万人	27.80	27.68	其中:在岗	百人	650	759
出生人数	人	5132	4710	(二)国有经济单位	百人	164	193
死亡人数	人	4247	4355	其中:在岗	百人	161	190
出生率	‰	9.29	8.54	(三)城镇集体经济单位	百人	27	25
死亡率	‰	7.69	7.90	按三次产业分			
自然增长率	‰	1.60	0.64	第一产业	百人	686	635
				第二产业	百人	1648	1783
				第三产业	百人	1179	1203

表 60

城镇非私营单位从业人员工资及农村居民人均可支配收入

项　目	2014 年	2015 年	项　目	2014 年	2015 年
一、职工			6. 交通运输、仓储及邮政业	43621	48869
1. 职工工资总额(万元)	377315	467722	7. 信息传输计算机服务软件业	57430	64585
其中:国有	113963	149774	8. 批发和零售业	42216	44722
城镇集体	11992	12407	9. 住宿和餐饮业	37604	46053
2. 年末职工人数(人)	71401	80951	10. 金融业	112686	118641
其中:国有	16402	19267	11. 房地产业	46882	45654
城镇集体	2686	2542	12. 租赁和商务服务业	46637	52180
3. 年平均工资(元)	56179	59088	13. 科研技术服务地质勘查业	59172	54534
其中:国有	72325	77813	14. 水利环境公共设施管理业	37276	45436
城镇集体	44831	49253	15. 居民服务和其他服务业	42583	45625
年平均工资按行业分(元)			16. 教育	70123	76268
1. 农、林、牧、渔业	54390	79771	17. 卫生社会保障和社会福利	67783	74907
2. 采矿业			18. 文化、体育和娱乐业	60669	71415
3. 制造业	57966	55299	19. 公共管理和社会组织	79863	85342
4. 电力、燃气及水的生产和供应业	86350	88719	二、农村居民人均可支配收入(元)(住户调查)	18733	20427
5. 建筑业	36329	48242			

表61 **主要社会经济指标**

项　　目	单位	2014年	2015年	项　　目	单位	2014年	2015年
一、国内生产总值(当年价)	亿元	471.48	525.49	自营出口	亿美元	12.20	11.46
第一产业	亿元	30.43	32.32	六、财政收入	亿元	123.52	123.13
第二产业	亿元	243.03	266.11	财政支出	亿元	112.67	114.24
第三产业	亿元	198.02	227.06	七、金融			
二、工农业总产值(当年价)	亿元	963.02	1174.73	年末存款余额	亿元	544.80	674.88
工业总产值	亿元	900.86	1108.37	其中:储蓄存款	亿元	299.01	321.65
农业总产值	亿元	62.16	66.36	年末贷款余额	亿元	418.98	521.79
三、交通运输				八、教育			
货物运输量	万吨	657.0	583.0	普通中学在校学生数	人	18911	18736
旅客运量	万人	882.4	843.0	小学在校学生数	人	25379	25871
港口货物吞吐量	万吨	172.0	201.0	九、卫生			
四、固定资产投资额	亿元	268.99	336.23	床位数	张	2119	2466
五、商业、外贸				卫生技术人员数	人	2697	3022
社会零售总额	亿元	197.61	222.61				

表62 **全市工业企业单位数及工业总产值**

项　　目	2014年	2015年	项　　目	2014年	2015年
一、企业单位数(家)	3483	3581	二、工业总产值(当年价)(万元)	9008620	11083702
1. 经济开发区	1239	1297	1. 经济开发区	4332820	5793650
2. 镇级工业	2244	2284	2. 镇级工业	4675800	5290052
其中:私营个体	3322	3415	其中:私营个体	5699876.85	7012810

表63 **市、镇两级工业产品产量**

项　　目	单位	2014年	2015年	项　　目	单位	2014年	2015年
纱	吨	60461	67046	化学农药(折原药)	吨	6044	7879
布	万米	1368	1350	涂料(油漆)	吨	13651	13360
呢绒	万米	878	1250	电动工具	台	777167	577485
铸钢件	吨	403793	554826	变压器	千伏安	153670	202902
服装	万件	17885	17934	发电量	万千瓦小时	22074	20834
化学纤维	吨	10069	5933	轴承	万套	13959	15865
盐酸	吨	73526	68792	泵	台	44030	39138
纸制品	吨	8186	9798	原盐	吨	2534536	4300757
烧碱	吨	186118	179138	民用钢质船舶	综合吨	7730	5585
钢材	吨	293939	230297	铜材	吨	25325	22179
小麦粉	吨	181575	177659	合成洗涤剂	吨	688	736
塑料制品	吨	26076	22826				
水泥	万吨	444	429				

表 64　　农业总产值及主要农产品产值(万元)

项　目	2014 年	2015 年	项　目	2014 年	2015 年
农业总产值(当年价)	621573	663609	农业增加值(当年价)	325635	346829
其中:农业	271023	284513	其中:农业	167283	175271
林业	3706	3856	林业	2584	2663
牧业	122681	129847	牧业	37977	40311
渔业	187079	204160	渔业	96456	105026
服务业	37084	41233	服务业	21335	23558

表 65　　全社会外向型经济主要指标

项　目	单位	2014 年	2015 年	项　目	单位	2014 年	2015 年
一、自营出口总额	万美元	121999	114564	四、投产开业的三资企业	个	296	286
其中:三资企业自营出口	万美元	90552	57959	五、新签对外承包劳务合同额	万美元	17286	21300
二、新增工商登记注册外资	万美元	13608	8286	六、对外承包劳务实际完成营业额	万美元	24163	18600
三、实际到帐注册外资	万美元	10000	6756				

表 66　　供电、供水情况表

项　目	2014 年	2015 年	项　目	2014 年	2015 年
一、全社会用电总量(万千瓦时)	457666	488231	其中:农村	19962	21245
1. 农、林、牧、渔业	7981	9052	城市	15327	16913
2. 工业	385619	408611	二、城镇全年供水总量(万吨)	2505	2577
3. 建筑业	3708	4458	其中:生产用水量	604.85	727.53
4. 交通、运输、邮电业	1070	1169	生活用水量	783.82	858.79
5. 商业、餐饮、物资	10642	11586	年末自来水厂生产能力(万吨/日)	5	5
6. 其他事业	13357	15197	人均日生活用水量(升/日)	199	221
7. 城乡居民用电	35289	38158	用水普及率(%)	100	100

(谢晶晶)

编辑　汤芬娣

重要文件索引

·中共金坛市(区)委·

坛委发〔2015〕1号　中共金坛市委　金坛市人民政府关于进一步深化农村改革加快农业现代化和城乡发展一体化建设的意见

坛委发〔2015〕2号　中共金坛市委　金坛市人民政府关于印发《金坛市薛埠镇扩权强镇工作实施方案》的通知

坛委发〔2015〕3号　中共金坛市委　金坛市人民政府关于印发《金坛市安全生产“党政同责、一岗双责”实施办法》的通知

坛委发〔2015〕4号　中共金坛市委　金坛市人民政府关于印发《金坛市人民政府职能转变和机构改革实施意见》的通知

坛委发〔2015〕5号　中共金坛市委　金坛市人民政府关于印发《金坛市党政机关厉行节约反对浪费实施办法》的通知

坛委发〔2015〕6号　中共金坛市委　金坛市人民政府关于表彰2014年度先进集体和先进个人的决定

坛委发〔2015〕7号　中共金坛市委　金坛市人民政府关于表彰2014年度市级机关绩效管理考核优胜单位和“支持地方经济社会发展贡献奖”单位的决定

坛委发〔2015〕9号　关于表彰2014年度“三农”工作先进集体和先进个人的决定

坛委发〔2015〕10号　中共金坛市委　金坛市人民政府　金坛市人武部关于表彰双拥工作先进集体和先进个人的决定

坛委发〔2015〕13号　2015年度市级机关绩效管理考核意见

坛委发〔2015〕14号　2015年度镇综合工作考核意见

坛委发〔2015〕15号　2015年度镇、区重点工作考核意见

坛委发〔2015〕16号　2015年度经济开发区工作考核意见

坛委发〔2015〕17号　中共金坛市委　金坛市人民政府关于印发《2015年金坛市生态文明在行动工作方案》的通知

坛委发〔2015〕18号　中共金坛市委　金坛市人民政府关于调整金坛市建设生态文明示范市领导小组的通知

坛委发〔2015〕19号　中共金坛市委关于印发《关于常州市〈对金坛市落实党风廉政建设责任制检查考核的反馈意见〉整改落实工作方案》的通知

坛委发〔2015〕20号　中共金坛市委关于设立东城、西城、尧塘等街道党工委、纪工委的通知

坛委发〔2015〕21号　中共金坛市委　金坛市人民政府关于推动城乡社区“减负增效”的实施意见

坛委发〔2015〕22号　金坛市科级领导干部年度考核等次推荐评定办法(试行)

坛委发〔2015〕23号　中共金坛市委　金坛市人民政府关于成立撤市设区领导小组的通知

坛委发〔2015〕24号　中共金坛市委　金坛市人民政府关于做好防汛抢险工作的紧急通知

坛委发〔2015〕25号　中共金坛市委　金坛市人民政府关于做好抵御特大洪涝灾害的紧急通知

坛委发〔2015〕26号　中共金坛市委关于表彰金坛市2013～2015年先进基层党组织、优秀共产党员和优秀党务工作者的决定

坛委发〔2015〕27号　区委、区政府关于表彰2015年抗洪抢险救灾先进集体和先进个人的决定

坛委发〔2015〕28号　区委关于贯彻落实党的十八届四中全会决定和省委常州市委意见全面推进依法治区的实施意见

坛委发〔2015〕29号　区委、区政府关于深入推进平安金坛建设的实施意见

坛委发〔2015〕30号　区委关于金坛市社会管理综合治理委员会更名为常州市金坛区社会治安综合治理委员会及组成人员任职的通知

坛委发〔2015〕31号　中共常州市金坛区委关于区委常委工作分工的的通知

坛委发〔2015〕32号　中共常州市金坛区委关于成立省委第五巡视组驻金坛巡视期间工作领导小组的通知

坛委发〔2015〕33号　中共常州市金坛区委关于同意成立常州市金坛区法学会的批复

坛委发〔2015〕34号　中共常州市金坛区委关于制定金坛区国民经济和社会发展第十三个五年规划的建议

·中共金坛市(区)委办公室·

坛委办字〔2015〕1号　市委办公室　市政府办公室关于进一步规范党政机关公文格式的通知

坛委办字〔2015〕2号　市委办公室　市政府办公室关于表彰2014年度全市党政信息工作优胜单位、先进个人的通知

坛委办字〔2015〕3号　市委办公室　市政府办公室关于印发《金坛市党政信息工作考核办法》的通知

坛委办字〔2015〕4号　市委办公室　市政府办公室关于做好2015年春节期间双拥工作的通知

坛委办字〔2015〕5号　市委办公室关于2014年度全市机关作风建设评议情况的通报

坛委办字〔2015〕6号　市委办公室　市政府办公室关于印发《关于规范和改进公务接待工作的规定(试行)》的通知

坛委办字〔2015〕7号　市委办公室　市政府办公室关于印发《关于商务接待工作的规定(试行)》的通知

坛委办字〔2015〕8号　市委办公室　市政府办公室关于开展2015年春节走访慰问活动的通知

坛委办字〔2015〕9号　市委办公室关于调整市委干部教育培训工作领导小组成员的通知

坛委办字〔2015〕12号　市委办公室　市政府办公室关于印发《金坛市农村土地承包经营权确权登记颁证工作考评奖励办法》的通知

坛委办字〔2015〕13号　市委办公室　市政府办公室关于调整金坛市社区矫正工作领导小组组成人员的通知

坛委办字〔2015〕14号　市委办公室　市政府办公室关于调整金坛市社会矛盾纠纷调处工作领导小组组成人员的通知

坛委办字〔2015〕15号　市委办公室关于调整金坛市法制宣传教育领导小组组成人员的通知

坛委办字〔2015〕16号　2015年市委理论学习中心组专题学习意见

坛委办字〔2015〕17号　市委办公室关于转发市关心下一代工作委员会《2015年关心下一代工作意见》的通知

坛委办字〔2015〕18号　市委办公室　市政府办公室关于加强基层为农服务体系建设的意见

坛委办字〔2015〕19号　市委办公室　市政府办公室关于印发2015年全市法制宣传工作要点的通知

坛委办字〔2015〕20号　市委办公室　市政府办公室关于调整金坛市劳动竞赛委员会组成人员的通知

坛委办字〔2015〕21号　市委办公室关于印发《第六届“金坛读书月”活动实施方案》的通知

坛委办字〔2015〕22号　市委办公室　市政府办公室关于调整金坛市科学普及工作领导小组的通知

坛委办字〔2015〕23号　市委办公室关于印发《2015年法治金坛建设工作要点》的通知

坛委办字〔2015〕24号　市委办公室　市政府办公室关于市集中处理信访突出问题及群体性事件联席会议更名为市信访工作联席会议的通知

坛委办字〔2015〕25号　市委办公室　市政府办公室关于成立市重点项目引进工作办公室和重点项目推进督查组的通知

坛委办字〔2015〕26号　市委办公室　市政府办公室关于印发《2015年金坛市生态文明在行动督查考核办法》的通知

坛委办字〔2015〕27号　市委办公室　市政府办公室关于印发《中共金坛市西城街道工作委员会、金坛市西城街道办事处主要职责、内设机构和人员编制规定》的通知

坛委办字〔2015〕28号　市委办公室　市政府办公室关于印发《薛埠镇机构改革实施细则》的通知

坛委办字〔2015〕29号　市委办公室印发《关于在领导干部中开展“三严三实”专题教育的实施方案》的通知

坛委办字〔2015〕31号　市委办公室关于在“三严三实”专题教育中扎实开展专题学习研讨的通知

坛委办字〔2015〕32号　市委办公室　市政府办公室关于印发《金坛市新一轮社会治安防控体系建设三年规划(2015～2017年)》的通知

坛委办字〔2015〕33号　市委办公室　市政府办公室关于做好撤市设区机构更名、新印章刻制和新牌子制作及启用工作的通知

坛委办字〔2015〕35号　市委办公室　市政府办公室关于印发《2015年度镇综合考核“科技创新与人才工作”“社会民生”“党群和精神文明建设”考核细则》的通知

坛委办字〔2015〕36号　市委办公室　市政府办公室关于印发2015年度全市项目引进奖励实施办法的通知

坛委办字〔2015〕38号　区委办公室　区政府办公室关于做好当前灾后复产工作的通知

坛委办字〔2015〕39号　区委办公室　区政府办公室关于做好2015年“八一”双拥工作的通知

坛委办字〔2015〕40号　区委办公室　区政府办公室关于进一步规范领导干部请假制度的通知

坛委办字〔2015〕41号　区委办公室　区政府办公室关于调整金坛区社区建设和社区党建工作领导小组的通知

坛委办字〔2015〕42号　区委办公室　区政府办公室关于在全区开展第十四个慈善周活动的通知

坛委办字〔2015〕43号　区委办公室　区政府办公室关于印发第七届金坛文化艺术节总体方案的通知

坛委办字〔2015〕44号　区委办公室　区政府办公室关于调整金坛区推进农业保险工作委员会成员的通知

坛委办字〔2015〕45号　区委办公室　区政府办公室关于调整区考核工作领导小组成员的通知

坛委办字〔2015〕46号　区委办公室　区政府办公室关于调整金坛区双拥工作领导小组成员的通知

坛委办字〔2015〕47号　区委办公室　区政府办公室关于印发第六届金坛全民运动会暨第七届金坛文化艺术节开幕式实施方案的通知

坛委办字〔2015〕49号　区委办公室　区政府办公室关于做好2016年度全区重点党报党刊征订发行工作的通知

坛委办字〔2015〕50号　区委办公室　区政府办公室关于下达2015年军队转业干部和随军随调家属安置计划的通知

坛委办字〔2015〕51号　区委办公室关于加强全市涉密文件内部资料回收销毁保密管理的通知

坛委办字〔2015〕52号　区委办公室关于成立区实施县以下机关建立公务员职务与职级并行制度工作领导小组的通知

坛委办字〔2015〕53号　区委办公室　区政府办公室关于进一步加强全区城乡社区信息网络规范化建设的通知

坛委办字〔2015〕54号　区委办公室　区政府办公室关于组织开展2015年综合考核工作的通知

坛委办字〔2015〕55号　区委办公室　区政府办公室关于做好2016年元旦春节期间有关工作的通知

坛委办字〔2015〕56号　区委办公室　区政府办公室关于印发《金坛区网格化环境监管实施方案》的通知

·金坛市(区)人民政府·

坛政发〔2015〕3号　金坛市人民政府关于市政府职能转变和机构改革方案的备案报告

坛政发〔2015〕5号　关于推荐申报中国人居环境奖的请示

坛政发〔2015〕6号　关于成立金坛市社会综合治税工作领导小组的通知

坛政发〔2015〕7号　关于进一步加强茅东林场管理的通知

坛政发〔2015〕8号　关于申请办理金坛开发区至常州连线工程金坛段建设用地的请示

坛政发〔2015〕9号　关于办理金坛经济开发区至嘉译互通连接线工程金坛段建设用地的请示

坛政发〔2015〕10号　关于办理金坛盐矿集疏运工程项目建设用地的请示

坛政发〔2015〕11号　关于办理新建S340至丹金溧漕河指前港连接线工程建设用地的请示

坛政发〔2015〕14号　关于调整金坛市应急管理委员会成员的通知

坛政发〔2015〕16号　金坛市人民政府关于薛埠镇等7镇土地利用总体规划进行调整的请示

坛政发〔2015〕17号　关于恳请明确江苏省金坛茅山旅游度假区党工委、管委会为副处级机构的请示

坛政发〔2015〕20号　金坛市人民政府关于将长荡湖生态清淤工程列入太湖流域水环境综合治理省级统筹地方实施项目的请示

坛政发〔2015〕21号　关于表彰2014年度建筑业优秀企业和优秀个人的决定

坛政发〔2015〕22号　市政府关于印发金坛市2015年城市环境综合整治行动方案的通知

坛政发〔2015〕29号　关于请求批准金坛市薛埠镇同一乡镇范围内村庄建设用地布局调整试点实施方案的请示

坛政发〔2015〕30号　关于提请授予诺伯特汉斯等五人金坛市荣誉市民称号的议案

坛政发〔2015〕33号　关于金坛市防汛防旱指挥部恢复办公的通知

坛政发〔2015〕34号　金坛市人民政府　金坛市人民武装部关于做好2015年度民兵预备役部队组织整顿工作的通知

坛政发〔2015〕35号　关于调整部分行政区划的通知

坛政发〔2015〕39号　关于金坛市与法国圣乔治市缔结友好城市的请示

坛政发〔2015〕40号　金坛市人民政府关于金坛经济开发区申报升格为国家级经济技术开发区的情况报告

坛政发〔2015〕42号　关于落实市人大常委会对全市城建交通基础设施及项目资金安排情况审议意见的报告

坛政发〔2015〕47号　关于表彰2012～2014年度金坛市劳动模范的决定

坛政发〔2015〕52号　关于印发2015年度全市及镇区街道经济发展主要目标任务清单的通知

坛政发〔2015〕62 号　关于金坛金城工业园区申报省级经济开发区的请示

坛政发〔2015〕68 号　关于印发常州市金坛区 2015 年度土地收储出让计划的通知

坛政发〔2015〕71 号　关于落实农村土地承包法实施情况审议意见的报告

坛政发〔2015〕72 号　关于落实市人大党委会审议社会救助工作意见情况报告

坛政发〔2015〕73 号　关于金坛国有资产投资控股有限公司更名并加快建立完善现代企业制度的通知

坛政发〔2015〕74 号　关于设立江苏省金坛圩村文化生态保护实验区的报告

坛政发〔2015〕79 号　关于印发金坛区地价评估标准指导意见的通知

坛政发〔2015〕83 号　关于办理金坛市长荡湖水厂及配套管网项目建设用地的请示

坛政发〔2015〕89 号　关于金坛区生态红线区域优化调整中饮用水源地调整的请示

坛政发〔2015〕93 号　关于全面开展安全生产大检查、深化“打非治违”和专项整治行动的通知

坛政发〔2015〕94 号　关于将金坛经济开发区政府性投资项目融资纳入年度财政预算的议案

坛政发〔2015〕97 号　关于落实区人大全面推进节约集约用地落实情况审议意见书的报告

坛政发〔2015〕98 号　关于表彰金坛区“十佳最美教师”和金坛区优秀教育工作者的决定

坛政发〔2015〕101 号　关于重新划分金坛区境内土地等级及调整及等级土地城镇土地使用税税额标准的通知

坛政发〔2015〕102 号　关于进一步完善城乡居民基本养老保险制度的实施意见

坛政发〔2015〕110 号　关于印发金坛雀舌茶地理标示产品保护管理办法的通知

坛政发〔2015〕111 号　关于调整省级重点生态公益林的请示

坛政发〔2015〕121 号　关于落实城区停车难专题询问意见书的情况报告

坛政发〔2015〕122 号　关于深化教育领域综合改革推进教育现代化建设的实施意见

坛政发〔2015〕123 号　关于印发常州市金坛区第二期学前教育五年行动计划(2016～2020)的通知

坛政发〔2015〕131 号　关于常州市金坛区金沙高级中学更名为江苏省金沙高级中学的请示

坛政发〔2015〕135 号　关于 2014 年度实行最严格水资源管理制度考核整改情况的报告

坛政发〔2015〕138 号　常州市金坛区人民政府关于常州市 2015 年政府工作报告目标任务 1～11 月份工作推进情况的报告

坛政发〔2015〕141 号　关于金坛金城工业园区申报省级经济开发区规划面积调整的请示

坛政发〔2015〕144 号　关于表彰金坛区金沙名教师决定

坛政发〔2014〕152 号　关于明确金坛市长荡湖旅游度假区管委会管辖范围的通知

·金坛市(区)人民政府办公室·

坛政办发〔2015〕4 号　关于印发学前教育现代化镇(街道)建设工作的意见

坛政办发〔2015〕16 号　关于做好突发事件应急预案修订工作的通知

坛政办发〔2015〕18 号　关于成立 2015 年金坛市春运工作领导小组的通知

坛政办发〔2015〕24 号　关于印发金坛市环境保护大检查工作实施方案的通知

坛政办发〔2015〕26 号　关于下达 2015 年度全市人力资源和社会保障工作重点目标任务的通知

坛政办发〔2015〕27 号　关于创建全国国土资源节约集约模范市的实施意见

坛政办发〔2015〕31 号　关于进一步完善设施农用地管理的实施意见

坛政办发〔2015〕39 号　关于开播 2015 年政风热线节目的通知

坛政办发〔2015〕40 号　关于印发金坛市房地产工程质量保证金管理办法(试行)的通知

坛政办发〔2015〕41 号　关于印发金坛市住宅小区物业管理工作考核办法(试行)的通知

坛政办发〔2015〕44 号　关于做好全市国有及国有控股企业含融资平台审计的通知

坛政办发〔2015〕50 号　关于印发金坛市政务服务管理办公室主要职责、内设机构和人员编制规定的通知

坛政办发〔2015〕51 号　关于赋予薛埠镇部分经济社会管理权限的通知

坛政办发〔2015〕53 号　关于印发 2015 年金坛市行政审批制度改革工作要点的通知

坛政办发〔2015〕56 号　关于印发金坛市城区静态交通综合治理工作方案的通知

坛政办发〔2015〕58 号　关于进一步加强电力设施保护工作的通知

坛政办发〔2015〕60 号　关于切实做好 2015 年秸秆综合利用和禁烧工作的通知

坛政办发〔2015〕67 号　关于印发区政府办公室物资采购管理制度的通知

坛政办发〔2015〕68 号　关于印发区政府办公室干部队伍作风建设若干规定的通知

坛政办发〔2015〕71 号　关于认定区级农业产业化龙头企业的通知

坛政办发〔2015〕74 号　关于开展政府部门责任清单编制工作的通知

坛政办发〔2015〕78 号　关于调整金坛区未成年人保护委员会成员的通知

坛政办发〔2015〕81 号　关于印发推进建设项目信息共享、网上审批系统建设应用工作实施意见的通知

坛政办发〔2015〕83 号　关于印发金坛区养老服务机构安全整治工作方案的通知

坛政办发〔2015〕88 号　关于成立中航绿色电源科技园项目推进工作领导小组的通知

坛政办发〔2015〕92 号　关于报批常州市金坛区医患纠纷调解体制机制创新试点工作方案的请示

坛政办发〔2015〕94 号　关于成立金坛市不动产统一登记工作领导小组的通知

坛政办发〔2015〕98 号　关于开展第一次全国政府网站普查检查整改的情况通报

坛政办发〔2015〕99 号　关于印发金坛区突发事件应急预案总目录(2015 年版)的通知

坛政办发〔2015〕101 号　关于印发 2015 中国长荡湖休闲湖泊峰会暨第四届中国长荡湖湖鲜美食节方案的通知

坛政办发〔2015〕103 号　关于成立金坛区石油天然气输送管道保护工作领导小组的通知

坛政办发〔2015〕104 号　关于成立常州市金坛区新孟河延伸拓浚工程建设领导小组的通知

坛政办发〔2015〕109 号　关于进一步加大企业人才引进培养资助(奖励)力度的实施意见

坛政办发〔2015〕113 号　关于印发常州市金坛区社会救助实施办法的通知

坛政办发〔2015〕119 号　关于调整常州市金坛区公立医院管理委员会的通知

坛政办发〔2015〕120 号　关于调整常州市金坛区深化医药卫生体制改革领导小组的通知

坛政办发〔2015〕123 号　关于印发金坛区政府性投资项目建设审批内部流转预审制度的通知

坛政办发〔2015〕125 号　关于印发 2014－2015 年批而未征、批而未供土地清理处置工作方案的通知

坛政办发〔2015〕126 号　关于印发金坛城区停车服务收费管理办法试行的通知

坛政办发〔2015〕130 号　金坛区 2015 年政府信息公开落实情况的报告

坛政办发〔2015〕131 号　关于加强全区老年人体育工作的实施意见的通知

坛政办发〔2015〕132 号　关于开展 2015 年突发事件应对工作总结评估和 2016 年突发事件发生趋势分析工作的通知

坛政办发〔2015〕133 号　关于实行最严格水资源管理制度的实施意见

茅山风光　　(薛埠镇　供稿)

交 通 指 南

表67　　金坛区公交线路一览表

线　路	沿　途　站　点
101路:公交总站—东村	公交总站—南洲花园(城南花园)—城南菜市场—金沙公园(体育馆)—愚池新村—段玉裁纪念馆—河滨新村(河滨小学)—北戴新村—第三中学(虹桥新村)—小金海(城市花园)—五角场—中信银行—东园新村(东门)—客运东站—金谷华城金禧园—胡姬花园(圣东福地北门)—晨风菜市场—常溧路路口—盐道物流—东村路路口—东村
102路:公交总站—客运东站	公交总站—金沙中学(万仕新村)—朱庄花苑(东门)—半岛花园—星城朱庄花苑—体育馆—金沙公园(体育馆)—愚池新村—段玉裁纪念馆—滨河广场(实验幼儿园)—人民医院—大统华—中医院—中国人寿保险公司(华罗庚中学)—客运北站(东门)—丹阳门建材市场—红太阳科技城—凤凰城—春风三村—春风二村—金谷华城—客运东站
103路:龙山大桥—香格里拉山庄【龙山大桥—龙山公园,为区间班车】	龙山大桥—文化二村(景阳花园南门)—青年广场—园田新村—颐和世家(东门)—南新桥—大统华—老市政府—虹桥小区—华罗庚公园(城市花园)—五角场—中信银行(果品市场)—东园新村(东门)—客运东站—金谷华城金禧园—胡姬花园(圣东福地北门)—利步瑞服饰—广电中心—前堡村—华城柴油机厂—农耕园—天誉物流城—东方新都(开发区站)—小汤庄村—珑庭花园—香格里拉山庄站
105路:人才市场—交警大队	人才市场—徐塘村委—左邻右里—名仕家园—金水湾(华城天赐园)—圣东福地(东门)—胡姬花园(圣东福地北门)—金谷华城金禧园—金源福地—金彩花园(东园新村)—劳动大厦—中国人寿保险公司—白凉亭新村(西轿巷)—望华新村—少年宫—金城商业广场—第二中学—第三人民医院—中大国际商贸城—交警大队
106路:岸头—美地蓝庭	岸头—宜干桥—渔业村—晨风集团—金武路—滨湖新城管委会(华商培训中心)—新城东苑(华达名都)—华达名都—左邻右里南—消防指挥中心—吾悦广场—景潭花园—邮政局—华润苏果—中信银行—五角场—劳动大厦—华罗庚中学—华中教师楼—春风一村—春风二村—春风三村—丹丽花园—阳光花园(四中)—丽锦家园(金城花园)—清华园—美地蓝庭
107路:盐港—亿禾首末站	盐港站—康泰氟化工—唐庄—宋庄村—良常路路口—上庄村—阳光花园(金城花园)—第四中学—客运北站北门—丹阳门建材市场—华中教师楼—华罗庚中学—中医院—大统华—老市政府—虹桥菜市场—北戴新村—翠园新村—金巢公寓—徐塘新村—左邻右里小区(金河花园)—峨嵋新村—职校南—第二人民医院—玉山花园—金远药业—青年公寓(青年公寓—常峰股份—沃尔核材/科泰绝热—盛利维尔—复兴路路口—汇福路路口—埃马克—亿晶光电东门—众泰汽车东门—亿禾站,为区间班车)
108路:公交总站—东城实验小学站(东城实验小学站—奥特莱斯为区间班车)	公交总站—南洲花园(城南花园)—城南菜市场—城南村委—王家棚—西城加油站—金城建材市场(金城交通管理所)—金城镇政府—金城商业广场—八佰伴—亲亲家园(白凉亭新村)—中国人寿保险公司(华罗庚中学)—劳动大厦—五角场—中信银行—地税局—开发区管委会—第一中学—思母桥(翠堤湾)—移动公司(公路管理处)—金胜花园(职校)—金湖花园(皇家华园)—金湖路路口—金江苑一村—金江苑三村—金江东苑—东城实验小学站

续表 67

线路	沿途站点
109 路:东城实验小学站—沈渎站	东城实验小学站—金江东苑—金江苑三村—金江苑一村—金湖路路口—金湖花园—职校—碧水华庭(金河花园)—第五中学—华城二村(华城嘉园)—华润苏果—东园新村(东门)—客运东站—金源福地—金彩花园(东园新村)—劳动大厦—中国人寿保险公司(华罗庚中学)—客运北站(东门)—客运北站(北门)—交通运输局—社场头—美地蓝庭(东门)—清华园—五星家园—元巷新村—金城镇工业园(德源箱包)—沈渎站
110 路:金谷首末站—龙山大桥	金谷首末站—金谷华城—客运东站—东园新村东门—地税局—开发区管委会—名仕家园—第五中学—华城二村(华城嘉园)—邮政局—翠园新村—北戴新村—河滨新村(河滨小学)—滨河广场—人民医院—大统华—行政服务中心—八角井—青年广场—景阳花园北门—王家棚—龙山大桥站
111 路:天誉物流—金沙中学(万仕新村)	天誉物流—江南农耕园—波仕曼—凯灵电器—金昇集团(亚邦强生药业)—移动公司—思母桥—第一中学—开发区管委会—地税局—华润苏果—邮政局—景潭花园—市民中心(北门)—金广场(西门)—金沙中学(万仕新村)
112 路:市民中心(东门)—长竹埂大桥站	市民中心(东门)—吾悦广场—景潭花园—翠园新村—第三中学(虹桥新村)—华罗庚公园—虹桥小区—虹桥菜市场(水利局)—人民医院—大统华—行政服务中心—白凉亭新村(西轿巷)—客运北站(东门)—客运北站(北门)—城管局—金溪新村—八佰伴—西门菜市场—金城商业广场—第二中学—第三人民医院—金城建材市场—天霸公司—公安看守所(马干)—长竹埂村委会—长竹埂大桥站
116 路:东城实验小学站—公交总站	东城实验小学站—金江东苑—金江苑三村—益鑫新能源—江苏舜天—亚邦强生药业—金胜花园(职校)—第二人民医院—汇贤南路路口—新城东苑—华达名都—左邻右里南—徐塘村委—碧桂园—市民中心(北门)—南戴庄—药监局—半岛花园(金沙公园)—星城朱庄花苑—体育馆—城南菜市场—南洲花园(城南花园)—公交总站
118 路:元巷站—市民中心(西门)	元巷站—怒江路路口—元巷—冯庄村—天霸公司—美地蓝庭(南门)—社场头—交通运输局—城管局—金溪新村—中国人寿保险—劳动大厦—城市花园—第三中学(虹桥新村)—住建委(金海湾)—南戴庄—市民中心(西门)
H1 环线:客运北站—客运北站	客运北站(北门)—丹阳门建材市场(华罗庚中学后门)—供电局—金源福地—客运东站—东园新村(东门)—华润苏果—邮政局—翠园新村—北戴新村—河滨新村(河滨小学)—华罗庚实验学校(南门)—园田新村—文化一村—金城派出所—西门菜市场—西门小游园—交通运输局—客运北站(北门)
夜间 1 号线(108 路):公交总站—东城实验小学站	公交总站—南洲花园(城南花园)—城南菜市场—城南村委—王家棚—西城加油站—金城建材市场(金城交通管理所)—金城镇政府—金城商业广场—八佰伴—亲亲家园(白凉亭新村)—中国人寿保险公司(华罗庚中学)—劳动大厦—五角场—中信银行—地税局—开发区管委会—第一中学—思母桥(翠堤湾)—移动公司(公路管理处)—金胜花园(职校)—金湖花园(皇家华园)—金湖路路口—金江苑一村—金江苑三村—金江东苑—东城实验小学站

表 68　　金坛区汽车客运站客运班线一览表

汽车站名称	发往区域	终点	发班时间	票价(元)
金坛区汽车客运站(东站)	北京	北京	9:00	360
	上海	上海	6:50、7:50、9:00、13:30、14:20	73
	浙江	杭州	7:30、13:20	70
		湖州	8:40、15:25	44
		温州	11:40	188
	安徽	利辛	9:00	147
		合肥	7:30、13:00	91
		庐江	9:50	100
		无为	9:00、14:45	74
		芜湖	7:10、12:50	48
		马鞍山	7:55	45
	山东	青岛	17:40	217
	湖北	武汉	16:30	250
	江苏省内	连云港	6:50、13:10	145
		灌云	7:00	134
		东海	5:50	116
		淮安	7:30、14:30	92
		宿迁	8:20、12:45	126
		沭阳	7:50	110
		邳州	7:15	130
		盐城	7:10	93
		扬州	7:25、9:50、13:45、15:30	34
		泰州	7:40、12:40	46
		南通	7:50、13:20	65
		南京小红山	首班 6:20、末班 17:50,平均 40 分钟一班,每天 14 班	39
		南京南站	首班 6:00、末班 17:30,平均 40 分钟一班,每天 16 班	39
		高淳	7:30	33
		镇江	首班 6:20、末班 17:50,平均 1 小时一班,每天 12 班	19
		丹阳	首班 5:47、末班 17:30、平均 15 分钟一班,每天 50 班	9.5
		句容	7:00、13:25	20
		无锡	首班 6:40、末班 17:20,平均 1 小时一班,每天 12 班	31
		宜兴	7:25、9:20、13:40、16:30	18
		苏州	首班 7:20、末班 17:20,平均 1 小时一班,每天 8 班	49
		昆山	7:50	55
		常熟	7:40	39

续表68

汽车站名称	发往区域	终点	发班时间	票价(元)
金坛区汽车客运站(东站)	常州地区	常州总站	首班5:45、末班19:35,平均20分钟一班,每天44班	15
		常州花园	首班5:40、末班20:10,平均20分钟一班,每天51班	8
		湖塘	首班6:00、末班17:50,平均半小时一班,每天32班	13
		溧阳	首班6:20、末班17:20,平均半小时一班,每天16班	17
	市内各镇	尧塘	**夏**:首班5:30、末班18:00, **冬**:首班5:30、末班17:45;平均15分钟左右一班	4
		尧塘－溪南	**夏**:首班6:40、末班17:00 **冬**:首班6:40、末班17:00;平均30分钟左右一班	2
		成章	**夏**:首班5:40、末班17:45 **冬**:首班5:40、末班17:45;平均25分钟左右一班	5
		湟里	**夏**:首班5:45、末班17:50 **冬**:首班5:45、末班17:40;平均25分钟左右一班	5
		儒林	**夏**:首班5:30、末班18:00 **冬**:首班5:30、末班17:45;平均15分钟左右一班	5
		涑渎	**夏**:首班6:15、末班17:45 **冬**:首班6:15、末班17:30;平均20分钟左右一班	3
		指前	**夏**:首班5:25、末班17:55 **冬**:首班5:35、末班17:40;平均15分钟左右一班	5
		长荡湖水街	**夏**:首班9:00、末班17:40 **冬**:首班9:00、末班17:40;平均40分钟左右一班	5
		社头	**夏**:首班5:35、末班18:00 **冬**:首班5:30、末班17:45;平均15分钟左右一班	5

表 69　　华夏汽车客运站客运班线一览表

汽车站名称	终点	发班时间	票价(元)
金坛区华夏汽车客运站(北站)	上海	6:40、7:40、8:50、13:15、14:05	73
	南京东站	首班 6:30、末班 18:00,平均半小时一班,每天 18 班	41
	南京南站	首班 6:10、末班 17:30,平均半小时一班,每天 12 班	41
	常州总站	首班 5:40、末班 19:25,平均 20 分钟一班,每天 44 班	15
	常州花园	首班 5:20、末班 20:00,平均 20 分钟一班,每天 51 班	8
	张家港	8:30	37
	九江	11:40	183
	灌云	13:20	140
	丹阳	首班 6:10、末班 17:30、平均 15 分钟一班,每天 33 班	9.5
	经薛埠至茅山索道	**夏**:首班 5:00、末班 18:25 **冬**:首班 5:10、末班 17:35;平均 15 分钟左右一班,延伸至茅山索道 6 班(北站发车:7:00　8:00　10:00　13:00　14:00　15:00)	7
	经彭城至茅山索道	**夏**:首班 5:50、末班 17:35 **冬**:首班 6:20、末班 17:05;平均 70 分钟左右一班,延伸至茅山索道 5 班(北站发车:7:20　8:35　10:50　12:05　14:35)	7
	建昌	**夏**:首班 5:10、末班 18:10 **冬**:首班 5:20、末班 17:30;平均 30 分钟左右一班	4
	西阳	**夏**:首班 5:00、末班 18:20 **冬**:首班 5:10、末班 17:30;平均 15 分钟左右一班	6
	登冠	**夏**:首班 5:00、末班 18:20 **冬**:首班 5:10、末班 17:40;平均 15 分钟左右一班	6
	下蔡	**夏**:首班 6:50、末班 17:50 **冬**:首班 6:50、末班 17:30;平均 30 分钟左右一班	4
	竹箦煤矿、罗村	**夏**:首班 5:00、末班 18:10 **冬**:首班 5:10、末班 17:30;至罗村平均 15 分钟左右一班;至竹箦煤矿 6 班(北站发车:6:30　7:30　9:30　12:00　13:10　15:30)	7
	乾元观	**夏**:首班 5:30、末班 18:15 **冬**:首班 6:00、末班 17:20;平均 30 分钟左右一班,延伸至乾元观 3 班(北站发车:7:30　9:30　15:20)。	8
	东方盐湖城	首班 7:00、末班 21:40 平均 30 分钟左右一班	6

索　引

说　明

一、本索引采用主题分析法编制，按标引词的第一个字的汉语拼音字母(同音字按声调)顺序排列；同音同调，按第二个字的音序排列，以此类推。

二、标引词后的阿拉伯数字表示内容所在页码，数字后的拉丁字母a、b、c分别表示该页的左、中、右栏。标引词后的第二个页码起，表示参见内容所在位置。

三、年鉴的特载、大事记、荣誉栏、文件选编、统计资料、彩页等均未作索引。

四、为方便读者检索，在金坛的企事业单位以及在金坛发生的事件名称前的“金坛”、“金坛区”，除易产生歧义者外，均予省略。

条目索引

A

B

C

D

E

F

G

H

J

Q

R

S

T

W

X

Y

Z

表格索引

A

C

D

G

H

J

M

N

P

Q

R

S

X

Y

Z

省住建厅到金坛指导地下管线普查工作

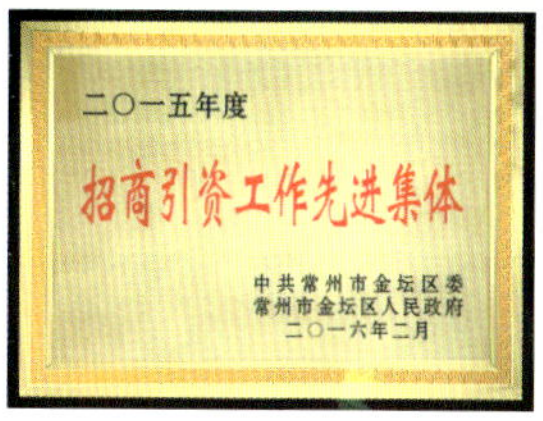

2015年，区规划局围绕“一城一区一山一水”四大板块以及加快项目引进和项目建设的中心工作，开展一系列规划编制研究工作。组织编制重点规划项目共28项，涉及道路设施、区域板块与相关专业规划三个方面，在加强交通引领、谋求区位突破、完善控规编制、建立管理平台、关注乡镇发展、建设美丽乡村方面有新突破。

区规划局瞄准全区发展目标，在机构优化、制度建设、服务地方发展、信息化建设等方面进行创新和完善，提高服务能力。全年出台十余项管理制度，创新服务效率。通过系统建设、数据建设和共享服务提高信息化水平。同时完善园区责任人机制，规范测绘生产、测绘技术、成果标准等管理制度，并组织开展地下管线普查测量工作。

城乡规划委员会2015年第一次全体会议

政协调研座谈“十三五”规划

长荡湖总规、钱资湖景观设计汇报

常州市金坛区人民法院

2015年，区法院认真贯彻落实党的十八届五中全会精神，主动服务经济发展大局，挖掘司法审判大数据，打造阳光司法，实现庭审“三同步”，自觉接受监督，促进司法公正，提升司法能力。依法惩治刑事犯罪，妥善处理民商纠纷，有效化解行政争议，努力破解执行难题。为全区经济社会加快发展提供坚强有力的司法保障，为构建和谐社会、建设“平安金坛”作出积极贡献。2015年，区法院共收案11358件，结案10170件，结案率83.44%，同比上升12.54%。

院长宋文良作法院工作报告

院长宋文良接受媒体采访，录制普法宣传节目

区法院优秀法官金昌大、杨丽莉、郭影受到市委书记阎立的接见

全院领导干部签订党风廉政建设工作责任状

区法院邀请人大代表来院视察立案登记制工作

青年法官导师工作推进会暨审判（执行）问题现场答疑会

区法院刑庭和他们资助的贫困孩子们共度“六一”儿童节

执行救助送温暖

召开《法在身边》电视普法节目总结表彰会，推动电视普法宣传

少年庭法官上门做分家析产调查工作

党员干部赴水西村开展红色教育

区法院举行撤市设区挂牌仪式

司法为民　公正司法

检察长带头司法办案

领导班子成员述职述廉述法述学

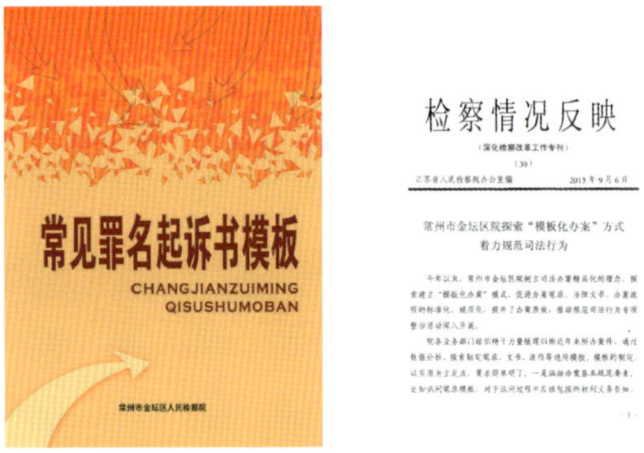
常见罪名起诉书模板
CHANGJIANZUIMING
QISUSHUMOBAN
常州市金坛区人民检察院

检察情况反映
（深化检察改革工作专刊）
（39）
江苏省人民检察院办公室编　2015年9月6日

常州市金坛区院探索"模板化办案"方式
着力规范司法行为

今年以来，常州市金坛区院树立司法办案精品化的理念，探索建立"模板化办案"模式，促进办案笔录、法律文书、办案流程的标准化、规范化，提升了办案质效，推动规范司法行为专项整治活动深入开展。

院各业务部门组织精干力量梳理归纳近年来所办案件，通过数据分析，探索制定笔录、文书、流程等通用模板。模板的制定，以实用为立足点，要求简单明了。一是编排办案基本规范要素，完善讯问笔录模板，对于讯问过程中应该包括的权利义务告知，

- 1 -

模板化办案

2015年，区检察院始终围绕司法为民、公正司法核心，忠实履行法律监督职能，为区域经济社会发展提供有力的司法保障。突出打击严重暴力犯罪、危害食品安全犯罪，全年共批准逮捕280件405人，提起公诉640件851人。发挥检察机关在反腐败斗争中的职能作用，共立案侦查职务犯罪案件14件19人。启动"预防邮路"工作，将预防触角延伸到千家万户。预防职务犯罪微电影《这里面，有防腐剂》荣获全国检察机关专题微电影三等奖。创新"模板化"办案，提升司法办案规范化水平。深入开展"一村（社区）一检察官"工作，保障人民群众获得检察服务和法律帮助。"失依儿童"救助工作入选2015年常州市女性社会组织公益创投项目、优秀

向人大汇报民行、预防工作两个决定落实情况

"预防邮路"启动活动

巾帼志愿服务项目。强化纪律作风建设，开展“警示教育月”活动，将“两个责任”落实到每一天、每个人、每件事。深化素质能力建设，出台《领导干部带头司法办案暂行规定》，开展“坛检微讲堂”业务技能活动，提升干警整体素能。

坛检微讲堂

一村（社区）一检察官开展法律宣传

检察官为群众提供法律帮助

聘任第二届特约检察员

支持常州市环境公益协会提起刑事附带民事诉讼

检察官救助失依儿童

引领新常态 发愤新作为
全力推进金坛经济社会发展新跨越

电视问政

规划调研

项目督查

2015年，区发改委充分发挥自身职能，引领新常态，高强度、高标准、高效率推进各项工作。

经济指标增速。主要经济指标继续保持两位数增长，保持三年来主要经济指标增速“领跑常州、苏南前列”的“金坛速度”，圆满完成全区年度目标任务。

“十三五”谋篇布局。将“一城一区一山一水”发展战略与“加速工业化进程”有机融合，排定“十三五”期间22项重大工程，各类项目100个，总投资490亿元。中航锂电、同方威视、大唐热电联产等7个项目入选江苏省重点项目。

“两个加快”推进。全年审批项目294个，完成地区生产总值525.5亿元，固定资产投资336.23亿元；行政审批效率保持周边领先；实现亿晶渔光一体光伏电站并网发电，众泰汽车整车下线，东方盐湖城顺利运营，大唐国际热电联产项目取得省发改委核准批复。

要素保障工作。全年累计向上争取资金5.2亿元，首次突破5亿大关，多项数据在常州处于领先地位。京东农业、帕卓管路成功挂牌新三板，东方新都项目获国开行

1.3亿元贴息贷款支持。

价费监管工作。全年12358价格举报平台共受理价格举报（咨询）61件，办结率、答复率100%。取消、停征、免征、降低80项行政事业性经营服务性收费项目和收费标准，全年累计减轻社会负担3200多万元。

集体学习

现场勘察

能源 安全

结对扶贫

窗口服务

阳光发改

2015，旅游发力又一年

常州乡村过大年暨金坛乡村旅游嘉年华活动现场

乡村旅游节暨上阮赏花季开幕式

江苏全媒体金坛行

2015中国·长荡湖籽虾节

江苏省旅游局局长秦景安调研金坛旅游

金坛旅游“十三五”规划编制专题调研

以民为本　为民解困

常州市民政局局长徐峥检查养老机构

三严三实部署会

结对帮扶

2015年金坛区民政工作紧紧围绕“以民为本、为民解困、为民服务”的工作宗旨，以创建现代民政示范区为抓手，解放思想，开拓创新，各项工作扎实推进。

出台《常州市金坛区社会救助实施办法》，从2015年7月1日起，城乡低保标准由每人每月460元提高到每人每月590元；农村五保集中和分散供养标准分别由每人每年7200元、6200元提高到每人每年8100元7100元；农村五保、城乡低保、孤儿、城市“三无”（无经济来源、无赡养能力、无劳动能力）老人医疗救助年度累计限额从3.5万元提高到4.5万元，其他救助对象（重残）年度累计救助限额从2.5万元提高到3.5万元，平均医疗救助比例65%。

加大社区建设力度，制订出台《金坛区2015年城乡社区工作意见》。到2015年底城乡省和谐社区达标率为90%、98%，其中创成1个全国和谐示范社区、1个省和谐示范镇、25个省和谐示范社区、26个常州市和谐社区。制订出台《关于进一步加强全区城乡社区信息网络规范化建设的意见》，为市、区、镇、社区实现“四级联动”服务体系奠定良好基础。举办社区读书月活动，社区大家乐文艺活动及“八一”文艺演出，进一步提升城市社区文化建设氛围。协调解决部分社区办公用房问题。截止至2015年底，东城街道6个新增城市社区和西城街道5个老城市社区办公用房已全部到位；农村社区中尧塘街道的西华、下庄、汤庄等农村社区也已启用新办公用房，社区基础设施得到进一步完善。进一步推进二级公共服务平台建设。2015年，西城街道、儒林镇、直溪镇、薛埠镇建成镇级服务大厅并已投入使用。全区共建有6个镇（街道）级服务中心并达到标准化要求，城乡社区管理服务站合格率达到95%以上。

加大养老机构床位数建设，全区拥有养老床位数5641张（养老机构床位数3916张、居家养老床位数1725张），每千名老人拥有机构养老床位数46.4张，社会力量举办和公建民营养老机构床位数占养老机构床位数比率71.5%，护理型床位占养老机构床位比率50.51%。实现硬件和软件同步提档升级。开展养老（福利）机构综合保险参保工作，全区参保床位2083张，缴纳参保费93735元。

革命烈士陈列馆开馆

投入1100万元的金坛革命烈士纪念馆于9月30日建成开馆。纪念馆位于区烈士陵园内，展示134名烈士的生平事迹。该工程总投资为50136.79万元，建设规模为总占地面积36.4公顷。加大区公墓环境建设力度，对墓区道路、停车场等基建工程实施改造。

老干部活动

区福利彩票销售2014年、2015年连续两年突破亿元大关，2015年销售彩票1.35亿元，销量同比增长25%，彩票市场占有率达60%以上，在全省县级市排名第9位，连续六年进入全省县级市前20强，2015年首次进入全省县级市前10强。

红歌比赛

烈士纪念日纪念活动

常州市金坛区人力资源和社会保障局

省人社厅副厅长周英调研区省级大学生优秀创业项目

省农保中心主任杨小平调研区城乡居民基本养老保险便民服务标准化建设

2015年，全区人力资源和社会保障工作坚持“民生为本、人才优先”工作主线，积极应对经济发展新常态，全力服务发展，增进民生福祉，突出重点、瞄准难点、创新举措、精准发力，圆满完成全年各项目标任务，实现人社事业健康可持续发展。

社会保障。企业养老、职工医疗、失业、工伤和生育保险分别净增参保3858人、3550人、3858人、3600人、5062人。城乡居民基本养老保险参保缴费人数7.9万人，覆盖率99.7%，续保缴费率95%以上。机关事业保险养老金社会化发放率100%。

人才总量新增5347人，专业技术人才新增3361人。引进高层次人才312人，常州市级以上领军人才10人。12人入选常州市“龙城英才计划”第七批C类优先支持项目。引进外国智力项目7项。新增国家级企业博士后科研工作站1家。博士后工作站（创新基地）有2人先后入选省第12批“六大人才高峰”和省博士后科研资助计划。成功举办金沙乐业工程“百所职校金坛行”校政企合作项目对接会，全区36家重点企业、招商引资新入户项目与22家省内外高职院校实现技能型人才引育供给无缝对接，校政企合作协议签订率100%。局2015年度创新项目“搭建人力资源精准服务平台”获常州市人社局“工作创新奖”。

“百村千企行”活动座谈会

“百所职校金坛行”校政企合作项目对接会

常州市金坛区民防局、常州市金坛区人民防空办公室

长期准备　重点建设　平战结合

2015年省民防局局长钱国超调研金坛区人防工作

“9.18”防空警报试鸣观摩会

金坛区民防局、金坛区人民防空办公室是区政府负责民防和人民防空工作的职能部门，是区国防动员委员会的常设办事机构。主要负责国家和中央军委有关人民防空方针政策的贯彻执行，负责对《中华人民共和国人民防空法》《江苏省实施<中华人民共和国人民防空法>办法》等法律法规的贯彻实施，负责全区人民防空工程和民防设施的建设管理，负责全区人防指挥通信建设和民防（人防）知识的宣传教育。

2015年，金坛区民防局、金坛区人民防空办公室贯彻落实国家“长期准备、重点建设、平战结合”的建设方针，坚持人防与经济社会发展相结合、与城市建设相结合、与城市应急减灾相结合的原则，改革创新，奋发有为，人防事业得到全面持续快速发展。

金水湾应急疏散演练

地址：金坛区南环二路

电话：0519-82889891

邮编：213200

常州市金坛区司法局

局党组书记、局长 岳惠剑

2015年，全区司法行政系统，以规范化建设提升年活动为抓手，重点打造以“矛盾调解、公共法律服务、法治宣传、特殊人群管理四个全覆盖”为主要内容的司法行政工作体系，为“一城一区一山一水”四大板块建设和金坛经济社会发展良好态势提供优质高效的法律服务与法律保障。全年各级调委会共受理矛盾纠纷2723件，调解成功2688件，调解成功率98.71%。全年共办理各类公证6213件，办理法律援助案件957件。全年接收社区服刑人员186人，解矫242人，在册227人，无一例发生重大恶性重新犯罪事件。全年共衔接刑释人员252人，解教人员248人，衔接率达90%以上。

2015年，金坛方边村获全国民主法治示范村，朱林镇司法所获全国先进司法所，儒林镇司法所获评全省优秀司法所。区司法局获省“法润江苏”系列专项活动集体三等功、全省司法行政系统队伍建设创新成果二等奖。东城街道司法所吴罗孝被省司法厅记个人二等功，区公证处纪冬梅被评为

副省长缪瑞林参观区基层司法所建设

省司法厅厅长柳玉祥调研区社区矫正工作

全区司法行政工作会

全省“人民满意公证员”，薛埠司法所仇书洪“我与调解的情感故事”获司法部“我的调解故事”主题征集展播三等奖。

成立“驻工会职工法律援助律师顾问团”

方边村被评为全国民主法治示范村

法律援助中心受理集体诉讼案件

12•4国家宪法日广场活动

省司法厅副厅长张光东调研区法治宣传工作

第二届司法日宣传活动华罗庚公园现场

常州市金坛区商务局

2015年，区商务局大力推进全民招商引资热潮，全方位服务项目落地投产，想方设法服务企业转型升级，加快民营企业“走出去”步伐，狠抓创新型、服务型、节约型机关建设。2015年全区新增签约项目174个。其中工业项目158个，农业项目3个，服务业（含地产类）项目13个。全区新批外商投资企业15家，新增协议注册外资8286万美元，完成实际到帐外资6756万美元。利用外资从传统的制造业向第三产业延伸，涉及公共服务、租赁、贸易、科技研发等领域。全区累计完成进出口总额15.6亿美元，比去年同期增长1.2%，完成年计划的97.25%；进出口总额完成进度位列全常州第一。2015年度被区委、区政府评为重点项目组织推进奖、招商引资工作先进集体、区级机关绩效管理考核优胜单位。

开拓进取　改革创新
奋力开创城市管理新局面

2015年，区城管局以提升城市长效管理水平为目标，完善管理体制、创新管理举措、提升管理手段，城市管理再上新水平。

解难题 办实事 惠民生

“931”城市环境综合整治。完成“九整治”“三规范”共35个项目的整治，下塘桥、春风一村等城市环境薄弱地段旧貌换新颜，周家村、岳庄村整治项目作为省示范案例推广。

省示范社区创建。实施社区街景容貌、环境卫生、基础设施、城市绿化提升工程，不断优化人居环境，金河社区成功创成“江苏省城市管理示范社区”。

环卫基础设施建设。新建青年广场公厕，提标改造白凉亭等22座公厕；新建薛埠垃圾中转站，完成（沈渎）生活垃圾填埋场封场工程建设，完成环卫运输队停车场及管理用房建设。

强基础 重管理 促长效

市容环卫。加强市容网格管理，强化措施、细化责任、完善考核，市容管理秩序进一步提升。强化环卫精细保洁，全年清运生活垃圾12.96万吨、粪便1.43万吨，清运和无害化处理率100%。

行政执法。强化规划执法“三三三”制，采用“积极助拆、提倡自拆、慎用强拆”的执法模式来减少和规避强拆风险。全年查处各类案件505起，查处率100%。

智慧城管。数字城管拓展为智慧城管，推动城市管理要素、过程、决策全方位智慧化。全年受理案件49188件，结案率95.6%；常州考评核查问题427处，核查通过率87.59%。

强素质 优服务 树形象

城管队伍建设。积极开展“三严三实”专题教育实践活动，邀请知名教授专题授课，开展纪律作风教育整训，着力提高城管队伍的政治、业务水平，提升服务效能。

诉求办理质量。全年处理投诉举报4200余起，登记率、处理率、回复率100%。承办人大代表建议、政协委员提案17件，走访面谈率和按时办结率100%。

公众参与平台。开展“城管宣传服务月”“城管开放日”活动，积极走进常州《政风热线》，在各类新闻媒体发表信息100余篇，积极引导市民理解、支持城市管理工作。

集中整训强素质 学法练兵强技能

整治后的周家村

投资新建青年广场公厕

城管队员奋战在抗洪抢险第一线

“一人脏 万人洁” 环卫工人守护城市整洁

常州市国土资源局金坛分局

2015年，常州市国土资源局金坛分局以保障发展为工作核心，以保护资源为工作宗旨，以“双提升”为努力方向，科学谋划、主动作为，为全区快速发展提供持续有力国土资源服务和保障。

通过努力，超额完成区委、区政府下达的各项重点任务。争取各类建设用地指标680.47公顷；废弃工矿完成全年53.33公顷建设任务；占补平衡完成33个项目，新增耕地125.13公顷；增减挂钩项目完成100个项目，260公顷建设规模。获“2015年度金坛区经济发展突出贡献奖”。

组织《金坛区土地利用总体规划》一般性修改，对全区允许建设区和有条件建设区进行布局调整，共调整面积246.73公顷。全面推进永久基本农田划定工作。积极开展土地收储，储备融资规模达39.4亿元；深入推进节约集约利用，加强闲置和低效利用土地处置力度；创新土地整治模式，“整村推进”成效显著；全面运行国土资源三级动态巡查系统，不断加强执法监管力度；有效整合矿产资源，严格矿山管理。拓展基层建设内涵，开展“法治型党支部”创建活动，进一步提升基层国土

国土资源部经济研究院在区国土局成立基层联系点

国土资源部野外科学观测研究基地建设进展交流现场

全市创建节约集约模范市动员大会

金坛人大调研区国土局节约集约工作

所的服务效能。

地址：金坛区东门大街158号
电话：0519—82821477
传真：0519—82820977
邮编：213200

参加金坛广播电台“政风热线”

热忱服务基层

全市国土资源干部职工春训大会

“读书月”演讲比赛

国土人看金坛

第一届“国土杯”登山比赛

中层干部国土资源管理综合知识考试

创新思路 积极协调 推进建设 强化管理

"三严三实"专题党课

义务植树活动

"阅读的青春最闪亮"读书演讲比赛

公路部门抗洪救灾

2015年，全区交通运输系统全力保发展、保民生、保安全，交通建设快速推进，行业管理规范有序，运输生产持续增长，为"十二五"交通运输工作划了一个圆满的句号。

交通基础设施建设 规划引领全面落实。编制完成金坛交通运输"十三五"规划，开展常溧高速北延和宁常高速第二通道金坛段前期规划研究与对接；扬溧高速新增道口规划研究与对接；沿江城际铁路、合（肥）马（鞍山）金（坛）城际铁路、淮扬镇宣城际铁路、泰泰常城际铁路以及常州市域轨道交通金坛段前期规划研究与对接。基础建设超额完成。全年完成交通政府性投资16.775亿元，完成年度计划的102%。金武公路快速化改造、延政西路西延和华城路东延（一期）建成通车，完成了S240城区段（南环二路——沿江高速）和楼下工业园区段景观快速化改造、X201儒林段改扩建、金茅公路直溪改线段、直别公路金西工业园区段、东方盐湖城主干道、县道大中修及养护、农村公路提档升级工程、薛埠客运站、城乡公交提升等工程；开工建设了S241黄庄至指前段改扩建工程、S240开发区段（南环二路——华城路）景观快速化改造工程、G233先导段（S340——钱资湖大道）、G233中段先导段（S240——复兴南路）、S265金坛段新建一期工程，继续加快了金坛港建设，同时有效推进了常溧高速儒林互通南北连接线（长荡湖大道）、金茅公路东段（建社线——S241）改扩建工程、S265金坛段新建二期工程前期工作。

交通运输保障能力 健全站场管理制度。出台《新公交综合场站管理办法》和《首末站管理制度》，保证新公交综合场站和各公交首末站正常使用和设备、设施的安全运行，确保车辆进出站安全有序，提升内部管理水平。推进交通科技信息化。顺利完成金坛交通信息资源综合利用系统建设，打造1个中心3个应用的综合管理框架，即综合数据中心和统一身份认证平台、综合利用平台及"金坛交通运输•掌上通"手机端三个应用。公交智能调度系统建成并启用，开通掌上公交；联合主流网络营运商，推广4G进公交，为乘客提供多元化的乘车体验，实现城市公交WIF全覆盖。配合完成全省城市公交一卡通工作。

交通运输行业管理 加强工程质量监督。严格执行工程质量标准和规程，加大工程质量监督执法力度，开展综合督查与专项督查各4次，安全类专项检查10次。共下发质监巡查通知书5份，抽查意见通知书7份，抽检工程实体项目共计25项检测参数，试验检测委托63次。

10月1日，公交电子站牌投入使用

金武路

11月27日毗邻公交登冠——延陵开通

S340公路新貌

“出租车爱心车队”免费接送就医老人、残疾人及其他社会特殊群体

金坛港

常州市金坛区农林局

农业部副部长张桃林视察金坛区金锁农机专业合作社

金坛河蟹荣膺全国河蟹大赛金奖和最佳口感奖

“十二五”以来，全区农林系统秉承良好产业基础，持续放大优势，加快拉长“短腿”，农业基本现代化水平稳居全省第一区间。

主导产业。通过省级“亩产吨粮县”认定，先后打造了年产值20亿级渔业和10亿级畜牧、园艺产业，以及河蟹、家禽2个单一品种年产值超10亿元农业产业，拥有“全国一村一品示范村镇”3个，荣膺“中国河蟹产业化先进县（市）”。

物质装备　年均新增高标准农田0.167万公顷，高标准农田面积占耕地总面积超六成；农业机械化水平已接近90%，位居江苏省前列。全区高效设施农、渔业占比分别达21.5%和36.3%，提前达到省农业基本现代化指标。

园区建设　全区已建成2个省级、16个常州市级、21个区级现代农业产业园区，成为江苏省为数不多的拥有2个省级园区的市辖区。金西农产品加工集中区成为常州市首个省级农产品加工集中区。

产业链条　培育形成区级以上农业龙头企业139家，畜牧生产构筑完整产业链条，京东农业开启常州农企上市先河。外向型农业稳步发展，名特优农产品年出口创汇总额占常州大市六成以上。

休闲观光　薛埠有机茶园入选“中国美丽田园”，拥有“全国农（渔）业休闲示范点”和“江苏最具魅力休闲乡村”各3个。长荡湖、上阮等精品农游线路“显山露水”，全区农业结构由一产向“接二连三”加快转变。

品牌价值　拥有地理标志登记保护农产品和全国名特优新农产品各3种、江苏省名牌产品12种、江苏省名牌农产品4种。3种品牌河蟹荣膺“中国十大名蟹”，“金坛雀舌”连年保持全国茶叶区域公用品牌价值50强。

生态农业　绿化造林成效显著，荣膺“全国绿化模范县（市）”和“绿色江苏建设突出贡献奖”。压缩围网养殖面积0.273万公顷，恢复生态湿地486.67公顷，长荡湖生态明显改善。低碳农业新技术、新模式加快推广，成为“全国生态农业示范区”。

作风效能　完善内部管理制度20多项，强化对不良作风的刚性约束。蝉联全省农经农业工作效能建设先进单位，重返全区机关绩效管理考核优胜单位行列，涌现出全国农机监理争先创优示范所、全国水产技术推广示范站、全国粮食生产先进个人、江苏省最美乡村兽医等一批先进典型。

局长：阎炳泉

地址：晨风路12-3号

电话：0519-80189218

举办第一期电子商务培训班

稻麦科技示范中心

森林消防员技能比赛

河蟹产业园

抓改革促发展　强队伍树形象

推进行政管理体制改革

2015年是金坛区市场监管体制改革的元年。根据《金坛区人民政府职能转变和机构改革实施意见》（坛委发〔2015〕4号）精神，2015年4月底，区市场监管局正式挂牌成立。新部门设立以来，坚持以服务“两个加快”为中心，凝心聚力、开拓创新，团结奋进、真抓实干，在服务地方经济社会事业发展上取得新的成绩。一是机构整合稳步推进。市场监管局内部机构由原3个局的23个减少至13个，精简44%，以区域调整为基础设基层分局9个。牵头组建区质量品牌工作领导小组等3个议事机构，完善镇一级食品安全委员会建设。二是“两个加快”担当有为。完成12条有效招商项目信息，签约项目达1个亿。新增私营企业1348家、个体工商户2839户、

四套班子领导深入调研体制改革工作

常州市金坛区人民政府文件

坛政发〔2015〕110号

常州市金坛区人民政府
关于印发金坛雀舌茶地理标志产品
保护管理办法的通知

各镇人民政府、开发区、茅山旅游度假区、长荡湖旅游度假区管委会，各街道办事处，区各委办局，区直各单位：

《金坛雀舌茶地理标志产品保护管理办法》已经区政府研究同意，现印发给你们，请认真遵照执行。

常州市金坛区人民政府
2015年11月16日

— 1 —

强化地理标志产品保护

加强食品药品市场监管

推进“放心消费”创建

完成个转企114户，分别占目标的269.6%、567.8%和114%。新增著名知名商标11件，常州市名牌产品7个，分别占计划的183.3%和233%。三是民生事业长足发展。建成全国首个县级市内燃机检验检测公共技术平台，推动出台常州地区首个《地理标志产品保护管理办法》，金坛盐化获评2015常州市质量管理先进单位。华城路等7个街区新评定为常州市级放心消费创建示范一条街，全年共创建100家区级以上放心消费先进单位、48个常州市级放心消费先进单位、2个省级先进单位。四是公共安全有效保障。完成全区14起重大活动的餐饮保障工作。丰登酒业、二呆子牛肉和中盐常州化工3家企业建成食品生产企业电子追溯系统，在常州地区率先实现药品电子监管码全覆盖，“食品药品安全保护联动执法机制”被常州政法委评为“十佳创新创优成果”。

发放全区第一张“三证合一”营业执照

开展全员业务培训

建成全国首个县级市内燃机检验检测公共技术平台

开展电梯事故应急救援演练活动

食品安全宣传周启动仪式

强化审计监督服务 守护地方经济发展

道德讲堂

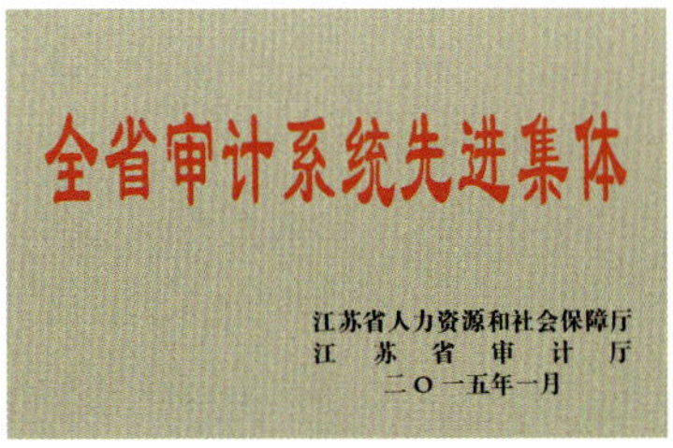

2015年，金坛区审计局以党的十八届四中全会精神为指导，紧紧围绕全区“一城一区一山一水”战略目标，紧扣“反腐、改革、法治、发展”四个关键词，坚持依法审计、秉公用权，投身审计全覆盖的实践中，在保障经济持续健康发展与社会和谐稳定上取得新成绩。

全年完成审计项目34个（不含区领导临时交办的跟踪审计项目），审计总金额557.61亿元。审计查出违规金额15.12万元，调账处理1.61亿元，发出审计处理决定4份，提出审计建议153条，促进被审计单位建立健全规章制度49项，制定整改措施42条。发出移送处理2份，移送处理事项2个，移送处理金额61.43万元。提交审计工作报告、专报、情况反映82份。撰写信息及论文245篇，被有关部门采用520篇次，其中国家审计署采用53篇、省审计厅采用153篇。

审计局获全省审计系统先进集体、2014年度全省审计信息宣传工

“三严三实”教育

经济责任审计现场

结对共建

作成绩突出县（市、区）称号，金坛经济开发区2011—2013年度发展情况专项审计调查、金坛区2013年度预算执行及其他财政收支审计两个项目获常州市审计局2014年度优秀审计项目。

宪法学习

慰问困难群众

业务培训

专项审计调查现场

志愿者活动

跟踪审计现场

攻坚克难打造生态强区 齐心协力建设美丽金坛

金坛区建设国家生态文明示范市领导小组（扩大）会议

金坛区生态文明在行动点评会

金坛区环保局党风廉政建设责任制考核

2015年，金坛区环保局坚持绿色发展、环保优先的原则，在生态环境质量改善、资源能源节约、生态红线区域保护等方面开展一系列扎实有效工作，生态文明建设成效显著。在全省77个市（县、区）生态红线区域监督管理考核中获第四名，常州市政府综合考评生态文明在行动工作连续两年位列第一方阵，2015年更是取得第一名的佳绩。区委、区政府授予区环保局“重点项目组织推进奖”，被评为“招商引资工作先进集体”。

强化生态文明制度体系建设 深入实施生态文明建设“七大工程”，将各镇区、各有关部门纳入生态目标责任考核体系，同部署同督查同考核，制定生态红线保护监督管理考核办法、量化评价指标体系。优化调整全区生态红线区由8个增加为9个，总面积202.92平方公里，占国土面积的20.78%。

完善项目环评审批机制，建立“四个一”服务模式 开辟绿色通道，推行“环保服务零距离”品牌服务，57个项目

以“绿色通道”形式先于核准。引导各镇区开展规划环评，薛埠镇等6个工业园区完成规划环评审批，经济开发区发展规划环境影响评价通过省环保厅审查。

实施清水蓝天宜居工程，推进污染治理 长荡湖水厂20万吨/日深度处理工程开工建设。完成1.1万亩长荡湖围网拆除，儒林河、运粮河等22条河流清淤整治工程。148台燃煤锅炉实施淘汰或清洁能源替代。2015年PM2.5平均浓度为54.4微克/立方米，同比下降8.5个百分点。现代化水质考核断面达标率为83.3%，同比提高16.7%。

铁腕治污，环境监管持续加强 组织开展环保大检查、建设项目环评制度执行、危险废物专项执法等专项行动。2015年开展环境现场监察3980厂次，节假日检查293厂次，立案查处环境违法行为224起。完成常州市突发环境事件示范性综合应急演练，有效提升环境突发事件的应急处置能力。

第十届“丰登杯”环境教育表彰

常州市环保系统环保执法知识竞赛获第二名

低碳环保 绿色出行志愿者活动

巾帼建新功　共筑中国梦

2015年，金坛区妇联唱响“巾帼建新功、共筑中国梦”号召，团结带领全区广大妇女为金坛“一城一区一山一水”建设贡献智慧和力量。

各级妇联组织开展“农村妇女网上行”等各类实用技术培训共42期，培训2240人次。举办“春风送岗位”女性专场招聘会10场，提供就业岗位2000余个。完成妇女小贷1260多万元，发放2014年还贷贴息51.23万元。培育省巾帼电子商务村、巾帼创新业项目18个，争取项目扶持资金29万元。

顺利通过省“十二五”妇女儿童规划终期评估工作。与卫计局联合组织完成2.5万名妇女两癌筛查工作，为53名患病妇女争取救助金18万元。开展“浓情五月，助力母亲”爱心接力活动，走访慰问区启智学校，举行茅山老区留守儿童夏令营活动等，帮扶贫困妇女儿童300余人。各级妇联协调处理来信来访 97 件，切实维护妇儿合法权益。

举行“书香家庭”启动仪式，为读书家庭代表赠书。建立悠贝亲子阅读基地和西城街道南洲里社区、青少年科技活动中心图书“爱心角”，培育百名阅读使者。举办“书香一缕传家风 亲子共读绘本剧”大赛，营造家庭共读氛围。组织4场“陪孩子读万卷书行万里路”公益讲座，推进 “科学家教进万家”活动。指导14个单位创成常州级巾帼文明岗，11个单位创成省级巾帼文明岗，1家单位创成全国巾帼文明岗。

2015年，区妇联在常州市目标管理考核中获一等奖，在区级机关绩效管理考核中被评为“优胜单位”。

5 月 27 日，区妇联举办庆“六一”暨“书香一缕传家风亲子共读绘本剧”大赛，区委常委、组织部部长刘国新为获奖家庭颁奖

11 月 17 日，召开“双学双比”竞赛活动领导小组（扩大）会议，副区长陈锁龙发放优秀项目扶持资金

区人民政府副区长王艳红在三八节纪念大会上为贫困“两癌”妇女发放救助金

3 月 4 日，召开金坛“三八”国际劳动妇女节 105 周年纪念大会，妇联主席朱珍娣讲话

11 月 26 日，金坛区接受常州市“十二五“妇女儿童规划终期评估

5 月 20 日，组织开展“浓情五月 助力母亲”爱心接力活动

常州市金坛区文化广电体育局

2015年，金坛区文化广电体育局紧紧围绕区委、区政府中心工作，破解难题促发展，自加压力创业绩，改革创新求突破，各项工作取得新的进展和成效。

公共服务体系日趋完善。成功建成省首批公共体育服务体系示范区，顺利通过常州市基本实现体育现代化考核验收，编制完成《金坛（基本）公共服务设施布局规划（文体设施篇）》专项规划。组织举办金坛区第六届全民运动会暨第七届文化艺术节，全年组织实施各项文体惠民活动百余项次。**艺术精品生产繁荣发展。**音乐儿童剧《从长荡湖来的女孩》获第十届上海优秀儿童剧展演“最佳剧目奖”和“受观众欢迎剧目奖”。大型红色经典励志儿童剧《黎明的河边》获2015年度国家艺术基金资助。故事作品《心里有个渴望》获江苏民间文艺“迎春花奖”。**竞技体育保持领先。**备战十九届省运会工作有序推进，组队参加2015年江苏省县组篮球比赛获第4名，全年相继承办全国围棋甲级联赛第20轮比赛、首届苏浙皖三省中老年男子篮球友谊赛、“龙于工坊”全国钓鱼大师赛、江苏金坛茅山登山健身大会、江苏省青少年篮球甲组比赛等各类各级体育竞赛十余场次。**文化遗产保护成效显著。**有序开展第一次可移动文物普查工作，成功创建省级金坛圩村文化生态保护实验区，完成金坛抬阁、直溪巨龙、金坛封缸酒酿造技艺和金坛刻纸项目国家级代表性传承人的申报工作，东浦丝锣鼓项目被列为江苏省级第四批非物质文化遗产代表性项目。**文体产业蓄势发力。**华罗庚艺术团获2015年度中央文化产业发展专项资金和省文化艺术精品项目资金资助，茅山保朴园获常州市体育产业发展引导资金资助。加大对金坛刻纸产品包装投入，开设首家销售门市部和刻纸体验中心。**文化市场管理不断强化。**全面深入开展2015年“扫黄打非”——“净网”“清源”“秋风”“护苗”四项专项行动，圆满完成“抗战胜利七十周年”期间广播电视安全生产和安全播出工作。在全省率先完成全国文化市场技术监管与服务平台上线工作，率先利用移动执法终端开展日常执法活动，确保全区文化市场有序、繁荣、健康、发展。

金坛茅山登山健身大会

金坛区第六届全民运动会暨第七届文化艺术节开幕式

“广场文艺月月演”

金坛全民健身日启动仪式暨金沙公园荧光夜跑活动

局党组成员议事

税警联合办案

迎八一，军民共建道德讲堂

金坛区国家税务局成立于1994年9月，主要负责全区增值税、消费税、所得税、车购税等税种的税收管理；落实减、免、退税等各项税收政策，以及增值税专用发票及增值税防伪税控系统的各项管理工作。全局内设机构7个，分别是办公室、财务科、人教科、监察室、政策法规科、征收管理科、收入核算科；直属机构1个，稽查局；派出机构6个，第一至第六税务分局；事业单位1个，信息中心。全局在职员175名，其中研究生学历5人，具有“三师”资格14人，占全局干部比例的8%。

2015年，区国税局牢牢把握发展理念，全面推进各项工作。全年共计组织各项税收收入254633万元，比上年增长9.98%；完成公共财政预算收入71130万元，增长10.30%。办理出口退税、残疾人就业、资源综合利用等各类退税7.08亿元，固定资产抵扣3.75亿元，切实减轻企业负担。

在充分发挥税收职能的同时，深入推进依法治税，全年查处百万以上大要案3件。征管方式推陈出新，全年进行风险应对 327户次，直接入库税款8293.97万元，直接入库税款相对成效率8.95%，综合成果相对成效率23.43%，两个成效率在三辖市（区）局均名列第一。

“春天里•税收好声音”校园行活动

走进儒林小学献爱心

税法宣传

文体俱乐部羽毛球比赛

局领导带队深入企业调研

金品税和
/金/坛/地/税/

铸金立品 兴税至和

2015年，常州市金坛地方税务局（以下简称区地税局）以“绩效引领、法治保障”为工作主题，为促进地方经济持续健康发展、民生有效改善、社会和谐稳定作出贡献。全年共组织各项收入44.78亿元，同比增收6.89亿元，增长18.18%，实现收入量质双提升。其中组织税收收入29.65亿元，同比增收3.94亿元，增长15.32%，完成全口径公共财政预算收入25.87亿元，增收4.38亿元，增长20.38%，占全市全口径公共财政预算收入的66.63%，较上年同期增长2.3%。入库非税收入15.13亿元，同比增收2.95亿元，增长24.23%。获得国家级荣誉2个，省、市级荣誉13个。

四措并举抓收入。区地税局落实“紧盯项目、明晰责任、规范管理、以查促收”四大举措，抓紧抓牢组织收入中心任务。按照“新项目就是新税源”的思路，做好金坛经济支柱产业、重大项目的税源管理工作；构建起部门协作、上下联动、层层传导的组织收入责任体系，科学预测并合理安排各月收入任务；规范建筑业项目清算、土地增值税征收、房土两税清缴联动、欠税分类管理、自然人股权转让等涉税事项；发挥稽查“尖刀”威慑作用，以查促收，以查促管，与国税、公安等部门联合开展发票专项整治工作。

依法行政谋新篇。落实国家税务总局《关于全面推进依法治税的指导意见》，让各项工作沿着法治化轨道运行。规范税

为城街道送慰问金

走进黄金村

收执法，创新重大案件集体审理模式，组织开展案卷评查活动，对行政处罚文书进行日常抽查、按季通报。全年共发生税务行政处罚621件，行政处罚准确率达100%。

便民服务再升级。以《全国纳税服务规范（2.0）》为指引，解决纳税服务“最后一公里”问题，有效提升纳税满意度和税法遵从度。开展表证单书“废、改、并”工作，将190余种表证单书精简为70种，加快推进“三证合一”登记制度改革，将契税、存量房交易涉税减免等审批服务项目由承诺件改为即办件。对9068户符合条件的企业进行信用评定，并通过对A级信用纳税人公示信用名单、推出特色服务、实施“容缺办理”等方式，发挥信用等级评定的激励作用。打造“互联网+税收宣传”新平台，利用官方微信、微博、微讲堂、手机报，开发移动掌上办税服务平台，让纳税人办税实现线上线下实时互动。

世界非物质文化遗产传人杨兆群指导刻纸“崇廉尚法”

小蜜蜂骑行

服务纳税人

住房公积金　圆您住房梦

区人大到公积金分中心调研

2015年，金坛分中心严格执行各项业务操作规范，全面推行业务管理服务标准化，稳中求进、主动创新，超额完成区政府下达的“新增扩面4500人、发放住房公积金政策性贷款2.2亿元”为民办实事目标，为促进住房保障建设、服务地方经济发展作出了应有的贡献。

2015年4月，区政府办下发《关于加强我市住房公积金扩面工作的意见》。作为全区住房公积金扩面工作的纲领性文件，对今后一段时期内全区扩面工作的内容、范围、要求和目标都作了详细的部署。

2015年，金坛分中心共归集住房公积金4.72亿

分中心服务大楼

元，提取3.26亿元；发放住房公积金贷款1204户3.56亿元，向4户低保困难家庭发放贷款贴息1.60万元；新增开户162家单位，新增人员5173人。截止2015年12月31日，全市住房公积金归集余额为14.15亿元，住房公积金个人贷款余额为6893户13.06亿元。住房公积金资金使用率为92%。

2015年，金坛分中心服务大厅获得“常州市级巾帼文明岗”称号。在此基础上，分中心还积极创建“常州市级文明单位”，建立作风建设长效机制，不断提升服务效能，努力打造一支“业务精、素质强、品德高”的优秀服务团队，以“真心、真情、真诚”为全区缴存单位和职工提供优质高效的服务。

主　　任：朱小君
地　　址：常州市金坛区南环一路116号
网　　址：www.jtgjj.com
电　　话：0519-82836313
服务热线：12329
邮　　编：213200

全区住房公积金扩面工作推进会

参与政风热线

开展道德讲堂活动

分中心服务大厅

一切围绕职工 一切服务职工

2015年，各级工会组织认真履行工会各项职能，抓竞赛、推普惠、行法治、强组建，服务大局、实干苦干、尽职尽责，打造出响亮的工会品牌，锻造出优良的工会工作作风，培养出高素质职工队伍，为金坛科学发展、创新发展、和谐发展做出了重要贡献，工会工作走在全省、常州市前列。

庆五一晚会

金坛区总工会第十二届六次全委会议

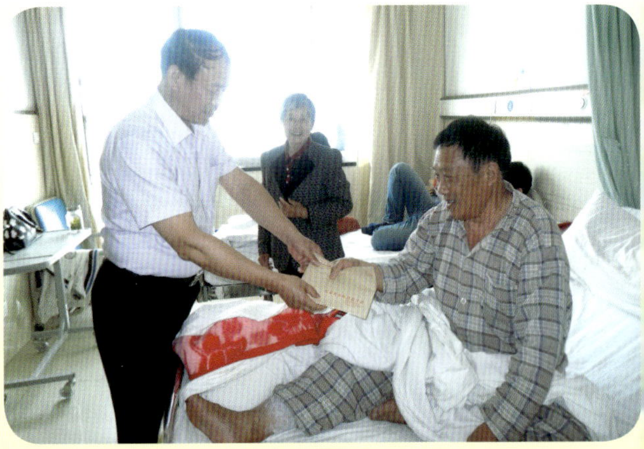
慰问职工

工会干部研修班

慰问交警

参观学习

慰问演出

职业技能竞赛

技能风采大赛

2012~2014年度金坛市劳动模范

区领导狄志强、王跃中调研广电工作

常州市重大主题策划座谈会

2015年，广播电视台紧扣中心工作，服务大局，为促进区域内经济健康发展及幸福金坛的建设积极传递正能量。

广播电视主题宣传突出，宣传播报形式不断创新，重要重大会议报道行动快；启动大型新闻行动，营造加快发展舆论环境；重视新闻节目策划，组织“唱响爱的分贝”等一批有影响力报道；积极发挥广电“四位一体”优势，倾心打造“政风热线”节目；加强业务交流，拓宽外宣渠道。新闻外宣、创优工作成绩突出，全台共荣获常州市级以上奖项30多个。《遵守交规，拒绝酒驾》等一批公益广告获得省市大奖。广播、电视、报纸、网站刊播各类公益宣传片及各类公益广告标语近二千条次，发挥了广电台

区领导沈东、王跃中、王艳红调研广电工作

区领导刘明江调研广电工作

关爱困难党员

“扬正气、树新风”，引领舆论的主阵地作用。2015年年底，成立常州市江东传媒有限公司，完成文化产业的整合。

进一步落实安全生产和安全播出责任制，严格执行“三位一体”的机房值班制度、零报告制度、安全播出应急预案，确保广电网络运行畅通和健康发展。

加快双向网改造速度。在去年完成全区乡镇的环网建设和城区骨干网和城区范围内住宅小区的双向网改造建设的基础上，加快推进全区农村双向网改造步伐，积极做好新建住宅小区等区域的用户发展。

广电台党委结合工作实际，在全台党员干部中扎实开展专题教育，围绕“三转”要求，深入落实“两个责任”，认真践行“三严三实”，全力营造了风清气正的广电环境。

理论中心组学习

台务例会

支部组织生活会

记者在大型新闻行动采访现场

“唱响爱的奉献”主题活动

节目录制现场

广电人丰富多彩的体育活动

消防安全培训

常州市金坛区人民医院 江苏大学附属金坛医院

院长 苏建华

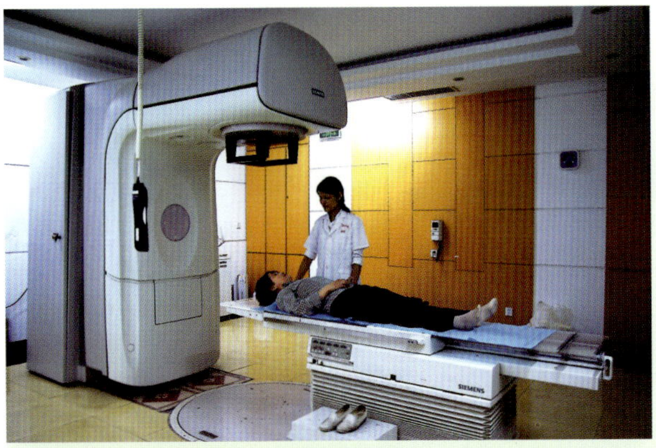

直线加速器

新医院夜景

该院始建于1919年，为一所集医疗、教学、科研、预防、保健为一体的综合性二级甲等医院，是江苏大学附属医院，东南大学医学院、扬州大学医学院和南通大学医学院的教学医院，是盐城卫生职业技术学院临床学院，是江苏省住院医师、全科医师规范化培训基地。2015年积极申报了三级医院创建工作。

该院位于金坛区中心，占地面积3.3万平方米。有在岗正式职工888人，其中卫技人员789人，高级技术职称人员182人，中级职称人员298人。有23个病区，26个护理单元，8个医技科室。实际开放床位960张。有常州市重点专科4个，金坛重点专科11个。有1.5T核磁共振仪、直线加速器、64排螺旋CT、DSA、钼钯乳腺机、高压氧舱等大型医疗设备100多台，固定资产2.8亿。近年来共引进新技术及开展新项目近40项，如消化内科ERCP及相关技术、骨科膝关节单髁置换、泌尿外科钬激光碎石术、肿瘤科三维适形放疗、妇产科腹腔镜下子宫切除、子宫肌瘤剥除术、普外科麦默通乳腺肿块旋切术、腔镜下肠癌根治术等。该院和上海第一人民医院、南京市第一医院、南京鼓楼医院、常州市一院、常州市二院、江苏大学附属医院等三级医院常年保持业务协作关系，与地区8家乡镇医院上下联动，组建了医院集团。承担着金坛地区近60%医疗业务和70%的危重病人救治任务。

2011年，该院纳入江苏省首批16家公立医院综合改革试点县医院之一。2011到2014年度连续获得省卫生厅、国家卫计委授予的“群众满意的卫生计生机构”荣誉称号，2015年被国家卫计委列入全面提升县级医院综合能力第一批名单。

根据金坛区政府城区医疗卫生规划布局调整方案，医院已经做好移址迁建的前期认证、概念性方案的招投标、环评等工作。新医院位于金坛滨湖新城，占地面积250亩，总建筑面积19.5万平方米，总床位1600张（一期床位1200张），停车位1600个，是立足金坛、覆盖周边，集医、教、研、防保、康复、急救于一体的现代化三级综合医院，预计“十三五”期间全面投入使用。

全体员工将秉承“厚德、精术、勤和、诚信”的院训，坚持医疗服务质量持续改进，保障医疗安全，改善服务态度，为保障地方百姓健康而不懈努力。

地址：南门大街16号
电话：0519-82822795

新医院门诊

金坛区中医医院是一所集中医、中西医结合医疗、教学、科研、预防保健为一体的综合性二级甲等中医医院，是南京中医药大学教学医院。

医院开设病区13个，编制床位400张。现有在编职工557人，其中卫技人员501人。有硕士研究生35名，高级职称102人，中级职称182人；有临床一级科室14个，二级科室27个，医技科室15个。2015年，总诊疗人次38.6万，出院人次1.45万，业务收入2.32亿元。

医院拥有德国西门子1.5T核磁共振、128层螺旋ＣＴ、彩色超声诊断仪、腹腔镜、超细电子胃镜、电子肠镜、电子支气管镜、全自动生化仪及多款高档大型医疗设备。

皮肤科、骨伤科为常州市中医重点临床专科，皮肤科为江苏省“十二五”中医重点临床专科建设单位。心血管病科、脑病科、肿瘤科、妇产科、肺病科为金坛区重点专科，心血管病科、脑病科正争创常州市中医重点临床专科。各专科均能开展等级医院标准所规定的必备诊疗项目，具有较强的危重、疑难疾病诊治能力。

近5年来，医院获省、市级科技进步奖12项，国家专利15项，推广应用先进适宜技术120多项，有694多篇医学论文在各级各类杂志上发表。开展的断肢再植术、腹腔镜微创术、人工全髋关节置换术、大面积深度烧伤湿性治疗技术等达到国内先进水平。

党总支书记、院长：吴杰
地址：金坛区金城镇沿河西路60号
联系电话：0519—82822351 0519—82101351
邮箱：jtzyyy@163.com
网址http://www.jtzyyy.com/

常州市金坛区第二人民医院

金坛二院与常州第二人民医院建立医联体

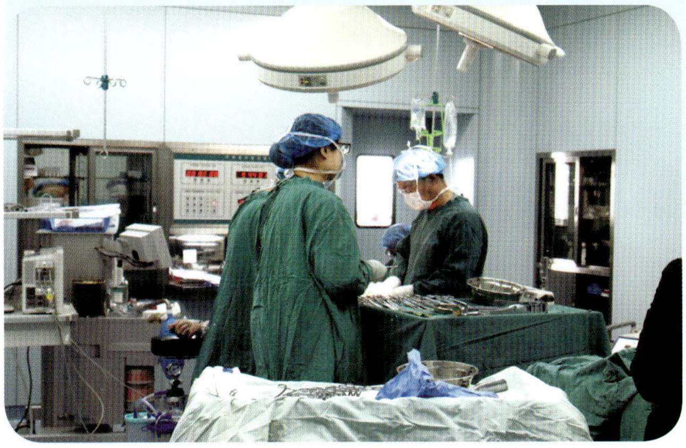

现代化层流手术室

常州市金坛区第二人民医院是一所集医疗、康复、预防保健为一体的综合性医院，是区政府指定的惠民医院。

医院设有急诊科、重症医学科、内科、外科、妇科、产科、口腔科、儿科、中医科、碎石科、康复医学科、精神科等多个专业临床科室，设置床位673张。

医院拥有重症监护病房、现代化层流手术室，螺旋ＣＴ、飞利普DR、美国GE彩超、富士能2200电子胃镜、奥林巴斯CV150电子肠镜、超清腹腔镜、超细电子胃镜、肠镜、关节镜、奥林巴斯全自动生化仪、中央监护仪、血液透析机等大型医疗设备。

该院与常州二院建立医疗联合体，常州二院专家定期来院坐诊、手术，重点支持外科、妇科微创治疗。消化内科、妇科申报金坛区重点专科；肛肠科和无痛电子胃肠镜是本院的特色专科；精神科为全区唯一提供精神疾病治疗、康复技术指导的专业科室，具有全区唯一的心理咨询、心理测定功能资质，为常州市重点专科建设单位。

医院秉承“人本位”医疗服务理念，着力提升服务水平，为全区人民健康护航。

院长：庄永忠
电话：0519-82821806
邮箱：1278833030@qq.com
地址：常州市金坛区汇贤中路1006号

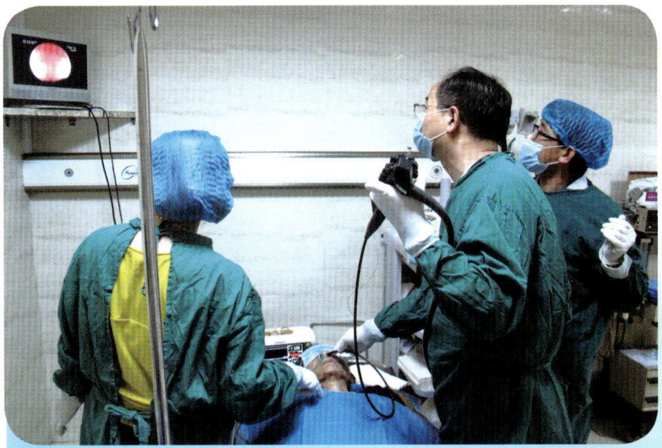

开展镜下纤维支气管镜检查

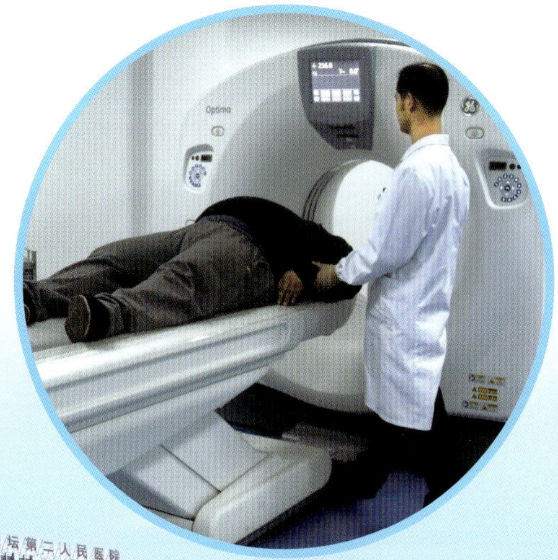

螺旋 CT

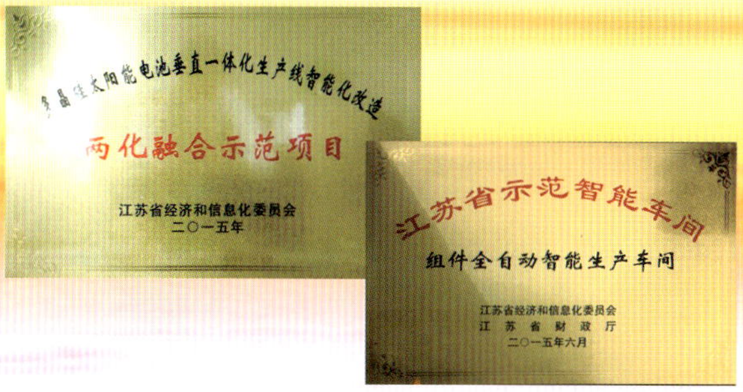

常州亿晶光电科技有限公司成立于2003年5月，现已成为国家火炬计划重点高新技术企业和江苏省高新技术企业，江苏省创新型企业。公司拥有授权国家发明专利78项，实用新型专利127项，外观设计专利11项，另有150余项专利正在待批中。2015亿晶光电年产能达到1.6GW，同比增长60%；销售量达到1.4GW，同比增长75%；销售额突破46亿元，同比增长59%；实现利税3.4亿元，同比增长100%。

4月28日，在北京人民大会堂召开的“五一”国际劳动节暨表彰全国劳动 模范和先进工作者大会上，公司董事长荀建华被中共中央、国务院授予“全国劳动模范”。

9月16日，亿晶光电100MW渔光一体发电项目并网每年发电1.2亿千瓦时，年减排温室气体1.2万吨，开创了“一种资源，两种产业”的节约用地新模式。

12月16日，中国光伏“领跑者”卓越组件企业获奖企业代表与颁奖嘉宾中国科学院院士何祚庥、中联办秘书长王新东、澳门基金会行政委员会副主席张裕、国际清洁能源论坛（澳门）常务副理事长袁国林合影。

常州市华阳科技有限公司

常州市华阳科技有限公司（原金坛区华阳化工厂）建于1992年，地处常州西郊，地理位置优越，交通便利。有职工120多人，占地面积3公顷，建筑面积0.5公顷，固定资产5000余万元。是专业生产以聚氨酯催化剂系列、医药、农药中间体为主的企业，产品销往国内20多个省、市、自治区，并出口东南亚、欧洲等地区，为大型骨干集团企业指定配套产品。

企业基础管理工作扎实，设备先进，产品检测仪器齐全，并与大专院校、科研单位常年技术合作，技术力量雄厚。有江苏省高新技术产品1个，并有5项发明专利，先后通过ISO9001：2008质量管理体系、ISO24001：2004环境管理体系、GB/T28001-2001职业健康安全管理体系认证。获省优质产品称号，连续被评为省、市先进企业。

公司宗旨是“以诚为信、以人为本、创新发展”，不断满足客户需求，华阳人愿与国内外厂商携手合作，共创伟业。

董事长 张炳庚

地址：江苏省金坛经济开发区河口工业园
电话：0519-82521156
传真：0519-82521118
Http://www.huayangchem.com
E-mail:hychem@huayangchem.com
邮编：213200

皮尔磁电子（常州）有限公司

皮尔磁电子（常州）有限公司及其分支机构是德国皮尔磁股份和管理有限公司（Pilz Beteiligungs-und Verwaltungs-GmbH）在中国的全资子公司，于2012年12月注册成立。主要从事与电子技术有关产品的研究，工业自动化控制系统零件、附件、安全继电器产品及其零部件的生产。皮尔磁股份和管理有限公司除了位于德国Ostfildern的总部外，Pilz公司还拥有30家子公司和分支机构直接为各大洲的用户提供，区域销售和技术服务方面的支持，为客户全方位提供本土化服务。全球有超过1700名的员工在安全自动化服务方面共享他们的知识。展望未来，皮尔磁将继续研究开发高科技和高质量的安全产品，为人、机器与环境的和谐共存而继续努力。

常州万容新材料科技有限公司

董事长：王国芳

常州万容新材料科技有限公司成立于2014年1月，位于江苏省常州市金坛区薛埠镇工业产业园内。企业地理位置优越，交通便利，是华东地区大型环保新材料科技高新技术企业之一。

公司总投资达5000万元，占地约20000平方米，拥有多条专业先进的长、短丝纤维生产线，是专门从事聚四氟乙烯环保新材料研发、生产和销售的高新技术企业。建成投产后可形成年产聚四氟乙烯膜裂长丝纤维800吨、牵伸短丝纤维600吨。公司产品主要有聚四氟乙烯（PTFE）长纤维、短纤维、基布等，产品主要用于钢铁冶金、水泥、火力发电、建筑的粉尘和烟气净化等行业。产品质量达到行业先进水平，具有良好的社会经济效益和环保效应！

企业依托良好的地理优势和人文环境，拥有多重内外技术支持和政府部门大力扶持。公司将以国家环保产业发展为契机，积极寻求与国内外，同行业，中下游企业展开合作，

领导视察

员工培训

团队活动

建立产业链，形成可持续发展的良好局面！

企业始终本着“用专业的心做专业的事”的经营理念，“急客户之所急，想客户之所想”“用质量求生存、用事实来说话”倡导“精诚求合作，携手共双赢”的客户服务理念，携手国内外优秀合作伙伴，为国家环保产业做出新贡献。

“与万物合，与天地容”万容真诚期待与您开展合作！

地址：江苏省常州市金坛区薛埠镇工业园区公园路68号
电话：0519-82660996
传真：0519-82660995
邮箱：sales@czwanyon.com
网址：//www.czwanyon.com

生产车间

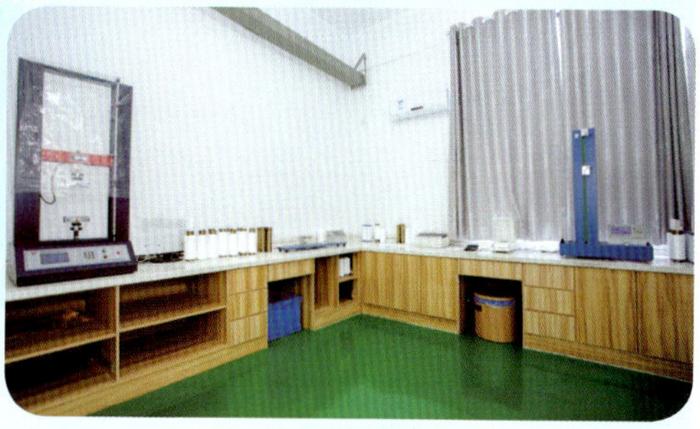

检测实验室

压延

成品包装堆放

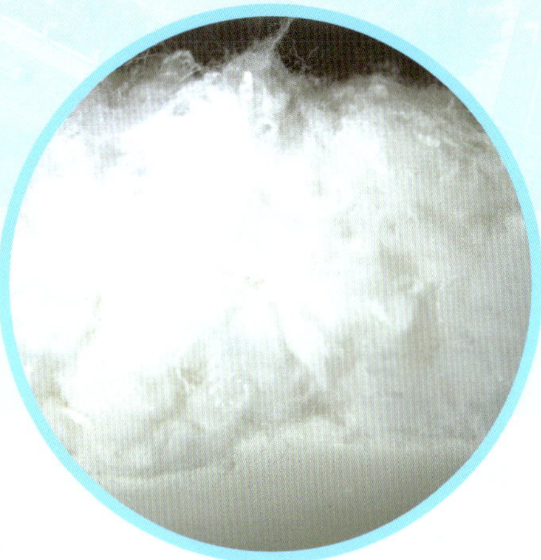

PTFE 短纤维

PTFE 基布

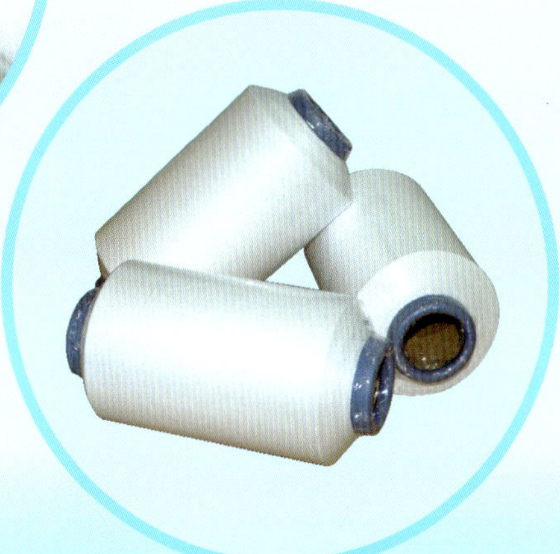

PTFE 长丝

江苏盐道物流股份有限公司

盐道物流
SALT LOGISTICS

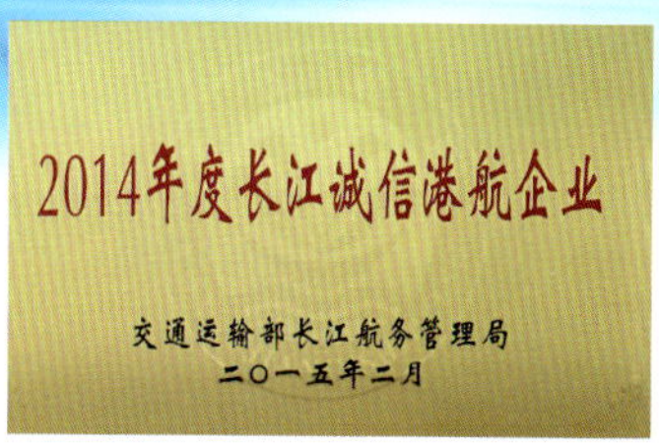

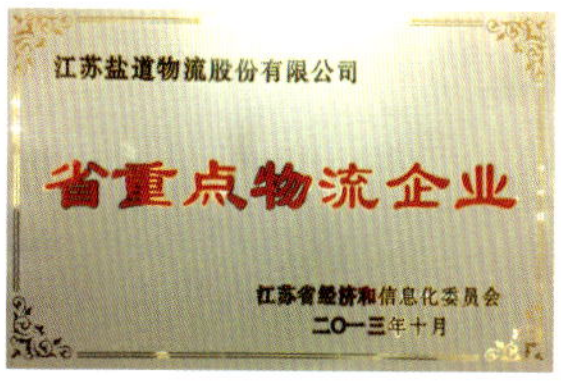

盐道物流办公楼

江苏盐道物流股份有限公司地处江苏省金坛经济开发区，是一家集水路、公路运输、港口经营、仓储、包装、配送、信息服务为一体的综合型物流企业。公司成立于2011年3月，注册资本6000万元。公司具有长江中下游干支流省际普货、散装化学品船运输经营、港口经营、普货和危险品道路运输经营资质，为交通部长航局首批安全生产标准化二级达标企业。

公司物流园总占地面积10万平方米。拥有各类营运船舶240艘、货运汽车118辆，总运力达13万载重吨；拥有盐卤专用港口和盐、煤码头泊位及港口装卸作业设备41台（辆），年货运量800多万吨。并在园区投资新建年产80万吨食盐包装配送中心项目，从事盐的精加工、深加工，生产高附加值民生盐、出口盐。在省、市服务业发展规划中，2013年公司被江苏省经信委评为省重点物流企业，2014年常州市服务业创新型企业重点培育单位，常州市服务业重点项目。多次获得江苏省交通物流协会国内水路货物运输“二十佳质量信誉企业”荣誉称号。被交通运输部长航局评为“2014年度长江诚信港航企业”。

公司秉承“用户至上、信誉第一、安全优质、文明服务”经营理念，竭诚为客户提供安全、优质、快捷的物流供应链服务，服务足迹遍及江、浙、皖、沪等大中城市化工企业。获得客户的信赖和好评。

包装仓储车间

公司地址：常州市金坛区华阳北路160号
电　　话：0519-82859362、82766526
传　　真：0519-82818616
邮　　编：213200

公路运输

航运

智能化小包装生产线

常州天成餐饮管理有限公司

常州市天成餐饮管理有限公司

常工天成培训接待中心

司马坊内景

接待中心包厢

天成餐饮创建于1996年10月，2003年12月正式转型常州市天成餐饮管理有限公司。天成餐饮风雨创业18载，形成了多业态、多品牌的集团化发展。公司下辖五个品牌——天成大酒店、圣宫蜡灸养生会馆、长荡湖洮龙商务会所、常工天成培训接待中心、盐湖城司马坊食府。

常州市天成餐饮管理有限公司坐落于金坛区虹桥路与市场路的交汇点。公司本着“修已敬人、舍得感恩、诚信立业、回报社会”的信念，以创建卓越人文企业为目标，坚持“健康、乐观、持续、创新”为核心的发展理念为指导，把握市场机遇，以相辅相成的多业态经营模式，为顾客创造绿色、健康、时尚、品质菜点。

公司先后获中国烹饪协会会员单位、全国绿色餐饮企业、江苏省百佳餐饮A级单位、江苏省诚信企业、江苏省餐饮名店、常州市食品卫生A级单位、常州市青年文明号、常州市优秀餐饮企业、常州放心消费先进单位、金坛区卫生先进单位等称号。

地址：金坛区虹桥路26号

订餐电话：0519-82887777　　82817777

天成号餐饮船

MIRAMAR BUILDING
美丽华大厦
商务地标
闪耀招商
50–100m²商务办公 绝版地段 5A级国际化商务核心地段
5A (5A) 国际智能化系统
(BA) 楼宇智能化
(FA) 消防智能化
(SA) 安保智能化
(OA) 办公智能化
(CA) 通信智能化
VIP HOTLINE
82872888 82879888
项目地址：金坛区华城中路89号（思母桥东）
开发商：虹亚集团
◆江苏省房地产业协会副会长单位 ◆连续11年获“江苏省著名商标” ◆6度问鼎亚洲品牌500强 ◆国家房地产开发一级资质企业 ◆中国房地产开发商协会副会长单位 ◆连续11年蝉联：江苏省房地产50强企业

虹亚·亲亲家园（二期）
最后一块蛋糕
［臻品楼王 即将售罄］
中心城区 顶级社区
珍藏旺铺、住宅钜惠全城，抢购狂潮一触即发
城市最中心
畅达交通网
纯阳光户型
全名校教育
管家式服务
贵宾专线：VIP HOTLINE 0519-8287 0888 8287 9888
●项目地址：金坛区横街西路 58 号（八佰伴对面） ●开发商：虹亚集团
江苏省房地产业协会副会长单位 连续11年获“江苏省著名商标” 6度问鼎亚洲品牌500强 国家房地产开发一级资质企业 中国房地产开发商协会副会长单位 连续11年蝉联：江苏省房地产50强企业

江南农村商业银行
JIANGNAN RURAL COMMERCIAL BANK

江南农村商业银行金坛支行位于金坛区横街3号，金坛地区共有38家网点，在职员工375人。2015年，金坛支行牢牢把握“扩总量、调结构、优管理、增效益”的工作主线，锐意创新、深化改革、奋勇争先，不断加快转型提质发展步伐，深化结构调整，强化经营管理，实现各项业务持续、稳健、有序发展。至年末，江南农村商业银行在金坛全辖存款总量达161.93亿元，比年初增加26.39亿元，增幅为19.41%；贷款总量达121.63亿元，比年初增加25.02亿元，增幅为25.9%。存贷款规模均位居金坛区域内18家同业首位。

金坛支行始终坚持“立足三农、服务中小企业、助推城乡一体化经济”的市场定位，下沉服务重心，在本土市场上精耕细作，积极发挥机制灵活、决策链短、审批高效的机制优势和“周转融”“周转易”等特色产品优势，不断加强服务“三农”和小微企业的广度和深度，在坚守市场定位中全面提升金融综合服务水平。自2012年以来，

金坛支行连续四年被常州市公安局评为“治安保卫工作先进集体”，连续四年被江南银行总行评为“先进集体”；自2013年以来，支行党支部连续两年被评为江苏省联社先进党支部；2015年，分获“常州市放心消费创建活动先进单位”“金坛区青年文明号”“金坛区第十三届职工职业技能竞赛金融青年点钞识假比赛团体一等奖”“江南银行运营管理标杆支行”等荣誉。

地址：金坛区横街3号

电话：0519-82839323　82889915

与大学生村官开展交流活动

用心服务
获赠锦旗

新春送福

银农对接集中签约

支付清算系统宣传活动

“三严三实”专题党课

职业技能竞赛

中国民生银行金坛支行

中国民生银行
CHINA MINSHENG BANK

中国民生银行金坛支行坐落在金坛区华阳南路5号，于2012年6月25日试营业。2015年年末各项存款余额13.69亿元，比年初增长1.66亿元，增幅13.80%。各项贷款余额10.06亿元，比年初增长3.43亿元，增幅51.76%。金坛支行自成立以来紧紧围绕总行“做民营企业的银行、做小微企业的银行、做高端客户的银行”的三大市场定位，始终秉承“服务大众、情系民生”的经营理念，致力于为客户提供多方位的金融服务，满足客户个性化需求。获中国民生银行总行授予“平安支行”称号。

地址：金坛区华阳南路5号

电话：0519-82688530

邮编：213200

行长　过　骏

大堂经理引导客户

理财经理推荐产品

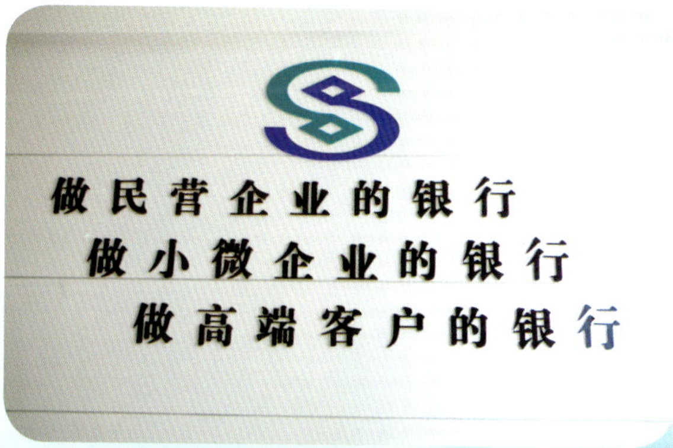

经营宗旨

指导客户使用自助设备

客户经理开会讨论业务

员工风采

每日晨会

中国光大银行

CHINA EVERBRIGHT BANK

共享阳光·创新生活

行 长：庄海鹰

中国光大银行成立于1992年8月，是世界五百强中国光大集团下属子公司之一，是经国务院批复并经人民银行批准设立的继工行、农行、中行、建行、交行之后的第六大国有控股银行，为客户提供全面的商业银行产品与服务。

中国光大集团创办于1983年，由国家财政部和中央汇金投资有限责任公司共同发起，财政部持股比例44.33%，汇金公司持股比例55.67%。是中央管理的国有重要骨干企业。中国光大集团作为我国改革开放的窗口，经过30多年的努力，现已发展成为

以经营银行、证券、保险、资产管理、信托、投行、基金、期货、金融租赁、环保新兴产业及其他实业领域为主的特大型企业集团，为国家改革开放事业做出了积极贡献。

中国光大银行金坛支行成立于2014年11月，位于南环一路557号（翠园小区与景潭花园小区交叉十字路口），主要负责金坛地区的业务拓展。截至2016年3月末支行存款余额超20亿元。

地　　址：金坛区南环一路557号

联系电话：0519-82688881

中国农业发展银行常州市金坛区支行

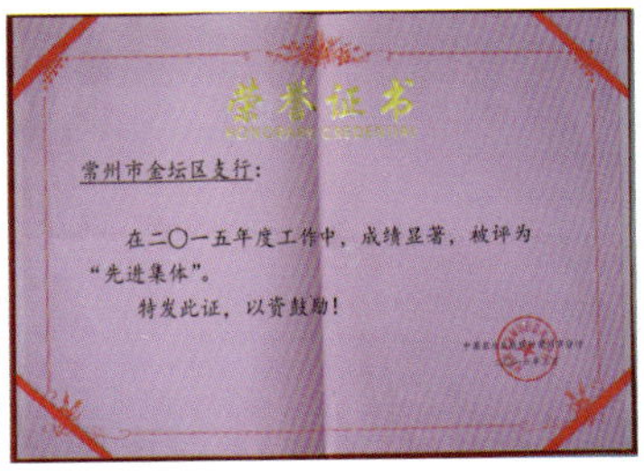

2015年，农发行常州市金坛区支行紧紧围绕区政府提出的“常金一体、东扩南移、苦干三年、强基进位”战略，充分发挥农业政策性金融的引导和示范作用，倾力筹措资金支持粮棉油收购、农业产业化、农村基础设施及县域重大建设项目。经过不懈努力，全年投放各类贷款18.7亿元，年末贷款总额28.6亿元，同比增加9.86亿元，增幅52.7%。贷款总量及增幅均创历史新高，实现了再创“精品行”的目标。

农发行常州市金坛区支行充分发挥政策性职能作用，在切实履行好夏秋两季粮食收购基本职能的同时，将金坛区政府关切、农民关心、社会关注的重大项目作为信贷支持重点。在过去的10年期间，成功申报并获批了政府平台贷款项目14个，总额度达63.28亿元，支持范围涵盖土地整理、农田水利、安置房建设、路网、棚户区改造等。2015年，农发行常州市金坛区支行先试先行，借助常州市分行与金坛区政府签订的三年60亿元的战略合作协议、金坛区支行与金坛建设局签订22亿元岸头佳园棚改项目合作协议的有利良机，在全省率先获批了22亿元棚户区改造贷款项目，并在当年实现11亿元贷款的投放。该项目的成功获批创造了金坛史上贷款期限最长、利率最低的融资项目。

投资22亿元的“金坛区棚户区改造（岸头佳园）建设”项目

行长：毛利平

地址：东环一路116号

电话：0519-82834331

年会活动

服务大厅

常州金坛兴福村镇银行有限责任公司是由江苏常熟农村商业银行股份有限公司主发起、经常州银监分局批复同意设立的农村银行业金融机构，是苏南首家村镇银行。

常州金坛兴福村镇银行有限责任公司于2008年12月13日成立，设有总则部、西门、直溪、薛埠4个营业网点。7年来，该行充分发挥法人银行的体制优势，大胆改革创新，灵活稳健经营。坚持服务“三农”、服务小微的市场定位，支持了一大批农户、个体工商户及小企业的成长与发展。

常州金坛兴福村镇银行有限责任公司以全新的面貌，一如既往的优质服务。让金融创造更多福运，助力百业兴盛，幸福千家万户！

地址：常州市金坛区东门大街235号

电话：0519-82807882

中国人民财产保险股份有限公司金坛支公司

中国人民财产保险股份有限公司金坛支公司成立于1981年。公司紧紧围绕“双超双优”的目标要求，紧扣“超越、转型、幸福”主基调，切实加强“能力、机制和体系”建设，保持持续稳定发展的良好势头。2015年共实现保费收入13624万元，净增保费1608万元，同比增长13.38%,市场份额占有率为34.02%，在辖区内财产险市场份额排名第一。全年共处理各类赔案14023件，支付赔款8371.47万元。公司连续31年无刑事、经济案件，获 “常州市放心消费创建先进单位” “常州市平安金融单位”和“江苏省放心消费创建先进单位”称号。2015年度金坛支公司被上级公司评为 “客户服务先进单位”。公司始终坚持 “以客户为中心”转型主线，凝聚共识、励精图治、砥砺奋进，将以全新面貌开启金坛人保财险“十三五”发展新征程。

地址：金坛区西门大街27号

电话：0519-82821742

CHINA LIFE 中国人寿

相知多年，值得托付

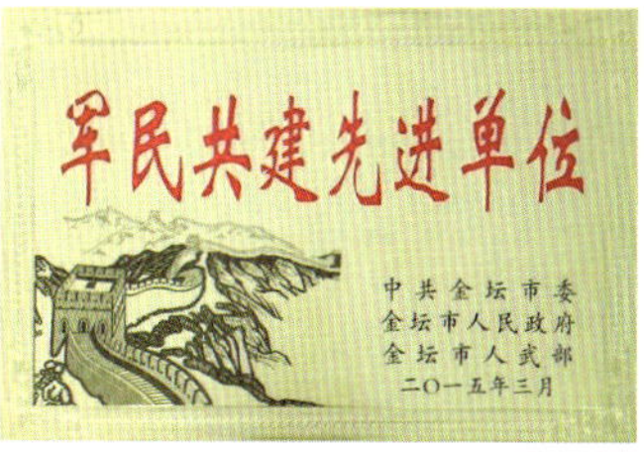

宽敞明亮的服务大厅

中国人寿保险股份有限公司金坛支公司现有职工52人，其中本科生49人。2015年，中国人寿金坛支公司积极适应新常态，抓住和用好重要战略机遇期，沉着应对各种挑战，着力加快业务发展，着力壮大销售队伍，着力提升管理水平，着力丰富文化生活，各方面工作呈现出蓬勃发展的生动局面，综合实力大幅提升。全年公司总保费收入3.4亿元，较上年增长7.6%。长期险保费首年1.6亿，较上年增长8%；短期险保费2448万，增长32.6%，占市场份额53.71%。营销员人数593人。其他各类给付8868件，金额1.24亿元。

地址：金坛区横街东路8号
电话：0519-82821942
邮编：213200

江苏金坛国发国际投资发展有限公司

标准厂房

金江苑农贸市场

青年公寓

江苏金坛国发国际投资发展有限公司成立于2010年12月，公司秉承“诚信、简洁、实效、创新”的企业精神，以自然资源、社会资源和品牌资源为主要经营领域，围绕增强投融资功能、管理服务能力和实体经济发展的需要，奋力促进事业发展，积极参与社会进步实践，致力于成为富有实力并充满活力的金融资本和实业资本高度融合的综合性现代化企业集团。

地址：金坛区华城中路168号
电话：0519−82360551

国际工业城鸟瞰图

东城实验小学

金田花园

东方新都

金海花苑

江苏康泰控股集团有限公司

集团董事会主席、总裁　张伟华

江苏康泰控股集团有限公司（以下简称康泰集团）是集科、工、贸为一体的大中型企业。下设蓝色星球、康美化工、康泰热交换、康泰生物和常州华毅房地产开发有限公司等规模企业，生产含氟新材料、拟除虫菊酯、空调用热交换器、丙烯及其衍生产品和生物疫苗五大系列 50 多个产品。设有生物技术、催化剂、高分子和空调用微通道热交换器四家研究所，研发国内领先的高科技新产品。

集团公司占地总面积 2500 余亩，建筑面积 11.2 万平方米，总资产 20 多亿元。有员工 1000 余人，其中硕士、博士、专家教授 20 多人。

康泰集团以高科技、高起点、高投入的产品定位与战略投资，并进行强势的企业运作，不断构筑企业宏伟蓝图。公司从起步、发展到壮大，康泰人始终致力于追求品质的超群、性能的完善，走高科技产业之路，建立起科学的企业管理和完善的品质保障体系，使康泰产品不断发生

新建年产 40 万吨环氧丙烷（Po）项目